恋

谈封

陈绪武 题

西周封国政治地理的
结构—过程

修订本

于薇 著

上海古籍出版社

于 薇

1980 年出生，河北秦皇岛人
研究方向为先秦史、历史政治地理
中山大学历史学系（珠海）教授，博士生导师

序

上古时期人们常将天、地、人并列，称为"三材"，《易经》就用"三材"来解释六爻，说："有天道焉，有人道焉，有地道焉，兼三材而两之，故六六者非它也，三材之道也。"（《周易·系辞下》）关于天道、人道，历来的解释明确，无歧义，而对于地道则有不同的理解。这大致有两个途径：一是从经济上看，地道讲求地理环境、土地肥瘠以及气候、水利等事。一是从政治上看，地道讲求用人治理地域，即战国时期齐国的学问家所谓"施爵禄，用地道"（《管子·霸言》）。战国时期的儒家也没有忘记这个意思，《礼记·中庸》引孔子语谓"地道敏树"，南宋大儒朱熹解释说："以人立政，犹以地种，其成速矣。"（《四书章句集注·中庸集注》）具体到周代社会而言，用人管理某个区域，正是分封制之主旨。分封制是周代统治者从政治的角度行"地道"的主要措施。从周代历史的发展情况看，这项制度的实行是周王朝立国的基础，并且获得了不菲的成绩。

周代不仅有大量的分封，而且有不少徙封，可以说正是分封和徙封构成了作为王朝骨干的分封之制。过去，学术界对于分封的研究甚多，成果巨大，但对于徙封则关注不多。于薇以数年之功，孜孜于徙封的研究，并且由徙封进而研究商代的政治地理、周代的封国格局，再进而探讨周王朝对于广大疆域的治理方式。各项研究积数年之功，终成大观。在相关的研究中，于薇常出新意，例如在梳理前人关于"王畿"的问题时，指出"古代学者（特别是经学家）强调王畿'方'形的一些说法，更多是从观念出发，而不是在谈实体空间问题"，并且指出宗周王畿的"实体空间"就是古人所说的"八百里秦川"。此说不仅有大量的文献考析为据，并且以现代考古资料为证，立论是很札实的。这类论析在于薇此部著作中时有所见，足见其思考之敏锐。

于薇的这部书，获得了国家社科基金后期资助项目的批准，是专家们对于薇的鼓励，希望其在科学研究的道路上走得更远、更好。

晁福林

识于 2021 年 9 月 7 日

此时办公室窗明几净，不禁想起原来在文史楼的时候，十几位老师挤在一个小屋里，每人连一个书桌都摊不上，只能是一个书桌三人用，每人一个抽屉。现在，教授能有一个独立的办公室。此虽小事，但也体现了学校几十年的发展变化。感慨所系，思之良久。

目 录

绪　　论

第一节　封国问题在西周史研究中的价值

在近代史学的研究成果中，王国维的《殷周制度论》极为重要。本书的基本认识，均在此文提示之下形成。而本书努力的方向，亦在于尝试解决文中提出的"商周之变"的问题。分封是西周王朝政治史中最重要的事件，分封制是西周政治结构中的最基本内容。"商周之变"开端于周人分封，"商周之变"的完成伴随着西周"王畿—封国"政治体系的成熟。文献所见西周封国有130余个，本书希望在全面认识的基础上抓住重点，从徙封入手，考察西周封国政治地理结构—过程的发生与演进，及其对姬周王朝制度、文化方面的影响，尝试以动态视角理解"商周之变"这一先秦史基本问题。

一、分封制与"商周之变"

王国维在《殷周制度论》中指出"中国政治与文化之变革，莫剧于殷周之际"，[1] 即"商周之变"。理解"商周之变"，是理解中国

---

[1] 王国维：《殷周制度论》，《观堂集林（附别集）》卷10，北京：中华书局，1959年，第451页。

自上古早期国家向成熟的大一统王朝国家转型的关键。西周研究，不论是历史视角，还是地理视角，最终都要面对和解决这个"商周之变"的成因及相关机制问题。这一认识对于理解中国历史的重要性，可以说不亚于内藤湖南所提出的揭示中古与近世之间剧变的"唐宋变革"论。但如此大的问题，在提出后，后续还需要有大量从不同角度入手的具体论证才能成立，也才能为理解中国历史提供有效支撑。空间与地理是构成社会运行的基本维度，所以空间结构和地理形态也应当是讨论"商周之变"问题中不可或缺的角度。

王国维讲商、周间之区别，即首先从二族兴起地域不同的话题谈起。称：

> 故自五帝以来，政治文物所自出之都邑，皆在东方，惟周独崛起西土。……自五帝以来，都邑之自东方而移于西方，盖自周始。故以族类言之，则虞夏皆颛顼后，殷周皆帝喾后，宜殷周为亲；以地理言之，则虞夏商皆居东土，周独起于西方，故夏商二代文化略同。[1]

在王国维看来，东、西两大区域的分立是上古政治中最重要的基本结构。夏、商两族都是东方族群，生活地域一致，因此夏、商两代的制度文化接近，朝代更迭过程中没有发生巨大变化。周人则不同，他们是西方族群，与商族生活区域不同，所以制度文化上也天然存在差异，所以商周易代之间发生重大变革。显然，地理因素在王国维对"商周之变"的解释中居于基础性地位。

但是，区位还只是笼统表达，想解释商、周二代政治的巨大差异，需要多角度的分析。依王国维所言：

> 殷周间之大变革，自其表言之，不过一姓一家之兴亡与都邑

---

[1] 王国维：《殷周制度论》，《观堂集林（附别集）》卷10，第452页。

之移转；自其里言之，则旧制度废而新制度兴，旧文化废而新文化兴。[1]

商周之变是制度之变，而制度需要通过在国家政治地理空间中运行而逐渐确立。商王朝与周王朝之间的区别，是松散组合与结构性关联之间的性质差异。这是商周之变中最重要的一变，也是造成商周王朝制度面貌巨大差异的关键原因。商代国家形态是"方国联合体"，而秦汉国家能进入"大一统郡县"的阶段，其中西周起到了最关键的酝酿和转折作用。西周王朝与封国之间的关系，已经与夏商时期有较大不同。虽然封国在行政上与后世郡县相比堪称独立，但周王朝与封国之间的关系并不松散，正相反，周王朝设计了一些制度来实现对封国的控制，[2] 周王还会定期巡狩或不定期到封国境内视察；[3] 封国对王朝的义务，不仅有接受军事调遣、按期交纳职贡，还包括妥善组织封国内政。天子诸侯之间的政治往来在空间上呈现出一种"王畿—封国"的结构形态。"王畿—封国"产生于西周封国政治进程当中，也参与塑造王朝制度内容，用近年日本西周制度史研究中最重要的学者松井嘉德的表述，"王畿—封国"结构是西周政治地理的"基盘"。[4]

王国维描述周王朝状态是"其余蔡、郕、郜、雍、曹、滕、凡、

---

[1] 王国维：《殷周制度论》，《观堂集林（附别集）》卷 10，第 453 页。

[2] 例如仪式上的或文化上的，如在分封仪式中，有一项重要的内容是赏赐命圭，《周礼·玉人》载"命圭九寸"，郑注："命圭者，王所命之圭也。朝觐执焉，居则守之。"《国语·吴语》"命圭有命"，《史记·晋世家》"削桐叶为圭以与叔虞"。命圭是王朝对于封国册封的凭证，也是王朝告知诸侯其统治权力获自王朝的名物，命圭之赐，就是从仪式上确立了王朝与封国之间的主从关系。在受封之后，王朝还通过各种方式强化与封国之间的联系。《左传》昭公十五年载周景王云"（王室对诸侯）有勋而不废，有绩而载，奉之以土田，抚之以彝器，旌之以车服，明之以文章，子孙不忘"，虽然仅说王朝对诸侯的功绩加以记载，传之后世，但显见之理推而可知，若诸侯有过也会载之史籍，遗于子孙。

[3] 即《孟子·告子下》所云："入其疆，土地辟，田野治，养老尊贤，俊杰在位，则有庆，庆以地。入其疆，土地荒芜，遗老失贤，掊克在位，则有让。"

[4] ［日］松井嘉德：《周代国制の研究》，东京：汲古书院，2002 年，附录第 67 页。

蒋、邢、茅诸国，棋置于殷之畿内及其侯甸；而齐、鲁、卫三国，以王室懿亲，并有勋伐，居蒲姑、商、奄故地，为诸侯长；又作雒邑为东都，以临东诸侯；而天子仍居丰、镐者凡十一世"。周天子封建诸侯，是故西周天下呈现"王畿—封国"的格局。在王国维看来，周代与商代在制度上的首要差异，就在于周推行了分封制，即其所言：

> 周人制度之大异于商者，一曰"立子立嫡"之制，由是而生宗法及丧服之制，并由是而有封建子弟之制、君天子臣诸侯之制。[1]

在这段表述中，嫡长子继承制、宗法制、丧服制这些被认为是周王朝的制度基础。封建子弟、天子诸侯君臣分际的分封制，则是这些制度的衍生活动。这些制度是西周政治的基本内容，它们之间的关系构成了权力运行的基本逻辑。它们确实产生于西周时代，而且成为后世的政治法则。这些制度与其内在结构在传世文献中常被称作"周礼"。但因为传统文献中，除史部内有一些对"周礼"与周代制度的讨论外，经部文献中对"周礼"还有相当庞杂的讨论。为了论述上能比较简洁，也更凸显这些内容的"制度"属性，本文尝试以现代语言，称其为"姬周型制度"。

同时，这些制度之间的关系也是个需要反复掂量的问题。王国维认为"立子立嫡"之制是整个"姬周型制度"的源头，其他几项都由此衍生。以当时的史料，从后世的视角，审视西周制度已经定型的结构，王国维的判断无疑是合理的。不过，此说提出后的近百年间，西周各时段、各区域的新材料、新认识不断丰富，已经初步具备从西周280余年发展过程的角度来理解"姬周型制度"的条件。而若从过程的角度，或许可以反过来理解王国维的论断，即后世在制度结构中居于中心的"立嫡立长"制及与之配合的"宗法""丧服"制这些行

---

[1] 王国维：《殷周制度论》，《观堂集林（附别集）》卷10，第453页。

为规范，是在维持"封建"的过程中逐渐出现、确立的，而对新获土地实现军事占领的"封建制"，才是新制度得以产生的契机。

王国维也曾勾勒西周分封之法的出现因由，"武王克纣之后，立武庚，置三监而去，未能抚有东土也；迨武庚之乱，始以兵力平定东方，克商践奄，灭国五十。乃建康叔于卫、伯禽于鲁、太公望于齐、召公之子于燕"。[1] 可见他还是以周人兴起于西方为前提的，因为伐殷是远离故土而克新地，武王克商后返回故土，没有即刻抚有东方，是故有武庚之乱。平叛后，周人为控制东土而分封诸侯，所以，分封制是周代因为需要控制大片的新获土地而新发展出的制度。而回顾夏、殷易代之际，因为二族生活区域接近，没有经历如此惨烈的战争，所以也没有必要通过分封来占领新获土地，所以"夏、殷间政治与文物之变革，不似殷、周间之剧烈"。[2]

但是，整体比较完整、内容又很丰富的制度如何形成，即使最伟大的学者，也很难以一言蔽之。虽然在后来漫长的历史记录中，周王朝制度的形成过程逐渐被浓缩，"周公制礼作乐"成为常见说法，似乎有周一代的制度在西周初年即被"创制"，但若对其他朝代制度史研究成果稍加参考即可理解，朝代间制度的变化往往呈现"延续—调整—新发"的节奏，殷、周之间的变革由一人一时实现有悖一般认识，也不符合近年来越来越多新见西周史料中呈现的复杂状态。"姬周型制度"的建立应当是个漫长的过程，周天子及王室不仅要利用封建诸国间接控制新占地区，同时也有直辖地区需要经营。封国的发展呈现出复杂多元的状态，不断生发出新的制度需求，周天子王廷在应对过程中日益成熟，可以说，是两大性质的区域间的互动拉扯培育了"姬周型制度"。

若想更贴近西周时代，从回应王国维所指"殷周之变"经典问题

---

[1] 王国维：《殷周制度论》，《观堂集林（附别集）》卷 10，第 452 页。
[2] 王国维：《殷周制度论》，《观堂集林（附别集）》卷 10，第 453 页。

的角度分析西周王朝的政治地理结构—过程，"王畿—封国"是一个更简洁、直接的模式。"王畿—封国"的结构是西周王朝经历数百年发展，在制度设计和历史事件的共同作用下最终形成的空间形态，既区别于之前商代"方国联合体"的形态，也长期影响了后世王朝。

分封是西周政治活动中最重要的内容。自文王初封子弟起，历武王克商，到成康时期周王朝已经形成了为数众多的封国。《逸周书·世俘》篇云：

> 武王遂征四方，凡憝国九十又九国……服国六百五十有二。[1]

《吕氏春秋·观世》篇则云：

> 此周之所封四百余，服国八百余。[2]

虽然可能是后世夸大之说，但仍可见当时的盛况。在传统文献中，分封也称为"封建"，意为"封邦建国"，这与五种社会形态说中的"封建社会"概念内涵和外延均不相同。进入现代史学阶段，分封问题主要包括西周分封这一历史事件范畴内方方面面的问题。这些问题既有制度性的，也有史实性的，内容复杂，涉及面宽，几乎触及西周社会历史的所有方面。所以，分封问题是西周历史研究中最为重要的问题之一。以分封为研究对象，能通过一项最基础、最重要的制度为切入点来把握西周政治。此选题虽然难度可知，但却有很大的研究空间，并且能结合新材料与新理论，学术价值显而易见。

制度与空间是紧密互动的。在不同地区，分封制会适应当地的具体情况而呈现出不同的地域性模式。西周的分封，不论是制度建设，还是具体实施，都是制度与空间交错的异常复杂的过程。在这里，本

---

[1] 黄怀信、张懋镕、田旭东：《逸周书汇校集注（修订本）》卷4《世俘解》，上海：上海古籍出版社，2007年，第434—436页。

[2] 许维遹集释，梁运华整理：《吕氏春秋集释》，北京：中华书局，2009年，第400页。

书要提出一个"封国格局"的概念。所谓"封国格局"就是封国之间的态势和布局。其中"态势"指的是封国之间的政治关系，表现为封国间的地位高低和互相交往的密切程度，而"布局"则指的是一种地域关系，体现为王朝政治疆域内的封国又在实际上可以被划分为若干个小的区域，每个区域内的封国在历史渊源、国家面貌等方面都具有一定的共同特点，各个区域与王朝的关系也不尽相同。

从整体上看，西周的"封国格局"实际上可以分为两个层次，一层是封国与族群之间的普遍关系形成的态势，其上一层则是各个小的区域性封国集团之间的态势。这种比较复杂的层次关系，是由于西周时期特殊的"国家结构"造成的。在西周，王朝与封国之间并不是标准的中央与地方的统属关系，[1] 而是一种比较微妙的过渡性结构：西周王朝已经实现了向"诸侯之君"的转变，但保有旧的"诸侯之长"时期的浓厚传统。在这样的国家结构下，封国除了与王朝之间存在上下行关系外，由于内部具有一定的独立性，相互之间也具备一些形成横向的、同级行政区域之间联系的条件。而由于这一时期交通和通讯手段还非常原始，政治统治技术也比较简单，国家间的联系很大程度上会受到地域的影响。所以，实际上，封国之间普遍的联系在某种程度上可以说是理论性的存在，而区域性的封国集团才是西周政治中产生切实影响的因素。所以，本书所讨论的封国结构，重点还是前面所说的后一个层次，即地区间封国集团与王朝之间及地区间封国集团内部的态势。

---

[1] 有关前辈学者对西周王朝与封国之间关系的讨论，王健《西周政治地理结构研究》（郑州：中州古籍出版社，2004 年）书中已经进行过很好的总结，分别将西周王朝的中央与地方关系归纳为"盟主、共主与城市、城邦林立的国家结构""共主诸侯等级制与中央邦统治万（庶）邦的格局""实行分封制政治统治，没有中央对地方的行政关系""君臣关系与中央统治天下四方的政治地理格局""君主专制与中央对地方的政治地理格局"等几种观点。这些关系提出的年代和依据的理论模式不同，有些有着当时的学术史背景。从现在一般学者普遍能接受的观点来看，西周王朝与封国的关系，基本上是王朝分封诸侯国，并且对诸侯国具有一定的中央对地方的统治力，但同时，诸侯国也保有一定的自治性。

在春秋时期，封国格局比较明朗，我们能够划分出以齐、楚、晋、郑等几个国家为代表的东方、南方、西方和中原这几个大的封国区域，但是，这样一种格局在多大程度上保留了西周最初分封时的面貌？如果有所差别，那么，这种格局演变的动因和手段又如何？推动这种演变的力量究竟来自王朝还是封国本身？这些问题，不仅是让我们无法释怀的困扰，而且也都是西周封国史研究中还没有得到很好解决的关键症结。

在封国格局发展的进程中，表面上看，区域性封国集团的主体是封国，但实际上，真正推动整个封国格局演变的力量还是来自王朝。这一点，根本原因就是前面我们讲过的西周“国家结构”的特殊性。首先，从根源上看，封国出自中央王朝的分封或褒封，[1] 新封封国的国君统治权力获自王朝自不待说，即使是褒封的国家，虽然从形式上看是对其已有权力的确认，但从权力的流向上看，也可以算是源自中央的授予。第二，王朝对封国也确实具有实际的控制能力。这一点，从西周初年一直到末年都有例可查。最明显的例证就是周初王朝对于管、蔡等国的征伐。这一史实已经无须多说。[2] 管、蔡在周初位在三监，又是天子至亲，应该属于大国之列，能够勾结武庚发动大规模叛乱，说明当时管、蔡国内军事实力也比较强大。而王朝迅速起兵，“杀管叔，而放蔡叔”，这说明周王朝在军事上对封国有着足够强大的控制能力。而各封国对王朝也需承担自己的义务，金文中记载诸侯出兵随王朝进行征伐之事屡见不鲜。班簋中记载的吴、吕[3] 两国，晋侯苏钟记载的晋国，都是接受王朝的调遣，派兵参与征伐。这些铭文我们在后文中都有详细的分析，此处不做更多说明。从铭文中我们

---

[1] 西周分封有两种形式：一种是有土之封，即赐给受封者土地、人口，命其去当地进行统治；另一种是无土之封，即受封者本身已有土地、人口，王朝承认其已有，不再另赐，称为褒封。

[2] 司马迁：《史记》卷4《周本纪》，北京：中华书局，1959年，第132页。《史记》卷35《管蔡世家》，第1565页。

[3] 据后文考证此处吕国实际所指为山东齐国，详见附录三。

能够看到，王朝对封国的军队，不仅可以征召，而且对包括国君在内的人员可以直接进行调遣，说明王朝对封国的控制最起码在军事上是很直接的。除了军事之外，我们还看到有王朝参与封国内政的事例。如周夷王时曾因纪侯之谮而烹齐哀公，并立其弟静为齐侯；[1] 周宣王先废鲁太子括而立少子戏，后又杀鲁君伯御而立称，[2] 王朝可以亲自插手封国的国君废立之事，且齐、鲁都不是一般的小国，而是位高爵重的东方大藩，实力雄厚，王朝对其尚且如此，对其他国家自不待言。第三，周王朝是封国格局的最初设立者和控制者。封国格局所确立和调整的对象，是代表王朝政治利益不同方面的封国集团，这种格局的演变，将对王朝政治产生直接影响。如果说，单独封国之间的联系和交往，其目的还主要是为了各自的发展，那么，地域性封国集团由于内部特征和利益已经具有一定的一致性，其追求政治利益的方向则主要就指向了更高级的王朝层面。整个西周王朝政治疆域内的地域性封国集团的数量十分有限，所以每一部分的变动都会成为影响王朝政治的重大变局。对于这样的根本性问题，周王朝必然要直接对其进行设立和调整。

既然封国结构演变的主导力量来自王朝，那么，由王朝直接授命进行的封国徙封，就应该是封国格局调整的最主要手段。从春秋时期的情况看，众多的封国分布在北至燕山、南到太湖、西起关陇、东到大海的广阔范围内。但春秋时期这样的分布并不是分封伊始就确立的，西周时期有为数不少的国家在受封后离开原有封地迁至他处，这

---

[1] 古本《竹书纪年》夷王三年载："三年，王致诸侯，烹齐哀公于鼎。"《公羊传·庄公四年》载："哀公烹乎周，纪侯谮之。"《史记·齐世家》则载："哀公时，纪侯谮之周，周烹哀公而立其弟静，是为胡公。胡公徙都薄姑，而当周夷王之时。"方诗铭、王修龄：《古本竹书纪年辑证》，上海：上海古籍出版社，1981 年，第 53 页。何休注，徐彦疏：《春秋公羊传注疏》卷 6，庄公四年，阮元校刻：《十三经注疏（附校勘记）》，北京：中华书局影印本，1980 年，第 2226 页。司马迁：《史记》卷 32《齐世家》，第 1481 页。

[2] 司马迁：《史记》卷 33《鲁世家》，第 1527—1528 页。徐元诰撰，王树民、沈长云点校：《国语集解》，北京：中华书局，2002 年，第 22 页。

种现象从周初分封后不久即出现，至王朝末期依然存在。地点变更是将徙封过程中的诸多要素集成于一体的关键问题。西周不少重要封国的封地都曾经发生过变化，这种变化对西周封国格局和国家的政治进程产生了深刻影响。这样一个既有人文内涵又具地理要素的问题，是研究早期地理空间面貌及人地关系的最佳切入点。

许倬云在《西周史》"诸侯徙封的例证"一节中对西周封国迁徙进行了统计，他提出顾栋高《春秋大事表》中明确列出迁徙的国族有"蔡、卫、晋、郑、吴、秦、楚、杞、邾、莒、许、西虢、邢、罗、阳、弦、顿、郐、犬戎、鄾瞞"20个，但实际上，《春秋大事表》中提到可能曾经迁移的国家，还有凡、郜、吕、毛、徐、薛、邓、杜、樊、韩、胡、扈、滑、霍、祭、贾、江、蒋、绞、介、芮、申、沈、北燕、莱、巢、聃、根牟、骊戎、黎、梁、六、鲁、潞氏、牟、邳、蒲姑、仍、邿、骀、滕、无终、息、向、小邾、须句、荀、有鬲、邢、原、越、郧、鄫、鄣、斟灌、斟鄩、钟离、州、铸、巴、偪阳等60余个。许倬云接受了顾栋高考证的结论，总结认为"几乎有名的周初姬姜各国，均在这批迁徙的名单上"。[1] 台湾学者陈槃以顾栋高《春秋大事表列国爵姓及存灭表》为索引对西周封国进行了研究，也指出，西周诸国迁徙，不仅数量多，而且距离长，动辄数百里，或至千里以上。[2] 许、陈二位学者将封国迁移问题在分封研究中进行了强调，是非常重要的。这样一种成规模、大范围的活动，势必会对西周政治产生影响。

变更封国的地点，即对封国的地域进行调整，该地域因素正是封国格局中形成地域性封国集团最为基本的条件。近三百年间王朝通过对封国进行徙封，来调整不同地域间的政治力量对比，以使封国格局

[1] 许倬云：《西周史（增补二版）》，北京：生活·读书·新知三联书店，2012年，第168页。

[2] 陈槃：《春秋大事表列国爵姓及存灭表撰异（三订本）》"后叙"，上海：上海古籍出版社，2009年，第30页。

朝着对王朝有利的方向发展。对徙封加以研究，能够在不同的时间平台上观察当时整个王朝封国格局，而又可以将不同时段地域间的态势贯穿起来，从而把握整个西周封国格局演变的动态过程。

但许氏所列顾氏的考证，也存在一些问题。各封国迁移，从现象上看都是由一地移至另一地，但实际上，各国迁移的背景各不相同，有的是封国受命于周王对所封之地进行改换，有的则是封国出于自身原因进行迁移，有的仅仅是都城的变化。西周封国的封地面积虽然在分封后可以随着国家的开发而有所拓展，但所封地理位置作为受封的一项重要内容，在王朝对封国还存在着较强控制力的西周时期，其迁移转换——特别是关乎王朝安全或发展的重要军事要塞、交通线等地点上的国家迁移变化——恐怕不会随意而为。这种地点的变更，即使没有直接的材料证据，也应该承认其是接受王朝命令的结果。上面所列 60 余国诸种状况混杂，国家的迁移与都城的迁移、夷狄族群的迁移与封国的迁移未加区分，问题虽已提出，但依然面目模糊，难以真正把握现象背后的历史脉络。

在封国地点变化问题的研究上，以往学者多从某个具体国家入手考证其地理转换，在研究过程中往往因为古地理学中"同名异地"与"同地异名"的难题而使得论证繁难。当然，其间也形成了很多不易之论。但从西周政治史的研究角度，我们最为关注的是，王朝对哪些封国进行了徙封？这种徙封伴随着周王朝怎样的历史进程？徙封形成了怎样的封国格局？对周代政治又产生了什么样的影响？封国是西周政治框架中最基础、最重要的部分，西周政治的重大事件和重要变革几乎都会涉及封国或依托于封国展开，以往研究对于封国政治发展的这些细节鲜少考究，对西周历史进程的描述也难免限于宏大叙事。本文希望能缩小尺度，比较精细地从封国角度展开对西周政治史的分析。

封国是最具先秦时期时代特征的政治地理问题。封国的存在，使得先秦时期的政治与秦汉以后的统一帝国郡县制明确分开。封国分封地点的选择体现了早期人类对环境的选择和适应，而封国迁移中异质的耕作方式和文化进入一地又必然会对当地环境产生影响。随着封国的发展，河流流域间逐渐发生了政治联系，且地理上形成的密集封国区域对后世一些地理观念及早期地理文本的形成也都产生了影响。这样一系列问题不仅是对封国地理问题逐层的深入开掘，也可以说展现了整个中国早期历史地理问题的逻辑线索。周振鹤曾经谈及政治地理学研究需要探索的一个内容是"政治家利用地理因素解决政治问题的具体操作过程"，[1] 西周封国徙封问题的研究，可以说是这个角度的一项实践。

研究封国徙封，可以对西周一些主要封国在始封时承担的王朝政治任务加以回溯，进而为此后各封国在独立发展中所呈现的不同特点寻找某些根源性的原因。这是历史地理视角与政治史视角互动的一次研究尝试。以往有关周王朝分封诸侯国的目的，叙述比较笼统，常常会"一言以蔽之"，"封建亲戚，以藩屏周"[2] 重复出现在千年以来的各种文本当中。但这种拱卫藩屏的作用在各个封国的身上如何实现？王朝对于不同地点的封国，是否赋予不同的任务？这些问题，实际上都应该在研究封国历史时加以注意。当然，这方面的材料确实很少，但如果我们在研究徙封时能将单独的国家置于整个封国格局之内通盘考察，那么每个封国所处的位置和面临的环境就能够看得比较清楚，封国在王朝政局中的角色和任务也就有可能被把握到。

已有研究对封国后来所展现的不同面貌也都十分关注，但从最初政治角色和任务的角度来分析的文章不多。其实，这是一个很重要的角度，能够为封国面貌的形成提供某种更为深刻、同时具有时间和空

---

[1] 周振鹤：《建构中国历史政治地理学的设想》，《历史地理》第 15 辑，上海：上海人民出版社，1999 年，第 3 页。

[2] 杜预注，孔颖达疏：《春秋左传正义》卷 15，僖公二十四年，阮元校刻：《十三经注疏（附校勘记）》，第 1817 页。

间两重维度的解释。通过对徙封的研究，我们能够梳理封国的地点变迁，廓清西周封国地名混杂、地点不清的情况，从而为各个历史时期政治事件的发生提供一个地理的舞台。

而受封初期封国的特性，不论是地域上的还是政治上的，都可能会对封国在未来发展的走向产生影响。春秋时期，各封国已经在各自的政治、文化等方面展现出了一定的特色，这种特征到了战国时期则更加鲜明。其中最著名的例子是齐、鲁两国的区别。鲁国本封在今河南鲁山，徙封在周公东征以前，地点是今山东聊城一带。这一地区是山东与王朝联系的枢纽地区，王朝将鲁徙封至此，是为了牢牢掌控这一要地，并以此地作为东方战场的后盾。所以，鲁国是王朝在东方地区的政治代表，在面貌上需要保持周人的特征。而其后，鲁国的政治文化面貌深受周王朝影响，一直是最具周人政治文化特征的国家，即"周礼尽在鲁矣"。[1] 而与其毗邻的齐国，本封在山西霍太山，东征战争之中徙封至山东潍弥河流域，此地是东夷势力的核心区，王朝将齐徙封至此，就是为了能够顺利攻克并占领这一地区。所以，齐国可以算是王朝在山东地区军事力量的代表，而不以政治文化为重。[2] 所以，齐国在后来的发展中，充分吸收了东夷地区的文化，"因其俗，简其礼"，[3] 后世在政治文化面貌上与鲁国有很大的差异。

西周时期非常特殊，各个地点的地名实际上还处于增加和变化的过程中，以往对封国徙封的研究长期以来都不充分，故对于导致地名变化的原因和变化的进程都不够明确。而在考清一些封国徙封的情况后，我们就能够知道，一些地名的出现和转移是在什么时间、通过怎样的路线发生的，如果我们的工作做得足够好，有可能为西周史研究提供更好的地理舞台。

---

[1] 杜预注，孔颖达疏：《春秋左传正义》卷42，昭公二年，第2029页。

[2] 详考参见下文"鲁国""齐国"节。

[3] 司马迁：《史记》卷32《齐太公世家》，第1480页。

二、徙封与西周政治地理的结构—过程

西周的空间范围，主体为今陕西、河南两省全境，兼及山西南部、河北南部、山东西部、江苏北部、安徽北部、湖北东部和甘肃东部。从山脉上看，西周王朝政治疆域西部有六盘山地，东部有沂蒙山地，北部有燕山山地，南部有江南丘陵，疆域腹地则包括太行—中条山地、秦巴山地和伏牛—桐柏—大别山地。从流域上看，主要包括渭水流域、洛水流域、汾水流域、沁水流域、济水流域、泗水流域、汉水流域和淮河流域，也兼及海河流域和长江流域。

分封制是西周政治的基本框架，封国是西周政治的基本单元。同姓、异姓、庶姓是西周封国的基本分类，三类封国在政治地理的功能上分别侧重于农业、交通和资源。

西周封国在空间上是动态的，封国变动不居，迁移变动并非偶见。这首先是一种时代特征，在编户齐民的秦汉时代来临之前，各政治单元的流动性可能远比目前已认知的要显著。流动性大，涉及面广，引起位置变化的原因和形式也较多元。在先秦文本中，对于封国地点改换的记载和表达是多种多样的。其中相对直接的材料有宜侯夨簋、邢侯簋，以及《诗·閟宫》《诗·崧高》两篇周代宗庙祭祀诗。这些文献同时涉及西周封国迁移的一些共同细节特征，能够互证，但描述时使用的词汇却比较多样，并未标准化。而后世文本中，封国位置变化则多被概括为"徙封"，并且被认为主要由周天子主导，存在直接的政治或军事目的。"徙封"虽然是战国以后形成的一个概念，但所指代的内涵确实是西周封国位置变化诸多起因中涉及封国数量最多、政治影响最直接的。西周王朝通过对封国持续不断的徙封来有针对性地解决问题，完善统治天下万邦的政治格局，分封制也伴随着徙封及各类封国位置的调整逐渐完备。

从政治地理演进过程的结果来看，周王朝的政治疆域大致呈现为

"王畿""小东""大东""畿南"四大区域，在动态过程中还曾出现两个小片区：小东的附属地区"晋南"和畿南的附属地区"南阳"。西周王畿的主体是宗周与成周两个王都之间的狭长地带。在西周封国动态发展过程中，王畿没有徙入封国，而是各姬姓封国初代封君所出之地。王畿被封国区环绕，与封国区互动，边缘一直是变动的。

西周的小东主体为古黄河荥阳以下河道两岸、太行山东麓二级台地，北界为燕山，南界为荥泽，东界为济水古河道，西界为太行山。西周的大东主体为鲁西南山地四周，北界为济水，南界为淮水，东可达海，西界大致在古汴水、鸿沟水一线。畿南则包括宗周王畿以南的汉水流域和成周王畿以南的淮河流域，以及淮河流域与汉水流域之间的连接地带——蝶形盆地南阳。

在周公成王东征以前，晋南是西周建国之初势力拓展的目的地。它处于宗周与"小东"两处政治、经济最繁荣地区之间，是丰镐与大邑商两大邑落群之间的桥接地带，武王时期于此地封有多个姬姓诸侯，这一地区是这一阶段政治地理布局的重心。而成康时期，在政治地理的重要性上，"小东"变化最为剧烈。"小东"的范围原本是晚商政治版图的核心区，包括安阳殷王族区、郑州商遗民区和沁阳田猎区。东征后，"小东"徙入四个封国，分别是卫、邢、燕、韩，虽然全部都是姬姓封国，但随着雒邑的设立，成周王畿的发展，"小东"的政治功能上逐渐边疆化，地位也逐渐边缘化。这一阶段重要封国自晋南徙出，晋南也一度成为王朝政治疆域的边缘。

到昭穆时期，"大东"地区在王朝政治地理演进过程中凸显出来。"大东"的范围包括晚商的商丘旧族区和东方夷人区。西周徙入"大东"的封国有鲁、郕、邿、茅、吴五个姬姓封国，齐、杞、宋三个异姓封国。在山东西部大片湖沼北侧的菏泽、济宁一带，以及与之相连的河南商丘地区，原本生活着华夏旧族。山东半岛东北部的潍弥河流域，原本生活着东夷人群。昭穆时期，王朝强势扩张，持续通过军事行动来巩固对"大东"的控制，周王朝的封国牢牢控制了当地。在王朝的重压之下，夷人迁离，沿淮西进，带动了淮河北岸的发展。

在懿孝夷时期，"畿南"地区在王朝政治地理演进过程中凸显出来。"畿南"的范围包括宗周以南和成周以南的大片地方，徙入有蔡、唐、随、沈、蒋、榖、聃等姬姓封国，以及陈、鄂两个异姓国。"畿南"区域可以分成中、东、西三大部分。东部是汉淮地区，属淮夷势力范围。中部是随枣走廊亲周封国区和淮河中上游亲周封国区，是姬姓势力范围。西部是楚及汉水流域土著区，周王朝影响力有限。三大部分中，王朝最早实现对中部的控制，其后通过徙封在大别山东麓建立了稳固的亲周势力。懿孝夷时期，畿南东部原本边缘地带的诸淮夷国族，迁入淮河中上游，经济活跃，成为供应王朝物资与资源的"帛贿"之臣。畿南西部的楚势力，曾一度与周王室合作，但经历昭王南征后，与姬周王室渐行渐远。

到宣幽时期，"南阳"地区在王朝政治地理演进过程中凸显出来。这里曾经是"畿南"的一部分，其区位重要性是在畿南大区域格局内发展出来的。在西周末年，王朝与淮河流域的嬴偃群舒、淮夷，汉水流域的楚及诸芈等异族关系恶化，"畿南"的东、西两部分基本失控，王朝疆域的南界回缩至南阳盆地到陈蔡一线。在这种形势下，南阳盆地由原本交通线上的过境地带转变为南方边境。在西周，徙入南阳盆地的有邓、唐、鄂（噩）、申、吕五个封国，全部都是与天子有姻亲关系的异姓之国。随枣衰落，南阳崛起，姬姓势力范围由周初的强势扩张转向了回缩，西周王朝的政治地理经历了一个周期，进入下一阶段。

三、封国政治地理结构—过程的三个塑造

成规模、大范围的封国位置变动，势必会对其所处时代产生全方位的影响。中国由氏族政治向成熟的国家政治转变的过程，是通过地理上的变化调整完成的。但封国的空间变动、演进的意义不仅限于地

理方面。西周二百七十五年间政治地理的结构—过程，塑造了有周一代的区域、制度和文本，影响了有周八百年，甚至远及整个中国古代历史。

西周封国政治地理结构—过程的区域塑造。动态下的西周王朝政治地理空间，经历了克商后和东征后两大发展阶段，以成康、昭穆、懿孝夷、宣幽四段的节奏展开，在商代政治地理格局的底图上，发展出自己时代的政治地理区域。前一个阶段，经过克商后的分封，商末的五个区域演变为武王阶段的八个小区域，这些小区域的分布集中在黄河中游，看不出比较完整的结构。后一个阶段，经过了东征后的封国徙封和各种迁移，八个小区域逐渐演进为四大区域，地理范围由黄河流域拓展到淮河流域和长江中游。西周末年的政治疆域大致呈现"王畿—四土"形态，整个王朝的空间秩序则发展成"王畿—封国"组合型的基本政治地理结构。

西周王朝最初以与天子的血缘亲疏形成的礼制等级，作为封国权力大小的区分原则。经过两百多年的运行，礼制等级仍然存在，同时军事、经济实力及与周边其他封国的关系，也成为影响封国在王朝中政治地位的重要内容。在一些封国集中的地区，各国因为地利之便建立了紧密联系，一些封国成为区域主导者，地缘要素对于政治活动的影响越来越明显，并成为春秋时以"五霸"为代表的区域霸主出现、轮替的地理基础。

西周封国政治地理结构—过程的制度塑造。西周王畿与封国的发展，孕育出区别于商王朝的"姬周型制度"。"姬周型制度"是显著区别于商代的一套属于周人自己的制度，是"王畿—封国"组合结构运行的成果。成王为应对政治意外，并占领新获土地，将姬姓子弟远徙。其后历代徙封，也多带有显著的开疆辟土之意。周王朝借助对封国的徙封，建立起了真正由姬姓周人主导的统治，周天子由此"非复诸侯之长而为诸侯之君"，西周的分封制也才真正成为后世意义上的分封制。

中国由氏族时代相对自然的社会规则向早期国家政治的转变，是伴随地理上的变化调整完成的。姬周型制度的一个核心在于分封，而西周封国的流动性相比后世如西汉初年诸王国显著。整体看，西周封国始终在变动、拓殖，并在"军事殖民"的过程中培育出了以国野制为面相的"姬周型制度"在封国方面的各种特点。其后"封国"与"王畿"共同组成的西周国家内，天子与各封国的关系由合作向统治发展，各政治单元之间的关系由松散向有序发展，组织方式上由贵族组织属民的封邑向官吏统治编户齐民的郡县发展。经过两百多年的运行，西周初年以血缘亲疏为原则分类的同姓、异姓、庶姓封国，在功能上分别呈现出农业、交通和资源方面的特点，各尺度区域的社会属性都在不断强化，西周的各类制度在这样的趋势下日渐成型。

西周封国政治地理结构—过程的文本塑造。《禹贡》是西周政治地理结构—过程影响下的文本，也可以作为反观西周区域发展历史过程的依据。在姬周型制度没落、蜕变的战国时代，华夏地理文献经典《禹贡》成文。在《禹贡》体系内，三代疆土以山、河为界划分为"九州"。西周"王畿"的主体，与《禹贡》雍州、豫州大致对应；"小东"的主体，与《禹贡》兖州大致对应，也与冀州密切相关；"大东"的主体，与《禹贡》青州、徐州大致对应，也与扬州密切相关；"畿南"的主体，与《禹贡》荆州、扬州有关。文献中的"九州"，有现实素材，也有理想设计，呈现出一种介于西周"区域"与秦汉"政区"的中间状态。

四、封国研究的过程视角与分区方法

区域是分析政治地理结构—过程的基本单元，分区是地理问题研究的基础工作。区域之间的关系组成了西周政治地理的结构，区域的变动构成了西周政治地理的过程。西周政治疆域的分区，前辈学者已经有过一些重要研究。谭其骧先生主编的《中国历史地图集》西周时期图，是西周封国位置、分布研究成果的整体呈现，是周王朝政治地理结构研究的重要起点。遗憾的是，限于当时的技术条件，西周二百七十五年间的封国发展在地图集中只能通过一张图来静态呈现。若能梳理出西周封国空间发展的节奏，多几个图层，西周空间发展的历史将能呈现得更充分。另外还有一个遗憾是分幅问题。《中国历史地图集》中的西周时代并未像其他时代一样以政区为基础设置若干分幅，没有以分幅的形式呈现西周时代的政治地理分区。不过《中国历史地图集》春秋时期图组，除全域图外，另绘有五个分幅图，分别是秦晋、郑宋卫、齐鲁、北燕和楚吴越，可以理解为谭先生对春秋时期政治地理格局的分区意见。春秋时期的区域自西周发展而来，可以作为理解西周政治地理分区的依据。[1]

伊藤道治也曾在《中国古代王朝的形成》一书中，将西周疆域划分为七个区域，其中虽然没有把宗周到成周之间的王畿单独划出，而是割裂王畿分属不同区域，但其划分依据是姬姓封国分布状态，这个视角对于把握西周政治地理格局的区域结构很关键。伊藤氏的分区及其著作中所绘的分区图，也是研究西周政治地理结构的认识基础。[2]

若想动态地、比较细致地讨论西周封国政治地理问题，传世文献能提供的信息确实不太够，还需要考古发现互相配合。考古学视角下的分区也是西周各阶段政治地理分区的重要依据。刘绪老师在《西周疆至的考古学考察》中将西周疆域分为"四土"："北土"包括太行山东麓到晋南；"西土"以渭河谷地为主体，北界自宁夏固原到陕西洛川，南界不过秦岭；"东土"即山东的鲁西南山地及半岛；"南土"包括汉水之阳，江苏北部在西周早期也属于周王朝的统治范围。[3]

---

[1] 谭其骧：《中国历史地图集》，北京：中国地图出版社，1982 年，第 15—16、20—30 页。

[2] [日] 伊藤道治：《中国古代王朝的形成》，东京：创文社，昭和五十年（1975 年）。

[3] 刘绪老师：《西周疆至的考古学考察——兼及周王朝的统治方略》，《青铜器与金文》第 1 辑，上海：上海古籍出版社，2017 年，第 261—273 页。

刘绪老师的分区建立在考古发现的坚实基础上，"四土"的至点是建立有关西周疆域分区认识的重要依托。

对西周的区域疆界和封国位置地点的认知，前辈学者已做了很多工作。本研究希望在既有分区的基础上，进一步融合文献研究和考古发现，从政治态度取向的角度、以封国为基本单元进行综合分区，分阶段绘制拓扑图，对封国徙封与迁移带动下西周政治区域的演进过程加以分析。在上述分析基础上，结合西周封国空间变化的时间点以及西周王朝发展的历史节奏，形成对西周政治地理结构—过程的完整认识。

第二节　相关研究成果

传统史学阶段，先秦封国的相关问题表述——"封建"，一直是典章制度类的重要内容。在以《文献通考·封建考》[1]为代表的史部政书中，一般将"上古至周封建之制"列为首篇，分成两大问题：一是封建之事，二是畿服之制。封建之事主要辩证舜分封之事，畿服之制则讨论封国广狭与五服职贡。但总体看，基本都是三言五语，且都是定说定见相袭。除此之外，传统史学对于封国问题机制性的讨论，则多离不开治乱兴衰，从柳宗元到顾炎武皆如此。[2]清代朴学兴盛，对各封国地望均详加考据，但对封国地理仍涉及不多，如顾栋高《春秋大事表·春秋列国地形犬牙相错表》，虽称地形，考证的却

---

[1] 马端临：《文献通考》卷 260《封建考一》"上古至周封建之制"，北京：中华书局，1986 年，第 2059—2064 页。

[2] 柳宗元：《封建论》，董诰、阮元等：《全唐文》卷 582，北京：中华书局，1983 年，第 5875—5877 页。顾炎武著，黄汝成集释：《日知录集释》卷 22《郡县》，上海：上海古籍出版社，2006 年，第 1238—1244 页。

仍是各地春秋时所属何国、如何接壤等。[1]

　　汉代以来对于先秦封国的大量考证虽然不够系统，但很丰富。从汉魏至唐宋历代经注中，[2] 注家对一些封国的地点进行过反复考证。清代顾栋高《春秋大事表·列国爵姓及存灭表》将春秋封国尽数列出并加以考证，是乾嘉时期对封国研究最全面的书籍。20 世纪下半叶陈槃对顾氏考证又进行匡订，著有《春秋大事表列国爵姓及存灭表撰异》，[3] 对于顾表涉及之封国相关文献逐条加以汇总、梳理，对地点、族属、始封、灭国等问题进行细致考证，另著《不见于春秋大事表之春秋方国稿》加以补充，[4] 将周代封国基本囊括。陈槃这两部书，既是先秦封国考证成果的汇编，也是研究封国问题的资料索引。而借助出土材料考证封国问题的成果中，以任伟《西周封国考疑》最有代表性，[5] 虽然涉及封国不多，但考证的结论比较扎实。

　　总的来看，在本书底稿的撰写期间，也就是笔者博士学位论文2008 年写作完成之前，封国研究中政治史视角的问题意识仍占据主导，地理学问题的展开还远不够充分。当时笔者十分希望跳出政治史研究的窠臼，希冀通过对先秦时期封国地理问题的研究，来建立对早期地理空间面貌和人地关系的基本认识，从而为先秦历史研究及秦汉以后相关的地理、观念等问题的研究提供一个基础平台。这种努力在当时非常困难，因为学术界对封国的关注和认识还都比较初步，出土材料提供的信息也非常有限。

　　在其后的十年，受多处重大考古发现的影响，西周封国研究拥有

---

[1] 顾栋高:《春秋大事表》卷 6《春秋列国地形犬牙相错表》，北京：中华书局，1993年，第 609—688 页。

[2] 如《尚书》孔安国传、孔颖达正义，《左传》杜预注、孔颖达正义等，对不少封国的地望等问题加以考释。参见孔安国传，孔颖达疏:《尚书正义》，杜预注，孔颖达疏:《春秋左传正义》，阮元校刻:《十三经注疏（附校勘记）》。

[3] 陈槃:《春秋大事表列国爵姓及存灭表撰异（三订本）》。

[4] 陈槃:《不见于春秋大事表之春秋方国稿》，上海：上海古籍出版社，2009 年。

[5] 任伟:《西周封国考疑》，北京：社会科学文献出版社，2004 年。

了一定的热度，也实现了一些推进。但相比这一阶段先秦史研究领域最繁荣的战国简释读，西周封国研究仍然是较为边缘的话题。具体来看，与西周封国徙封相关的既有研究成果可包括以下诸类。

一、传统史学下的"封建"问题

分封的问题，在中国传统历史研究中称作"封建"。关于"封建"的讨论，较多见于史部和经部文献。在传统史学下，"封建"的讨论主要见于史部，而且在以"十通"为代表的政书中出现最多。所讨论的内容多是关于"得失"的政治评价问题。对于"封建"的评价大致分为两派。一派以政治家为主，代表人有李斯、贾谊、李百药、颜师古、柳宗元、苏东坡、范祖禹等，他们认为"封建"之制造成地方离心，封国之间战乱频繁，中央难以很好地控制地方，流弊甚广。[1] 另一派则对"封建"当中的积极一面努力加以发掘，对于"封建"作为一项制度持一种基本肯定的态度，代表人物有黄宗羲、顾炎武等人。[2]

在经部内也有关于"封建"的讨论，比较多出现在清代，受整个时代考据学风盛行的影响，各方面内容都有考辨发微。"封建"问题除政治得失之议外，也是经学考证之题。不过清代学者研究成果多散见于著述章句之中，不够系统，成就突出者是康熙年间的顾栋高，其《春秋大事表》历来为治古史者所称道。其中《列国爵姓及存灭表》

---

[1] 李百药：《封建论》，董诰、阮元等：《全唐文》卷143，第1444—1446页；颜师古：《论封建表》，董诰、阮元等：《全唐文》卷147，第1491页；柳宗元：《封建论》，董诰、阮元等：《全唐文》卷582，第5875—5877页；苏轼：《论封建》，《苏东坡全集》续集卷8，北京：中国书店，1986年，第258页；王夫之：《读通鉴论》卷20《唐太宗·二》，北京：中华书局，1975年，第683—685页。

[2] 顾炎武著，黄汝成集释：《日知录集释》卷22《郡县》，第1238—1244页。黄宗羲：《黄宗羲全集》（第一册）《明夷待访录未刊文·封建》，杭州：浙江古籍出版社，1985年，第418—420页。

相对完整地梳理了西周封国问题。[1] 在表中，顾栋高共列举出文献
中涉及的春秋时期仍存在的 210 个封国[2]，考证了各国的姓氏、爵
位、始封、地望、存灭国等一系列问题，第一次较为系统地梳理了关
于西周封国的文献资料，为以后研究西周封国问题打下了很好的
基础。

综观传世文献中"封建"一词的内涵和语境，以及传统史学对于
封建的理解和讨论，虽然切入点不一，大致不出"封土建国""封爵
建藩"的含义。而随着"五种社会形态"理论的引进，出现了西文
"Feudalism"（封建制）和中文"封建"的对译问题。从 20 世纪 30
年代起，中国学术界开始比较普遍地以"封建"一词表述人类社会发
展诸形态中的"封建社会"及相关特征。现代史学展开了关于"封
建"的新讨论，传统史学未曾提及的社会动力、人群身份、生产方式
等问题一度成为研究热点。在"封建"一词下，包含传统与现代两
套内容：一套是延续清人研究，继续廓清对周代分封的各类细节和
过程认识；一套是在分期问题框架下努力探索公元前 11 世纪到公元
前 3 世纪之间的社会性质和生产方式。本书是立足于西周封国空间
变化过程、梳理西周时代制度内容的研究，问题和概念大量继承传
统史学，在这样的脉络里，西周的"封建"在文字表述上几乎可以
等同于"分封"；而现代史学下的西周"分封"问题，前辈学者亦
有丰富研究。

二、现代史学下的"分封"问题

周代的分封研究进入现代史学研究阶段以后，在二十世纪初，王

---

[1] 顾栋高：《春秋大事表》卷 5《列国爵姓及存灭表》，第 561—608 页。
[2] 包括族。陈槃认为是 209 国。

国维、[1] 梁启超、[2] 顾颉刚、[3] 傅斯年[4]等几位著名学者都进行了探讨。所涉及的问题已经与传统史学下的分封问题有了很大的区别。在分封的综合性问题方面，涉及商代是否存在分封制，周代分封开始的时间，分封的原因、结果，周初分封的情况以及分封制下的爵制等问题，这些问题在之后的很长时间中都是学者所关注的分封制的基本问题。新中国成立后的50余年中，学者在前人专家已有的研究基础上对于分封制的综合性问题展开了进一步的深入研究，特别是在20世纪90年代以后，提出了诸如姬姓国家之间的关系、分封下的西周王权等一些前人没有很好研究的问题，为分封制的研究提供了新的视角。

西周封国问题在传世文献中属于正史、政书系统，在现代史学下也是经典的通史话题。主要的中国古代史、重要的先秦史著作，都会谈及这个问题。由于这类著作中的一些成为教材，其中的观点深刻影响了后来的研究。

翦伯赞所编《中国史纲要》是20世纪80年代以后各高校历史系中国古代史通史课程最通用的教材，对西周分封制的介绍简单扼要，基本上是将《左传》定公四年所载鲁、晋、卫分封情况提炼为西周分封仪式的基本内容，即周王通过授民授疆土册封诸侯。并结合对唯物史观中封建社会形态的理解，阐述封建制的运行情况，如诸侯对天子有镇守疆土、捍卫王室、交纳贡物、朝觐述职、参加战争等义务，并认为诸侯还可以将土地和人民再向下分封给卿大夫。通过层层叠叠的

---

[1] 王国维：《殷周制度论》，《观堂集林（附别集）》卷10《史林二》。

[2] 梁启超：《梁启超论先秦政治思想史》第五章《封建及其所生结果》，北京：商务印书馆，2012年。

[3] 顾颉刚：《周室的封建及其属邦》，《顾颉刚古史论文集（三）》，北京：中华书局，2010年。

[4] 傅斯年：《论所谓五等爵》，《"中研院"历史语言研究所集刊》第二本第一分册，1930年，后收入《傅斯年全集》第3册，台北：联经出版事业公司，1980年。

分封，构成以周天子为首的等级制度和封君间的从属关系。翦伯赞还将周初分封的对象分为同姓子弟、周人的亲戚和小国首领三类，这是超出具体内容对西周分封在宏观和结构层面的分析，但遗憾的是并没有进一步展开。[1]

杨宽的《西周史》是20世纪90年代出版的断代史专门著作，延续了80年代通史叙述的视角。书中认为周人的分封开始于文王，在克商以前，周人已经开始在关中故地分封，武王克商以后三监的设置也属于分封。而周公东征以后进行的是更大规模的分封，周人通过分封消除殷遗民势力，确立和推广了乡遂制度。杨宽认为，周公分封在地域分配上是有区别的，把条件优越的中原地区分封给了姬姓诸侯，将偏远地区分封给了异姓诸侯。杨宽的阐述，设置了叙述西周分封情况的基本框架，提出了一些现代史学从通史角度讨论西周分封制时很重要的基本话题。[2]

20世纪80年代，台湾学者许倬云的《西周史》出版，这是一部十分注重利用出土金文材料阐述西周时代政治、经济、社会现象的断代史著作。在周初部分，有不小的篇幅专门梳理和讨论分封制问题。除了与翦伯赞大致相同的关于周初分封基本内容的陈述外，还提出周分封的实质是在各地区建立周人、殷人旧族及当地土著"三结合"的权力，而为了维系被分封到各地的封君（主要是姬姓封君）与周王室的紧密联系，周人建立了宗法制。同时，周王朝还配合分封建立了一套礼制，来规范统治阶层内部的等级秩序，使封建层级关系兼及君臣

---

[1] 此书初版于1979年，先秦史部分最初由吴荣曾按战国封建论执笔，后翦伯赞改按西周封建论重写西周至战国部分，未及脱稿而终，最后由吴荣曾重行整理修订而成定稿。见邓广铭：《关于本书的几点说明》，《中国史纲要》，北京：人民出版社，1979年。关于封国的相关内容见第33—36页。本书经1982年和2006年两次修订，目前通行的版本是2006年由北京大学出版社出版的增订本。除个别表述外，增订本关于封国的内容基本与初版一致，见翦伯赞主编：《中国史纲要（增订本）》，北京：北京大学出版社，2006年，第24—26页。

[2] 杨宽：《西周史》第三编第四章《西周初期的分封制》，上海：上海人民出版社，1999年，第373—394页。

与宗族两方面。最重要的是，在这本著作中，第一次提出了西周封国"徙封"的现象。许倬云认为，周初多封国徙封，但这一过程到成康时期基本结束。各国徙封的路线基本是由河南的始封地迁往东方或南方，徙封原因一方面是周的分封"授民"重于"授土"，所以各国每多迁移；另一方面是为了戍守新获领土，作为王朝藩屏。[1] 这一论述，将西周分封活动及相关制度纳入王朝历史的动态进程中进行理解，很多具体论述都颇能启发思考。

也是在 20 世纪 80 年代，台湾"中研院"历史语言研究所组织编著的《中国上古史（待定稿）》则是成于众手的上古史断代著作。与断代史以时间作为主线的写作方法不同，这套著作以专题为基本形式。其中封国问题主要在《两周编之一：史实与演变》的第三、四节《周代封建的建立：封建与宗法》和第六节《列国简考》中，主笔人分别是杜正胜和陈槃。杜正胜分析周封建的性质，将其认定为武装殖民，通过分封建立了成周、卫、齐、鲁四个据点和三道战线。宗法制的产生与分封相关，成康之前主要以昭穆制为据，成康之后改以大小宗为据。这些论述勾勒出了分封制与宗法制——西周两大制度起源与发展的大致线索，将周初封国"军事殖民"的性质点透，揭示了分封现象的动机问题。而陈槃详细考证了 158 个西周封国的国、爵、姓、始封地、都、存灭等状况，对西周封国做了最全面、最精细的梳理，为以后的研究提供了资料基础。并且，陈槃在文献考证的基础上，也提出了西周封国徙封的问题。虽然不如他的专著《春秋大事表列国爵姓及存灭表撰异》和《不见于春秋大事表之春秋方国稿》中详细，但

---

[1] 本书初版于 1984 年，关于封国的内容集中见于第五章《封建制度》，见许倬云：《西周史》，台北：联经出版事业公司，1984 年，第 139—175 页。1988 年耶鲁大学的英文版对原书内容进行了扩充，并据此完成中文的增订本，分别由联经（1990）和三联书店（1994、2001）出版，（参见李峰：《西周考古的新发现和新启示——跋许倬云教授〈西周史〉》，许倬云：《西周史（增补二版）》，第 359 页。）目前通行的版本是北京三联书店出版的增补二版，关于封国的内容见许倬云：《西周史（增补二版）》，第 159—192 页。

利用重名地名判定封国徙封现象并分析可能路线的方法，还是为徙封问题的研究提供了最重要的一个方法。[1]

总的来看，上述几部经典著作都还主要是从通史角度阐述西周分封问题，都或多或少带有教材的性质，虽然各有贡献，但实际上都更偏重在出版时代已经形成共识的基础内容，比较追求结构完整、阐述持中。现代史学阶段对于分封制各方面具体问题的专门讨论，主要还是在一些论文和专著中展开的。

1. 分封制度与社会规则

有关分封制产生原因的讨论，与传统史学话题的延续性很强。王国维认为，分封制是嫡庶制的辅助制度之一：“周人制度之大异于商者，一曰‘立子立嫡’之制，由是而生宗法及丧服之制，并由是而有封建子弟之制、君天子臣诸侯之制。”[2] 他认为，商代由于王位是兄弟相及的，所以不需要将时王的兄弟们分封出去；而周人由于实行嫡长子继承制，则需要把其余的兄弟分封出去。王国维的看法是偏重以周人内部传统作为分封动力的一种解释。郭沫若认为西周大分封是一种比较原始的“部落殖民”。[3] 李志庭则认为“分封就是分赃，是划分势力范围，是权利的分配”。[4] 杨善群认为目的有三：1. 建立藩屏，护卫王室；2. 稳定政局，镇抚各族；3. 抵御外侮，巩固边防。[5] 黄中业认为简而言之就是“以藩屏周”。[6] 这四位学者的解释偏重外部需求。实际上，西周分封是一个过程，在不同时间应对不同的情

[1] “中研院”历史语言研究所中国上古史编辑委员会编刊：《中国上古史（待定稿）》第 3 本《两周编之一：史实与演变》，台北：“中研院”历史语言研究所，1985 年，第 53—184、207—280 页。

[2] 王国维：《殷周制度论》，《观堂集林（附别集）》卷 10《史林二》，第 453 页。

[3] 郭沫若主编：《中国史稿》第一册，北京：人民出版社，1976 年，第 223 页。

[4] 李志庭：《西周封国的政区性质》，《杭州大学学报》1981 年第 3 期，第 53 页。

[5] 杨善群：《关于西周分封制的几个问题》，《求是学刊》1984 年第 3 期，第 79 页。

[6] 黄中业：《西周分封制在历史上的进步作用》，《社会科学战线》1986 年第 3 期，第 160 页。

况。虽然学者们的讨论从解释内容上看是多元的，但或多或少都带有一定的目的论色彩。如果把对原因的讨论转化为对过程的追溯，也许因为贴近西周分封的实时状态而能够给出更有价值的学术成果。晁福林师十分注重在制度脉络中理解西周分封的重要意义，他认为，分封是一个变化过程，西周的意义在于它是方国联盟制与君主郡县制之间过渡的关键时段，西周分封的实施是联盟制后中央与地方联系过程中"不可或缺的重要一环"。[1]

分封后形成的权力结构，是现代史学关于西周分封制的另一个话题。天子—诸侯、王—封君的权力关系，是西周权力结构的基本内容，讨论也自然围绕王朝、封国的性质和关系展开。杨善群认为封国的独立性还是比较高的，各诸侯国是周统治下比较独立的封建制国家。[2] 黄中业则认为封国是"地方政权在上级政权的隶属下实行有限的地方自治"，"天子建国""诸侯立家"与"卿置侧室"是一个系统，"王室""公室"和"家"是周王朝从中央到地方的三级国家政权，天子、诸侯、卿大夫是每级国家政权中的君主。[3] 他强调"有限自治"的内部秩序。王晖则强调天子王权，认为周代诸侯方国虽然有一定的独立权力，但在政治上仍然受到周天子比较直接的控制，西周国家是"初步有向心力的中央集权化政权"，这种新格局是成康时代的分封制所带来的新变化，为秦汉以来高度中央集权制的出现奠定了一定的基础。[4] 显然，对于封国受控的程度是否已经接近秦汉政区，学者们的看法还存在比较大的区别。从时代背景看，这一问题的

---

[1] 晁福林师：《先秦社会形态研究》，北京：北京师范大学出版社，2003 年，第405—406 页。

[2] 杨善群：《关于西周分封制的几个问题》，《求是学刊》1984 年第 3 期，第80—81 页。

[3] 黄中业：《西周分封制在历史上的进步作用》，《社会科学战线》1986 年第 3 期，第160—165 页。

[4] 王晖：《论周代王权与中央集权化的统治形式》，《学术月刊》2000 年第 9 期，第82—86 页。

讨论与社会形态的大讨论也是密切相关的。例如在李志庭的论文中，他即表述为西周封国是"我国奴隶制时代的地方行政区域"。[1]

　　王—封君及整个西周贵族体制的内部秩序是权力结构的一个层次，文献中常见的一组相关概念就是"服"与"爵"，服制与爵制也是近代以来学者继承传统史学概念和话语系统并进一步加以分析讨论的话题。顾颉刚对"公、侯、伯、子、男、采、卫"爵等的起源进行了研究，认为商代已经有了侯、伯、男的爵位，[2]傅斯年也认为"五名之称，源自殷商，不可言周制"。[3]不论起源于何时，周代的爵位都有自己的含义和权力层次。顾颉刚认为，"侯"和"男"是一个系统，都是封国的专号，"伯"和"子"是一个系统，是家族的通名。"侯"是建国于王畿之外为王守土的，"男"是"侯"疆域内封建的一些小国君，作为侯的附庸。无论诸侯或是王朝的卿士，在畿内畿外都可以称"伯"，王的儿子或诸侯的儿子称"子"，等于"男"附属于"侯"。"男"之对"侯"有主属的关系，"子"之对"伯"有长庶的分别。"公"是"君"的音转，所以侯伯子男都可以称"公"。而"采""卫"则是对旧有小国的称呼，凡是旧有小国，和王室本来不发生什么联系，而若疆土包括在某一个侯国之内，供职于王侯，称作"采"；若藩屏侯国，叫作"卫"。"采""卫"地位正和男国相等，都是侯国的附庸[4]。在傅斯年看来，五等爵最初属于亲属称谓，"公伯子男，皆一家之内所称名号，初意并非官爵，亦非班列"，但这种亲属称谓也包含权力层次，"男之对侯、子之对伯，一则有隶属之意，一则有庶长之别"。[5]傅斯年的观点看起来与顾颉刚基

---

[1]　李志庭：《西周封国的政区性质》，《杭州大学学报（哲学社会科学版）》1981年第3期，第51页。

[2]　顾颉刚：《周室的封建及其属邦》，《顾颉刚古史论文集（三）》，第491—492页。

[3]　傅斯年：《论所谓五等爵》，《傅斯年全集》第3册，第44页。

[4]　顾颉刚：《周室的封建及其属邦》，《顾颉刚古史论文集（三）》，第493页。

[5]　傅斯年：《论所谓五等爵》，《傅斯年全集》第3册，第44页。

本一致。梁启超则认为，诸侯国分为"甸""侯""卫""荒"四种，是根据地域以及与王朝关系来划分的。其中"甸"为王畿内采邑，"侯"为诸侯，"卫"为旧部落附庸者，"荒"为封建所不及之边地。[1]

可见，传统史学话语系统下服制与爵制的讨论，可以基本对应于现代史学分封等级与结构的问题。由于文献中关于服制的"侯、甸、男、采、卫"与关于爵制的"公、侯、伯、子、男"这两套说法不易辨清，所以直到 20 世纪 80 年代以后，学者们逐渐将这两个问题区别开来。王冠英认为，《禹贡》五服是敷衍《周语》而成的。殷外服只包括"侯、甸、男"，"卫"和"邦伯"只是说明"侯""甸""男"作用、性质的名词，并不与"侯""甸""男"并列。"卫"是说明外服作用的，不构成单独的服。外服的"外"，指的不是商的畿外而是邦外。周也有内、外服，也是以邦内外划分的，但殷、周的外服在是否同姓、是否裂土封建、是否有血缘关系等问题上存在相互的区别。[2] 黄中业则认为天子所辖为"邦畿"或"甸服"，诸侯分"公、侯、伯、子、男"五等，在五服中处于"侯服"或"宾服"。[3] 陈恩林师在《先秦两汉文献中所见周代诸侯五等爵》中将《左传》《国语》等传世文献中五等爵出现的情况与金文材料详细比证，认为公、侯、伯、子、男五等爵是确实存在的，并指出了文献记载与使用中的原则，对于这一问题的研究有重要的指导作用。[4]

近年来，学者从商、周礼制的延续与变迁视角出发，尝试从制度功能与生成过程的角度，对服制问题进行探索，其中张利军《商周服

---

[1] 梁启超：《梁启超论先秦政治思想史》，第 49 页。

[2] 王冠英：《殷周的外服及其演变》，《史学评林》1983 年第 1、2 期合刊，第 5—29 页。

[3] 黄中业：《商代"分封"说质疑》，《学术月刊》1986 年第 5 期，第 76—79 页。

[4] 陈恩林师：《先秦两汉文献中所见周代诸侯五等爵》，《历史研究》1994 年第 6 期，第 59—74 页。

制与早期国家管理模式》从甲骨文、金文中"服"字的使用情况入手，考证商、周时期服制的不同构成，分别梳理了商代内、外服的建立、发展及演变过程和周代服制的建立、发展过程，以此为基础讨论商末周初服制的变革，比较商周服制的异同。这项研究从动态的角度分析商、周服制，指出二者差别，在服制问题研究中向前迈了一大步。[1]

　　进入 20 世纪 90 年代以后，分封制研究除了继续以前各阶段关注的问题外，增加了周代"宗盟"[2]问题，虽然文章少，但角度很重要。"宗盟"问题的讨论是由于学者意识到除去王朝封国的关系外，诸侯国之间的关系也是重要问题。巴新生在论文《西周"宗盟"初探》中提出"宗盟"这个概念，认为"宗盟是周天子为了构筑天下一统的宗法等级秩序，以宗法制为范式，以同姓贵族与异姓贵族为对象的政权组织形式"。宗盟的组织原则是"周之宗盟，异姓为后"，也就是"周班"，出现的时间在"克殷践奄"之后。周人不只通过联姻，更借助"赐姓、胙土、命氏"这三项活动，建立对异姓贵族的血缘控制，将异姓血缘编织到姬姓宗法秩序之内，从而建立起一种泛血缘关系或拟血缘关系。[3]"宗盟"问题确实是西周分封制研究中的一个重要问题，遗憾的是这一问题在提出后并没有被继续深入研究，前人对于"宗盟"的认识以及姬姓国家之间密切而复杂的关系问题仍然有不少地方有待继续深入研究。

　　20 世纪 90 年代，西周分封问题最重要的阶段性成果《周代分封制度研究》出版。这部专著是葛志毅的博士学位论文，全书对周代分封制度进行了系统研究，尝试建立关于西周封国问题的逻辑框架。在

---

[1] 张利军：《商周服制与早期国家管理模式》，上海：上海古籍出版社，2016 年。

[2] 巴新生：《西周"宗盟"初探》，《东北师范大学学报》1997 年第 2 期，第 40—47 页。王连儒、李廷安：《〈左传〉所见诸侯婚姻中的宗姓认同与"兄弟之国"》，《管子学刊》1999 年第 2 期，第 3—5 页。

[3] 巴新生：《西周"宗盟"初探》，《东北师范大学学报》1997 年第 2 期，第 40—47 页。

对分封制相关史料作细致梳理的基础上，葛志毅提出，分封制是周代特有的政治制度，是西周王朝在吸收殷的外服制基础上为巩固统治创立的，它的出现是历史的必然。分封与册命是建立和维系周代国家统治秩序的基本政治方式，天子分封诸侯是分封制度最基本的内容，天子封国和诸侯立家是需要区别对待的两级分封过程。书的最后总结了分封制解体的社会历史原因。[1] 虽然成书年代较早，在章节和问题的设置上略显陈旧，但该书的学术贡献不容忽视。

总的来看，有关分封制度与社会规则的既有讨论，话题较多关于分封制本身，没有把分封制放在整个西周王朝政治进程当中进行分析。以往研究的一个比较大的问题是因为受到材料制约，不得不压缩分封制的发展过程，将分封制从制定之初的设计到后期逐渐发展出的配套措施等等不同时间的细节打包处理，以凝固的视角看待西周的分封制。如同我们对中国历史上其他重要制度的一般认识一样，分封制这样一项涉及面广、细节复杂的制度，不会如同后世文献记载的那样一开始就那么严密清晰。在整个推行的过程中，分封制由草创到完备，制度进展过程将呈现非常多元化、阶段性的特点。在这两个方面，可以拓展的研究空间还很大。当然，这也是制度史研究的常见问题，通过过程研究来深化对制度的理解深度，是已经被广泛接受的观念，但是研究实践并不容易展开，尤其是在材料相对缺乏的西周史研究当中。

2. 分封史实与封国史事

武王分封是西周分封开端，是常见的说法，但是文王是否有分封，商是否有分封，也是学者讨论涉及的问题。王国维的《殷周制度论》是比较全面地讨论西周几项主要的政治制度及其相互之间关系的开山之作。在分封的起始时间问题上，王国维认为，商代不存在分封，分封制是从西周开始的，"开国之初，建兄弟之国十五，姬姓之

---

[1] 葛志毅：《周代分封制度研究》，哈尔滨：黑龙江人民出版社，1992年。

国四十"。梁启超也持相同的观点,他认为,不但商代不存在分封,而且武王克殷封先王之后,也只是对旧部落的承认,真正的封建是自周公始。[1] 徐中舒则认为早在文王时代就已经有封建之实,周初封建诸侯不自武王克殷开始,但大量分封是在周公东征以后。诸侯分封是按照当时形势发展和需要次第进行的,不限于武王成王时代。[2] 而顾颉刚的观点则相反,他认为,从甲骨材料看,商朝至少在武丁之世已有了封建。商代分封功臣、王子和商王的夫人,而且已经有了侯、伯、男的爵位。封国向商王承担边防、征伐、进贡、纳税、服役等义务,"这样看来,在商代后期已经有了很完备的封建制度了"。[3] 胡厚宣根据甲骨文的材料,认为商代不仅存在着分封,而且还有侯伯男等爵位。[4]

西周封国史事中,讨论比较复杂的一个相关问题是"三监"的构成及性质。首先何为"三监",学者争议就很大。顾颉刚认为,"三监"是武庚、管叔和蔡叔,而"霍叔"说则是郑玄的妄说。"监"是监民而不是监视武庚。对于三监的疆地,顾说认为就是原来的商王畿,武王克商后将它分成三部分,北面的河北南部和中部分给纣子武庚,东面一区的河南东部、山东西南部和江苏西北部的一角封给亲弟管叔,西面一区包括殷都的河南省东北部和山东省西部封给亲弟蔡叔;周公东征以后,燕、宋、卫三国分别接受了三监的原地。[5] 齐思和则认为"三监"为管叔、蔡叔和霍叔。[6] 徐中舒则认为周初分封

[1] 梁启超:《梁启超论先秦政治思想史》,第49页。

[2] 徐中舒:《西周史论述》,《四川大学学报》1979年第3期,第89—98页;1979年第4期,第92—100页。

[3] 顾颉刚:《周王室的封建及其属邦》,《文史杂志》1941年1卷第6期。

[4] 胡厚宣:《殷代封建制度考》,《甲骨学商史论丛初集(外一种)》,石家庄:河北教育出版社,2002年,第19—81页。

[5] 顾颉刚遗著:《三监人物及其疆地——周公东征史事考证之一》,《文史》第22辑,北京:中华书局,1984年,第14—18页。

[6] 齐思和:《西周地理考》,《中国史探研》,石家庄:河北教育出版社,2000年,第27—49页。

时是诸侯、诸监并存，"监"是监视殷人，"三监"是管叔、蔡叔和
霍叔，他们分别率领周人居于邶、墉、卫三国。[1] 王室衰微，对诸
监的控制力下降，诸监逐渐变为诸侯。[2] 顾颉刚认为诸侯与诸监有
别，诸监为王室镇抚人民，自身还受到王室的节制；诸侯则独擅一
国，"用后世的名次来说，诸侯仿佛是土官，诸监仿佛流官"。[3]

20 世纪 80 年代中期，分封制下周代殷遗民的分布、社会地位和
生活状况等问题开始进入学者们的视野。对于殷遗民的研究，一般都
是利用《尚书》周初八〈诰〉的材料，但是，学者们得出的结论却
有一定的差距。1984 年李民撰写《〈尚书〉所见殷人入周后之境遇》，
提出了对于入周后殷人的地域分布和地位的问题。李民认为殷人大部
分被迁到洛邑，在入周后总体看地位比较低，虽然有一部分仍保有自
由民身份，甚至有一小部分还保有贵族地位，但大部分还是成为周人
的种族奴隶。[4] 同时，杨善群则提出相反观点，认为周吸收殷贵族
中的贤顺者进入统治系统、给广大殷民分以土地、将殷贵族中的敌对
分子迁徙教化，分别加以区别对待，没有把殷人降为种族奴隶。[5]

其后，刘起釪的观点在两者之间，认为殷遗民大部分作为"种族
奴隶"分归各封国，其中的少量贵族投附于周而作为这些殷遗民的组
织者。另外如宋和徐、奄、熊、盈等族，则整族迁地另行建国。殷民
在周，分布于洛邑、鲁、卫、唐、宋、宗周与陕境各地以及淮水、丹
水、汾水、渭水等处。[6] 彭裕商对于《尚书·多士》中记载的殷人

---

[1] 徐中舒：《禹鼎的年代及其相关问题》，《考古学报》1959 年第 3 期，第 58 页。

[2] 徐中舒：《西周史论述（上）》，《四川大学学报》1979 年第 3 期，第 94 页。

[3] 顾颉刚：《三监人物及其疆地——周公东征史事考证之一》，《文史》第 22 辑，第
4 页。

[4] 李民：《〈尚书〉所见殷人入周后之境遇》，《人文杂志》1984 年第 5 期，第 71—
75 页。

[5] 杨善群：《西周对待殷民的政策缕析》，《人文杂志》1984 年第 5 期，第 76—80 页。

[6] 刘起釪：《周初八〈诰〉中所见周人控制殷人的各种措施》，《殷都学刊》1988 年第
4 期，第 3—8 页。

身份进行了考证，认为周人所迁"殷顽"，就是《多士》中的"王
士"，是商的贵族，并且大多数是与商王有血缘关系的同姓贵族。文
献中的"多生"则是与商王没有血缘关系的异族，但当中有许多是与
商王室有婚姻关系的。[1] 任伟根据琉璃河的考古发现进行了研究，
认为虽然殷民在燕国的地位不低，仍然可以保留徽号、氏族等，但是
从一、二区墓地的墓葬情况来看，殷遗民与周人还是存在着等级差
别的。[2]

3. 封国地点与历史地理

西周封国空间动态过程在整个先秦史研究中都具有重要价值。封
国是西周国家结构的基础，徙封是封国格局最终确立的途径。通过徙
封，我们可以考察西周封国格局演变的动态过程。本书希望以徙封为
切入点，强调动态，考察西周封国政治地理的结构和变动过程。基本
思路就是从封国地理位置、空间分布的变化——徙封入手，来考察西
周分封在时段、地域等各个方面的特征，厘清分封制发展的历史脉
络，挖掘前人研究成果中不够充分的地方，补正前人研究思路上的不
足，争取在西周封国地理分布的变迁及封国格局的面貌、西周血亲原
则制度的出现和流变等问题上有所突破，从而为西周政治史的研究提
供一个更加深入细致的平台。

西周的空间问题传统上是以单独的地点考证的形式出现的，其后
也一直有大量的封国地点考证研究。封国地点考证，与出土材料密切
结合。大致可以 20 世纪 50 年代为界，此前的封国研究还主要依托于
传世文献，研究的问题主要集中在"三监"的设立以及对于东方旧国
的经略等方面。新中国成立以后，随着不同诸侯国青铜器的出土而呈
现出不同的热点。

---

[1] 彭裕商:《周初的殷代遗民》,《四川大学学报(哲学社会科学版)》2002 年第 6 期,
　　第 112—114 页。
[2] 任伟:《从考古发现看西周燕国殷遗民之社会状况》,《中原文物》2001 年第 2 期,
　　第 55—59 页。

先秦历史地理研究在 20 世纪历史地理学发轫阶段曾受到很大的关注，顾颉刚、谭其骧等老辈专家都对先秦史地表现出浓厚的兴趣，并取得了很高成就。顾颉刚就曾著有与西周封国问题相关的《周公东征史事考证》一组文章，[1] 其中一些研究成果至今还在先秦封国研究中广泛引用。另外，研究中涉及的小国还有箕、微等。顾颉刚认为西周封箕、微两国都在商的旧畿之内，箕就在山西，与朝鲜无关[2]。

在铜器铭文与西周诸侯国研究方面，首推的是"宜侯夨簋"（《集成》4320）的相关问题研究。1956 年江苏丹徒烟墩山出土的"宜侯夨簋"由于有长篇记录分封情况的铭文而受到学者们的重视。出于不同的文字释读，各位学者对于"宜侯夨簋"的定名也有不同意见，唐兰将其定为"宜侯夨簋"，[3] 陈梦家、徐中舒称为"俎侯簋"等等，[4] 前者学者们使用较多。对于器物的年代，谭戒甫认为其与传出于洛阳东北邙山的夨器是一家之器，为商人器。[5] 郭沫若、陈梦家认为是成王时器，[6] 唐兰、徐中舒则认为是康王时器。

对于器物的性质，学者们多认为与吴国的分封相关。唐兰认为，吴原称虞，宜侯夨簋是吴器。徐中舒则更加具体地认为铭文是对于康王时期将虞仲后裔改封于吴的纪录。由于铭文中"王人""郑七伯"等内容的理解涉及分封时"授民"的问题，学者们对此也进行

---

[1] 顾颉刚：《"三监"人物及其疆地》《周公东征和东方各族的迁徙》《康王以下的东征和北征》《三监的结局》《奄和蒲姑的南迁》《徐和淮夷的迁、留》《周公东征胜利后东土的新封国》等，分别载《文史》第 22、27、29—32 辑，《中国史学集刊》第 1 辑。

[2] 顾颉刚遗著：《三监的结局——周公东征史事考证四之三》，《文史》第 30 辑，北京：中华书局，1988 年，第 2—15 页。

[3] 唐兰：《宜侯夨簋考释》，《考古学报》1956 年第 2 期，第 79—83 页。

[4] 徐中舒：《西周史论述》，《四川大学学报》1979 年第 3、4 期，第 89—98、92—100 页。陈梦家：《西周铜器断代》，北京：中华书局，2004 年。其中陈梦家在《西周铜器断代》整体分期时曾将其归入成王，但眉批中又将其改为康王。

[5] 谭戒甫：《周初夨器铭文综合研究》，《武汉大学学报》1956 年第 1 期，第 163—211 页。

[6] 郭沫若：《夨簋铭考释》，《考古学报》1956 年第 1 期，第 7—9 页。

了研究，徐中舒认为"王人"是周人，也就是国人；"郑七伯"是原居周畿内"郑"地的七个贵族，王将他们及所属族众封与虞侯。[1]郭沫若则认为"王人"应该是殷王之人，而"郑七伯"应该是"甸七伯"。

刘启益、黄盛璋、李学勤等学者也都撰文进行了讨论。刘启益认为铭文中所记载的"夨"国的具体位置大体在今天陇县、宝鸡一带，夨就是吴。虞国就是吴国，虞侯夨在康王时被封于宜，春秋时期的勾吴就是虞侯夨的子孙建立的。[2]李学勤也同意宜侯夨簋为吴器，它指出吴就在现在的江苏，是太伯、仲雍所建，统治者为周人，人民为荆蛮。但他强调宜侯夨与夨器中的作册夨不是同一个人。[3]黄盛璋则不同意唐兰和刘启益的说法，认为周初的势力不可能超过汉江、淮河以南，所以丹徒不是宜国的封地。宜当在后来的宜阳。虞与吴在国名上不能相通，虞国国都在大阳之北五十里，即平陆县；而夨国既不是虞国也不是吴国[4]。刘建国在宜侯夨簋的研究上提出了与众不同的见解，他根据考古发掘资料，提出丹徒及其附近，甚至扩大到大江南北，都未见到一处真正属于周文化的遗址，而土著居民的遗存倒是普遍存在。宜国的地望不应在丹徒一带，而大致应该在中原的东部地区。丹徒地区不是西周封国，而是商时的朱方，出自东夷，在西周时仍然存在。作者对于宜侯夨簋出现在丹徒的解释是：朱方国的军队也曾参加徐国率领的远征宗周的战争，并与地处中原的宜国发生过接触或遭遇，并俘获了宜侯夨簋等宜国重器，然后又随葬于朱方国君的墓葬之中。[5]

[1] 徐中舒：《西周史论述（上）》，《四川大学学报》1979年第3期，第89—98页。

[2] 刘启益：《西周夨国铜器的新发现与有关的历史地理问题》，《考古与文物》1982年第2期，第42—46页。

[3] 李学勤：《宜侯夨簋与吴国》，《文物》1985年第7期，第13—16页。

[4] 黄盛璋：《铜器铭文宜、虞、夨的地望及其与吴国的关系》，《考古学报》1983年第3期，第295—305页。

[5] 刘建国：《宜侯夨簋与吴国关系初探》，《东南文化》1988年第2期，第94—101页。

1989 年北京琉璃河燕国遗址有了新的发现，1193 号大墓的发掘
与有铭铜器的出土使得燕国受到学者们的重视。1989 年，社科院历史
所召开了专门的座谈会，殷玮璋、张长寿、刘雨、陈公柔、李学勤、
张亚初、王世民等学者对于铭文上的"克"是否是燕侯之名、墓主为
第几代燕侯、燕侯克与燕侯旨及燕侯舞的关系等问题进行了讨论。[1]
陈恩林师发表《鲁、齐、燕的始封及燕与邶的关系》一文，根据周公
东征时战争形势的发展，对鲁、齐、燕三国的始封时间进行了考察，
认为鲁分封最早、在周公东征过程中，齐封在东征刚刚胜利之时，燕
的分封则是为征讨北逃的武庚残部；《史记》对分封的时间记载不
确。[2] 殷玮璋《新出土的太保铜器及其相关问题》、[3] 张亚初《太
保罍、盉铭文的再探讨》、[4] 曲英杰《周代燕国考》[5]《说匽》、[6]
沈长云《说燕国的分封在康王之世——兼说铭有"匽侯"的周初青铜
器》，[7] 也都是燕国研究的重要文章。

　　在这一阶段，对于齐、鲁之外的莒、莱、纪、杞等几个山东地区
古国的研究也比较多，出现了一系列的论文，如郭克煜的《有关莒国
史的几个问题》、周昌富的《莱国姓氏与地望考》、迟克俭的《古莱
国初探》、王恩田《纪、𤱅、莱为一国说》、[8] 杜在忠《莱国与莱夷

[1] 考古编辑部：《北京琉璃河出土西周有铭铜器座谈会纪要》，《考古》1989 年第 10
　　期，第 953—960 页。
[2] 陈恩林师：《鲁齐燕的始封及燕与邶的关系》，《历史研究》1996 年第 4 期，第 15—
　　23 页。
[3] 殷玮璋：《新出土的太保铜器及其相关问题》，《考古》1990 年第 1 期，第 66—77 页。
[4] 张亚初：《太保罍、盉铭文的再探讨》，《考古》1993 年第 1 期，第 60—67 页。
[5] 曲英杰：《周代燕国考》，《历史研究》1996 年第 5 期，第 60—74 页。
[6] 曲英杰：《说匽》，《考古与文物》2000 年第 6 期，第 52—59 页。
[7] 沈长云：《说燕国的分封在康王之世——兼说铭有"匽侯"的周初青铜器》，《中国历
　　史博物馆馆刊》1999 年第 2 期，第 3—5 页。
[8] 郭克煜：《有关莒国史的几个问题》，《齐鲁学刊》1984 年第 1 期，第 63—67 页。周
　　昌富：《莱国姓氏与地望考》，《齐鲁学刊》1984 年第 1 期，第 77—81 页。迟克俭：
　　《古莱国初探》，《齐鲁学刊》1984 年第 1 期，第 81—83 页。王恩田：《纪、𤱅、莱
　　为一国说》，《齐鲁学刊》1984 年第 1 期，第 71—77 页。

古文化探略》、王锡平和孙敬明的《莱国彝铭试释及论有关问题》以及郭克煜的《杞国迁居山东问题》等，对于这些小国的姓氏、族源、地望、迁徙等非常重要而又历来不太清楚的问题进行了考证。[1]

　　另外，王玉哲《秦人的族源及迁徙路线》、[2] 杨文山《邢国封建考》、[3] 陈立柱《微子封建考》、[4] 石泉《古邓国、邓县考》、[5] 郭克煜《郲国历史初探》、[6] 周永珍《西周时期应国、邓国铜器及地理位置》、[7] 蔡运彰和陈长安《丰国青铜器及相关问题》、[8] 李学勤《论仲冉父簋与申国》、[9] 石泉《先秦巴国在今陕东南说补正》、[10] 陈昌远《古申国考辨》、[11] 马世之《文王伐崇考——兼论崇的地望问题》[12] 等文章，也都结合出土材料对西周的封国地理加以考证。任伟的《西周封国考疑》[13] 则是以西周时期几个重要封国的始封为研究对象的专著。这本专著也以新近的考古重大发现为基本材料，结合文献与古文字材料，对晋、燕、卫、鲁、应、齐、箕子朝鲜等国始封

---

[1] 前 2 篇均发表于《东岳论丛》1984 年第 1 期，第 74—77、77—79 页。郭克煜：《杞国迁居山东问题》，《齐鲁学刊》1989 年第 4 期，第 10—12 页。

[2] 王玉哲：《秦人的族源及迁徙路线》，《历史研究》1991 年第 3 期，第 32—39 页。

[3] 杨文山：《邢国封建考》，《河北学刊》1989 年第 5 期，第 62—67 页。

[4] 陈立柱：《微子封建考》，《历史研究》2005 年第 6 期，第 63—73 页。

[5] 石泉：《古邓国、邓县考》，《江汉论坛》1980 年第 3 期，第 89—96 页。

[6] 郭克煜：《郲国历史初探》，《齐鲁学刊》1981 年第 4 期，第 53—57 页。

[7] 周永珍：《西周时期应国、邓国铜器及地理位置》，《考古》1982 年第 1 期，第 48—53 页。

[8] 蔡运章、陈长安：《丰国青铜器及相关问题》，《考古与文物》1983 年第 6 期，第 69—71 页。

[9] 李学勤：《论仲冉父簋与申国》，《中原文物》1984 年第 4 期，第 31—32 页。

[10] 石泉：《先秦巴国在今陕东南说补正》，《古代荆楚地理新探·续集》，武汉：武汉大学出版社，2004 年，第 13—19 页。

[11] 陈昌远：《古申国考辨——河南古国史研究之一》，《河南大学学报（哲学社会科学版）》1989 年第 4 期，第 44—51 页。

[12] 马世之：《文王伐崇考——兼论崇的地望问题》，《史学月刊》1989 年第 2 期，第 20—23 页。

[13] 任伟：《西周封国考疑》。

的相关问题进行了研究。李学勤的《东周与秦代文明》[1] 以考古发现为基本材料，对于晋（韩、赵、魏）、晋附近的列国、中山、燕、齐、泗上诸侯、楚、楚以北的列国、徐、吴、越、巴、蜀与滇、秦等进行了研究，问题主要涉及春秋战国，是东周封国研究的名著，但也对西周时期的相关问题多有裨益。

在东方地区，山东诸国族是研究重点。顾颉刚认为周初的东方旧国中，徐为嬴姓，奄为子姓，蒲姑国都在今济南东北。周公东征后，奄和蒲姑迁至常州和苏州。[2] 而周公东征基本没有攻打徐和淮夷。徐和淮夷不为一族，徐就是舒，最初在鲁东郊外，穆王时伐徐，初迁在汉东，后定居在今江苏徐州市北境。淮夷在鲁国之东，南夷在鲁国之南，南夷就是南淮夷。淮夷居今潍水流域，南淮夷居今淮河流域。总之，奄、蒲姑、徐、淮夷四国本都在山东境内，奄、蒲姑略靠西，其后都迁到了今江苏省南部；徐、淮夷略靠东，其后除了淮夷留下来一部分外，都迁到了淮河南北，即今安徽、江苏两省北部，延展到河南省。还有江、黄等嬴姓之国，都在东方十七国之内，一齐迁到了淮河流域。[3] 王献唐则著有《山东古国考》，考订山东地区姜姓诸国的源流，认为山东地区自夏代开始存在一个强大的姜姓统治集团。[4]

在南方封国中，楚国和曾国受到学者的重视。楚国早期的地域范围与早期楚国的都城所在是两个长期讨论的问题。关于楚国最初的地域范围，郭沫若、陈梦家认为在淮水下游，后来西迁，楚即淮夷。[5] 童书业、吕思勉认为楚在丹阳，现在的河南西峡县以西的丹

[1] 李学勤：《东周与秦代文明》，北京：文物出版社，1984 年。

[2] 顾颉刚遗著：《奄和蒲姑的南迁——周公东征史事考证之四》，《文史》第 31 辑，北京：中华书局，1988 年，第 1—16 页。

[3] 顾颉刚遗著：《徐和淮夷的迁、留——周公东征史事考证之五》，《文史》第 32 辑，北京：中华书局，1990 年，第 1—28 页。

[4] 王献唐遗书：《山东古国考》，济南：齐鲁书社，1983 年，第 159—224 页。

[5] 郭沫若：《两周金文辞大系图录考释》，上海：上海书店，1999 年，第 3—5 页。陈梦家：《西周铜器断代》，第 27—31 页。

水以北地区。[1] 杨宽不同意他们的说法，认为湖北南漳县西北一带的荆山地区，包括现在的漳水和雎山在内，可能是楚早期建国的主要根据地。[2] 石泉则认为西周早期熊绎所居丹阳应当在今陕西商县的丹江河谷，至迟在周夷王时期由商县迁至淅川，西周后期至春秋初期的楚都丹阳在今河南淅川县境丹江与淅水汇流处的丹水之阳。[3] 李零在《楚国族源、世系的文字学证明》中对于楚国的地域进行了考察，认为楚人早期活动的范围可以比作一个由 A、B、C 三点构成的三角形。A 点为今湖北武汉，B 点为今河南淅川，C 点为今湖北秭归。西周早期，楚的活动地区在荆山（又名雎山）一带，当时楚与周关系密切，活动中心偏北，最迟到昭王时已迁至南阳盆地的淅川，之后迁至湖北的秭归。[4]

　　对西周封国地点最具影响力的观点，应是见于古代史研究中的重要工具《中国历史地图集》（简称《谭图》）中。《谭图》西周一朝只有全图及宗周成周附近区域图各一，且未说明地图所据年代，[5] 考释长编 2017 年才在《谭其骧全集》中出版。此前的《简明中国历史地图集》"西周时期图说"中说明稍详，但也仅称"诸侯国曾迁都者，标明其先后次序，如晋先后都于唐（时以唐为国号）、鄂、曲沃、绛（翼）四地，樊初在宗周东南，后迁成周河北"[6] 一句，对封国徙封造成的地点转换未有提及。虽然图集对于封国地点的考证绝大多数准确精到，但遗憾的是，限于地图的形式，很难反映西周每个阶段

[1] 童书业：《春秋左传研究》，上海：上海人民出版社，1980 年，第 230 页。吕思勉：《先秦史》，上海：上海古籍出版社，1982 年，第 163 页。

[2] 杨宽：《西周时代的楚国》，《江汉论坛》1981 年第 5 期，第 101—108 页。

[3] 石泉：《楚都丹阳地望新探》，《古代荆楚地理新探》，武汉：武汉大学出版社，1988 年，第 174—199 页。

[4] 李零：《楚国族源、世系的文字学证明》，《文物》1991 年第 2 期，第 47—54 页。

[5] 见谭其骧：《中国历史地图集》"总编例"。

[6] 中国社会科学院：《简明中国历史地图集》，北京：中国地图出版社，1991 年，第 9—10 页后。

封国地理分布的变化。以鲁、申两国为例，在"西周时期全图"中，鲁国标注的地点为今山东曲阜，申国标注的地点为河南南阳，这两个地点实际上都是两国经徙封后在西周末年所处的地点。在周初，鲁国的地点在现在的河南鲁山，而申国的地点当时则应该在山西的霍太山一带，[1] 山东应该还没有名为"鲁"的地点，而南阳盆地的"申"和"鄂（噩）"国也似未同时并存。封国徙封后，最初的封地虽然在政治上内涵已经不同，但地名往往保留下来，所以到了西周后期，异地同名的现象就出现了不少，反映到地图上，看起来纷繁复杂。

　　封国在春秋时期的分布，学界通过对《左传》《国语》的研究已经获得了很多重要认识，以《中国历史地图集》春秋图幅为代表的成果已经有集中体现。但此前的西周时代，各个封国的发展状况如何、其地理位置的分布和相互之间的关系经历了怎样的变化、王朝封国格局和等级秩序又是怎样确立的，也就是说，西周封国的空间问题，由于材料所限一直没有得到很好地解决。这一研究的缺陷，便反映为《中国历史地图集》西周图幅的诸多问题。

　　徙封问题虽然以往研究有限，但也并不是没有被注意。顾颉刚提出燕初封后曾迁至今山西境内，之后接收了最初武庚所封之地，又迁至今河北南部和中部地区。[2] 傅斯年认为鲁、燕、齐三国都经过徙封，鲁初封在河南鲁山，齐大公实封于吕，"初皆封于成周东南，鲁之至曲阜，燕之至蓟丘，齐之至营丘，后皆来事也"。[3] 齐思和认为，诸新国中，以鲁、卫、唐三国之封最为重要。鲁始封在成王之时、灭奄之后，卫之始封在三监禄父之乱平定之后，唐叔之封在鲁、

---

[1] 关于鲁国和申国的徙封，此处稍略，在后文第三、四个问题中，将作详细论证。

[2] 顾颉刚：《浪口村随笔·燕国曾迁汾水流域》，沈阳：辽宁教育出版社，1998 年，第 4—10 页。

[3] 傅斯年：《大东小东说——兼论鲁燕齐初封在成周东南后东迁》，《傅斯年全集》第 3 册，第 10 页。

卫之后。[1] 对于太伯、仲雍所奔之吴国，顾颉刚认为太伯仲雍一开始到了江、汉流域，其后由于楚势力的打压，向东迁徙至江浙。《牧誓》中的江汉地区的小国能够跟随武王伐纣，就是吴最初在那里经营的结果。[2]

陈槃则在《"中研院"历史语言研究所集刊》上连续发表《春秋大事表列国爵姓及存灭表撰异》及《不见于春秋大事表之春秋方国稿》，随后分别结集出版。在书中，陈槃对于顾栋高《春秋大事表列国爵姓及存灭表》进行逐条考订，结合传世文献、金文材料和历史地理学研究成果，对于顾栋高的一些结论加以修订，并在一些封国的爵、姓、地望、迁移等问题上举出新材料，提出一些新观点。在《不见于春秋大事表之春秋方国稿》中，陈槃新考订出 57 个封国。这两部著作对于西周封国的相关史料进行了很好的梳理，具有很高的学术价值。[3]

而"政治地理"则是现代学术话题。传统经学下的西周研究以文献解读为主，"王朝政治地理"这样的主题，学者虽有谈及，也多为零散见解。直到近年，开始有学者尝试分析西周王朝的政治地理问题，周书灿《西周王朝经营四土研究》、[4] 王健《西周政治地理结构研究》、[5] 李峰《西周的灭亡：中国早期国家的地理和政治危机》、[6] 马保春《晋国历史地理研究》[7] 等，或以王朝为研究尺度，或以封国为研究尺度，希望能够找到西周王朝政治的空间结构，或抽

[1] 齐思和：《西周地理考》，《中国史探研》，第 27—49 页。

[2] 顾颉刚遗著：《奄和蒲姑的南迁——周公东征史事考证之四》，《文史》第 31 辑，第 6—16 页。

[3] 陈槃：《春秋大事表列国爵姓及存灭表撰异（三订本）》。

[4] 周书灿：《西周王朝经营四土研究》，郑州：中州古籍出版社，2000 年。

[5] 王健：《西周政治地理结构研究》。

[6] 李峰：《西周的灭亡：中国早期国家的地理和政治危机》，上海：上海古籍出版社，2007 年。

[7] 马保春：《晋国历史地理研究》，北京：文物出版社，2007 年。

取地理空间对于王朝政治的影响方式。这些研究努力的方向是令人尊重的，其中也不乏富有启发的结论。但研究中仍然存在一些问题，其中比较明显的，一是抽象地谈论地理结构，实际上是用政治制度等级偷换了实体空间结构；二是将西周政治地理看作静态的现象，没有充分考虑王朝地理实际上是一个贯穿于整个西周王朝的时空过程。另外，周书灿的专著《西周王朝经营四土研究》也在对西周王朝经营过程的分区域研究中，涉及了不少西周封国。

　　总的来看，西周分封问题的研究有着很好的基础，前人已经做了许多工作，但涉及的问题还是多集中于分封本身，没有把分封制放在整个西周的历史进程当中，缺乏对于分封制的动态考察，对于如宗盟、徙封等重要问题没有从分封的角度进行深入系统的分析，这些都为封国问题的进一步研究提供了充分空间。

第三节　相关资料运用

一、文　献　资　料

　　研究封国问题，文献类资料主要依靠《左传》、《国语》、《尚书》、前四史、《十三经注疏》、《诸子集成》、《清经解》、《殷墟甲骨刻辞类纂》、《殷周金文集成》、《近出殷周金文集录》等基础文献。传世著作则首推清人顾栋高《春秋大事表》，及其后陈槃《春秋大事表列国爵姓及存灭表撰异》。地图类资料则主要利用谭其骧《中国历史地图集》、国家地图集编纂委员会《中华人民共和国国家自然地图集》、水利部黄河水利委员会《黄河流域地图集》等。传世的古地图，最重要的参考是杨守敬所绘《水经注图》。另外需要特别强调的是程发轫的《春秋左氏传地名图考》及《春秋要领》十二图。

地名研究是历史地理学的常用方法。在西方，地名学（toponymy）与姓名学（anthroponymy）同属于专名学（onomastic），地名和姓名都与语言有关。"很多姓，甚至氏族和人种集团的名称，也起源于地理名称。"[1] 从甲骨文中族名与地名合一的情况来看，在我国，最初的地名与族名确有同源的情况。

西周时期，封国国名的来源比较复杂，前人虽然有一些研究，但都还着意于梳理叙述个别封国名称来源的文献，对于西周封国命名、得名的一些规则还没有加以概括。[2] 我们必须承认，西周封国的得名虽然存在不少偶然因素，但封地的地名应该是封国国名最主要的来源。

周的封国有两类，一类为原有的部族，它们的封国本就有自己的名称，其国名一般因袭旧有称号而来。另一类为新封封国，其中主要以姬姓封国为主，由于本身为姬姓周人的分支，没有已成形的称呼，所以多以受封地点的地名作为国名。这些国名，又很快成为这个新人群的名称，这实际上还是早期族名地名合一传统的反映。

既然族名与地名合一，那么，由于人群的迁移而导致地名迁移的情况就在西周时期多有出现。这种现象，已经在以往的研究中引起了前辈学者的注意。钱穆在《周初地名考》中就谈到古史地名随人群迁移，不是一个地区却有相同的地名，极有可能是人群居住的地域发生了变化，"古人迁徙无常，一族之人，散而之四方，则每以其故居移而名其新邑，而其一族相传之故事，亦随其族人足迹所到，而递播以递远焉"。[3]

这种地名由于人群迁移而被带至另一处地点的情况，从现象上

---

[1]［苏］朱奇格维奇著，崔志升译：《普通地名学》，北京：高等教育出版社，1983年，第52页。

[2] 李衡梅：《周初主要封国名称由来初探》，《齐鲁学刊》1987年第2期，第38—40页。

[3] 钱穆：《周初地理考》，《古史地理论丛》，北京：生活·读书·新知三联书店，2004年，第8页。

看，与后世侨置郡县有一致之处。但从产生的原因上看，在西周时期，主要还是人群流动导致的自然结果，不像侨置郡县那样是由王朝直接干预、有组织有规模形成的。正是由于这种地名变化过程的自然性，西周封国徙封造成的地名变化，在形式上还呈现出多样性。

西周封国徙封引起的地名变化，傅斯年在《大东小东说》中曾有所提及，"夫封邑迁移，旧号不改，在周先例甚多，郑其著者。鲁燕移封，不失旧号。吕以新就大国，定宅济水，乃用新号……"，[1] 他已经注意到了其间的不同情况，但是，由于这一问题并不是其论证的重点，所以并没有作更详细的分类。

经过梳理，我们可以看到，西周封国徙封引起的地名变化，大体可以分成三类：第一类是徙封到一个新地点，一般在中原以外的边缘地区，这个地点可能原本没有地名，或者称呼不显著，所以始封地点的地名就被带到了当地，成为新地点的名称。而原来的地点，有时旧的封国还保留一支继续统治，所以地名也没有变，两个地点就使用了相同的名称。这就是西周异地同名现象出现的最主要原因。第二类是一个人群带着地名到了新地点，在旧的封地没有留下族人，往往旧地名便也随之消失了。这种情况，要通过地名之间的直接关系考证封国的徙封，比上一种情况困难，只能借助于旁证。虽然在史料中记载不多，但也还是有迹可查的，所以仍可做相关研究。周初由晋南迁往山东的封国比较多，如郜、郇等国便是这种情况。第三类是封国徙封到一个发展程度比较高的地方，原本的开发时间长，其地已经很著名，则该封国往往放弃了原来的国号，改用当地的地名。康叔徙卫，就是其中典型。

从封国徙封的这三种情况，可以看出，在西周时期，中原及其周边还处于地名系统建立的初期，地名的产生和变化，呈现出具有显著

---

[1] 傅斯年：《大东小东说——兼论鲁齐燕初封在成周东南后乃东迁》，《傅斯年全集》第3册，第17页。

过渡性的时代特征。地点的命名和使用还没有一套比较固定的规律，一些边缘地区的地名还有待确立，王朝疆域内的地名系统还需要一个长期的历史发展过程才能确定下来。

地名对应的地域规模，也是运用地名作为史料时需要处理的问题，因为不同时代地名的所指，也就是地名精度差别很大。在先秦时期，各封国虽然称"国"，但实际领有土地的面积并不大。今日一个县的面积内，有时可能存在不止一个国家。在传统的考证中，叙述封国地点时，一般都细致到里数。如对于春秋吴都的记载，《皇览》云："太伯冢在吴县北梅里聚，去城十里。太伯始所居地，名句吴。"[1]《括地志》云："太伯冢在吴县北五十里无锡县界西梅里鸿山上，去太伯所居城十里。"[2] 高士奇《春秋地名考略》则云："今无锡东南三十里有泰伯城，地曰梅李乡，亦曰梅里村。城东五里有皇山，一名鸿山。"[3] 这三种说法都认为梅里在今吴县北，但一说认为距吴县十里，一说认为其冢距吴县五十里而距泰伯城十里，没有说在冢与吴县之间或冢北，则泰伯城可能在吴县北四十里或六十里处。

在对国家具体地望进行确定、查找具体遗址时，这种在一个县境内相差几十里、偏东或偏西的细节是很重要的，传统的历史地理考证也是需要这种规范的。但是，从封国格局的角度，从长距离、大规模的封国徙封的角度来看，在一县之境内的具体位置的探讨和争议，坦率地讲，意义不大。所以，在本书中，我们对国家所在地的考证，只讨论到县一级，至于更细致的部分，限于文章主题，就不再做更细致的考证了。

封国问题，尤其是动态分布的问题，是历史地理问题。历史地理

[1]《续郡国志·吴郡》刘昭注引，见《续汉书·郡国志》，范晔：《后汉书》志第22《郡国四》，北京：中华书局，1965年，第3490—3491页。参陈槃《春秋大事表列国爵姓及存灭表撰异（三订本）》"吴"，第109页。

[2] 李泰著，贺次君辑校：《括地志辑校》卷4，北京：中华书局，1980年，第242页。

[3] 高士奇：《春秋地名考略》卷11"吴"，《景印文渊阁四库全书》第176册，台北：台湾商务印书馆，1986年，第624页。

学本身就是交叉学科，地图、GIS 等方法自不用说，早期历史地理研究亦需要准确运用考古材料，学科之间的方法交流和相互借鉴不仅值得尝试，而且可以说是十分必要的。

二、考 古 材 料

考古材料直接推动了西周封国的研究。本书所使用的考古材料主要包括传世古物和近代科学发掘所获成果，及在此基础上形成的认识。其中，西周墓地和遗址的科学发掘成果对于问题讨论的支撑尤其关键。西周考古科学发掘主要开始于 20 世纪 50 年代，早期最重要的遗址在王畿相关的宝鸡周原地区以及咸阳丰镐地区，以窖藏和墓地为主，出土相当数量的青铜重器，以及大型建筑基址。到 20 世纪 80 年代以后，除陕西外，山西侯马天马—曲村晋侯墓地及城址、山东曲阜鲁国故城、北京房山琉璃河西周墓地等与封国相关的遗址工作陆续展开。到 2000 年以后，随着全国范围的城市规模扩展和南水北调工程的展开，西周相关考古工作在全国范围内展开，重大发现层出不穷。由于考古工作的特殊性，一些已经发现的材料并未全部发表，所以，本书在使用上也难免存在遗漏。从 1990 年开始，中国考古十大发现评审逐年展开，到目前为止，已经评出重大发现 290 项，其中与西周相关的项目基本上包含了 30 年来全部的重要发现。本文研究即依托这些材料展开，详情可见参考文献所附"近年来西周封国研究相关重要考古发现目录汇编"。

本书撰写开始于 16 年前，当时关于西周封国的考古发现还比较少，任伟的《西周封国考疑》，利用当时的考古发现对 8 个封国进行了研究，实属不易。而从 2010 年开始，西周封国的考古发现随着南水北调工程等考古大项目的开展快速增加。按照 20 世纪 80 年代以后每年的十大、非十大进行统计，相关考古发现包括城址、墓地、青铜器窖藏及道路仓储等。若按与西周封国问题相关度，以西周、东周、商周、新石器、秦汉以后五个时期为序加以整理，可以看到，考古新发现能够大大提升我们对西周封国地理过程的认识。有考古新发现作为基础，我们才有可能全盘分析西周王朝空间发展的动态过程。

目前考古学上有关西周封国研究最重要的成果，是刘绪老师在《西周疆至的考古学考察》一文中对西周"四土"的划定。相关观点本书多有引用。近年来的考古发现，解决了一些有关西周地理的关键支点问题。首先是关于西周王朝政治疆域张缩的节奏和走向，有两个遗址为我们提供了对西周王朝疆域张缩节奏的基本认识。这两个关键遗址，一个是山西闻喜酒务头墓地，一个是河南南阳夏饷铺墓地。闻喜酒务头墓地是 2017 年发现的晚商墓地，葬式为长方形土坑竖穴，有生土二层台，有腰坑，头向朝东，出土青铜器有复合族徽铭文，出土的铜器与殷墟四期的青铜器风格高度一致。酒务头墓地解决了晚商晋南地区缺乏典型商文化遗址的问题。从文献看，武王时期晋南地区是分封的重点，后来徙封封国不少自晋南迁出。但当地缺乏殷墟四期的遗址，有不少学者认为晚商时晋南可能是一片无人区。若果真如此，那武王向晋南的分封就缺乏理由。这是西周封国政治地理的"底图"问题。酒务头墓地为武王分封的地理特征提供了依据，典型殷墟四期墓葬能够印证甲骨文中呈现的晋南热闹繁荣状态，是重要的突破。夏饷铺墓地则解决了西周末年王朝疆域南界的位置。以往对西周疆域的扩张，学界有一定了解，但对王朝疆域在西周晚期曾出现回缩的情况，并不知道。夏饷铺墓地的时间在两周之际，性质为鄂国国君墓地。鄂国原本的位置在今湖北随州，羊子山墓地为西周早中期的鄂国墓地。两周之际，鄂国国君墓地出现在了南阳，意味着鄂国北迁，原本西周中期更大的疆域在晚期回缩了。这是一个很难得的个案，可以帮助理解西周的疆域动态。

其次是关于王畿地理空间发展的节奏和规模，也有一早一晚两个遗址提示了政治疆域的边界和规模。宗周到成周之间的千里邦畿，两个端点分别在何地，以往还存在一些争议。宁夏固原姚河塬遗址，解决了西周宗周王畿最西端北界在西周初年的位置。另外一个遗址是陕西澄城刘家洼遗址，解决了洛川作为西周王畿东部界限的问题。也就是周人的老家在什么地方，哪里是黄河两岸旧族居住的地方。姚河源年代为西周初年，一直延续到西周中期，墓地内有周文化，同时还有一些周边族群的考古学文化，有商文化，还有寺洼类型遗迹。姚河塬遗址反映了周人对黄土高原边缘地区的控制状态以及与周边族群的相处状态。也就是说，在西周初年，周王畿西边北界就已经到这个位置了，比之前的认知要更北。而刘家洼芮国墓地解决的是王畿东界的问题。秦和晋之间的疆界在文献当中一直是有争议的。现在有新的考古发现，即韩城梁带村、澄城刘家洼这两处春秋早期芮国的高等级墓葬、城址，相关问题就清楚了。西洛水是王畿东界，西洛水以东地区是诸侯之地，西洛水以西为王畿。

虽然考古发现提供了重要的新认识，但有三处重要地区目前还缺乏重大发现。第一是泰岳山地以西地区的齐鲁宋孔道，第二是淮阳山弧以东地区的陈蔡孔道，第三是嵩山山地周边地区。成周王畿的发展，在懿孝夷时期最为显著，因为嵩山山地的周边地区考古发现少，那个地区的情况现在不太清楚。这三地，从西周区域发展的趋势上看应该都是关键地区。这些地区未来应当会出现相应的重大发现，而且必将直接推动西周封国空间进程的研究。

本研究在方法上的一个重要尝试，是在运用考古简报、报告等文字材料的同时，大力实践历史地理学和考古学的田野调查方法。自2011 年起，笔者与几位学界朋友组成了商周考古田野工作坊，之后每年的夏天都选择一个区域进行 10 天以上的集中工作。日间对发掘工地、各地考古所、博物馆库房的文物情况进行摸底，选取可能的遗存埋藏地点进行踏查；晚间则进行相关的主题报告和小组讨论。2011 年7 月 28 日—8 月 11 日，第一届工作坊在秦岭两麓—随枣走廊的宝鸡、西安、南阳、驻马店、随州、武汉等六市十余县内进行，调查了周原工作站、淅川南水北调考古发掘整理基地等博物馆、考古机构库房，及驻马店润楼、随州叶家山西周墓地等考古工地，对这些地区西周到战国的考古学文化谱系及文化面貌相关问题进行了深入讨论。2012 年 7 月 16—28 日，第二届工作坊参观了济南、临淄、寿光、莒县、枣庄、徐州等地的博物馆、考古所库房，及四王冢遗址、曲阜周公庙宫殿遗址发掘工地、大云山汉墓遗址整理基地。活动期间举行了 7 场学术研讨，对山东半岛夏时期至西汉早期土著遗存的辨识与区系类型划分，山东半岛商—周转换和岳石文化与二里头、先商、早商关系，盐、铜、铁等手工业遗存所反映山东半岛商周时期的经济状况，山东半岛商周时期的交通线问题，齐、鲁差异以及齐、鲁、土著（以鲁西南淮夷为主）等文化因素造成的地区差异对于秦汉时期郡县、郡国设置的影响，考古学物质文化因素在长时段的观察中对于区域文化圈的影响力问题等，进行了深入的探讨。2013 年 7 月 11—22 日，第三届工作坊在南流黄河两岸地区展开，对西安、甘泉、清涧、绥德、子洲、米脂、榆林、神木、忻州、太原、吕梁、侯马等地的新石器至汉代遗物进行了摸底，调查了陕西省考古所泾渭基地、北京大学曲村工作站、山西省考古所侯马南山基地、各县博物馆库房，并对神木石峁新石器时代城址等发掘现场进行了走访。2016 年 7 月 28 日—8 月 4 日，第四届工作坊在郑州、荥阳、新乡、新郑、偃师、洛阳、信阳等地开展，调查了郑州商城工作站、郑大古荥整理基地、新郑工作站、二里头工作站、城阳城考古遗址公园库房等考古机构库房，及各县市博物馆，并走访了东赵遗址、荥阳官庄遗址、新乡王门发掘基地、洛阳魏墓发掘工地。2018 年 1 月，工作坊成员在广州举行了以"长江中下游周代前期青铜器对中原地区的影响""商周时期中原与北方的互动"为题的对谈会。2019 年 8 月 10—16 日，第五届工作坊参观了庆阳、宁县、固原、天水、张家川、礼县等地的博物馆，考察了灵台桥村遗址石家、遇村遗址、姚河塬遗址、毛家坪遗址、马家塬遗址、大堡子山遗址、师赵村遗址。工作坊的成果也以系列论文的形式发表在了《南方文物》2017 年第 3 期。[1]

这种工作方法，不仅使笔者有机会了解到一些尚未发表的考古材料信息，亦可对所调查区域先秦遗存情况建立比较直观的认识，使得本研究在分析中更为全面。工作坊还进行了 9 场学术研讨，涉及文明探源工程研究进展及近年新发现、陕北地区仰韶时期的文化格局、晋陕高原夏商考古学文化编年与性质、关中晋中南几处晚商墓地的年代及相关问题、西安地区的汉代彩绘陶器、周原地区现代丧葬习俗、先秦铜器铸造工艺、北方系青铜器科学分析、两周时期汾水流域与汉水流域的重名地名现象等问题。本研究大量的思考都是在工作坊活动当中激发的，很多认识都是在与工作坊同仁们的日常交流当中获得的。虽然目前本书行文中无法完全直接体现考古材料对研究的支撑，但相关发现的丰富程度，以及对西周封国研究的重要性，可以通过书末所附"近年来西周封国研究相关重要考古发现目录汇编"稍加感受。

第四节　相关概念说明

一、"王畿"与"流动的王权"

姬周王室亲自经营的地区包括其西方故土及向东延伸的一片地

---

[1] 包括刘绪老师：《对考古学的无限追求和无私奉献——"商周田野工作坊"系列论文读后》，王辉：《试论遗址地貌的后生变化》，邸向平：《试论夏商周考古中"文化"概念的阶段性差异》，谢肃：《对夏商三都年代与性质的看法》，于薇：《"有南之国"与西周南土的商要素——兼论晚期文献在考古学中的适用性与使用路径》，马赛：《西周时期关中地区的聚落分布与变迁》，常怀颖：《略谈铸铜作坊的空间布局问题》，林永昌、陈建立：《东周时期铁器技术与工业的地域性差异》，张鹏程：《白水下河遗址陶鬲的制法》，余雯晶：《关于汉代彩绘陶器的思考》，见《南方文物》2017 年第 3 期，第 43—118 页。

方，也就是西周的"王畿"。"王畿"是传统王朝的概念，指国都周围的区域。周王朝的王畿，主体是宗周—成周两王都之间及周边邻近范围内的土地。[1] 传世文献中对于王畿有"千里"的说法，其说始自《诗·商颂·玄鸟》，其文云：

邦畿千里，维民所止，肇域彼四海。[2]

此诗讲商王武丁功业，毛传"畿，疆也"，"邦畿"就是殷邦之疆。到郑玄为此诗作笺时，解"肇"为"兆"，称"王畿千里之内其民居安，乃后兆域正天下之经界，言其为政自内及外"，将此句中的"邦畿"直接解释为"王畿"，并与"肇域"相对，认为二者分别代表天子为政的内、外不同之地。孔颖达《正义》也延续了郑说，称"言高宗为政先安畿内之民，后安四海之国"，进一步申发了"王畿"在天子施政中居内、优先的性质。[3] 经典如此，所以在后世文献中，"邦畿""王畿""畿内"等概念往往通用。且虽然诗中"千里"本是讲商代情况，但随着《诗》文本经典化，"千里"逐渐被解释为王畿的一般规制，后世谈西周王畿竟也常以此为根据。如班固在《汉书·地理志》"周地"条"初雒邑与宗周通封畿"句就自注云"故《诗》云'邦畿千里'"。[4]"千里"确实是对西周王畿规模的一般表述。

　　而王畿的空间形态，传世文献中的经典描绘为方形。举明代刘绩所撰《三礼图》为例，其"周九服"所绘如图 1。[5]"周王畿方千里"图亦如此（图 2）。[6] 刘绩此书并非特例，翻阅近代以前的经解

[1] 于薇：《从王室与苏氏之争看周王朝的王畿问题》，《社会科学辑刊》2008 年第 2 期，第 154 页。

[2] 郑玄笺，孔颖达疏：《毛诗正义》卷 20－3《玄鸟》，阮元校刻：《十三经注疏（附校勘记）》，第 623 页。

[3] 郑玄笺，孔颖达疏：《毛诗正义》卷 20－3《玄鸟》，第 623 页。

[4] 班固：《汉书》卷 28 下《地理志》，北京：中华书局，1962 年，第 1650 页。

[5] 刘绩：《三礼图》卷 1"周九服"，《景印文渊阁四库全书》第 129 册，第 287 页。

[6] 刘绩：《三礼图》卷 1"周王畿方千里"，《景印文渊阁四库全书》第 129 册，第 287 页。

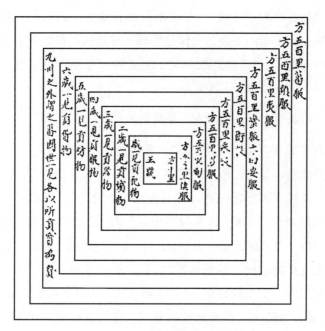

图1 "周九服"图

类著作，即可见"王畿"相关的图解基本都如此绘制。[1] 王畿规方的形状，并非全无文献依据。《周礼·夏官·职方氏》有云："方千里曰王畿。"[2]《周礼》此说与《诗》相比，恰多出一个"方"字，也自然引起了学者的注意。郑玄在《尚书大传》即据此说，云："方千里曰王圻。"[3] 杜预为《左传》襄公二十五年子产语"昔天子之地一圻，列国一同，自是以衰"中"天子一圻"做注时，亦云："方千里。"[4] 在战国秦汉时代，"天圆地方"的观念即已存在，其后也一

---

[1] 王圻、王思义编集：《三才图会》地理卷14，上海：上海古籍出版社，1988年，第452页。

[2] 孙诒让撰，王文锦、陈玉霞点校：《周礼正义》卷64《夏官·职方氏》，北京：中华书局，1987年，第2684页。

[3] 皮锡瑞：《尚书大传疏证》卷3《夏传》"天子游，不出封圻，不告祖庙"条，《皮锡瑞全集·1》，北京：中华书局，2015年，第116页。

[4] 杜预注，孔颖达疏：《春秋左传正义》卷36，襄公二十五年，第1985页。

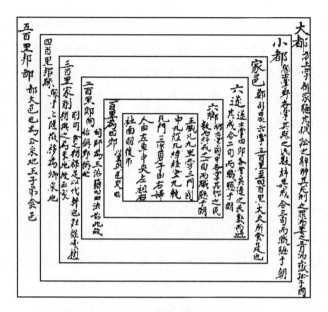

图 2　"周王畿方千里"图

直是历代王朝正统的空间观。天子直辖之地为规则方形，也能与这种
观念相符。所以，这种表达在各类文献（尤其是经部文献）对于王畿
的注疏和图解中很流行。

　　但《周礼》中"方千里"的"方"不宜简单解释为正方形，因
为其他文献（尤其是史部文献及考古材料）中也包含一些西周王畿的
地理信息，综合分析这些信息形成的认识，与王畿方形的形态并不能
对应。其实，"方"字在历代注疏中并未解通这一点，学者也早已注
意到了。颜师古在其《汉书·地理志》注中就很显然是在尝试为
"方"字寻找变通的解释。他引用臣瓒的说法，称：

　　　　宗周，镐京也，方八百里，八八六十四，为方百里者六十四
　　也。洛邑，成周也，方六百里，六六三十六，为方百里者三十
　　六。都得方百里者〔百〕，方千里也。[1]

[1]　班固：《汉书》卷28下《地理志》，第1651页。

颜师古将"方千里"的"方"解释为一百个百里的小方块，而不是一个千里的大方形。这样一来，王畿的形状就能够不局限于正方形。这种讲法虽然形式上还在继续解释"方"字，但实质上否定了王畿为正方形状的认识。他能有这种认识，很可能是受了《汉书·地理志》正文中对西周王畿形状描述的影响。汉志云：

> 初雒邑与宗周通封畿，东西长而南北短，短长相覆为千里。[1]

班固文中讲西周王畿坐落在洛邑与宗周之间，形状是东西长南北短，也就是说，王畿是一片狭长地带。这种说法其实已经与现代考古发现的情况很接近了。所以，文献中并非没有对周王畿大致的区域、形状与规模的记载，古代学者（特别是经学家）强调王畿"方"形的一些说法，更多是从观念出发，而不是在谈实体空间问题。

值得注意的是，除了颜师古想用变通的办法论证"千里"之数外，班固在记载中讲王畿的规模时也依然称"千里"。但班固的说法是"短长相覆"而成千里，其"覆"字并不容易理解。《说文》"覆"云："覂也。一曰盖也。"[2] 意为此字在汉代有两个含义，一个是"覂"，另一个是"盖"。"覂"更是稀见字，段玉裁注"覆，覂也"云："反也。覆、覂、反三字双声。……反覆者，倒易其上下。"[3] 也就是说，"覆"的第一个含义是反。但将"反"代入汉志文中，"短长相反"还是无法解通。而《说文》中另一个含义"盖"则更不相关，许慎曰："盖，苫也""苫，盖也。"[4] 盖、苫二字相转注，覆与二字同义，都是遮蔽、遮盖的意思，显然也解不通汉志。

---

[1] 班固：《汉书》卷28下《地理志》，第1650页。

[2] 许慎：《说文解字》7下"覀部"，北京：中华书局，1963年，第158页。

[3] 段玉裁：《说文解字注》7篇下"覀部"，上海：上海古籍出版社，1981年，第357页。

[4] 段玉裁：《说文解字注》1篇下"艸部"，第42—43页。

不过，段玉裁在注中指出"覆"还有第三种含义，即"覆与复义相通。复者，往来也。"[1] 又在"复"字条下注云："返，还也。还，复也。皆训往而仍来。"[2] 据此意，则"覆"意思是"往而仍来"，也就是一趟往返行程之意，看来所谓"千里"，是行程距离。在前文中，班固已称王畿"东西长而南北短"。"相"字则有连接之义，《说文》"相，省视也。"[3] 段注云："按目接物曰相，故凡彼此交接皆曰相。"[4] 如此，则"短长相覆"既不单指东西往返的行程距离，也不单指南北往返的行程距离，而应该是解为"南北东西交接往而仍来"，即围着王畿巡视一圈的行程是千里。汉志寥寥数语，点明了王畿的位置，也圈画出了王畿的形状和规模。

汉志此条颜师古之前还有三国韦昭曾作注，有云：

> 通在二封之地，共千里也。[5]

韦注称王畿为"二封"之地，颜师古后来将王畿分两部分，很可能是沿自此说。在传世文献中，还素有周公、召公分陕而治的说法，[6] 所以王畿分东、西，且一以宗周镐京为中心，一以成周雒邑为中心，在行政上各自相对独立，也是一种为诸多学者所接受的说法。但宗周王畿与成周王畿各自的地域范围，传世文献中专门的材料却并不多，主要认识都来自现代考古发掘和学者研究。

从地理上看，宗周王畿主体就是关中平原。关中平原虽然称为平原，实际上不算开阔，东起潼关，西至宝鸡，东西长约380多公里，

---

[1] 段玉裁：《说文解字注》7 篇下"襾部"，第 357 页。

[2] 段玉裁：《说文解字注》2 篇下"彳部"，第 76 页。

[3] 许慎：《说文解字》4 上"目部"，第 72 页。

[4] 段玉裁：《说文解字注》4 篇上"目部"，第 133 页。

[5] 班固：《汉书》卷 28 下《地理志》，第 1651 页。

[6]《史记·燕世家》："其在成王时，召公为三公，自陕以西，召公主之；自陕以东，周公主之。"（司马迁：《史记》卷 15《燕召公世家》，第 1549 页。）《尚书·康王之诰》："太保率西方诸侯入应门左，毕公率东方诸侯入应门右。"（孔安国传，孔颖达疏：《尚书正义》卷 19，阮元校刻：《十三经注疏（附校勘记）》，第 243 页。）

宽约30—80公里。描述为渭河谷地更为确切，它的主体在渭河北岸
的冲积平原，是一个东西走向的狭长地带，380公里也就是760华里，
所以自古有"八百里秦川"的说法。根据陈槃的看法，宗周王畿应当
大致包括现在陕西省渭南、商洛、汉中、咸阳、宝鸡等几个地区及甘
肃省东部几个县。[1]

　　传世文献中对宗周王畿范围直接的描述很少，但考古成果相对丰
富。新中国成立以来，考古工作主要以沣镐和周原为中心展开，其中
周原遗址自20世纪50年代起就开始了细致的考古工作，目前，遗址
范围已经基本摸清，区域内墓地、大型礼制建筑、手工业作坊、水
网、道路等各类遗址的分布和结构也日益明确。而且，通过对周原墓
葬、遗址中出土陶器及多组窖藏中铭文的研究，对区域内贵族家族的
发展情况、民众的社会生活面貌等也有了丰富的认识。[2] 近年来，
宝鸡地区的几处重要考古发现，更是揭示出在周原以西至少到宝鸡都
是周人统治的核心地带，宗周王畿的西端应当包括这片地区。[3]
2018年9月甘肃宁县石家墓地发掘成果发布，庆阳地区首次发现春秋
早期的高等级墓葬，且在墓地群东侧的遇村勘探出西周遗址，这一发
现对于理解宗周王畿西侧范围有重要价值。[4]

　　成周王畿在传世文献中有一些史料。班固《汉书·地理志》讲春
秋周王室地域涉及西周东畿的范围：

　　　　周地，柳、七星、张之分野也。今之河南雒阳、谷成、平

---

[1] 吕文郁：《周代的采邑制度（增订版）》，北京：社会科学文献出版社，2006年，第
　　8页。

[2] 陕西省考古研究院、北京大学考古文博学院、宝鸡市周原博物馆：《周原遗址东部边
　　缘2012年度田野考古报告》，上海：上海古籍出版社，2018年。

[3] 周原考古队：《2003年陕西岐山周公庙遗址调查报告》，《古代文明》第10卷，上
　　海：上海古籍出版社，2016年，第151—186页；石鼓山考古队：《陕西省宝鸡市石
　　鼓山西周墓》，《考古与文物》2013年第1期，第3—24页；任雪莉：《宝鸡戴家湾商
　　周铜器群的整理与研究》，北京：线装书局，2012年，等。

[4] 甘肃省文物考古研究所：《甘肃宁县石家墓群发掘取得重要新收获》，《中国文物报》
　　2018年10月16日。

阴、偃师、巩、缑氏，是其分也。……初雒邑与宗周通封畿，东
西长而南北短，短长相覆为千里。至襄王以河内赐晋文公，又为
诸侯所侵，故其分墜小。[1]

陈槃认为，东迁后之王畿，尚有今河南之洛阳、偃师、宜阳、铁
门、巩、孟津、登封、嵩、洛宁、沁阳、济源、修武、武陟、孟、
温、博浪十六县，兼得鲁山、辅城、伊阳之地，跨黄河南北。[2] 吕
文郁则认为，东畿的东界到郑州以东，[3] 大体上，整个王畿的面积
等于或略小于现在山东、江苏两省面积之和。雒邑周围是东畿的主
体，这一点学者们有一定共识。有关争议主要出现在周边。对东方达
到的范围的争论，就在于是否包括今天郑州地区。其实不仅东侧，东
畿四缘都有问题。这种情况一方面是因为东畿地理边缘没有西畿清
晰，另一方面也与周天子在王畿内的权力运行方式有关。

虽然东西狭长是王畿的基本形状，但西周时代领土概念与后世不
同，王畿不宜理解为有明确界限、内部性质整齐划一的直辖区。松井
嘉德在其西周制度史专著《周代国制の研究》中用"周王の所在"
来表述一般被称为"王畿"的地区，就是为了更突出其直辖性质，而
不是连续地理范围。[4] 同时，王畿的空间规模也不是始终如一的，
而是经由一系列过程渐进形成的。"王畿"是一个空间过程。以天子
巡视的交通线为骨干，交通干线及辐射区的形状，就是领土的基本范
围。天子最频繁巡视的都，由王家设宰经营的邑，是最重要的直接控
制区，这些都邑周围及交通线附近，即西周王畿。在理解封国与王畿
的关系时，"流动的王权"同样适用。新获地区的封君都邑，也是天
子巡游的目的地。这种统治方式，在传世文献中其实有不少反映，即

---

[1] 班固：《汉书》卷28下《地理志》，第1650页。

[2] 陈槃著"春秋篇"，石璋如等：《中国历史地理（上）》，台北：中国文化大学出版
　　　部，1983年，第62页。

[3] 吕文郁：《周代的采邑制度（增订版）》，第9页。

[4] ［日］松井嘉德：《周代国制の研究》，正文第57—63页。

所谓天子"巡狩"。尤其是战国时期不同学派的学者开始讨论较大地域范围下的统治技术时，在各类文本中对于"巡狩"的各种讲述很多。而从考古发现的角度来看，周代马车所呈现的繁荣发展状态也可以佐证。

关于西周王朝在黄河下游的封建，史部文献中多有提及，以顾颉刚、傅斯年为代表的前辈学者研究也已经讨论较多。[1] 除此之外，西周最重要的政治成就之一就是促进了黄淮、江淮之间广阔区域的政治接触与融合。南方地区，包括长江中游的南阳盆地、江汉平原、洞庭湖平原、鄱阳湖平原以及淮河中下游北岸的大片丘陵平地，"宽广而多变"，在一般认识中，"长久以来周人无法按照自己的意愿行事"。[2] 所以，在将王畿视作疆域、以后世大一统帝国天子固定于王都进行治理的方式理解西周时，这部分地区松散的控制方式就显得不同，因而往往被划在王朝疆域结构之外。当我们了解王畿的控制同样是以交通线为骨干、通过天子巡行的办法实现，那么，这些地区也就都可以放在同一结构—过程中理解。

二、"王 都"与"采 邑"

"采邑"与"封国"的区别是西周史的经典问题。这个问题在清代讨论最多，经学家观点分为两种，一种认为王畿之内无封国，清代汉学第一家红豆惠氏的惠士奇即云："古者天子畿内不以封。"[3] 此说可上溯自唐代的李百药，其在《贞观政要·封建》有云："三代之法，天下五服之内，尽封诸侯。王畿千里之间，俱为采地。"[4]

---

［1］顾颉刚：《黄河流域与中国古代文明》，《顾颉刚全集（四）》，第105—107页。傅斯年：《夷夏东西说》，《傅斯年全集》第3册，第86—157页。

［2］李峰：《西周的灭亡：中国早期国家的地理和政治危机》，第360—361页。

［3］惠士奇：《礼说》卷4《地官二》，《景印文渊阁四库全书》第101册，第458页。

［4］吴兢撰、谢保成集校：《贞观政要集校》卷3《论封建》，北京：中华书局，2003年，第176页；又见马端临：《文献通考》卷275《封建考》。

另一种则认为畿内存有封国。孙诒让认为，畿内采邑之君也可以称为诸侯，其《周礼正义》卷4云："凡三等采地，《秋官·朝大夫》叙及《载师》注通谓之国，故其君长亦得称诸侯。"[1] 孙诒让看到了畿内采邑与封国有互通之处，但认为二者是一回事，却是混淆了畿内两种不同性质的政治形态之间的区别。阎若璩《尚书古文疏证》中关于《左传》僖公二十四年的二十六国问题的考据，是这两种看法互相商榷的典型例子。[2] 在《疏证》中，前人称始封全为畿外侯国，祭、原、毛三国是本封灭绝才进入畿内，郑、管、雍、丰、毕等国都在畿内，都应该是畿内的封国。阎若璩则认为有畿内诸侯与畿外诸侯之分，畿内存在诸侯。如果不放弃传统概念，畿内封地可以说是兼有"采邑""封国"两种性质并存。也可以说，"采邑"与"封国"既可以看作史学问题，也可以看成经学问题。

商周时期，不论国家空间组织形态有何种差异，有一点共性，即以大型的"邑"为据点，将控制力量集中在"邑"中。控制了一个区域内的大邑，也就可以看作控制了这片区域。学者们对于"邑"在认识商周时代核心的重要性上已有充分强调，王国维称"都邑者，政治与文化之标征也"，[3] 日本学者宫崎市定、贝冢茂树在界定西周国家性质时提出了"都市国家论"，[4] 而宇都宫清吉提出殷周"邑制国家论"，[5] 松丸道雄则将二者整合，在肯定"邑"为基础的前提下，强调商周时代"邑制国家"与氏族时代"邑制国家"在分析上存在

---

[1] 孙诒让撰，王文锦、陈玉霞点校：《周礼正义》卷4《天官·大宰》，第132页。

[2] 阎若璩：《尚书古文疏证》卷5第70"言安国传不甚通官制"，上海：上海古籍出版社，2010年，第235页。

[3] 王国维：《殷周制度论》，《观堂集林（附别集）》卷10《史林二》，第451页。

[4] ［日］宫崎市定：《中国古代史概论》，［日］宫崎市定著，张学锋、马云超等译：《宫崎市定亚洲史论考·上》，上海：上海古籍出版社，2017年。［日］贝冢茂树：《从卜辞看中国的古代国家》，原题《中国古代国家》，アテネ文库，1952年。

[5] ［日］宇都宫清吉：《〈诗·国风〉的农民诗——古代邑制国家的权力和自由》，《龙谷史坛》65，1972年。

区别。[1]

在各种邑中，"都"等级高，规模大，受各级权力主体的控制最直接。而"王都"为天子居止之所，也是天子之家——王室控制王畿的支点。在王畿内，政治、经济运行的逻辑都是围绕王都展开的。所以，要理解王畿，首先得理解王都。由于王室的各级成员及其财产主要分布在王都周围，那么作为王都的邑及其周围土地也就是最初的王畿。随着王朝的发展，王室掌控的邑规模在扩大，数量也在增加，王畿的范围也相应扩展。从铜器铭文看，在西周王室控制的邑中，并不只有宗周、成周两处被称为"都"。周王都在文献中的情况，可以参见程发轫《春秋左氏传地名图考·周代建都考》篇，其中有相关考证14条，几乎全面梳理了传世文献中的周都材料。[2] 松井嘉德在《周代国制の研究·周王的"都"》一节中，以金文"王在□"或"王格□"为标志，将周王在一般认为是周王畿范围内出现的地点分为五大类：

（1）宗周、成周（新邑）、周（岐周）、莽京等王朝的"都城"；

（2）大庙、康庙、康宫等设施；

（3）管师等含有"师"字的军事集团驻扎地；

（4）上侯茈等含有"茈"字的行宫、离宫所在地；

（5）其他。[3]

其中（1）是"都城"。若据后代文献对周人"都"本义为"邑有宗庙先君之主曰都"的解释，则即（2）类中诸庙之所在。除了宗周、成周（新邑）两处最著名的王都外，材料中还可以看到周（岐周）、莽京两处都邑是周王常去之处。他认为这四邑及周边是构成周

---

[1]　[日] 松丸道雄：《殷周国家的结构》，《岩波讲座·世界历史》4，1970年。

[2]　程发轫：《春秋左氏传地名图考》，新北：广文书局，1967年，第1—24页。

[3]　[日] 松井嘉德：《周代国制の研究》，附录第67页。

王畿最主要的土地。此外含有"师"的第（3）种地名与含有"莅"字的第（4）种地名也应该是"都"级别的邑，其中所"莅"之处多有行宫或离宫。

松井嘉德提出，西周王朝的王畿可能需要理解为一个流动的状态。"王在""王格""师""莅"等词，是王权实现的方式，"王都"性质的获得，是以这些行为实现的。在最基础的层面上，"都"就是"畿"。"王在""王格""师""莅"等行为不仅在周人旧土实现权力，天子甚至可以通过巡狩在封国内实现权力。移动于诸多都、邑之间，是铜器铭文中呈现出的西周天子执政的一种日常状态。在宗周畿内，存在诸多的"宫"，金文中有康宫、般宫、新宫、湿宫等等，其中以周（岐周）最多，宗周、成周、莽京也都有。这些"宫"除了个别属于天子居止的行宫、离宫外，大多性质为宗庙。铭文中岐周、宗周内还有"大庙""康庙"等，也同样是宗庙。[1] 在整个西周时代，巡行诸都，在各个宗庙举行仪式，是周天子在畿内政治活动的日常状态。松井氏讲王畿的经营，天子之家直领的土地可以称为"王家"，"王家"包括土地和"分为动产的多种财富"。"王家"的经营者为"宰"，另外还有臣、妾、鬲、庸、百工。"王家"分散于数个地方。[2] 天子巡狩于"都"中举行仪式，而"邑"则是由王室职官经营的，所以在金文中，天子常见于都内，而邑名则多与卿士的名或氏并出。但都旁之邑供应宗庙，是天子之产。卿士之所以出现在郇、岐等地，是为天子经营其地，即王家之"宰"。

前文松井氏列举的周天子巡视地点中，有一种是比较特别的，即第（5）种，包括丰、毕、郑等地。松井嘉德举史料比较丰富的郑为例：

> "郑遐（县?）"里存在过军事集团以及支撑其经济基础的组织。并且在郑，有过管辖其区域的郑司土、管辖郑人的郑人善夫

---

[1]［日］松井嘉德：《周代国制の研究》，正文第69—70页。
[2]［日］松井嘉德：《周代国制の研究》，正文第94—122页。

这样的官。"郑還"和存在于文王"都城"豐的"豐還"有对应
关系，而且郑人善夫和管辖周（岐周）人的周人司工也有对应关
系。如果认可周（岐周）或豐为王朝的"都城"，那么还可考虑
郑也是王朝的"都城"。[1]

周天子在这几处地方主持各种各样的仪礼，这几处地方也一样有为王
家经营的官员，在松井嘉德看来，这种状态与其他"都"没有区别，
所以"郑"其实也是畿内的一个都城。在以往研究中，郑邑因与郑氏
族同名，故长期被认为是卿士家族的领地。但这几处大邑究竟是卿士
家族封地还是王室之邑，确实有必要进一步讨论。"世卿世禄"是常
见用于解释畿内卿士家族财富获取方式的制度，基本内容是卿士为天
子之臣，天子不发俸禄，而是封其爵位、敂其土田，卿士家族世代承
担官职并世袭领地。但实际上，王国维就认为，西周可能并不存在世
卿世禄之制。他讲道：

> 天子诸侯世，而天子诸侯之卿大夫士皆不世。盖天子诸侯
> 者，有土之君也，有土之君不传子不立嫡则无以弭天下之争。卿
> 大夫士者，图事之臣也，不任贤无以治天下之事。……王朝如
> 是，侯国亦然，故《春秋》讥世卿。世卿者，后世之乱制也。[2]

王国维从需求的角度分析，认为天子诸侯最重要的是使权力和财富在
家内延续，所以立嫡世袭。而卿、大夫、士是为王图事的臣子，需选
有能力之人，不可以在家族内传递。他举王室公、卿为例，讲："周
初三公，惟周公为武王母弟，召公则疏远之族兄弟，而太公又异姓
也。成、康之际，其六卿为召公、芮伯、彤伯、毕公、卫侯、毛公，
而召、毕、毛三公又经卿兼三公，周公、太公之子不与焉。"周初王
室诸卿见诸文献者已全列于此，都并非世袭。但在当时有限的族群规

---

[1]［日］松井嘉德：《周代国制の研究》，正文第81页。
[2] 王国维：《殷周制度论》，《观堂集林（附别集）》卷10《史林二》，第472—473页。

模下，王家之宰与天子之家也会有较近的血缘关系。在松井氏划分的第（5）类邑中，也包括"毕"，如果将"郑"视为王都，那"毕"也同样是。

除王家的邑外，畿内也存在封君的邑。以井氏为例，"井"是西畿内有封地的大氏族，"井"邑是最初的封邑，最初的族名与邑名是统一的，即文献中最常见的"以地为氏"，也符合学者对早期族群"地名、族名合一"现象的认识。[1] 氏族规模随时间自然扩展，金文中与"井"相关的称谓，井伯、井叔、井季这类反映家内行辈的称谓，松井嘉德认为是因为"位于王朝权力中枢的井氏也在其内部分节出家系"。同时，也出现了郑井叔、咸井叔、丰井叔这种冠以地名的称谓，松井氏认为这些可以称为是井氏"'地域化'了的分族"。[2] 也就是说，此时郑、咸、丰附近，不仅有天子"王家"经营的邑，也有封君之家经营的族邑。

王国维讲道："开国之初，建兄弟之国十五，姬姓之国四十，大抵在邦畿之外，后王之子弟亦皆使食畿内之邑。"[3] 西畿之内绝大多数封君，其实都是出身王室的"别子"。畿内封君井氏家族的第一代封君为周文王之子，即周王室"别子"。首批封邑由这些别子之家直接经营，对氏族来说类似王都。而相对于"王家"来说，这批"别子之族"也可以理解为"地域化的分族"。随着代际的发展，别子之族分化出新的次一级封君，并且开发出新的族邑，这些新邑最初的经营方式很可能与天子控制王家的形式类似，也是通过君长巡视的方式实现的，而随着时间的推移，"地域化"过程同样发生在氏族中，新邑成为一些分族的常住与直辖之地，所以畿内诸邑的经营主体也越来越复杂，后世所见诸多的畿内封君、封邑，也是在这个过程中出现的。

---

[1] 晁福林师：《试论殷代的王权与神权》，《社会科学战线》1984 年第 4 期，第 97 页。

[2] ［日］松井嘉德：《周代国制の研究》，正文第 208—253 页。

[3] 王国维：《殷周制度论》，《观堂集林（附别集）》卷 10《史林二》，第 466 页。

三、"姓""族"与"人群"

　　封国的空间形态在政治史语境下可以表述为"地缘关系"，与其相互渗透的另一个维度是"血缘关系"。在西周国家政治中，人们对以人群间的血缘为基础制定行为规则存在共识。在理解封国的问题时，亦不可忽视这一方面。分析封国的组织方式，以及徙封形成的封国格局等问题时，亦需兼顾血缘因素。西周封国的姓具有族源标识的意义，是本研究秉持的一个基本观点。

　　《左传》隐公八年有一段对于姓之所得的记载：

> 天子建德，因生以赐姓，胙之土而命之氏。[1]

意思是历代天子为彰显有德之人的功业，为其赐姓、封土、命氏。至少自春秋起，传统观点普遍认为"姓"是上古三代政治文化的核心内容之一。近年来，西周姓氏研究也不断有成果问世，[2] 其中一个重要观点是认为在周代以前"姓"的观念并非普遍存在，有不少族群是在周初赐姓以后才接受这一观念的。[3] 这种观点提示出周"姓"的制度化、整齐化可能曾经经历了一个过程。从现象看，在卜辞中，商王族为子姓有很明显的迹象，周代作为"姓"的姒、姬等字在甲骨文中也都已经存在，[4] 但带有"女"旁的字确实还主要是作为女子的私名使用，且多数字其实不见于后世。这样看来，"姓"在周代以前，与

---

[1] 杜预注，孔颖达疏：《春秋左传正义》卷4，隐公八年，第1733页。

[2] 杨希枚：《先秦赐姓制度理论的商榷》，《"中研院"历史语言研究所集刊》卷26，1955年，第189—226页；李学勤：《考古发现与古代姓氏制度》，《考古》1987年第3期，第253—257页；葛志毅：《先秦赐姓氏制度考原》，《社会科学战线》1992年第3期，第149—157页；陈絜：《商周姓氏制度研究》，北京：商务印书馆，2007年。

[3] 林鹄：《周代政治与姓观念》，北京大学硕士学位论文，2002年。

[4] "姒"见于卜辞有"雷姒"，于省吾认为即"褒姒"之姒，为女子之姓（于省吾主编：《甲骨文字诂林》0456 姒，北京：中华书局，1996年，第470页）。"妊"，见于卜辞有"妇妊"（转引自于省吾主编：《甲骨文字诂林》0572 妊，第526页）。

周代的内涵是否相同，确实尚无法确定。但无论如何，氏族时代以来，各个族群发展都需要有确立族群自身认同及与外族群相区别的标识，"姓"是以自然产生的血缘群体为单元的概念，即便对于有些族群来说观念是入周以后明确的，其中的人际关系基本规则和组织办法不会全新。

西周赐姓的封国，从记载看比较可能的是陈国。《左传》襄公二十五年称陈因其职事之能与其神明之后的身份获封，始封自胡公。[1]《传》昭公八年"及胡公不淫，故周赐之姓"孔疏云：

> 《世本》舜姓姚氏。哀元年传称夏后少康奔虞，虞思妻之以二姚。虞思犹姓姚也。至胡公，周乃赐姓为妫耳。因昔虞舜居妫水，故周赐以妫为姓也。《陈世家》言舜居妫汭，其后因姓妫氏，谓胡公之前已姓妫矣，是马迁之妄也。[2]

文称陈国为舜的后裔，本为姚姓，周初受封时被赐以妫姓。无论是姚姓还是妫姓，都不影响陈国作为舜后裔的身份。陈位列"三恪"，与王室通婚，受到周王朝的礼遇。所以，从西周国家政治的角度来看，一个族群的姓是受赐而来还是沿自上古并不是问题的关键，重要的是，在西周政治中，姓所代表的血缘关系确实是被承认的，而且真真实实地被视作一种划定政治等级的标准。

召公奭后裔的燕国是另一个被学者认为接受赐姓的西周重要封国。近年来研究中，不少学者注意到燕国相关铜器多用日名，反映出其与殷人之间存在比较密切的关系，而召公一系在文献记载中与姬姓王族之间的关系又比较模糊，传统上有"文王庶子"或"姬姓旁支"等说，[3]

———————

[1] 杜预注，孔颖达疏：《春秋左传正义》卷36，襄公二十五年，第1985页。

[2] 杜预注，孔颖达疏：《春秋左传正义》卷44，昭公八年，第2053页。

[3] 《史记·燕召公世家》："召公奭与周同姓，姓姬氏。"《集解》引谯周云："周之支族，食邑于召。"（司马迁：《史记》卷15《燕召公世家》，第1549页。）《白虎通·王者不臣篇》："召公，文王子也。"（陈立撰、吴则虞点校：《白虎通疏证》，北京：中华书局，2018年，第323页。）《诗·召南·甘棠》孔疏引皇甫谧《帝王世纪》云召公为"文王之庶子"。（郑玄笺，孔颖达疏：《毛诗正义》卷1—4《召南·甘棠》，第287页。）

一些学者以此提出召公一系可能为受赐姬姓的殷人。[1]

从封国政治的角度来看，无论燕国的姬姓是否为周人所赐，这一支人群都早已融入姬姓集团之中了。从西周姓作为血缘联系标记的性质来看，将没有血缘关系的异族赐以姬姓并不太符合周初解决政治问题的思路，燕国赐姓说本身值得再探讨。退一步说，即使召公一支为受赐姬姓，从后来的政治军事等方面来看，与其他姬姓国家也并没有什么差别。《左传》僖公二十四年富辰言"召穆公思周德之不类，故纠合宗族于成周"，[2]《逸周书·祭公》篇中穆王称"我亦维有若文祖周公暨列祖召公"，[3] 都显示出召公在姬姓宗法系统中占有十分正统的地位。而有了宗法地位上的正统性，在王朝政治生活中，无论召公之姬是否赐姓，都不会影响燕作为姬姓国家的性质。

西周的姓是族源认同的标识，在政治运行中，维持着人群借由祖先与周族之间一定关系所带来的权益。周代同姓群体内部的实际血缘是复杂的。有些与其祖先之间有联系，有些可能并无关系，其中原因之一是赐姓问题，但也并非唯一原因。从封国研究的角度，封国赐姓是重要的，但不同的理解不会直接影响对徙封与宗盟的整体认识。

---

[1] 韩巍：《西周金文氏族研究》，北京大学博士学位论文，2007年，第86页。

[2] 杜预注，孔颖达疏：《春秋左传正义》卷15，僖公二十四年，第1817页。

[3] 黄怀信、张懋镕、田旭东：《逸周书汇校集注（修订本）》卷8《祭公解》，第928页。

第一章　于文有征

西周封国徙封现象之确认

虽然之前已经有学者提醒注意，但关于文献中直接记载徙封的条目至今尚未有集中专论，徙封问题的研究基础一直未得以夯实。究其原因，一方面直接记载数量稀少，另一方面有些内容没有得到充分辨析。考出土金文与传世文献，宜侯夨簋、邢侯簋、《诗·閟宫》、《诗·崧高》四篇周代文献中"迁侯于宜""菁邢侯服""俾侯于东""于邑于谢"即为虞、邢、鲁、申四国徙封之记述。且这四篇文献同时亦涉及西周封国徙封的一些细节和特征。有文献例证，便可在更稳妥的基础上探索西周封国徙封问题。

西周封国虽然与后世政区有显著区别，但无法回避，它是西周王朝实现地方控制的基本单位。后世分析政区的一般框架也应该可以借用来讨论封国。这样，西周封国的基本问题就是数量、分布和层级，另外还涉及制度演变和相关仪式。

数量、层级、制度演变和相关仪式问题，目前学界都有一定的研究成果。利用《左传》的材料倒推，可知西周末年封国总数大约在150个，其中约100个分封于周初武王和成王时期，约50—70个与王朝关系较为密切。另有部分国家封于西周中后期，一些为历代天子零星增置，一些则是汉水、淮河流域异族归附。[1] 而层级关系，则在

---

[1] 参见顾栋高：《春秋大事表》，第561—608页。陈槃：《春秋大事表列国爵（转下页）

五等爵问题的语境下有不少讨论。[1] 制度演变及相关仪式，在葛志毅《西周分封制度研究》一书中有过系统梳理。[2]

　　总体来看，西周封国空间方面的研究还相对较少。虽然任伟《西周封国考疑》、[3] 马保春《晋国历史地理研究》[4] 等著作中有针对多个或单个封国地理问题的细密考证，但就西周封国整体的、动态的分布情况，目前尚缺乏奠基之作。西周封国可能具有流动性的特点，这种历时性研究对于理解西周封国政治可能具有关键意义。目前通行的西周断代史叙述中对此问题多未涉及或一笔带过。所以许倬云在《重写西周史，我还想写些什么》一文中就谈到"（除了几个大国的封建之外）其他西周的封国，如何迁移"是他最感兴趣的问题之一。[5] 较早注意到这个现象的是清代学者顾栋高，在其《春秋大事表·列国爵姓及存灭表》中，标出 20 个国家存在地点变更。[6] 今人陈槃则在专门对顾栋高著作进行考订的《春秋大事表列国爵姓及存灭表撰异》中开出了一个更大的名单，认为曾经移徙的国家有 71 个。[7] 陈槃的研究虽然提示了封国迁移问题涉及面较宽，但与顾栋

　　（接上页）姓及存灭表撰异（三订本）》。陈槃：《不见于春秋大事表之春秋方国稿》。

[1] 傅斯年：《论所谓五等爵》，《傅斯年全集》第 3 册，第 34—70 页。顾颉刚：《周室的封建及其属邦》，《顾颉刚古史论文集（二）》，第 328—345 页。陈恩林师：《先秦两汉文献中所见周代诸侯五等爵》，《历史研究》1994 年第 6 期，第 59—72 页。

[2] 葛志毅：《周代分封制度研究》。关于西周分封制重要的研究文章还有王国维：《殷周制度论》，《观堂集林（附别集）》卷 10《史林二》，第 451—480 页。徐中舒：《西周史论述（上）》，《四川大学学报》1979 年第 3 期，第 89—98 页。徐中舒：《西周史论述（下）》，《四川大学学报》1979 年第 4 期，第 92—100 页。

[3] 任伟：《西周封国考疑》。

[4] 马保春：《晋国历史地理研究》。

[5] 许倬云：《重写西周史，我还想写些什么》，《读书》2011 年第 8 期，第 136 页。

[6] 顾栋高：《春秋大事表》，第 561—608 页。

[7] 陈槃：《春秋大事表列国爵姓及存灭表撰异（三订本）》。陈槃对于封国的界定比较宽泛，包括一些古族都在内。当时各个人群的生计状态差别较大，一些古族可能常态就是居易毋固，与姬周王朝直接分封的封国迁移的性质还有一些差别。

高一样，都还是将其作为各个封国自身历史的一个问题，没有将其与王朝政治进程联系在一起。首先将这个问题作为西周王朝发展中的重要事件提出的正是许倬云。在其《西周史》[1] 中，专门设置了《诸侯徙封的例证》一节。但许倬云对两个关键问题，一是西周存在众多封国移徙的事实，二是各个封国移徙的具体情况，都未另作论证，而是基本全引陈槃研究。陈槃的研究大致上是以"两地之间地名相同"作为证明封国移徙的主要依据，逻辑略显简单。且陈槃对于封国移徙的界定比较宽泛，将一些发展程度与封国差别较大、政治联系也不够紧密的古族居易无固的情况也列在其中，使得其总计 71 国有移徙的结论稍嫌说服力不足。所以，虽然封国迁移问题在多年前已经被置于台前，但其真实性和影响力都尚未被学界充分了解。至今各种常见的西周史叙述中，对徙封问题的强调都还不够突出。

其实西周封国徙封不仅在地名上留下了痕迹，其直接记载亦见于金文及传世文献。本章尝试对各类文献中直接记载徙封时所用的词汇进行分析，并将相关材料相互勾连，进一步明确西周徙封存在之史实。

第一节　宜侯夨簋所载之"迁侯于宜"

宜侯夨簋（《集成》4320）铭文中包含有一"迁"字，是目前关于徙封表述最为直接的材料。铭文通篇 12 行，约 130 字：[2]

> 唯四月，辰在丁未，王省武王成王伐商图，征省东国图。王立于宜，入社，南向。王令虞侯夨曰：𩁹侯于宜。易鬯瓒一卣，

---

[1] 许倬云：《西周史（增补二版）》，第 167—170 页。

[2] 陈梦家认为约 130 个字，有 16 字残缺不清；马承源释文 126 字，其中仅存 119 字；唐兰则释文 125 字。由于器物出土时被打碎，修复以后，有些字见不到，只能推测，故而有差异。本文取陈说。

商嚣一□。彤弓一，彤矢百，旅弓十，旅矢千。易土，乒川三百□，乒□百又廿，乒宅邑卅又五，乒□百又冊。易在宜王人□又七生（姓）；易奠七伯，乒盧□又五十夫；易宜庶人六百又□六夫。宜侯矢扬王休，乍虞公父丁尊彝。

铭文内容包括赐彝器、田土、民人，与《左传》定公四年春秋时期人对西周分封鲁、晋等国时仪式的追述比较一致。标示事件性质的关键字"▨"，陈梦家阙疑，郭沫若隶定为"繇"，认作发语词。[1]当然，此字释读确实存在一定困难，因为器物发掘时刚好在此字处被打碎，最初拓本很难看得真切。近年电脑普及后能够利用图像软件将整字放大详查，才具备了进一步考释的条件。

何尊（《集成》6014）铭文有"▨"字，大盂鼎（《集成》2837）铭文有"▨"，将"▨"与这两个字相参照，更容易辨认字口轮廓。字为左右结构，左旁上部从双手，其中右侧一只较清晰，手下方为"凶"，下半部也依稀可见手形。右旁上部为目，下方较模糊，似从"巳"。整个字从左侧下部从手处打碎，拼合后稍微有些错位，显得扁平。字左半部分可以隶定为"𤰆"，右半部分隶定为"邑"，整字隶定为"𨜚"。这个字还有一种右侧偏旁从"邑"的写法"▨"（左旁从四手从"凶"，与宜侯矢簋一致），隶定为"𨜚"，见于西周时器𨜚簋（《集成》4296—4297）。[2]因为金文中"邑"上部所从"口"表示城雍，在金文中亦写作"目"。何尊和大盂鼎铭文右半部分与宜侯矢簋也略有不同，从"目"从"隹"，隶定为"暀"，即"雝（雍）"省。所以，宜侯矢簋与其他三件器物铭文中的应该都是同一个字。

"𨜚"字右半部分均从"雍"，显示字义可能与城邑有关。左半

---

[1] 郭沫若：《矢簋铭考释》，《考古学报》1956年第1期，第7页。

[2] 传宋以前出于陕西扶风，《考古图》《薛氏集古录》中有著录，后原器不存，仅存石刻及摹本。

部分"𦘒"众手持版筑工具状，确切的含义不明。《汉书·地理志》云：

> 卫本国既为狄所灭，文公徙封楚丘，三十余年，子成公徙于帝丘。故《春秋》经曰"卫瞁于帝丘"。

颜师古注："瞁，古'迁'字。"[1] 此字应即魋左半部分"𦘒"字。所以，"魋"左旁含义应为"迁"。何尊铭文中"魋"字所在句为：

> 佳王初魋宅于成周

记周初建成周事，各家也都一致释为"迁"字。大盂鼎铭文中""所在句为：

> 逐寓自厥土

白川静就认为将已被授予的邦司、夷司王臣及其人鬲，分别快疾地迁往盂所领之地。[2] 所以，李学勤认为前人将宜侯夨簋中的""释做"繇"或"黎"都不准确，同意唐兰的看法，将宜侯夨簋中""字隶定为"郒"，读作"迁"。[3] 则铭文关键句"王令虞侯夨曰：魋侯于宜"即应释为：

> 王命虞侯夨说：迁侯至宜。

虞侯始封之地在山西，位置大约在上阳与晋的国都绛之间。《汉书·地理志》"河东郡·大阳"下云："吴山在西，上有吴城，周武王封太伯后于此，是为虞公，为晋所灭，有天子庙。"[4] 裴骃《史记集解》及司马贞《索隐》都据此认为虞国在河东大阳县。[5]《括地

---

[1] 班固：《汉书》卷28下《地理志》，第1664—1665页。

[2] 白川静：《金文通释》1·（下），东京：平凡社，2004年，第671—672页。

[3] 李学勤：《宜侯夨簋与吴国》，《文物》1985年第7期，第14页。

[4] 班固：《汉书》卷28上《地理志》，第1550页。

[5] 裴骃《史记集解》、司马贞《史记索隐》，司马迁：《史记》卷31《吴太伯世家》，第1447页。

志》则云："虞城故城在陕州河北县东北五十里虞山之上。亦名吴山，周武王封弟虞仲于周之北故夏墟吴城，即此城也。"[1] 河北县即大阳县，实今黄河北岸的平陆县，县南有大阳渡，后周时改曰河北，唐时改为平陆县。考古工作者在县北张店发现古城遗址，黄盛璋认为就是古虞国所在。[2]

学者多认为此簋出土地点江苏丹徒即铭文中的"宜"地，也就是虞侯徙入之地。[3] 丹徒地处长江下游南岸、宁镇山脉东段的丘陵岗地间，自古即为东南重镇。春秋属吴，传为季札所居之处，后曾为西晋毗陵郡、唐润州、宋元明清镇江府和镇江路治所。[4] 丹徒得名有些传奇，《元和郡县志》卷25"润州丹徒县"载：

> 初，秦以其地有王气，始皇遣赭衣徒三千人凿破长陇，故名丹徒。[5]

其中"有王气"句很关键，若其事可信，则丹徒在秦时可能已为东南形胜所在。西周王朝将虞国徙封到这里，可能就因此地特别重要。

宜侯夨簋为康王时器，[6] 从时机上看，虞国在这一时期徙封的可能性也最大。后世丹徒虽然形势险要，但僻处东南，中间又有徐、淮夷间隔，与中土远隔。但在之前的成王时期，西周王朝已通过东征

---

[1] 李泰著，贺次君辑校：《括地志辑校》卷3，第114页。

[2] 黄盛璋：《铜器铭文宜、虞、夨的地望及其与吴国的关系》，《考古学报》1983年第3期，第298—300页。

[3] 关于宜侯夨簋的研究，还有陈梦家：《西周铜器断代》，第14—17页。唐兰：《西周青铜器铭文分代史征》，北京：中华书局，1986年，第153—159页。谭戒甫：《周初夨器铭文综合研究》，《武汉大学人文科学学报》1956年第1期，第163—211页。刘启益：《西周夨国铜器的新发现与有关的历史地理问题》，《考古与文物》1982年第2期，第42—46页。

[4] 顾祖禹撰，贺次君、施和金点校：《读史方舆纪要》卷25"南直七"，北京：中华书局，2005年，第1250页。

[5] 李吉甫撰，贺次君点校：《元和郡县图志》卷25《江南道一》，北京：中华书局，1983年，第591页。

[6] 陈梦家、唐兰都认为是康王时器，其中陈梦家在《西周铜器断代》整体分期时曾将其归入成王，但眉批中又将其改为康王。见陈梦家：《西周铜器断代》，第14页。

实现了对山东的控制，山东与宁镇之间的夷人式微，所以康王时王朝能够越过淮泗地区，将虞国远封宁镇。[1] 而在周初开疆辟土的关键时期，王朝借虞国徙封向南扩展，也顺理成章。只是后来，随着淮夷逐渐恢复强大，中原与东南的交往开始不便，吴国与中原交往日疏，日渐形成了"吴，周之胄裔也，而弃在海滨，不与姬通"的局面。[2]

第二节 邢侯簋所载之"𩰬邢侯服"

宜侯夨簋中的"迁"字虽然字形破碎难认，但"迁"本身含义很明确，也能够与铭文内容对应，理解起来相对容易。另一件重要器物邢侯簋（《集成》4241）铭文也记载了徙封之事，但由于所用动词"𩰬"比较生僻，释读难度稍大。

邢侯簋也称周公簋，一般认为是康王时器，[3] 铭文为：

> 隹三月，王令荣眔内史曰：𩰬邢侯服。易臣三品：州人、重人、𩛥人。拜稽首，鲁天子。㽪厥濒福，克奔走上下，帝无终令于有周。追孝，对不敢象，邵朕福盟，朕臣天子。用典王令，乍周公彝。

所在句为"𩰬邢侯服"。郭沫若将字隶定为"𩰬"，释为"更"，认为"𩰬邢侯服"与班簋（《集成》4341）"更虢成公服"语例相同，应假借为"更"，[4] 意为由荣代替邢侯原来内服诸侯的职事。但将二器铭

---

[1] 顾颉刚遗著：《徐和淮夷的迁、留——周公东征史事考证之五》，《文史》第32辑，第1—28页。

[2] 杜预注，孔颖达疏：《春秋左传正义》卷53，昭公三十年，第2125页。

[3] 陈梦家《断代》中将邢侯簋定为成康时器，郭沫若《大系》、唐兰《史征》及马承源《铭文选》都定在康王。见陈梦家：《西周铜器断代》，第81页；郭沫若：《两周金文辞大系图录考释》，第39页；唐兰：《西周青铜器铭文分代史征》，第159页；马承源：《商周青铜器铭文选（三）》，北京：文物出版社，1988年，第45页。

[4] 郭沫若：《两周金文辞大系图录考释》"周公簋"，第39页。

文行文比较即可知，郭说可能有一些偏差。班簋铭文相关段落为：

> 佳八月初吉，在宗周。甲戌，王令毛伯更虢成公服，屏王位，乍四方亟，秉繁、蜀、巢。令赐铃勒。咸。王命毛公：以邦冢君、徒驭、或人伐东国痛戎。王令吴伯曰：以乃师左比毛父。王令吕伯曰：以乃师右比毛父。遣令曰：以乃族从父征，出城卫父身。三年靖东国，亡不成。

这是一篇记述战功的叙事铭文。周王先任命毛公为主帅，然后向各路参战将领部署战略，最后记录了战胜的结果。器主毛公受命，而被替代的"虢成公"似乎并未在仪式中直接出现。

邢侯簋铭文虽然有些简单，但也还是比较标准的册命金文。"王令荣眔内史曰：菁邢侯服"这种辞例金文中随处可见，其中受命者为邢侯，荣与内史是参加册命仪式的官员。内史大致充当司仪角色，荣则是佑者。若受命者是官员，佑者往往是受册命之人的上司，或互有关联的同级官僚。[1] 邢侯簋受命者为诸侯，荣伯可能不是邢侯的上司，而是王朝内负责联络诸侯的官员，所以会成为仪式的佑者。而且，器主"乍周公彝"，应为周公后裔，与《左传》襄公二十四年"凡、蒋、邢、茅、胙、祭，周公之胤也"载邢为周公后裔一致，[2] 各家对邢侯为器主也均无异议。若是邢侯之职被荣所替代，断无自己作器铭记以告飨宗庙之理。所以，此处的"菁"即使可以假借为"更"，也与班簋中情况有所不同，不能解释为替代。

陈梦家就提出了不同看法，认为应据《说文》籀文及《方言》三"苏，介，草也……自关而西……或曰芥……沅湘之南或谓之莙"，将

---

[1] 荣伯作为佑者出现的青铜器还有多件，如《宰兽簋》："司土荣伯右宰兽内门立中廷，北乡。王乎内史尹中册命宰兽曰：'昔先王既命女，今余佳或申就乃命，更乃且考事。兼司康宫王家。'"《康鼎》："佳三月初吉甲戌，王才康宫，荣伯内右康，王令死司王家。"荣伯似为王室司土，可能与四方诸侯有关联。见罗西章：《宰兽簋铭略考》，《文物》1998 年第 8 期，第 84 页；中国社会科学院考古研究所：《殷周金文集成》第五册，北京：中华书局，1985 年，第 1453 页。

[2] 杜预注，孔颖达疏：《春秋左传正义》卷 35，襄公二十四年，第 1817 页。

"薺"释为"芥"，动词，通"介"，意思是"给与"。[1] 若用陈梦家的说法，则铭文所记内容为始封邢国。不过《公羊传》隐公元年何休注云"无土建国曰封"，[2] 周代始建封国有"封"为专门说法。《周礼·春官·大宗伯》即云"王大封，则先告后土"。[3] 此外在传世文献中还有一个更常见的用词为"建"，如《左传》桓公二年有"天子建国"，[4] 昭公九年有"文武成康之建母弟"，[5] 昭公二十六年有"并建母弟以蕃屏周"，[6] 定公四年有"选建明德"，[7]《国语·晋语四》有"文、武之功，实建诸姬"。[8] 或"封""建"合用，如《左传》僖公二十四年"昔周公吊二叔之不贤，故封建亲戚以蕃屏周"。[9] 而"介"用来表示始封建国的用例，目前还没有见到。虽然周代文字语言还比较原始，但像建封这样的重要事件，相关文本还是受到重视的，应该会有些比较固定的说法。如果建封用"介"，后世文本中很难不留痕迹。所以将"介"释为"给与"引申为始建封国，可能还不够准确。

"介"另有一个用法，表示"别居"之意，可能与铭文理解相关。《诗·小雅·甫田》及《大雅·生民》都有"攸介攸止"句。马瑞辰《毛诗传笺通释》即解释为"别居"，认为《生民》中"介"为姜嫄产子前别居侧室，《甫田》中意为农时出居于田间庐舍之内。[10]《甫

---

[1] 陈梦家：《西周铜器断代》，第 82 页。

[2] 何休注，徐彦疏：《春秋公羊传注疏》卷 1，隐公元年，第 2197 页。

[3] 郑玄注，贾公彦疏：《周礼注疏》卷 18《大宗伯》，阮元校刻：《十三经注疏（附校勘记）》，第 764 页。

[4] 杜预注，孔颖达疏：《春秋左传正义》卷 5，桓公二年，第 1744 页。

[5] 杜预注，孔颖达疏：《春秋左传正义》卷 45，昭公九年，第 2056 页。

[6] 杜预注，孔颖达疏：《春秋左传正义》卷 53，昭公二十六年，第 2114 页。

[7] 杜预注，孔颖达疏：《春秋左传正义》卷 54，定公四年，第 2134 页。

[8] 徐元诰撰，王树民、沈长云点校：《国语集解》卷 10，第 328 页。

[9] 杜预注，孔颖达疏：《春秋左传正义》卷 15，僖公二十四年，第 1817 页。

[10] 马瑞辰撰，陈金生点校：《毛诗传笺通释》卷 25《生民》、卷 22《甫田》，北京：中华书局，1989 年，第 873，714 页。

田》篇中马氏虽未明言"别居"，但与冬天入居于城内相比，农时居
于田间庐舍，仍有另居他处之意。[1] 若取此意，则"薆邢侯服"就
是命邢侯改换领地别居他处之意。

　　学界也确实一直存在邢国曾经徙封的观点。彭裕商、尹盛平等提
出过邢国始封于邢丘，而后徙封至邢台，认为邢国封域曾经发生过变
化。[2] 但由于文献无征，邢国是否徙封，始封、徙封分别为何地，
一直没能确定下来。近年来，考古发现显示，邢台地区的考古学遗址
年代可能要早于邢丘，邢台很可能就是"祖乙迁邢"的"邢"
地，[3] 也就是说邢台应该早在西周立国之前就已称为"邢"。同时，
甲骨文中的"井（邢）"也不在邢丘，[4] 如果始封于邢丘，则
"邢"国之名就不是因循封地旧名而来。这样一来，邢国的早期历史

[1] 见《说文·支部》，《国语·越语上》"寡人请更"韦昭注，《礼记·儒行》"不更其
　　所"孔颖达注等。许慎：《说文解字》3 上"支部"，第 67—69 页；徐元诰撰，王树
　　民、沈长云点校：《国语集解》卷 20，第 570 页；郑玄注，孔颖达疏：《礼记正义》
　　卷 59，《儒行》，阮元校刻：《十三经注疏（附校勘记）》，第 1669—1670 页。

[2] 彭裕商：《麦四器与周初的邢国》，《徐中舒先生百年诞辰纪念文集》，成都：巴蜀书
　　社，1998 年，第 147—150 页。尹盛平：《邢国改封的原因及其与郑邢、丰邢的关
　　系》，《三代文明研究（一）——1998 河北邢台中国商周文明国际学术研讨会论文
　　集》，北京：科学出版社，1999 年，第 126—132 页。杨文山：《邢国历史综合研究》，
　　《邢台历史文化论丛》，石家庄：河北人民出版社，1990 年，第 134—174 页。

[3] 唐云明：《河北元氏西张村的西周遗址和墓葬》，《考古》1979 年第 1 期，第 23—25
　　页。任亚珊、段宏振：《邢台南小汪周代遗址西周遗存的发掘》，《文物春秋》1992
　　年第 S1 期，第 248 页。任亚珊、郭瑞海、贾金标：《1993—1997 年邢台葛家庄先商
　　遗址、两周贵族墓地考古工作的主要收获》，《三代文明研究（一）——1998 河北邢
　　台中国商周文明国际学术研讨会论文集》，第 7 页。

[4] 在甲骨刻辞中，有"井方"，如"癸卯卜宾贞井方于唐宗彘"（《合集》1339），"己
　　巳贞执井方"（《合集》33044），另外有井方的女子为王妇者，称"妇井"或"妇
　　姘"，如"妇井示三十"（《合集》116 反）、"贞妇姘娩"（《合集》13953 正），郭
　　沫若《卜辞通纂》定地望在散关之东、岐山之南、渭水南岸，胡厚宣《甲骨学商史
　　论丛初集》与郭沫若的看法一致，岛邦男在《殷墟卜辞研究》中认为此地在殷墟西
　　北，李学勤《殷代地理简论》中也提出井方位于商西甚远。几位意见比较统一，即
　　商代井方的地点大致在今陕西岐山以南的渭河谷地，与文献所谓祖乙迁邢的"邢"
　　地在方位上有很大差别。见郭沫若：《卜辞通纂》，北京：科学出版社，2002 年，第
　　449—550 页；胡厚宣：《甲骨学商史论丛初集》，石家庄：河北教育出版社，2002 年，
　　第 49 页；岛邦男：《殷墟卜辞研究》，台北：鼎文书局，1975 年，第 411 页；李学
　　勤：《殷代地理简论》，北京：科学出版社，1959 年，第 94 页。

就变成了，始封于商代不知名的某地，又不知因何得名"邢"，其后却恰巧徙封至商代即已有"邢"名的河北邢台。这样的情况，实在未免过于巧合。所以，更有可能的情况是，邢国始封在邢台，并因此得"邢"名，其后徙封至邢丘，遂将地名带至邢丘。

　　邢丘在今河南温县，[1] 邢侯簋中分与邢侯的"州人、㰥人、韋人"也都在邢丘附近。"州"应按陈梦家所说，为《左传》隐公十一年载苏忿生之"州"田，即今河南省沁阳县东。[2] "㰥"陈梦家隶定为"董"，认为是郑国地，恐有误。字上首"人"疑为羡划，正字应隶定为"东"。按照傅斯年的说法，"东"为汉代东郡，即今开封一带。[3] "韋"，陈梦家认为在湖北上庸，恐亦不确。字应写作"鄘"，亦可通"雍"，即邶鄘卫之"鄘"。杜预注"雍国，在河内山阳县西"，也在今河南省沁阳县。[4] 这也说明了邢侯是从邢台徙封至邢丘的，所以周王才将附近的土地人口分与他。另外，麦尊（《集成》6015）铭文"王命辟井（邢）侯出𢀛，侯于井（邢）"，也是对邢侯徙封的记载。杜勇、沈长云就认为，整个麦方尊铭文"无疑是邢侯被徙封的直接记录"。[5]

第三节　《閟宫》所载之"俾侯于东"

　　除铜器铭文外，传世文献中也有徙封的内容。《诗·鲁颂·閟宫》是比较明确的一篇，记述成王封周公长子于鲁地，后又命鲁侯迁至东

［1］邹衡：《晋豫鄂三省考古调查简报》，《文物》1982年第7期，第7—8页。

［2］隐公十一年"王取邬、刘、蔿、邘之田于郑，而与郑人苏忿生之田——温、原、絺、樊、隰郕、攒茅、向、盟、州、陉、隤、怀"杨注。杨伯峻：《春秋左传注》，北京：中华书局，1990年，第76—77页。

［3］傅斯年：《大东小东说——兼论鲁齐燕初封在成周东南后乃东迁》，《傅斯年全集》第3册，第9页。

［4］僖公二十四年杜注。杜预注，孔颖达疏：《春秋左传正义》卷15，僖公二十四年，第1817页。

［5］沈长云、杜勇：《金文断代方法探微》，北京：人民出版社，2002年，第120页。

地之事。但因为《史记·鲁世家》武王封周公于曲阜，周公未就封，由长子伯禽代为鲁侯，该说法影响较大，历史上主流意见还是周公封山东之鲁。到晚近，傅斯年、陈槃提出鲁国的始封地不在山东，而应在当时的成周之东南，分封的时间则应该在成王而不是武王。[1] 这一说法对问题推进具有革命性的意义，但讨论还稍嫌粗略，所以尽管已经提出了几十年，学界对这段历史的认知还是处于模棱两可的状态。

《閟宫》为春秋早期的宗庙之诗，开篇自姜嫄诞后稷起追述周人历史，直到文武克商成功，转入鲁建国之事：

> 王曰叔父，建尔元子，俾侯于鲁。大启尔宇，为周室辅。乃命鲁公，俾侯于东，赐之山川，土田附庸。[2]

其中"建尔元子，俾侯于鲁"与"乃命鲁公，俾侯于东"提到了先后两次、分别于"鲁"和"东"两个地点的"俾侯"活动。"俾"，《说文》训为"益"，[3]《尔雅·释诂》"俾，使也"，[4] 段注云："经传之俾皆训使也。无异解。盖即益义之引申。"[5] 则"俾侯"之意为建侯，同时似乎还暗含"益封"之意。

第一次建封地点在"鲁"，傅斯年认为鲁始封地在今平顶山市鲁山县，鲁的国号当由其地而来。[6] 鲁山旧名鲁阳，《左传》昭公二十九年："陶唐氏既衰，其后有刘累，学扰龙于豢龙氏，以事孔甲，能饮食之，夏后嘉之，赐氏曰御龙，……惧而迁于鲁县，范氏其后也。"[7]《汉书·

---

[1] 傅斯年：《大东小东说——兼论鲁齐燕初封在成周东南后东迁》，《傅斯年全集》第 3 册，第 10 页。陈槃：《春秋大事表列国爵姓及存灭表撰异（三订本）》，第 3 页。

[2] 郑玄笺，孔颖达疏：《毛诗正义》卷 20－2《閟宫》，第 615 页。

[3] 段玉裁：《说文解字注》8 篇上"人部"，第 376 页。

[4] 郭璞注，邢昺疏：《尔雅注疏》，阮元校刻：《十三经注疏（附校勘记）》，第 2577 页。

[5] 段玉裁：《说文解字注》8 篇上"人部"，第 376 页。

[6] 傅斯年：《大东小东说——兼论鲁齐燕初封在成周东南乃东迁》，《傅斯年全集》第 3 册，第 11—12 页。

[7] 杜预注，孔颖达疏：《春秋左传正义》卷 53，昭公二十九年，第 2123 页。

地理志》"南阳郡"载："鲁阳，有鲁山，古鲁县，御龙氏所迁。"[1]
这一地区的早期传说与夏时尧后裔的活动有关，可能属于淮阳地区较
早发展起来的一部分。可惜现有文献尚缺乏周公曾封此的记载。但
《左传》隐公八年记鲁、郑两国交换领土之事似乎与此有关。传文云：

> 郑伯请释泰山之祀而祀周公，以泰山之祊易许田。[2]

同年，郑国将祊交给鲁国，而鲁国因为祊地面积比较小，许田面积较
大，没有马上把许田交给郑国，一直到桓公元年，郑国加璧，鲁国才
将许田让与郑。对于鲁、郑两国为什么领有许、祊这两块远离本土、
在对方境内的飞地，杜预、孔颖达都依《公羊传》意做解，认为一块
为鲁公朝觐周王的汤沐之邑，一块为郑公助祭周王泰山祭祀的汤沐之
邑[3]。汤沐之邑的制度，最早在《礼记·王制》可查："方伯为朝天
子，皆有汤沐之邑于天子之县内。"[4] 但《王制》为汉时所作，不知
此制是否后出。且句意本身很明显，许和祊分别是祭祀周公和祭祀泰
山的祀田，何来汤沐之邑之说。因为是祭田，当中就有个问题。从礼
制上讲，封国可以望祭山川，但一般不会越祭他人之祖。周公虽然地
位特殊，但周公庙不会像文王庙一样为姬周王族均祭之远祖庙。郑为
厉王少子所封，无宗天子之权，只以始封之别子为祖，并祀建封之厉
王，祭祀与周公无涉，其地怎么会有周公之庙和祀田？[5] 许紧邻鲁

---

[1] 班固：《汉书》卷28上《地理志》，第1564页。

[2] 杜预注，孔颖达疏：《春秋左传正义》卷4，隐公八年，第1733页。

[3]《公羊传》桓公元年："许田者何？鲁朝宿之邑也。"何休注，徐彦疏：《春秋公羊传注疏》卷4，桓公元年，第2212页。杜预注，孔颖达疏：《春秋左传正义》卷4，隐公八年，第1733页。

[4] 郑玄注，孔颖达疏：《礼记正义》卷13，《王制》，第1348页。

[5] 西周的宗庙设置非常严格，基本的原则见《仪礼·丧服传》："诸侯之子称公子，公子不得祢先君；公子之子称公孙，公孙不得祖诸侯，此自卑别于尊者也。若公子之子孙有封为国君者，则世世祖是人也，不祖公子，此自尊别于卑者也。"孔颖达《礼记正义》对鲁国设庙问题讲得比较清楚："凡始封之君，谓王之子弟封为诸侯，为后世之大祖，当此君之身，不得立出王之庙，则全无庙也。故诸侯不敢祖天子。若有大功德，王特命立之，则可若鲁有文王之庙。郑祖厉王是也。鲁非但得立文王之庙，又立姜嫄之庙及鲁公文公之庙，并周公及亲庙。除文王庙外，犹八庙也，此皆有功德特赐，非礼之正。"

山，其地建有周公庙，很可能是因为当地曾被封与周公或其嗣裔。

"俾侯于东"句式与"俾侯于鲁"相同，意即"使鲁侯侯于东地"，显然在建封后，鲁国又被改换到了"东"地。上节讨论邢侯簋时，曾提到"东"。西周时，甚至到西汉时，"东"不只是笼统的一个方位概念，而是同"鲁"一样，是一个具体地点。傅斯年对"东"地进行过详细的考证，认为西周的"东"有"大东""小东"之分，鲁侯所迁为"小东"，即周公所居以破奄者，在秦为东郡。[1] 东郡秦置，治所在河南濮阳，辖境大致相当于今山东东阿、梁山以西，河南范县以北，山东茌平、莘县和河南南乐、清丰、濮阳以南地区。[2] 这一地区，相对于春秋时鲁境要偏北，而曲阜鲁国故城墓葬年代最早不过西周中期或晚期，[3] 这也说明鲁国定都于曲阜是比较晚的。在迁曲阜之前，鲁国应该就在这个"东"地。

鲁人自述其始封时间在成王时期。《閟宫》诗句中虽然没有直接提到天子名号，但云"王曰叔父"，郑笺云："叔父，谓周公也"，[4] 称周公为叔父的周王显然是成王。成王封伯禽于鲁的理由，从后文"大启尔宇，为周室辅"看，还是开疆辟土、拱卫王室。鲁山位于伏牛山脉之中，县内有鲁阳关，此关扼守着除了经著名的方城关之外另一条进出南阳盆地的陆路通道。而且，鲁山还是滍水上源，《水经注·滍水》："滍水出南阳鲁阳县西之尧山……东北过颍川定陵县西北，又东过郾县南，东入于汝。"[5] 这条水连接今禹县、郾城，是北

[1] 傅斯年：《大东小东说——兼论鲁齐燕初封在成周东南后乃东迁》，《傅斯年全集》第3册，第10—11页。

[2] 班固：《汉书》卷28上《地理志》，第1557—1558页。

[3] 许宏：《曲阜鲁国故城之再研究》，《先秦城市考古学研究》，北京：北京燕山出版社，2007年，第175页。王恩田：《曲阜鲁国故城的年代及其相关问题》，《考古与文物》1988年第2期，第48—56页。

[4] 郑玄笺，孔颖达疏：《毛诗正义》，第615页。

[5] 郦道元著，王先谦校：《合校水经注》卷31"滍水"，北京：中华书局，2009年，第456、458页。

通洛阳的重要通道。王晖曾指出，武王时可能曾选河南许昌的禹州为东都，[1] 虽然最后没有建成，却也说明当地之重要。潩水还经过好几个重要封国，郦道元"潩水"注云："潩水东迳应城南。故应乡也，应侯之国。"[2] 而郾城，傅斯年、陈恩林师就认为是燕国始封之地。[3] 所以，潩水流域似乎是西周建国伊始王朝重点控制的地区，其中鲁为重要的枢纽，成王分封伯禽于鲁可能是为了实现某种战略设计。[4] 但这种设计很快就被三监和东方的叛乱打破了。

从"东"地的位置看，周初似应属于"三监"辖地，或商人生活区的边缘地带。若按照周王朝最初的设计，这一地区对王朝来说可能并不重要。但东征使得王朝疆域意外地向东大大扩展，改变了周王朝的空间格局。"东"地地处河济之间，身后是周王畿，东侧是原来薄姑、商奄等东夷人群所在的潍弥河流域，西北是新定的商王畿，"东"地水路、陆路交通线网错落交织，关隘密布，成为通衢之地、形势之区。周人只有牢牢控制"东"地，才能巩固东征成果，保证国家稳定。而既然能够"赐之山川，土田附庸"，则王朝应该已经获取此地。所以，"俾侯于东"的时间很可能是在东征取胜以后。

第四节 《崧高》所载之"于邑于谢"

《诗》中还有一篇可能也记载了封国徙封之事，即《大雅·崧

---

[1] 王晖：《周武王东都选址考辨》，《中国史研究》1998 年第 1 期，第 14—18 页。

[2] 郦道元著，王先谦校：《合校水经注》卷 31 "潩水"，第 457 页。

[3] 傅斯年：《大东小东说——兼论鲁齐燕初封在成周东南后乃东迁》，《傅斯年全集》第 3 册，第 10—11 页。陈恩林师：《鲁齐燕的始封及燕与郾的关系》，《历史研究》1996 年第 4 期，第 15—23 页。

[4] 建国之初，周王朝的设计似乎并未完全改变商代的政治格局，周王朝仍保留原来山东河南地区为商人生活区，只派"三监"监督，而将统治天下与扩展周人自己政治空间的希望寄托于在天下之中建立东都，并依托东都向南发展。南阳、汉水所在的"南国"似乎是东征以前王朝想要重点拓展的地区。鲁国是连接东都与南阳的要道，其分封很可能与这种布局有关。详见附录二、三。

高》。诗云：

> 亹亹申伯，王缵之事。于邑于谢，南国是式。王命召伯，定申
> 伯之宅。登是南邦，世执其功。王命申伯，式是南邦。因是谢人，
> 以作尔庸。王命召伯，彻申伯土田。王命傅御，迁其私人。[1]

从诗中看，王命令申伯到南土去，并命谢地之人为之造城。"于邑于谢，南国是式。"郑玄云："于，往。于，於。"[2] 即"往邑於谢"，即让申伯到谢邑去。《诗》小序云："天下复平，能建国，亲诸侯，褒赏申伯焉。"[3] 对于诗中所记事件的性质，用了"建国"，也就是说《诗》小序认为此篇所讲的是申始封建国。

但"王命申伯，式是南邦"的句式，与前面记述徙封时"王令虞侯矢曰：觑侯于宜""乃命鲁公，俾侯于东"的用法十分相似。而且既然此时已称"申伯"，应该即已有封地"申"。所以，从诗文本身看，更像是记载一次徙封。诗中还有"王缵之事"句，其中"缵"郑玄笺注释为"继"[4]，是延续既有职事的意思。如果理解为申伯在之前即已是诸侯，此时虽然改换封域，但还继续为周诸侯，似乎更为通顺。否则若之前只是卿士，此时出封为侯，强调缵继不仅有些突兀，而且并不准确。

但《诗》小序的影响很大，郑玄对此的解释是："有申伯，以贤人为王之卿士，佐王有功。王又欲使继其故诸侯之事，往作邑于谢。"[5] 谈到了"故诸侯"，似乎申曾经为国，后未能延续，申伯是以王朝卿士的身份受封的。但从小序以来，申国中绝、其后裔于宣王时为王舅的原始说法并无明确出处。《左传》隐公元年孔颖达《正

---

[1] 郑玄笺，孔颖达疏：《毛诗正义》卷18-3《崧高》，第565—566页。

[2] 郑玄笺，孔颖达疏：《毛诗正义》卷18-3《崧高》，第566页。

[3] 郑玄笺，孔颖达疏：《毛诗正义》卷18-3《崧高》，第565页。

[4] 郑玄笺，孔颖达疏：《毛诗正义》卷18-3《崧高》，第566页。

[5] 郑玄笺，孔颖达疏：《毛诗正义》卷18-3《崧高》，第566页。

义》谈到的看法就与郑玄略有不同：

> 《国语》曰齐、许、申、吕由大姜，言由大姜而得封也。然
> 则申之始封，亦在周兴之初。其后中绝。至宣王时，申伯以王舅
> 改封于谢。……宛县者，谓宣王改封之后也。以前则不知
> 其地。[1]

《毛诗正义》中孔氏进一步阐发：

> 申伯以贤入为王之卿士，则申伯先封于申，来仕王朝，又言
> 王欲使继其故诸侯之事，往作邑于谢者。盖申伯本国近谢，今命
> 为州牧，故改邑于谢，取其便宜。若申伯不先为诸侯，不得云入
> 为卿士。[2]

唐代注疏的规范是尽量不提与前人相左的异说，所以孔颖达说法
表面上看有些含混，一方面承认申伯之谢是宣王改封，另一方面又说
申曾中绝，封谢之申伯是王舅，但能看出孔颖达还是倾向于申伯原本
就是诸侯的。若如孔颖达判断，申未曾中绝，则《崧高》即西周末年
申国徙封之实录。

到西周末年，申国已经成为南方大蕃。《国语·郑语》云：

> 当成周者，南有荆蛮、申、吕、应、邓、陈、蔡、
> 随、唐。[3]

1984 年，南阳地区发表了当地所出西周晚期申国的青铜器仲爯父簋
（《集成》4188—4189）、仲爯父鼎（《集成》2529），铭文云：

> 南申伯大宰仲爯父厥辞作其皇祖考夷王、监伯尊簋。

此申国应该也是《崧高》之所载、宣王之所迁。与宜、东一样，西周

---

[1] 杜预注，孔颖达疏：《春秋左传正义》卷 2，隐公元年，第 1715 页。
[2] 郑玄笺，孔颖达疏：《毛诗正义》卷 18-3《崧高》，第 566 页。
[3] 徐元诰撰，王树民、沈长云点校：《国语集解》，第 461 页。

末年的"谢"也是一处军事要地，而且很可能与"东"一样，是地方政治态势转变后新兴起的一处战略中心。申之徙封与厉王时期鄂（噩）侯叛乱恐有一定的关系。西周王朝控制和联系南土的重要支点原本在随枣走廊的鄂（噩）国，[1] 可发展到厉王时，鄂（噩）国联合江汉平原和淮河流域的蛮夷发动了大规模叛乱。王朝对叛乱进行了镇压，尤其是鄂（噩）国遭到了王朝的严酷对待，其国都被夷平。[2]但这样一来，王朝在南方的既有格局就被破坏了。随后，王朝对南方的控制似向北有所收缩，据 2012 年南阳新发现的春秋早期鄂（噩）侯墓地的情况看，鄂（噩）国的残众似乎被北迁至南阳。[3] 宣王时，又将申伯徙封至此，南阳盆地成了西周末年南土新的政治中心。

第五节　徙封的过程性与制度性

从上文看，西周文献中表达封国易土的情况，或用"迁"，或用"介"，其实很可能还有已经湮灭无所考的一些其他说法。这涉及文本形成的一些机制问题。某一类活动，在文本中没有形成一个比较专门的、稳定的概念，有很大可能是因为这类活动并未成为一项明确的制度。也就是说，徙封活动最初只是一个个具体安排，后来虽然可能逐渐发展出一些固定的规则、稳定的仪式，但与王朝定规正典不同。由于这类活动在王朝制度框架中尚未成为"经制"，所以表述上也就比较多元。在研究中，与其将徙封理解为一项制度，不如将其理解为一

---

[1] 徐少华：《周代南土历史地理与文化》，武汉：武汉大学出版社，1994 年，第 21—27 页。

[2] 厉王时期的禹鼎（《集成》2833）上记载了这件事。铭文云："用天降丧于下或（国），亦唯（噩）鄂侯驭方率南淮尸（夷）、东尸（夷）广伐南或（国）、东或（国）。至于历内。王乃命西六师殷八师曰：扑伐鄂（噩）侯驭方，无遗幼寿。"

[3] 河南省文物局南水北调文物保护办公室、南阳市文物考古研究所：《河南南阳夏饷铺鄂国墓地 M5、M6 发掘简报》，《江汉考古》2020 年第 3 期，第 12—32 页。

个过程。西周王朝徙封，多在某地发生动荡后，地区政治、军事地理格局发生一定变化，王朝将封国迁入新格局下的关键地区，形成新的地区中心。诸侯受天子之命改换封地，在西周一代始终存在。这种动态的空间过程，对于西周王朝政治地理格局有决定意义，也造就了一个相对商王朝的全新的历史空间剖面。

　　本书所使用的"徙封"，是后世对这种现象的一种概括。"徙"，《尔雅·释诂》解释为"迁、运，徙也"，[1] 就是迁移改换的意思。"封"，甲骨文写作"𡴤"，郭沫若认为最初是以林木为界之象形，后来演化为疆界之意。[2] 许慎《说文解字》解释封为"爵诸侯之土也"。[3] "徙封"一词最早出现，则是在《史记·六国年表》，其文云"（楚考烈王十五年）春申君徙封于吴"，[4] 讲战国时楚国封君改易封地事。情形与西周封国徙封类似，但并不完全相同。《六国年表》是西汉文本，"徙封"可以看作是汉代人对这类情况的常用表述。《汉书·贾邹枚路传》载景帝七国之乱后"济北王得不坐，徙封于淄川"，[5] 也以"徙封"称之。济北国始封在今山东省济南市长清县西南，迁到的淄川位于今山东省淄博市，两地相距约 130 公里。《后汉书·显宗孝明帝纪》文中亦以"徙封"一词记封地改换之事，其文云："秋七月，淮阳王延徙封阜陵王。"[6] 记东汉明帝永平十六年淮阳王谋反，事发后被由淮阳迁至阜陵，国号改为阜陵。东汉淮阳在今河南周口市淮阳县境，阜陵在今安徽省滁州市全椒县，两地相距约460 公里。在七国之乱前，西汉封国所封诸侯皆为实封，形式与西周相同。七国之乱后，传统的分封制有了很大的变化，过去的实封变为

［1］郭璞注，邢昺疏：《尔雅注疏》，第 2576 页。

［2］转引自于省吾主编：《甲骨文字诂林》，第 1328 页。

［3］许慎：《说文解字》13 下"土部"，第 287 页。

［4］司马迁：《史记》卷 15《六国年表》，第 750 页。

［5］班固：《汉书》卷 51《贾邹枚路传》，第 2357 页。

［6］范晔：《后汉书》卷 2《显宗孝明帝纪》，第 120 页。

食邑，诸侯并不就封，但采邑的更换也还称"徙封"，"徙封"基本成为传世文献中表述封国位置改换的常用概念。但实际上，汉代以后"徙封"的具体情况与西周存在一定区别，汉代以后文献中"徙封"表述的可能是封国的情况，也可能是封邑的情况；可能是改封地，也可能是改封号。本书中所讨论的西周"徙封"只涉及封国，不涉及封邑，而且西周"徙封"的一个特点恰恰是更易地点而不更易封国之号。

最早以"徙封"指称西周封国之事的，是宋衷。宋氏在《世本》注中谈到卫康叔由始封的畿内康地迁至卫地时，称"封从畿内之康徙封卫"。[1] 其后明代学者季本在《诗说解颐·正释》中谈到郑国之迁，称："友之初封本以王子食采畿内，而桧都之迁则因其有功而徙封也。"[2] 清代著名学者江永在其《群经补义》中称："韩始封在韩城，至宣王时徙封于燕之方城。"[3] 也将韩由韩城迁移至方城称"徙封"。"徙封"可以算作历史上学者指称西周封国改易地点情况的惯常用法。而陈槃是最早使用"徙封"概念讨论西周封国问题的当代学者，在他的《春秋大事表列国爵姓及存灭表撰异》中，几乎所有封国都要讨论是否曾经徙封。[4]

---

[1] 宋衷注，秦嘉谟等辑：《世本八种》，王谟辑本，北京：中华书局，2008 年，第 32 页。

[2] 季本：《诗说解颐》卷 7 "郑"，《景印文渊阁四库全书》第 79 册，第 97 页。

[3] 江永：《群经补义》卷 1《诗补义》，《景印文渊阁四库全书》第 194 册，第 19 页。

[4] 需要说明的是文献中有一种称为"迁国"的情况。"迁国"若依现代汉语字面含义是"迁移国家"，但在先秦文献中则是"迁都"之意。《周礼·春官·大史》云："大史……大迁国，抱法以前。"载当时有大迁国之事。"迁"的含义前文已经提到，与"徙"相同。"国"的含义，可见《周礼·天官·大宰》郑玄注，其文云："大曰邦，小曰国，邦之所居亦曰国。"依照郑玄的说法，"国"可以指小的封国，也可以指大邦之所居，即大封国的都城。而"大迁国"的情况，在"大史"条中，郑玄注云："法，司空营国之法也。抱之以前，当先王至，知诸位处。"孙诒让云："'抱之以前，当先王至，知诸位处'者，王未至则大史先至，按法以定宫庙之位处也。"在"大迁国"时，大史要抱"法"先到达所迁之地，先行确定宗庙社稷的地点，其所抱之"法"是"司空营国之法"。也就是说，迁国要先营国，营国要先建宗庙社稷。则"大迁国"所迁之国，是有宗庙社稷之处。《左传》庄公二十八年有云：（转下页）

从文献中看，封国地点改换的情况比较复杂，即使不将"徙封"理解为一个固化的概念，而理解为存在各种阶段性特征的过程，也无法全部涵盖。例如郑国之迁，是郑桓公友看到国家颓败之势，提前将人口和财产转移至虢、郐之地，其后随平王东迁。从王朝政治的角度看，这种情况与一般的封国徙封还是存在一定区别的。周王朝政治疆域内族群复杂，王朝对一些人群甚至没有稳定的统治关系，例如楚国，有周一代一直在沿汉水南移。[1] 但楚不是姬周王室出封的封国，时叛时服，其迁移主要是楚族自主地、为了躲避战乱或寻找更适宜居住的地点而决定的行动。类似的还有山东地区的夷人，他们迁入淮河流域的过程，也是由于战争等原因族群移居别处，但在稳定下来以后，倒是一度与王朝形成了比较紧密的合作，发展出一批对西周中期王朝经济还比较重要的庶姓封国。

所以，西周封国的空间问题是复杂的，动态观察其过程中的种种面相，会意识到相关学术问题更为复杂，"徙封"只是一个分析视角，

（接上页）"凡邑有宗庙先君之主曰都。"有宗庙之邑，有专门的名称叫作"都"。那么"都"与"国"的关系又如何？《左传》隐公元年"都，城过百雉，国之害也。先王之制：大都，不过参国之一；中，五之一；小，九之一"。《左传》所载意思是，"都"为不过百雉的城。"国"是"都"的一种，指有诸侯朝寝所在的都城。隐公元年的材料所出背景就是郑国君夫人武姜爱子段居于京邑，祭仲认为京邑很大，不符合制度，会威胁到国都的安全。这样看来，"大迁国"的意思就是迁都。在现代国家政治中，迁都是一件非常重要的大事，但在周代，"迁国"的礼仪规格却并不是很高。《周礼·春官·大卜》载相关礼仪，有"凡国大贞，卜立君，卜大封，则视高作龟。大祭祀，则视高命龟。……国大迁、大师，则贞龟"。对一国政事来说，"立君""大封"是需要卜问的最重要的问题。"立君"就是选立新君，"大封"郑玄认为是边界受到侵犯出兵征讨，孙诒让则认为应该是封国。无论如何，这两种情况大卜要指出龟甲可卜之处，并且亲自凿龟。"大祭祀"则是指"天地宗庙之祭"，在大祭祀中大卜不再亲自凿龟，但是告龟以所卜之事。而"国大迁"大卜甚至不用告龟，直接贞就可以了，所以郑注"贞龟"云"不亲命龟，亦大迁、大师轻于大祭祀也"。可见，迁都在当时人的认识中，并不是像大封、徙封或移居那样重要的事情。

[1] 周初楚人活动的中心区是丹阳。丹阳的地望一直都有争议，主要有湖北秭归、湖北枝江和河南淅川三种说法。其中石泉认为的西周早期楚都应该是在今陕西商县丹江河谷，石泉称这个地区"有一系列以'荆'、'楚'为名的山水，在现存的史料中，上起魏晋，下迄清代，都有记载"。其说详见氏著：《楚都丹阳地望新探》，《古代荆楚地理新探》，第64—65页。

只能处理其中一部分问题。如果想更进一步地从时、空两个维度深入理解西周历史，还需要更多具备解释力的视角。西周国家的政治疆域内大小不一的政治主体流动性都是比较大的，人与土地稳定的对应关系还在建立之中，王朝政治的在地化也在进行中。王朝内各个封国已经是比较成熟、稳定的政治单元，王朝—封国的国家结构也是稳定的，但同时，西周国家各级政治单元在空间上的变动频度可能比后来任何时代都要高。虽然封国在整个王朝的权力结构中已经取得准政区的性质，但这种"政区"对应的实体空间却是不稳定的。这是西周政治地理的一个关键特征，也是西周封国徙封问题的学术价值所在。

第二章 旧邦与新命

东征前的封国地理格局

　　周公东征是西周历史上最关键的事件，也是理解西周政治地理结构—过程时，可以作为界标的时间点。武王翦商，其后虽然进行了分封，但主要还是对文王时期东部政局，也就是商末方国格局的维持。成王时期的周公东征，才是西周王朝真正建立自己的政治地理基本空间的开始。其后昭王、穆王等也都进行了大规模军事行动，这些军事行动很大程度上延续着东征的任务，带有战略意味。可以说，在东征前，周人还处于在持旧与维新间、在诸侯之长与诸侯之君间游移选择的状态。周族虽然成为天下共主，但政治态度上还是倾向于延续既有结构。若不是三监叛乱这样的政治意外打破了大变革之际的微妙平衡，也许整个西周的封国政治从空间分布到制度内容都将走向另一个方向。

　　与周公东征以及后续的军事行动同时，天子还进行了封国的分封与徙封，大致在穆王时，西周政治疆域的基础规模和形状基本确立。疆域中除周人故土外，主要的新扩展地区是黄河中下游。而在周初这一系列的军事行动中，原本生活在黄河中下游的旧族，一些被灭，一些封国化，还有一些则被驱离故地，进入到天子控制力相对稀薄的桥接地带。这几处桥接地带周围是开发程度较高的地区。进入西周中期以后，王朝主动的军事征伐减少，族群在新的生活区域得到恢复并向外扩展，原本的桥接地带与传统控制区间的政治联系则日益紧密，带

动了周王朝的政治地理疆域由"点—线"形态逐渐向"面"的形态
发展。

所以说，周公东征对于黄河中下游传统族群活动空间的改变，是
西周政治地理结构—过程中最基础的一步。而周公东征时所面对和重
塑的，也不仅是叛乱的"三监"，而且是整个黄河中下游延续商末而
来的方国与族群格局。

第一节　商代末年的政治地理区域

商末方国情况在甲骨学商史界内都堪称难题，笔者学力有限，在
这一问题上对于前辈学人的研究成果尚无法全面掌握，更是难以提出
有益学林的新说。但商末方国是周人建立周王朝时需要直接面对的前
代遗留，周人远道而来，立国未稳，若已有方国之处自然不易另封。
所以，如果要讨论周初各地方势力的分布，商末方国难以回避。

陈梦家曾经讲过商王朝疆域的范围，北部在北纬 40 度以南易水
流域及其周围平原，南部约在北纬 33 度以北淮水流域与淮阳山脉，
西部不过东经 112 度的太行山脉与伏牛山脉之东，东到渤海、黄海。
相当于现在山东、河北、河南三省全境和安徽、江苏两省的北部，
其中以河南、山东两省为最主要部分。[1] 从最新的考古发现看，晚
商实际控制的疆域比陈梦家圈定的范围略大，晋南地区在晚商也可
能有一定据点存在；而关中的周人也是商王朝有效控制下的一个
族群。

孙华在《安阳时期商王朝国家的政治版图》[2] 一文中对于晚商

---

[1] 陈梦家：《殷虚卜辞综述》，北京：中华书局，1988 年，第 311 页。

[2] 孙华：《安阳时期商王朝国家的政治版图——从文化分域和重要遗存的角度来考察》，
《古代文明》第 10 卷，第 134—178 页。

考古学文化呈现的政治版图结构与相应文化属性进行了分析，全文既描画了整体结构，又讨论了重点区域，是理解晚商政治地理格局的重要研究。孙华在文中按文化属性将安阳时期商王朝的政治疆域分成了三类区域：1. 商文化区；2. 商文化缺乏区；3. 多文化共存区。在文末，还单设一节讨论晚商的南方，虽然没有定性，但也可以认为是一类区域，所以，孙文中实际是将安阳时期的商版图分成了四类区域。对应这四类区域，除去南方，孙华重点谈了三个地方：在商文化区类，谈了山东济青，也就是本书的东方夷人区。商文化缺乏区类，谈的是汾河谷地，主体即本书的晋南方国区。多文化共存区，谈了关中地区，即本书的关中故地。本书的安阳殷王族区，即孙华的安阳，也就是典型商文化区。在东征之前，周王朝政治地理格局的框架基本上是延续晚商的。在华夏地区，除了孙华重点讨论的这三个区域外，还有郑州商遗民区、商丘旧族区、沁阳田猎区和黄河两岸旧族区四个在政治倾向与文化面貌上存在一定特点的区域。

一、商王政事田猎区

陈梦家所圈定的晚商核心地区内，包括政事区和田猎区两类。政事区是以王都及大都市作为核心，连接周围土地组成的。从甲骨文中可以看到，商王主要活动的地点中频繁出现商、中商、大邑商、天邑商、商丘等地点，这些都应该是政治中心区内的王都或大邑。[1]

与诸多历史地名一样，这些地名的位置也大多存在争议。其中最重要的"大邑商"与"商"之间的关系，学者们就各执一词。罗振玉认为"大邑商"和"商"均指安阳，[2] 董作宾则认为"大邑

---

[1] 陈梦家：《殷虚卜辞综述》，第 269—311 页。
[2] 罗振玉：《殷虚书契考释》，《殷商贞卜文字考（外五种）》，上海：上海古籍出版社，2013 年，第 96—98、408—409 页。

商是商丘"，[1] 而"中商""商"也都与"大邑商"指同一地点，[2] 而岛邦男认为"大邑商"和"天邑商"没有区别，都是指商丘，[3] 李学勤则认为"天邑商"就是商王畿的总称，而不是指确切的地点。[4] 陈梦家的研究最为系统，他根据伐人方的卜辞中所提到的地点，认为其讨伐路径是自"商"至"亳"，亳在今商丘县南之高辛集一带，而"商"当是今商丘一带。"中商"指安阳，"天邑商"和"大邑商"是不同地点，前者指殷末王都朝歌，在今天的河南淇县，而后者则在今河南沁阳附近，是商代晚期的田猎区。[5] 诸说之中，以陈梦家的看法最有说服力。

　　尽管学者们没有达成共识，但总体看不同观点涉及的地点不出殷墟（安阳）、朝歌（淇县）、商丘以及沁阳附近的田猎区几处。陈梦家认为，自武丁时起，商王主要的"政事与田游的范围大约相当于汉代的河内郡，若包含商丘在内，则是为今天陇海铁路以北的河南省部分（豫北和豫西）……以此（太行山）为界，不过太行之西"。[6] 这是殷人的核心控制区。晚商都邑有三个中心：第一个是豫北，以安阳为中心，是当时的王都，包括朝歌之商邑。第二个是豫东，以商丘为中心，包括亳。第三个则是豫西，以沁阳之衣（殷）为中心，是当时的田猎区。[7] 其中第一和第二个，就是前面提到的政事区。

　　晚商是中国青铜时代的巅峰阶段。从当时社会发展程度来看，商的政事区内除王都这种大城及周围邑落组成的大聚落群外，必然还有

---

[1] 董作宾：《帚矛说》，李济等编：《安阳发掘报告》第 4 期，上海："中研院"历史语言研究所，1933 年，第 658 页；后收入《民国文物考古期刊汇编》第 2 册，北京：全国图书馆文献缩微中心，2006 年，第 802 页。

[2] 董作宾：《殷历谱》，《董作宾先生全集乙编》第二册，第 62 页。

[3] ［日］岛邦男：《殷墟卜辞研究》，第 360 页。

[4] 李学勤：《殷代地理简论》，第 95 页。

[5] 陈梦家：《殷虚卜辞综述》，第 256—259 页。

[6] 陈梦家：《殷虚卜辞综述》，第 269 页。

[7] 陈梦家：《殷虚卜辞综述》，第 311 页。

不少中等规模的聚邑，他们是维系社会经济运行的中坚力量。虽然这部分聚邑的情况文献记载很少，不过我们可以相信，在安阳、商丘和沁阳以外，有若干相当于次一级地方中心性质的聚邑，在商末伐纣战争后，周人除了要控制都邑外，也需要面对生活在这些中型聚邑中的商人。

　　田猎区是一块重要而特殊的区域。《尚书·无逸》载祖甲以后商王好田猎，从甲骨文记录也可以看出晚商商王经常有狩猎活动。郭沫若在《卜辞通纂》中认为晚殷"（帝乙）畋游之地多在今河南沁阳县附近"。[1] 陈梦家认为殷代的田猎区是以沁阳为中心，西不过垣曲县东之邵源镇，东及于原武，北界为获嘉、修武、济源，南以黄河为界。从地形上看，是在太行山、沁水与黄河之间的山麓薮泽之中。[2] 李学勤圈定的范围与陈梦家大体相同，他认为商代的田猎区东起今河南辉县，西至山西西南隅及其以西，太行山以南，黄河以北。他将这一区域划分为凡、敦、盂、邵四个区，这四个地点分别是所在区内最显要的地点。另外，还有宁（㝔）、雍、殷、楚、𥼓、曹、麦、寒、𢼸、㵉、朱、殷、㟭、大、天、奚、劈、鄂（噩）、榆、宫、向、囚、剁、璠、征、鸡、安、函、奥、阰、夫、𦊆、𠬝、虎、牢、湄、徜、橚、洪、利、爨、茍、𡰥、成、𠃌、医、𤞨、𥎦、香、苗、幼、畄、沚、羌、祝、高、喜、危等地。[3] 据李学勤考证，凡在今河南辉县，盂在今河南沁阳，敦距盂五日程，邵则在今山西垣曲邵源镇。这个地方不仅是田猎区，也是重要的居住区。王国维所考定的雍在河内郡山阳县西、盂在河内郡野王县。[4] 郭沫若在《卜辞通纂》中也对一些

　[1] 郭沫若：《卜辞通纂》，《郭沫若全集·考古编》（第二卷），北京：科学出版社，1983年，第13页。

　[2] 陈梦家：《殷虚卜辞综述》，北京：中华书局，1988年，第262页。

　[3] 李学勤：《殷代地理简论》，北京：科学出版社，1995年，第15—36页。

　[4] 王国维：《殷虚卜辞中所见地名考》，《观堂集林（附别集）》，第1154页。

地名进行过考订，他认为鄂（噩）、衣、盂、雍四地都在田猎区内，[1] 应该都属于田猎区。晚商时，东起河南辉县、西至山西垣曲、北至太行山、南到黄河之间，这一地区人口比较稠密，聚邑众多，确实是对于商王朝相当重要的一个地方。

二、晋南方国区

晚商政治版图另一个重要区域是晋南。这里与大邑商和田猎区依太行山—王屋山—中条山区隔，与商王朝统治的核心区有明显的地理界线。据卜辞可见，区域内方国林立，王朝常对这一地区有征伐。陈梦家在《殷虚卜辞综述》中列有武丁时期晋南方国二十九个，其中比较突出的有运城附近的唐方，垣曲附近中条山区的舌方、亘方，修武县北的鬼方，另外还有一些具体地点待考但大致在太行山西麓及其以西的黎方、馭方、印方、澍方、井方。还有销、胭、蛮等地，集中在太行山以西，霍山、中条山之间的黄土高原上。[2] 这几个小国军事实力不容小觑，虽然从武丁时起就不断遭到讨伐，但一直到文丁时，商王的势力似乎都没有能够大举越过太行山。陈梦家认为，到帝乙、帝辛时，卜辞中记录征伐晋南方国的内容减少，商王国的势力才成功逾太行山而西入晋南。[3]

从历年来考古发掘的成果来看，晋南地区在早商和中商时期曾属于商文化的势力范围，有东下冯类型这类考古学文化，其文化面貌与同时期郑州地区商文化相似，也有垣曲商城这种商人的据点型遗址。[4]

---

[1] 郭沫若：《卜辞通纂》，《郭沫若全集·考古编》（第二卷），第487—510页。

[2] 陈梦家：《殷虚卜辞综述》，第269—291页。

[3] 陈梦家：《殷虚卜辞综述》，第311—312页。

[4] 中国社会科学院考古研究所、中国历史博物馆、山西省考古研究所：《夏县东下冯》，北京：文物出版社，1988年；中国历史博物馆考古部、山西省考古研究所、垣曲县博物馆：《垣曲商城——1985—1986年度勘察报告》，北京：科学出版社，1996年。

到武丁时期，卜辞中能看到有涑水流域的周、河津的基方、临汾的犬、平陆的郭、新绛的醯（笋，陈梦家认为就是荀），[1] 还有具体地点不详但应当也在晋南的缶（陈梦家怀疑缶可能是陶[2]），还有串、泜、旨等方国。这些方国以临汾盆地为中心，处于商西侧，一直臣服于商王朝。到晚商，晋南地区遗址总体面貌比较复杂，有一些是土著族群，但与商王朝关系很密切，如浮山桥北墓地，有的学者甚至认为就是古唐国。[3]

到商末的帝乙、帝辛时期，从甲骨文记载来看，商王朝的征伐重点都在东部，晋南应该是受商王族有效控制，或与王族联合，至少是与王族关系友好的地区。晋南从地理上可以分成晋东南和晋西南，常怀颖认为，晋东南地区考古学文化以长治小神遗址为代表，总体看从早商至晚商，考古学文化面貌与豫北基本相同，也就是说，是与大邑商及周围有高度一致性的地区。晋西南的考古学文化面貌则略复杂，当地有一类与晋中地区杏花墓地晚商遗存较为接近、与豫北文化面貌差距较大的遗存，很可能是当地土著人群的考古学文化。[4] 而临汾盆地边缘的浮山桥北墓地，根据孙华的研究，早期应当属于"先"族群。"先"是被"商化"的商人的分支，在商中晚期之际曾一度不服从商，武丁后成为商王朝臣属，替商王朝镇守临汾盆地一带。[5] 同时，这个地区还有一类遗存文化面貌上较多受到西安老牛坡文化的影响，似乎关中地区的人群也有在此活动的迹象。[6] 总的来看，当地

---

[1] 陈梦家：《殷虚卜辞综述》，第 295—296 页。

[2] 陈梦家：《殷虚卜辞综述》，第 294 页。

[3] 桥北考古队：《山西浮山桥北商周墓》，《古代文明》第 5 卷，北京：文物出版社，2006 年，第 393—394 页。

[4] 常怀颖：《夏商时期古冀州之域的考古学研究》，北京大学博士学位论文，2010 年。

[5] 孙华：《安阳时期商王朝国家的政治版图——从文化分域和重要遗存的角度来考察》，《古代文明》第 10 卷，第 154 页。

[6] 田建文：《山西考古学文化的区系类型问题》，《汾河湾——丁村文化与晋文化考古学术研讨会论文集》，太原：山西高校联合出版社，1996 年，第 130—133 页。

族群面貌虽然比较模糊，但隐约都与商之间存在一定联系。所以孙华根据考古学文化面貌分析晚商时期这一地区的政治格局与族群关系，认为当时的情况应该是"在晋南地区尽管没有商文化遗址的大量分布，但安阳时期商王朝的政治权力在晋南地区还是长期存在的，尽管这种权力不时受到一些挑战"。[1]

在 2018 年以前，晋西南还长期缺乏典型的殷墟三四期商文化遗址，直到 2018 年，闻喜酒务头发现了商代晚期大型高等级贵族墓地。[2] 闻喜在运城盆地内，这个重大发现可以在一定程度上佐证依据文献与甲骨文做出的判断，也可以进一步证明考古学者此前的判断。在政治归属的问题上，在酒务头等遗址发现之前，孙华即提出，在安阳时期，应当可以认为晋南是由商王朝的统治权力或政治势力控制的。[3] 那么，酒务头遗址这种比较典型的商文化遗存的出土，则更进一步证实了商末晋南为商王朝有效控制区的看法。当然，这一地区的商文化遗址发现数量无论如何都还是偏少，相信未来还会有更多考古成果来促进认识。

三、东方夷人区

晚商另一个比较重要的区域是东方。学者将殷墟甲骨的黄组卜辞进行排谱，发现乙辛时期曾经对称作"夷"的方国发动过一次大战役。据《殷历谱》，这次战役前后共 260 天，王朝军队从大邑商出发，

---

[1] 孙华：《安阳时期商王朝国家的政治版图——从文化分域和重要遗存的角度来考察》，《古代文明》第 10 卷，第 154 页。

[2] 山西省考古研究所：《山西闻喜酒务头发现商代晚期大型高等级贵族墓地》，《中国文物报》2018 年 12 月 28 日，第 8 版。山西省考古研究院、运城市文物工作站、闻喜县文物局：《山西省闻喜县酒务头商代墓地发掘简报》，《中国国家博物馆刊》2022 年第 10 期。

[3] 孙华：《安阳时期商王朝国家的政治版图——从文化分域和重要遗存的角度来考察》，《古代文明》第 10 卷，第 135 页。

经商、亳、攸等地，攻伐夷方。[1] 郭沫若认为，夷方是很大一片地方，需要合山东的岛夷与淮夷而言。[2] 董作宾与郭沫若意见基本相同，认为“才（在）二月，癸巳，来征人（夷）方，才（在）齐”（前2. 15. 3，2. 15. 5）的“齐”指临淄，人（夷）方应该在山东境内，[3] 陈梦家则认为应该在商丘以南的淮河流域。[4] 李学勤认为不止黄组卜辞有伐夷方[5]的记载，在无名组卜辞中，也反映出文丁时期还有一次对东夷的战争。无名组有“文丁在澅”（《屯南》2320），[6]“澅”地可以确定在临淄西北，而黄组的“齐”在临淄，则夷方的所在应在淄、潍之间。卜辞中，十二月乙酉“在淮”的“淮”（续3. 31. 11），[7] 就应当是潍水。[8]

当然，对于“人方”中“人”字的释读，早年存在一些争论。如叶玉森、陈梦家等将其释为“人”，郭沫若释为“尸（夷）”。[9] 从字形的角度看，虽然在黄组以前的各组卜辞中，“人”与“尸（夷）”的区别比较明显，但到黄组以后字形上已经

---

[1] 董作宾：《殷历谱》，《董作宾先生全集乙编》第二册，台北：艺文印书馆，1977年，第723—735页。

[2] 郭沫若：《卜辞通纂》，《郭沫若全集·考古编》（第二卷），第462页。

[3] 董作宾：《殷历谱》，《董作宾先生全集乙编》第二册，第750页。

[4] 陈梦家：《殷虚卜辞综述》，第304—305页。

[5] 李学勤在《殷代地理简论》（第37—41页）中作“人方”，后在《重论夷方》中称“东夷”（《当代学者自选文库·李学勤卷》，合肥：安徽教育出版社，1999年，第90—96页）。2005年，在《论新出现的一片征人方卜辞》又称仍以释“人”为胜（《殷都学刊》2005年第1期）。2006年，在《商代夷方的名号和地望》又称为“夷方”（《中国史研究》2006年第2期，第3—7页）。2008年，在《帝辛征夷方卜辞的扩大》一文中又重申“夷方”的观点（《中国史研究》2008年第1期，第15—20页）。

[6] 中国社会科学院考古研究所编著：《小屯南地甲骨》（第二册），北京：中华书局，1980年，第1页。

[7] 罗振玉辑：《殷虚书契续编》卷3，1933年。

[8] 李学勤：《商代夷方的名号和地望》，《中国史研究》2006年第2期，第6—7页。

[9] 转引自于省吾：《甲骨文字诂林》0003尸（夷），第7页。

无法明显区别。[1] 而且，无名组中伐"人"方是从攸出发的，黄组中伐"夷"方也是从"攸"出发的。[2] 所以，认为无名组中所征伐的"人"方即黄组的"夷"方应该并不牵强。夷是文献中对东方族群的常见称法，殷墟甲骨文中的"人方""夷方"，位置看起来也正是在大邑商的东侧。商末伐东夷之事，史籍中也有痕迹。《左传》昭公四年载"商纣为黎之蒐，东夷叛之"，[3] 昭公十一年"纣克东夷而陨其身"，[4]《吕氏春秋·古乐》"商人服象，为虐于东夷"，[5] 都是追忆商末伐东夷之事。

　　商末东部的方国格局，是武王克商后要面对的，也是成王东征后要改变的。晚商的"夷方"，主体也就是周初的"淮夷"。今"潍水"商周时应称"淮水"一事，顾颉刚有过专门论证，也基本得到了学界认可。[6] 甲骨文所载内容与顾颉刚判断并不矛盾，帝乙所征即淄潍河流域的淮夷。从自然地理和族群分布的综合角度，可以将晚商山东地区大致分成四个区。首先居于中北部的区域，是山东丘陵以东以北的平原地区，包括济南、淄博、青州等地，中心即现在的潍水流域，也就是嬴、偃等姓夷人的主要势力范围。这个地区"商代晚期遗址分部相当密集，……潍水流域，主要是在商代后期才受到商文化的浸润……呈现出一种复杂的文化面貌：从贵族墓材料来看，如青州苏埠屯大墓，几乎完全是反映商王朝礼制的遗存，非商文化因素不见或极为少见；而从一般遗址或中小型墓葬材料看，则是商文化因素与土著

---

[1] 参看李发：《殷卜辞所见"夷方"与帝辛时期的夷商战争》，《历史研究》2014年第5期，第4—5页。

[2] 李学勤：《商代夷方的名号和地望》，《中国史研究》2006年第4期，第6页。

[3] 杜预注，孔颖达疏：《春秋左传正义》卷42，昭公四年，第2035页。

[4] 杜预注，孔颖达疏：《春秋左传正义》卷50，昭公十一年，第2060页。

[5] 许维遹：《吕氏春秋集释》卷5，《古乐》，第128页。

[6] 顾颉刚遗著：《徐和淮夷的迁、留——周公东征史事考证四之五》，《文史》第32辑，第18—20页。

文化因素共存"。[1] 这样看来，淮夷在商末仍然保有自身的文化特征，所以在乙辛时期还受到了商王朝的讨伐。既然商末淮夷的活动区域在淄潍河流域，那么帝乙十年伐人方看起来是东进的尝试，而不是南下进入今天的淮河流域。到西周，周公东征结束后，王朝在东方地区后续的一系列军事行动的目的，与晚商这个趋势也还基本相同。

晚商山东的第二个地区，是位于东侧的半岛地区，主要活动族群是莱夷，王朝对其影响力很有限。第三个地区是位于西侧偏南部的淮泗地区，范围在今鲁皖苏豫四省交界地带，文化面貌上与今淮河流域及江苏北部更为接近，晚商时期的族群情况不十分清楚。第四个地区是西侧偏北部的山东丘陵以西的丘陵湖沼区，范围包括现在的菏泽、济宁等地，其中最大的族群应当是以曲阜为中心的奄人。顾颉刚考证，奄人与商王族一样是子姓，同大邑商之间关系非常密切。[2] 同时，这个地方邻近殷墟之外商人另一处重要的大聚落商丘，整体上看应当是商王族影响能力很大的地区。伐人方卜辞中也有这个地区的一些信息。将甲骨编联后可见，当时的征伐路线是从沁阳出发，向南到商丘，然后东折到淄潍河流域。陈梦家有过详细论证，沁阳到商丘间是贯穿南北的一条重要交通干线，在这条干线上有"雇""香""鄂（噩）""乐"等一系列的邑。商丘向东，则有"商""亳""栗""杜"等地，即今睢阳、谷熟、栗、杜等地。还有"攸"地，陈梦家认为即周初"分鲁公以殷民七族"中的"条"氏所在，即今河南与山东交界处的商丘永城市。伐人方回程中，则要从"女桼"到商丘，其间经过"杞""齐"二地。其中"杞"，林泰辅、王国维、董作宾都认为在河南杞县，"齐"则有争议，郭沫若、董作宾等认为在临淄，陈梦家则认为杞县与临淄之间距离 350 公里以上，卜辞中两地行程是

[1] 高广仁、邵望平：《海岱文化与齐鲁文明》，南京：江苏教育出版社，2005 年，第 223 页。

[2] 顾颉刚遗著：《周公东征和东方各族的迁徙——周公东征史事考证四之一》，《文史》第 27 辑，北京：中华书局，1986 年，第 10 页。

两旬，距离太远，怀疑返程的齐地应该是《水经注·汳水》陈留之大小齐城。[1] 这片地区商末的交通结构和聚落情况，是东征后封宋的基础，也是后续周王室东拓时需要面对的状态。

　　这个区域的族群状态貌似有些支离，但大概的空间结构还是可以得见的。商代中后期分布在山东半岛东端及鲁中山区土著夷人的遗存，考古学家命名为"珍珠门文化"。[2] 珍珠门文化与商文化在山东地区并存，重要的是，商文化分布在平川而珍珠门文化分布在山区，孙华认为这种分布"很像后世主体族群生息在条件相对较好区域而少数族群生息在条件相对较差区域的状况"，[3] 这一认识与文化人类学上的一类族群分布模型有相当的一致性。

　　其中，平地上是商文化族群。虽然对于岳石文化与商文化之间的关系学术界尚存一定争议，至少中商以后山东地区的商文化不是直接由岳石文化发展而来应该可以形成一定共识。以郑州和殷墟为中心的族群向东移居的态势在考古学上是有迹可循的。[4] 孙华根据陈淑清的研究成果，指出"山东的商文化遗址主要呈现两个带状分布区域：一是沿着今黄河（古代四渎之一的济水故道，后被黄河所夺）向东之地、当时的济水入海口莱州湾；二是沿今京杭运河向东南，也就是绕过当时鲁西南的大湖巨野，顺着当时的泗水向西南直达苏北地区"。[5] 这两个带状区很有意思，第一个东西向，区隔出了东方夷人

[1] 陈梦家：《殷虚卜辞综述》，第304—309页。

[2] 北京大学考古实习队等：《山东长岛县史前遗址》，《史前研究》1983年创刊号，第114—130页；王锡平：《胶东半岛夏商周时期的夷人文化》，《北方文物》1987年第2期，第19—23页；刘延长：《珍珠门文化初探》，《华夏考古》2001年第4期，第94—105页；等等。

[3] 孙华：《安阳时期商王朝国家的政治版图——从文化分域和重要遗存的角度来考察》，《古代文明》第10卷，第136页。

[4] 孙华：《安阳时期商王朝国家的政治版图——从文化分域和重要遗存的角度来考察》，《古代文明》第10卷，第136页。

[5] 孙华：《安阳时期商王朝国家的政治版图——从文化分域和重要遗存的角度来考察》，《古代文明》第10卷，第136页。

区与安阳殷王族区，第二个南北向，则区隔出了东方夷人区与商丘旧族区。

而鲁中南山地的珍珠门文化，恐怕也只是当地东夷族群中的一支。在淄弥河流域、潍水流域都有一些土著族群，可能与山地族群还是有一些区别的。在晚商，这些土著族群在政治上的态度及与大邑商之间的关系，是学界一直很感兴趣的问题。孙华认为，殷墟晚期山东商文化所属族群是具有独立倾向的商人，他们联合珍珠门文化所属族群东夷，不听命于以安阳为中心的商王朝，甚至自立为王。[1]

所以，东方夷人区在安阳时期虽然仍属于商文化分布区，但政治上却未必完全从属于商。虽然此后当地族群在武庚叛乱时支持了商人，但其与大邑商之间的张力在晚商时代是不容忽视的。

四、黄河（西—南河）两岸旧族区

关中西部的周原是周人的生活区，豫东北、鲁西是商人统治的核心区，那么周原以东到豫西北晋南、壶口以下一直到郑州以西的黄河两岸，是周族与商王朝核心区的中间地带。黄河在战国以前经今海河河道入海，流程中有几次大的流向改变，其中山陕之间南北流向的河段在传世文献中称为"西河"，"西河"在韩城龙门以下逐渐转东，蒲津渡到大伾山之间为东西流向，其河段在文献中称为"南河"。周人与商人之间的桥接地带主体就是"南河"两岸及"西河"南端两岸。这个地区商周之际的考古发现并不丰富，传世文献叙述杂乱，呈现旧族林立、普遍弱小的状态，可以称为"'西—南河'两岸旧族区"。文王时期这个地方的族群情况，尤其是周族是否已经在这个地区建立据点，是厘清东征前周族分布状态最需要讨论的问题。

---

[1] 孙华：《安阳时期商王朝国家的政治版图——从文化分域和重要遗存的角度来考察》，《古代文明》第10卷，第147—148页。

从《史记·周本纪》等文献看，文王活动以"受天命"为标志分成两个阶段，受天命前文王为商王之臣，周族是商方国之一，受天命后周族明确开始与商军事对抗。在"受天命"以前，文王还经历了一个重要事件——"羑里之囚"，《史记·殷本纪》《史记·周本纪》都载有文王"献洛西之地"以请去炮烙之刑一事。[1] 文王献出免受皮肉之苦的"洛西"之地的位置和范围，张守节《正义》有云：

> 洛水一名漆沮水，在同州。洛西之地谓洛西之丹、坊等州也。[2]

首先，此处说的洛水并不是今河南境内的黄河支流洛河，而是在今陕西境内汇入渭河的漆沮水。若依张守节此说，则文王所献的洛西在唐代的丹州、坊州之地，即今陕西延安市黄陵县、宜川县，这两县都紧邻南流黄河，与山西接界。不过，漆水发源后经同川西南流入耀县城东才与沮水合流，合流后的河段才可称为漆沮水。漆沮水东南流入富平县境，至渭南县西汇入渭水，流经地区即文中的同州。所以，洛西之地按照字面的意思应该就是同州漆沮水河道以西的地方。而张守节又说是丹、坊二州，这两处位置明显偏北，且丹州距漆沮水颇远，文献自身存在比较明显的矛盾。

当然问题也许没有这么复杂。张守节此条正义有异文，并且不止一种，而且差异就出现在最关键的"洛西""丹、坊"之间。商务印书馆百衲本收南宋黄善夫本《史记》絜为：

> 洛水一名漆沮水，在同州。洛西之地谓洛西文、丹、方等州也。[3]

唐代文州，《元和郡县图志》载：

---

[1] 司马迁：《史记》卷3《殷本纪》、卷4《周本纪》，第107、116—117页。

[2] 司马迁：《史记》卷3《殷本纪》，第107页。

[3] 司马迁：《百衲本二十四史·史记》卷三《殷本纪》，上海：商务印书馆，1936年。

> 文州，阴平。下。贞观中属陇右道。……《禹贡》梁州之
> 域。战国时，氐、羌据焉。汉开西南夷，置阴平道……至后魏平
> 蜀，始于此置文州，理阴平郡。隋大业二年罢州，县属武都……
> 武德元年陇、蜀平，复为文州。……建中三年，以旧城在平地，
> 窄小难守，遂移于故城东四里高原上，即今州理是也。[1]

文州，贞观属陇右道，在今甘肃陇南市文县一带。而漆沮水所在的同
州，及文中的丹、坊二州属关内道。文州距离漆沮水颇远，与丹、坊
二州也不相邻，在此处出现不符合逻辑。"文"字很可能是刊刻错误，
其原字为"及"。而武英殿本此字即椠为"及"。[2] 而若此字正字为
"及"，那张守节所谓"洛西之地"的范围就是同州漆沮水以西加上
丹州、坊州地界。看图3可知，也就是南流黄河壶口以下、西岸的一
大片地方。"洛西之地"说法并非首见于《史记》，而是出于《韩非
子·难二》，其文云："文王乃惧，请入洛西之地，赤壤之国方千里，
以请解炮烙之刑。"[3] 此说称文王所入是千里之国，也是要描述其地
域广阔，与正义讲洛西含两三州之地毫不矛盾。

泷川资言《史记会注考证》版此条还存在另一种异文：

> 洛水一名漆沮水，在同州。洛西之地，谓洛西鄜延丹坊等
> 州也。[4]

鄜州大致是今陕西富县一带，紧邻延州，也就是今延安一带，两地都
处在陕北高原，比同州丹、坊两县都更靠北，而且远离漆沮水。洛西
之地如果包括这个地区，那实在地表述过于笼统。"鄜延"两字不见

---

[1] 李吉甫撰，贺次君点校：《元和郡县图志》卷22《山南道三》，第573—574页。

[2] 司马迁：《史记》，上海古籍出版社、上海书店编：《二十五史》，上海：上海古籍出版社，2018年。

[3] 王先慎撰，钟哲点校：《韩非子集解》卷15《难二》，北京：中华书局，2003年，第361页。

[4] [日]泷川资言：《史记会注考证》卷3《殷本纪》，太原：北岳文艺出版社，1999年，第223页。

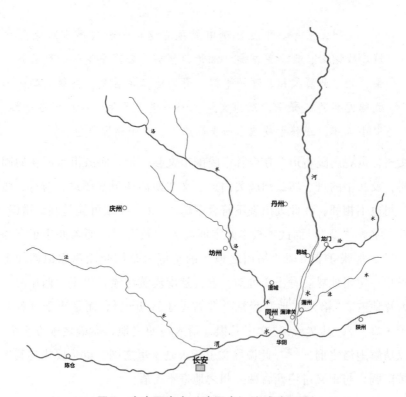

图 3　中古西洛水（漆沮水）流域政区图

（图片来源：根据谭其骧主编《中国历史地图集》第五册"唐时期·京畿道关内道"改绘）

于其他版本，是此版独有。《会注》是 1934 年泷川资言根据日本所藏《史记》旧钞本并搜辑日藏三家注后结合自己研究编订的版本，此条正义所出原始底本已无法考出。[1] 但从逻辑上看，洛西为鄜延丹坊之说似不可采。不过，总体看前后四个版本四处异文的复杂情况，倒是可以从侧面反映一个问题，即张守节此条正义在传刻过程中似乎舛误颇多，确实存在中华书局标点本"洛西"与"丹、坊"中间的字并非"之"而是"及"的可能性。

---

[1]　[日]泷川资言：《史记会注考证》"出版说明"，第 5 页。

百衲本《史记》书影　　　　武英殿本《史记》书影

若文王此事为真，那么在叛商以前，关中平原内周原以东颇远、相当大片的地方都已经有周族的邑落存在了。后来文王在沣水岸边建大邑，将自己的家族主体东迁出周原，迁入咸阳原，也并不是一日之功，而是已经具备了相当经营基础后的行动。

刘绪老师曾经勾勒周人西土故地的范围，认为其北至东端到洛川。[1] 洛水以东地区商周之际情况不详，但很可能不属于周族的势力范围，南流黄河（西河）西岸的范围，应当可以划至洛水东岸。文王时期，这个区域不清楚是否有周人的分族活动。文献中载"虞芮质厥成"[2] 被视为文王受天命的标志，当事之一的"芮国"即这个区域内的小国。"虞""芮"两国争地欲请文王裁断，入周境见人人礼

[1] 刘绪老师：《西周疆至的考古学考察——兼及周王朝的统治方略》，北京大学出土文献研究所编：《青铜器与金文》第1辑，第267页。刘绪老师：《夏商周考古》，太原：山西人民出版社，2021年，第127—129页。

[2] 郑玄笺，孔颖达疏：《毛诗正义》卷16-2《大明》，第512页。

让无争，感到羞愧而自省修好，世人知此事，赞文王有天命。[1] 学界根据传世文献对于周芮国的常见记载，多认为西周芮国在陕西省大荔县，[2] 而自 2005 年以来，陕西韩城梁带村墓地出土了大量有"芮"铭文的青铜器，应即西周末年芮国墓地之所在。大荔与韩城相去不远，芮国"大荔说"应当可据。[3] 从"虞芮质厥成"一事的来龙去脉看，当时"虞""芮"两国自有国君，且与文王是平等关系，并非周王族的分族，而是与其邻近的外族。在关中平原的交通结构中，想与外界联系，渡黄河是关键。韩城是黄河龙门之所在，扼守黄河由平缓转为湍急的咽喉，是重要的交通节点。文王时，这一地点应该并不属于周族，直到武王时才又封芮于此。虽然韩城梁带村墓地的时代为西周晚期，在此之前芮国是否如传世文献所说在大荔，需要进一步的发现来提供材料进行研究，但从韩城也在黄河以西的情况看，西周芮国的活动范围当不出此区域。

而当事另一方"虞"国，春秋时在晋南今山西夏县和平陆一带。不过文王时的虞国似乎不在晋南，因为平陆与韩城距离颇远，很难出现两国争地的情况。春秋虞国也是姬姓封国，徐中舒认为是"文王在向东方发展，在'虞芮质厥成'之时，就封仲雍于虞，称为虞仲"。[4] 但文王封虞的说法，与《史记·吴太伯世家》称虞仲所封在武王克商以后不合。[5] 文王时虞国的情况不易判断，最大可能是就

---

[1] 见于《史记·周本纪》："诸侯闻之，曰：'西伯盖受命之君。'"司马迁：《史记》卷 4《周本纪》，第 117 页。

[2] 朱凤瀚：《论梁带村芮国墓地出土青铜器与相关问题》，陈燮君、王炜林：《梁带村里的墓葬——一份公共考古学报告》，北京：北京大学出版社，2012 年，第 165 页。

[3] 张天恩、孙秉君：《梁带村芮国墓地的基本认识》，《金玉年华——陕西韩城出土周代文物珍品》，上海：上海书画出版社，2012 年，第 23 页。同见张长寿：《论梁带村芮国墓地》，陕西省考古研究院、上海博物院编：《两周封国论衡：陕西韩城出土芮国文物暨周代封国考古学研究国际学术研讨会论文集》，上海：上海古籍出版社，2014 年，第 7—15 页。

[4] 徐中舒：《西周史论述（上）》，《四川大学学报》1979 年第 3 期，第 96 页。

[5] 司马迁：《史记》卷 31《吴太伯世家》，第 1446 页。

在芮附近，也属于生活在黄河西岸的异族。至于这个虞族与武王所封姬姓虞国，可能有关系，也可能只是同名。在文王"受天命"之前，黄河西岸到周原之间应该存在不少类似"虞""芮"这样的族，而且可能规模也不会比周族小很多，他们与周族是合作、联合的关系。而在黄河以东，不论是晋南还是豫东北，都没有与周族关系密切的族群。

　　同时，随着周族军事行动的展开，在紧邻商腹地的地方，也可能出现了一个周王室分族的据点——虢，即文献中的"东虢"。传世文献中有五处虢地，《汉书·地理志》中载有"虢""北虢""东虢""西虢"四处虢邑，[1]《史记·秦本纪》还提到有"小虢"。[2] 其中西周时期的西虢在陕西宝鸡，两周之际东迁至河南三门峡，春秋时为晋所灭。[3] 西周东虢在河南荥阳，两周之际为郑所灭。[4] 西周的"虢"是很有代表性的周人地域化的分族，前文已经谈到，松井嘉德进行过专门研究。[5] 但"虢"分族发展的时间节奏，松井氏在研究中并未明确给出。传世文献载"虢"为文王的兄弟之国，《左传》僖公五年"虢仲、虢叔，王季之穆也"杜解："虢仲、虢叔，王季之子，文王之母弟也。"[6] 意思是周族内"虢"这一分族，在文王时期就已经存在，与后来的周天子之家并存。而且，在文王时，"虢"族自身也形成了次一级的分族，至少有两个不同的邑。其中东虢所在的荥阳，在周与商中间地带的最东侧，几乎已经进入商腹地内。徐中舒认为，文王"伐崇之后，又把崇地封给虢仲、虢叔"，[7] 尝试在关中以

[1]《汉书·地理志》"弘农郡"："陕，故虢国。有焦城，故焦国。北虢在大阳，东虢在荥阳，西虢在雍州。"班固：《汉书》卷28上《地理志》，第1549页。

[2]《史记·秦本纪》武公十一年"灭小虢"。司马迁：《史记》卷5《秦本纪》，第182页。

[3] 彭裕商：《虢国东迁考》，《历史研究》2006年第5期，第12—22页。

[4] 陈槃：《春秋大事表列国爵姓及存灭表撰异（三订本）》，第274—280页。蔡运章：《虢国的分封与五个虢国的历史纠葛》，《甲骨金文与古史新探》，北京：中国社会科学出版社，1996年，第83—85页。

[5][日] 松井嘉德：《周代国制の研究》，正文第227—239页。

[6] 杜预注，孔颖达疏：《春秋左传正义》卷12，僖公五年，第1795页。

[7] 徐中舒：《西周史论述（上）》，《四川大学学报》1979年第3期，第96页。

外建立据点。不过荥阳地区目前晚商阶段的考古发现中还没有典型的周文化遗址，也许当时封虢的位置不是后来东虢所在的荥阳。但文王采用这种方式的可能性是存在的，也就是说，东征后周人在商旧地军事殖民的办法，文王后期在商周的中间地带就曾经使用过。克商前，周族在豫西北可能有零星的据点，其中"虢"可能是最重要的。

五、周人关中故地

最后再看关中平原内部、周族生活的核心区域。关中故地，地理属性为渭河流域，孙华认为从考古学文化面貌上看属于"多文化共存区"。[1] 这个区域是周人克商之前的故地，也是周王朝立国后的西土。

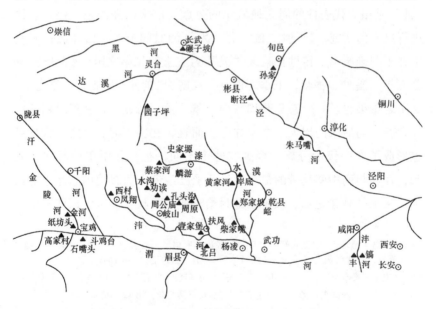

图4　关中地区商周时期相关典型遗址位置示意图

（图片来源：雷兴山《先周文化探索》"关中地区商周时期相关典型遗址位置示意图"）

---

[1] 孙华：《安阳时期商朝国家的政治版图——从文化分域和重要遗存的角度来考察》，《古代文明》第10卷，第161页。

　　刘绪老师曾经主要根据考古发现勾勒过周人西土的四至。以清水李崖遗址为标志，周人西土的西至在甘肃的东部。[1] 以姚河塬墓地为标志，西土的北至在关中北部偏西到达宁夏固原，关中北部偏东现在知道能到达洛川。[2] 西土的南至则是到达秦岭，由于地形造成的天然阻隔，周人对秦岭以南基本没有控制。[3] 刘绪老师圈定出的这个周人故地范围，也可以再进一步划分为东、西两个小区。张天恩在《关中商代文化研究》中即提出这个看法，认为关中的商文化存在地区差别，可以以泾河下游至西安一线为界，分为东、西两区。[4]

　　对于理解西周初年的历史来说，相对重要的当然是周原、丰镐所在的西部地区。关中西部族群结构与发展情况并不简单，但目前的认识还是比较清楚的。邹衡在为《关中商代文化研究》作序时，曾对张天恩研究中的一些重要认识进行过点评，指出在关中地区的研究中，应该"对商、先周、刘家以及碾子坡等文化活动于关中的时间、空间范围，相互关系和商代的周、密须及羌等西土的方国、部族等有一个基本的了解"。从遗存及相应族属的情况看，在关中西部商文化（"京当型"）初期"虽以商文化为主，但也含有先周文化，以及少量刘家、朱开沟等当地和周围地区的文化因素，显示了多种文化混合的特点"。在关中地区，除了商文化和先周文化之外，还分布有刘家文化和碾子坡文化，邹衡认为："从文化发展的脉络、特征、活动范围，及其与

[1] 清水李崖遗址，出土的陶器和关中地区出土的基本一样，属于周文化系统。刘绪老师：《西周疆至的考古学考察——兼及周王朝的统治方略》，北京大学出土文献研究所编：《青铜器与金文》第1辑，第266页。

[2] "姚河塬遗址……发现有城，发现有带墓道的大墓……还发现有铸铜作坊，……这是目前考古上发现的西周时期最西面的铸铜作坊，……墓地还发现有甲骨文，这也是目前考古发现的最西面的甲骨文，属西周早期，还出土了一部分原始瓷，也是西周早期最西面发现的原始瓷。"刘绪老师：《西周疆至的考古学考察》，《夏商周考古》，第126页。

[3] 刘绪老师：《西周疆至的考古学考察——兼及周王朝的统治方略》，北京大学出土文献研究所编：《青铜器与金文》第1辑，第265—268页。

[4] 张天恩：《关中商代文化研究》，北京：文物出版社，2004年，第30页。

商文化和先周文化的关系方面考察，其应该就是商时期与羌人有关的考古学文化。"而关中边缘或更远的寺洼文化等，则大体也属于羌文化系统。[1]

从考古学文化面貌看，周原遗址的三处安阳时期的墓地中，王家嘴与贺家村墓地文化面貌一致，应该属于周人的墓葬。而刘家村墓地的葬俗则与之不同，更多见于宝鸡及其以西地区，通常被认为是羌人系统的"姜戎"墓葬。而在邻近周原的长武，以碾子坡遗址为代表的碾子坡文化则与二者不同，张天恩认为碾子坡文化是商的与国"密须"，刘军社则认为应当是周的附庸国"阮"，总之都不属于姬姓周人。[2] 姬姓周人与姜姓戎人有稳定的通婚关系，在克商前后，政治利益与政治态度也是高度一致的。而密须、阮这些小族群，在克商前，有些顺服于商，属于周的敌国；有些则一直依附周族，是周的附庸。

从发展过程来看，"京当型"商文化的遗存"约从二里冈上层起进入关中西部的偏东地区，持续发展到殷墟文化第二期逐渐退出"。其后，这个地区的文化面貌开始显示出周人主导的特点，而最后，正如邹衡所指出："正是由于来自不同地区、性质复杂、特征各异的文化在关中的接触、碰撞、融合和升华，最终导致了凝聚多种文化优势的结晶——西周文明的诞生。"[3]

从文献记载看，在文王时期，周的分族与邑落都在繁荣发展。文王的政治遗产，腹地内的政治地理格局，直接影响武王到成王时期的政局。文王时，关中平原西部的大片平原上，除了"虢"成为重要分族外，"周""召"两个分族也形成于此时。"周""召"两地都在关

---

[1] 邹衡：《关中商代文化研究》序，张天恩：《关中商代文化研究》，序第1—3页。

[2] 张天恩：《关中商代文化研究》，第331—334页。刘军社：《论碾子坡文化》，《远望集——陕西省考古研究所华诞四十周年纪念文集》上，西安：陕西人民美术出版社，1998年，第230—231页。

[3] 邹衡：《关中商代文化研究》序，张天恩：《关中商代文化研究》，序第1—3页。

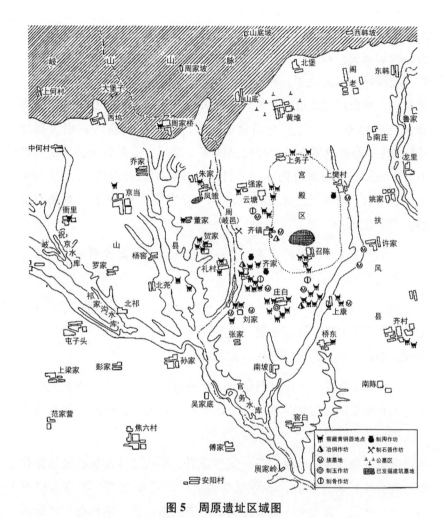

图 5　周原遗址区域图

（图片来源：尹盛平《周原文化与西周文明》"3.6 - 1　岐周遗址图"）

中西部的周人故地内，《史记·燕召公世家》下《史记集解》引谯周言："周之支族食邑于召谓之召公"，《索隐》云："诗有《周》、《召》二《南》，言皆在岐山之阳。"[1]《史记·鲁周公世家》司马贞

---

[1]　司马迁：《史记》卷 34《燕召公世家》，第 1549 页。

《索隐》云："周，地名，在岐山之阳，本太王所居，后以为周公之菜邑，故曰周公。即今扶风雍东北故周城是也。"[1]《括地志》载周公城在岐周岐山县北九里。[2] 岐山县历来有周公庙，被认为是周公采邑所在，周公庙遗址近年又发现了周公家族墓地，可见这一地区为周公采邑问题不大。[3] 召与周紧邻，王应麟《诗地理考》引《括地志》云："邵亭故城在岐州岐山县西南十里。"[4] 今岐山县西南八里的刘家垣村，至明清时仍称召公村，应该就是召公封邑。[5] 这两个分族的形成，与文王之家迁移至"丰"有直接关系。《诗·周南召南谱》郑玄注云：

> 文王受命，作邑于丰，乃分岐邦周、召之地为周公旦、召公奭之采地。[6]

郑玄的意思就是文王营丰后，把先代旧地的"周"邑和"召"邑，交给旦和奭来经营。孔颖达疏《毛诗正义》引皇甫谧所言，强调这件事情只能发生在文王迁丰之后，因为：

> 文王既迁于丰而岐邦地空，故分赐二公以为采邑也。……文王若未居沣，则岐邦自为都邑，不得分以赐人。明知分赐二公在作丰之后。[7]

皇甫谧讲的道理是，如果文王一支不迁离，那么这些发展成熟的先代故邑会由其家亲自经营，不会交与他人。而迁丰之后，王室人口有限，鞭长莫及，需要有一定血缘关系的亲族来经营。地点在宝鸡的西

---

[1] 司马迁：《史记》卷33《鲁周公世家》，第1515页。

[2] 李泰著，贺次君辑校：《括地志辑校》，第37页。

[3] 徐天进：《周公庙遗址考古调查的缘起及其学术意义》，《北京大学古代文明研究通讯》第21期，第4页。

[4] 王应麟：《诗地理考》卷1《召南》，《景印文渊阁四库全书》第75册，第640页。

[5] 吴镇烽：《陕西地理沿革》，西安：陕西人民出版社，1981年，第551页。

[6] 郑玄笺，孔颖达疏：《毛诗正义》"周南召南谱"，第264页。

[7] 郑玄笺，孔颖达疏：《毛诗正义》"周南召南谱"，第264页。

虢一支的出现，也应该是相同机制。值得注意的是，"周""召"
"虢"三族经营的邑落，都在狭义的周原范围之外，这样看来，周原
很可能一直是由周天子王室直接经营的。

图 6　周原遥感影像图

（图片来源：曹玮主编《周原出土青铜器》"周原地区'快鸟'遥感影像"）

从商周之际的政治格局来说，关中东部也是不能忽视的地区，而且可
能问题更复杂，且目前认识还比较模糊。从张天恩的研究及邹衡的点评来
看，关中东部在成汤灭夏之后就纳入了二里岗型商文化的势力范围。

> 商文化不仅在整个早商时期实施着对关中东部的有效控制，
> 并以此为依托在二里冈上层时期进行了又一轮的扩张，把势力伸
> 展到关中西部的偏东地区，形成了京当型商文化，并在后来分化
> 出了关中东部的晚商文化"北村型"和"老牛坡型"。[1]

而此后的历史进程，孙华则有总结，指出从安阳时期开始，商文化逐
渐从关中地区向东退缩，"至迟从殷墟中期偏晚的殷墟三期开始，西

---

[1] 邹衡：《关中商代文化研究》序，张天恩：《关中商代文化研究》，序第1—2页。

安以西已经不再是殷墟文化的分布区，西安以东的殷墟文化也逐渐发生了较大的变异"。[1] 也就是说，在克商以前，这里的族群结构发生过一些变化，在这里生活的人群可能不再是以子姓商王室为核心的商族，而是与当地固有人群融合后当地化的"新土著"，或者自晋陕高原南下的异族。

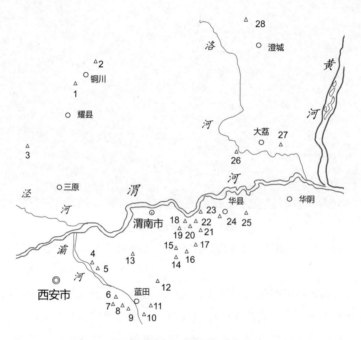

图7 关中东部商文化遗址分布示意图

（图片来源：根据张天恩《关中商代文化研究》"关中东部商文化遗址分布示意图"改绘）

　　1. 北村 2. 三里洞 3. 邵家河 4. 田王村 5. 老牛坡 6. 张家河 7. 怀珍坊 8. 郝家街 9. 郭村 10. 黄沟 11. 苟家村 12. 房家村 13. 下和村 14. 南堡 15. 姜阿 16. 花园村 17. 野沃沟 18. 史家河 19. 寺前头 20. 薛村 21. 龙家湾 22. 史家湾 23. 郭村 24. 南沙村 25. 桃下 26. 白村 27. 赵庄 28. 良辅

　　关中东部的东端，根据刘绪老师的研究，可到达洛川。这样看

---

[1] 孙华：《安阳时期商王朝国家的政治版图——从文化分域和重要遗存的角度来考察》，《古代文明》第10卷，第161页。

来，若本文尝试将商代末年的政治地理版图进行分区，那么以洛水为界，洛水以西当属"周人关中故地"。不过，周文王时，周人曾为脱罪献"洛西之地"，也就是说，克商前洛水以西的一片地区，虽然地理上属于关中故地，但政治和财富上却直属于商。

经过前文的梳理，如果用最简单的语言概括商末政治地理格局，可以说，单纯从考古发现呈现的状态看，在武王克商前，太行山—王屋山以东一直到海岸线的黄河中下游大片地区内，济水流域、淄潍河流域、淮泗地区，都没有周人的任何据点型的邑落遗址，甚至连活动的痕迹都几乎没有。这一点与东征后的情形形成鲜明的对比。只有在晋南的运城地区，可能曾经有来自关中的人群影响，但也不能确定是姬周族群。周人翦商后一直自称"小邦周"[1] 应属实情，商末的周族只是生活在周原地区的一个相对普通的族群，规模有限，也并没有大范围扩张。不过，在传世文献中描述的情况与考古发现有一定反差。从文献看，处于乙辛时期的周文王，是周族的有为之君。特别是在帝辛末年，周文王进行了一系列征伐经略，势力已经东出到关中以外。《诗经》、古本《竹书纪年》、《尚书大传》等记载文王伐邘戡黎，学者多认为在今晋南地区，似乎考古发现也能有些对应。[2] 所以，在讨论周公东征前的政治地理态势时，文王的经略成果应该与商的都邑方国综合在一起。

第二节　克商之役后武王对旧国族的褒封

目前关于西周封国有很多方面都认识不足，如封国数量、始封年

[1] 孔安国传，孔颖达疏：《尚书正义》卷13，《金縢》，第199页。

[2] 张天恩：《山西黎城黎国墓地》，国家文物局主编：《2007 中国重要考古发现》，北京：文物出版社，2008 年，第40—45 页。山西省考古研究院：《山西黎城西关墓地 M7、M8 发掘简报》，《江汉考古》2020 年第 4 期。山西省考古研究院、黎城县文物博物馆：《山西黎城西关墓地 M1 与 M10 发掘报告》，《中国国家博物馆馆刊》2021 年第 4 期。

代、封君身份等等，都有大量问题需要解决。举封国数量为例，《荀子·儒效篇》载："（周公）兼制天下，立七十一国，姬姓独居五十三人。"[1] 讲周公时封国之数为 71 个，其中姬姓最多，有 53 个。但若将各处文献所见西周封国统计在一起加以考辨，大抵周初所封封国总数应在 130 个左右。[2] 不过，无论从文献记载还是从研究结果来看，姬姓封国在西周封国中确实占比最大，数量也基本与《荀子》所述一致，且分封时间、封君身份、封国位置等信息虽然不少也有错乱，但在传世文献中还是留存尚多。相比之下，其余数十国，很多连蛛丝马迹都难寻到。

从地理上看，这些仅有国名、鲜少事迹的封国，很多在周代都居于（或曾经居于）上节提到的大邑商（殷墟周围）、亳（郑州）、商（商丘）三处核心都邑及周边控制区、沁阳田猎区以及晋南方国区内。若对这几个区西周封国的族姓、族属信息加以统计，可以发现，这些虽然是商末王朝影响力最大的区域，但入周后的非姬姓封国中基本没有自称为商族后裔的，而是普遍自称为上古英雄后裔的先代旧族。

从历史脉络来看，这些封国前身很可能是商方国。龙山时代以来，黄河中下游地区众多关于各部族的各类记忆、传说都在延续和积累。尤其是曾经的一些英雄人物，如黄帝、尧、舜、禹等，他们的故事成为各个人群构建自己历史叙述的重要资源。到商代，子姓商人虽然成为控制力更强的国家统治者，但黄河中下游的权力结构总体看仍然是方国联合体的形式。[3] 方国很大程度上延续着部族阶段的历史叙述形式。武王伐纣成功，周人由西土小邦转而为天下之君，其所接收的一项政治遗产，就是这些讲述旧族故迹作为族群历史的方国。

[1] 王先谦撰，沈啸寰、王星贤点校：《荀子集解》，北京：中华书局，1988 年，第 114 页。

[2] 详见附表一。

[3] 林沄：《甲骨文中的商代方国联盟》，《林沄学术文集》，北京：中国大百科全书出版社，1998 年，第 69—84 页。

武王褒封封国表

区　域		国名	地　点	姓	始封君或族属
政事田猎区	沁阳田猎区	陈	河南新乡卫辉	妫	舜后胡公
		南燕	河南新乡延津	姞	黄帝后
		邓	河南焦作孟州	曼	商后
	郑州商遗民区	有莘（姺）	河南郑州荥阳	姒	夏禹后裔，文王所娶大姒之家
		郐	河南郑州新密	妘	祝融后
		缯	河南开封市	姒	
	东方夷人区	杞	河南开封杞县	姒	禹后东楼公
		颛臾	山东临沂蒙阴	风	太皞后
		宿	山东泰安东平	风	太皞后
		须句	山东泰安东平	风	太皞后
		任	山东济宁市东南	风	太皞后，战国时仍存
	商丘旧族区	甲父	山东济宁金乡		古国，后为徐所灭
		邾	山东济宁邹城	曹	陆终之后
		薛	山东枣庄滕州	任	黄帝后奚仲后
		铸（祝）	山东临沂市	任	黄帝后
		有鬲	山东德州市	偃	古国
晋南方国区		唐	山西临汾侯马	祁	尧后
		黄	山西汾水流域		少昊后？
		沈	山西汾水流域		少昊后？
		蓐	山西汾水流域		少昊后？
		姒	山西汾水流域		少昊后？
		微	山西长治市	子	商后
其他地区		蓟	北京市		黄帝后？

克商之初武王褒封的封国，文献可考者见《武王褒封封国表》。本节将逐一梳理。

一、沁阳田猎区

武王克商后，存武庚以守商祀，设置了"三监"控制安阳周边地区。商末的政事田猎区切分成两部分，中心分别是安阳和沁阳。安阳及周边地区原本是天邑商王都及邻近城邑，沁阳及周边地区则是原来的商王田猎区。在沁阳田猎区（以下简称"沁阳区"）内，原本生活的人群不多，所以武王施行褒封的国族也不多。目前看有三个，其中陈、燕（南燕）是中原旧族，邓则是商王族分支。

（一）陈

陈国春秋时位置并不在这个地区。《左传》隐公三年杜预注称春秋陈国在"今陈国陈县"，[1]张守节《正义》引《括地志》云："陈州宛丘县在陈城中，即古陈国也。"[2]张守节认为武王封陈国在宛丘县，也就是现在的河南淮阳，后世学者如顾栋高《春秋大事表·列国爵姓及存灭表》、高士奇《春秋地名考略》等均采此说。[3]陈国范围不小，今天河南开封市以东、安徽亳州以北皆春秋陈国国土，陈国的国都宛丘在今河南省淮阳县。[4]

周书灿对这种传统观点首先提出质疑，他认为，陈国始封在武王时，当时周人的控制范围还没有达到河南南部的淮河流域，陈国始封之地，应该是《逸周书·世俘》中的陈地，位置在今天的河南汲

---

[1] 杜预注，孔颖达疏：《春秋左传正义》卷16，隐公三年，第1724页。

[2] 张守节：《史记正义》，《史记》卷4《周本纪》，第127页。

[3] 顾栋高：《春秋大事表》卷5《列国爵姓及存灭表》，第569页。高士奇：《春秋地名考略》卷10"陈"，第614页。

[4] 杨伯峻：《春秋左传注》，隐公三年，第31页。

县。[1] 周初河南南部的情况比较复杂，淮阳位于颍水流域、淮河中段，淮阳大连乡平粮台城址虽然是新石器时代遗址，但规模实在非同凡响，此地很可能在相当长时间里都是区域内的关键中心地，而冯唐乡张楼遗址则存在晚商墓葬，说明此地与黄河流域政权之间并不是全无联系。所以，淮阳附近在周初确实封国较少，但也并无确实证据能断定周人势力就无法达到。

不过，陈国始封不在淮阳的看法仍然值得重视。汲县有古陈城的说法，开始于宋代，出自《太平寰宇记》，其文云："卫州汲县古陈城也。"[2] 汲县在今卫辉市。这个小城，最大的特点就在于地理上，其位于晋南东出与外界往来的交通要隘。周封陈之事，《左传》襄公二十五年叙述比较完整：

> 昔虞阏父为周陶正，以服事我先王。我先王赖其利器用也，与其神明之后也，庸以元女大姬配胡公，而封诸陈，以备三恪。[3]

若据《左传》所载，陈始封君胡公满的先祖虞阏父曾为周陶正。西周分封时，武王将元女大姬嫁于胡公，而封其国于陈。在陈国的分封故事的叙述中很明显有两个重点，一是陈公室是舜的后裔，二是武王分封时是寻得胡公封以诸侯的。其中，舜后裔的身份，与卫辉的地理位置之间存在一些关系。淮阳与晋南的距离确实比较远，而汲县紧邻晋南，并且是晋南与黄河北岸大渡口之间的交通要隘。这一地点有重要的军事地理和交通地理价值。

《史记·陈杞世家》中，称陈为虞舜之后，妫姓。其文云：

---

[1] 周书灿：《有关陈、杞封建的几个问题》，《西周王朝经营四土研究》，第30页。

[2] 黄怀信、张懋镕、田旭东：《逸周书汇校集注（修订本）》卷4《世俘解》，第420页。此为朱右曾引《太平寰宇记》，今本未见此说。今本在"宛丘县"下载"州理城，楚襄王所筑，即古陈国也"。乐史：《太平寰宇记》卷10"河南道十"，北京：中华书局，2007年，第184页。

[3] 杜预注，孔颖达疏：《春秋左传正义》卷36，襄公二十五年，第1985页。

　　　　陈胡公满者，虞帝舜之后也。昔舜为庶人时，尧妻之二女，
　　居于妫汭，其后因为氏姓，姓妫氏。舜已崩，传禹天下，而舜子
　　商均为封国。夏后之时，或失或续。至于周武王克殷纣，乃复求
　　舜后，得妫满，封之于陈，以奉帝舜祀，是为胡公。[1]

检查《史记》所载的陈国受封始末的文本，在时间脉络上有明显缺
环。文中先述舜子商均在禹时获封，又讲"夏后之时，或失或续"，
到武王时寻回胡公一族，显然这是因为无法将西周陈国公室祖先上溯
为虞舜之子而勉强作出的弥合之辞，也显示出陈国为舜后裔的说法存
在英雄故事与族群历史嫁接的结构。真如此，受封的胡公，似乎并不
是有雄厚实力的旧族首领，而是需要寻获的。胡公与"虞舜"后裔身
份关系的唯一联系，是通过武王认定的。这个没有名姓、没有来历的
胡公，获得了武王赐姓，也同时被赋予了虞舜后裔的身份。

　　《左传》襄公二十五年谈武王封陈，有三个理由，一是其祖先曾
服事周先王，对周族有贡献，二是其族为"神明之后"，三是"以备
三恪"。"三恪之国"是陈最重要的身份。《吕氏春秋·慎大览》云：

　　　　武王胜殷，未下舆，命封黄帝之后于铸，封帝尧之后于黎，
　　封帝舜之后于陈；下舆，命封夏后氏之后于杞，立成汤之后于
　　宋，以奉桑林。[2]

《史记·周本纪》说法与《吕氏春秋》略有不同，其文云：

　　　　武王追思先圣王，乃褒封神农之后于焦，黄帝之后于祝，帝
　　尧之后于蓟，帝舜之后于陈，大禹之后于杞。[3]

　　在西周，对于一国来说，政治身份最重要的标识，不止有国君爵
位，还有公室之姓，爵对应的国君地位代表了封国在当世政治地位的

---

[1]　司马迁：《史记》卷36《陈杞世家》，第1575页。
[2]　许维遹撰，梁运华整理：《吕氏春秋集释》卷15《慎大览》，第356—357页。
[3]　司马迁：《史记》卷4《周本纪》，第127页。

高低，姓对应着的祖先故事则代表了封国曾经的历史荣耀与否。祖先曾经有圣德，在将"祖德"视为权力合法性来源的周王朝中，是具备现实价值的。周封三恪之国，就是为了安抚旧族之民。

　　旧族之民生活的地区，一般来说不会与其祖先的活动地点相去太远。舜的活动地点，记载最详的是《史记·五帝本纪》：

　　　　舜，冀州之人也。舜耕历山，渔雷泽，陶河滨，作什器于寿丘，就时于负夏。

舜是古冀州之人。冀州的范围，《禹贡》云："冀州：既载壶口，治梁及岐。既修太原，至于岳阳。覃怀厎绩，至于衡漳。"其主要区域就是现在的山西地区。《五帝本纪》中提到舜活动的诸多地点如历山、河滨，以及尧妻之二女的妫汭，注家看法则分两派，郑玄认为分处山东、山西，[1]《括地志》则认为都在山西境内。[2] 郑玄的说法实际上受到了战国时期齐鲁地区文献或学派观点的影响，存在比较明显的问题。[3] 而舜在山西的说法则得到历代注家的肯定。裴骃《史记集解》引皇甫谧《帝王世纪》云：

　　　　舜所都，或言蒲阪，或言平阳，或言潘。潘，今上谷也。[4]

张守节《正义》则是引《括地志》云：

　　　　平阳，今晋州城是也。潘，今妫州城是也。蒲阪，今蒲州南二里河东县界蒲阪故城是也。[5]

---

[1] 司马迁：《史记》卷1《五帝本纪》，第32—34页。

[2] 张守节《正义》引《括地志》云："蒲州河东县雷首山，一名中条山，亦名历山，……历山南有舜井。陶城在蒲州河东县北三十里，即舜所都也。南去历山不远。或耕或陶，所在则可，何必定陶方得为陶也？舜之陶也，斯或一焉。"司马迁：《史记》卷1《五帝本纪》，第33页。

[3] 于薇：《先秦两汉舜故事南方版本发展与潇水流域的政治进程——兼论零陵九嶷舜陵舜庙的实体化》，《学术研究》2013年第7期，第117—125页。

[4] 裴骃《正义》引皇甫谧《帝王世纪》，司马迁：《史记》卷1《五帝本纪》，第44页。

[5] 张守节《正义》引《括地志》，司马迁：《史记》卷1《五帝本纪》，第44页。

晋、唐的注家都认为舜的活动范围在晋南一带。而舜作为尧和禹之间的部落联盟首领，其族群的活动范围与尧和禹族群的范围也应该不会距离太远。目前学界倾向于山西襄汾陶寺文化与尧族群关系密切，[1]山西夏县东下冯文化与禹族群关系密切，[2]那么舜活动的时间，从考古来讲，应当是新石器时代晚期，传说其在山西的活动范围，恰恰是陶寺类型与东下冯类型之间的晋南地区。那么，后世舜的后裔，也应该首先考虑生活在这个范围内。

《左传》哀公元年也谈过一个舜后裔的故事，其文云：

> 昔有过浇杀斟灌以伐斟鄩，灭夏后相，后缗方娠，逃出自窦，归于有仍，生少康焉。为仍牧正，惎浇能戒之。浇使椒求之，逃奔有虞，为之庖正，以除其害。虞思于是妻之以二姚。

杜注云有虞："虞舜后，诸侯也。"[3]其地望在梁国虞县，即今河南虞城县。虞城位于商丘以东，苏、皖、鲁、豫四省交界地带。孔颖达《正义》则引皇甫谧云："今河东大阳县西山上虞城是也。"[4]陈槃按其在今山西平陆东北十五里。[5]在春秋末年关于夏初有虞氏故事的叙述里，其地为夏后相逃亡之所，而其族之女姚姓，也就是其族姚姓。杜预认为其地在商丘，孔颖达则认为在平陆。

两说应以孔说为上，因为平陆县即周姬姓虞国之所在，此国即晋灭虢假道之处。而平陆之"虞"，多被认为同文王时"虞芮质厥成"一事中曾经存在的非姬姓古虞国有关。[6]若按照孔颖达和皇甫谧的

---

[1]　张国硕：《陶寺文化性质与族属探索》，《考古》2010年第6期。

[2]　刘绪：《东下冯类型及其相关问题》，《中原文物》1992年第2期。

[3]　杜预注，孔颖达疏：《春秋左传正义》卷57，哀公元年，第2154页。

[4]　杜预注，孔颖达疏：《春秋左传正义》卷57，哀公元年，第2154页。

[5]　陈槃：《春秋大事表列国爵姓及存灭表撰异（三订本）》，"有虞"，第426页。

[6]　裴骃《史记集解》、张守节《史记正义》，司马迁：《史记》卷4《周本纪》，第117页。李零：《西周族姓考（上）》，《茫茫禹迹》，北京：生活·读书·新知三联书店，2016年，第90页。

说法，那么平陆的古虞国，应该也就是虞思之国，虞思姚姓，也就是虞舜后裔。商代有封虞遂的记载，虞舜后裔在商代还是有活动的。[1] 称虞遂，应该是活动地点还在虞。所以，号称虞舜旧族人群活动的一个集中地点是晚商沁阳田猎区内黄河北岸的大渡口虞国。

那么，新封陈国既然是为了控制旧族，就也应该不太远，不然分封的效果就有限。而恰恰在虞的附近、同处在交通要道上的汲县，存在关于陈的记载。这样的材料对应，虽然略显微弱，但逻辑确实顺畅，而且几乎没有别的指向。从后面的历史可以看到，此处后来为姬姓虞国所取代，那么虞舜旧族应当移居他处了。这些妫姓族众，很可能到了原本似乎并无族众的胡公封地陈。自此，陈国成为实实在在的封国。只是陈国在沁阳田猎区内发展的时间并不长，不久以后，便徙封淮阳了。

（二）燕（南燕）

燕，也就是后人所说的南燕，自称黄帝后裔，姞姓。在《左传》《国语》等传世文献中本无南燕、北燕之分，均称燕。但在金文中，姬姓燕国写作"匽"，姞姓燕国写作"燕"，并不相混。《左传》宣公三年载：

> 郑文公有贱妾曰燕姞，梦天使与己兰曰："余为伯鯈。余而祖也。"[2]

伯鯈为燕国的始祖。《国语·晋语》载黄帝之子得姓者，姞为其中之一。[3] 南燕国的位置，《左传》隐公五年杜预注称"南燕国，今东郡燕县"。[4] 东郡为秦置，西汉至晋时沿用，辖境在黄河北流河道与济水故道之间，包括山东聊城东部与河南濮阳及新乡的一部分。燕县治

---

[1]《左传》昭公八年史赵语晋侯曰："舜重之以明德，置德于遂。"杜解："盖殷之兴，存舜之后而封遂。言舜德乃至于遂。"杜预注，孔颖达疏：《春秋左传正义》卷44，昭公八年，第2053页。

[2] 杜预注，孔颖达疏：《春秋左传正义》卷21，宣公三年，第1868页。

[3] 徐元诰撰，王树民、沈长云点校：《国语集解》卷10，第334—335页。

[4] 杜预注，孔颖达疏：《春秋左传正义》卷3，隐公五年，第1727页。

所在新乡东侧的延津县东北。傅斯年《大东小东说》中谈到东郡即周"小东"，称"其称东者就地望言实对殷商都邑而称小东，即周公所居以破奄者，在秦为东郡"。[1] 小东是西周初年的战略要地，在周公成王对山东地区用兵之时，是重要的大后方。在晚商，这个地区是王都区大邑商、朝歌两个大城之外的地方，以及田猎区衣邑之外的地方。[2]

姞姓与周人有婚姻之谊，《左传》宣公三年载郑国石癸曰："吾闻姬、姞耦，其子孙必蕃。姞，吉人也，后稷之元妃也。"[3] 这种结盟关系何时建立不清楚，但周人能够以这一地区作为东征的后方，在此前应已联合了当地旧族。如果武王时期未能安抚当地旧族，东征也没有开展的条件。另据晋侯墓地"晋侯杨姞壶"可知，西周时期还有一杨国也是姞姓，[4] 与姬姓晋国联姻。

（三）邓

《路史·后纪》载商人有一后裔之国为邓：

> 初，武丁封季父于河北曼，曰蔓侯，有曼氏、蔓、鄾氏。优、邓，其出也。[5]

《广韵·去声》"四十八邓"云：

> 姓，武丁封叔父于河北，是为邓侯。后因氏焉。[6]

《姓解》"邑三十一·邓"称：

> 殷武丁封叔父于河北，是曰邓侯，遂以为氏。[7]

---

[1] 傅斯年：《大东小东说——兼论鲁齐燕初封在成周东南后乃东迁》，《傅斯年全集》第3册，第20页。

[2] 衣邑的位置大概是沁阳。陈梦家：《殷虚卜辞综述》，第259—263页。

[3] 杜预注，孔颖达疏：《春秋左传正义》卷21，宣公三年，第1869页。

[4] 李学勤：《晋侯邦父与杨姞》，《缀古集》，上海：上海古籍出版社，1998年，第107页。

[5] 罗泌：《路史》卷19《后记十》，《景印文渊阁四库全书》第383册，第171页。

[6] 陈彭年：《宋本广韵》去声卷第三"嶝"部，北京：中国书店，1982年，第414页。

[7] 邵思：《姓解》，《丛书集成初编》3296，北京：中华书局，1985年，第501页。

邓国曼姓见于《左传》，但曼姓出于商人的说法不见于先秦史籍。《姓解》条明显取自《广韵》，所以都称邓国为武丁叔父所封，是商人后裔。《春秋地名考略》也认为其国出于商人，只不过推论出了点问题，认为其与商王族同为子姓，而忽略了《左传》等中明确记载其为曼姓。[1] 另外还有后稷之后姬姓等说，[2] 与文献和金文也不一致。

二、郑州商遗民区

今天的河南郑州是商代前期最重要的都城。郑州商城大型宫殿遗址、大型铜方鼎的发现，使得郑州商城早期王都的性质得以确认。但对于郑州商城的确切年代和文献上对应的名称，存在"仲丁敖都"和"成汤亳都"两种说法。1961 年，安金槐发表《试论郑州商代城址——隞都》，[3] 提出郑州商城为商代中期仲丁隞都。[4] 1952—1955 年邹衡论证郑州的殷商文化早、中期早于殷墟小屯，1956—1977 年，邹衡结合郑州出土"乇"字牛骨刻辞、东周"亳"字陶文及郑州商城内城墙发掘材料，提出郑州商城是成汤亳都的观点，并于 1978 年撰写了《郑州商城即汤都亳说》一文。[5] 随着小双桥遗址的发现，小双桥隞都说流行，郑州商城为"郑亳说"逐渐成为学界共识。[6]

---

[1] 高士奇：《春秋地名考略》卷 13《诸小国》，第653 页。

[2] 张澍《姓氏辨误》二六"邓氏"条引朱元晦《邓氏谱》云："邓，后稷之姓在殷为曼姓。至虞叔而封唐，传四世而生燮，改国为晋。又五世生吾离，始封邓侯，子孙因以为氏。"（转引自陈槃：《春秋大事表列国爵姓及存灭表撰异（三订本）》，第388 页。）其中世系说法混乱，显为后人杜撰。

[3] 安金槐：《试论郑州商代城址——隞都》，《文物》1961 年第 Z1 期（第 4、5 期），第73—80 页。

[4] 1993 年，安金槐还发表了《再论郑州商代城址——隞都》，《中原文物》1993 年第 3期，第 23—28 页。

[5] 见邹衡：《郑州商城即汤都亳说》，《文物》1978 年第 2 期，第 69—71 页。

[6] 以上内容参见李维明：《邹衡先生与"郑亳说"创建过程》，《南方文物》2010 年第1 期，第 96—106 页。

无论是汤的亳都，还是仲丁的隞都，都不能否认郑州地区在商代前期中心型都市的性质。中商以前，郑亳及辐射范围——今郑州市区到荥阳之间的聚落密度非常大，是绝对的地区中心；其后小双桥遗址兴起，成为中心型聚落，郑州商城进入白家庄期，虽然转化为小双桥城的附属，但并未废止。而小双桥遗址距离郑州商城遗址也不过20多公里，其实还是在郑亳曾经的辐射范围内。而再后来小双桥衰落，郑州商城重新又成为这个区域的一级聚落。[1] 而盘庚迁殷后，安阳及周边地区成为商人空前繁荣的大都市区，郑州及周围地区则保持与安阳之间的密切联系。近年来，郑州市区人民公园（铭功路）、黄河路口、须水马良寨、荥阳关帝庙、小胡庄、洼刘等晚商遗址和墓地相继发现，可见"商人仍在此区域活动"。[2] 虽然晚商新的区域中心兴起后郑亳不再是国都，但也还是具备相当开发程度的地区。

《逸周书·作雒》："武王克殷，乃立王子禄父，俾守殷祀。"孔晁注："封以郑，祭成汤。"[3] 孔晁称武王始封武庚即在郑。从各种迹象看，武王克商之后在此处安置一些旧国族。而且，从传世文献看，郑州附近春秋时仍称亳，并且看起来城市还有相当规模。如《春秋经》襄公十一年载"同盟于亳城北"杜注："亳城，郑地"，[4] 可见春秋中期郑亳还是具备诸侯会盟条件的城邑。郑州及其周边地区是一个从早商到两周都能维持持续发展的重要区域，在西周的政治地理结构中也举足轻重。我们在讨论中将借用其发展阶段中最重要的"郑亳"之名，称此区域为"郑州商遗民区"。

（一）有莘

有莘，号称禹后，姒姓。在关于伊尹的故事中，有莘氏与商人联

---

[1] 参见谢肃：《论郑州商城的性质》，《中原文化研究》2015年第2期，第116—122页。

[2] 刘亦方、张东：《郑州地区晚商文化研究》，《考古》2017年第8期，第91—94页。

[3] 黄怀信、张懋镕、田旭东：《逸周书汇校集注（修订本）》卷5《作雒解》，第510页。

[4] 杜预注，孔颖达疏：《春秋左传正义》卷31，襄公十一年，第1949页。

姻，称伊尹为有莘氏人，商汤娶于有莘，伊尹为媵。[1]　"莘"与
"先"音近互通，也写作姺、駪等，《诗·小雅·皇皇者华》有"駪
駪征夫"，在《国语·晋语》中写作"莘莘征夫"。[2]周人称文王之
妻大姒即有莘氏之女，[3]《史记》讲文王被囚时，散宜生等人求有莘
美女献于纣王。[4]莘族居于商、周两族之间，与双方都有交往。

《左传》中称"莘"的地名有好几处。庄公十年"荆败蔡师于莘"，
杜解"莘，蔡地"，这里的莘是蔡国之邑。[5]庄公三十二年"有神降
于莘"，杜解"莘，虢地"，虢分东、西，东虢在今河南郑州附近，西
虢则是自陕西宝鸡迁至河南陕县，莘的具体地点无法确定。[6]《国语·
郑语》云"其济洛河颍之间……是其子男之国，虢、郐为大……若克二
邑，邬、蔽、补、舟、依、䢵、历、华，君之土也"，[7]"华"字，明
道本作"华"，公序本作"莘"，[8]经陈槃考证认为明道本有误。[9]
则史伯所言10个子男之国中，应该有"莘"而不是"华"。那么，莘
地所近为东虢。《史记·郑世家》"十邑"张守节《正义》引《括地
志》云"故莘城，在郑州管城县南三十里"，正是邻近东虢之莘。[10]

另外，《左传》僖公二十八年载晋楚城濮之战中"晋侯登有莘之
虚以观师"，[11]晋侯当时在曹国，楚军在宋国，城濮在曹宋之间，此

[1] 司马迁：《史记》卷3《殷本纪》，第94页。

[2] 高亨纂著，董治安整理：《古字通假会典》，济南：齐鲁书社，1989年，第100、118页。

[3] 《诗·大明》："有命自天，命此文王，于周于京，缵女维莘。"郑玄笺，孔颖达疏：
《毛诗正义》卷16-2《大明》，第508页。

[4] 司马迁：《史记》卷4《周本纪》，第116页。

[5] 杜预注，孔颖达疏：《春秋左传正义》卷8，庄公十年，第1766页。

[6] 杜预注，孔颖达疏：《春秋左传正义》卷10，庄公三十二年，第1783页。

[7] 徐元诰撰，王树民、沈长云点校：《国语集解》卷16，第462—463页。

[8] 汪远孙：《明道本考异》，崇文书局，清同治八年。

[9] 陈槃：《春秋大事表列国爵姓及存灭表撰异（三订本）》，第97页。

[10] 司马迁：《史记》卷42《郑世家》，第1758页。

[11] 杜预注，孔颖达疏：《春秋左传正义》卷16，僖公二十八年，第1825页。

有莘之墟也应该在曹国附近。《括地志》载："古莘国，在汴州陈留县东五里，故莘城是也。"[1]《元和郡县图志》陈留县下有"故莘城"称"在县东北三十五里，古莘国地也。汤伐桀，桀与韦顾之君拒汤于莘之墟，遂战于鸣条之野"，[2] 即今开封附近。另于曹州载有"莘仲故城"，其下云："古之莘国也。伊尹耕于莘野，汤闻其贤聘以为相，即此地。"认为是在今济宁。[3] 此汴、济间之莘即晋侯所登的有莘之墟。虽然也可能曾为莘国之地，但已不是商末莘之所在。依今本《竹书纪年》载，外壬时"邳人、姺人叛"，[4] 称莘在商时曾参与邳地之族的叛乱，而邳族所在应为浚县大伾山附近，则有莘之地也应该相距不远。相较之下，莘在荥阳虢地附近更合理。

（二）邬

邬，称祝融后裔，妘姓。《国语·郑语》载，邬国位于济、洛、河、颍之间，为郑桓公寄帑之地。云：

> 其济、洛、河、颍之间乎！是其子男之国，虢、邬为大，虢叔恃势，邬仲恃险，是皆有骄侈怠慢之心，而加之以贪冒。君若以周难之故，寄孥与贿焉，不敢不许。……妘姓邬、郐、路、偪阳……公说，乃东寄帑与贿，虢、郐受之，十邑皆有寄地。[5]

妘为祝融八姓之一，韦昭注云："陆终第四子曰求言，为妘姓，封于郐，今新郑也。"[6] 另有学者认为应该在新密。[7] 两地相距不远，可以肯定的是，邬被郑所灭，其地后归入郑，应就在今河南郑州附

---

[1] 李泰著，贺次君辑校：《括地志辑校》卷3，第181页。

[2] 李吉甫撰，贺次君点校：《元和郡县图志》卷7《河南道三》，第177页。

[3] 李吉甫撰，贺次君点校：《元和郡县图志》卷11《河南道七》，第293页。

[4] 王国维：《今本竹书纪年疏证》，附于方诗铭、王修龄《古本竹书纪年辑证》后，第221页。

[5] 徐元诰撰，王树民、沈长云点校：《国语集解》卷16，第463—476页。

[6] 徐元诰撰，王树民、沈长云点校：《国语集解》卷16，第468页。

[7] 徐元诰《国语集解》引汪远孙文。徐元诰撰，王树民、沈长云点校：《国语集解》卷16，第463页。

近，新郑与新密都可能是郐国原本所在。在郐国周围，还有邬、路、偪阳等妘姓国家，但这些国家是由郐国孳乳出来的，并不是在周初就存在的。[1]

（三）缯

缯国，称禹后姒姓。前文已经提到，《国语·周语》云"杞、缯由大姒"，[2] 姒姓、缯国、禹后裔这三方面的联系在周代是明确的。但缯国的位置，史籍中信息很纷乱。《左传》僖公十四年杜注云"琅玡鄫县"，在今临沂市苍山县境内。[3] 高士奇在《春秋地名考略》中提出疑问："其初封似不在琅琊。"[4] 河南开封附近的陈留有"鄶"地。《春秋》襄公元年"次于鄶"杜注云"郑地，在陈留襄邑县东南"，[5] 江永《春秋地理考实》谓："襄邑，今归德睢州，故鄶城在州南。"[6] 陈留镇在开封县东南，与杞县相邻。《左传》僖公十六年有"十二月，会于淮，谋鄫，且东略也"。[7] 陈槃认为，此时鄫生活在淮河流域，受到淮夷侵扰，诸侯会于淮来救鄫。

三、商 丘 旧 族 区

这是在克商后新凸显的一个区域。商丘旧族区即今河南商丘周边地区。商丘是商人旧都。《史记·殷本纪》中说："契……封于商。"[8]"商"是殷族始祖契所都之处。《左传》襄公九年载："陶唐

---

[1]《国语·郑语》韦注"邬、路、偪阳，其后别封也"。见徐元诰撰，王树民、沈长云点校：《国语集解》卷16，第468页。

[2] 徐元诰撰，王树民、沈长云点校：《国语集解》卷2，第46页。

[3] 杜预注，孔颖达疏：《春秋左传正义》卷13，僖公十四年，第1803页。

[4] 高士奇：《春秋地名考略》卷13《诸小国》，第661页。

[5] 杜预注，孔颖达疏：《春秋左传正义》卷29，襄公元年，第1928页。

[6] 江永：《春秋地理考实》"襄公元年"，《景印文渊阁四库全书》第181册，第289页。

[7] 杜预注，孔颖达疏：《春秋左传正义》卷14，僖公十六年，第1809页。

[8] 司马迁：《史记》卷3《殷本纪》，第91页。

氏之火正阏伯居商丘，……相土因之。"[1] 称商先公相土也在商丘一带活动。在殷墟卜辞中，有"丘商"，诸家均认为即指商丘。董作宾认为卜辞中的"商""大邑商""中商"也都是指商丘。[2] 陈梦家虽然认为"中商"为安阳，但也不否认"大邑商"即商丘。[3]

张光直认为河南东部及邻近地区是卜辞中大邑商所在地，也应是早商考古的重要地区。[4] 其线索中有一件藏于天津博物馆据说出于商丘的早商时期的爵。1991—1996 年，张光直带领中美考古队在商丘阏伯台附近的郑庄发现了东周时代的遗址，还在潘庙发现了龙山—岳石—东周—汉代的遗存，虽然未发现足够的早商—西周时期的城址及相关遗存，但这很可能是黄河泛滥改道淤积造成的。[5] 1997 年，邻近商丘的鹿邑太清宫长子口发现商周之际的高等级墓葬，且据说类似的大墓在那里还有三座，未发掘。[6] 这样看来，商丘地区商周之际不仅存在族群活动，而且很可能存在贵族活动。

在殷墟已经是殷商王族常住都邑之时，地处商丘的"商"仍然是相当重要的一处城邑，并且与安阳之间保持着十分密切的联系。"商"的范围，在后世文献中称"宋"。杜预《春秋释例》云："宋、商、商丘，三名，梁国睢阳县也。"[7] 清人高士奇《春秋地名考略》"宋"云："商丘本殷旧都，武王因以封微子耳。"[8] 帝乙、帝辛时期的"商"，可能不仅是先祖旧都，而且是与殷并峙的另一处都城。

---

[1] 杜预注，孔颖达疏：《春秋左传正义》卷 30，襄公九年，第 1941 页。

[2] 钟柏生：《殷商卜辞地理论丛》，台北：艺文印书馆，1989 年，第 276 页。

[3] 陈梦家：《殷虚卜辞综述》，第 255—256 页。

[4] 张光直：《商文明》，沈阳：辽宁教育出版社，2002 年，第 286—287 页。

[5] 张长寿、张光直：《河南商丘地区殷商文明调查发掘初步报告》，《考古》1997 年第 4 期，第 24—31 页。

[6] 王恩田：《鹿邑微子墓补证——兼释相侯与子口寻（脂）》，《中原文物》2006 年第 6 期，第 60 页。

[7] 杜预：《春秋释例》卷 5 "土地名"，北京：中华书局，1985 年，第 58 页。

[8] 高士奇：《春秋地名考略》卷 10，第 605—606 页。

所以，我们将商丘及周边地区称为"商丘旧族区"。

在这一区域内，除了商人外，还生活着不少华夏旧族。在克商之初，此处封国多为褒封，有杞、薛、铸、甲父等国。

（一）杞

杞国，号称夏后。《左传》襄公二十九年："杞，夏余也。"[1]《史记·夏本纪》云"汤封夏之后，至周封于杞也"，[2]《世本》云"殷汤封夏于杞，周又封之"，[3] 都认为夏之后封于杞，是商汤时之事。而周封杞，是存续商代杞方国。《史记·周本纪》载"封……大禹之后于杞"，武王褒封先圣之后，求夏之后，得禹后东楼公，封于杞。[4]《世本·王侯》亦云："殷汤封夏后于杞，周又封之。"[5] 梁玉绳《史记志疑》案："禹后封杞，即汤封之，武王特因其旧封重命之耳。"[6] 后世谈武王褒封，杞也是最典型的例子。在甲骨文中有杞侯，如："丁酉，卜，㱿贞：杞侯炽弗其囚同，㞢炸。"（《合集》13890)[7] 商时似乎确实存在杞方国，文献所言应当有一定依据。《左传》哀公十七年云："初，子仲将以杞姒之子非我为子。"[8]《大戴礼记·少间》云"放移夏桀……迁姒姓于杞"，[9] 周代杞国称姒姓。

《括地志》云："汴州雍丘县，古杞国城也。周武王封禹后，号东

---

[1] 杜预注，孔颖达疏：《春秋左传正义》卷39，襄公二十九年，第2006页。

[2] 司马迁：《史记》卷2《夏本纪》，第88页。

[3] 宋衷注，秦嘉谟等辑：《世本八种》，茆泮林辑本，第32页。

[4] 司马迁：《史记》卷4《周本纪》，第127页。

[5] 宋衷注，秦嘉谟等辑：《世本八种》，雷学淇辑本，第21页。

[6] 梁玉绳：《史记志疑》卷3《周本纪第四》，北京：中华书局，1981年，第89—90页。

[7] 郭沫若主编，胡厚宣总编辑：《甲骨文合集》第5册，北京：中华书局，1979年，第1969页。

[8] 杜预注，孔颖达疏：《春秋左传正义》卷60，哀公十七年，第2180页。

[9] 王聘珍撰，王文锦点校：《大戴礼记解诂》卷11《少间》，第218—219页。

楼公也。"[1] 称武王所封杞国，在汴州雍丘县，即今河南杞县。在帝乙伐人方的卜辞中有"杞"："壬辰卜，才（在）杞，贞：今日王步于商，亡灾？"（《合集》36751）[2] 卜辞中的"杞"与"商"之间路程在一日，距离应当是很近的。杞县在商丘东北，两地相距几十公里，商代杞方国在此地，地理上可以说通。

（二）薛

薛国，自称黄帝苗裔，任姓。《左传》隐公十一年滕薛争长，鲁以"周之宗盟，异姓为后"[3] 为理由劝薛国列于滕国之后，且说"寡人若朝于薛，不敢与诸任齿"。[4]《国语·晋语》载：

> 凡黄帝之子，二十五宗，其得姓者十四人，为十二姓。姬、酉、祁、己、滕、箴、任、荀、僖、姞、儇、依是也。[5]

《左传》定公元年载薛宰自述其祖先：

> 薛宰曰："薛之皇祖奚仲居薛，以为夏车正。奚仲迁于邳，仲虺居薛，以为汤左相。"[6]

薛自称为奚仲之后，曾居邳。前文提到，邳曾经反叛过商，《左传》昭公元年"虞有三苗，夏有观、扈，商有姺、邳，周有徐、奄"，[7] 将邳与三苗、观、扈、徐、奄等相比，叛乱规模应该还不小。今本《竹书纪年》载"邳人、侁人叛"发生在外壬元年。[8]《说文》段玉裁注："姺、邳与观、扈、徐、奄同，则国尝灭矣，周复

---

[1] 李泰著，贺次君辑校：《括地志辑校》卷3，第181页。

[2] 郭沫若主编，胡厚宣总编辑：《甲骨文合集》第12册，北京：中华书局，1982年，第4575页。

[3] 杜预注，孔颖达疏：《春秋左传正义》卷4，隐公十一年，第1735页。

[4] 杜预注，孔颖达疏：《春秋左传正义》卷4，隐公十一年，第1736页。

[5] 徐元诰撰，王树民、沈长云点校：《国语集解》卷10，第334—335页。

[6] 杜预注，孔颖达疏：《春秋左传正义》卷54，定公元年，第2131页。

[7] 杜预注，孔颖达疏：《春秋左传正义》卷41，昭公元年，第2021页。

[8] 王国维《今本竹书纪年疏证》，附于方诗铭、王修龄《古本竹书纪年辑证》后，第221页。

封其后于邳为薛侯也"，认为邳国在反叛时被消灭，薛是周朝建立后所封。[1] 薛国所在，雷学淇认为本居薛城，在今山东滕州市，后迁下邳，在今江苏邳县东北，但旋即迁至上邳，在薛城之西，春秋后又迁下邳。[2] 但莘地附近另有邳，即浚县大伾山附近。商时薛地未必在今滕州地，也可能是在商都附近。

在距薛国故城遗址 500 米处，有山东地区最为重要的晚商遗址——前掌大遗址。整个遗址主要性质为墓地，总面积超过百万平方米，1981年起开始发掘。一些学者提出前掌大墓地可能与商代"薛"国有关。[3] 前掌大墓地布局严谨、排列有序，相互之间少有叠压打破关系，其中有高等级的"中"字和"甲"字形大墓，出土大量青铜器和甲骨。[4] 虽然前掌大墓地除了具有典型的晚商因素之外，也具有一些鲜明的地方因素，如大多数墓葬无腰坑而在棺外另设有殉狗坑等，[5] 但总体看文化面貌更接近殷墟同期的商文化，如果任姓薛国自称黄帝后裔，与商异族，那么前掌大恐怕并不是能与薛联系在一起的遗址。

（三）铸

铸国，也自称黄帝后，任姓。《吕氏春秋·慎大》云"命封黄帝之后于铸"，[6]《史记·周本纪》也称"乃褒封……黄帝之后于祝"，[7]《礼记·乐记》载"封帝尧之后于祝"，[8] 铸国的祖先故事似乎讲述

---

[1] 段玉裁：《说文解字注》6 篇下"邑部"，第 297 页。

[2] 雷学淇：《竹书纪年义证》，《〈竹书纪年〉研究文献辑刊》（第九册），北京：国家图书馆出版社，第 585—586 页。

[3] 中国社会科学院考古研究所山东考古队：《滕州前掌大商代墓葬》，《考古学报》1992年第 3 期，第 391 页；李鲁滕：《略论前掌大商代遗址群的文化属性和族属》，《华夏考古》1997 年第 4 期，第 67—70 页。

[4] 中国社会科学院考古研究所编：《滕州前掌大墓地》，北京：文物出版社，2005 年。

[5] 李鲁滕：《略论前掌大商代遗址群的文化属性和族属》，《华夏考古》1997 年第 4 期，第 67 页。

[6] 许维遹撰、梁运华整理：《吕氏春秋集解》卷 15《慎大览》，第 356 页。

[7] 司马迁：《史记》卷 4《周本纪》，第 127 页。

[8] 郑玄注，孔颖达疏：《礼记正义》卷 39《乐记》，第 1542 页。

得并不清楚。传世铜器铸公簠（《集成》4574）铭文为"铸公作孟妊东母朕簠"，该器应该是嫁女的媵器，西周铸国任（妊）姓的说法倒是金文与传世文献可以统一。任姓常被叙述为黄帝后十二姓之一。《左传》襄公二十三年载：

> 臧宣叔娶于铸，生贾及为而死。继室以其侄，穆姜之姨子也，生纥，长于公宫。姜氏爱之，故立之。臧贾、臧为出在铸。[1]

至少到春秋末年，与鲁国卿族联姻的还有铸国。杜预注云铸国在济北蛇丘县。[2] 郭沫若在《两周金文辞大系图录考释》中认为，铸国曾屡次迁徙，最初的地点是春秋时鲁国的祝丘，在现在的山东临沂东南。[3] 铸国应与鲁国相邻不远。前文提到另一任姓薛国在临沂之东，也距离不远。《左传》隐公十一年称周有多个任姓之国，即"诸任"，[4] 铸当为其一。

（四）甲父

甲父，古国。《左传》昭公十六年，齐伐徐，

> 徐人行成。徐子及郯人、莒人会齐侯，盟于蒲隧，赂以甲父之鼎。

杜注云："甲父，古国名。高平昌邑县东南有甲父亭"，[5] 晋高平昌邑县即今山东济宁金乡县。春秋时，一国灭另一国，获得其宗庙重器，而用以贿赂他国，这种情况有例可循，《左传》桓公二年，宋国以郜大鼎贿赂鲁国，郜大鼎就是宋国灭郜国时所取得的宗庙重器。[6] 甲父鼎在徐国，甲父应该为徐所灭。

---

[1] 杜预注，孔颖达疏：《春秋左传正义》卷35，襄公二十三年，第1978页。

[2] 杜预注，孔颖达疏：《春秋左传正义》卷35，襄公二十三年，第1978页。

[3] 郭沫若：《两周金文辞大系图录考释》，第205页。

[4] 杜预注，孔颖达疏：《春秋左传正义》卷4，隐公十一年，第1736页。

[5] 杜预注，孔颖达疏：《春秋左传正义》卷47，昭公十六年，第2078—2079页。

[6] 《春秋》隐公十年载"公败宋师于菅。辛未，取郜。"可知郜早已成为宋邑。杜预注，孔颖达疏：《春秋左传正义》卷5，桓公二年，第1741页。

四、晋 南 方 国 区

　　晋南方国区周初旧封国在武王、成王时期的变动情况，已有认识比较模糊。这与武王灭商以后在汾水流域进行过大规模的讨伐和经略有关，这段史事后来在文献中阙载，战争被误并入周公成王东征中。所以，周初晋南地区封国的重要变化，也就变得模糊难辨。

　　晋南方国区内旧族、旧方国数量不少，且根基深厚、颇具实力，并多与商王族纠缠颇深。前文已经谈到，这种状态虽然在考古学上的直接证据量还不够，但甲骨文和传世文献的信息是比较明显的。孙华在解释晚商时期晋南地区考古学遗存稀少的原因时，曾谈到晚商时期晋南的族群关系问题。他认为，陈梦家在《殷虚卜辞综述》"武丁时代的晋南诸国"节中列举的周、缶、犬、串、郭、荀、旨、趾（先）、雀等都应是晋南古国族。因为武丁时期商王朝的军队和族人在汾河谷地活动频繁，所以在殷墟卜辞中留下了这些族群的记载。这些族群有些是当地定居的土著人群，有些是来自晋西北和陕北一带流动性较大的族群。自龙山时代以来，这个地区一直是这些族群的活动范围。商代中期以后，自晋陕高原南下的善战族群不时袭扰汾河谷地，晋南成为争夺的战场，除了存在少量商王朝的据点外，其他聚邑都难以长期存在，整个区域原有的社会经济结构遭到破坏。在这种动荡过程中，"从龙山时代就一直居住在这一带的'商化'的土著社群连同商移民的社群都基本消失"，也就是说，在克商之前，这一地区的旧族出现了比较大规模的消亡。[1]

　　这一解释对于理解考古学文化面貌是非常有帮助的。若从仰韶到龙山时代各考古学文化的繁荣程度看，晋南地区当是土著林立、族群

---

[1] 孙华：《安阳时期商王朝国家的政治版图——从文化分域和重要遗存的角度来考察》，《古代文明》第 10 卷，第 159—160 页。

密布，而商末晋南整体看确实呈凋零之态。不过，商末晋南也并非旧
族全失。从文献看，武王在克商之后，曾对以唐为代表的一些愿意合
作的旧族加以褒封。

（一）唐

唐是武王褒封中最具分量的旧国族。文献称唐为尧后。《诗》有
"唐风"，"其诗不谓之晋而谓之唐，盖仍其始封之旧号耳"。[1]《左
传》昭公元年有子产说成王灭唐，意味着成王时存在尧后唐国。[2]
《逸周书·王会》："成王之会……堂下之右，唐公、虞公南面立"，
孔晁注："唐、虞二公，尧、舜后也。"[3] 贾逵《国语》注云："武
王封尧后为唐、杜二国。"[4] 杜不称唐，杜的国君，《左传》《国语》
都称"杜伯"而不称"唐伯"，更不称唐公。这样看来，《王会解》
中的唐公肯定不是杜的国君，应该就是由武王褒封的尧后唐国国君。
甲骨文、金文中都有与"唐"相关的地名，学者认为与武王褒封之前
的"唐"有关（参见后文附录一中"唐"节）。尧后祁姓，《新唐
书·宰相世系表》载有唐为祁姓。[5] 这个说法不见于先秦文献，前
人不太看重，认为唐代人的这些说法去古较远，且又是谱系之书，不
大可信。[6]

晋南唐地的位置存在一些争议，主要是《史记·晋世家》语焉不
详，仅称"唐在河、汾之东，方百里"。而同时，又记有"叔虞封
唐"与"燮父迁晋"这样关于空间变化的说法。[7] 天马—曲村晋侯

---

[1] 朱熹：《诗集传》，上海：上海古籍出版社，1958 年，第 68 页。

[2] 杜预注，孔颖达疏：《春秋左传正义》卷 41，昭公元年，第 2023 页。

[3] 黄怀信、张懋镕、田旭东：《逸周书汇校集注（修订本）》卷 7《王会解》，第 796—
802 页。

[4] 故唐所灭，究竟是否在成王时期，这一点还值得质疑，后面再详细论证。杜预注，
孔颖达疏：《春秋左传正义》卷 35，襄公二十四年，第 1979 页。

[5] 欧阳修、宋祁：《新唐书》卷 74 下，北京：中华书局，1975 年，第 3201 页。

[6] 陈槃：《春秋大事表列国爵姓及存灭表撰异（三订本）》，第 770 页。

[7] 司马迁：《史记》卷 39《晋世家》，第 1635—1636 页。

墓地发现后，墓地及附近的城，究竟该对应唐还是晋，唐、晋究竟是一地还是两地，就成为问题。而皇甫谧《帝王世纪》又称："尧都平阳，于《诗》为唐国。"[1] 平阳即今临汾。近年来陶寺遗址的发掘似乎正在逐渐印证这种说法。而随着晋侯墓地考古工作的展开，西周晋国的早期活动范围得到了确证。而且，从天马—曲村晋侯墓地出土的铜器及铜器铭文看，墓地的第一代晋侯是燮父，且附近始终找不到更早的晋侯墓，学界逐渐倾向于司马迁"燮父迁晋"的说法是有依据的。[2] 到 2008 年新出青铜器觌公簋的铭文"王命鄋伯侯于晋"，[3] 进一步证实了晋侯由"唐伯"所迁的说法。由此，可以确定，晋国在燮父以前称唐，天马—曲村一带是晋都所在，唐地还应另有地点。但武王褒封的祁姓唐国究竟是在临汾还是其他地点，仍需发现进一步的材料来解决。[4]

（二）黄、沈、蓐、姒

黄、沈、蓐、姒自称少昊金天氏之苗裔。《左传》昭公元年子产有云：

> 昔金天氏有裔子曰昧，为玄冥师，生允格、台骀。台骀能业其官，宣汾、洮，障大泽，以处大原。帝用嘉之，封诸汾川，沈、姒、蓐、黄实守其祀。

杜注云：

> 金天氏，帝少昊。[5]

《世本》载：

---

[1] 徐宗元辑：《帝王世纪辑存》，北京：中华书局，1964 年，第 38 页。

[2] 北京大学考古系商周组等：《天马—曲村（1980—1989）》，北京：科学出版社，2000 年。

[3] 朱凤瀚：《觌公簋与唐伯侯于晋》，《考古》2007 年第 3 期，第 64—69 页。

[4] 晋国相关问题，任伟《西周封国考疑》、马保春《晋国历史地理研究》都总结得很全面，具体内容可以参见此二书。

[5] 杜预注，孔颖达疏：《春秋左传正义》卷 41，昭公元年，第 2023—2024 页。

少昊，黄帝之子，名挈，字青阳。黄帝殁，挈立，王以金德，号曰金天氏。[1]

这几国为少昊后裔，"帝用嘉之"之帝，服虔、杜预皆以为颛顼，孔颖达表示质疑，认为"臣世多而帝世少，史籍散亡，无可检勘"。[2]

这四国处于汾川，即今山西汾水流域。但是，在春秋时期，这一地区已看不到有这些国家，不知是否为晋武公所灭。春秋时，河南南部的汝南平舆县有沈，[3] 信阳潢川县有黄，[4] 不知与此二地有无关系。汾水流域的地名，后来多见于汉水流域，这一点，童书业曾经在《春秋左传研究》一书中指出过。[5] 但实际上，山西地区的地名不仅多见于汉水，还包括淮河上游的信阳地区，这种现象很可能与山西地区封国的徙封相关。

《左传》载这四族"处大原"，杜注以大原为今太原，亦即叔虞所封大夏，王玉哲提出古太原就在今临汾一带。[6] 近年学者根据晋侯墓地位置，也已基本否定杜说，认定其在天马—曲村一带。[7] "大原"又称"大卤"，《春秋》昭公元年经："晋荀吴帅师败狄于大卤"，[8]《穀梁传》云："中国曰大原，夷狄曰大卤。"[9] 卤，《说文》"西方咸地也"，为产盐地之称。[10] 河东产盐之地，最著名的就是运城盐池，晋南凡谈及盐，一般都指盐池。《左传》成公六年："晋

[1] 宋衷注，秦嘉谟等辑：《世本八种》，雷学淇辑本，第2页；茆泮林辑本，第8页。

[2] 杜预注，孔颖达疏：《春秋左传正义》卷41，昭公元年，第2024页。

[3] 杜预注，孔颖达疏：《春秋左传正义》卷18，文公三年，第1839页。

[4] 杜预注，孔颖达疏：《春秋左传正义》卷7，桓公八年，第1754页。

[5] 童书业：《春秋左传研究》，第236页。

[6] 王玉哲：《西周时太原之地望问题》，《史学论文集——纪念李埏教授从事学术活动五十周年》，昆明：云南大学出版社，1992年，第35页。

[7] 任伟：《西周封国考疑》，第102—106页。

[8] 杜预注，孔颖达疏：《春秋左传正义》卷41，昭公元年，第2019页。

[9] 范宁集解，杨士勋疏：《春秋穀梁传注疏》卷17，昭公元年，阮元校刻：《十三经注疏（附校勘记）》，第2433页。

[10] 许慎：《说文解字》12上"卤部"，第247页。

人谋去故绛，诸大夫皆曰：'必居郇瑕氏之地，沃饶而近盐。'"[1] 其所近之盐，即河东盐池。[2] 则大卤很可能就是包括盐池在内的地区。

（三）微

《史记·宋微子世家》载商末有微子，其文云："微子开者，殷帝乙之首子而帝纣之庶兄也。"[3]《论语正义》引马融语云："微、箕，二国名。"[4]《尚书·微子》郑注云："微，圻内国名。"[5]《韩诗外传》载：

> 纣杀王子比干，箕子被发佯狂。陈灵公杀泄冶，邓元去陈以族从。自此之后，殷并于周，陈亡于楚，以其杀比干泄冶，而失箕子邓元也。……太公知之，故举微子之后而封比干之墓。[6]

《荀子·成相》也有武王封宋之说。[7]《太平寰宇记》"潞城县"下则有载："微子城，在县东北二十里。"[8] 阎若璩《四书释地》云："今潞安府潞城县东北一十五里有微子城。"[9] 都认为微应该在今山西长治的潞城。这种说法受到一些学者支持。朱凤瀚研究认为，殷后

---

[1] 杜预注，孔颖达疏：《春秋左传正义》卷26，成公六年，第1902页。

[2] 杜预注，孔颖达疏：《春秋左传正义》卷26，成公六年，第1902页。

[3] 司马迁：《史记》卷38《宋微子世家》，第1610页。

[4] 刘宝楠：《论语正义》卷21，北京：中华书局，1990年，第711页。

[5] 孔安国传，孔颖达疏：《尚书正义》卷10，《微子》，第177页。

[6] 《韩诗外传》卷七"太公知之，故举微子之后，而封比干之墓"。此处记载有特殊之处，认为举微子之后者为太公。韩婴撰，许维遹校释：《韩诗外传集释》，北京：中华书局，1980年，第257—259页。

[7] 《成相》："武王善之，封之于宋立其祖。"王先谦撰，沈啸寰、王星贤点校：《荀子集解》，第458页。

[8] 乐史：《太平寰宇记》卷45"潞城县"，第940页。

[9] 阎若璩：《四书释地》"微箕"，《清经解》卷20，阮元、王先谦：《清经解 清经解续编》第一册，上海：上海书店，1988年，第82页。

期王族子支的封地，其地望可考者都在豫北与晋南、晋东南地区，目的在于屏护殷都安全。[1] 甲骨文中有以"微"为地名者：

> 癸巳卜，在微贞，王迭于射，往来无灾。 （《合集》36775）
> 贞：微受年？贞：微不其受年？二告。 （《合集》9791）

李雪山也认为晚商"微伯"在山西南部。[2] 从甲骨文来看，"微"经常受到𠯑方的侵扰：

> 王占曰：有祟，其有来艰。迄至七日己巳，允有来艰自西。微、友、角告曰："𠯑方出侵我示𤔌田，七十人。"
> （《合集》6057 正）
> 癸未卜，永贞："旬亡祸。"七日乙丑，微、友、化呼告曰："𠯑方征于我奠丰。"七月。 （《合集》6068 正）
> ……自微、友、唐，𠯑方征……戋面、示、易。戊申亦有来……自西，告牛家…… （《合集》6063 反）

学界一般认为𠯑方的地点在石楼、绥德一带，与微同时受到侵扰的友、唐等地也都在山西。从这一点看，微国在晋南的可能性更大。晋南地区是商周之际政治势力最为错综复杂的地区。

从整体看，在武王克商之初，晋南的旧族还是具备相当实力的。而且，由于文献不足，能够看到武王褒封的晋南方国只是当地政治势力中的一部分，很可能还有相当数量的亲商方国或土著族群并未与周人结盟，如吕梁桃花者晚商墓地对应的人群，很可能就不在褒封之列。武王时期的晋南方国区并不稳定，这是后来此地封国经历几次比较大调整的一个重要原因。

---

[1] 朱凤瀚：《商代晚期社会中的商人宗族》，《华夏文明》第3辑，北京：北京大学出版社，1992年，第90页。

[2] 李雪山：《商代分封制度研究》，北京：中国社会科学出版社，2004年，第142页。

五、东方夷人区

东方夷人区在克商之役中没有受到波及。《左传》僖公二十一年："任、宿、须句、颛臾，风姓也，实司太昊与有济之祀。"[1] 任、宿、须句、颛臾，这几个国家是山东土著，自称太昊之后。这些旧族古国实力颇强，武王克商之后对这些国族予以保留和承认。

（一）任

《左传》僖公二十一年杜预注云："任，今任城县。"[2]《左传》襄公三十年："羽颉出奔晋，为任大夫。"[3] 任为晋邑，一说在今河北任县东，一说在今山东济宁东南，古泗水边，宋、鲁之间。《续汉书·郡国志》任城国"任城本任国。有桃聚，亢父""章帝元和元年，分东平为任城"。[4]《元和郡县志》卷 11 任城县："本汉旧县，属东平国。古任国，太昊之后，风姓也。《魏志》曰：文帝封鄢陵侯彰为任城王。齐天保七年，移高平郡于此，任城县属焉。隋开皇三年罢，高平郡，属兖州。"[5]《水经注》："黄水又东南，迳任城郡之亢父县故城西，夏后氏之任国也，汉章帝元和元年，别为任城在北，王莽之延就亭也。"[6]《路史》云"任"："伯爵，本己姓……周之继绝也，以居风姓，今济阳之任城。"[7] 清华简《系年》："楚圣（声）趄（桓）王即立（位），兀（元）年，晋公止会者（诸）侯于邳（任），宋殚（悼）公牺（将）会晋公，卒（卒）于鬘。"整理者认为

[1] 杜预注，孔颖达疏：《春秋左传正义》卷 14，僖公二十一年，第 1811 页。
[2] 杜预注，孔颖达疏：《春秋左传正义》卷 14，僖公二十一年，第 1811 页。
[3] 杜预注，孔颖达疏：《春秋左传正义》卷 40，襄公三十年，第 2013 页。
[4] 司马彪：《续汉书·郡国志》，《后汉书》志第 21《郡国三》，第 3452 页。
[5] 李吉甫撰，贺次君点校：《元和郡县图志》卷 10《河南道六》，北京：中华书局，1983 年，第 270 页。
[6] 郦道元著，王先谦校：《合校水经注》卷 8"济水"，第 143 页。
[7] 罗泌：《路史》卷 24《国名纪》，《景印文渊阁四库全书》第 383 册，第 254 页。

邿即"任"。[1] 看来任应当在泗水边、宋鲁之间。《春秋》经："桓五年，天王使仍叔之子来聘。"[2] 《穀梁》经传并作"任"叔。[3] 任、仍声相近。

（二）宿

宿，始见于《春秋》隐元年"九月，及宋人盟于宿，始通也"。[4] 僖公二十一年"宿"杜注云："东平亡盐有故宿城。"[5] 《春秋大事表列国爵姓及存灭表撰异》引："金文🔲，吴其昌在《金文世族谱》中从刘心源等读作宿。"[6] 1975 年山东滕县（今滕州市）洪绪镇金庄西周墓葬出土有佰鼎（《集成》2037），也称宿伯鼎，年代是西周早期，[7] 内壁铸铭文 5 字："佰乍（作）父庚彝"，第一字黄盛璋释为"佰白（宿伯）"，认为即《左传》僖公二十一年中的宿。[8]

《续汉书·郡国志》"东平国（故梁）·无盐"下称："本宿国，任姓。"[9] 为西汉置，原为东平国治，后汉因之。晋属东平国，后魏属东平郡，北齐省。宋宣和中，置东平监。清无盐城在东平州东二十里、郓县须城东三十六里。[10] 高士奇《春秋地名考略》则云："宿，

［1］清华大学出土文献研究与保护中心编，李学勤主编：《清华大学藏战国竹简（贰）》，上海：中西书局，2011 年，第 192—193 页。

［2］杜预注，孔颖达疏：《春秋左传正义》卷 6，桓公五年，第 1747 页。

［3］范宁集解，杨士勋疏：《春秋穀梁传注疏》穀梁卷 3，桓公五年，第 2374 页。

［4］杜预注，孔颖达疏：《春秋左传正义》卷 2，隐公元年，第 1718 页。

［5］杜预注，孔颖达疏：《春秋左传正义》卷 14，僖公二十一年，第 1811 页。

［6］陈槃：《春秋大事表列国爵姓及存灭表撰异（三订本）》，第 254 页。

［7］中国社会科学院考古研究所山东队、滕县博物馆：《山东滕县古遗址调查简报》，《考古》1980 年第 1 期，第 38 页。

［8］黄盛璋：《山东诸小国铜器研究——〈两周金文大系续编〉分国考释之一章》，《华夏考古》1989 年第 1 期，第 74 页。

［9］司马彪：《续汉书·郡国志》，范晔：《后汉书》志第 21《郡国三》，第 3452 页。

［10］穆彰阿、潘锡恩：《嘉庆重修一统志》卷 179《泰安府》，北京：中华书局，1986 年，第 8709—8710 页。

太昊后，风姓。"[1]《路史·国名纪》："宿，男爵，周武王封。"[2]

宿国族于春秋多见。隐公八年载"宿男卒"，[3] 庄公十年云"宋人迁宿"，[4] 高士奇《春秋地名考略》云："宿自此亡矣。"[5] 到定公十年"侯范将自邯奔齐，驷赤先如宿"，杜预注云："宿，故国。"[6] 高氏解此条云："疑此时地已入齐矣。宿介于宋鲁之间，战国时为齐之无盐邑。所谓无盐丑女宿瘤者也。"[7] 邳州城南一百二十里有宿迁县，地理总志中多称此地即庄公十年宿所迁之地。如《元和郡县图志》"宿迁县"即云："春秋时宋人迁宿之地，至汉为厹犹县，属临淮郡。晋安帝立宿豫县。隋开皇三年属泗州。宝应元年，以犯代宗庙讳改为宿迁县。"[8]《太平寰宇记》亦承此说。[9]《明一统志》"宿迁"亦云："春秋时锺吾子国，亦宿国所迁地。……宋属邳州，元省后复置，本朝因之。"[10] 江永《春秋地理考实》中亦持此看法，称："宿国本在东平州，今邳州宿迁县，疑宋人所迁，又凤阳府宿州地亦属宋，岂后又迁之与？"[11] 认为宿不仅由东平迁邳州宿迁，且其后还又迁凤阳府宿州。

但也有反对说法。《穀梁》传"宋人迁宿"解曰："迁，亡辞也，其不地，宿不复见也。"[12] 宋人迁宿后，宿即亡国，其所迁之地失

[1] 高士奇：《春秋地名考略》卷13《诸小国》，第648页。

[2] 罗泌：《路史》卷24《国名纪》，《景印文渊阁四库全书》第383册，第255页。

[3] 杜预注，孔颖达疏：《春秋左传正义》卷4，隐公八年，第1732页。

[4] 杜预注，孔颖达疏：《春秋左传正义》卷8，庄公十年，第1766页。

[5] 高士奇：《春秋地名考略》卷13《诸小国》，第648页。

[6] 杜预注，孔颖达疏：《春秋左传正义》卷56，定公十年，第2148页。

[7] 高士奇：《春秋地名考略》，第648页。

[8] 李吉甫撰，贺次君点校：《元和郡县志》卷9《河南道五》，第231页。

[9] 乐史：《太平寰宇记》卷17"河南道十七"，第337页。

[10] 李贤、彭时等纂：《大明一统志》卷13《淮安府》，台北：台联国风出版社，1977年，第888页。

[11] 江永：《春秋地理考实》卷1，第263页。

[12] 范宁集解，杨士勋疏：《春秋穀梁传注疏》穀梁卷5，庄公十年，第2383页。

载，并非南方的宿迁。高士奇亦反对宿迁说，云："盖经不言迁于某地，宿已不知所往矣。或言今《宿迁县志》云宋人迁宿，国之人于此因名。欧阳修曰：晋元帝督运军储于此，以为邸阁，因有宿预之名。安帝遂立宿预县，宝应初，以代宗讳改为宿迁，与宿国无与也。"[1]

（三）须句

风姓的须句与鲁、邾等国相邻，终西周之世一直存在，鲁僖公母亲成风的母家即须句。僖公二十一年：

> 任、宿、须句、颛臾，风姓也。实司大皞与有济之祀，以服事诸夏。邾人灭须句。须句子来奔，因成风也。[2]

须句为古国，受周褒封后，经常受到邻近邾国侵扰。到春秋中期鲁僖公时，终遭灭国。虽然此事后第二年，鲁帮助须句复国。但到文公七年，最终还是被鲁取之。[3]

《左传》僖公二十一年杜预注曰"须句在须昌县西北"，[4] 称须句在晋须昌县，《续汉书·郡国志》"东平国·须昌"："须昌故属东郡。杜预曰：须句，古国，在西北。"[5]《读史方舆纪要》"东平州"有"须昌城"在"州西北十五里"，称"本须昌县地。杜预曰须句在须昌西北，或谓即此城也"。[6] 顾祖禹认为其位于清东平州须昌城，即今泰安东平县境内。

（四）颛臾

颛臾与任、宿、须句皆为风姓国，除见《左传》上条外，又见于

---

[1] 高士奇：《春秋地名考略》，第 648 页。

[2] 杜预注，孔颖达疏：《春秋左传正义》卷 14，僖公二十一年，第 1811 页。

[3] 杜预注，孔颖达疏：《春秋左传正义》卷 19，文公七年，第 1845—1846 页。

[4] 杜预注，孔颖达疏：《春秋左传正义》卷 14，僖公二十一年，第 1811 页。

[5] 司马彪：《续汉书·郡国志》，范晔：《后汉书》志第 21《郡国三》，第 3451 页。

[6] 顾祖禹撰，贺次君、施和金点校：《读史方舆纪要》卷 33"山东四·兖州府下"，第 1553 页。

《论语·季氏》。[1] 颛臾的位置比较清楚，杜预注云："在泰山南武阳东北。"[2]《续汉书·郡国志》"泰山郡·南武阳侯国"："有颛臾城。"[3]《读史方舆纪要》"青州府·蒙阴县"载："春秋时鲁附庸，颛臾国地，汉置蒙阴县，属泰山郡。后汉省，晋复置，属琅邪国。后魏废，东魏复置，高齐省，入新泰县。元中统二年以其地置新寨镇，皇庆二年复，改置蒙阴县，属莒州。明初改今属。"[4] 即今临沂蒙阴县。

　　许宏认为，山东鲁北是以薄姑为首的众多古国古族的文化遗存，鲁南则是以奄国为主体的鲁南古国古族的遗存，它们是"商化"了的夷人文化。[5] 孙华也指出，安阳时期山东地区有些呈现商文化主体特征的遗址也可能是当地土著夷人的遗存。[6] 这些旧族未必都能划属后世文献所谓太昊、少昊后裔或者东夷、淮夷人群，有些可能是华夏旧族也未可知。而且，由于这个地区与商的活动范围地域邻近，经历数百年的交流后，晚商时期，当地族群无论是夷人还是华夏旧族，都呈现出一定程度"商化"的情况。任、宿、须句、颛臾四国名俱太昊之后，四国封近于济，故世祀之。他们在齐鲁周围，最初被封为子男之国，有些后来逐渐沦为附庸。此地诸国最大的特点在文化上，这些子男、附庸之国，似乎专司一些祭祀之事，如济水、泰山等。他们既是当地的旧族，又深刻吸收了商文化，其知识与西方的周人有一定

---

[1] 何晏集解，邢昺疏：《论语注疏》卷16《季氏》，阮元校刻：《十三经注疏（附校勘记）》，第2520页。

[2] 杜预注，孔颖达疏：《春秋左传正义》卷14，僖公二十一年，第1811页。

[3] 司马彪：《续汉书·郡国志》，范晔：《后汉书》志第21《郡国三》，第3453页。

[4] 顾祖禹撰，贺次君、施和金点校：《读史方舆纪要》卷35"山东六·青州府"，第1651页。

[5] 许宏：《对山东地区商代文化的几点认识》，《纪念山东大学考古专业创建二十周年文集》，济南：山东大学出版社，1992年，第262页。

[6] 孙华：《安阳时期商王朝国家的政治版图——从文化分域和重要遗存的角度来考察》，《古代文明》第10卷，第137页。

差别。尤其在东方的神灵系统与祭祀仪式上，有周人无法具备的能力。所以，武王克商之初保存了这些族群，并且褒封其成为专司祭祀的神守之国。这种情况，可能在晋南旧族中也存在。这是商周神事时代造成的政治现象，也是理解西周分封动机的一个重要角度。

总的来看，克商之初政治地理的面貌呈现两个特点，一是各国族在周初活动的地点基本清楚，二是它们成为周封国的时间多失载。

武王时期周人政治疆域的主体，基本上是西起关陇，东到安阳，北到晋南，南到大巴山。在这个范围内，有商王朝遗留的方国，有传统政治势力延续下来的族群，有周人新封的采邑和方国，还有一些发达程度较低的族群。武王在这个阶段大行褒封，先圣之后焦、祝、蓟、陈、杞、宋诸国受封，[1] 这些势力交错分布，错综复杂，对周初政治有重大影响。

将褒封封国所反映的商末中原各族群分布大致情况，与对乙辛文王时期各地的认识综合在一起，则商末三个都邑及周边控制区，尤其是单独靠甲骨材料不太清楚的商都到鲁西之间的情况，就比较明确了。沁阳田猎区的情况也相对清楚。但值得注意的是，呈现出高度重要性的晋南方国区却还不够清楚。传世文献对于先代旧族的记载，集中见于《尚书·尧典》和《史记·五帝本纪》，这两篇文献所追述内容的年代，大致在龙山时代晚期（前2700—前2100），这些族群，一大部分生活在以汾涑为中心的豫北晋南地区，其中不少已经进入酋邦阶段，族群有一定的活动范围，彼此之间初步形成一些层级关系。[2]进入夏代以后，由于夏人本来就活动在这一地区，所以夏王朝的建立对当地族群结构可能影响并不大，原有族群应该也可以比较稳定地生

---

[1] 司马迁：《史记》卷4《周本纪》，第127页。郑玄注，孔颖达疏：《礼记正义》卷39《乐记》，第1542页。

[2] 谢维扬：《中国早期国家》，杭州：浙江人民出版社1995年，第240—275页。

活在当地。到了商代前期，从甲骨文中能够看到，晋南当地还存在众多方国。[1] 商族群起源于晋南地区之外，王朝建立后，虽然没有进入晋南设立统治中心，但在晋南筑城建立了控制点。[2] 这种活动，可能会对晋南地区传统的族群结构产生一些影响。商代原本生活在晋南地区的族群不知道是不是有迁离的情况，从道理上讲是可能的，但另一方面，从文献角度看，应该还有一部分旧族没有动，仍然生活在晋南地区。

甲骨文也显示，商代晋南有一些旧族活动。在乙辛时期的卜辞中，晋南地区的地名虽然出现得没有前几期多，但岛邦男认为五期时在山西境内至少有一个蠚方。[3] 甲骨文中还有"鄂（噩）"，在晋南。此鄂（噩）在卜辞中出现很多，依据《类纂》做统计，"鄂（噩）"作为地名有 263 条。[4] 此鄂（噩）至商纣时尚存。《史记·殷本纪》载商纣时"九侯女不憙淫，纣怒，杀之，而醢九侯。鄂侯争之强，辨之疾，并脯鄂侯"。[5]《左传》隐公六年："翼九宗五正、顷父之子嘉父逆晋侯于随，纳诸鄂，晋人谓之鄂侯。"杜注云："鄂，晋别邑"，[6] 可能可以与甲骨文中的鄂（噩）对应。鄂（噩）国姞姓，为黄帝后裔。另据晋侯墓地"晋侯杨姞壶"可知，西周时期在山西地区还有一杨国也是姞姓，[7] 可见黄帝后姞姓族群在这一地区比较集中，而且有一部分终西周之世都存在。

目前这一问题以马保春的研究最为全面，他提出，在叔虞封唐之

[1] 钟柏生：《殷商卜辞地理论丛》，第 173—210 页。

[2] 佟伟华：《山西垣曲古城文化遗址的发掘》，山西省考古研究所编《晋文化研究座谈会纪要》，1985 年，第 25—29 页。

[3] ［日］岛邦男：《殷墟卜辞研究》，第 382 页。

[4]《类纂》释做"丧"。姚孝遂主编：《殷墟甲骨刻辞类纂》，北京：中华书局，1989 年，第 516—521 页。

[5] 司马迁：《史记》卷 3《殷本纪》，第 106 页。

[6] 杜预注，孔颖达疏：《春秋左传正义》卷 4，隐公六年，第 1731 页。

[7] 李学勤：《晋侯邦父与杨姞》，第 107 页。

前，晋西南、晋南的国族至少有唐、怀姓九宗、夏遗民、有娀氏、傅说傅岩地、虞芮魏、耿、董、贾、姞姓杨国、霍、絾、台骀之后沈、姒、蓐、黄、先方、韦等。[1] 虽然从文献中能看到一些武王以前晋南地区的族群面貌，但总的来说，上古史传文献系统偏重对政治事件的记录，对区域发展的情况记录还是偏少。想要了解晋南地区的基本情况，还是需要借助考古材料进行补充。而本文讨论的晋南地区，恰恰是商周考古中最古怪的一个地区，该地区发掘材料与文献记载严重背离。在新中国成立后的考古调查和发掘中，正是一般认识中的晋南核心区——运城盆地、汾涑之间——殷墟四期的遗址一直没有发现，甚至遗存都很少见到。这成为商周考古中最大的谜团之一，也是我们分析周初政治地理格局时不能回避的一个重要障碍。究竟为什么会出现这样的背离，我们也无法给出比较合理的解释，但考古学判断所依托的类型学基础，也不是完全不会出问题，而且浮山桥北、吕梁地区还是有殷墟四期的遗址点的，[2] 只是临汾—运城一带找不到殷墟四期遗物。但由于传世文献及甲骨材料一再显示，晋南地区在商代末年有人群活动，而且数量还不少，所以，从 2005 年起，本研究对于考古界的结论就一直持保留意见，同时等待新发现。2018 年，闻喜酒务头遗址发现了典型殷墟四期的商代墓地，[3] 一定程度上支持了传世文献给出的信息。但仅此一项发现还不足以揭示晚商晋南族群的复杂面貌，我们期待更多考古成果的出现。

杜正胜从氏族组织研究殷商遗民，发现胜国之遗的氏族结构犹存，能产生举足轻重的政治影响力，"各族保持坚凝的氏族结构，军事、政治、经济和社会结为一体，自成独立的有机单元，所以周人可

［1］ 马保春：《晋国历史地理研究》，第 88—109 页。

［2］ 杨绍舜：《吕梁地区文物考古工作概述》，山西省考古学会、山西省考古研究所合编：《山西省考古学会论文集（一）》，太原：山西人民出版社，1992 年，第 272—277 页。桥北考古队：《山西浮山桥北商周墓》，《古代文明》第 5 卷，第 347—394 页。

［3］ 山西省考古研究所：《山西闻喜酒务头发现商代晚期大型高等级贵族墓地》，《中国文物报》2018 年 12 月 28 日，第 8 版。

以败商纣于一朝，而屈服东方部族却费四十年。不若后世统一帝国之下，中央政府一旦推翻或灭亡，全国便很轻易地土崩瓦解。唯其东方的氏族结构坚实活跃，周族东进征服后乃不得不承认土著氏族的统治，在政治上分享权力，经济上分享利益"。[1] 在这样的困局下，王朝采取了"褒封"之法来稳定这些族群。

第三节　返回西土后武王的分封与经略

西周王朝的历史上，武王是一个非常重要的人物。但由于文献记载较少，以往认识中，武王的功业基本上就是伐商取胜。因为一般认为武王伐商之后不久就去世了，所以对周王朝的政治建设似乎没有发挥更多的影响。几部重要的《西周史》，在谈到周初王朝的历史进程时，都忽略了周武王，如许倬云《西周史》"华夏国家的形成"章，杨宽《西周史》"西周王朝的军政大事"等章，都没有提及武王克商以后的政治军事活动。而根据最近地下出土的材料，结合文献来看，武王克商以后，在王朝政治建设、军事行动方面仍有一些活动，这些活动对于周王朝统治的确立发挥了很重要的作用。

一、周人关中故地的封君情况

在周王室的历史叙述脉络中，周文王是最重要的祖先，大盂鼎（《集成》2837）铭文载"文王受天有大命"是周族统治天下权力合法性的基础。传世文献中，文王除了是隆有圣德的首领，蓄力伐商的君主，还是子嗣众多的父亲。《史记·管蔡世家》载："武王同母兄弟十人。母曰太姒，文王正妃也。其长子曰伯邑考，次曰武王发，次曰

---

[1] 杜正胜：《古代社会与国家》，台北：允晨文化实业股份有限公司，1992年，第353页。

管叔鲜，次曰周公旦，次曰蔡叔度，次曰曹叔振铎，次曰成叔武，次曰霍叔处，次曰康叔封，次曰冄季载。"[1]《史记》所列文王子嗣有十人，《诗·思齐》云"大姒嗣徽音，则百斯男"，[2] 称文王正妃太姒生子百男，虽然夸张，但想表达多子的意思很明显。

西周宗法制的基本原则集中体现在《仪礼·丧服传》中，其文云"诸侯之子称公子，公子不得祢先君，公子之子称公孙，公孙不得祖诸侯，此自卑别于尊者也。若公子之子孙有封为国君者，则世世祖是人也，不祖公子，此自尊别于卑者也"。[3] 其中最核心的原则是"自尊别于卑"与"自卑别于尊"，即身份高下不同者，双方都要主动不与对方为伍。这种原则体现在贵族活动的所有方面，其最重要的功能是设置权力继承的规则，维持天子王权的稳定，所以，施用最严格的人群是王室。[4] 在宗法制下，周天子强调自己的王权来自作为嫡长子的血缘，所以对于先代天子的祭祀就成为最重要的政治仪式。同时，在"五世则迁"的制度下，王室旁支则会逐渐被排除在尊贵的祖先嫡支之外，除当代天子能以历代天子为祖先外，其他成员原则上要完全斩断与五代以前祖先的关系。所以，即使是一代天子的子弟，如果没有受封为有土之君（别子），就不可以祭祀除自己父亲之外的任何天子。[5] 而若成为封君，则其家族嫡支可以世代祭祀始封祖先的父亲，也就是某一代周天子。封君在祭祀祖先、祝告神明的仪式中要追述祖德，这是周代封君家族历史书写的主要契机，也是后世文献中相关内容的最主体来源。周代宗法制施行比较严格，祭祀仪式也有相当高的神圣性，一个封国的始封君若在先秦文献被载录为周天子之

---

[1] 司马迁：《史记》卷35《管蔡世家》，第1563页。

[2] 郑玄笺，孔颖达疏：《毛诗正义》卷16-4《思齐》，第516页。

[3] 郑玄注，贾公彦等：《仪礼注疏》卷32《丧服传》，阮元校刻：《十三经注疏（附校勘记）》，第1115页。

[4] 虽然"天子、诸侯不行宗法"，但也指的仅仅是天子、诸侯本人，由于身份极尊，所以其他人不得向上与之论宗法，并不是天子诸侯游离于宗法结构之外。

[5] 即宗法中之"别子"。

子，其血缘身份基本可信。相应地，若某代天子在后世文献中被载为子嗣众多，从一定程度上也可以理解为其子嗣中封君众多。

《左传》僖公二十四年列数周王室所出封君，称"管、蔡、郕、霍、鲁、卫、毛、聃、郜、雍、曹、滕、毕、原、酆、郇，文之昭也"，[1] 举出了十六个文王子裔，而《左传》昭公二十八年则云"武王克商，光有天下，其兄弟之国者十有五人"，[2] 两相比较，僖公二十四年多出一个，其中缘故可能是"鲁"国究竟算出自文王还是出自周公，在春秋时已经在叙述上和理解上出现了差别。《左传》定公四年又载"武王之母弟八人，周公为太宰，康叔为司寇，聃季为司空，五叔无官"，杜预在注中称五叔为"管叔鲜、蔡叔度、成叔武、霍叔处、毛叔聃也"，[3] 合《左传》和杜注的意思，文王诸子中周、康、聃、管、蔡、郕、霍、毛与武王是同母所生。康即卫，周后来分出鲁，则僖公二十四年中前八位即定公四年所谓武王母弟，那么其余则文王庶子。关于文王后裔嫡庶之辨，历代学者多有纷争，此处并不想展开，只是希望对与文王子裔相关的文献相互之间的关系稍作梳理、展示。大体看，文献所见称文王之子的封国，不出僖公二十四年所列范围。

周王室所属的姬姓周人族群起源于泾水流域。以长武碾子坡类型为代表的考古学文化基本上被认定为先周族群的考古学文化。[4] 周族曾沿泾水迁徙，在公刘时至豳地定居。到古公亶父时周族迁至岐，此阶段周族壮大起来成为强族，姬姓一支的主导地位也确立了。[5] 文献中的"岐"，在金文中也称"周"，在周围发展出一片后世称为

[1] 杜预注，孔颖达疏：《春秋左传正义》卷15，僖公二十四年，第1817页。

[2] 杜预注，孔颖达疏：《春秋左传正义》卷52，昭公二十八年，第2119页。

[3] 杜预注，孔颖达疏：《春秋左传正义》卷54，定公四年，第2135页。毛叔，一说名郑。

[4] 胡谦盈：《陕西长武碾子坡先周文化遗址发掘记略》，《胡谦盈周文化考古研究选集》，成都：四川大学出版社，2000年，第106—123页。

[5] 司马迁：《史记》卷4《周本纪》，第112—114页。

周原的区域。周原在地理上属于渭水北岸与黄土高原南缘之间的平原地带，学界一般认为周原核心范围是在扶风县法门寺镇姚家村、黄堆村与岐山县京当镇呼刘村与干渠之间，总面积大约 33 平方公里。域内除了大都岐邑外，还有若干相当规模的邑。这片区域是周王族的隆兴之地，金文中常见周天子出现的诸宫中应该有若干是在这一地区。[1]

郑玄在《周礼·大宰》注中有云"都鄙，公卿大夫之采邑，王子弟所食邑，周、召、毛、聃、毕、原之属在畿内者"。[2] 郑玄讲何为王子弟之"食邑"，举周、召、毛、聃、毕、原为例，这几个封君除召外，都在上列文王诸子中，郑玄讲他们的共同特征是都在畿内。前文已经提到，召公自武王时起便是与周公并立的权臣，其后世代为天子臂膀，"召"封邑在周原之内。"周"之地也应该已经可以通过考古发现确认，岐山周公庙附近发现先周至西周时期大型聚落及墓地遗址，出土有"周公"字样甲骨，应为西周周公封邑及家族墓地。[3] "毛"之所在，从毛公鼎等毛氏家族青铜器的出土地点来看，在周原附近。[4] "聃"，《玉篇》《广韵》载"在京兆"，即现在的陕西西安下辖的长安县西北。[5] "毕"是周人的王陵所在，文献称文王、武王、周公都葬于毕，[6] 虽然"毕"的确切地点历代争论不休，但周公陵应该不会远离其封邑"周"，如果周公葬"毕"，那么"毕"也应该不会距离岐山太远。这样看，除了"原"失载外，其余各邑皆在

---

[1]［日］松井嘉德：《周代国制の研究》，正文第 69—70 页。

[2] 郑玄注，贾公彦疏：《周礼注疏》卷 2《大宰》，第 646 页。

[3] 周公庙考古队：《陕西岐山周公庙遗址考古收获丰硕》，《中国文物报》2004 年 12 月 31 日，第 2 版。

[4] 出岐山县。陈梦家：《西周铜器断代》，第 292 页。

[5] 顾野王：《宋本玉篇》卷 22，北京：中国书店，1983 年，第 419 页。陈彭年、丘雍：《宋本广韵》卷 4，第 424 页。

[6]《孟子·离娄下》"文王生于岐周，卒于毕郢"。《通典》"周文王葬毕，周公墓在西北"。《史记·鲁世家》"葬周公于毕，从文王"。焦循：《孟子正义》卷 16《离娄下》，北京：中华书局，1987 年，第 538 页。杜佑：《通典》卷 173《州郡三》，北京：中华书局，1988 年，第 4509 页。司马迁：《史记》卷 33《鲁世家》，第 1522 页。

关中，郑玄所说的畿内也就是宗周王畿之内。1975 年陕西岐山县董家村出土了"成伯孙父鬲"（《集成》680），[1] 杨伯峻认为据此可知"郕"本封也在西周畿内。[2] 周原甲骨有"郕叔用"[3] 可以佐证杨伯峻的看法。

二、对晋南方国区的经略

晋南方国区是黄河流域文明起源的核心地带。这个地区地理环境自成一体，三面环山，一面带河，居高临下，有盐池之利，最新的考古发现又显示，至少自二里岗期开始，商人就已经在此地开发中条山内的铜矿资源。[4] 谭其骧就曾讲过："从尧舜一直到夏朝，山西，主要是晋南，是当时华北的政治经济文化重心。"不过，谭其骧认为，进入西周以后，山西的地位就不突出了，这个变化开始于商朝，"商朝起于东方，它推翻了夏朝后，山西就失去了重要性"。[5] 但从卜辞中看，一直到殷墟三、四期，大邑商西侧的地区还非常活跃、十分重要，地区内存在政治倾向差别很大的众多族群，既有长期与商人为敌的鬼姓戎狄，又有先代之后，还有商的封国。[6] 所以，晋南变得地

---

[1] 庞怀清、镇烽、忠如、志儒：《陕西省岐山县董家村西周铜器窖穴发掘简报》，《文物》1976 年 05 期，第 31 页。

[2] 杨伯峻：《春秋左传注》，第 40 页。

[3] 曹玮：《周原甲骨文》"H11∶37"，北京：世界图书出版公司北京公司，2002 年，第 32 页。

[4] 《山西绛县西吴壁遗址发现大量夏商时期冶铜遗存》，《中国文物信息网》2018 年 12 月 14 日；中国国家博物馆、山西省考古研究所、运城市文物保护研究所、戴向明、田伟：《山西绛县西吴壁遗址发掘取得重要新收获》，《中国文物报》2020 年 1 月 3 日。中国国家博物馆、山西省考古研究院、运城市文物保护中心：《山西绛县西吴壁遗址 2021 年发掘简报》，《中国国家博物馆馆刊》2023 年第 6 期。

[5] 谭其骧：《山西在国史上的地位》，《长水集》，北京：人民出版社，1987 年，第 315—316 页。

[6] 陈梦家《殷虚卜辞综述》、岛邦男《殷墟卜辞研究》、饶宗颐《甲骨文通检》、钟柏生《殷商卜辞地理论丛》等书中都有提及，还有众多研究性文章，如张亚初《殷墟都城与山西方国考略》，《古文字研究》第 10 辑，北京：中华书局，1983 年，第 388—404 页，等。

位"不突出"的时间是在武王克商以后，而且恐怕"不突出"也只是暂时的，进入春秋后晋国就迅速崛起成为霸主了。

晋南在西周时期"不突出"印象的形成，可能与文献留存机制有关。在西周的政治地理进程中，可能矛盾剧烈、王朝与当地旧族反复拉锯、讨伐征战较多的地区才留下了较多记录，在文献中形成区域发展活跃的印象，而较早稳定下来、处于周王室有效控制下的地区反倒记录较少。这样看来，晋南恰恰很早就稳定了。稳定的原因，是武王克商返周后不久，对晋南地区进行了一次比较大的主动征伐。武王时的经略，很大程度上蕈断了晋南地区新石器时代以来的文化传统，改变了晋南的族群分布格局，使这个地区成为周人能够完全控制的地方。

在翦商过程中，周人获得了诸多族群的支持，但与历代王朝的经验相同，这些旧族在克商后变成了统治者的忧虑，一部分可能会被纳入新的政治架构，还有一部分会被翦灭。上一章所述武王克商之初的褒封是在解决这类问题，返回关中故地后，也还是需要继续处理。虽然传世文献中呈现的商周易代之际总体比较平和，但并不意味着武王克商一役之后军事上就再无作为。对晋南的经略，虽然材料有限，也还是能够看到一些痕迹的。

（一）武王对于晋南旧族的态度

《史记·周本纪》是记载西周王朝历史的重要文献，其中武王在克商以后活动的部分，是目前西周史研究中建立对武王认识的一个主要依据。当中有一段，记载武王在克殷、分封已成，大局已定之后，仍忧心忡忡难以入睡，周公前去探望，武王讲述殷商失政的情况，解释了忧虑难眠的原因。[1] 这段话可以看作是武王对殷商失政原因的重要总结，也是理解武王克商后对晋南经略思路的基础。能否正确理解这段话，关乎能否明白周人立国之初认为什么是政治上最

---

[1] 司马迁：《史记》卷4《周本纪》，第128—129页。

亟待解决的问题，武王克商以后可能有过什么样的想法和措施。但是，这段话中最关键的一句"维天建殷，其登名民三百六十夫，不显亦不宾灭，以至今"，[1] 一直以来没有一个统一的、具有足够说服力的说法。

反映西周初年历史状况的材料本来就十分稀少，这句话又如此关键，当然就很有必要辨清。对这句话最早的注释见于司马贞《史记索隐》，他将其含义理解为臣子不够贤能，所以导致殷商灭亡。[2] 后来的一些注家换了角度，认为是君主不能选贤任能，以至殷商灭亡。这些说法其实都没有突破"君臣关系"的大思路。可是此句的上下文中，根本没有明显涉及君臣关系的内容，注释的说辞总是显得有些牵强。后来注家不断试图调整字义，希望能够加以弥合，但因为思路一直没有跳出"君臣关系"这个方向，所以不论怎样解释，字义、逻辑上的问题始终无法完全解决。

历代注家之所以坚持认为这句话讲述的是"君臣关系"，还主要是从一般的历史经验出发的，毕竟这一思路是在朝代更替时最常见的政治总结。但西周是整体特征与后世差别较大的时代，用后代政治状况来理解西周初年的问题，一个环节能说通，后面却会有一系列随之而来的矛盾。而传统注释方式有一个弱点，就是往往不大重视语境，对句子上下文以及其他段落中相关文句的通盘理解注意不够，这样一来，有些解释明显只能说通单句，将这种句意置于整段、整篇中，就会支离突兀；尽管如此，它却也一直流传下来。

为了方便论述，先将文句所在段落全文抄录如下：

> 武王至于周，自夜不寐。周公旦即王所，曰："曷为不寐？"王曰："告女：维天不飨殷，自发未生于今六十年，麋鹿在牧，蜚鸿满野。天不享殷，乃今有成。维天建殷，其登名民三百六十夫，不显亦不宾灭，以至今。我未定天保，何暇寐！"王曰："定

---

[1] 司马迁：《史记》卷4《周本纪》，第129页。

[2] 司马贞：《史记索隐》，司马迁：《史记》卷4《周本纪》，第130页。

　　天保，依天室，悉求夫恶，贬从殷王受。日夜劳来，定我西土，我维显服，及德方明。"[1]

《逸周书·度邑》篇文字与《周本纪》非常接近，在后代注释中，字义句意的解释也往往是两篇互相纠缠，所以也将其列出：

　　王曰："呜呼！旦，惟天不享于殷，发之未生，至于今六十年，夷羊在牧，飞鸿过野。天自幽，不享于殷，乃今有成。维天建殷，厥征天民名三百六十夫。弗顾，亦不宾成，用戾于今。呜呼！于忧兹难，近饱于邮，辰是不室。我来所定天保，何寝能欲？"王曰："旦，予克致天之明命，定天保，依天室。志我共恶，俾从殷王纣。"[2]

唐代以来，"维天建殷，其登名民三百六十夫，不显亦不宾灭，以至今"这句话含义主要有以下三种理解。一种观点认为"不显""不宾（灭）"所指的对象都是殷王朝，"不显"意为"不光大"，"不宾（灭）"意为"不灭亡"，整句的基本意思是殷初建之时天授贤人三百六十，但尚不够贤能，所以殷家没有光大也没有灭亡，一直处于苟延残喘的状态中。这种解释即始自前文提到的司马贞："言天初建殷国，亦登进名贤之人三百六十夫，既无非大贤，未能兴化致理，故殷家不大光昭，亦不既宾灭，以至于今也"，[3] 近人马持盈也基本继承这种说法："当年上天建立殷家的时候，也曾经先后提出了三百六十名贤人帮它的忙，但是都没有作出轰轰烈烈的成绩，也没有立刻至于灭亡。（这是说，六十年以来，殷家都在不生不死的苟延残喘的状态之下，苟且存在。）"[4] 张大可将整句解释为"当上天建殷

---

［1］司马迁：《史记》卷4《周本纪》，第128—129页。

［2］黄怀信、张懋镕、田旭东：《逸周书汇校集注（修订本）》卷5《度邑解》，第468—472页。

［3］司马贞：《史记索隐》，司马迁：《史记》卷4《周本纪》，第130页。

［4］马持盈：《史记今注今译》，台北：台湾商务印书馆，1974年，第112页。

之时，曾登进名贤三百六十人佐殷，也没作出大的成绩，只是保住殷朝不灭"，[1]也基本上是依据《索隐》的说法。

但是司马贞这种解释有个语法方面的困难。首先，"不显亦不宾灭"主语和宾语都不明确，需要确定。句首"惟天建殷"的主语是"天"，则"不"句的主语有一种可能是"天"。同时，后句"其登名民三百六十夫"中有"其"字，可以指代上句的"殷"，则"不"句主语也可借用此句主语为"殷"。宾语比较明确，是"名民"。这样，完整的句子就是"（天或殷）不显亦不宾灭（名民）"，句意为天或殷不显达也不宾灭这些名民。而按司马贞的解释，"（三百六十夫）无非大贤，未能兴化致理，故殷家不大光昭，亦不既宾灭"，以"殷"为宾语，"三百六十夫"也就是前面的"名民"为主语，恰恰颠倒了原来句子的主语和宾语。想将小司马的这种解释说得通，在语法上就只能将句子解释为被动句。但通观整句，并不存在任何提示此处突然转为被动句式的语素。被动句就是主语是谓语动词的受事者，古汉语中一般需要带"于"等介词，[2]或者用"为""见""被"等词或"为……所""见……于"等结构来标识；[3]虽然有一种在形式上没有明显的被动表示，在语法上称为"概念上表被动的句子"，但一般或以能愿动词作状语，或采用"名词+动词"的形式。[4]此句也没有这种形式。更关键的是，概念上表被动的句子，判断其是否被动要依据其所在段落的上下文语境。如果假定为被动句后，句意不能与上下文逻辑相合，那么就不应该判断该句为被动句。此句即是如此。即便依小司马解为被动句，句意在上下文逻辑中就很难说通，因为周虽然

［1］张大可：《史记全本新注》，西安：三秦出版社，1990年，第60页。

［2］［日］桥本万太郎：《汉语被动式的历史·区域发展》，蒋绍愚、江蓝生《近代汉语研究》，北京：商务印书馆，1999年，第82页。

［3］郭锡良：《古代汉语的被动表示法》，郭锡良、何九盈等《古代汉语讲义》，《电大教育》编辑部，1986年，第204页。

［4］郭锡良：《古代汉语的被动表示法》，郭锡良、何九盈等《古代汉语讲义》，第203页。

取殷而代之，但只是将殷失政的原因归于纣王暴虐，从未否认过殷早期君王汤、武丁等建立过大功业，[1] 故不应有殷自建立以来一直苟延残喘的认识。另一方面，若依小司马此说，则所得贤人不够贤就是武王所总结的殷失政原因，这样的原因是否足以使武王忧惧到不能入眠姑且不论，后面武王提出的解决措施"定天保，依天室，悉求夫恶，贬从殷王受"[2] 也显得与前文毫无关系。所以，"不显亦不宾灭"很难设定为被动句，司马贞的这种说法存在很大问题。

第二种意见与司马贞不同，认为"不显""不宾（灭）"的对象都是"名民"，即主语为"殷"，宾语为"名民"，"不显"与"不宾（灭）"的含义一致，一指不显达，一指不宾礼，都是没有礼遇重用的意思。这种意见的代表是姚鼐，他认为："言殷有名贤三百六十，既不显用，亦不宾礼。"[3] 这种看法与前一种看法的区别在于对"宾"下"灭"字属读的划分，姚鼐将"灭"属下读，断句为"不显亦不宾，灭以至今"。泷川资言同意姚鼐的看法，在《史记会注考证》中采取了这种断句方法。[4] 这种解释将"灭"属下读之后，看似解释较易通顺，但也有些问题。首先，《史记》此句与《逸周书·度邑》文意一致，《度邑》写作"弗顾亦不宾成用戾于今"，若依《周本纪》句例，则"成"字亦属下读，而"成用戾于今"，文意实在难以解通。另外，从先秦两汉的语法习惯看，若双音节的词含有同样的结构，如"不某""不某"形，多直接连接，中间一般不加并列连词"亦"，即《诗经》中"不识不知"[5] "匪安匪游"[6] 类。而《史

---

[1] 周人在叙述商人的历史时，对于有明德的商先王始终保持敬意，如《尚书·多士》："成汤至于帝乙，罔不明德恤祀。亦惟天丕建，保乂有殷。殷王亦罔敢失帝，罔不配天其泽。"

[2] 司马迁：《史记》卷4《周本纪》，第129页。

[3] 姚鼐：《史记考证》，转引自泷川资言《史记会注考证》卷4《周本纪》，第34页。

[4] ［日］泷川资言：《史记会注考证》卷4《周本纪》，第34页。

[5] 郑玄笺，孔颖达疏：《毛诗正义》卷16-4《皇矣》，第519页。

[6] 郑玄笺，孔颖达疏：《毛诗正义》卷18-4《江汉》，第573页。

记》凡"不……亦不……"句型，"亦不"后面没有只接一个单音字的情况，如"知和而和，不以礼节之亦不可行也"，[1] 或"不敢战，如是数岁，亦不亡失"。[2] 这应该是当时的一种行文习惯，可能与语句的节奏有关。所以姚鼐将"灭"属下读，非但行文节奏不顺，也与用例颇不合。慧琳《一切经音义》卷60、64有"灭摈"一词，"宾""摈"通，[3] 虽然与"宾灭"语素颠倒，但同样也是弃灭之意，[4] 正说明"宾灭"为一词，不可以断开。

　　第三种意见在语法上与第二种一致，但将"不宾（灭）"解释为不弃灭，即二选一，或者重用之，或者消灭之，这样整句的意思就与前一种意见相反，变为"殷朝初建立的时候，也征用了三百六十名贤民，但既不显达也不弃灭他们。这种局面，一直持续到了现在"。[5] 这样解释，从语句上虽然不需要将"灭"点断，较前一种顺畅，但也存在逻辑上的问题，既然承认三百六十人是明贤，那么即使不能重用，也断无杀灭的道理。历朝历代，不能举贤任能是平常事，但是杀灭贤人却不是惯例，武王如果认为殷人是因为没有杀灭贤人而没能治理好国家，这多少有悖常理了。

　　总的来看，清以前对《史记》进行注释的各家多踵循第一种，清代各家则偏重第二种，晚近注家提出了第三种。三种解释之间之所以分歧较大，主要还是因为句子成分省略的缘故。"弗顾亦不宾成"本应是一个"主语+谓语动词+宾语"的结构，而三部分中最重要的两部分，主语和宾语都被省略了，谓语动词的含义自然就难以辨清。从

---

[1] 司马迁：《史记》卷67《仲尼弟子列传》，第2216页。

[2] 司马迁：《史记》卷81《廉颇蔺相如列传》，第2449页。

[3] "宾读为摈，六国表：'诸夏宾之'。《苏秦传》：'从观以宾'。案，又曰：'其次必长宾之'。《张仪传》'大王收率天下以宾秦'，訾摈斥之义。史公并作宾也。"瞿方梅：《史记三家注补正》，《二十五史三编》第二册，长沙：岳麓书社，1994年，第82页。

[4] 慧琳：《一切经音义》，日本元文三年至延亨三年狮縠莲社刻本。

[5] 黄怀信：《逸周书校补注译》，西安：西北大学出版社，1996年，第234—235页。

前面的分析看，"不显亦不宾灭"应该是一个省略了主语和宾语的主动句。这样的话，问题似乎表面上就变成了"不宾（灭）"究竟是"宾礼"还是"宾灭"。但前面也已经提到，不论是"宾灭"还是"宾礼"，只要句子的宾语"名民"解作"贤名之臣"，解释上都会出现这样那样的问题。所以，以往解释的一个核心问题，是在于对"名民"身份理解出现了偏差。

　　由于《史记》与《逸周书》之间的文本差异，"不显亦不宾灭"句中有两个字在校勘中存在争议。在推定"名民"身份之前，首先需要将这两个字的正写辨清。首先是"显"字，《周本纪》记作"显（顯）"，《逸周书》记作"顾"。裴骃《史记集解》引徐广，一云"不顾亦不宾成"，一又云"不顾亦不恤"，均用"顾"字。但司马贞认为："徐广云一本作'不顾亦不宾成'，盖是学者以《周书》及《随巢》不同，随音改易耳。"[1] 还是认为"显"是正字。在唐代，《逸周书》正文甚至依据《史记》改为了"弗显"。[2] 晚近朱右曾注《逸周书》亦云："'顾'作'显'。"[3] 黄怀信也认为："'顾'，'显'字之误。"[4] 基本上都同意司马贞的看法，以《周本纪》中的"显"字为正字，《逸周书》中的"顾"字为讹字。只有孙诒让认为徐广记的两种写法，可能出自其他的版本，既然《逸周书》"旧本与徐所见一本同，则相承已久，似不宜改"。[5] 以《逸周书》为正写。

　　"显"与"顾"的问题，《随巢子》可能是个关键。《索隐》云《随巢子》有"天鬼不顾亦不宾灭"，与《周本纪》句子非常类似，[6]

---

[1] 司马贞：《史记索隐》，《史记》卷4《周本纪》，第130页。

[2] 黄怀信、张懋镕、田旭东：《逸周书汇校集注（修订本）》，第470页。

[3] 朱右曾：《逸周书集训校释》卷5《度邑》，上海：商务印书馆，1940年，第71页。

[4] 黄怀信、张懋镕、田旭东：《逸周书汇校集注（修订本）》卷5《度邑解》，第470页。

[5] 孙诒让：《周书斠补》卷2，《孙诒让遗书·大戴礼记斠补》附《周书斠补》，济南：齐鲁书社，1988年，第100页。

[6]《史记·周本纪》司马贞《索隐》。

且其中"夷羊在牧，蛮鸿遍野"句即出自《随巢子》。[1] 孙诒让《墨子后语·墨家诸子钩沉》中就认为《随巢子》中"盖全用彼文"，[2] 而《随巢子》成书远早于《史记》，所以其文所据应该是《逸周书》，也就是说，《周本纪》此句应转引自《逸周书》。既然《随巢子》中也写为"顾"字，那么孙诒让的意见就很重要。虽然"显"繁体与"顾"确实字形非常像，《逸周书》由篆转隶的过程中可能抄错，但《随巢子》也碰巧转错的可能性不大，所以存在讹误可能性更大的是《史记》，句中"显"本字更可能应从《随巢子》为"顾"字。

　　另一个字是"灭"，《史记》作"灭（咸）"，《逸周书》作"成"，《随巢子》作"灭（咸）"。"成"与繁体"咸"虽然字形相近，但字义却完全相反，所以必须要加以辨析。这个字似乎是《逸周书》出了问题。清代校勘名家卢文弨校《逸周书》云："《史记》作'宾灭'，《随巢子》亦作'灭'，今依惠定作'灭'"，认为应据《史记》校作"灭"。[3] 朱右曾也同意这两处的改法，[4] 黄怀信亦认为"成，'灭'字之误也"。[5] 而且，目前可见与《逸周书》一样写作"成"字的文本，仅有前面提到的《集解》和《索隐》引徐广中的一说，但张文虎指出，《集解》条中"成"字"原作'灭'，吴改与《逸周书·度邑解》合"，《索隐》"亦不宾成"实际上也是"成字吴补"，这两处实际上都没有原文，全是清人吴春照依据《逸周书》增补。[6] 所以，此处应该还是从《史记》，以"灭"为正写。这样，

［1］见《史记·周本纪》"麋鹿在牧"句《集解》引徐广，"蜚鸿满野"句《索隐》。

［2］孙诒让撰，孙启治点校：《墨子间诂》，北京：中华书局，2001年，第755页。

［3］黄怀信、张懋镕、田旭东：《逸周书汇校集注（修订本）》卷5《度邑解》，第470页。

［4］朱右曾：《逸周书集训校释》卷5《度邑》，第71页。

［5］黄怀信、张懋镕、田旭东：《逸周书汇校集注（修订本）》卷5《度邑解》，第471页。

［6］张文虎：《校勘史记集解索引正义札记》卷1，《二十四史订补》，北京：书目文献出版社，1996年，第79页。

《史记》"不显亦不宾灭"整句就应正写为"不顾亦不宾灭"，这也恰与《随巢子》文本一致。

确定了文本正写，就离辨定句意又近了一步。我们之所以不厌其烦地拆解成分、确定文字，实在是因为只有这样，才能辨清此句，而只有辨清此句，才有可能明白，这不是一句大而化之的场面话，而是武王与周公在私下交谈时流露的、为后世忽略的一个重要想法，而这个想法，对于理解克商之初的西周史事颇为重要。

前面已经说了，句意的关节在于"名民"的身份。在分析"名民"身份前，还有一个短句必须要进行考证，就是表示结果的"以至今"。这三个字的字面含义并不复杂，可以简单理解为"一直到现在"。但问题是，《逸周书》中的此句文本稍微复杂一些，记作"用戾于今"，有一个非常关键的"戾"字。一些学者认为"戾"就是"至"。庄述祖云："戾，至也。"唐大沛云："戾，至也。用能延至今也。"但唐大沛的解释仍然很含混。朱右曾不取唐大沛，简云："至也。"[1] 其实这种解释就是据晚成的《史记》来解早成的《逸周书》，弥合二者不同。但"戾"在上古还有别的含义，"用戾"亦见于《尚书·洛诰》"兹余其明农哉，彼裕我民，无远用戾"，[2] 其中"无远用戾"，顾颉刚解释为"不会长远的有乖戾了"，将"戾"作"乖戾"解。[3]《说文》"乖"训"戾也"，[4] 可见"乖戾、乖违"之意在上古是"戾"的常见之意。《度邑》中"用戾"，也应该作"乖戾"解。所以，"用戾于今"的意思是"乖戾（的影响）一直到现在"。《史记》应该是简化了《逸周书》的说法，可能是因为当时对于"名民"的身份都还比较清楚，不至于影响对句意的理解。

---

［1］黄怀信、张懋镕、田旭东：《逸周书汇校集注（修订本）》卷5《度邑解》，第471页。

［2］孔安国传，孔颖达疏：《尚书正义》卷15，第215页。

［3］顾颉刚、刘起釪：《尚书校释译论》，北京：中华书局，2005年，第1503页。

［4］许慎：《说文解字》4下"个部"，第77页。

　　确定了"以至今"的含义，就可以开始梳理整句的意思了。"顾"，句中为眷顾之意，《书·召诰》有"今休王不敢后用顾"，[1]《诗·邶风·日月》"宁不我顾"[2] 即此意。"灭"，庄述祖云："灭也。""宾"，朱右曾曾引丁宗洛云："宾同摈。"[3]"摈"亦见于《逸周书·大武》篇"摈厥亲"，孔晁注："一作'损'。"[4]这两个字的解释还是与传统说法基本一致。这样，《史记·周本纪》"维天建殷，其登名民三百六十夫，不显亦不宾灭，以至今"句就可以译为："天建殷之初，曾登用'名民'三百六十人，（殷人）既没有眷顾（他们）又没有损灭（他们），乖戾（的影响）一直到现在。"

　　至此，"名民"的含义可以在一个比较明确的上下文语境中进行辨析了。如果"名民"是有贤名的人，那前面已经提到，与"不顾亦不宾灭"放在一起会有一个明显的逻辑问题。即如果殷建国之初得到的是贤名之人，那么殷人即使不能重用，也不应该必须弃灭，而且由于没有重用或者没有弃灭，还造成了乖戾的影响。这无论如何难以说通。所以，"名民"应该是这样一群身份的人，王朝可以在"眷顾"与"弃灭"两种相反的对待方式中进行选择，而且选择其中任何一种都是为了有效控制他们，但如果两种措施都不采取，任其自然发展，就会对国家政治产生危害。政治上这么重要又特殊的一群人，究竟是什么身份呢？

　　"名民"，《逸周书》写作"天民名"，学者多认为《逸周书》有误。刘师培认为"疑本书旧与史符，'天'涉上衍，'民名'倒文"。[5]

---

[1] 孙星衍撰，陈抗、盛冬铃点校：《尚书今古文注疏》，北京：中华书局，1986 年，第397 页。

[2] 朱熹：《诗集传》，第 17 页。

[3] 朱右曾：《逸周书集训校释》卷 5《度邑》，第 70 页。

[4] 黄怀信、张懋镕、田旭东：《逸周书汇校集注（修订本）》卷 2《大武解》，第 115 页。

[5] 刘师培：《周书补正》卷二，《刘申叔遗书》，南京：江苏古籍出版社，1997 年，第745 页。

黄怀信也认为"'征'下'天'字衍，'民名'二字倒"。[1] 即以
"名民"为原文。还有学者认为"天"字不误，衍文为"名"字。陈
逢衡即持此说，[2] 朱右曾也同意陈逢衡的看法。[3] 通过前面的考证，
我们已经大致可以了解《史记》与《逸周书》这两段之间的关系，
是《史记》大体忠实地转引《逸周书》的材料，有一些汉代人可能
仍然了解原意的词，会略加省简。所以，似乎应该综合双方的说法，
《逸周书》中的"天"字非衍文，"民名"二字从《史记》为"名
民"，本句应即"天名民"。

《国语·楚语下》有"使名姓之后"，韦昭注云："旧族。"[4] 可
知"名"有"先代"之意。而"民"，《尚书》中亦有专指为"先
民"的用法。《酒诰》"惟民自速辜"，蔡沈《书经集传》云："曰民
者，犹曰先民君臣之通称也。"[5] 一直到汉代，"民"仍有指"先
民"意，《大戴礼记·五帝德》"民说至矣"，王聘珍《解诂》就解释
为："民，先民。"[6] 称为"天名民"，则应是因为这些旧族被看作
上天所降神明之后。《左传》襄公二十五年："我先王赖其利器用也，
与其神明之后也，庸以元女大姬配胡公而封之陈，以备三恪。"[7]
《国语·楚语下》也有："使名姓之后能知四时之生、牺牲之物、玉帛
之类、采服之宜、彝器之量、次主之度、屏摄之位、坛场之所、上下
之神祇氏姓之所出，而心率旧典者，为之宗。"[8] 宗为春官之长，是
神职之首。这些"名姓"可能是因为拥有祭祀奠仪知识，有供奉神明

［1］黄怀信、张懋镕、田旭东：《逸周书汇校集注（修订本）》卷5《度邑解》，第234—
　　235页。

［2］陈逢衡：《逸周书补注》卷11，道光五年刻本。

［3］朱右曾：《逸周书集训校释》卷5《度邑》，第70页。

［4］徐元诰撰，王树民、沈长云点校：《国语集解》卷18，第513页。

［5］蔡沈：《书经集传》卷4《酒诰》，《景印文渊阁四库全书》第58册，第133页。

［6］王聘珍撰，王文锦点校：《大戴礼记解诂》，第125页。

［7］杨伯峻：《春秋左传注》，第1105页。

［8］徐元诰撰，王树民、沈长云点校：《国语集解》卷18，第513—514页。

的能力，所以被称为"天名民"。"天名民"，就是先代旧族。

那么至此，我们终于厘清了整句话的意思，即天建殷之初，曾授予殷人众多先代旧族，但殷人既没有眷顾他们，也没有弃灭他们，所以乖戾的影响一直到现在。

西周去古未远，黄河中下游地区还存在着众多长期生活在这个地区的人群。这些人群与周人成为共主之前的各个联盟首领或者地区内有重要影响力的部落存在着较直接的血缘联系，有较为深厚的政治传统，有比较大的政治影响力。对于这样的一个政治群体，如果不能够采取怀柔政策，将其完全纳入新的政治架构中，确实就应该翦灭他们的势力，这样才不至于成为威胁。所以，武王将这一点总结为商灭亡的一个重要原因，告与周公。因为材料的限制，目前我们对商代末年国家内部各政治力量之间的权力分配情况还很不了解，不知道持续六百多年的商王朝最后灭亡更深层的原因是不是联盟内部旧族势力离心。但从文王平虞芮之讼以后，周人在翦商过程中确实受到了生活在豫北晋南这片传统核心区的诸多族群在政治军事方面的重要支持。不知道是不是武王看到了这些旧族的政治实力，当其变为统治者时，就开始思考其中隐含的政治威胁。这个猜想，盼望未来有新材料可以证明。

传统观点长期认为周王朝对于归服的旧国采取了温和的怀柔政策，如果我们对《周本纪》中这句话意思的理解是正确的，那么周人的封国政策一开始可能还有比较强硬的一面。其实文献中有一些蛛丝马迹，如《逸周书·世俘》："武王遂征四方，凡憝国九十有九。"[1]就记载武王伐灭了很多邦国，但这样的材料由于与传统认识有距离，在研究中一直被置于存疑状态。现在在对《周本纪》的理解基础上，对这条史料的可信度可能应该重新评估。

---

[1]　黄怀信、张懋镕、田旭东：《逸周书汇校集注（修订本）》卷4《世俘解》，第434—435页。

　　将"天名民"理解为先代旧族，上下文中还有另外两处以往与全文关系不清的文句也就可以贯通了，同时这两句也是管蠡周武王时代活动的重要史料。

　　一处是前面已经提到的"不显亦不宾灭"的下文："悉求夫恶，贬从殷王受。"此句在《逸周书》中写作："志我共恶，俾从殷王纣。"是武王总结完教训后提出的措施。无论是以往对此句最常见依照字面的解释"罪恶之人"，[1] 还是董斯张、[2] 庄述祖、[3] 孙诒让[4] 等认为的"夫恶""共恶"都是"矢恶"之讹，意为"首恶元凶"，或是梁玉绳提出的"恶"指殷纣之恶人，即周之同志，周人要找到他们为他们平反昭雪，[5] 抑或丁宗洛认为的商纣王，[6] 虽然单就句子本身都可以说通，但若与将"天名民"解释为"贤能之人"的上句放在一处，二者之间看不出任何联系，似乎武王这段话前后语句不连贯，讲得漫无目的。所以泷川资言《考证》在梳理了前人的各种说法后，虽然只是批评梁玉绳解释"亦晦涩难通，姑书备考"，[7] 但实际上适用全部的已有解释。

---

[1]《索隐》云："言今悉取夫恶人不知天命不顺周家者，咸贬责之，与纣同罪。"《正义》也认为"恶"是"罪恶之人"，只不过对这些人的处理方式不同："贬，退也。受，纣名也。言武王遍求诸罪恶，咸贬退之，莫从殷王受之教令，令归周之圣化也。"黄怀信注《逸周书》采取说法与《索隐》基本相同"求得我们共同厌恶的殷恶臣顽民，使他们随殷王纣而去。"

[2] 董斯张："《索隐》之说非也。歼厥渠魁，胁从罔治，曾圣人而淫刑以逞乎？言志我之所共恶者，亦惟从纣为虐，如费仲、恶来辈，余固无间也。"《吹景集》，民国《适园丛书》本。

[3] 庄述祖认为《史记》中"悉求"应依《逸周书》作"志杀"，"杀"又作"我"。又举《逸周书·世俘》"纣矢恶臣"亦作"夫恶"证明其原文应作"矢恶"。《尚书记》，《云自在龛丛书》本。

[4] 孙诒让："庄引《世俘》证此甚塙"。《周书斠补》卷2，第101页。

[5] 梁玉绳："钱塘王孝廉庚期曰'从，由也。谓当日指以为恶而贬斥者，乃由于殷王受之不黜陟，今悉求其人而昭雪之'王说是。"《史记志疑》，第91页。

[6] 丁宗洛："共恶，言纣为天下所怨也。武王以天下为心，故曰志我同恶。"《逸周书管笺》，郝懿行《汲冢周书辑要》附注，光绪八年东路厅署刻本。

[7]［日］泷川资言：《史记会注考证》卷4《周本纪》，第265页。

既然我们已经知道"天名民"指先代旧族，那么后面这个"恶"仍可以取《索隐》"不知天命不顺周家"之意，但所指对象就变成了先代旧族中的一部分，即其中不肯与周人合作的那部分人。前文武王总结商灭亡的经验，认为对于前代遗留下来的这些政治势力，要么应该眷顾优待，要么应该伐灭以绝后患。这样，后面紧接着提出，目前要做的事情，是稳定政权（定天保），建立新都（依天室），讨伐那些不知天命不顺周家的先代势力，让他们获得与纣一样的下场，也就顺理成章了。

　　另一处据"天名民"新含义而得以解通的文句，是武王忧惧失眠、周公探望这件事结束后，紧接着的另外一个事件"武王问箕子"中的一句："武王已克殷，后二年，问箕子殷所以亡。箕子不忍言殷恶，以存亡国宜告，武王亦丑。"[1] 句中"存亡国"的含义一直都很含混。张守节《正义》将"存亡国宜"视作一个词，解为"周国之所宜"，[2] 其后一些学者踵其旧说，如方苞认为："此隐括《洪范》而为言也。鲧殛禹兴，存亡之迹也，九畴皆有国者所宜用也。"[3] 也认为是"存亡国宜"，即一些对于西周统治有宜的做法。但是，在其他文献中，"存亡国"其实是一个比较常见、含义也相对稳定和明确的词。《史记·太史公自序》太史公："夫春秋，……存亡国，继绝世，补敝起废。"[4] 认为孔子作《春秋》有"存亡国"之意。《春秋》"存亡国"即《论语·尧曰》"兴灭国，继绝世"之"兴灭国"，刘宝楠注云："公羊僖五年传'灭者，亡国之善辞也'。……兴灭国为无罪之国"，即复兴重立无罪被亡之国。[5] 亦即《穀梁传》僖公十七

---

[1] 司马迁：《史记》卷4《周本纪》，第131页。

[2] 张守节：《史记正义》，司马迁：《史记》卷4《周本纪》，第131页。

[3] 方苞：《史记注补正》，《二十四史订补》，北京：书目文献出版社，1996年，第875页。

[4] 司马迁：《史记》卷130《太史公自序》，第3297页。

[5] 刘宝楠：《论语正义》卷23《尧曰》，第764页。

年"桓公尝有存亡继绝之功，故君子为之讳也"之"存亡继绝"，[1]
僖公十七年记齐桓公救邢存卫之事，即保全即将灭亡的国家，重建已
经被绝嗣的国家。《吕氏春秋·审应》有"夫郑乃韩氏亡之也，愿君
之封其后也，此所谓存亡继绝之义"，[2] 即保全被灭亡的名姓之后。
所以，"存亡国"的意思比较清楚，就是复兴重立被亡之国特别是无
罪之国的意思。

　　清代学者牛运震已经稍稍看出"存亡国"传统解释的问题，他谈
道"以存亡国宜告，言箕子劝武王恤商，以存亡之义相告也。诸解多
误"，[3] 指出"存亡国宜"重在存亡之道，而不是周之所宜行之事。
但他认为周应存之国为商，即箕子建议武王恤商。但实际上，传统认
识中，在武王时期，对商人已经是相当优待了。灭商以后，并没有灭
绝商祀，而是将商纣之子武庚仍封为三监之一，基本上还让他保有原
来大邑商周围的土地。[4] 至于伐武庚，囚殷顽民，那都是周公成王
时期的事，箕子如果不是未卜先知，当时应该还没有向武王建言优抚
商人的必要。而且，其所在段落讲的故事是武王向箕子询问殷失政的
原因，箕子避而不谈，反而劝告武王"存亡国宜"，而武王也因此自
觉羞愧。如果"存亡国宜"如张守节等认为只是治理周家所宜之事，
则武王就没有什么理由要羞愧。既然武王感到羞愧，必然是箕子所给
的建议说中了武王行事中的一些不妥之处。

　　这就可以联系到上文的旧族。如果周与旧族之间没有发生过什
么、姬周王朝对于旧族优渥有加，那么箕子即使为了避免谈殷纣的失
政，要转向别的话题，"存亡国"也恰恰是最不合适的题目。但如果

---

[1] 范宁集解，杨士勋疏：《春秋穀梁传注疏》穀梁卷8，僖公十七年，第2398页。

[2] 陈奇猷：《吕氏春秋新校释》卷18"审应览"，上海：上海古籍出版社，2002年，第
　　1151页。

[3] 牛运震：《史记评注》，《二十五史三编》第一册，第636页。

[4] 顾颉刚：《"三监"人物及其的疆地——周公东征史事考证之一》，《文史》第22辑，
　　第1—19页。

武王对那些不顺周家的"恶"民，也就是不与周王朝合作、对周王朝统治有威胁的传统势力，或者更甚，对有些并没有谋叛危害周，或者甚至帮助过周的中原旧族，采取过军事措施，那么此时箕子建议周人要注意"存亡国"，以免失德离心，就是再合适不过了。

所以，《周本纪》"存亡国宜"似应为"宜存亡国"之倒装，其意为"应复立重兴无罪被亡之国"的意思。而箕子提出这一点，令武王感到羞愧，应该就是因为前面提到的"志我共恶，贬从殷王受"之事。武王伐灭对周王朝政治存在威胁的旧族，虽然具有非常重要的现实政治功效，但毕竟与当时社会的行为习惯不合，而且也与周人自我强调的"德"政也不合，箕子正是点出了这一点，武王才会在箕子面前感到羞愧。

梁玉绳《史记志疑》即引王孝廉云："依方氏说，则下文不可接。……窃意存亡国即兴灭继绝之意，宜着义也，以义所当行者告武王。"[1] 既然是劝说武王应当兴灭国继绝祀，那么在克商之初有过一些安抚以后，武王很可能进行了威胁旧国存亡的行动，才会引发出箕子这一番谴责。就在这段话之前，恰恰有一个记载以往被忽视或者误读了，那就是"武王征九牧之君"。《周本纪》云：

> 武王征九牧之君，登豳之阜，以望商邑。武王至于周，自夜不寐。

张守节《正义》解释为："武王伐纣，还至镐京。"[2] 认为武王"征九牧之君"就是指伐纣克商，但从上下文看，张守节的解释有断章取义之嫌。此句前后整段的内容为：

> 封商纣子禄父殷之余民。武王为殷初定未集，乃使其弟管叔鲜、蔡叔度相禄父治殷。已而命召公释箕子之囚。命毕公释百姓

[1] 梁玉绳：《史记志疑》，北京：中华书局，1981年，第92页。
[2] 司马迁：《史记》卷4《周本纪》，第128—129页。

之囚，表商容之闾。命南宫括散鹿台之财，发钜桥之粟，以振贫弱萌隶。命南宫括、史佚展九鼎保玉。命闳夭封比干之墓。命宗祝享祠于军。乃罢兵西归。行狩，记政事，作武成。封诸侯，班赐宗彝，作分殷之器物。武王追思先圣王，乃褒封神农之后于焦，黄帝之后于祝，帝尧之后于蓟，帝舜之后于陈，大禹之后于杞。于是封功臣谋士，而师尚父为首封。封尚父于营丘，曰齐。封弟周公旦于曲阜，曰鲁。封召公奭于燕。封弟叔鲜于管，弟叔度于蔡。余各以次受封。武王征九牧之君，登豳之阜，以望商邑。武王至于周，自夜不寐。[1]

如果按照《正义》的解释，这段中事件叙述就显得啰唆、重复，特别是"罢兵西归""登汾之阜"与"武王至于周"几个地点，在空间次序上显得很混乱。孙星衍就认为：

> 又考《周本纪》，武王十一年十二月师渡孟津，二月朝至于商郊牧野，是十二年也。已而命召公释箕子之囚，乃罢兵西归，封诸侯。箕子之去朝鲜，因而封之，疑在此时。又云："武王征九牧之君。"箕子宜亦以此时来朝，故在武王已克殷后二年，是十三年也。[2]

孙星衍的看法颇有道理。《周本纪》叙述的这段历史的准确顺序应该是，武王克商以后，先稳定殷都，然后回到镐京，进行分封。至此，"克商"的所有收尾工作都已经完成了，武王才开始"征九牧之君"。"征九牧之君"与"克商"是不同的两件事，不能混作一谈。

"九牧"，《史记》各注家都未明确注明，但张守节《正义》对此句后"武王至于周"句释为："武王伐纣，还至镐京"，[3] 意即前面

---

[1] 司马迁：《史记》卷4《周本纪》，第126—128页。

[2] 孙星衍撰，陈抗、盛冬铃点校：《尚书今古文注疏》洪范第十二上《周书》三，第291页。

[3] 司马迁：《史记》卷4《周本纪》，第129页。

"征九牧之君"就是伐纣。对此，梁玉绳、泷川资言等竟都没有提异议。但张守节的解释存在一些偏颇。"九牧"一词，最早出现于《左传》宣公三年："昔夏之方有德，……贡金九牧"，杜注为"九州之牧"。[1] 此处"九州之牧"，是指九州各自的长官，并不是"天下之君"的含义。张守节认为"武王征九牧之君"与"武王伐纣"同义，并没有遵从原意，也没有另举依据。

《周本纪》中的"九牧"与《左传》中的"九牧"虽写法相同，但因为文本形成的年代有差异，在含义上全然不同。《周本纪》此段，史料来源为《逸周书·度邑》，《度邑》篇其事见于何尊，且文句被《国语》所引，"文字之古，与《商誓》几无二致，因此，此篇亦必周初所记，删《书》之余"。[2] 而《度邑》的整篇记载，亦可与《诗·周颂·般》"于皇时周，陟其高山。隋山乔岳，允犹翕河。敷天之下，裒时之对，时周之命"[3] 相对应，可知成书确实比较早。也就是说，《史记》中的"九牧"是周初的说法。而《左传》中"贡金九牧"一段的文本形成则早不过春秋晚期。在这两个时间点之间，恰恰有一个对"九牧"含义影响至大的变化，就是"九州"观念的形成。顾颉刚指出："在秦行郡县汉行州郡以前，各地只有'诸侯'，是没有'群牧'。……春秋战国时有了九州之说，遂有九州之长。……《左传》成于战国时，记春秋事，就承当时九州之说，讹实夏时有九牧了。"[4] 也就是说，"九州"观念形成以后，"九牧"中的"九"就是确指"九州"，"九牧"也就是九州的九个长官，但在还没有"九州"观念的周初，"九牧"应该有另外的含义。

首先，"武王伐九牧之君"中"九牧"的"九"字，不是实指，而是"多""众"之意。上古以某具体数字代表其群的情况很常见，

[1] 杜预注，孔颖达疏：《春秋左传正义》卷21，宣公三年，第1868页。

[2] 黄怀信：《逸周书源流考辨》，西安：西北大学出版社，1992年，第109页。

[3] 郑玄笺，孔颖达疏：《毛诗正义》卷19-4《般》，第605页。

[4] 顾颉刚：《州与岳的演变》，燕京大学《史学年报》1933年第5期。

《国语·鲁语下》云"九夷百蛮",[1]"九"与"百"对举,就是统言其多。《礼记·明堂位》作"九夷""八蛮",[2]可见"百"也可用"八"代替,《职方》做"四夷八蛮",[3]阎若璩《尚书古文疏证》就指出:"九夷八蛮本出《国语》,此易百为八者,袭用《礼·明堂位》及《尔雅》之文也。"[4]说明这几个指的都是同一事,《尔雅·释地》:"九夷、八狄、七戎、六蛮,谓之四海。"[5]就是代指全部。所以,蔡沈《书经集传》云:"九夷八蛮,多之称也。"[6]

其次,既然当时还没有"九州"的概念,那么"牧"的身份,就也不是《礼记·曲礼下》所说"九州之长入天子之国曰牧"中的"九州之长"。[7]丁山曾提出"九州之最初解释,犹言后世所谓万国",[8]也就是部落时代的各个小邦,那么,"九州之牧"本意也就是这些小邦的首领。也就是说,武王征伐的对象是那些部落时代以来一直延续下来的小邦国。

不过武王不是针对所有小邦。《度邑》中还有一处提到了"九牧":"惟王克殷,邦君、诸侯及厥献民、征主、九牧之师,见王于殷郊。"[9]庄述祖对其中各类人的身份进行解释:"九牧之师,从伐商之诸侯。"[10]"九牧"就是与周结盟参与伐商战争的各族群,在《尚书·牧誓》中,周武王称呼这些人为"友邦冢君",武王征伐的"九

---

[1] 徐元诰撰,王树民、沈长云点校:《国语集解》卷5,第204页。

[2] 郑玄注,孔颖达疏:《礼记正义》卷31,第1488页。

[3] 郑玄注,贾公彦疏:《周礼注疏》卷33《夏官·职方》,第861页。

[4] 阎若璩:《尚书古文疏证》卷7,第523页。

[5] 郭璞注,邢昺疏:《尔雅注疏》卷7,第2616页。

[6] 蔡沈:《书经集传》卷4《旅獒》,《景印文渊阁四库全书》第58册,第81页。

[7] 郑玄注,孔颖达疏:《礼记正义》卷5,第1265页。

[8] 丁山:《古代神话与民族》,北京:商务印书馆,2005年,第459页。

[9] 黄怀信、张懋镕、田旭东:《逸周书汇校集注(修订本)》卷5《度邑解》,第465页。

[10] 黄怀信、张懋镕、田旭东:《逸周书汇校集注(修订本)》卷5《度邑解》,第466页。

牧之君" 就在这些国家中。

所以，武王灭商后，可能并不像以往研究形成的印象那样后续活动不多。灭商后，武王对山西的旧国就进行过一次比较大规模的战争。顾颉刚即指出："箕国初封，在秦晋之间，而其后灭于晋。"[1] 封国在山西的箕子目睹了战争，感受到武王在政策上与克商之时的变化，为了维护氏族时代的传统政治规则，也是为了自保，向武王建言。这就是为什么《洪范》中箕子要以"存亡国"劝导武王的原因。

武王时期主要从政策的角度总结商灭亡的原因，认为商没有处理好与"百君子越友民"，[2] 也就是这些传统势力之间的关系，对这部分势力的政策不明确，既没有采取怀柔的政策，也没有采取严厉政策，将其纳入商王朝的控制之中，而是任由这些势力存在发展，才最终导致了灭亡。而周公成王以后，则主要从"德"的角度来总结商亡的教训，认为商人无德、好酒、不用贤臣，是灭亡的主要原因。前后的差别还是很大的。武王在克商后对旧族采取了军事行动，亦即前文谈的"武王征九牧之君"。

（二）武王对于晋南地理形势的认识

战争结束后，武王"登豳之阜，以望商邑"，[3] 指出了这次征伐的地点。"豳阜"之"豳"为讹字。《逸周书·度邑》记此句为："王乃升汾之阜，以望商邑"，[4] 与《史记》不同。所以泷川资言指出："《周书》'豳'作'汾'。"[5] 梁玉绳也认为"豳"的位置不合理，质疑道："若在枸邑之豳，何从登其阜以望商邑乎?"[6] 梁玉绳的质

---

[1] 顾颉刚遗著:《三监的结局——周公东征史事考证之三》，《文史》第30辑，第12页。

[2] 孔安国传，孔颖达疏:《尚书正义》卷15，第213页。

[3] 司马迁:《史记》卷4《周本纪》，第128页。

[4] 黄怀信、张懋镕、田旭东:《逸周书汇校集注（修订本）》卷5《度邑解》，第466页。

[5] ［日］泷川资言:《史记会注考证》卷4《周本纪》，第262页。

[6] 梁玉绳:《史记志疑》，第90页。

疑是有道理的，从《豳风》等诗可以知道，陕西的豳地，是周人生活的核心区，周围不会有商人的城邑，所以武王登山望商邑，不可能是在这里。泷川资言引陈仁锡云："豳原作汾，汾在河北，因汾与邠相近，遂误为豳。"指出因为"汾"与"邠"字形相近，可能先讹为"邠"，后来又在流传中讹为与"邠"同音的"豳"字。[1] 对于"豳"为"汾"所讹这一点，学者们争议不大，武王登临之处，确实应该从《度邑》，为"汾阜"。

"汾阜"的地望，存在两种意见。一种意见认为，"汾阜"在南阳襄城。卢文弨云："司马彪《续汉郡国志》：'襄城有汾丘。'案《左氏·襄十八年传》'楚子庚治兵于汾'，即此地也。"[2] 潘振云："汾，水名，襄城有汾丘，城在今河南南阳府裕府州南。土山曰阜。"[3] 梁玉绳也认为："即《郡国志》颍川襄城县之汾丘。"[4] 另一种意见则反对前一种看法，认为"汾阜"应当在山西。施彦士曰："襄城之汾在朝歌西南五百里，安得为近？汾埠当在今山西蒲州府东北二十里荣河县。商祖乙所都之耿，在今绛州西百里河津县。仅隔一水，故升阜以望之。"陈逢衡按："其曰汾之阜者，乃汾水上之阜，如汾阴脽之类耳。"[5]

陈逢衡所说的汾阴脽，《史记》之《封禅书》作"汾阴脽丘"，如淳曰："河之东岸特堆掘，长四五里，广二里余，高十余丈。"[6]是汾水南岸的一条狭长土丘。这条土丘在汉代具有特别重要的地位，《汉书·武帝纪》载："（元鼎）四年……立后土祠于汾阴脽上。"[7]

---

［1］［日］泷川资言：《史记会注考证》卷4《周本纪》，第262页。

［2］黄怀信、张懋镕、田旭东：《逸周书汇校集注（修订本）》卷5《度邑解》，第466页。

［3］黄怀信、张懋镕、田旭东：《逸周书汇校集注（修订本）》卷5《度邑解》，第466页。

［4］梁玉绳：《史记志疑》，第90页。

［5］黄怀信、张懋镕、田旭东：《逸周书汇校集注（修订本）》卷5《度邑解》，第466页。

［6］《史记·孝武帝纪》集解引，司马迁：《史记》卷12《孝武本纪》，第462页。

［7］班固：《汉书》卷6《武帝纪》，第183页。

则此处是汉代祭祀后土的处所。我们不知道汉武帝为何选择此处建立后土祠，但"汉元鼎汾阴得宝鼎，四年六月得宝鼎后土祠旁"，[1] 说明这里很可能是历代祭祀之地。武王作为新定天下的天子，所登的汾阜恐怕也不是一个普普通通土丘，很有可能就是这个汾阴睢。

汾阴睢的位置，据如淳注云："汾阴县在睢之上，后土祠在县西。汾在睢之北，西流与河合也。"[2]《水经注·河水》"（河水）又南过汾阴县西"郦注亦云："河水东际汾阴睢，县故城在睢侧。……《魏土地记》曰：'河东郡北八十里有汾阴城，北去汾水三里，城西北隅有睢丘，上有后土祠。'"[3] 则汾阴睢应当在汉汾阴县。汉汾阴县，唐开元十一年改为宝鼎县，即今山西万荣县宝井镇庙前村北。所以，武王"登汾之阜"的地点，应该就在今山西万荣。

此处紧邻河津，是渡河进入关中的交通要道。武王征伐了九牧之君，应该是在回军路上登临了汾阜。所以，战争就应该发生在黄河以东，也就是山西地区。武王克商后，对这里先代之后的人群进行了讨伐。

（三）"武王八年征伐郘"与战事时间

讨论武王克商以后的活动，最麻烦的方面在于需要面对复杂的西周年代学问题。以往之所以对武王时代的活动研究不多，很大程度上是因为在目前主流的西周年代学框架中，武王只有四年。但对于武王是否伐商后很快去世，也还是争议不小的问题。

新出清华简《郘夜》中的一条记载，也说明周武王伐商胜利以后，并不像以往认识那样很快就去世了，而且还曾对山西地区进行过征伐。其简文云：

---

[1] 阮元著，邓经元点校：《揅经室集》，北京：中华书局，1993 年，第 634 页。

[2] 司马迁：《史记》卷 12《孝武帝纪》集解引，第 462 页。

[3] 郦道元著，王先谦校：《合校水经注》卷 4 "河水"，第 57 页。

武王八年征伐郘，大戡之。[1]

沈建华对“武王八年”的解释最为详细。她认为，《郘夜》中的“武王八年”是“文王死后第二年，也是武王称位后的头一年”。[2] 武王即位，冒文王年，即不改元而仍沿用文王纪年。这种解释与学界对先秦王年理解的惯例有些不同。通常情况下，史书或金文记“某王某年”，都是以此王即位之年为元年，逐年后推。而此处对《郘夜》的解释，却是以先王统治中间的某一年作为时王的元年，这样的情况，尚无他例可循。分析起来，这样一种看法，可能是由于沈建华主张《郘夜》与《尚书·西伯戡黎》记载的为同一事件。而《西伯戡黎》云“西伯既戡黎，祖伊恐，奔告于王”，[3] 说明征伐发生在克商以前，那么“武王八年”的纪年也就必然要在克商以前。但若按传统方法推算，武王即位八年尚未克商，则与史书记载及学界目前的基本认识差距较大。所以，只能采取这样一种比较曲折的解释。

但是，“西伯武王说”自古以来就存在很大的争议。《西伯戡黎》中的“西伯”，传统上一直认为是周文王，直到宋代以后，才开始出现西伯不是文王而是武王的说法。此次《郘夜》简文问世，李学勤认为支持了武王说，同时也就推倒了《尚书》《左传》《史记》所记载的文王说。[4] 但《尚书》《左传》毕竟是一般认为可信度尚比较高的传世文献，根据出土材料直接否定之，学界自然会提出质疑。刘成群、王鹏程就梳理了宋儒提出“武王戡黎”说的学术脉络，指出在宋代以“理”解经的时代背景下，理学家只是因为经典提及文王仁德，

---

[1] 清华大学出土文献研究与保护中心编，李学勤主编：《清华大学藏战国竹简（壹）》，北京：中华书局，2010 年，第 150 页。

[2] 沈建华：《清华楚简“武王八年伐郘”刍议》，《考古与文物》2010 年第 2 期，第 102—104 页。

[3] 孔安国传，孔颖达疏：《尚书正义》卷 10《西伯戡黎》，第 177 页。

[4] 李学勤：《清华简〈郘夜〉》，《光明日报》2009 年 8 月 3 日。

就断定其不会做出反叛君主之事，说法本身就是没有依据的。[1] 而《耆夜》通篇也并没有明确可以用来否定文王曾戡黎的内容。从逻辑上看，刘、王二位的说法确有一定道理。

"西伯武王说"是以"文王受命改元"和"武王冒文王年"为前提的，但这两个前提都存在问题。虽然《诗》云"虞芮质厥成，文王蹶厥生"，[2]《史记》载"诸侯闻之，曰：西伯盖受命之君"，[3] 所谓"文王受命"在文献有一些痕迹，但"文王受命改元"的说法根本不见于先秦经书，而是由汉代纬书兴起的。其说始见于不知何人所作的《易纬》："文王受命，改正朔，布王号于天下。"[4] 由于郑玄注中相信这种说法，[5] 再加上晋皇甫谧在《帝王世纪》沿用此说，[6] 后世逐渐形成一定影响。但传统上，"文王受命改元"一直备受质疑。孔颖达、张守节均反对这种观点，张守节《史记正义》引孔颖达疏云："天无二日，土无二王，岂殷纣尚存而周称王哉？若文王自称王改正朔，则是功业成矣，武王何复得云大勋未集，欲卒父业也？《礼记大传》云：'牧之野武王成大事而退，追王太王亶父、王季历、文王昌。'据此文乃是追王为王，何得文王自称王改正朔也？"[7] 宋刘恕《资治通鉴外纪》中批评此说的史料来源则颇有见地："《易纬》称：'文王受命，改正朔，布王号于天下。'其书皆出西汉之末，

---

[1] 参见刘成群：《清华简〈乐诗〉与"西伯戡黎"再探讨》，《史林》2009 年第 4 期，第 140—145、161 页。王鹏程：《"清华简"武王所戡之"黎"应为黎阳》，《史林》2009 年第 4 期，第 146—150 页。

[2] 郑玄笺，孔颖达疏：《毛诗正义》卷 16 - 2《大雅·绵》，第 512 页。

[3] 司马迁：《史记》卷 4《周本纪》，第 117 页。

[4] 孔颖达《尚书正义·泰誓》疏引《易纬》。孔安国传，孔颖达疏：《尚书正义》卷 11《泰誓》，第 180 页。

[5] 郑玄注：《易纬乾元序制记》，《景印文渊阁四库全书》第 53 册，第 899 页。

[6] 《史记·周本纪·正义》引《帝王世纪》"文王即位四十二年，岁在鹑火，文王更为受命之元年，始称王矣。"徐宗元辑：《帝王世纪辑存》，第 85 页。

[7] 司马迁：《史记》卷 4《周本纪》，第 119 页。

瑰诡谲怪，不本经典，故学者惑焉，惟郑玄依而用之。"[1] 指出了此
说缺乏根据的问题。

近代以来，因为俞樾、王国维等学者仍持此说，故此说在学界还
有一定影响。俞樾《群经平议》："元祀者，文王之元年。上文曰
'肇我民在西土'，肇国者，始建国之谓也，故知是文王元年也。"[2]
王国维《周开国年表》"文王元祀"条正文引《酒诰》此句，其案文
考证云："余由经文决之，知……降命之命，谓天命。自人言之，谓
之受命。自天言之，谓之降命。'惟天降命'者，犹康诰'天乃大命
文王'。……'肇我民，惟元祀'是为文王受命之元祀。"[3] 可见，
俞、王同意这种看法，主要是因为《尚书·酒诰》中有"惟天降命，
肇我民，惟元祀"一句，认为此处的"元祀"就是指文王受命改元。
但即便是大师，于一篇中单独取出一句加以理解，也难免断章取义。
《酒诰》此句完整的内容为：

> 王若曰：明大命于妹邦。乃穆考文王，肇国在西土。厥告毖
> 庶邦庶士，曰越少正御事，朝夕曰："祀兹酒，惟天降命，肇我
> 民，惟元祀。天降威，我民用大乱丧德，亦罔非酒惟行。越小大
> 邦用丧，亦罔非酒惟行。"[4]

通读全段即可以看到，"惟元祀"句前后，通篇都是在讲周人对酒使
用的规则，强调只有在祭祀中才能有节制地使用，根本不是在讲文王
受命之事。所以，孔传释此句云："惟天下教命，始令我民知做酒者，
惟为祭祀。"孔颖达疏云："惟祭祀而用此酒，不常为饮也。所以不常
为饮者，以惟天之下教命，令我民知做酒者，惟为大祭祀。故以酒为

---

[1] 刘恕：《资治通鉴外纪》，《景印文渊阁四库全书》第312册，第693页。

[2] 俞樾：《群经评议》卷5，《续修四库全书》第178册，上海：上海古籍出版社，2002
年，第79页。

[3] 王国维：《观堂集林（附别集）》，第1141—1142页。

[4] 孔安国传，孔颖达疏：《尚书正义》卷14《酒诰》，第205—206页。

祀，不主饮。"更特解释"元祀"云："元祀者，言酒惟用于大祭祀。见戒酒之深也。顾氏云：元，大也。《洛诰》'称秩元祀'，孔以为举秩大祀，大刘以'元'为'始'，误也。"[1] 孙星衍也称："元，大也。"[2] 特别是大盂鼎出土后，其铭文更是印证了传统注疏对于《酒诰》的解释。[3] 所以，《酒诰》中的"元祀"，就是大祭祀的意思，确实与所谓文王改元无关，王国维在这个问题上，看法出现了偏差。

"武王冒文王年"的说法，则主要是依据伪孔传而成，依据也很薄弱。《泰誓》"惟十有一年，武王伐殷"，孔传云："周自虞芮质厥成，诸侯并附以为受命之年，至九年而文王卒，武王三年服毕，观兵孟津。"[4]《史记》《汉书》依此说法，称武王受命未改元，遂形成影响。这一说法，首先是文王受命改元的推衍，既然前面已明确了文王改元是妄说，那么武王冒文王年就失去了基本的前提。而所谓"十三年"，则完全是因为《泰誓》伪古文本身编造出现的问题，孔传不知经文有假，为求解释而曲意弥合。蔡沈《书集传》已指明其中的讹谬："孔氏言虞芮质成为文王受命改元之年，凡九年而文王崩，武王立二年而观兵，三年而伐纣，合为十有三年，此皆惑于伪《泰誓》之文，而误解'九年大统未集'与'观政于商'之语也。"[5] 而且，文王薨后武王改元在史料中是有反映的。《逸周书·柔武》篇："维王元祀，一月既生魄。"孔晁注云："此文王卒之明年春也。"[6] 可知武王是以即位之年为元年的。所以，陈逢衡就反对武王冒文王之年的说

[1] 孔安国传，孔颖达疏：《尚书正义》卷14《酒诰》，第206页。

[2] 孙星衍撰，陈抗、盛冬铃点校：《尚书今古文注疏》，第375页。

[3] 铭文讲王策命盂之前进行一番训诫，强调不能滥饮，"酒，无敢酖（鸠），有髭（柴）葊（烝）祀，无敢醻（酬）。"（《集成》2837）陈梦家指出，"《酒诰》是王引文王遗教诰戒康叔封，此鼎铭是王（康王）重复文王武王的遗教。"（陈梦家：《西周铜器断代》，第103页）两篇内容之间的联系为学界公认。

[4] 孔安国传，孔颖达疏：《尚书正义》卷11《泰誓》，第179页。

[5] 蔡沈：《书经集传》卷4《泰誓上》，《景印文渊阁四库全书》第58册，第67页。

[6] 黄怀信、张懋镕、田旭东：《逸周书汇校集注（修订本）》卷3《柔武解》，第251页。

法："曰惟王元祀，则武王即位改元，未尝上冒先君之年又可知。"朱右曾也认为："据此可知《史记》、《汉书》谓武王不改元之谬。"[1]其实，这个问题欧阳修有非常精彩的说法：

> 西伯即位已改元年，中间不宜改元而又改元；至武王即位，宜改元而反不改元，乃上冒先君之元年，并其居丧，称十一年；及其灭商而得天下，其事大于听讼远矣，而又不改元。由是言之，谓文王受命改元，武王冒文王之元年者，皆妄也。

蔡沈是唐以后《尚书》传注最为精当者，他对欧阳修这一论述大为赞赏，称"欧阳氏之辨极为明著"。[2]清代朴学家对先秦文献细考深究之后，也大都支持欧阳修、蔡沈的看法，《钦定书经传说汇纂》卷10按语云："谓文王受命改元、武王冒文王之元年者，皆妄也。"[3]所以，武王元年应该就是其即位之年，而武王八年，也就是即位后的第八年。

虽然文、武之交的年代记载比较混乱，但武王即位后的活动，顺序和间隔时间还是比较清楚的。《史记》载文王受命后九年，也就是武王称位后二年观兵孟津，再居二年而伐商，即武王即位后四年伐商。《逸周书》目次相连的四篇《大开武》《酆谋》《寤敬》《和寤》记载了武王与周公谋划伐商的过程，则先后经历了三年。黄怀信认为这几篇的年代基本一致，不晚于春秋中期，可能均本在《书》，全系删书之余。[4]此四篇开篇的文句，都与文章正文关系不甚紧密，似为一篇被拆解入各篇。首篇《大开武》云："惟王一祀二月，王在酆，密命。访于周公旦曰：'呜呼！余夙夜维商，密不显，谁和。'"[5]

---

[1] 黄怀信、张懋镕、田旭东：《逸周书汇校集注（修订本）》卷3《柔武解》，第251页。

[2] 蔡沈：《书经集传》卷4《泰誓上》，《景印文渊阁四库全书》第58册，第67—68页。

[3] 王项龄等：《钦定书经传说汇纂》卷10《泰誓上》，《景印文渊阁四库全书》第65册，第703页。

[4] 黄怀信：《逸周书源流考辨》，第103页。

[5] 黄怀信、张懋镕、田旭东：《逸周书汇校集注（修订本）》卷3《大开武》，第258页。

讲武王与周公始密命，之后《酆谋》《寤敬》《和寤》可联缀为："惟王三祀，王在酆，谋言告闻。王召周公旦曰：'呜呼！商其咸辜，维日望谋建功。谋言多信，今如其何？'周公旦曰：'时至矣。'乃兴师循故。"[1]"维四月朔，王告儆。召周公旦曰：'谋泄哉！今朕寤，有商惊余。'"[2]"王乃出图商，至于鲜原。召召公奭、毕公高。"[3]即武王三年图商之谋外泄，周遂起兵，则伐商不在武王三年即在四年。《帝王世纪》则载"武王四年，起师而东"，[4]也称武王四年伐商。既然如此，武王四年伐商问题不大，而武王八年是武王即位后第八年，那么就应该是在克商以后。

其实，武王伐郘与文王戡黎并不冲突。《尚书》并未记载文王戡黎的结果，从武王伐纣选取行程较远的南路而没有选择从黎出太行山自北面直接攻打殷都来看，文王时可能并没有有效控制黎国，所以，武王克商以后，才又再次伐黎夺取这个军事上的咽喉。无论如何，在材料还不够充分的情况下，可以不急于用《郘夜》否定传世文献的记载。而"郘"字及其地望，沈建华已经进行了很清楚的解释。她指出，"郘"字与甲骨文中的"旨"方的字形相同。[5]对旨，陈梦家隶定为"召"方，董作宾释为"黎之初文"，郭沫若改释为"犁之初文"。[6]杨树达、陈梦家都认为甲骨文中的旨方应该就是西伯戡黎的

---

[1] 黄怀信、张懋镕、田旭东：《逸周书汇校集注（修订本）》卷3《酆谋解》，第296—297页。

[2] 黄怀信、张懋镕、田旭东：《逸周书汇校集注（修订本）》卷3《寤敬解》，第303页。

[3] 黄怀信、张懋镕、田旭东：《逸周书汇校集注（修订本）》卷3《和寤解》，第330—331页。

[4] 《初学记》卷九引皇甫谧《帝王世纪》，见徐坚：《初学记》卷9，北京：中华书局，2004年，第205册。

[5] 沈建华：《清华楚简"武王八年伐郘"刍议》，《考古与文物》2010年第2期，第102页。

[6] 郭沫若：《释勹勿》，《甲骨文字研究》，《郭沫若全集·考古编》，北京：科学出版社，1982年，第85页。

黎国。[1] 可见，虽然沈建华认为"武王伐郘"与"西伯戡黎"是同一件事，但并没有将此作为解释召地位置的前提。郘、黎互通，完全是从文字学角度阐发的，是很有根据的。将武王伐郘的"郘"释做"黎"，从文字学的角度，完全没有问题。[2]

从地点本身的情况看，《郘夜》中的"郘"也只能是上党壶关的黎国。黎的地望，古书记载一共有四处。程恩泽在《战国策·赵策三》按语中进行过梳理：

> 黎有四：一在今山西潞安府壶关县，黎本国也。《郡国志》："上党郡壶关有黎亭，故黎国"，是。（注云："文王戡黎"，即此。按《路史》谓文王所戡之黎，《史记》作"肌"，即伊耆之耆，与此异。）一在今黎城县，晋所重立之黎国也。《郡国志》："潞县东北十八里，故黎国"，是。（《隋志》《括地志》《明一统志》并主此说。）一在今山东曹州府郓城县，黎侯寓卫地也。《地理志》："东郡有黎县"，是。一在今河南卫辉府浚县。《地理志》"魏郡有黎阳县"，是。[3]

因为重名复杂，后世注家不细加辨析，往往容易混淆。其中，东郡之黎与黎阳之黎最易混淆，《战国策·赵策》鲍注云："东郡有黎，即黎阳。"[4] 鲍彪就误认二者为一。而孟康对黎的认识更为糊涂，孟注《汉书·地理志》"东郡·黎"云："《诗》黎侯国，今黎阳也。"[5]

---

[1] 陈梦家：《殷虚卜辞综述》，第285—287页。杨树达：《积微居甲文说·释旨方》，上海：上海古籍出版社，2007年，第69页。

[2] 文献中"黎""耆"二字异文，顾颉刚等认为是商、周两族不同的方言音近假借所致，实际上更有可能是汉代今古文经的问题。这个字，今文系统一般都写作"黎"，而古文系统写作"耆"。《尚书·西伯戡黎》："西伯既戡黎。"孔安国、孔颖达也都直接做黎。而古文系统则用"郘"的异体"耆"，伏生《尚书大传》云："五年伐耆"，司马迁学古文于伏生，故《史记·周本纪》亦云："明年，败耆国。"

[3] 程恩泽：《战国策地名考》卷9，《续修四库全书》第423册，第39页。

[4] 诸祖耿：《战国策集注汇考（增补本）》，南京：凤凰出版社，2008年，第1009页。

[5] 班固：《汉书》卷28上《地理志》，第1558页。

一处注解就将东郡黎地、黎侯国、黎阳三处混在了一起。从这点看，研究中对黎位置认识存在一些偏差。

但实际上，地名是有时效性的。这四个黎，不仅地点不同，出现的时间也各不相同，有些不可能是商周之际的郇地。

其中，王鹏程提到的魏郡浚县之黎阳出现时间最晚，其记载不见于战国以前。至《战国策·赵策》："赵以公子郚为质于秦，而请内焦、黎、牛狐之城，以易蔺、离石、祁于赵。"[1] 注家基本认定为浚县黎阳。程恩泽引《元和志》云："其城本春秋时卫之新筑。"始建应该在春秋时期。[2] 但筑城后，其地可能一般不称"黎"，也不称"黎阳"，而称"白马"。如《战国策》中就几次提到白马，如"今秦以大王之力，西举巴蜀，并汉中，东收两周而西迁九鼎，守白马之津"。[3] 又如"决白马之口，魏无济阳"。[4] 而整本《战国策》中，则一次都没有出现"黎阳"。《元和郡县图志》云："白马故关，在县东一里五步。郦食其说高祖曰：'杜白马之津'，即此地也，后更名黎阳津。"后又曾称天津桥，在南北朝时，"高齐文襄征颍城，仍移济关于此，即造桥焉，改名白马关"，还曾将名字改回为白马关。[5] 《汉书·地理志》"魏郡·黎阳县"注引晋灼曰："黎山在其南，河水迳其北，其山上碑云：县取山之名，取水之阳，以为名也。"[6] 也就是说，黎阳之名很可能是在汉代置县时才取定的，武王时期还没有黎之称，也就不能用来解释武王伐郇的地点。

东郡之黎出现时间在春秋时期，是旧黎国被狄所灭后黎侯流亡的寓居之地。《诗·式微》序云"黎侯寓于卫"，《旄丘》序云："狄人

---

[1] 诸祖耿：《战国策集注汇考（增补本）》，第 1008 页。

[2] 程引此条，未见于中华书局版《元和郡县图志》，不知引自何版本。但程氏治《战国策》甚精谨，应言出有据。诸祖耿：《战国策集注汇考》（增补本），第 1010 页。

[3] 诸祖耿：《战国策集注汇考（增补本）》，第 961 页。

[4] 诸祖耿：《战国策集注汇考（增补本）》，第 1573 页。

[5] 李吉甫撰，贺次君点校：《元和郡县图志》卷 16《河北道一》，第 463 页。

[6] 班固：《汉书》卷 28 上《地理志》，第 1574 页。

迫逐黎侯，黎侯寓于卫。"毛传云："中露、泥中，二邑名。"又云："卫处黎侯以二邑，因安之而不归。"[1]《汉书·地理志》东郡有"黎县"，[2]《元和郡县图志》卷10河南道郓州"黎丘"条云："春秋时黎侯寓于卫，因以为名。"李吉甫认为其地卑湿，"泥中"即应与其有关。[3]《诗谱》次二诗于周桓王之世，当卫宣公时，则东郡之黎，其城的营造和得名，不会早于春秋。

　　同属潞州府的，有两个黎。一个在黎城县。此黎出现的时间，争议比较大。如《元和志》认为其出现在春秋时期，"潞州黎城县，故黎国。《春秋》曰：'荀林父灭潞，立黎侯而还'"。[4]是鲁宣公十五年晋灭潞子国在此复立的黎国。高士奇《春秋地名考略》则认为此黎出现更晚，为后魏新置，与晋复立黎国无关。[5]汉以后壶关成为上党郡治所，后魏时上党郡"徙治于羊肠坂，其地遂虚。今在壶关县东南五十里，后魏别置刘陵县于汉潞县地，云即黎城"。[6] 2007年，黎城县西关村西周中期墓地出土"楷侯"铭文铜器，考古学者认为此字右半为"皆"字异体，释此字为"楷"。并根据"皆"与"耆"属同一韵部，而认定此处"楷侯"即耆侯，也就是黎侯。[7]但是，作为国名的黎字由甲骨鬲字直接发展而来，并不是由耆字通假而成，且从字形看，楷右半从虎从名，与"鬲"字显然不同源。学者实际上是在后世的黎国与金文的楷字之间寻找解释，其说中间环节漏洞较多，恐怕还是欠妥。黎城大墓的发掘，说明《元和志》或《春秋地名考略》的说法是对的，黎城在西周时期是楷国的所在，可能也还没有黎城之名。

---

[1] 郑玄笺，孔颖达疏：《毛诗正义》卷2-2《式微》，《旄丘》，第305页。

[2] 班固：《汉书》卷28上《地理志》，第1558页。

[3] 李吉甫撰，贺次君点校：《元和郡县图志》卷10《江南道六》，第261页。

[4] 清武英殿聚珍版丛书本《元和郡县志》卷19《河东道六》，第5页。

[5] 高士奇：《春秋地名考略》，第576页。

[6] 李吉甫撰，贺次君点校：《元和郡县图志》卷15《河东道四》，第420页。

[7] 高智、张崇宁：《西伯既戡黎——西周黎侯铜器的出土与黎国墓地的确认》，《古代文明研究通讯》总32期，第48—50页。

另一个壶关县之黎，前文已经提到，出现最早，即甲骨文中的𢀛方。考其出现时间，至少在商代末年存在无疑。《西伯戡黎》孔传云："黎，在上党东北。"[1] 晋杜预《左传》宣公十五年注亦云："黎侯国，上党壶关县有黎亭。"[2] 到唐代，孔颖达《尚书正义》仍称："黎国，汉之上党郡，壶关所治黎亭是也。"[3]《汉书·地理志》"上党郡·壶关"应劭注曰："黎侯国也，今黎亭是。"[4]《续汉书·郡国志》上党郡"壶关有黎亭，故黎国"。[5] 这个黎国，经注和正史地理志系统基本上都没有异议。只有杨筠如《尚书覈诂》据文王平定虞芮等国顺序认为黎不得远在上党，提出西伯戡黎之地在新丰附近。[6] 其说又在近来研究中被提出，但其实顾颉刚、刘起釪在《尚书校释译论》中早已经充分反驳，[7] 这一说法基本是昧于当时地理情况的妄说。也就是说，在商周之际只有一个黎国，就是上党壶关，也就是太行山区的黎。所以，武王伐黎，也只能是这个黎国。

《左传》昭公四年载："商纣为黎之蒐，东夷叛之。"[8] 这一条材料，可能是造成后人对黎地认识产生歧见的重要原因。这条材料的转引和注解十分混乱，《韩非子》中作"黎丘之蒐"，[9]《史记》作"黎山之会"。[10] 东郡黎县，《元和郡县图志》载，也称"黎丘"，而汉代魏郡黎阳附近即有"黎山"。[11] 杜预注《左传》此条称："东夷

[1] 司马迁：《史记》卷4《周本纪》，第118页。

[2] 杜预注，孔颖达疏：《春秋左传正义》卷24，宣公十五年，第1887页。

[3] 孔安国传，孔颖达疏：《尚书正义》卷10《西伯戡黎》，第177页。

[4] 班固：《汉书》卷28上《地理志》，第1553页。

[5] 司马彪：《续汉书·郡国志》，范晔：《后汉书》志第23《郡国五》，第3522页。

[6] 杨筠如：《尚书覈诂》，西安：陕西人民出版社，2005年，第183—184页。

[7] 顾颉刚、刘起釪：《尚书校释译论》，第1060—1067页。

[8] 杜预注，孔颖达疏：《春秋左传正义》卷42，昭公四年，第2035页。

[9] 王先慎撰，钟哲点校：《韩非子集解》卷3《十过》，第62页。

[10] 司马迁：《史记》卷40《楚世家》，第1704页。

[11] 李吉甫撰，贺次君点校：《元和郡县图志》16《河北道一》，第261页；卷10《河南道六》，第462页。

国名也。"[1]《史记集解》引服虔注亦云："黎，东夷国名也，子姓。"[2] 从杜、服二氏的认识看，似乎东郡黎县地更接近东夷地区。但竹添光鸿、杨伯峻则都认为此处黎是与宣公十五年狄所灭黎为同一地，即上党壶关之黎侯国。[3] 这条材料究竟哪里出现了问题，目前还看不清楚，注家的说法也很难采择，最好暂时悬置，避免其扰乱我们对黎地的认识。

可见，目前对于《郮夜》研究的文章，在时间地点问题上本身都存在一些自相矛盾的地方。通过对问题脉络的梳理，分析事件的时空逻辑，我们知道，"武王八年"应该是在克商以后，而征伐对象也只能是上党壶关的黎国。而《郮夜》并非指《尚书·西伯戡黎》中所记的战事，而是记载了武王克商后一次重要的军事行动。但征九牧之君的征伐发生在灭商后二年，而这次征伐发生在灭商后四年，似乎在暗示，武王对晋南地区的征伐持续了比较长的时间，也许二年的战争并没有完全解决问题，所以，两年之后，又再次讨伐。但似乎经过克商后二年的讨伐，周人已经控制了汾涑之间的地区，所以克商后四年的这次讨伐，地点更偏东，深入到了太行山腹地。

灭商只是一役，在战役完成后，周王朝如何确立统治，对于中国历史的意义不比灭商战役本身小。《史记》云："武王克纣，天下未协而崩。"[4] 克商战役后，周人面对的是由政治传统不同、政治倾向各异的不同区域构成的"天下"。如何对这样一个复杂的局势实现有效控制，周武王当时一定是有一番考虑和行动的。但由于有关武王克商后活动的文献记载太少，从传统学说到近年的夏商周断代工程，又都

---

[1] 杜预注，孔颖达疏：《春秋左传正义》卷42，昭公四年，第2035页。

[2] 裴骃：《史记集解》，《史记》卷40《楚世家》，第1704页。

[3] ［日］竹添光鸿：《左氏会笺 下》第二十昭公一，（景印）汉文大系，台北：台湾新文丰出版公司，1978年，第7页。杨伯俊：《春秋左传注》，昭公十七年，第1386页。

[4] 司马迁：《史记》卷130《太史公自序》，第3307页。

倾向于武王克商后不久即病逝，所以，已有研究会有意无意地忽略武王时期，对于武王的政策设计和统治措施的研究也非常少。即使文献中涉及的蛛丝马迹，也往往被混入之前伐商战役或之后的周公成王东征战事中，这样一段重要时期就被湮灭了。《班夜》的出土让我们知道，武王克商以后，曾经对山西地区进行了经营，为我们重新思考武王伐商后的经略活动提供了一个重要的支点。而山西在政治、军事上的特殊地位，又使这个问题对于西周史研究意义特别重大。

（四）武王经略后的晋南封国

1. 霍太山地姜姓诸国：吕、申

师尚父封吕，郦道元认为在河南南阳宛县西。[1] 这一说法与春秋时期吕国的位置相符，虽然《续汉书·郡国志》中提出新蔡说，[2] 但南阳说还是占据主流。至近代，钱穆提出《左传》中晋有"吕甥"，其后有"吕相"，说明山西有吕地，"四岳姜姓，其先居于晋，则断可言者"。[3] 陈槃也同意钱说，认为吕的发祥地在今山西南部，以霍太山为中心，其后乃向东南移殖，而岳神之崇拜遂亦转移于中岳嵩山，是即所谓"惟岳降神，生甫及申"者也。[4] 高士奇《春秋地名考略》载"霍州西三里有吕乡，西南十里有吕城"，所以吕国的始封有可能是在山西霍县。[5]

姜姓人群的活动区域在关中、晋南一带。姜，金文写作"𦭞"，

[1]　"梅溪又经宛西吕城东。《史记》曰：吕尚先祖为四岳，佐禹治水有功，虞夏之际受封于吕，故因氏为吕尚页。徐广《史记音义》曰：吕在宛县。"郦道元著，王先谦校：《合校水经注》卷31，第461页。

[2]　司马彪：《续汉书·郡国志》，范晔：《后汉书》志第20《郡国二》，第3424—3425页。

[3]　钱穆：《周初地理考》，《燕京学报》第十期，1931年。

[4]　陈槃：《春秋大事表列国爵姓及存灭表撰异（三订本）》，第822页。

[5]　高士奇：《春秋地名考略》卷4，第533页。

陈梦家等学者对甲骨文进行研究，认为姜与羌同源。[1] 羌，甲骨文写作"𦍌""𦍌"等。[2] 姜姓出于西戎，《后汉书·西羌传》载："西羌之本，出自三苗，姜姓之别也。"[3] 《左传》襄公十四年姜戎氏子驹说晋惠公云："我诸戎是四岳之裔胄也。"[4] 《国语》《诗经》等也记有姜姓出于四岳的说法。[5] 钱穆认为岳即山西境内之霍太山。[6] 《史记集解》引孔安国说法："太岳在太原西南。"[7] 《史记索隐》谓："岳，太岳，即冀州之镇霍太山也。按《地理志》，霍太山在河东彘县东。"[8] 《史记正义》引《括地志》称"霍太山在沁州沁原县西七八十里"，即今山西临汾霍县东霍山附近。[9] 《左传》昭公四年云：

> 四岳、三涂、阳城、大室、荆山、中南，九州之险也。

杜注解云"三涂"在陆浑县南（今河南嵩县），"阳城"在阳城县东北，"大室"在阳城县西北，"荆山"在新城浕乡（湖北浥县一带与河南交界），"中南"在始平武功县西。[10] 可见"九州之险"的范围就在豫西渭南群山之中，所以"四岳"也应在这一范围内。

---

[1] 陈梦家《殷虚卜辞综述》："由于羌人作为牺牲的事实以及羌方地望的推测，我们以为羌可能与夏后氏为同族之姜姓之族是有关系的。"（第 282 页）王襄《簠室殷契类纂》："古羌字。许说西戎牧羊人也，从人从羊，羊亦声。或释姜。"（第 19 页）饶宗颐："知《诗》之《姜嫄》所谓'爰及姜女'即为羌人也。"

[2] 刘钊、洪飏、张新俊编纂：《新甲骨文编》，福州：福建人民出版社，2009 年，第 239—241 页。

[3] 范晔：《后汉书》卷 87《西羌传》，第 2869 页。

[4] 杜预注，孔颖达疏：《春秋左传正义》卷 32，襄公十四年，第 1956 页。

[5] 《诗·大雅·嵩高》"唯岳降神，生甫及申"。郑玄笺，孔颖达疏：《毛诗正义》卷 18 - 3《崧高》，第 565 页。

[6] 钱穆：《周初地理考》，《燕京学报》第十期，1931 年。

[7] 司马迁：《史记》卷 2《夏本纪》，第 53 页。

[8] 司马迁：《史记》卷 2《夏本纪》，第 53 页。

[9] 司马迁：《史记》卷 2《夏本纪》，第 53 页。

[10] 杜预注，孔颖达疏：《春秋左传正义》卷 42，昭公四年，第 2033 页。

　　传统上，学者们多根据《尚书·召告》《洛诰》以及《逸周书·作雒》等，认为武王选定、成王营建了东都洛阳。但此外还有一种说法，依据《左传》定公四年"夏墟"，认为夏人所居在黄河以北的汾水流域。而何尊铭文中的"中国"，也有观点不做实指的"天下之中"而泛指"中原"解。《淮南子·氾论训》中对于武王建都有另外一种说法，以往没有引起注意。其文云："武王克殷，欲筑宫于五行之山。"[1] 顾炎武认同《淮南子》的这种说法，在《天下郡国利病书》中谈到上党壶关时称："自商封同姓为侯，壶即在其境内，乃固党恶，西伯首戡之。克商之后，又欲筑宫于五行之山，睠睠于上党不置者可见。"[2] "五行之山"在何处，《淮南子》高诱注云："今太行山也，在河内野王县北。"[3] 郦道元《水经注》云："沁水又东，倍涧水注之，水北出五行之山，南流注于沁水。沁水又东，邢水注之，水出太行之阜。山即五行之异名也。"[4]《禹贡锥指》"太行、恒山至于碣石入于海"胡渭云："太行，一名五行山。"[5] 太行山在今山西、河北二省交界，此山实起于济源，自河南怀庆府，入山西泽州，迤而东北跨陵川壶关、平顺、潞城、黎城、武乡、辽州、和顺、平定、乐平以及河南之辉县武安，直至井陉、获鹿诸州县界中，延袤千余里。太行山山体宽大，西麓在山西境内延展颇深。

　　武王曾希望在太行山一带定都，虽然乍听起来与传统认识有很大距离。但实际上，恰恰也能够与《度邑》的记载相吻合。《度邑》中武王描述国都的理想区域时称：

---

［1］何宁：《淮南子集释》卷13，北京：中华书局，1998年，第951页。

［2］顾炎武：《天下郡国利病书》（稿本），四部丛刊三编史部，第17册《山西》，第120页。

［3］何宁：《淮南子集释》卷13，第951页。

［4］郦道元著，王先谦校：《合校水经注》卷9"沁水"，第150页。

［5］胡渭著，邹逸麟整理：《禹贡锥指》卷11上，上海：上海古籍出版社，2006年，第349页。

> 我南望过于三涂，我北望过于有岳，丕愿（顾）瞻过于河，
> 宛瞻于伊洛，无远天室。[1]

"三涂"，杜预注云："在河南陆浑县南。"[2] 以往多根据"伊洛"
"宛""天室"等判断，认为"宛"指南阳，武王所选都即在洛阳。
对于"三涂"，服虔有另外一套说法。《左传》昭公四年《正义》引
服虔云"三涂，大行、轘辕、崤渑也"，孔颖达疏"谓三涂为三处道
也"，[3] 认为"三涂"是三处通道，并非一座山。这三条通道分别在
太行山、崤山、邙山内，与洛阳都有一定距离。从句法上看，"宛"
则应与"愿（顾）"相同，都是对"瞻"的形容，而不是地名。朱
右曾即据《诗·秦风·蒹葭》"宛在水中央"，郑笺释为"坐见貌"，
即依稀仿佛可见之意。[4] 所以，武王划定建都的区域，就是向南以
"三涂"为界，向北以"有岳"为界，背后以黄河为界，依稀仿佛能
看到伊洛水，距离天室不远的地方。"有岳"，陈逢衡云："岳即太岳，
在今山西霍州东南。"认为即霍太山，但朱右曾云"司马贞以为太行
山，在怀庆府河内县北"，则认为是太行山。[5] 虽然太行山南北走
向，也有山体在其东北方，但霍太山距离更近，且在文献中一直有太
岳之称，似乎陈逢衡的意见更为合理。

如果"三涂""有岳"都指太行山，那么武王的叙述是以他所立
地点万荣附近的汾阜为基准的，汾阜紧邻的是古称"西河"的黄河南
北向河段。武王应该是背西而立，面向太行山，他画出的范围，也就
是霍太山—太行山—中条山—西河（黄河）之间的一片区域，这片区

---

[1] 黄怀信、张懋镕、田旭东：《逸周书汇校集注（修订本）》卷 5《度邑解》，第
481 页。

[2] 杜预注，孔颖达疏：《春秋左传正义》卷 42，昭公四年，第 2033 页。

[3] 杜预注，孔颖达疏：《春秋左传正义》卷 42，昭公四年，第 2033 页。

[4] 朱右曾：《逸周书集训校释》卷 5《度邑》，第 72 页。

[5] 黄怀信、张懋镕、田旭东：《逸周书汇校集注（修订本）》卷 5《度邑解》，第 482—
483 页。

域刚好也正是"夏墟"的范围。

晋南是西周的全国性祭祀中心，区域内有一些小国，被认为可能是专司神守。如俞樾、章太炎、杨向奎等最初指出西周存在"神守之国"，就是因为注意到了沈、姒、蓐、黄诸国司祀汾水的材料。除此之外，汉武帝时在汾阴设后土之祭，可能也与当地自古以来存在相关传统有关。绛县横水墓地发现以后，马保春认为衡水墓地的倗族为"河宗"的后代，为神守之国。[1] 很可能在此之前，已经是商人祭上帝天神的一个专门场所。在商周的祭祀方式中，山川是重要的降神工具。张光直曾经谈道："毫无疑问的，山是中国古代巫师的天梯或天柱。"[2] 要联系已经在帝廷的祖先，巫师要"通过高山而进入神界"，所以祭祀活动要在山附近举行。商人定都在华北平原南部，附近的高山就是西侧的太行山系、太岳山系，这两条山系中，后世记载与祭祀活动关系最密切的是太岳山系的霍太山，很可能此山就是商人用以沟通上帝天神的天梯。《史记·赵世家》云："晋大旱，卜之曰：霍太山为祟。使赵凤招霍君于齐，复之以奉霍太山之祀。"[3]《左传》注："永安县东北有霍太山。"[4] 在今霍州。《尔雅·释地》云："西方之美者，有霍山之多珠玉焉。"[5]《读史方舆纪要》："盖霍山崎岖险峻，介并、晋二州之间，实控厄之要矣。"[6] 霍地一直有大邑彘。厉王奔彘，并一直住在彘邑，此地绝非荒僻之所。

［1］马保春：《山西绛县横水西周墓地倗国大墓的相关历史地理问题》，《考古与文物》2007 年第 6 期，第 37—43 页。

［2］张光直：《青铜挥麈》，上海：上海文艺出版社，2000 年，第 319 页。

［3］司马迁：《史记》卷 43《赵世家》，第 1781 页。

［4］杜预注，孔颖达疏：《春秋左传正义》卷 11，闵公元年，第 1786 页。

［5］郭璞注，邢昺疏：《尔雅注疏》卷 7，第 2615 页。

［6］顾祖禹撰，贺次君、施和金点校：《读史方舆纪要》卷 39"山西一"，第 1786 页。

西周姜姓国家表

序号	国　家	地　　点	附　　注
1	有邰	陕西咸阳武功或山西运城闻喜	姜嫄母家
2	州	陕西省内（宗周畿内）	炎帝后
3	姜戎	山西北部	四岳后，陆浑之别部
4	吕	山西临汾霍山	
5	申	山西临汾霍山	伯夷后？（一说太姜后）
6	许	河南许昌市	
7	甫	河南南阳市	宣王时徙封
8	申	河南南阳市	宣王时徙封
9	齐	山东临淄市	吕所徙封
10	纪	山东潍坊寿光	
11	鄣	山东泰安东平	齐附庸，原本任姓国，齐灭以封同姓
12	向	山东日照莒县	齐附庸
13	淳于	山东潍坊安丘	炎帝后

2. 运城—临汾盆地姬姓诸国：焦、霍、杨、魏、韩

《左传》襄公二十九年文中："虞、虢、焦、滑、霍、杨、韩、魏，皆姬姓也。"[1] 这应该是武王时期对于晋南经略的结果。

焦，《汉书·地理志》"弘农郡·陕"自注："有焦城，故焦国。"[2]《续汉书·郡国志》"弘农郡·陕"条云"有焦城"，自注云："故焦国，《史记》曰武王封神农之后于焦。"[3]

---

[1] 杜预注，孔颖达疏：《春秋左传正义》卷39，襄公二十九年，第2006页。

[2] 班固：《汉书》卷28上《地理志》，第1549页。

[3] 司马彪：《续汉书·郡国志》，范晔：《后汉书》志第19《郡国一》，第3401—3402页。

据《逸周书·世俘》载武王伐商时"陈本命荒新蜀磨至，告禽霍侯、俘艾佚小臣四十有六"。朱右曾云："霍侯都磨。"[1] 则商末似即有一霍国，商周易代时，被武王派兵伐灭，之后另封姬姓。[2] 霍国邻近山西霍山，属于晋南诸国之一。《左传》闵公元年载："晋侯作二军，……以灭耿灭霍。"杜预注："永安县东北有霍大山。"[3] 永安县，汉属河东郡，魏晋属平阳郡。杨伯峻注此条云："霍，故城在今霍县西南十六里。"[4] 即今山西临汾霍州。霍州位于临汾盆地的北部边缘，与霍太山山地诸姜姓封国紧邻。

杨，《汉书·地理志》"河东郡·杨"，颜师古注引应劭云"杨侯国"。[5]

魏，《汉书·地理志》"河东郡·河北"，自注云："《诗》魏国，晋献公灭之，以封大夫毕万，曾孙绛徙安邑也。"[6] "魏国，亦姬姓也，在晋之南河曲，故《诗·魏风》曰：'彼汾一曲''置诸河之侧'"。[7] 自唐叔十六世至献公，灭魏以封大夫毕万，灭耿以封大夫赵夙，及大夫韩武子食采于韩原，晋于是始大。

韩，地望历来说法很多，地点间跨度也比较大。武王之子所封的韩国的地望，最主要的有三种说法，一是郑玄因《诗·大雅·韩奕》开篇"奕奕梁山"中梁山"在左冯翊夏阳西北"，认为韩国当在陕西同州韩城县。[8] 二是王符《潜夫论》中根据"溥彼韩城，燕师所完"一句认为

[1] 卢文弨《汇校》："此句旧本同，卢校改'告禽霍侯、艾侯，俘佚侯小臣四十有六'。庄校作'告禽霍荒侯，俘小臣是十六。'顾校依《路史》'艾'下增'侯'字。"黄怀信、张懋镕、田旭东：《逸周书汇校集注（修订本）》卷4《世俘解》，第431页。

[2] 《左传》僖公二十四年："管、蔡、郕、霍……文之昭也。"杜预注，孔颖达疏：《春秋左传正义》卷15，僖公二十四，第1817页。

[3] 杜预注，孔颖达疏：《春秋左传正义》卷11，闵公元年，第1786页。

[4] 杨伯峻：《春秋左传注》，闵公元年，第258页。

[5] 班固：《汉书》卷28上《地理志》，第1550页。

[6] 班固：《汉书》卷28上《地理志》，第1550页。

[7] 班固：《汉书》卷28下《地理志》，第1649页。

[8] 郑玄笺，孔颖达疏：《毛诗正义》卷18-4《韩奕》，第570页。

韩国应与燕国相邻，而提出河北涿郡方城说。[1] 郦道元《水经注》、[2] 顾炎武《日知录》中均采用此说。[3] 第三种说法是崔述、朱右曾所持的山西芮城县韩亭说。朱右曾曰："《诗》之韩与《左传》之韩异，而具与今陕西之韩城县无涉。"[4] 崔述认为河西无晋地，而《左传》记载"荀、贾、焦、杨，不知何年并于晋"。[5]《左传》僖公十五年记秦晋韩原之战，杜预于"涉河，侯车败"后注曰："秦伯之君涉河，则晋侯车败也"，认为秦人涉河而战，那么韩地当在河东。[6] 僖公二十四年"邘、晋、应、韩，武之穆也"杜注亦云"四国皆武王子，韩国在河东郡界"，更明确提出武王之子的韩国在河东。[7]《诗·韩奕》中对韩侯的赐命，马瑞辰在《毛诗传笺通释·韩奕》中说："宣之赐命已为徙封之韩。"[8] 他也认为韩本封并不与燕相邻，而是后来徙封至河北地区的。《续汉书·郡国志》："河东郡河北县有韩亭"，[9] 汉之河北县即今山西芮城县，江永则认为在今山西河津、万泉县之间，[10] 与韩城隔河相对，《中国历史地图集》即采用此说。[11] 沈长云分析后

---

[1]《潜夫论》曰："昔周宣王时，有韩侯，其国近燕。故《诗》云：'普彼韩城，燕师所完。'其后韩西亦姓韩，为卫满所伐，迁居海中。"

[2]《水经注·圣水》："圣水迳方城县故城北，又东南迳韩城东。《诗》：'溥彼韩城，燕师所完。王锡韩侯，其追其貊，奄受北国。'"郦道元著，王先谦校：《合校水经注》卷12"圣水"，第201页。

[3] 顾炎武：《日知录》卷3"韩城"，顾炎武著，黄汝成集释：《日知录集释》，第166—168页。

[4] 朱右曾：《诗地理征》五"韩"，上海：上海古籍出版社，1996年，第711页。

[5] 崔述：《崔东壁遗书 唐虞考信录》卷三"舜体国经野上""奕奕梁山"，上海：上海古籍出版社，1983年，第88页。

[6] 杜预注，孔颖达疏：《春秋左传正义》卷14，僖公十五年，第1805页。

[7] 杜预注，孔颖达疏：《春秋左传正义》卷15，僖公二十四年，第1817页。

[8] 马瑞辰撰，陈金生点校：《毛诗传笺通释》卷27《大雅·韩奕》，第1005页。

[9] 司马彪：《续汉书·郡国志》，范晔：《后汉书》志第19《郡国一》，第3398页。

[10] 江永：《春秋地理考实》卷1，《景印文渊阁四库全书》第181册，第269页。

[11] 谭其骧：《中国历史地图集》第一册，第17—18页。

西周山西地区封国表

序号	国名	姓	始　封　地	徙　封　地	始封君或族属
1	吴	姬	山西运城平陆	江苏镇江丹徒	太王子太伯
2	虞	姬	山西运城平陆		仲雍后虞仲
3	茅	姬	山西运城平陆	山东济宁金乡	周公子
4	郜	姬	山西运城平陆？	山东菏泽曹、成武之间	文王子
5	芮	姬	山西运城芮城		
6	韩	姬	山西运城芮城县	河北廊坊固安	武王子
7	魏	姬	山西运城平陆、芮城间		
8	荀	姬	山西运城新绛、临猗之间		文王子
9	耿	姬	山西运城河津		
10	晋	姬	山西临汾曲沃、翼城一带	春秋穆侯迁山西运城翼城（故绛，孝侯改名翼城），景公迁山西临汾侯马（新田，也称新绛）	武王子叔虞
11	霍	姬	山西临汾霍州		文王子叔处
12	沈	姬	山西汾水流域	河南驻马店汝南、平舆	
13	贾	姬	山西临汾蒲县		叔虞子公明
14	齐	姜	山西临汾霍州	山东临淄	太公望
15	申	姜	山西临汾霍州	河南南阳市	伯夷后？（一说太姜后）
16	吕	姜	山西临汾霍太州	河南南阳市	
17	杨	姞	山西临汾洪洞		
18	倗	？	山西运城绛县		
19	霸		山西临汾翼城		

认为二说难以采择，似应以芮城说更为可信。[1] 而后来，韩国徙封
至河北涿郡的方城，留居河西的韩国则在春秋初年为晋国所灭。[2]

前文提到，在叔虞封唐之前，晋西南、晋南的国族至少有唐、怀
姓九宗、夏遗民、有戎氏、傅说傅岩地、虞芮魏、耿、董、贾、姞姓
杨国、霍、条、驺台之后沈、姒、蓐、黄、先方、韦等。到了周代，
晋南旧族减少了很多，最突出的就是看不到最著名的两个族群了。一
个是尧族群，其后唐国，即生活在汾水流域，近年考古界也认为，襄
汾陶寺遗址与尧族群有关。尧后所在，一云蓟，一云祝。蓟，《史记
集解》引《地理志》云："燕国有蓟县。"即今北京市内。[3] 祝，
《史记正义》引《左传》云："'祝其，实夹谷。'杜预云：'夹谷即祝
其也。'服虔云：'东海郡祝其县也。'"[4] 即今江苏赣榆县西北。
另一个是舜族群，最初活动于运城蒲坂一带。《史记·周本纪》[5]
《礼记·乐记》[6] 两处皆云舜后所封于陈，《史记正义》引《括地
志》云："陈州宛丘县在陈城中，即古陈国也。"[7] 即今河南淮阳县。
总之，从文献上看，尧、舜之后的封国，周代都不在晋南了。

尧后本有国在晋南，称唐，唐国为何在晋南消失，《史记·晋世
家》："武王崩，成王立，唐有乱，周公诛灭唐。"[8] 认为是周公时诛
灭的。但铜器晋公蓋的铭文有："隹王正月初吉丁亥。晋公曰：我皇
且郘公，□受大命，左右武王，□□百蛮，广治四方。至于大廷，莫

---

[1] 沈长云：《西周二韩国考》，《中国史研究》1982 年第 2 期，第 135—138 页。

[2] 《左传》襄公二十九年："虞、虢、焦、滑、霍、扬、韩、魏，皆姬姓也，晋是以
　　大。若非侵小，将何所取？武、献以下，兼国多矣，谁得治之？"杜预注，孔颖达
　　疏：《春秋左传正义》卷 39，襄公二十九年，第 2006 页。

[3] 今地名据正史地理志及历代地理总志考证，具体考证部分由于篇幅原因暂略。以
　　下同。司马迁：《史记》卷 4《周本纪》，第 127 页。

[4] 司马迁：《史记》卷 4《周本纪》，第 127 页。

[5] 司马迁：《史记》卷 4《周本纪》，第 127 页。

[6] 郑玄注，孔颖达疏：《礼记正义》卷 39《乐记》，第 1542 页。

[7] 张守节：《史记正义》，司马迁：《史记》卷 4《周本纪》，第 127 页。

[8] 司马迁：《史记》卷 39《晋世家》，第 1635 页。

不来王。王命唐公，□宅京师，□□晋邦。"（《集成》10342）其中鄎公即晋始封祖，"受大命"应该就是后面所说受王命为国君，在受封时，他已经可以"左右武王"，铭文中所缺二字应该可以与后面"广司"相对，大体为讨伐、控御之意，这样一来，晋的始封情况，与文献所说成王封于襁褓而叔虞为成王弟的说法就相差很多。此篇铭文是后代晋公自述其祖先功业，又铸于祭祀祖先的宗庙彝器之上，应该有比较高的可信度，对于传统文献的说法能够构成一定冲击。[1] 如果晋之始封在武王时期，那么旧唐国的伐灭，很可能就是在武王时期。

从前述的诸般行动看，晋南地区是武王返回西土后重点经略的地区。在克商成功到周公东征之间的数年里，这个地区原有的族群变动较大。在武王时代，一批姬姓封国进入运城盆地。而周文化进入后，考古学文化的面貌一直比较纯净，维持着典型周文化的形态，其中原因应当不仅是前文引孙华所说由于晚商晋陕高原南下族群与当地土著间长期的军事争斗造成了本地族群消亡，"周初分封唐叔虞等到晋南等封国之时，当地固有的文化传统早已中断，分封到晋南的周人带去的自己的文化没有当地的文化渗透其中，因而汾河流域与渭河流域的周文化才显得格外单纯"。[2] 武王时代对于当地旧族进一步的伐灭及整理，应当也是重要原因。

以晋中盆地的南部边缘灵石旌介墓地及遗址为例，也可以看到这个过程。李伯谦将旌介村墓地一类遗存称为商文化的"旌介类型"，其文化内涵由殷墟文化、陕西关中地区青铜文化和以石楼—绥德铜器群为代表的晋陕高原青铜文化构成。[3] 墓葬年代在商代末期前后，下限不晚于周成王时期晋国建立之时。遗址年代与墓葬同时。墓地出

---

[1] 亦参见任伟：《西周封国考疑》，第 92 页。

[2] 孙华：《安阳时期商王朝国家的政治版图——从文化分域和重要遗存的角度来考察》，《古代文明》第 10 卷，第 160 页。

[3] 李伯谦：《从灵石旌介商墓的发现看晋陕高原青铜文化的归属》，《商文化论集（下）》，北京：文物出版社，2003 年，第 491 页。

土铜器中绝大多数有"丙"族徽。孙华认为这些"丙"铭铜器不大可能是墓主在灭商过程中获得的战利品。[1] 何景成则认为丙族应当是商王的同姓宗族，入周后其铜器多出土于陕西长安一带，可知丙族在灭商后离开了灵石地区，"很可能在灭周的过程中受到过较大的打击，其部分族属迁至长安一带，臣服于周王朝，有部分成员还任职于周王朝"。[2] 旌介丙族的这一变化，可以理解为印证武王时期对晋南旧族征伐、迁离的一个实例。总体看，武王阶段，晋南地区族群及其政治态度上的重置程度是属于比较高的。

三、对黄河（西—南河）两岸旧族区的经略

《左传》僖公二十四年列数周王室所出封君，文王诸子之国有管、蔡、郕、霍、鲁、卫、毛、聃、郜、雍、曹、滕、毕、原、酆、郇，后世毛、毕、原、酆、郇在畿内，其余在畿外。[3] 还有武王之子四国，周公之子六国，称"邘、晋、应、韩，武之穆也；凡、蒋、邢、茅、胙、祭，周公之胤也"。[4] 其中武王子封国地点皆在宗周畿外。周公诸子中立封国者，凡、茅、胙、祭在宗周畿内，蒋、邢在畿外。

（一）嵩山山地姬姓诸国分布区：康、匽、郜

康地的所在，《路史·国名纪》云"康，《姓书》：'康叔故城在颍川'"，[5]《括地志》云"故康城在许州阳翟县西北三十五里"，[6] 顾颉刚、刘起釪等学者认为这些说法大致可信，康地应该在

---

[1] 孙华：《安阳时期商王朝国家的政治版图——从文化分域和重要遗存的角度来考察》，《古代文明》第10卷，第158页。

[2] 何景成：《商周青铜器族氏铭文研究》，济南：齐鲁书社，2009年，第128—140页。

[3] 杜预注，孔颖达疏：《春秋左传正义》卷15，僖公二十四年，第1817页。

[4] 杜预注，孔颖达疏：《春秋左传正义》卷15，僖公二十四年，第1817页。

[5] 罗泌：《路史》卷28《国名纪五》，《景印文渊阁四库全书》第383册，第342页。

[6] 李泰著，贺次君辑校：《括地志辑校》卷3，第160页。

河南禹县、临汝之间。[1] 河南平顶山一带，是周初姬姓封国始封密集的地区，鲁、郿、应等国家始封地都在这一地区。这一现象也已经引起了学者的注意，王晖就认为武王在世时所选择东都就在这个地区内，而为了拱卫东都，武王还在这一地区分封了多个姬姓封国。[2] 康也可能就是其中的一个。

《史记·燕世家》记载召公封燕，长久以来此说很少受到怀疑。[3] 至近代，傅斯年首先提出了对于燕国始封地点的质疑。在《大东小东说》一文中，他认为鲁、燕、齐三国的始封地点均在成周以南的平顶山地区，而由于周公东征后的统治需要，这三个国家分别徙封至后来各自所在的地点。他从金文中北燕的国号"燕"均写作"匽"一事思考，认为"燕既本作郾，则与今河南之郾城，有无关系，此可注意者。在汉世，郾县与召陵县虽为颍川汝南二郡，然土壤密迩，今郾城实括故郾召陵二县境。近年郾城出许冲墓，则所为召陵万岁之许冲，固居今郾城治境中。曰郾曰召，不为孤证，其为召公初封之燕无疑也"。[4] 陈槃尊其师说，也认为河郾城为燕国始封地。[5] 陈恩林师与傅斯年的观点一致，只是对于在封燕以前，也就是武王时期，召公是否已经受封，陈师并未提及。[6] 从整体看，从傅斯年开始的燕（匽）由郾城得名说，证据和逻辑都是比较清楚的。

沈钦韩《汉书疏证》引《路史·国名纪》，称登封有废郜城，为古郜国，但没有举出明确的佐证，而且《路史》本身所载，他也认为是有自

[1] 顾颉刚遗著：《三监人物及其疆地——周公东征史事考证之一》，《文史》第22辑，第5页。刘起釪：《周初的"三监"与邶鄘卫三国及卫康叔封地的问题》，《历史地理》第2辑，上海：上海人民出版社，1982年，第74页。

[2] 王晖：《周武王东都选址考辨》，《中国史研究》1998年第1期，第20页。

[3] 司马迁：《史记》卷34《燕召公世家》，第1549页。

[4] 傅斯年：《大东小东说——兼论鲁齐燕初封在成周东南后乃东迁》，第55页。

[5] 陈槃：《春秋大事表列国爵姓及存灭表撰异（三订本）》，第120页。

[6] 陈恩林师：《鲁、齐、燕的始封及燕与郿的关系》，《历史研究》1996年第4期，第15—23页。

相矛盾的地方。[1]《左传》成公十三年吕相绝秦时讲"入我河县，焚我箕、郜"，[2] 晋地亦有郜。山西之郜，与箕地相邻，为晋国邻近黄河的城邑。《读史方舆纪要》载箕山在解州平陆，则郜也应在其附近。[3] 沈钦韩《春秋左氏传地名补注》认为郜在今浮山县南，距离平陆较远，似为不确。[4] 晋地之郜的确切所在，还有待进一步考证。嵩山山地有郜，则争议不大。

前面我们曾提到，王晖曾经提出，武王时选定的东都并不是后来的洛阳，而是禹县，故而在其周围分封众多封国加以拱卫，鲁山、郦城正是嵩山山地姬姓诸国分布区（以下简称"嵩山区"）的重要地点。

（二）沿黄河各渡口姬姓诸国分布带：虞、虢、芮、茅、滑、蒋

姬姓虞国，传世文献载其位于晋、虢之间的交通要道之上。《左传》僖公五年，晋献公假道于虞，伐灭虢国。[5] 西周的虢国有东、西之分，晋献公所灭为西虢，始封于陕西宝鸡一带，两周之际迁至今河南陕县与山西平陆交接的黄河两岸，始都下阳，即山西平陆县大阳之南，后迁上阳，即河南陕县。1957 年以来，在陕县上村岭发现了春秋虢国墓地，其中有虢国太子大墓，证明文献记载的虢国所在地正确。[6] 而晋献公灭虢后，"师还，馆于虞，遂袭虞，灭之，执虞公及其大夫井伯"，[7] 那么虞国的位置，必然是在上阳与晋的国都绛之

---

［1］沈钦韩：《汉书疏证》卷 8 "郜子"条，上海：上海古籍出版社，2006 年，第 238 页。

［2］杜预注，孔颖达疏：《春秋左传正义》卷 27，成公十三年，第 1912 页。

［3］顾祖禹撰，贺次君、施和金点校：《读史方舆纪要》卷 41 "山西三·平阳府"，第 1912 页。

［4］沈钦韩：《春秋左氏传地名补注》，《丛书集成初编》第 3048 册，北京：中华书局，1983 年，第 71 页。

［5］杜预注，孔颖达疏：《春秋左传正义》卷 12，僖公五年，第 1795 页。

［6］中国科学院考古研究所：《上村岭虢国墓地：黄河水库考古报告之三》，北京：科学出版社，1959 年。

［7］杜预注，孔颖达疏：《春秋左传正义》卷 12，僖公五年，第 1796 页。

间。有学者认为此即吴国最初的建国之处。[1] 而文王时"虞芮质厥成"[2] 的古虞国和芮国，则或灭或迁，难以详考了。[3] 东虢的位置，《汉书·地理志》载"东虢在荥阳"，[4] 清人认为即清"开封府汜水县东十里近荥阳界"。[5] 其地今属郑州。

《括地志》云："茅津及茅城在陕州河北县西二十里。"[6] 程公说《春秋分记》提出，茅戎可能是姬姓国君统治下的一支戎人。[7]

滑在浚滑之地，是渡河之处。《春秋》庄公三年冬："公次于滑。"杜注曰："滑，郑地，在陈留襄邑县北。"[8]《后汉书·郡国志》："襄邑，有滑亭。"[9] 顾栋高《春秋大事表》："案《后汉·志》襄邑有滑，此杜氏所本也。今归德府睢州有滑亭。"[10] 竹添光鸿《左传会笺》亦用顾说。[11] 滑应在今河南省安阳市滑县，后迁至费，即偃师。

蒋国的始封地，据《太平寰宇记》"开封府尉氏县"条云："蒋城，在县西五十里。"[12] 此蒋城似应为蒋国的始封地。

这些国家位于出关中南渡黄河的交通要道，扼守各个黄河渡口，这样一个战略地位如此重要的地区，姬姓周人必然需要可以信任的人

---

[1] 童书业：《春秋左传研究》，第32页。

[2] 郑玄笺，孔颖达疏：《毛诗正义》卷16-2《绵》，第512页。

[3] 近年来陕西韩城出土一批有"芮"字的青铜器，学者认为西周的芮国在韩城。如此，则与芮国在芮城的记载不合。且文献记载韩城为梁国，此处情况还有待进一步材料的出现才能断明。

[4] 班固：《汉书》卷28上《地理志》，第1549页。

[5]《史记·殷本纪》"帝仲丁迁于隞"，司马贞《索隐》引《括地志》云"荥阳故城，在郑州荥泽县西南十七里，殷时隞地也。"江永：《春秋地理考实》卷1，第251页。

[6] 李泰著，贺次君辑校：《括地志辑校》卷3，第114页。

[7] 陈槃：《春秋大事表列国爵姓及存灭表撰异（三订本）》，第1091—1096页。

[8] 杜预注，孔颖达疏：《春秋左传正义》卷8，庄公三年，第1763页。

[9] 范晔：《后汉书》志第21《郡国三》，第3447页。

[10] 顾栋高：《春秋大事表》卷7《春秋列国都邑表》，第750页。

[11]［日］竹添光鸿：《左氏会笺 上》，第三庄公三年，第4页。

[12] 乐史：《太平寰宇记》卷1"河南道一"，第14页。

来控制。所以，武王伐纣后，形成一个沿黄河各渡口的姬姓封国分布带是势所必然。

第四节　东征前的封国地理格局

在西周王朝的历史上，武王是一个非常重要的人物。但传统的西周史叙述中，对于武王克商之役的描述较多，而对于当役之后施行褒封的具体情况描述很少。武王褒封，集中在晋南与黄河两岸，形势上主要是对商末政治格局的延续。

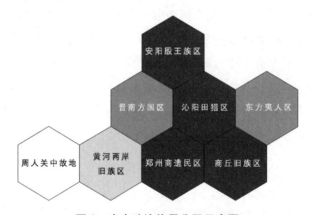

图 8　商末政治格局分区示意图

武王克商后的褒封，虽然影响了区域政治态度上的一些倾向，但并未打破既有的区域单元，也基本没有改变区域内的族群成分与文化属性。由于这一阶段的文献史料稀少，目前对于这些区域人群族属、政治态度方面的认识，多依据各地考古学文化的发现与研究。但由于遗存的局限性，一些既有认识可能相对简单。

孙华文中即提出，在以安阳为中心的殷墟文化衰退的时期（也就是商代末年），商王朝内政治实体的倾向是非常复杂的，与考古学文化呈现出的表面现象并不简单对应。有些地区政治上已经与商王朝对

立，但考古学文化面貌却与安阳中心相同。有些地区虽然政治上从属
于安阳中心，但考古学文化面貌却与安阳中心不同。还有实际政治或军
事控制权仍然以安阳为中心，但文化分布状况已经很不明朗甚至没有殷
墟文化分布。"这种文化分布与政治版图不一致的现象，说明了文化物
质表层与相关的人们行为和事件的文化中层不一定正好对应。"[1] 这
确实是值得深入思考的现象。即商末各区域族群在文化与日常生活上
呈现的面貌是多元的，而考古学文化上的"亲商"与否，与政治态度
上的"亲商"与否，可能不是一致的，甚至可能是正相反的。在理解
成王周公东征前的政治地理格局时，也要综合各种角度来理解各个区
域的族群属性和政治态度。

一、周人关中故地

前文已经谈到，周人的故地以关中西部为主体，在灭商前，关中
故地的族群包括姬姓周人、姜姓戎人以及"密须"或"阮"等这一
地区的其他族群。从武王克商后的分封情况看，关中西部的岐山周原
一带，姬姓周族及与其通婚的姜姓戎人中，有些成为封君，有些可能
是族内平民，他们仍然在当地生活。关中西部，尤其是周原地区，进
一步稳固着周王室政治根基。

但伐纣胜利也给这个地区带来了一些变化。原本生活在大邑商的
商族被迁移至此处，首领、族众甚至该族所拥有的一些手工业者，可
能都迁入了周原。所以，这一时期关中地区在考古学文化面貌上也相
应出现了一类与先前居住在周原一带的姬姓周人及其通婚的异姓族群
有明显区别的遗存。[2] 但孙华指出过一个重要现象，即克商以前关

---

[1] 孙华：《安阳时期商朝国家的政治版图——从文化分域和重要遗存的角度来考察》，
　　《古代文明》第 10 卷，第 174 页。
[2] 孙华：《安阳时期商朝国家的政治版图——从文化分域和重要遗存的角度来考察》，
　　《古代文明》第 10 卷，第 170 页。

中地区虽然在考古学面貌上呈现为多文化交互的状态，但其政治上其实几乎完全从属于商王朝。[1] 这个道理同样适用于克商以后的关中西部地区。虽然此时考古学文化中出现了带有商因素的异质文化，但在政治上却是完全受控于姬周王室的。

而关中东部地区，在商代末年发生了文王迁都于沣、武王迁都于镐两次重大政治事件。姬周王室的权力枢纽进入这一地区，对于区域内的族群必然产生了直接影响。从一般历史经验来看，当地土著族群或者被剿灭，或者选择合作。从前文看，武王在晋南方国区和黄河两岸旧族区，既有大行褒封，也有翦除剿灭，那么在关中东部若存有土著旧族，上述两种情况都可能出现。不过这个地区武王时期的史料阙如，同期的考古发现也非常少，目前实在无法叙述这一阶段的族群关系与政治态度的活态。

换一个角度看，作为周天子的统治根基，关中故地对于西周政治地理结构—过程分析的意义，政治态度其实并不是核心问题，空间规模与繁荣程度才是与王朝政治直接相关的视角。从这两个方面看，不论武王克商后对旧族政策如何，关中故地都是有条件获得显著发展的。

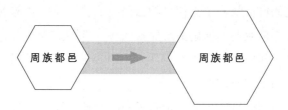

图 9　周人关中故地东征前政治态度趋势示意图

二、安阳殷王族区

商王政事田猎区，在克商后分化成四个相对独立的政治区：安阳

---

[1] 孙华：《安阳时期商朝国家的政治版图——从文化分域和重要遗存的角度来考察》，《古代文明》第 10 卷，第 135 页。

殷王族区、郑亳商遗民区、商丘旧族区和沁阳田猎区。其中，安阳殷王族区，北界大致为长治、安阳之间的太行山陉道，南界为大伾山、黄河故道北折处，东界为北流黄河故道，西界为太行山。此处是太行山东麓的一片二级台地，太行山岩脉断裂形成若干东西向"陉"谷，太行山内水源汇聚入谷形成河道，向东穿过此台地汇入黄河故道，山前的冲积扇到黄河故道之间的这片台地海拔、纬度都适中，水草丰茂，物产富足。太行山内主要陉谷也是晋南盆地与雁北族群东出的必经之路，这片区域在军事上实际是受太行山诸陉口控制的。顾炎武《日知录》"西伯戡黎"条所云：

> 以关中并天下者，必先于得河东。秦取三晋而后灭燕、齐，符氏取晋阳而后灭燕，宇文氏取晋阳而后灭齐。故"西伯戡黎"而殷人恐矣。[1]

顾氏指出，周人想灭殷商，必须先得山西。周克商只是一役，周人实现对全国的控制，不是一役能解决的。所谓"西伯戡黎"，就是控制区域内最重要的军事要塞壶关。太行—中条山以北的地形居高临下，其军事威胁悬于整个中原之上，特别是对于晚商王畿所在的大邑商周边地区。武王时期的征伐以及随后的分封，改变了华夏地区传统族群分布形态，也改变了军事地理格局。如果之前没有有效控制晋南到大邑商之间的交通线，没有蒲津到壶关便利的交通线和居高临下的地利，周公成王很难迅速平定三监叛乱并进一步东征。

这片区域虽然是克商战役的主战场，但却是战役之后周人未直接建立尺寸之封的特殊之地。自盘庚以后，商王族及其各分支子族、附属势力经营近三百年，虽然克商后周武王设三监，但也只是通过褒封合作的方式遥控，灭其国而不绝其祀，武庚仍然是商族的"王"。而在这片商族政治势力和文化传统最强势的地区，这种合作的办法最终还是没有成功。不久以后，动乱爆发，姬周王室不得不通过又一次的军事行动来重建政治秩序。

---

[1] 顾炎武著，黄汝成集释：《日知录集释》卷2《西伯戡黎》，第81页。

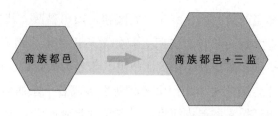

图 10   安阳殷王族区东征前政治态度趋势示意图

三、郑州商遗民区

郑州商遗民区西界在荥阳黄河渡口西侧的嵩山余脉。东界到开封附近古菏水入济水之处与商丘旧族区之间，以后世名为蒙泽的大片泽薮相隔。北界为黄河。南界由于南部是大片平原，因而模糊不清，大致是在颍水、汝水中游一带。商人的旧都敖、郑亳都在这个区域内，今郑州市区所在的早商重要都城郑亳是区域中心。

理解这个区域晚商政治态度最主要因素，自然是要联系到东北的安阳殷王族区。但是，理解这个区域文化面貌要考虑的，则主要是西侧的黄河两岸旧族区。在人群和族属上，郑亳周边虽然还是以商人为主，商文化也占有绝对优势，以至于入周以后当地的陶鬲还长时间呈现为商文化陶鬲的状态，但同时，区域内也还存在莘、桧、缯这样的旧族。

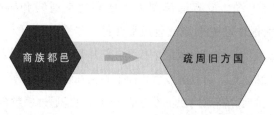

图 11   郑州商遗民区东征前政治态度趋势示意图

四、商 丘 旧 族 区

商人的旧都亳，是区域的中心。晚商时期，这个地区的地表状态与水环境与现代有比较大的差别。此区水泽环伺，西界为蒙泽，北界为菏泽，东界为大野泽，区域南界虽然比较模糊，但也是低湿之地，处于古淮水下游尾闾的北岸，大致在沙水、涡水中上游一带。这个区域与郑亳区有一定相似性，都是旧都。但二者的自然地理环境有一定区别。郑州商遗民区邻近山地，地势略高，周围是平原。商丘旧族区则是大泽环绕，地势低洼，其中心商丘是水泽湿地中略高的一片地区。但由于区位的问题，文化面貌比郑州商遗民区还要复杂，是晚商文化面貌最复杂的地区。

商丘旧族区东接东方夷人区，这个区属商文化，但却并不属商族群；西接文化混杂的郑州商遗民区；北侧连接沁阳田猎区的东小区；南侧连接文化面貌不明确的南方。虽然水泽环绕，但交通并不闭塞，反而是车马、舟楫兼通的通道地区。这片区域东通东夷，南接徐夷，而且也是驾舟往来的吴越之人北上可达之地。多元族群交往，多样物资流动，经济复合度高，这里是华夏地区东侧最重要的通道地带，其交通区位之重要，可与西侧的信阳通道并肩。湖沼大泽的自然环境，也使得当地生计方式比较复杂。遗憾的是，由于材料原因，学界对于这类环境条件地区商周时期生产生活的细节方面，目前了解很少，探索这类地区人群活动及文化特点的办法也十分有限。而且，由于后世黄河反复夺济、夺淮，这个区域在后世历史上长期是黄泛区，底层淤积深厚，遗迹现象难以发现和辨别。所以，这个地区又是最复杂、最具研究价值而目前研究也最难展开的地区之一，很多情况我们都无法呈现。

宋所在的商丘，虽然并不是商王朝末年最重要的政治和经济核心区，但毕竟是商人曾经的亳都，也是比较大的聚邑。康叔徙封至卫，对安阳地区进行统治，而偏南的旧都商（宋），周王朝则仍然选择商王族的后裔来管理。有学者认为，周王朝后来封国的位置都是围绕宋国部署、为了建立对宋国的包围圈设计的。这种看法对东征后微子所领顺服商人的力量也许有些高估，但这个区域的发达程度，以及在交通上的重要性，确实值得重视。

商人在这片区域活跃的时间，并不比郑州商遗民区晚多少，甚至还可能更早，之后虽然迁离，但区域内应当还有与商族关系密切的人群活动。但这里的族群面貌是复杂的，当地还有杞、薛、铸、甲父等旧族。这些旧族中甲父族源不明，杞自称是姒姓禹夏之后，薛、铸自称任姓黄帝后裔，都是血统高贵的华夏旧族。从武王褒封的情况看，这些旧族也都应具备一定的实力，在商末政治态度上比较中立。武王克商取胜后，当地旧族与周的态度比较合作。也正因有这样的政治环境，在武庚叛乱后，周公成王才有可能将微子所领的归顺商遗民徙封至此。

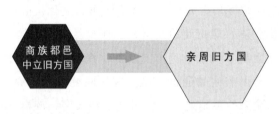

图 12　商丘旧族区东征前政治态度趋势示意图

五、沁阳田猎区

这个区域，东端与安阳殷王族区大致以大伾山、黄河故道北折处为界，西端到济水上源、王屋山，北界为太行山—云台山，南界为黄河，是一片半月形的平原地带。

这片区域还可以分成东、西两个小区。偏东的小区以今新乡为中心，这片区域东北侧是所谓"九河"地带，黄河摆动频繁，自然条件差，没有十分大型的聚落。南接的郑州商遗民区和商丘旧族区，都是故都所在，晚商时代在经济上也并不是十分突出。而东接的东方夷人区，倒是既有经济实力又有军事实力，直接影响了后面周王朝政治地理的发展走向。东小区晚商的族群与文化面貌目前不太清楚，但可以知道，在新乡周围，存在着陈、南燕等旧族，也有邓这类商外封的贵族，政治形态还是比较复杂的。最重要的是，这个地带是后世所谓

"小东"与"大东"之间的连接地带，是大邑商与东方夷人区之间的通道，日后三监叛乱联合东夷，这个地区是否配合就颇为关键。

偏西的小区，区域中心在今天的沁阳—温县一带，周围的自然环境优越、大型聚落密集。这里是晋南商代重要城址——垣曲商城东出孔道上的第一处大聚落，也是晋南高亢之地的大聚落晋城南下进入平原地带的第一站，向南则正对洛水入黄河处的巩义。巩义是黄河大渡口所在，也是西行洛阳的交通枢纽。晚商时期，沁阳周边地区与大邑商在政治上联系应该是相当密切的，在考古学文化面貌上也应当呈现的是比较单纯的商文化。

这个区域是晚商时期商王朝最直接统治的地区，区域内族群与子姓商王族之间渊源深厚，互相合作也有长久传统。武王伐纣胜利后，对陈、南燕、邓等旧族实施的褒封，更大程度上应该是势均力敌的政治实体之间的暂时和解。在不久之后，西周王朝出现政治意外，商人反抗，从其后的态势看，这个地区的褒封诸国虽然距离最近，似乎没有成为周族在军事上的依靠。所以周公只能亲征，坐镇此地，靠周族自己的军事力量收服小东，平定大东。这样看来，当地传统旧族在克商之初政治态度上的中立、暧昧与摇摆应当是明显的。

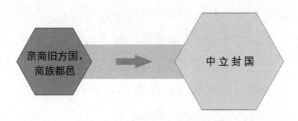

图13　沁阳田猎区东征前政治态度趋势示意图

六、晋南方国区

晋南的自然地理条件很有特点，既表里河山自成一体，又以狭窄的通道四出联系周边。这个地区与四周的安阳殷王族区、沁阳田猎区、郑州商遗民区、黄河两岸旧族区、关中故地几个区之间，都有大山或大河形成天然区隔。其北界，依据刘绪老师的说法，应该是到太岳山，太岳山以南属于周王朝的统治范围，太岳山以北文献没有记载，遗址也没有发现，西周时期可能还未直接处于王朝控制下。[1]在这种环境中，相对封闭的状态会一定程度上限制人群流动，形成一些比较稳固的当地传统旧族。另一方面，晋陕高原的族群可以沿着山西地堑系盆地中间的裂隙南下进入晋南，与当地族群展开文化交流。而同时，黄河龙门以下的一连串大渡口，又将渭水流域的关中故地、黄河两岸旧族区连接起来，通过交通线形成人群之间十分密切的交往与流动。所以，汾河谷地与渭水河谷之间的文化面貌能够呈现相当的一致性，与豫北黄河两岸也会表现出一定同质性。同样，太行山南端的陉谷，成为晋南与安阳殷王族区、郑州商遗民区及沁阳田猎区之间的通道，也使得商势力长期控制着这一地区。从文献中的信息和各种逻辑来看，晚商到周初的晋南，文化是复杂的，族群是多元的。

这也决定了晋南地区在王朝更替之际政治上的态度也会是比较复杂的。虽然我们并不清楚，在武王克商出兵及回军的过程中，晋南旧族采取了怎样的态度，因为材料阙失恐怕很难得知了。但从武王的回军路线看，大邑商—晋南—关中这条交通线是通畅的，那么其中最重要的中段——晋南，当地的族群最起码在克商后对周人是合作的态度。而武王出于更长远的考虑，在回军后对晋南族群采取了强势态度，迁出旧族，封入多个直系的姬姓、姜姓封君，自此以后，晋南成为文化面貌十分纯净的周文化区之一。周武王能完成这种转变，晋南同关中之间原本就存在的深刻的文化联系是基础，周人在克商前后强大的武力也是必要条件。

---

[1] 刘绪老师：《西周疆至的考古学考察——兼及周王朝的统治方略》，北京大学出土文献研究所编：《青铜器与金文》第 1 辑，第 265—268 页。

西周历史有一些基本特征，我们在研究中不能忽视。一是上古时代政治生活中浓重的神权色彩，二是商、周之间政治、文化传统的继承和变革。西周政治地理问题需要放到准确的时代背景和事态逻辑下去理解。建国之初，作为西方小邦的姬姓周人，直接面对的问题不只是军事上的，也有文化上的。西周王朝需要将这些族群纳入权力结构，使其随着西周王朝政治节奏运转。若只是承认其土地民人，任其自然发展，这些国族还是游离于国家政治之外的不稳定因素。要实现对新获地区的有效控制，并非简单的羁縻能够实现。

周武王对于晋南的经略和分封，就是出于上古政治的特殊必要性。唐晓峰曾经谈道："因为夏朝影响力的强大，其发祥的汾运盆地便成为法统观念上的崇高区域，在当时的'天下'也就具备了特别的政治意义。商人灭夏，定要翻越中条占有汾运盆地，意义不仅是获得这块肥田沃土，还要在法统地理观念上最后征服夏人。"[1] 周人在文化方面受商的影响比较大，这样的观念传统也自然影响到周人。武王克商后，重视象征正统王权的圣地。在商周时代，权力有浓烈的原始性，所谓"正统"，很大程度上来源于神授。所以，区域中一些山川，会在自新石器时代以来众多族群的各种祭祀仪式中形成神圣性。其中晋南的霍太山作为"岳"，在华夏区域内无疑是最具传统的祭祀对象。所以，东征前，武王重视对此处的控制，在附近设置了数量不少的姬姓封君。

经过武王的整理，晋南地区在政治态度上发生了颠覆性的变化。这个原本的亲商旧方国区，在诸多周人方国进入后，成为亲周的地区，并且区域内部还可以细化为运城盆地姬姓封国区和霍太山地姜姓封国区两个小区。这两个小区内都是来自关中的人群，政治上都与西周天子王室关系十分密切。

---

[1] 唐晓峰：《人文地理随笔》，北京：生活·读书·新知三联书店，2005年，第112页。

图14　晋南方国区东征前政治态度趋势示意图

七、黄河（西—南河）两岸旧族区

这个区域应属多文化并存区，区域内考古学文化面貌和政治态度都比较复杂。区域西侧以狭窄通道与关中连接。北侧邻晋南，虽然有中条山阻隔，但中间有多个隘口可通行。从考古学上看，豫北、晋南从新石器时代起长期为同一文化区，在晚商文化面貌上，应当也一定程度延续了这一传统。东侧则连接郑亳区。周边都是复合型的区域，这个区的性质也基本与周边一致。南边则连接文化面貌比较模糊的南方。这个区是夏政权的中心区，入商后也没有完全变为商族势力深入的地区，在这里传统的华夏旧族很多。这个地区没有典型的殷墟四期遗存出土，也就意味着商人没有在这片地方直接设置据点。这个地区原本也不属于姬姓。从文献上看，商末在这里生活的人群，与讲述禹的事迹为祖先故事的族群关系更紧密，所以，在入周以后的历史叙述中，这个地方称作"夏"。

王晖曾根据《逸周书·度邑》及出土的何尊铭文，指出《逸周书·度邑》中的"有夏之居""毋远天室"以及何尊铭文中"余其宅兹中国"，认为武王、成王对东都选址的意见其实不同。武王希望将都城建在"天下之中"，选定的新都不是后来伊水与洛水之间的成周洛阳，而是位于嵩山南麓的阳翟。他提出："武王曾以'居易无固'否定了在伊水北岸建都的可能性，提出'有夏之居'的设想。"只是由于武王很快去世，才没有实现。[1]　正如王晖所说，"后来文献与传注常把武王选都与成王建都混而为一，以至于又是曲解《度邑》之文，抹杀了武王与成王、周公在不同时期不同条件下所选东都的区别"。[2]

无论武王对东都选址的想法究竟如何，他对"有夏之居"的重视是毋庸置疑的。这片地方存在文化上具有相当正统性的中原旧族，他们虽然不像东夷族群那样高度"商化"，多数保存自身的相对独立性，但他们也并不与商人对抗，而是以子姓商王族为中心的商王朝的组成部分。当西土的姬姓周族与大邑商政权之间形成对抗之势后，这个区域夹在二者之间，成为政治上的缓冲地带。

武王克商后，这个地区出现了一系列的姬姓封国，成为东征前姬姓封国数量最多的地区。这些封国沿黄渡口分布，既控扼着交通节点，也占据着自古为当地旧族所熟垦的富庶农地。克商前后，这个族群复杂、文化深厚的地区，倒是族群与政治态度上都发生了比较显著的变化。

图 15　黄河（西—南河）两岸旧族区东征前政治态度趋势示意图

八、东方夷人区

孙华根据济南大辛庄遗址的文化结构和族群关系分析外来商人与当地夷人政治关系的可能性，他指出"不外乎两种可能"，一种是商人与夷人混杂于同一邑聚中，反映的是彼此合作的关系，包括通婚关系。另

---

[1]　王晖：《周武王东都选址考辨》，《中国史研究》1998 年第 1 期，第 14—24 页。

[2]　王晖：《周武王东都选址考辨》，《中国史研究》1998 年第 1 期，第 14 页。

一种则是商人通过军事等手段强制夷人在他们的邑聚中从事劳役等，土著夷人地位低下。因为在大辛庄遗址中没有发现像样的夷人墓地和墓葬，所以后一种可能性比较大。大辛庄遗址虽然不一定能代表整个鲁北地区，更不能代表整个山东地区，但大辛庄遗址阶段"商王朝在鲁北地区的强势移民和这种移民据点的长期存在"，对认识商王朝中央与这一地区的政治关系会有帮助。[1] 从这个阶段起，商王朝在鲁北地区政治上相当强势，一些当地旧族已经直接受外来商族统治，为其提供资源和服务。

到殷墟晚期，济南大辛庄遗址衰落，但在更东、更深入山东半岛的淄、淅河流域，总体趋势是商代晚期遗存增加，且还出现了像青州苏埠屯、寿光古城等大型邑聚。孙华认为青州苏埠屯墓地最高墓葬的级别超越了商王以下的最高级别贵族，这种现象是鲁北地区商文化遗存所属族群僭越的表现，也就是说，苏埠屯及其相关遗址应当是"安阳晚期叛变了的原先商王朝统治东方的一个社群的中心"，当地东夷受到这个中心的节制。虽然文化上已经"商化"，但他们在政治上是背离商王朝的。[2] 李伯谦的观点则与之不同，他认为这种情况应当是帝乙、帝辛两代商王均率军征伐世居东方的人方获得胜利，商人势力进一步巩固和扩张的结果。在晚商，这个地区在政治上还是亲商的。[3]

这两种看法都有一定道理。从后来当地的政治走向看，无论晚商时当地族群亲商与否，其与商人之间的历史渊源和经济联系都远比与周人密切。从这个角度，可以将其定性为一个"亲商"之地。武王克商后，对这些远古人群的后裔予以承认和保存，并没有影响当地的社会结构和文化结构。所以，在东征前，这里还是亲商地区，政治态度上没有发生根本变化。

---

[1] 孙华：《安阳时期商朝国家的政治版图——从文化分域和重要遗存的角度来考察》，《古代文明》第10卷，第141页。

[2] 孙华：《安阳时期商朝国家的政治版图——从文化分域和重要遗存的角度来考察》，《古代文明》第10卷，第147页。

[3] 李伯谦：《从灵石旌介商墓的发现看晋陕高原青铜文化的归属》，《商文化论集（上）》，北京：文物出版社，2003年，第491页。

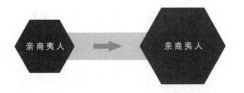

图 16　东方夷人区东征前政治态度趋势示意图

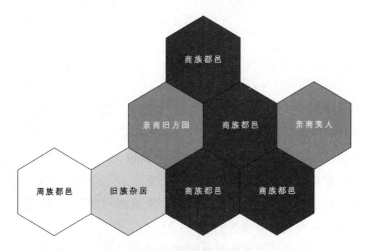

图 17　商末各区政治态度示意图

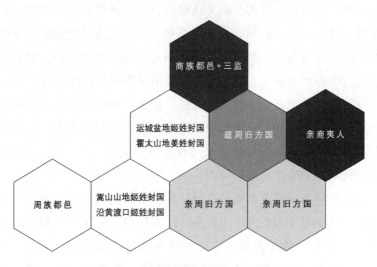

图 18　东征前各区政治态度示意图

第三章 徙　封

成王以后封国地理的动态过程

周公成王的平叛、东征历来被看作是确立姬周王朝统治的关键。通过平叛、东征，周人统治办法的雏形初步呈现。这种办法，在后来漫长的历代王朝中备受推崇，在经典中被称为"周礼"。但"周礼"在后来被附加了太多的解释，概念过于复杂。若以现代史学的表达方式，周人的这套制度办法，可称之为"姬周型制度"。"姬周型制度"的两大核心是分封制与宗法制。

不过，同历代王朝制度成型都需要过程一样，"姬周型制度"的基本原则和关键设计由周公成王确定后，在后来的运作和调整中才逐渐完善。徙封是奠定西周分封制的关键环节。封国位置的调整不仅进一步从地理上改变了长期以来中原及周边传统族群的分布，更重要的是在过程中逐渐形成了一套周人应对大地域国家的制度办法。

徙封活动的出现，源自三监叛乱。这是一场超出武王设计的政治意外。这场意外引发了连锁反应，武王时期以维持、合作、防御为主的封国格局随平叛和东进的战争进程而发生调整，"徙封"成为成王以后西周封国历史的一项重要内容。

随着西周王朝的政治地理进程，原本商末的区域结构继续向新格局演化。其中最突出的几个变化是：1. 安阳殷王族区和郑州商遗民区发展成"小东"姬姓封国区。2. 东方夷人区发展成为"大东"姬、姜及亲周异族的杂居区。3. 王畿以南地区（汉水中下游、淮河中上游）发育为疏周异族杂居区。4. 南方据点回撤后，"南阳"（南阳盆地）成为亲周异姓的封国集中区。

第一节　政治意外重塑小东：成康时期

本节标题所称的"小东"地区，大致范围为古黄河荥阳以下河道两岸，太行山东麓二级台地，北界为燕山，南界为荥泽，东界为黄河古河道，西界为太行山。"小东"是周代就已经成形的地域概念，见于《诗经》。《诗·小雅·大东》开篇云："小东大东，杼柚其空。"[1] 周代不仅有"小东"，还有"大东"。在现代汉语中，"东"常用来指方向，而在与西周地理相关的文献中，"东"在很多情况下却是专指一处地方。孙诒让认为"东"是殷所统旧地的一部分。他在《周书斠补·作雒》篇中谈道："建管叔于'东'为一监，'东'，在殷之东也。"[2] 在《邶鄘卫考》中，孙氏进一步申发："《周书》就方域约略区之为二，曰殷，曰东。"[3] 按照孙诒让的意见，商时已有一片地区称"东"，邻近殷，是管叔之所封。[4] 殷，就是大邑商，即

---

[1] 郑玄笺，孔颖达疏：《毛诗正义》卷13-1《大东》，第460页。

[2] 孙诒让：《周书斠补》卷2，第106页。

[3] 孙诒让：《籀庼述林》卷1，《孙诒让全集》，北京：中华书局，2010年，第9页。

[4] 关于"管"地位置的记载不多。"管"地位置，主要有两种不同说法。一种说法认为管在黄河以北的安阳附近，紧邻大邑商。《汉书·地理志》中记为"庸，管叔尹之。"清人陈奂《诗毛氏传疏》云"庸在朝歌东矣"。管、东、庸为同一地，在朝歌城东。《逸周书·作雒》云"建管叔于东"，称管叔封于"东"，同篇又云："俾康叔宇于殷，俾仲旄父宇于东"，郭沫若考证仲旄父即伯懋父，懋、牟、髦、旄同组，而幽、宵音近，应即同一字，"仲"盖"伯"字之讹。郭沫若认为伯懋父即是康叔之子康伯髦，又称王孙牟父。此说也被唐兰认可。若依此说，管原本的封地在克商以后成为卫康叔之子仲旄父的封地，也就是卫国君之子的封邑，似乎也应该是在紧邻安阳的地方。另一种说法认为是在郑州附近，紧邻隞都。《续汉书·郡国志》"河南尹·中牟"载："有管城。"汉中牟县即今中牟县附近，位于今郑州市东部，紧邻现在的郑州市管城区。刘昭注此条云："杜预曰：管国也，在京县东北。《汉书音义》曰：故管叔邑。"刘昭此说与司马彪略有不同，晋京县在今荥阳县南，管城（转下页）

现在的河南安阳。管叔所封，可能紧邻安阳，也可能在稍远的郑州。无论如何，孙怡让认为，管叔所封的"东"地，是在今河南省境内，古黄河东流到北流的转向河段附近。这个"东"，应该就是诗中的"小东"。

"小东""大东"的含义，郑玄笺有云："小也，大也，谓赋敛之多少也。"[1] 清人惠周惕不同意郑玄的看法，他认为："言东国之远近也。"[2] 其后傅斯年、顾颉刚二位也讨论过此问题，基本上都接近惠周惕的看法，而不同意郑玄的看法，认为"大""小"不是指赋敛，而是相对某一地点的远近，而所谓某一地点，是相对宗周国都，也是相对成周新都。[3] 也就是说，"小东"是距离宗周、成周比较近的"东"，"大东"是距离宗周、成周比较远的"东"。"大东"指今山东西部与河南东部的一片地方，下节会详细论述。

一、三监与叛乱前安阳殷王族区的政治状态

成康时期是"小东"区域发展的关键时间，这个阶段，王朝政局的关键词是"意外"。

克商之初，安阳殷王族区政治格局中最重要的人物是武庚禄父，若无其后发生的战乱，也许这片地区会在新旧交错的政治底图上展开后面的历史。而三监、武庚相携叛乱，周公成王东征，成为西周历史值得反复研究、反复强调、反复书写的决定性事件。这段历史，《史记·管蔡世家》有载云：

（接上页）邻近京县，则位于今郑州市西。两种说法虽然一东一西，但都在黄河南岸，只是一个邻近荥阳渡口，一个邻近武渡口（即三国官渡）。

[1] 郑玄笺，孔颖达疏：《毛诗正义》卷13-1《大东》，第460页。

[2] 王先谦撰，吴格点校：《诗三家义集疏》，北京：中华书局，1987年，第728页。

[3] 傅斯年：《大东小东说——兼论鲁齐燕初封在成周东南后乃东迁》，《傅斯年全集》第3册，第9页。

> 武王已克殷纣，平天下，封功臣昆弟。于是封叔鲜于管，封叔度于蔡，二人相纣子武庚禄父，治殷遗民。[1]

管、蔡为文王子，武王克商后，封武庚治殷地，即所谓周初"三监"。武王殁后，"管叔、蔡叔疑周公之为不利于成王，乃挟武庚以作乱"，[2] 史称"三监之乱"。周公平叛，"杀管叔，而放蔡叔"。[3] 顾颉刚将周公东征作为他重建西周史的关键支点，晚年对于此段史事用力颇深，很遗憾《周公东征史事考证》系列在身后以遗稿的形式发表，在世时未能彻底完成。这一系列文章推究周公东征的原委，认为是："周公把握中央政权后，管叔、蔡叔们极为妒忌，散布谣言，说周公对成王不怀好意。同时，武庚也受了奄君的怂恿，想趁着周室内部不靖的机会来恢复原有的商王朝，就联合了管、蔡二叔以及从前的属国奄、徐、楚、丰、秦、淮夷、蒲姑等十几个国家，大体上是商王族和东方土著祝融、鸟夷两族，一同西向进军，反周的阵营声势浩大，周王朝塌了半边天。周公在这千钧一发的危机里，一方面假借占卜，说服朝中的臣属，一方面分化殷贵族以增强自己的实力，就举兵东征。"[4] 这场政治意外，使得原本的商王畿短时间内发生了遽变。

其后，据小臣谏簋、䚦鼎、旅鼎等铭文载，康王时还曾以卫国国君伯懋父兼"殷八师"主帅，平定了当时的东夷大规模反叛。也就是说，东征是持续的，并非在成王时就彻底结束。即使在已经分封了鲁、齐之后，卫国国君在针对东夷地区的军事活动中仍然可以是统帅角色。而据吕壶铭文来看，除了东征外，康王时期还进行了北征，主帅也是伯懋父。在同时代的小盂鼎铭文中，畿内重臣、出身南宫家族

---

[1] 司马迁：《史记》卷35《管蔡世家》，第1564页。

[2] 司马迁：《史记》卷35《管蔡世家》，第1565页。

[3] 司马迁：《史记》卷35《管蔡世家》，第1565页。

[4] 顾颉刚：《三监及东方诸国反周军事行动和周公的对策》，《文史》第26辑，北京：中华书局，1985年，第1页。

的盂则受命统帅军队征伐过鬼方。[1] 鬼方的生活区域在吕梁山与太行山之间，也就是晋南诸封国以北。

从总体看，西周的"小东"，是在晚商王畿核心区内发展起来的，但这片新区域，并不是对旧空间的简单继承，族群结构和文化内容也是新的。在克商以后，周人就开始将商王畿内的一些殷人移徙他处。刘绪老师曾经谈到过，"考古发现殷墟西周早期的遗存极少，原本殷作为都城人口众多，应该是被迁走了"。[2] 也就是说，在三监叛乱以前，大邑商及周边地区的族群结构已经发生了一些变化。武王经略后，商末的五个政治地理区域已经发展为八个，其中大邑商周围地区主体还是商族都邑，同时，有三监介入。武王以惩恶君之名伐灭了商王帝辛，同时仍维持了其子武庚及商王族对大邑商的控制。这个时期，西周王朝的统治办法还较多保留传统的联盟合作，建立的仍然是传统的"诸侯之长"式的统治。对于前代的统治者商人，周王朝并没有试图直接统治，所以也没有大规模地拆解、更改原有的商人统治区，这种情况与"三恪"的其他国家是基本相同的。然而，深刻影响后来王朝制度走向的政治意外，也就恰恰出现在这里。

二、三监叛乱后小东地区的封国徙封与调整

这个地区在西周有四个封国徙入，全部都是在周公成王东征时期。

（一）卫

《尚书》《左传》等载康叔封于卫，但历代学者中也有不少认为康叔封本封在康，卫是其徙封之国。《史记·卫世家》索隐引宋忠云：

---

[1] 杨宽：《西周史》，第553—555页。
[2] 刘绪老师：《西周疆至的考古学考察（下）》，"爱考古"公众号，2019 年 10 月 25 日，https：//mp. weixin. qq. com/s/do473-R6eb-a7gOgi9oN8g。

"康叔从康徙封卫。"[1] 沫司徒逨簋铭文有："诞令康侯鄙于卫。"[2]
关于"鄙"字的讨论不少，从上下文看，比较顺的文意还应当是"命
康叔到卫地之鄙"。同时，此簋从器形看年代属于成康时期。两相结
合，这条铭文应该可以成为传世文献中康叔从康徙卫之事的佐证。

卫就在大邑商附近，即现在的河南卫辉。康叔封卫，据《史记·
卫世家》载：

> 周公旦以成王命兴师伐殷，杀武庚禄父、管叔，放蔡叔，以
> 武庚殷余民封康叔为卫君，居河、淇间故商墟。……谓之《康
> 诰》《酒诰》《梓材》以命之。[3]

康地的所在，前文已经谈到，可能在紧邻嵩山的禹县附近，即今
河南许昌禹州。而此地也可能并不是康叔最初的封地。宋忠称："畿
内之康不知所在。"[4] 认为康叔旧封邑在"畿内"，意思应该是关中
故地。无论如何，康是由周天子的王都附近出封的，由康徙卫，是周
初封国政治地理变动的一个重要事件。顾颉刚曾讲过：

> 康叔的封于康和封于卫实在是两个时期的事情，而这篇《康
> 诰》乃是封卫之诰，不是封康之诰。[5]

卫国的徙封，是三监叛乱的结果，也是周公成王政治意图的直接体
现。据《尚书·康诰》所载可以推测康叔徙封卫国的时间：

> 周公初基，作新大邑于东国洛。……周公咸勤，乃洪大
> 诰治。[6]

---

[1] 司马迁：《史记》卷37《卫康叔世家》，第1589页。

[2] 马承源：《商周青铜器铭文选（三）》，第20页。

[3] 司马迁：《史记》卷37《卫康叔世家》，第1589、1590页。

[4] 司马迁：《史记》卷37《卫康叔世家》，第1589页。

[5] 顾颉刚：《周公执政称王》，《文史》第23辑，北京：中华书局，1984年，第18页。

[6] 孔安国传，孔颖达疏：《尚书正义》卷11《康诰》，第202页。

也就是说，康叔徙卫，实际上并不是三监之乱平息后马上进行的，而是在成周建成以后。中间这段时间，则进行了后文要谈到的继续东征。在整个东方经历惨烈战事改朝换代终于尘埃落定后，周公成王需要找能够信任的血亲作为商人旧势力核心区的封君。同时，在战争进程中，周人也演化出一种不同于"三监"形式的军事殖民治理方式。[1]

（二）邢

参见第一章第二节。

（三）燕

与卫国相似，燕国也是受到这场政治意外影响而改换了原本的封疆。《史记·周本纪》载武王"封召公奭于燕"，[2]《燕召公世家》则云"召公奭与周同姓，姓姬氏。周武王之灭纣，封召公于北燕"。[3] 燕国虽然历史记载比较少，但是脉络还是比较清晰的。傅斯年首先提出了"鲁燕齐初封在成周东南后东迁"，将燕的始封地认定在河南郾城。[4]

陈恩林师对燕国的分封做过深入的研究，也根据周初的形势，认为鲁、齐、燕的分封分别在成王时期平叛的前、中、后三个时期。"封燕是在召公平定了燕地以后随之发生的，是成王、周公镇抚北方的战略部署，不在成王大分封时。"陈师认为，成王平叛分成两个阶段，第一阶段是镇压三监，即伐管、蔡、武庚，统帅是周公。三监失败，王子禄父北奔，平叛进入第二阶段。第二阶段是讨伐"熊盈族十有七国"，即《周本纪》所说："召公为保，周公为师，东伐淮夷，践奄，迁其君薄姑"，证明召公确实参加了第二阶段的平叛，并为周

---

[1] 杜正胜：《古代社会与国家》，第388页。

[2] 司马迁：《史记》卷4《周本纪》，第127页。

[3] 司马迁：《史记》卷34《燕召公世家》，第1549页。

[4] 傅斯年：《大东小东说——兼论鲁齐燕初封在成周东南后乃东迁》，《傅斯年全集》第3册，第10—11页。

军事统帅之一。这时周公、召公兵分两路，重点不同。召公征伐的重点在东北，即唐兰所说随着王子禄父北奔的路线。在占领燕这个地区以后，就将此地封与了召公。[1] 这段论述，对于成王平叛以及鲁、齐、燕受命的政局分析是至为深刻的。

"燕（匽）国由郾城得名"的说法有紧邻邵陵作为佐证。[2] 在前面，我们分析过鲁国，在周初平叛的情况下，王朝为了军事需要，确实将鲁国由鲁山徙封至当时的东地，而燕国出现在河北地区的时间和情势既然与鲁国相同，那么燕国本封郾城后徙封至北京附近也是符合情理的。而燕地的得名，也是由河南之"匽"而来，并不是取自燕山，恰恰相反，燕山本无名，由于地处燕国而后被称为燕山。所以，我们可以接受傅斯年、陈槃提出燕国始封河南郾城后徙封至北京地区的说法，认为燕国也是成王时期徙封的国家之一。

实际上，传世文献对于燕国的始封地有两种不同看法。一种认为召公所封在蓟。《汉书·地理志》"广阳国·蓟"载："故燕国，召公所封。"[3]《左传》庄公三十年杜解云："燕国，今蓟县。"[4] 陆德明《经典释文》云："蓟，音计，今涿郡蓟县是也。即燕国之都也。"[5] 汉代广阳国下辖为蓟县，秦置，秦时属上谷郡，隋时历为幽州、涿郡治所，唐至五代，与幽都县同为幽州治所。蓟地也称蓟丘，地点应在今北京城西南隅。1957 年，北京西南广安门附近发现了战国以前的遗址，文化层中出土了燕国宫殿建筑实用的饕餮文半瓦当，现代学者认为这里就应当是战国燕都城所在。[6]

---

[1] 陈恩林师：《鲁齐燕的始封及燕与邶的关系》，《历史研究》1996 年第 4 期，第 15—20 页。

[2] 陈槃：《春秋大事表列国爵姓及存灭表撰异（三订本）》，第 120 页。

[3] 班固：《汉书》卷 28 下《地理志》，第 1634 页。

[4] 杜预注，孔颖达疏：《春秋左传正义》卷 10，庄公三十年，第 1783 页。

[5] 陆德明：《经典释文》，北京：中华书局，1983 年，第 197 页。

[6] 北京市文物研究所：《北京考古四十年》，北京：北京燕山出版社，1990 年，第 40 页。

另一种认为召公所封在燕。张守节《正义》引徐才宗《国都城记》云："周武王封召公奭于燕，地在燕山之野，故国取名焉。"[1]《太平寰宇记》云："燕召公封燕，即今涞水县，后徙于蓟。"[2] 蓟的地点，一般都认为在今北京城内，而燕则有渔阳说和涞水说两种。雷学淇在《竹书纪年义证》中对"蓟"和"燕"进行过辨正：

> 蓟，今京师大兴县地；蓟丘，在古蓟门。无终故址，在今遵化玉田县，县有燕山。涞水县，在今易州东北四十里。[3]

清代的大兴县，为京师顺天府治，地点在北京城内，蓟即北京城内之蓟丘。唐代渔阳县，隋大业末年以前为无终县，治所在今天津蓟县。玉田县与蓟县紧邻，两县之间有燕山相隔。从总体看，对于燕始封地的纠葛，文献上看没有太好的解决办法。

随着新中国成立以来琉璃河燕都遗址和易县战国燕下都遗址的发掘，燕与蓟之间的关系变得比较清楚。1962 年，北京市文物考古研究所与北京大学开始联合发掘北京房山县的琉璃河遗址。[4] 遗址包括城址、带有墓道的诸侯级大墓和平民墓地，出土一批西周初年的青铜器，其中克罍、克盉铭文云：

> 王命克侯于匽。

学者认为这两件器物的器形纹饰应在成王时期。学界对于琉璃河遗址的认定基本一致，认为这里就是周初燕国的都城所在。[5] 所以，周

---

[1] 司马迁：《史记》卷 4《周本纪》，第 128 页。

[2] 此条为高士奇《春秋地名考略》所引，不见于通行本《太平寰宇记》。高士奇：《春秋地名考略》卷 12，第 646 页。

[3] 雷学淇：《竹书纪年义证》，《〈竹书纪年〉研究文献辑刊》（第九册），北京：国家图书馆出版社，第 378 页。

[4] 北京市文物工作队：《北京房山县考古调查简报》，《考古》1963 年第 3 期，第 115—121 页。

[5] 北京市文物研究所：《琉璃河西周燕国墓地（1973—1977）》，北京：文物出版社，1995 年。

初燕国的都城并不在北京城内的蓟丘。
周初的燕与蓟并不是一个地点，《汉书》
的记载是有问题的。而《太平寰宇记》
认为周初的燕在涞水，也与确切地点不
合。在河北易县，近年来也发现了大型
的战国时代城址，其中有大型的宫殿建
筑基址及建筑构件，与文献相对证，可
以认定此处应为战国时代的燕下都。[1]
也就是说，燕在易县的说法，是将战国
时期燕下都误认为周初的燕都。

克盉铭文拓本

　　对于造成燕与蓟相混的原因，《史
记》张守节《正义》已经提及：

> 蓟、燕二国俱武王立，因燕山、蓟丘为名，其地足自立国。
> 蓟微燕盛，乃并蓟居之，蓟名遂绝焉。[2]

在北京地区有一个以张家园上层文化为代表的土著文化，[3] 这一文
化的人群被周王朝封于当地为蓟国。其后燕国强大，蓟国被燕国所
灭，由于蓟的地理位置优越，而燕所在的琉璃河董家林交通不便，燕
国将国都由房山琉璃河迁至广安门一带原本蓟的国都蓟丘，并沿用了
"蓟"名，从而开始了"以蓟为名"的时代。[4] 而易县的燕下都，
历史更为清晰。《世本》记载"桓侯徙临易"，宋衷曰："今河间易县

---

［1］河北省文物研究所编.：《燕下都》，北京：文物出版社，1996年。

［2］司马迁：《史记》卷4《周本纪》，第128页。

［3］天津市历史博物馆考古队：《天津蓟县张家园遗址第二次发掘》，《考古》1984年第8
　　期；天津市历史博物馆考古部：《天津蓟县张家园遗址第三次发掘》，《考古》1993
　　年第4期。

［4］唐晓峰：《蓟燕分封与北京地区早期城市地理问题》，《中国历史地理论丛》1999年
　　第1期。

是也。"[1]《括地志》载："易县故城在幽州归义县东南十五里，燕桓侯徙都临易是也。"[2]

《吕氏春秋·慎大》讲"封帝尧之后于黎"，[3]《礼记·乐记》则载"封帝尧之后于祝"，[4]《史记·周本纪》讲"褒封……帝尧之后于蓟"，[5] 可见，战国以后，后人对于帝尧后裔故事的讲述至少有黎、铸、蓟三个版本。铸（祝）相关文献前文已经提及，黎与蓟二说材料需要加以梳理。

黎有二，《左传》昭公十一年、《史记·楚世家》都记有"纣为黎山之会，东夷叛之"，[6]《集解》引服虔注曰"黎，东夷国名也，子姓"，[7] 此其一。《尚书》有《西伯戡黎》郑注"（黎）近王畿之诸侯，在上党东北"，[8]《左传》宣公十五年杜解云"黎氏，黎侯国，上党壶关县有黎亭"，[9] 此其二。"西伯戡黎"事，伪孔传云"周人乘黎"，"戡"训为"乘"，即"胜"。[10] 到《左传》宣公十五年，黎氏地为狄人所夺，其君只能寄寓于卫国，其族仍存。[11]

蓟在史籍中材料也是错乱的。《礼记·乐记》蓟为黄帝之后，封于武王之时。[12]《史记·周本纪》讲蓟为帝尧之后。蓟后来被燕国所

[1] 宋衷注，秦嘉谟等辑：《世本八种》，王谟辑本，第 33 页。

[2] 李泰著，贺次君辑校：《括地志辑校》卷 3，第 106 页。

[3] 许维遹集释，梁运华整理：《吕氏春秋集释》卷 15，《慎大览》，第 356 页。

[4] 郑玄注，孔颖达疏：《礼记正义》卷 39《乐记》，第 1542 页。

[5] 司马迁：《史记》卷 4《周本纪》，第 127 页。

[6] 杜预注，孔颖达疏：《春秋左传正义》卷 45，昭公十一年，第 2060 页。司马迁：《史记》卷 40《楚世家》，第 1704 页。

[7] 司马迁：《史记》卷 40《楚世家》，第 1704 页。

[8] 孔安国传，孔颖达疏：《尚书正义》卷 10《西伯戡黎》，第 177 页。

[9] 杜预注，孔颖达疏：《春秋左传正义》卷 24，宣公十五年，第 1887 页。

[10] 孔安国传，孔颖达疏：《尚书正义》卷 10《西伯戡黎》，第 176 页。

[11] 杜预注，孔颖达疏：《春秋左传正义》卷 24，宣公十五年，第 1887 页。

[12] 郑玄注，孔颖达疏：《礼记正义》卷 39《乐记》，第 1542 页。

吞并，[1] 位置在今北京南城，这一点争议不大。从北京地区的考古学文化来看，在周文化进入以前，这里的土著文化是张家园上层文化，但张家园上层文化是由夏家店下层文化、塔照二期文化直接发展而来的，这一文化系统与东北地区的新石器考古学文化关系至为密切，[2] 若要对应人群，很难说与黄帝、尧集团有直接关系。[3]

在当时，空间距离对封国与王畿、封国与封国间交往的紧密度影响十分直接。燕国是西周小东区域辐射范围内颇具分析价值的政治实体，观察燕国在西周的发展，可以看到西周政治地理的一些特质。燕国与卫国相比，传世文献中的信息要少许多，与鲁、齐等更是难以比肩，这一点可以直接理解为与其国地处偏远、通讯不便有关。所以，徙封于西周王朝四境前沿的一些封国，军事和生存压力是比较大的，与王朝之间也较难维持频密的交往关系。北方的燕国、东南方的吴国、正南方的随国，都存在类似的情况。后来吴国的南蛮化，也是这种特质的正常后果。燕国徙封后的状态虽然由于春秋时期史料匮乏而面目模糊，但可以想见应与吴国有相似之处。

（四）韩

前文已经谈及，姬姓韩国的地望，有陕西说、河北说和山西说三种说法。郑玄持陕西说，[4] 王符、[5] 郦道元、[6] 顾炎武[7] 持河北

---

[1] 司马迁：《史记》卷4《周本纪》，第128页。

[2] 文物出版社编：《新中国考古五十年》，北京：文物出版社，1999年，第8页。

[3] 刘绪老师、赵福生：《琉璃河遗址西周燕文化的新认识》，《文物》1997年第4期。

[4] 郑玄笺，孔颖达疏：《毛诗正义》卷18-4《韩奕》，第570页。

[5]《潜夫论》曰："昔周宣王时，有韩侯，其国近燕。故《诗》云：'普彼韩城，燕师所完。'其后韩西亦姓韩，为卫满所伐，迁居海中。"王符著，汪继培笺，彭铎校正：《潜夫论笺校正》，北京：中华书局，1985年，第446页。

[6]《水经注·圣水》："圣水迳方城县故城北，又东南迳韩城东。《诗》：'溥彼韩城，燕师所完。王锡韩侯，其追其貊，奄受北国。'"郦道元著，王先谦校：《合校水经注》卷12"圣水"，第201页。

[7] 顾炎武：《日知录》卷3"韩城"，顾炎武著，黄汝成集释：《日知录集释》，第166—168页。

说，杜预[1]持山西说。三种说法都有一定的依据，河北、山西、陕西也确实都有韩地。针对这种情况，朱右曾[2]提出有两个韩国："河东为同姓之韩，封自武王。涿郡为武穆之韩，封自成王。"有调和的意思。江永明确提出徙封的可能性：

> 韩始封在韩城，至宣王时徙封于燕之方城与。[3]

马瑞辰在《毛诗传笺通释·韩奕》中也持徙封观点：

> 宣之赐命已为徙封之韩。[4]

认为韩本封并不与燕相邻，而是后来徙封至河北地区的。雷学淇亦主张韩国曾经迁移，只不过他对韩国徙封地点理解得与江永相反，认为韩初封时近燕，后来迁至韩城县。[5]

《诗·大雅·韩奕》的时代，《小序》谓"尹吉父美宣王"，[6]即作于宣王时期，也就是说，燕师营韩城这一事件发生在宣王时期。而《左传》僖公二十四年载，韩国为武王时候，其始封君为武王之子。[7]也就是说，如果燕师营韩城是韩国始封时事，那就绝不会晚到宣王时期。而如果燕师营韩城确实在宣王时期，那就不是为了始封韩侯。《韩奕》的年代在宣王，那么其中燕国城韩事应该不是为了王朝分封韩侯，而是如江永所讲是因为王朝要徙封韩国，故而命燕师先为其造城。这样的话，韩的始封本是不近燕的，在徙封后，韩、燕才相互毗邻。雷学淇认为韩先封河北，后徙陕西，从当时的政治状况

---

[1] 杜预注，孔颖达疏：《春秋左传正义》卷 15，僖公二十四年，第 1817 页。

[2] 朱右曾：《诗地理征》五"韩"，第 711 页。

[3] 江永：《群经补义》卷 1《诗补义》，《景印文渊阁四库全书》第 194 册，第 19 页。

[4] 马瑞辰撰，陈金生点校：《毛诗传笺通释》卷 27《大雅·韩奕》，第 1005 页。

[5] 雷学淇：《竹书纪年义证》，《〈竹书纪年〉研究文献辑刊》（第九册），北京：国家图书馆出版社，第 280—281 页。

[6] 郑玄笺，孔颖达疏：《毛诗正义》卷 18-4《韩奕》，第 570 页。

[7] 杜预注，孔颖达疏：《春秋左传正义》卷 15，僖公二十四年，第 1817 页。

看，宣王以后不久，周即为犬戎所祸，王朝东迁，诸侯国也纷纷东迁，断不应该有韩国从河北迁至陕西的道理。所以，雷氏的说法欠妥，韩国迁移的时间应以江永的说法为确。

韩的地点，在《左传》中有多次出现，崔述、朱右曾根据当中记述，考证河西无韩国，即陕西的韩城并不是韩国的始封地，应该是正确的。前文已述，韩之始封，比较可能的地点是山西芮城，那里是周初分封姬姓诸侯国的重点地区。后来韩国徙封至河北涿郡的方城，即今河北固安县西南时期里方城村，与同为姬姓的燕国相邻，共同经营北方地区。《诗·大雅·韩奕》所记内容，就是周天子徙封韩侯于北方时的情况。而留居河西的韩国则在春秋初年为晋国所灭。[1]

"小东"地区徙封封国表

区　域	地　点	原国	姓	新国	姓	始封封号	始封区域	始封地点
安阳殷王族区	河南新乡卫辉	商	子	卫	姬	康	嵩山山地姬姓封国区	河南许昌禹县
沁阳田猎区	河南焦作温县	商	子	邢	姬	邢	商族都邑区	河北邢台市
北方边地	北京房山			燕（北燕）	姬	燕	嵩山山地姬姓封国区	河南漯河郾城
	河北廊坊固安			韩	姬	韩	沿黄渡口姬姓封国区	山西运城芮城

---

[1]《左传》襄公二十九年："虞、虢、焦、滑、霍、扬、韩、魏，皆姬姓也，晋是以大。若非侵小，将何所取？武、献以下，兼国多矣，谁得治之？"杜预注，孔颖达疏：《春秋左传正义》卷39，襄公二十九年，第2006页。

三、成康政局与小东封国格局

经过分封与徙封，"小东"及晋南地区一共有封国、族部 27 个，东虢、虞、芮、韩、魏、荀、耿、晋（唐）、霍、杨、贾、凡、柞、原、雍、邘、密、邢、滑、卫（康）、北燕、鲜虞、南燕、温（苏）、梁、郐、廥咎如。分析"小东"地区的封国格局，就是分析这 27 个国族的态势和布局，即这些封国之间的政治关系和地域关系。

在封国态势方面，这 27 个封国中，绝大多数是姬姓封国，在分封之初，与周天子关系最亲密的是卫（康），实力也最强，但随着王朝历史发展，似乎国力越来越弱。其他姬姓诸国，大多是文、武、周公的子裔，与周天子关系也十分紧密。南燕、温（苏）、梁、郐四个小国，都是华夏旧族，从文献中看不出与周天子有太密切的交往，与其他地区的华夏旧族相比，甚至可以说与周天子可能比较疏远。

这 27 个封国中，地区内占绝对主导的是卫。另外国力比较突出的还有北燕，东虢、虞、芮、韩、魏、荀、耿、晋（唐）、霍、杨、贾、凡、柞、原、雍、邘、密、邢、滑诸国，彼此规模都差不多，辈分和出身也类似，都遵守着姬姓族内的宗法秩序和政治等级，大致稳定发展。从整体看，这片区域内姬周封国绝对占主导，但也有鲜虞、廥咎如两部狄人。

在封国布局方面，区域呈现东、西两大部分。区域东部，是河济间姬姓封国区，包含晚商的安阳区、沁阳区和郑州区。这三个区原本在族群结构和政治倾向上都是亲商的。经过成王阶段的调整，原本大邑商区和沁阳区基本上都在卫国主导和控制下，成为周王朝在东方统治最重要的支点。只有原来的郑州区，族群面貌和政治状态本就比较模糊，受东征影响也不大，在其后西周的历史发展中仍然是比较松散的状态，虽然位于王朝物理空间相对居中的位置，却是一片并未高度开发的地区，所以具备继发的条件，后来成为岐周旧贵族的迁入地，并成为东周时期的政治重心。

区域西部，是晋南亲周封国区。"小东"地区的西、北边缘是太行山，太行山及西侧的晋陕高原生活着流动性大、崇尚掠夺的山戎和诸狄族群，"小东"处于被异族俯视环伺的境地，军事方面的压力一直存在。"小东"地区，卫国到燕国一线，也可以看成是周王朝东、北的边境地区。除去封国自身成长外，防御、征战对于小东封国应当也是常态。显然当地封国的军力有限，这种军事活动是需要王朝军队与封国军队合作实施的。[1] 而当王朝军力难以为继之时，这个区域就深受戎狄劫掠之苦。春秋初年，邢、卫两国遭狄人灭国，其族群被迫南迁，离开"小东"地区，也可以看作是分封在这种地理位置上，经历两百多年西周政治、军事运行的结构性后果。

在"小东"的徙封封国中，姬姓占绝对多数，虽然封国规模、实力未必是最强最大的，但与姬周王室的关系无疑都十分紧密。虽然这些国家的徙封时间、时机还有待进一步探索，然而姬姓封国的主导性对理解"小东"地区的政治则是最基本的支点。除徙入封国外，宋、蔡两国的徙出也无疑是周初变局的直接后果。若无禄父之叛，恐怕不会有宋之立国、殷顽民居洛、以商丘为中心的新宋国发展成为一个迁离旧疆的比较温和的旧族政权；也不会使得原本的商王畿，在西周发展成为一个几乎可以视作周王畿东部延展地带的十分稳定的政治区域。而以"小东"桥接，周王朝还沿太行山东路交通线向更北徙封了燕、韩，使得王朝疆域到达燕山南麓。

由商入周，新的政治中心崛起于西垂，大邑商区这片原本的政治核心地带，成为王朝的外缘。顾颉刚谈周初大邑商周边的政治状态时，认为设置"三监"是因为殷的王畿比较大，当时的周人力量不够，需要相对温和、间接的办法来控制商族根基最深厚的地区。所以

---

[1] 柞伯鼎、班簋、晋侯苏钟等铭文中都可以看到王朝调派王师或畿内大封君族兵为中军，由战场邻近地区封国出兵为左、右师，联合征讨的情况。

周武王在克殷之后，就采取"分而治之"的办法，把太行山脉以东的
殷畿（太行山脉以西也应当是殷畿）划为三区，除封武庚于邶外，又
封自己的亲弟管叔于鄘、蔡叔于卫（纣的原都），一同治理殷民，称
作"三监"。[1] 管叔是武王之弟、周公之兄，其封略晚于周、召二
公。"三监"实际上是为王室镇抚民众的官，与独擅一国的侯是有区
别的，他们只是受命为周王朝镇抚原来的商王畿地区，并非在那里封
邦建国。[2] 也就是说，在三监叛乱前，大邑商区是商旧族与姬周王
族合作、当地既有结构基本维持不变的状态。沁阳区和郑州区与安阳
区也联系愈发紧密，形成了一片在空间规模上丝毫不小于晚商王畿的
商旧族势力范围。这种情况当然是很危险的，所以很快就发生了三监
叛乱，周公成王平叛东征。

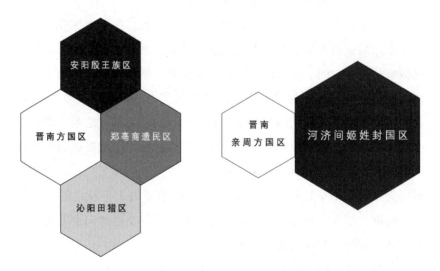

图 19　东征前"小东"政治格局
　　　　分区示意图

图 20　东征后"小东"政治格局
　　　　分区示意图

［1］顾颉刚遗著：《三监人物及其疆地——周公东征史事考证之一》，《文史》第 22 辑，
　　　第 5 页。
［2］晁福林师：《先秦社会形态研究》，第 402 页。

这样看来，大邑商周围地区在易代之际变革并不剧烈，除去商王由帝辛改换为武庚外，其他层面并没有受克商之事太大影响，周王族在此处没有派设封君，也没有设置军事殖民性质的城邑。强调"小东"地区发展是一个"意外"，也就是基于这种对于武王政治态度的判断。三监叛乱结束了克商后大邑商周边地区短暂的羁縻状态，成为周王朝封君直接进入旧日商王都的契机。而经历了成康时期的重塑之后，大邑商周边地区和亳都周边地区发展成"小东"姬姓封国区。三监叛乱后，姬姓大封君康叔徙封至此，还有一些姬姓封国沿太行山东麓向北徙封。而原本生活在商末殷都的一部分殷民，随徙封的商王族封君微子迁移至另一处商旧都"商"，也就是文献中的"宋"。这些封国当中任何一个，都在成康时期的政局中分量十足。

顾颉刚谈到过："三监兵败，就有卫、燕、宋三国分别接受了三监的原地，所以既不是尽封康叔，也不是卫灭邶、鄘。"[1] 东征后康叔徙封于卫，成为周公成王以后这一地区的主导力量，[2] 但此区域的权力格局还是复杂的。这片从龙山时代即已发展起来、又作为殷内服长期经营的邑落群，既有的政治格局自然不会因一场战事而全然改变，新的权力结构的建成也必然是渐进式的。商人的势力并非第一时间销声匿迹，而是要在其后百年间，姬姓封国落地生根，宋国徙封迁离，"小东"才逐渐发展成为姬姓封国在权力上占主导的区域。

东征之后，殷民继续外迁。一部分殷顽民迁于成周，一部分则随宋南迁，还有一部分分拨给各封国。在人口总数有限的时代，经历这

---

[1] 顾颉刚遗著：《三监人物及其疆地——周公东征史事考证之一》，《文史》第 22 辑，第 5 页。

[2] 三监是否有霍叔是有争议的问题。传统上认为"三监"有霍叔，而顾颉刚认为霍叔并不在其中，霍叔角色的凸显是汉代经解对后世造成的影响，郑玄在此间起了重要作用："自从西周直到东汉初年，在史实和传说里，霍叔都没有列入反周集团，他既不在反周集团里，也就说明了他没有做过三监或是武庚的傅相。因而知道，霍叔为三监之一是东汉中期以后人所安排；郑玄是东汉末年人，他不能跳出时代的气氛，所以他在经书的注解里就处处以管蔡霍齐举了。"

样一轮拆分，区域内商族群已经基本不存。而在同时，卫、邢等姬姓封国徙入，在大邑商周围旧邑落之上发展为东方大藩，并且依托太行山东麓交通线向北联系深入北地的燕、韩。商旧族聚居之地，逐渐发展为姬姓封国占据数量和资源优势的地区，原本的商王畿发展成为周人《诗》篇中的"小东"。[1]

"小东"地区西周封国表

序号	国家	姓	始　　封	徙封或迁移	始封君或族属
1	东虢	姬	陕西省内（宗周畿内）	河南郑州荥阳	文王弟虢仲
2	虞	姬	山西运城平陆		仲雍后虞仲
3	芮	姬	山西运城芮城		
4	韩	姬	山西运城芮城	河北廊坊固安	武王子
5	魏	姬	山西运城平陆、芮城间		
6	荀	姬	山西运城新绛、临猗之间		文王子
7	耿	姬	山西运城河津		
8	晋	姬	山西临汾曲沃、翼城一带	春秋穆侯迁翼城（故绛，孝侯改名翼城），景公迁侯马（新田，也称新绛）	武王子叔虞
9	霍	姬	山西临汾霍州		文王子叔处
10	杨	姬	山西临汾洪洞		

---

[1] 郑玄笺，孔颖达疏：《毛诗正义》卷13-1《大东》，第461页。

续　表

序号	国家	姓	始　　封	徙封或迁移	始封君或族属
11	贾	姬	山西临汾蒲城		叔虞少子公明
12	凡	姬	河南新乡辉县		周公子
13	柞	姬	河南新乡延津		周公子
14	原	姬	河南济源市		文王子
15	雍	姬	河南焦作修武		文王子
16	邘	姬	河南焦作沁阳西北		武王子
17	密	姬	河南郑州新密		
18	邢	姬	河北邢台市	河南焦作温县	周公子
19	滑	姬	河南安阳滑县	迁河南洛阳偃师	
20	卫（康）	姬	河南许昌禹县	河南新乡卫辉	文王子康叔封
21	北燕	姬	河南漯河郾城	北京房山，后北迁入北京西城区	召公奭
22	鲜虞	姬	春秋时在河北保定平山县		白狄别种
23	南燕	姞	河南新乡延津		黄帝后
24	温（苏）	己	河南焦作温县		司寇苏公
25	梁	嬴	陕西渭南韩城		？
26	郐	妘	河南郑州新密东北		祝融后
27	廧咎如	隗	山西省内		赤狄别种

依照杨宽的看法，东征后，周公成为东都成周的治理者。[1] 成周王都这个时期的功能是周人控制东方的据点，治理成周，同时意味着周公实际上要在这个时期主导整个东方。这个权力与周天子相类的权臣，是成康阶段政局的主导者。西周有关封国的制度办法中，有一部分应该是在经营开拓东方的过程中应对具体情况产生的。而这些办法的一般原则、内容雏形，存在周公手定的可能性。所谓"周公制礼作乐"，[2] 虽然庞大复杂的周制不太可能完全由周公一人创制，但周公作为主导者的身份应该被承认。其实，更重要的是，不把对这句话的理解停在表层，而是将"周公制礼作乐"放在具体的区域、事件及人物中，赋予其合乎行为逻辑的理解。在周公的政治生涯中，东方是最重要的舞台，成周王都由他治理，东方大藩鲁国是他长子的封国，他的政治经验来自其在东方的实践，顺理成章。所以，西周王朝制度的形成过程中，东方封国、东方地区是一个重要来源，这是成康政局下东方地区的政治由周公组织展开的结果。

第二节　大东新重地：昭穆时期

本节标题所称的"大东"地区，主体为鲁西南山地四周，北界为济水，南界为淮水，东可达海，西界大致在古汴水、鸿沟水一线。范围主要包括现在山东省西部的山地和平原，也包括东北部和东南部大陆边缘的沿海地区。西部山地中最重要的当然是泰山，它是齐鲁两国的界山，也是作为这片地区神灵的岳镇。鲁境多山，凫山和峄山是鲁境内的重要山体；齐境较平，主要是淄潍两水的冲淤积平原及沿海的平地。"大东"地区的西部，现在以大运河贯穿，在运河形成前则是

---

[1] 杨宽：《西周史》，第178—179页。

[2] 郑玄笺，孔颖达疏：《毛诗正义》卷1-1《关雎》，第269页。

大片的泽地。巨野泽、蒙泽几乎可以相连，泽中少量略高的地方可以人居。东北部沿海地带是龙山时代起一直到晚商都十分重要的海盐产区，东南沿海地形略高，交通节点的性质明显，南接宁镇，西连徐淮，有比较复杂的区域功能。

由于三监叛乱及一连串连锁反应，"东"在西周初年成为重要问题。陈逢衡认为《诗经》"东"的范围，可以大致对应汉的东郡，其说见《逸周书补注》。陈氏书引吴庆恩云：

> "东"者，鲁、卫之间地名，在大河之东，秦汉之东郡也。[1]

秦汉的东郡，北抵聊城，南至郓城，东至长清，西至范县，在今山东省境内，居于安阳的卫与曲阜的鲁中间。这个地方，属于"小东"与"大东"连接地带，后来发展为"大东"的一部分。

依顾颉刚的意见，"大东"即"远东"之意，此"远"所指为其地距宗周及成周两处王都相较"小东"更"远"。[2]周人以"小东"为基地进一步向东扩张，直到黄海，形成一个"大东"区域。"大东"的东侧是半岛，西周初年生活着当地的土著夷人，著名者例如莱夷。在海上也有活动的人群。在周人到来以前，这个地区在文化、经济等各方面都已经经历了长期的发展，定居农业、手工业、商业都已经有较大规模，生计方式整体上比较复杂。也就是说，这里在西周之前，应该是繁荣富庶、实力强大的。

一、东征后大东地区的政治地理格局

昭穆时期是"大东"区域发展的关键时间，这个阶段，王朝政局

---

[1] 黄怀信、张懋镕、田旭东：《逸周书汇校集注（修订本）》卷4《世俘解》，第513页。
[2] 顾颉刚遗著：《三监人物及其疆地——周公东征史事考证之一》，《文史》第22辑，第7页。

的关键词是"扩张"。晁福林师曾谈到，从整个西周王朝的发展过程看，武王周公是初创，成康昭穆则是巩固和向外发展。[1]

从总体看，王朝主动展开的扩张战事相当频繁。杨宽认为员卣和啬鼎铭文记载的是昭王伐邲，[2] 这个地方是"小东"与"大东"的连接处。穆王时期，根据班簋铭文可知伐淮夷和东国瘖戎的战事由王朝主导，规模相当大。在传世文献记载中，穆王还曾向南征伐过越，到达过"九江"；向西征伐过犬戎，迁其族于大原。从总体看，这个阶段是王朝军力发达、强力扩张的时代。鲁、齐等与周王室关系极其密切的封国，在这样的王朝兴盛阶段，经营东方极远之地，在"大东"展开了西周时期最典型的军事殖民进程。

二、东征后大东地区的封国徙封与调整

"大东"地区在西周有 8 个封国徙入，除了杞以外，都是集中在东征过程中及胜利后不久徙入的。

（一）鲁

鲁的徙封前文已经专门讨论，见第一章第三节。

（二）齐

齐，本称吕，吕国姜姓，是周初重要人物太公望的封国。太公望就是师尚父，也称吕尚，前面我们已经谈过。从吕尚的称呼来看，"太公望"并不是吕尚的本名，是文王对其的敬称，"师尚父"与"吕尚"中皆有"尚"，根据周人的习惯，男子称名，一个人有数种称呼时，其固定不变的部分往往就是他的"名"。"师尚父"中"师"为官职，"吕尚"中"吕"就应该是其封国或封邑之名，一如唐叔虞、周公旦之称。《尚书·顾命》有"丁公吕伋"，傅斯年就认为

---

[1] 晁福林师：《夏商西周的社会变迁》，北京：北京师范大学出版社，1996 年，第 145 页。
[2] 杨宽：《西周史》，第 555 页。

"此所谓吕者，当非氏非姓，……此父子之称吕，必称其封邑无疑也"。[1]

吕国的始封在武王时。《史记·周本纪》载：

> （武王）于是封功臣谋士，而师尚父为首封。封尚父于营丘。[2]

称师尚父在武王时期既已因功受封，且《周本纪》和《齐太公世家》[3]中都认为在武王时师太公的封地就在营丘。这个地点有问题。《鲁周公世家》有云：

> 太公亦封于齐，五月而报政周公。[4]

《汉书·地理志》则载：

> 少昊之世，有爽鸠氏，虞夏时有季则，汤时有逢伯陵，殷末有薄姑氏，皆为诸侯国，国此地。至周成王时，薄姑氏与四国共作乱，成王灭之，以封师尚父。[5]

都认为太公封于齐是在成王周公时期，这就与《周本纪》和《齐太公世家》的记载有矛盾之处。对于太公封齐的时间，陈恩林师在《鲁齐燕的始封及燕与邶的关系》一文中已经详尽论述，周将师尚父封齐，是为了平定东方叛乱的需要，在平叛中，将齐地封于师尚父。[6] 只是在当时，师尚父早已经封吕。所以，太公封齐，不是始封，而是将吕徙封至齐。

---

[1] 傅斯年：《大东小东说——兼论鲁齐燕初封在成周东南后乃东迁》，《傅斯年全集》第3册，第16页。
[2] 司马迁：《史记》卷4《周本纪》，第127页。
[3] 司马迁：《史记》卷32《齐太公世家》，第1480页。
[4] 司马迁：《史记》卷33《鲁周公世家》，第1524页。
[5] 班固：《汉书》卷28下《地理志》，第1659页。
[6] 陈恩林师：《鲁齐燕的始封及燕与邶的关系》，《历史研究》1996年第4期，第15—23页。

太公徙封山东，其国都称营丘。虽然甲骨文中有"齐"地，但学者多认为与太公之齐国没有多大关系，甲骨文中的"齐"地在济水一带。[1] 而太公由吕徙封至齐后，究竟因何以齐为名，目前也还没有很好的解释。但从文献中师尚父之子丁公仍称吕伋来看，吕的国名并没有一经徙封就被齐所替代。

吕服余盘铭文拓本

西周中期青铜器中有吕服余盘（《集成》10169），可见与许多姬姓封国的情况一样，吕在太公徙封至山东后，仍然有一支留在旧地。而在其后的时间里，留在山西的吕国又曾经向南徙封，到了周王朝晚期，吕国已经迁至河南的南阳，与姜姓申国相邻了。1990 年淅川下寺楚墓中出土了一套鄬编钟（《近》1：51—59），铭文中有"余吕王之孙，楚成王之盟仆男子之執"，说明南迁到南阳地区的吕国，在春秋初年被楚国所灭，其后裔成为楚王的"盟仆"。在宣王时期，姜姓的申国徙封至南阳，吕国的徙封应该与申国基本同时。[2]

在此还要附带讨论一下周代山东的"郚"地。《左传》襄公十二年载："春，莒人伐我东鄙，围台。季武子救台，遂入郓，取其钟以为公盘。"杨伯峻注云"台、邰通"，此郚地在鲁国的东境。[3]《路

---

[1] 参见于省吾：《甲骨文字诂林》2124 齐，第 2049 页。

[2] 传世器有《吕王壶》（《集成》9630），到了西周晚期有一支吕氏开始称王，在《尚书·吕刑》中载有"为吕命王，享国百年"，傅斯年认为"命"不是前人所解的"命令"，而是"吕王之号，如周昭王之类"。无法确定这支吕氏的地点。

[3] 杨伯峻：《春秋左传注》，襄公十二年，第 995 页。

史·国名纪》云："今沂之费县南故骀亭。"[1] 陈槃认为"今鲁东之骀，当即姜姓之骀，亦即姜嫄母家之骀之徙封者"。[2] 周人称其祖先后稷的母家姜嫄之族为有邰。《左传》昭公九年詹桓伯述及周疆土时云："我自夏以后稷，魏、骀、芮、岐、毕，吾西土也。及武王克商，薄姑、商奄，吾东土也。"杜注谓："（骀）治平武功县所治厘城。"[3] 厘城位于现在的陕西武功县西南。这一地点，以往学者一直没有异说。近代钱穆提出不同看法，认为骀即邰，其所在应当为现在的山西闻喜，处于姜姓人群活动的中心范围内。[4] "骀""邰"是否相通、钱穆的说法是否需要重视，这个可以再讨论。通过前章梳理，可知山东地区此前没有姜姓族群。山东地区姜姓封国群的出现，是周初王朝徙封的结果。而后齐国又分出一些姜姓小国，到了春秋时期，山东地区就呈现出众多姜姓国家林立的局面。

（三）宋

宋的情况比较特殊。宋国子姓，为商人后裔，是西周最重要的旧封国。《史记·宋微子世家》载：

> 周武王伐纣克殷，微子乃持其祭器造于军门，肉袒面缚，左牵羊，右把茅，膝行而前以告。于是武王乃释微子，复其位如故。……周公既承成王命诛武庚，杀管叔，放蔡叔，乃命微子开代殷后，奉其先祀，作微子之命以申之，国于宋。[5]

据《史记》，则微子为帝乙庶子。《左传》文公二年云：

> 宋祖帝乙，郑祖厉王，犹上祖也。[6]

---

[1] 罗泌：《路史》卷24《国名纪》，景印文渊阁四库全书，第261页。

[2] 陈槃：《春秋大事表列国爵姓及存灭表撰异（三订本）》，第1270页。

[3] 杜预注，孔颖达疏：《春秋左传正义》卷45，昭公九年，第2056页。

[4] 钱穆：《周初地理考》，《燕京学报》第10期，北平：燕京大学出版，1931年，第1995—2008页。

[5] 司马迁：《史记》卷38《宋微子世家》，第1610、1621页。

[6] 杜预注，孔颖达疏：《春秋左传正义》卷18，文公二年，第1839页。

可见在春秋时仍然有宋国始封君之自出为帝乙的说法。后世公认宋国为商人后裔。孔子家族自宋迁鲁，所以孔子多处自称商人后裔，且选《诗》时特留"商颂"，所以宋国的早期史事线索在西周诸国中还是相对丰富的。

宋国之立主要有两说，其一为武王封宋说，见于《荀子·成相》《吕氏春秋·慎大》《礼记·乐记》《韩诗外传》。当中《荀子·成相》言武王封启于宋，[1] 其余言武王封殷后于宋。举例言之，如《礼记·乐记》云："武王克殷，及商，下车……投殷之后于宋。"[2]《吕氏春秋·慎大》云："武王立成汤之后于宋，以奉桑林。"[3] 都是武王封宋说的材料。其二为成王封宋说，主要见于《史记》，《殷本纪》《周本纪》《宋微子世家》《鲁世家》有载，另外《古文尚书·微子之命》也有此说，皆云成王立微子于宋以续殷后。[4] 举例言之，如《史记·殷本纪》云："周武王崩，武庚与管叔、蔡叔作乱，成王命周公诛之，而立微子于宋，以续殷后焉。"[5] 则是成王封宋说的常见行文。

武王始封，成王徙封。前文已谈到，微子始封在晋南。成王时微子所部徙封之宋地，也就是早商"商"都所在的今河南商丘。王朝平叛后，武庚北逃，武王克商后周人并没有深入触及的商旧畿地区成为王朝的疆土。其中，虽然重要但并未获得重点经营的"商丘旧族区"成为安置归顺商部的理想区域。纣庶兄的微国徙封至此。所以，从种种形势看，《史记》载周公成王封宋时间问题不大。

宋国以商丘为都，其国不小，东界可至今山东西部。在山东有多处与微国地望相关的说法。《水经注·济水》云：

---

[1] 王先谦撰，沈啸寰、王星贤点校：《荀子集解》，第 458 页。

[2] 孙希旦撰，沈啸寰、王星贤点校：《礼记集解》，北京：中华书局，1989 年，第 1025 页。

[3] 陈奇猷：《吕氏春秋新校释》卷 15 "慎大览"，第 851 页。

[4] 孔安国传，孔颖达疏：《尚书正义》卷 13《微子之命》，第 200 页。

[5] 司马迁：《史记》卷 3《殷本纪》，第 109 页。

济水又北，迳须朐城西……济水又北，迳微乡东。《春秋》庄公二十八年，经书："冬筑郿。"京相璠曰："《公羊传》谓之微。"东平寿张县西北三十里有故微乡，鲁邑也。杜预曰："有微子冢。"[1]

孙星衍据此言："此在今山东东平州境，疑（微子）采地亦在是。"[2]除东平说外，还有山东境内之山阳说和沛县说。[3]《水经注·睢水》云：

睢水又经睢阳县故城南，周成王封微子启于宋，以嗣殷后，为宋都也。[4]

这些应当是因为微子之国徙封到附近，后世人附会的微子史迹。除了微子是西周宋国始封君的说法外，还有微氏受封在第三代的说法。原因是文献中微子、微仲二人都不称宋公，而直至微仲的儿子稽才称宋公，所以有学者认为受封宋则可能是在稽之时。[5]这个问题涉及的文献演变机制比较复杂，需要专门讨论。从数量看，微子封宋说占有绝对多数，可以认作主流说法。而微仲之子称宋公的文献，呈现旁支取正的常见结构，有明显的后世建构的迹象。由于与本文讨论的空间问题联系不十分密切，日后于他处再做展开论述。

（四）郕

前章已述，文王子叔武所封之国郕在关中。而春秋时山东境内有郕国。《经》鲁隐公五年载"卫师入郕"，郕国与当时的卫国相距不远。杜预注云：

---

[1]郦道元著，王先谦校：《合校水经注》卷8"济水"，第132页。

[2]孙星衍撰，陈抗、盛冬铃点校：《尚书今古文注疏》卷九《微子》，第253页。

[3]《郡国志》："薄，故属山阳，汤所都"注："杜预曰：蒙县西北有薄城，中有汤冢。其西又有微子冢。"《元和郡县志》："沛县微山，上有微子冢，去县六十有五里。"孙星衍注："蒙县西薄城汤冢当在今山东曹县南。"见孙星衍撰，陈抗、盛冬铃点校：《尚书今古文注疏》卷九《微子》，第253页。

[4]郦道元著，王先谦校：《合校水经注》卷24"睢水"，第360页。

[5]陈立柱：《微子封建考》，《历史研究》2005年第6期，第63—73页。

> 郕，国也，东平刚父县有成乡。[1]

《史记·管蔡世家》正义引《括地志》云：

> 在濮州雷泽县东南九十一里，汉郕阳县，古郕伯姬姓之国，后迁于成之阳。[2]

《左传》桓公三年"公会杞侯于郕"，[3] 此郕地近鲁，在今宁阳东北。从这些说法来看，春秋时期的郕国大致范围在今天的泰安、济宁交界的东平、宁阳、汶上三县之间。杨伯峻认为，山东之郕是自关中迁入的，年代在两周之际、王朝东迁之时。[4]

但若在两周之际，鲁早已是东方大国，夹于齐、卫两个西周强国之间，更兼周边子男附庸小国林立，已少有隙地，郕虽为姬姓封君，

成伯孙父鬲铭文拓本

但一直未在西周特别显赫，想迁至这样一个政治势力复杂交错的地区并立足其中很困难。从周初封国的情况看，郕国的徙封也可能是在周公东征以后，与鲁国徙封至此的时间和原因相同。唐兰认为周初的小臣单觯即为周公摄政时器，其铭文"王后反克商，在成师"（《集成》6512）中的"成"就是叔武所封之成，在汉代的济阴郡成阳县，即现在的山东鄄城。[5] 此器可以作为郕国徙封于周公东征以后在出土文献方面的佐证。

————————

［1］杜预注，孔颖达疏：《春秋左传正义》卷3，隐公五年，第1727页。

［2］司马迁：《史记》卷35《管蔡世家》，第1563页。

［3］杜预注，孔颖达疏：《春秋左传正义》卷4，桓公三年，第1746页。

［4］杨伯峻：《春秋左传注》，第96页。

［5］唐兰：《西周青铜器铭文分代史征》，第36—37页。

（五）郜

郜的地名，在山东、河南、山西都有。《左传》隐公十年"公败宋师于菅。庚午，郑师入郜。辛未，归于我"杜解云"济阴城武县东南有郜城"，[1]《左传》桓公二年"以郜大鼎赂公"杜解"济阴城武县东南有北郜城"。[2] 竹添光鸿在《左氏会笺》隐公十年经注中谈道：

> 郜有三，此经"取郜"，南郜也；僖二十年"郜子来朝"，北郜也；成十三年"焚我箕、郜"，晋地也。北郜为郜国，南郜为宋邑。[3]

春秋时期的郜国，在现在的山东西南部菏泽市的曹、成武两县。迁入的时间，比较大的可能是在周公成王以后。

（六）茅

《左传》僖公二十四年："凡、蒋、邢、茅、胙、祭，周公之胤也。""茅"是周公后裔之国，姬姓，杜预此条注云："高平昌邑县西有茅乡。"[4] 杜注称其地在昌邑茅乡。《读史方舆纪要》卷32"兖州府·金乡县"下有"昌邑城"："本秦县……晋泰始初更高平国，亦治昌邑。"[5] 即今山东济宁金乡县。《水经注·洙水》云："洙水又南至高平县，南入于泗水。西有茅乡城，东去高平三十里，京相璠曰：'今高平县西三十里有故茅乡城者也。'"[6] 其地在洙水流域。《左传》哀公七年："成子以茅叛。"[7] 可见，其地与郜国相去不远。

---

[1] 杜预注，孔颖达疏：《春秋左传正义》卷4，隐公十年，第1735页。

[2] 杜预注，孔颖达疏：《春秋左传正义》卷5，桓公二年，第1741页。

[3] [日]竹添光鸿：《左氏会笺 上》第一隐十，第87页。

[4] 杜预注，孔颖达疏：《春秋左传正义》卷15，僖公二十四年，第1817页。

[5] 顾祖禹撰，贺次君、施和金点校：《读史方舆纪要》卷32"山东三·兖州府上"，第1534页。

[6] 郦道元著，王先谦校：《合校水经注》卷25"洙水"，第390页。

[7] 杜预注，孔颖达疏：《春秋左传正义》卷58，哀公七年，第2163页。

山西有茅地。《左传》文公三年："秦伯伐晋，济河焚舟，取王宫及郊，晋人不出，遂自茅津济，封殽尸而还，遂霸西戎。"竹添光鸿《左氏会笺》注称："茅津在河东大阳县西。"[1] 也就是后世著名的茅津渡。大阳县即今山西运城平陆县。《左传》襄公二十六年："卫人侵戚东鄙，孙氏诉于晋，晋戍茅氏，殖绰伐茅氏，杀晋戍三百人。"杜注："茅氏，戚东鄙。……殖绰，齐人，今来在卫。"[2] 晋人戍于茅阻挡卫人西侵，也可见茅应在自卫西进的交通线上。此茅地与山东茅国之间的关系，陈槃《春秋大事表列国爵姓及存灭表撰异》中有提及。他引刘节《中国古代宗族移殖史论》中的说法："茅也有在东方的。《后志》山阳郡高平西南有茅乡亭。《水经注》也说：'茅亭，茅戎号。'这茅戎就是鲁之茅夷鸿……"称"刘氏以茅即茅戎之别支——茅戎之居东方者，此可能"，大致同意刘节山东茅地有茅戎之别种，二者可能存在一定关系。陈槃解释这种现象，称"茅戎之族类是一事，而其统治之者又是一事，固当分别观之"。[3] 意思是山东茅国统治者是姬姓，被统治者是茅戎。

《水经注·河水》："河北对茅城，故茅亭，茅戎邑也。"[4] 文献中茅戎的故地和主要活动范围看起来在茅津附近。成公元年《经》："王师败绩于茅戎。"《传》："遂伐茅戎，三月癸未，败绩于徐吾氏。"杜注："徐吾氏，茅戎之别也。"[5]可见到春秋中晚期，此地仍有茅戎。山东茅国治下之茅戎是否来自山西，文献信息有限。但西周初年文武周公之后，始封地确有一些在山西。如郜国，即自山西徙至山东。所以，山东姬姓茅国初封平陆，其后徙封至金乡，是存在相当可能性的。而茅戎也可能如陈槃所说是随其统治者迁入夷地的。

---

［1］［日］竹添光鸿：《左氏会笺 上》第八文三，第 25 页。

［2］杜预注，孔颖达疏：《春秋左传正义》卷 37，襄公二十六年，第 1989 页。

［3］陈槃：《春秋大事表列国爵姓及存灭表撰异（三订本）》，第 658 页。

［4］郦道元著，王先谦校：《合校水经注》卷 4"河水"，第 65 页。

［5］杜预注，孔颖达疏：《春秋左传正义》卷 25，成公元年，第 1892 页。

（七）杞

前章已经谈到，杞国始封在商丘附近，今河南杞县一带。而到了春秋时，杞国应该在鲁国与莒国附近。如隐公四年"莒人伐杞，取牟娄"，[1] 其后桓公二年鲁国伐杞，三年鲁与杞会与郕，桓公十二年平杞莒等，很明显可以看出杞已经东徙。

《汉书·地理志》"陈留郡·雍丘"下注云："故杞国也，周武王封禹后东楼公，先春秋时徙鲁东北。"[2] 班固认为杞国徙离河南是在春秋以前。高士奇在《春秋地名考略》中也持同样看法：

> 昭元年祁午数赵文子之功曰城淳于，用是知城杞即城淳于。本州国之都，而杞居之，用是知亡州者杞也。若夫隐四年则州未亡不知其所居。……杞本弱小，不应立国雍丘而遥属小邑于千数里之外也。用是春秋以前，杞早居于东土矣。[3]

高士奇讲的道理是，淳于城本为州国国都，春秋时已经称为杞城，而杞是小国，很难遥控飞地，所以杞国当时应该是已经灭掉了州而占有了其国之地，迁离故土到了春秋淳于城附近，时间应该是春秋以前。不过鲁隐公四年时，州国还没有灭国，所以两周之际的杞国位于何处，高士奇认为不可考。雷学淇在《竹书纪年义证》中依杜解认为其春秋初年所居之地，即隐公四年"莒人伐杞，取牟娄"之牟娄，即今山东诸城东北之娄乡。[4]

清道光、光绪年间，山东泰安新泰出土了一批青铜器，为杞伯每刂（敏亡）为邾嬨所作器，[5] 郭沫若认为每刂者，即杞国君谋娶公，

---

［1］杜预注，孔颖达疏：《春秋左传正义》卷3，隐公四年，第1724页。

［2］班固：《汉书》卷28上《地理志》，第1558页。

［3］高士奇：《春秋地名考略》卷12，第640页。

［4］雷学淇：《竹书纪年义证》，转引自陈槃《撰异》。见陈槃：《春秋大事表列国爵姓及存灭表撰异（三订本）》，第209页。

［5］曾毅公：《山东金文集存：先秦编》，济南：齐鲁大学国学研究所，1940年。

�即曹。[1] 这批铜器中包括鼎二、簋五、壶一、匜一、盆一，从器形和纹饰看年代在西周末年到春秋初年。如杞伯敏亡鼎，垂腹、蹄足，腹部饰以垂鳞纹，其形制基本与西周晚期中原地区相同。彭裕商《西周青铜器年代综合研究》分析杞器这种垂鳞纹（书中将其称为“B型垂鳞纹”），认为“垂鳞纹目前所见都见于宣王以后器物，如史颂鼎、颂壶等均当宣幽时期。……杞伯敏亡簋……均为两周际到春秋早期之物”。[2] 在同出的壶的颈部则饰以兽目为中心的横S形窃曲文，这种纹饰出现和流行的年代也都在两周之际。[3] 再如杞伯敏亡匜，其流外侧饰以横鳞纹，长鳞片与圆鳞片相间，这种纹饰“西周晚期常见，……未发现有早到厉王时期的确凿例子。……这式鳞纹延续到了春秋时期，但已少见”。[4] 除此之外，整批铜器的器形风格都有比较典型的两周之际的特征。这样看，两周之际杞国铜器已经在东方出现，有学者提出杞国迁新泰的时间就是杞伯敏亡诸器年代。[5] 不过新泰杞器年代在两周之际，只能说明至迟到两周之际杞国已在这一地区，而不能证明杞国是这一时期迁到新泰的。春秋初期杞国与当地各国就已经产生了一系列盘根错节的关系，那么杞国进入这一地区的年代可能更早，位置可能是在新泰。

但是，杞国迁至新泰究竟是徙封还是移居，目前还没有更多的材料。有学者认为，杞国迁至山东的原因是其周边的宋、淮夷和徐对其进行侵扰，杞国不堪侵扰被迫迁至山东。[6] 但新泰也不是太平之地，其地正处于齐鲁之间的穆陵关以西、沂蒙山地之间，地理位置相当重

[1] 郭沫若：《两周金文辞大系图录考释》，第197页。

[2] 彭裕商：《西周青铜器年代综合研究》，第六章“西周青铜器纹饰”，成都：巴蜀书社，2003年，第547页。

[3] 彭裕商：《西周青铜器年代综合研究》，第六章“西周青铜器纹饰”，第557页。

[4] 彭裕商：《西周青铜器年代综合研究》，第六章“西周青铜器纹饰”，第545页。

[5] 杨善群：《杞国都城迁徙与出土铜器考辨》，《学术月刊》2000年第2期，第64—69页。

[6] 郭克煜：《杞国迁居山东问题》，《齐鲁学刊》1989年第4期，第10—12页。

要。仅春秋上半段，杞国就数次遭到侵伐：

> 隐公四年："莒伐杞。"[1]
>
> 桓公二年："鲁伐杞。"[2]
>
> 僖公十三年："淮夷病杞。"[3]
>
> 僖公二十七年："鲁入杞。"[4]
>
> 宣公十八年："鲁伐杞"。[5]

可见，杞国迁入的地点并不是一个避祸发展的优渥之地。东方夷人区西周封国密集，但新泰这一地区却基本上是个空白。不论是周王朝徙封，还是封国为寻找生存空间而移居，杞国的迁移都不宜简单理解。

（八）关于《史记·吴太伯世家》问题的一点讨论

前文已经提到，宜侯夨簋铭文是这个问题最重要的材料，南方吴国的出现，与虞国徙封有关。这段史事后来被湮灭，直接受《史记》讲述的以"太伯奔吴"为前提的一连串与吴有关的故事影响。

《史记》对于吴国的建国，有如下记载：

> 古公有长子曰太伯，次曰虞仲。太姜生少子季历，季历娶太任，皆贤妇人，生昌，有圣瑞。古公曰："我世当有兴者，其在昌乎？"长子太伯、虞仲知古公欲立季历以传昌，乃二人亡如荆蛮，文身断发，以让季历。[6]　　　　　　（《周本纪》）
>
> 吴太伯，太伯弟仲雍，皆周太王之子，而王季历之兄也。季历贤，而有圣子昌，太王欲立季历以及昌，于是太伯、仲雍二人乃奔荆蛮，文身断发，示不可用，以避季历。……荆蛮义之，从

---

[1] 杜预注，孔颖达疏：《春秋左传正义》卷 3，隐公四年，第 1724 页。

[2] 杜预注，孔颖达疏：《春秋左传正义》卷 5，桓公二年，第 1740 页。

[3] 杜预注，孔颖达疏：《春秋左传正义》卷 13，僖公十三年，第 1803 页。

[4] 杜预注，孔颖达疏：《春秋左传正义》卷 16，僖公二十七年，第 1822 页。

[5] 杜预注，孔颖达疏：《春秋左传正义》卷 24，宣公十八年，第 1889 页。

[6] 司马迁：《史记》卷 4《周本纪》，第 115 页。

而归之千余家，立为吴太伯。太伯卒，无子，弟仲雍立，是为吴
仲雍。仲雍卒，子季简立。季简卒，子叔达立。叔达卒，子周章
立。是时周武王克殷，求太伯、仲雍之后，得周章。周章已君
吴，因而封之。乃封周章弟虞仲于周之北故夏虚，是为虞仲，列
为诸侯。[1]　　　　　　　　　　　　　　　　（《吴太伯世家》）

其中《史记·吴太伯世家》所载影响最大的说法是：

周武王克殷，求太伯、仲雍之后，得周章。周章已君吴，因
而封之。乃封周章弟虞仲于周之北故夏虚，是为虞仲。[2]

司马迁认为太伯、虞仲为了让出王位，而出奔至远离中原的地区。而
山西之虞是搜寻仲雍之后建立的。从宜侯夨簋铭文看，司马迁之说是
颠倒了山西之虞与江南之虞的关系，抹杀掉了虞国徙封之事的历史
痕迹。

《史记》故事貌似很圆满，但却有一个问题，即奔吴的太王次子
与重新受封的周章之弟，名字相同，都称"虞仲"：

《左传》曰："太伯、虞仲，太王之昭。"则虞仲是太王之子
必也。又《论语》称"虞仲、夷逸，隐居放言"，是仲雍称虞仲。
今周章之弟亦称虞仲者，盖周章之弟字仲，始封于虞，故曰虞
仲。则仲雍本字仲而为吴之始祖，故后代亦称虞仲，所以祖与孙
同号也，列为诸侯。[3]

周初虞侯徙封至宜，但山西平陆的虞国并没有消失。平陆之虞，
自称太伯、虞仲之后，《左传》僖公五年，晋假道虞以伐虢，宫之奇
谏阻，虞公云：

"晋，吾宗也，岂害我哉？"宫之奇对曰："大伯、虞仲，大

---

[1] 司马迁：《史记》卷31《吴太伯世家》，第1445—1446页。

[2] 司马迁：《史记》卷31《吴太伯世家》，第1446页。

[3] 司马迁：《史记》卷31《吴太伯世家》，第1447页。

> 王之昭也……虢仲、虢叔，王季之穆也……将虢是灭，何爱于
> 虞？且虞能亲于桓庄乎？"[1]

春秋时期平陆之虞国自称太伯、虞仲之后。《史记·周本纪》称太伯、虞仲与季历不是一母所生：

> 古公有长子曰太伯，次曰虞仲，太姜生少子季历。[2]

先说太伯、虞仲为古公之子，后说太姜生季历，如果三人皆为太姜所生，则无须单指太姜为季历之母。所以这样看来，姬姓虞国所述祖先与周天子述季历、文王一支的血缘联系，在文献中有不同来源信息拼接痕迹。而《诗·大雅·绵》中则载：

> 古公亶父，来朝走马，率西水浒，至于岐下。爰及姜女，聿来胥宇。[3]

太王娶太姜，是在由豳地迁至岐地之后，太姜生季历也应在岐地。《左传》僖公五年记载太伯奔吴之事的起因与《史记》不同。《左传》云：

> 太伯、虞仲，太王之昭也，太伯不从，是以不嗣。[4]

所谓太伯未能继承古公的原因是"不从"，童书业认为应理解为"不从父命为嗣"。[5] 但这样，这句话的意思就是"不从父命为嗣，所以不嗣"，文意重复，而且从《史记》记载来看，太王有意的传位对象是季历，太伯、仲雍离开，不是"不从"父命，而可以说是为了成全太王的意愿。对此，王玉哲提出了另外一种解释，他认为，所谓"不

---

［1］杜预注，孔颖达疏：《春秋左传正义》卷12，僖公五年，第1795页。

［2］司马迁：《史记》卷4《周本纪》，第115页。

［3］郑玄笺，孔颖达疏：《毛诗正义》卷16-2《绵》，北京：中华书局，1980年，第510页。

［4］杜预注，孔颖达疏：《春秋左传正义》卷12，僖公五年，第1795页。

［5］童书业：《春秋左传研究》，第32页。

从"，是太伯、仲雍没有随同古公一起迁至岐地，而是留在了豳地。[1] 所以，太伯、仲雍不仅血缘上与季历不出一支，地域上似乎也有差别。

有学者认为吴公室是南方土著，其姬姓为冒姓。但不论是吴国自称，还是其他姬姓国家，都承认吴为姬姓。吴自称出于西周王室，《左传》昭公三十年载子西言："吴，周之胄裔也，而弃在海滨，不与姬通，今而始大，比于诸华。"[2] 哀公元年还记有伍子胥谏阻吴王夫差之语，云："姬之衰也，日可俟也。介在蛮夷而长寇仇，以是求伯，必不行矣。"[3] 最重要的是，《左传》襄公十二年载："秋，吴子寿梦卒，临于周庙，礼也。"后面有一段说明：

> 凡诸侯之丧，异姓临于外，同姓于宗庙，同宗于祖庙，同族于祢庙。是故鲁为诸姬，临于周庙；为邢、凡、蒋、茅、胙、祭，临于周公之庙。[4]

鲁为吴临于周庙，可见是承认吴国为同姓的。所以，吴的姬姓恐怕不是冒姓。《左传》哀公十三年载，黄池之会，吴人自称："于周室我为长。"[5] 丧礼、盟会是行礼最严格的场合，尤其是要以姓作为行动规则时，没有依据的说法很难行通。不过，也可以看出，在春秋末年的争霸过程中，吴国有强调自己在姬姓封国中地位尊隆的实际需要。此时吴国实力强大，而虞国早已被晋国伐灭，吴国也确实具备讲述一个新故事的条件。从黄池之会时吴人的自述来看，太伯奔吴、西周姬姓封国中以吴辈分为最长这个故事，在春秋末年可能已经得到普遍承认。

《史记》关于吴的多处记载有受到后代影响的痕迹。如对太伯、

---

[1] 王玉哲：《古史集林》，北京：中华书局，2002年，第184页。

[2] 杜预注，孔颖达疏：《春秋左传正义》卷53，昭公三十年，第2125页。

[3] 杜预注，孔颖达疏：《春秋左传正义》卷57，哀公元年，第2154页。

[4] 杜预注，孔颖达疏：《春秋左传正义》卷31，襄公十二年，第1951页。

[5] 杜预注，孔颖达疏：《春秋左传正义》卷59，哀公十三年，第2171页。

虞仲所奔之地，太史公记载为"荆蛮"，我们知道，在西周"荆"所指并不在太湖流域，而是楚人的活动区，主要在江汉流域的湖北北部地区。张守节《正义》指出：

> 云"亡荆蛮"者，楚灭越，其地属楚，秦灭楚，其地属秦，秦讳"楚"，改曰"荆"，故通号吴越之地为荆。及北人书史加云"蛮"，势之然也。[1]

吴越之地，距楚国所处的江汉之间远隔千里，经过越灭吴、楚灭越的变革，而随同楚人被笼统地称为荆，又因为居于南方而被称为"蛮"。简单的两个字，就有如此曲折的变化，我们有理由相信，整个太伯、虞仲奔吴的故事，也可能受到社会历史发展的多方面影响。许多学者根据《史记·吴太伯世家》中"于是太伯、仲雍二人乃奔荆蛮，文身断发，示不可用，以避季历"[2] 以及《左传》哀公七年"太伯端委以治周礼，仲雍嗣之，断发文身，嬴以为饰"[3] 的记载断定太伯、仲雍"断发纹身"是江南地区少数民族的特有习俗，因而他们所奔之地就应该是江南太湖流域。但是，由于吴国在西周时期与中原交往有限，在它重新出现在中原地区人们的视线内时已经是春秋晚期，太伯奔吴这一传说的形成，应该也是在这一时期或更晚，在传说形成的过程中，人们把当时吴国的风俗作为传说的元素，这是很可能的。《史记·吴太伯世家》对山西虞国的灭亡之事也语焉不详。《世家》所载为"是时晋献公灭周北虞国，以开晋伐虢也"，[4] 认为晋先灭虞而后灭虢，就明显与《左传》僖公五年所载假虞伐虢之事不符。

　　根据器物的出土地点，学者基本同意"宜"在江苏丹徒。丹徒清时属常州府武进县，《元和郡县志》卷25"润州丹徒县"载："初，

---

[1] 司马迁：《史记》卷4《周本纪》，第115页。

[2] 司马迁：《史记》卷31《吴太伯世家》，第1445页。

[3] 杜预注，孔颖达疏：《春秋左传正义》卷58，哀公七年，第2162页。

[4] 司马迁：《史记》卷31《吴太伯世家》，第1447页。

秦以其地有王气，始皇遣赭衣徒三千凿破长陇，故名丹徒。"[1] 其地得名的来历虽然传奇，但是，"有王气"一句很重要，说明丹徒其地，在交通、地理位置或地形地貌上必然有突出之处。而丹徒也确实一直都很重要。《读史方舆纪要》"南直·武进县"载："本吴之延陵邑，季札所居。"是吴国著名的延陵季子所居之处。丹徒汉属毗陵郡，到东晋时改晋陵郡，均是其郡治所在。[2] 由此可见，丹徒自古就是东南重镇。

春秋时期的吴国，始见于《左传》宣公八年："楚伐舒蓼，……及滑汭，盟吴越而还。"杜预注云："吴国，今吴郡。"[3]《史记·吴太伯世家》张守节《正义》云：

> 吴，国号也。太伯居梅里，在常州无锡县东南六十里。至十九世孙寿梦居之，号句吴。寿梦卒，诸樊南徙吴。至二十一代孙光，使子胥筑阖闾城都之，今苏州也。[4]

《史记·周本纪》张守节《正义》云：

> 太伯奔吴，所居城在苏州北五十里常州无锡县界梅里村，其城及冢见存。[5]

虽然吴国始居之地有无锡、苏州两说，但大体是在长江以南的太湖流域无疑。从地理上看，这一地区距离中原很远，直至春秋时期都还是传统中原政治中心的边缘地带，而在西周时期，这里更是远离王畿的偏远地区。这一地区生活的土著人群，族源比较模糊，但被中原称为"荆蛮"，认为其"文身断发"，与华夏族群相异。

---

［1］李吉甫：《元和郡县志》卷 25《江南道一》，第 590—591 页。

［2］顾祖禹撰，贺次君、施和金点校：《读史方舆纪要》卷 25 "南直七·常州府" 引沈约《宋书·州郡志》，第 1223 页。

［3］杜预注，孔颖达疏：《春秋左传正义》卷 22，宣公八年，第 1873 页。

［4］司马迁：《史记》卷 31《吴太伯世家》，第 1445 页。

［5］司马迁：《史记》卷 4《周本纪》，第 115 页。

丹徒在考古学上属于"宁镇地区"，这一地区西周文化以土墩墓为代表，特点是没有墓穴，采用堆土掩埋、平地起封的方式安葬。土墩墓以句容、金坛一带分布尤为密集，从时代上看，宁镇地区出土的相当于中原的西周早中期青铜器有显著的中原风格，如溧水午山 M1 出土的一件鼎，器形与中原西周早期器相同，[1] 烟墩山、母子墩也都出土有中原形制的青铜器。[2] 从地域上看，宁镇地区是西周早期中原文化因素出现的南界。直到西周晚期，太湖流域才出现了土墩墓。[3] 太湖流域在考古学文化上也呈现出与宁镇地区密切的联系。在商代，太湖流域的考古学文化为当地的马桥文化，李伯谦指出，到了相当于中原的西周时期，当地考古学文化中除个别陶器因素还保留原来的特征外，其余陶器在很大程度上受到了宁镇地区文化的影响。[4] 不过，至今在太湖流域还没有发现西周晚期以前明显的中原商周文化的因素。这样看，历数代经营，虞国在西周末年开始渡过长江到达太湖流域，也就是出现在春秋文献中的吴国。

我们可以这样理解虞国史料呈现的线索与《史记》所述吴国故事之间的关系。武王建国后，始封姬姓中一支于黄河北岸的古虞地，此姬姓虞国封君与武王家族可能是血亲，也可能并无直接的血缘关系，而只能笼统地称为远祖古公之后。康王时，虞国一支徙封至宜地，即后世之吴国，仍留一支于虞地，即后世之虞国。虞国为大宗，吴国为小宗。其后吴逐渐向南发展，最后迁至现在的无锡附近。春秋时，大

---

[1] 刘兴、吴大林：《江苏溧水县柘塘、乌山土墩墓清理简报》，《文物资料丛刊》第 6 辑，北京：文物出版社，1982 年，第 73—78 页。镇江博物馆：《江苏溧水、丹阳西周墓发掘简报》，《考古》1985 年第 8 期，第 690—693、768—769 页。

[2] 江苏省文物管理委员会：《江苏丹徒县烟墩山出土的古代青铜器》，《文物参考资料》1955 年第 5 期，第 58—62 页。镇江博物馆等：《江苏丹徒大港母子墩西周铜器墓发掘简报》，《文物》1984 年第 5 期，第 1—10、97—99 页。

[3] 朱江：《江苏南部"硬陶与釉陶"遗存清理》，《考古通讯》1957 年第 3 期，第 8—13 页。

[4] 李伯谦：《马桥文化的源流》，陈杰：《马桥文化探微：发现与研究文集》，上海：上海书店，2018 年，第 205—206 页。

宗之虞国衰落，而小宗之吴国强盛。虞受封于开疆辟土的关键时期，由于淮夷强大、交通阻隔，而逐渐与中原故国交往断绝。春秋后，吴国复与中原交通，开始重构自己的祖先故事。《史记》中讲述奔吴故事，强调的是当时太伯一支无后，寻仲雍之子周章北归封于虞地，表面上是颠倒了两国出现的先后时间，实质上是调转了两国之间的大宗与小宗、正支与旁支的关系。

"大东"地区徙封封国表

区　域		地　点	原国	姓	新国	姓	始封封号	始封区域	始封地点
东方夷人区	济水—淄潍河流域区	山东临淄市	薄姑	嬴偃	齐	姜	吕	霍太山地姜姓封国区	山西临汾霍州
	洙汶流域区	山东济宁曲阜	商奄	嬴偃	鲁	姬	周	嵩山山地姬姓封国区	河南平顶山鲁山
商丘旧族区	菏泗流域区	山东泰安新泰？			杞	姒	杞	商丘旧族区	河南开封市杞县
		商（商丘）	商	子	宋	子	微	安阳殷王族区	山西长治潞城
		山东枣庄滕州？			薛	任	薛	商丘旧族区	河南商丘市一带
		山东济宁泰安之间			郎	姬	郎	周人关中故地	陕西宝鸡岐山
		山东济宁金乡			茅	姬	茅	沿黄渡口姬姓封国区	山西运城平陆
		菏泽曹县、成武两县之间			郜	姬	郜	嵩山山地姬姓封国区（晋南方国区）	河南郑州登封（一说在山西运城平陆）
	淮泗流域区				淮夷	嬴偃		东方夷人区	山东淄博市、济宁市

三、昭穆政局与大东封国格局

到西周末年，"大东"地区一共有封国、族部 37 个：郝、吴、茅、郜、鲁、曹、极、滕、阳、州、齐、向、鄣、纪、逢、郯（熊?）、莒、薛、铸（祝）、鼓、杞、鄫、遂、宋、戴、谭、任、颛臾、宿、须句、莱、徐、葛、邾、小邾、鄅、偪阳。"大东"地区的封国格局，即此 37 国、族的态势和布局，也就是这些封国之间的政治关系和地域关系。

在封国态势方面，这 37 个封国中，与周天子关系亲密的有鲁、齐、吴。其中鲁一直是王朝封国政治的中流砥柱，在周封国中政治地位最高，也是最典型的姬周文化的代表。齐国虽然地位略逊于鲁国，但因为鲁北地区新石器时代以来一直是山东的政治和经济的中心所在，齐国在经济上一直强于鲁国。鲁、齐两大国徙封东方，成为"大东"地区的政治中心。吴最初也肩负重任，应当与周天子非常亲近，但由于距离，随着王朝历史发展而渐行渐远，与"小东"地区姬姓北燕国的情况十分相似。这个区域内有两大异族，其一是宋国及群子，其二是风、偃、曹、妘诸东夷。

这 37 个封国之间的关系，为地区主导级别的有鲁、齐、宋和徐。除鲁之外，姬姓中国力比较突出的还有曹国，其他郝、茅、郜、极、滕、阳诸国，似乎规模都稍小。姜姓以齐为首，另外有纪，实力也不弱。其他还有向、逢、鄣三国，也是地区内的重要力量。与姬姓密切合作的还有郯（熊?）、莒、铸（祝）、鼓、鄫、遂等华夏旧族褒封小国，其中薛和杞的国力最强，可能是组织者。宋周围的子姓戴国和谭国，则实力普通。东夷诸国中，以徐实力最强，可以理解为类似楚在汉水流域的情况，莱也有相当实力。宋、薛等国则可能是姬姓与东夷之间的中介。而任、颛臾、宿、须句、葛、邾、小邾、鄅、偪阳中，颛臾见于《论语·季氏》；[1] 宿见于《春秋》庄公十年，[2]《路史》云宿封于武王时。[3] 这些国家到春秋时仍存在。须句与鲁、邾等国相邻，鲁僖公的母亲成风母家即此国，僖公二十一年，邾灭须句，须句的国君奔鲁。[4] 从总体看这些小国情况不太清楚，但能感觉到，政治态度和自身政治状态比较多元。

在封国布局方面，"大东"区域可以分成北、中、南三大部分。区域中部存在两个小区，一是菏—济水姬姓封国区，这个地区原属东方夷人区，由东征前商族都邑发展为姬姓封国、亲周旧族区。始封杞国在开封杞县；薛地不详，似在商丘附近；宋徙封至商丘；郕在泰安、济宁交界的东平、宁阳、汶上三县之间；茅在济宁金乡县；郜在菏泽市的曹、成武两县。山东济宁、菏泽地区也是姬姓封国分布比较密集的地区。区域内文、武、周公子的徙封密集。另一个小区是洙—汶水鲁国区。这个小区原来属于商丘旧族区，在东征前，原本主要由亲商奄及其他亲商族控制，到东征后，发展为鲁国及亲周旧族的方国区。

区域北部，是济水—淄潍河齐国区。这个地区原属东方夷人区，在东征前为薄姑及其他亲商夷人居住，东征后由姜姓齐国控制。在齐国东侧，还有一片半岛疏周夷人区，区域内生活着土著莱夷，对齐国一直有军事方面的侵扰。区域南部，原属商丘旧族区，在东征后发展为淮—泗水徐淮夷疏周旧族区。淮泗地区是东南族群进出中原的交通要道，需要从徐国通过。《吴太伯世家》记载，吴公子季札出使鲁国时，北过徐国，"徐君好季札剑，口弗敢言"，季札因为奉命出使不能没有佩剑，就没有送给徐君，"还至徐，徐君已死"，[5] 说明徐国处

［1］何晏集解，邢昺疏：《论语注疏》卷16《季氏》，第2520页。

［2］杜预注，孔颖达疏：《春秋左传正义》卷8，庄公十年，第1766页。

［3］罗泌：《路史》卷24《国名纪》，《景印文渊阁四库全书》第383册，第255页。

［4］杜预注，孔颖达疏：《春秋左传正义》卷14，僖公二十一年，第1811页。

［5］司马迁：《史记》卷31《吴太伯世家》，第1459页。

在吴国所在的东南地区与中原交往的交通要道上，来回都必须经过徐国。淄潍河流域的夷人被齐、鲁驱赶至苏北湖荡地带，与当地原住的徐夷联合，形成了淮泗流域区。这个区南接虞国所徙封的丹徒。东征后，王朝完成了对山东的控制。宜侯夨簋是康王时器，王朝当时能够越过淮泗地区，将虞国远封宁镇，就是因为具备了相应的条件。

从总体看，山东地区的夷人一直是黄河流域一个相对独立的势力。在关于夏的传说中，这个地区的族群在政治上和军事上就被描述为具有相当实力的形象。从考古学成果来看，龙山时代"大东"地区的城址规模大、密度高，陶器体现出的手工业水平高、商业发达。沿海的盐业遗址规模更是令人叹为观止。后来虽然从岳石文化看这一地区似乎有所衰落或发生了一些变故，但商代其地发达程度也不容小觑。尤其是从甲骨材料来看，商代晚期这个地区与大邑商在政治上的联系非常密切。刘绪老师就曾在《西周疆至的考古学考察》一文中指出，商代晚期统治疆域实际上是以现在的山东为主，大邑商虽然是国都，但在空间上其实偏西。这种情况在西周立国之初并没有发生本质变化，包括东征后周公所封之鲁国，虽然是"坐镇于新开拓的疆域的中心部位"，但其所在地区早已是晚商政治疆域地理上的中心地区。[1] 所以夷人随武庚叛乱，周公只能武装征伐，并且只有用周人进行军事殖民，才能实现有效控制，建立新的政治秩序。

而经历了昭穆时期的调整，东方夷人区发展为姬、姜及亲周异族杂居的"大东"新重地。大东地区培育了周王朝分封制下最重要的一个制度类型——"姬周型"封国制度，这种类型的代表就是鲁国。同时，大东地区也是"异姬周型"封国制度典型代表发育的地区，这种类型的代表就是齐国。鲁、齐两大国徙封东方，成为东方政治重要主导者，对昭穆以后政局的影响，不仅在大东，更是涉及整个王朝。

---

[1] 刘绪老师：《西周疆至的考古学考察——兼及周王朝的统治方略》，北京大学出土文献研究所编：《青铜器与金文》第 1 辑，第 269 页。刘绪老师：《西周疆至的考古学考察》，《夏商周考古》，第 119—120。

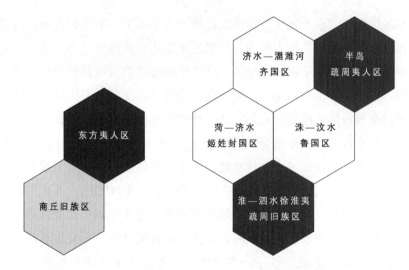

**图21 东征前"大东"政治格局
分区示意图**

**图22 东征后"大东"政治格局
分区示意图**

"大东"地区西周封国表

序号	国家	姓	始　　封	徙封或迁移	始封君或族属
1	郕	姬	陕西宝鸡岐山	山东泰安、济宁交界的东平、宁阳、汶上之间	文王子叔武
2	吴	姬	山西运城平陆	江苏镇江丹徒	太王子太伯
3	茅	姬	山西运城平陆	山东济宁金乡	周公子
4	郜	姬	河南郑州登封（一说在山西运城平陆）	山东菏泽曹县、成武之间	文王子
5	鲁	姬	河南平顶山鲁山	山东聊城市一带，后迁都济宁曲阜	周公子伯禽
6	曹	姬	山东菏泽定陶		文王子叔振铎
7	极	姬	山东济宁鱼台		

续 表

序号	国家	姓	始 封	徙封或迁移	始封君或族属
8	滕	姬	山东枣庄滕州		文王子叔绣
9	阳	姬	山东临沂沂水（或说本在潍坊青州，齐逼使迁）		
10	州（淳于）	姜	山东潍坊安丘		
11	齐	姜	山西临汾霍州	山东淄博市临淄区	太公望
12	向	姜	山东日照莒县（大事表认为在安徽蚌埠怀远）		
13	鄣	姜	山东泰安东平		
14	纪	姜	山东潍坊寿光		
15	逄	姜	山东省内		商时国
16	郯（熊?）	己	山东临沂郯城		
17	莒	己	山东胶州半岛	春秋初迁山东日照莒县	兹舆期
18	薛	任	山东枣庄滕州（一说河南商丘市一带）	春秋后迁江苏邳县	黄帝后奚仲
19	铸（祝）	任	山东临沂市		
20	鼓	祁	河北石家庄晋州		白狄别种
21	杞	姒	河南开封杞县	山东泰安新泰	禹后东楼公
22	鄫	姒	河南商丘睢县	移居淮河流域后移至山东	禹后
23	遂	妫	山东泰安宁阳		

续　表

序号	国家	姓	始　　封	徙封或迁移	始封君或族属
24	宋	子	山西长治潞城	河南商丘市	商后
25	戴	子	河南开封兰考		
26	谭	子	山东济南市东南		?
27	任	风	山东济宁市东南		太皞后
28	颛臾	风	山东临沂蒙阴		太皞后
29	宿	风	山东泰安东平无盐城		太皞后
30	须句	风	山东泰安东平		太皞后
31	莱	嬴或偃	山东半岛		东夷
32	徐	嬴	江苏徐州市		伯益后
33	葛	嬴	河南商丘宁陵		?
34	邾	曹	山东济宁邹城		颛顼苗裔挟祝融后
35	小邾	曹	山东枣庄滕州东		邾公子友
36	鄅	妘	山东临沂市北		?
37	偪阳	妘	山东枣庄峄城区南		?
38	甲父		山东济宁金乡		古国

第三节　畿南帛贿地：懿孝夷时期

本节标题所称的"畿南"地区，指宗周王畿以南的汉水流域和成周王畿以南的淮河流域。而本文所讨论的汉水流域，则主要指汉水在淅川以下的南北向河道两侧；淮河流域主要指淮河中上游地区。[1]
这个区域除了蔡和陈是成康时期便徙封至此的大国外，还有蒋、沈等
不太起眼的姬姓小国。这些姬姓国，或者是随着淮河流域在经济上的
繁荣，为进一步联系当地，被王朝徙封至此处，或者是孝夷之后畿南
动荡情况下为增强当地军事力量而徙封。总之，我们在春秋时期所见
畿南的封国格局，是孝夷时期发展的结果。

一、懿孝夷之前王畿以南的政治地理格局

懿孝夷时期是王畿以南区域发展的关键时间，这个阶段王朝政局的
关键词是"平稳"。晁福林师谈到，昭穆以后，西周王朝将注意力从对
外征讨、巡游转向周王朝内部统治结构的巩固和贵族间等级秩序的稳
定，总体上属于守成时期。[2] 其中，从懿王以后，王室内部矛盾趋于
剧烈，王权有衰弱迹象。但一直到孝夷时期，王朝仍然能号令钳制诸
侯，而且对外战争有多场胜利，是"周王朝继续发展的一个阶段"。[3]

从总体看，王畿以南的区域内，周初即呈现高密度、高规格、复
杂族属的封国面貌。再结合安州六器、士山盘等铭文看，西周王朝对
这个地区的有效控制一直到中晚期都还比较稳定。杨宽认为，根据史
密簋铭文看，到懿王时，曾经命师俗、史密率领齐国军队征伐以长必
为据点的叛乱南夷。叛乱各族包括卢、虎、杞夷、舟夷、蕫不坠
等。[4] 夷王时曾命虢公伐太原之戎，获马千匹。[5] 虽然传世文献载

---

[1] 周公东征的对象，顾颉刚已经指出，"除三监外是奄和蒲姑，徐和淮夷还没有动，或
是只动了一部分"，而对于奄和蒲姑，周人"杀其身，执其家，潴其宫"，对其施行
灭族，也就谈不上南迁。真正迫使潍水流域的潍（淮）夷迁徙的，是后来齐鲁发动
的战争。这场战争的规模不大，淮夷逃至徐人控制的苏北地区就进入了安全地带。

[2] 晁福林师：《夏商西周的社会变迁》，第145页。

[3] 晁福林师：《夏商西周的社会变迁》，第148页。

[4] 杨宽：《西周史》，第562页。

[5] 范晔：《后汉书》卷87《西羌传》注引《竹书纪年》，第2871页。

夷王衰弱，一般被认为是西周由盛转衰的关键统治者，但总体看，王朝实力尚可。在这个时期，一方面西周王朝政治逐渐稳定、制度日趋完整，"畿南"地区也随之在经济、社会方面都快速进步。另一方面，由于实力逐渐强大，当地族群离心的趋势显现，原本合作、受控的区域越来越不稳定。王朝为了应对这种情况，进行了新一轮的徙封，畿南地区的封国规模和格局由之形成。

二、王畿以南的封国徙封与调整

这个地区在西周有九个封国徙入，可以分成两个批次。第一批集中徙封是武王成王时期，包括陈、蔡、唐、随、鄂（噩）诸国。第二批则在西周晚期，沈、蒋、毂、聃诸国即在此阶段陆续徙入。

（一）陈

前文已述，"陈"为中原旧族，武王时褒封，在沁阳田猎区内今卫辉。春秋时陈国都宛丘，《左传》隐公三年杜预注云"陈国陈县"，即今河南省周口市所辖淮阳县。[1] 陈国徙封淮阳的时间，还缺乏比较明确的材料。从西周以后汲县在文献中没有什么与陈国相关联的事迹来看，陈在当地的时间可能比较短。淮阳地处河南南部的颍河中游，距离西周封国集中区比较远。在陈的东北和西南分别是宋国和蔡国，这两个国家都是成王平叛以后徙封到南部地区的，陈国恰处二国之间。陈国的徙封，可能是王朝对宋、蔡徙封的配合，也可能是与邢、虞两国相类似的开拓行为，囿于材料我们已经无法确知。但陈国的徙封时间，基本可以判定为周初的成康时期。

（二）蔡

蔡国始封前因是三监叛乱。"三监"的含义及究竟是哪三位，争

---

[1] 见《春秋左传注》隐公三年杨伯峻注。杨伯峻：《春秋左传注》，隐公三年，第31页。

议不小，主要以管、蔡之外的第三位是武庚还是霍叔为关键。顾颉刚谈到过造成这种情况的原因，认为是"自从郑玄妄以管蔡霍为三监，并妄说鄘在纣城南、卫在纣城东之后，晋的孔晁、皇甫谧，唐颜师古注都跟着他乱跑，又牵引他的说法入于《逸周书》和《汉书》，使人们益发难于厘清它的头绪"。[1] 历史地名在后世位置的考证，无法单独靠地名本身的信息来解决，而是必须以"三角形"定位的办法，借助与之存在相对位置关系的两个或两个以上的地名组成一个小组来确立。顾颉刚所讲的原因，就是出于这个道理。他认为，是郑玄提出了管、蔡、霍是三监的新说，混淆了管、蔡、武庚为三监的传统看法，在管的相关地名中引入了原本无关的参照地名"霍"，同时又对与三监相关的地名"鄘"和"卫"的位置提出了错误的说法，彻底扰乱了三监地理问题考证的参照系，并且直接影响了后世。顾的看法指出了问题的关键，后世关于"三监"的诸多讨论，大都是在沿袭郑玄错误的基础上又进一步发展的，在分析时，需要清楚这个学术史脉络，才能有所判断。

　　《尚书》伪孔传就对蔡始封地有不同说法，其文云："叔之所封，圻内之蔡，仲之所封，淮汝之间。"[2] 明确讲蔡叔始封与蔡仲复封不在同一处。谓蔡叔始封在圻内，至蔡仲徙封于淮汝之间。圻内蔡地不知所在，但所谓"圻"，含义明确，即天子所居之地，也就是王畿。在商周之际特定的历史时期，"圻内"可以有两种理解，一种是在周王畿之内，也就是丰镐附近，另一种是在大邑商附近，即商王畿内。这种说法虽然信息量不大，但却与蔡"三监"的身份，以及武王克商以后的政治地理格局有着比较强的内在联系。

---

[1] 顾颉刚遗著：《三监人物及其疆地——周公东征史事考证之一》，《文史》第22辑，第14页。

[2] 孔安国传，孔颖达疏：《尚书正义》卷17《蔡仲之命》，第227页。

柞伯鼎铭文拓本

在西周晚期的柞伯鼎铭文中，柞及虢附近恰有一名蔡之地。[1]
柞在河南延津之北、牧野正东，虢则在郑州西荥阳附近，两地之间，
即商末的沁阳田猎区及大邑商区南部，是商王畿最主体的部分。西周
发封国之兵讨伐，有一种情况是相邻三国组成左中右三军。如班簋，
就是在济水—泗水—淮水一线相邻的虢、齐和吴三国。柞伯鼎中柞、
虢、蔡应该也是相似情况。这样的话，蔡有很大可能是在柞与虢之间
的。也就是说，其位于商王畿之内，在延津到荥阳之间。这个位置，
与文献所载"封蔡叔于卫"也能对应。

---

[1] 朱凤瀚：《柞伯鼎与周公南征》，《文物》2006 年第 5 期，第 67—73 页。铭文为：隹
（惟）四月既死霸，虢中（仲）令柞白（伯）曰："才（在）乃圣且（祖）周公，
繇又（有）共于周邦，用昏无及，广伐南或（国）。今女（汝）其率蔡侯，左至于
昏邑。"既围城，令蔡侯告征虢中（仲），遣氏曰："既围昏。"虢中（仲）至。辛酉
專（搏）戎。柞白（伯）执讯二夫，隻（获）或（馘）十人。誋（其）弗敢昧联
皇且（祖），用乍（作）朕剌（烈）且（祖）幽叔宝尊鼎，誋（其）用追享孝，用
旂（祈）眉寿迈（万）人（年）。子子孙孙其永宝用。

蔡叔封地位置的信息则几乎无法确定。《左传》隐公四年杜注云"蔡，今汝南上蔡县"，[1] 所讲为春秋时期蔡国的位置，并非蔡国始封之地。春秋时期的蔡，在蔡平侯之前居于上蔡，也就是现在的河南上蔡，其后屡迁，平侯迁新蔡，昭侯迁州来，谓之下蔡。《史记·管蔡世家》叙文王诸子有："次曰蔡叔度"。[2] 裴骃《集解》引《世本》，称蔡叔度封地也是在上蔡。[3] 按照裴骃的意思，蔡始封即在淮河上游，叛乱受罚后又复封于原处。

但实际上，蔡始封地的位置，以及蔡叔度叛乱后所受的处置，认识上存在争议，上蔡说存在不小的问题。其中重要原因是蔡叔度在三监叛乱后所受的处罚，在后世传写的今古文改换中出现了异说，造成对复封时地点有些认识不清，继而影响了对始封位置的推导。具体就是，《左传》昭公元年载祝鮀曰："周公杀管叔而蔡蔡叔"，[4] 但实际上古文《左传》 𣀦、蔡非一字，转写为今文汉隶时 𣀦字失其本体。到后世，原字初型愈发漫灭不知，甚至有在其处用重文符号标识此二字的，就是完全不知道两个字原本根本不同。[5] 陆德明《释文》云："上蔡字，音素葛反。《说文》作 𣀦，音同，字从杀下米。"[6] 孔颖达《正义》曰："𣀦字，杀下米也。"[7] 𣀦是蔡叔度所受的刑罚，意思是杀灭。而宋代以后不少学者却误以蔡字为刑，解释为流放。尤其是王船山力主此说后，观点就更为盛行。[8] 所以，到了清代，始封君蔡

---

[1] 杜预注，孔颖达疏：《春秋左传正义》卷3，隐公四年，第1725页。

[2] 司马迁：《史记》卷35《管蔡世家》，第1563页。

[3] 司马迁：《史记》卷35《管蔡世家》，第1564页。

[4] 杜预注，孔颖达疏：《春秋左传正义》卷41，昭公元年，第2022页。

[5] 孔颖达云："𣀦为放散之义，故训为放也。隶书改作，已失本体，字不复可识写者，全类蔡字，至有重为一蔡字重点以读之者。"出处同上。

[6] 杜预注，孔颖达疏：《春秋左传正义》卷41，昭公元年，第2022页。

[7] 杜预注，孔颖达疏：《春秋左传正义》卷41，昭公元年，第2022页。

[8] 王夫之：《尚书稗疏》卷4下《蔡仲之命》，《景印文渊阁四库全书》第66册，第112—113页。

叔度究竟在三监叛乱后被杀了还是被流放了，就出现了明显不同的观点，而蔡仲复封上蔡，究竟是沿用蔡叔旧地还是于他处复封，也相应出现了不同说法。不过，虽然讨论很热烈，但因为相关信息太少，借助上蔡来考订蔡叔度始封地的地理位置，其实基本行不通。

周公平定三监之乱进而东征平叛，之后国家的政治版图发生了变化，周公对国家统治方式产生了新的思考，这时将蔡仲封于淮汝之间的上蔡，主要还是远流之意。蔡出现在淮河流域，虽然与这个地区出现其他封国的契机不同，但却是淮河流域姬周人群封邑出现的开始。

（三）沈

前文已述，武王克商时，褒封诸国中有沈，在晋南。春秋时期，汝水流域有沈国。《左传》文公三年："叔孙得臣会晋、宋、陈、卫、郑人伐沈。"[1]《史记·陈杞世家》云："陈惠十五年，吴伐陈。取胡、沈。"[2]《管蔡世家》云："蔡为晋灭沈。"[3] 由此看来，沈国当与胡、陈、蔡等国不远。文公三年杜注云："汝南平舆县北有沈亭。"[4]《汉书·地理志》"汝南郡·平舆"引应劭云："故沈子国，今沈亭是也。"[5] 也就是现在的河南省平舆县北。钱穆《史记地名考》"沈"按云："平舆废县，今安徽阜阳县南。"[6] 认为春秋时沈国的位置还要更偏东，在今天的安徽阜阳。钱穆说法可能有误。阜阳之平舆，也称平豫，南朝梁时始置；而杜预所云晋平舆县，为秦置，治所就在今河南平舆县北四十里。近年来，汝南县发现了春秋时期的沈国故城遗址，其地点与文献记载相合。[7]

---

［1］杜预注，孔颖达疏：《春秋左传正义》卷18，文公三年，第1839页。

［2］司马迁：《史记》卷36《陈杞世家》，第1582页。

［3］司马迁：《史记》卷35《管蔡世家》，第1568页。

［4］杜预注，孔颖达疏：《春秋左传正义》卷18，文公三年，第1839页。

［5］班固：《汉书》卷28上《地理志》，第1561—1562页。

［6］钱穆：《史记地名考》卷12《楚地名》，北京：商务印书馆，2001年，第612页。

［7］国家文物局主编：《中国文物地图集·河南分册》"驻马店·平舆县"，北京：中国地图出版社，1991年，第469页。

在驻马店汝南县北与平舆县界之间已经发现了较大型的早期城址，调查可知城址总面积 2.1 平方公里，平面近方形，南北长 1.5 公里，东西宽 1.4 公里，城垣夯土残迹尚存，最高处为西南城角，高出地面 1.8 米。东、西、南城门址尚可辨，城内外出土有铜剑、戟、矛、镞，及陶鼎、豆、罐、瓮等，从遗物的年代上来看，城址的使用年代为春秋时期，考古界将其认定为春秋沈国故城。[1]

汝南、平舆两县紧邻，历史上平舆多属汝南管辖，可以视作一个区域。在这一区域内，新石器时代遗址较少，商代遗址密度较大，说明这一地区在商代曾经一度是商人的势力范围。20 世纪 70 年代以来的调查中未发现比较典型的西周遗址，所见周代遗址多为战国时期，可知这一地区西周时期周文化影响因素很少。沈国作为姬姓封国、周公后裔，如果进入这一地区时间较早，那么当地应该存在更多的周文化因素。从当地考古学文化面貌上看，沈国进入这一地区的年代恐怕是比较晚的，从沈国故城的年代来看，沈国徙封至汝南，应该不会早于两周之际。

沈国的铜器，有沈子它簋（《集成》4330）。其铭文云：

> 它曰：拜頶首，敢𦥸昭告：朕吾考令乃鹏嬗沈子乍𦁅于周公宗，陟二公，不敢不𦁅，休同公克成绥吾考邑于鼄鼄（晏晏）受命。乌呼！佳考取又念自先王先公，遒末克衣克告剌成功。叡！吾考克渊克，乃沈子其頶怀多公能福。……

据容庚《善斋彝器图录》记载，沈子它簋传出于洛阳。[2] 陈梦家《西周铜器断代》载其为刘体智旧藏。郭沫若将其定为康王末年器，[3]

[1] 国家文物局主编：《中国文物地图集·河南分册》"驻马店·平舆县"，北京：中国地图出版社，1991 年，第 469 页。

[2] 容庚：《善斋彝器图录》，北平：哈佛燕京学社，1936 年，第 448 页。

[3] 郭沫若：《沈子簋铭考释》，《金文丛考》，北京：人民出版社，1954 年，第 329—335 页。

沈子它簋铭文拓本

容庚定其为成王时器，[1] 陈梦家认为应该是康王时器。[2] 铭文的内容历来讨论较多，以马承源解读最为通畅。马承源认为"它"为器主，"吾考"是"它"的父亲，沈国的始封君。"翻"读为"裸"，意为"它"受父命裸祭于周公之庙，"陟二公"指的是配祭周公的鲁公伯禽和考公酉，所以马承源认为，沈国为周公之子的封国，此器作于鲁炀公时，相当于王朝的康王时期。[3] 一些说法认为，沈即是聃，也就是文王子聃季的封国，《中国历史地图集》即采用此说，在今平舆处注记为"聃"，并括注为"沈"。[4] 但从沈子它簋的铭文来看，

---

［1］容庚：《善斋彝器图录》，北平：哈佛燕京学社，1936年，第448页。

［2］陈梦家：《西周铜器断代》，第113—115页。

［3］马承源：《商周青铜器铭文选（三）》，第56页。

［4］谭其骧：《中国历史地图集》（第一册）"春秋·楚吴越"，第29—30页。

沈国虽然也是姬姓，但与聃国为两国。聃为文王之子，而沈则是周公后裔。

（四）蒋

前文已述，蒋国姬姓，为《左传》僖公二十四年所载周公之胤的六国之一。杜预在僖公二十四年和文公十年注中认为春秋时蒋国在"弋阳期思县"。[1] 晋弋阳郡治所在今信阳潢川，期思今属淮滨县。《水经注·淮水》云："（淮水）又东过期思县北，县故蒋国，周公之后。"[2] 郦道元也称故蒋国在期思。淮滨县期思公社在考古调查中发现有东周到汉代古城遗址，虽然年代与西周还有一段距离，但也提示了一定线索。[3] 此地远处于淮河南岸，可算是孤悬于远方，陈槃就认为此地应该不是蒋国始封之处，而是后来徙封所至。[4]

蒋的徙封应该与西周末年淮夷的兴起及王朝对淮河流域的控制和开发有关。淮河流域发展的进程，与山东地区夷人西进有密切的关系，而夷人大规模进入淮河流域的时间，最早不过穆王时期；蒋所在的淮河中上游开始在政治上引起王朝高度重视，则要到懿王以后。[5] 从淮滨期思古城的年代来看，当地文物工作者调查将其上限认定为"春秋战国"比较模糊，一方面报告对于出土遗物描述比较模糊，另一方面从城内出土大量蚁鼻钱及出土过郢爰来看，期思古城的营建和使用年代也确实不会很早。但由于此城未经过大规模发掘，仅从城墙剖面所出陶器来看，很难判定其为春秋或两周之际。而在史料记载的蒋国所在范围内，也确实没有发现早至西周中前期的遗存，所以，期思古城为故蒋国是有道理的，但蒋国出现在淮河南岸的时间也不应该

---

[1] 杜预注，孔颖达疏：《春秋左传正义》卷15，僖公二十四年，第1817页；卷19，文公十年，第1848页。

[2] 郦道元著，王先谦校：《合校水经注》卷30，第446页。

[3] 李绍曾：《期思古城遗址调查》，《中原文物》1983年特刊，第59—60、67页。

[4] 陈槃：《春秋大事表列国爵姓及存灭表撰异（三订本）》，第653—655页。

[5] 详见附录三。

晚至春秋。综合以上诸因素，我们认为，王朝控制和开发信阳地区的时间不会晚至厉王以后，蒋国的徙封很可能是在懿王到厉王之间。

（五）榖

《春秋》桓公七年："夏，榖伯绥来朝，邓侯吾离来朝。"《传》云："七年春，榖伯、邓侯来朝。"[1] 可知春秋时有榖国，与邓国相与朝鲁，似乎相距不远，但不清楚其姓。《通志·氏族略》二"榖氏"条记述其姓之祖之封国，称"嬴姓"。[2]《路史·后纪七》载有一榖国，称嬴姓，与《通志》同，又云："入于齐。"[3] 同时，《路史·后纪十》另载有一榖国，称姬姓，但亦云"灭于齐"。[4]《路史》记载有两个榖国，姓不同，但都灭于齐国，文本应当是存在一些问题的。

《春秋》庄公七年"夫人姜氏会齐侯于榖"，杜预注："齐地，今济北榖城县。"[5] 陈槃认为此地应该就是齐国所灭之榖。[6]《史记·项羽本纪》载刘邦："以鲁公礼葬项王榖城。"[7] 应与杜注所云为一地。谷城县，秦置，属济北郡，治所在今山东平阴县西南东阿镇。此榖国当为嬴姓东夷。从地理位置上看，榖国位于齐鲁交界，邻近鲁、卫等姬姓大国，而从灭国时间上看，如果鲁庄公时榖国已入于齐，那么齐灭榖当在两周之际。在西周国家中，姬、姜为最重要的联盟；在春秋初年，礼乐尚未废弛，齐国兴兵灭掉一个山东地区姬姓国家的可能性不大。另一方面，如果榖为姬姓，周边的姬姓大国也不会坐视不管，没有被齐国轻易灭掉的道理。所以，山东地区的榖国为姬姓的可

---

[1] 杜预注，孔颖达疏：《春秋左传正义》卷7，桓公七年，第1753页。

[2] 郑樵撰，王树民点校：《通志二十略》，北京：中华书局，1995年，第62页。

[3] 罗泌：《路史》卷16《后纪七》，《景印文渊阁四库全书》第383册，第142页。

[4] 罗泌：《路史》卷19《后纪十》，《景印文渊阁四库全书》第383册，第169页。

[5] 杜预注，孔颖达疏：《春秋左传正义》卷8，庄公七年，第1765页。

[6] 陈槃：《春秋大事表列国爵姓及存灭表撰异（三订本）》，第383页。

[7] 司马迁：《史记》卷7《项羽本纪》，第337—338页。

能性比较小。为齐国所灭的应当是嬴姓东夷。《通志》所载为嬴姓比较合理。

那么《路史·后纪》所载另一姬姓穀国，则不当在山东，也并非灭于齐。此国即桓公七年朝鲁之穀国。杜注云"穀国在南乡筑阳县北"，孔颖达疏云："穀邓是南方诸侯，近楚小国。"杨伯峻注其故城即今湖北省穀城县西北。[1] 顾栋高《春秋大事表》也认为其在湖北襄阳府穀城县。[2] 高士奇《春秋地名考略》云此当为姬姓之国。[3] 湖北穀城县位于鄂西北的老河口，邻近郧县、竹山等县，是西周时期汉水中游封国和族群比较集中的地区。穀国虽然在位置上比较偏西北，但扼守大洪山与大巴山一线的咽喉，从地理位置上看，也还比较重要。

姬姓穀国初封不在湖北。《左传》定公八年云："单子伐穀城。"杜注云："穀城在河南县西。"杨伯峻注云即现在的河南洛阳市西北。[4] 豫地有穀水，出于河南陕县东崤山穀阳谷，东流经渑池，合渑水，又东合涧水为涧河，所以洛阳涧水又称穀水，穀国始封应即在此，以穀水得名。其后，周王朝为了经营南方，而将穀国徙封至汉中与南阳之间。

从目前襄阳穀城县及老河口县地区的文物普查结果来看，这一地区新石器时代基本上是石家河文化的分布范围，而任家营、汪营、下寨、亢家营等很多遗址春秋时期地层都直接叠压在石家河文化地层之上，这一地区目前还没有发现确切可以认定的西周文化，而这一地区东周时期的遗址分布面积和密度都很大。[5] 从这种情况来看，穀国

---

[1] 杜预注，孔颖达疏：《春秋左传正义》卷7，桓公七年，第1753页。杨伯峻：《春秋左传注》，桓公七年，第118页。

[2] 顾栋高：《春秋大事表》卷5《春秋列国爵姓及存灭表》，第575页。

[3] 高士奇：《春秋地名考略》卷8，第590页。

[4] 杜预注，孔颖达疏：《春秋左传正义》卷55，定公八年，第2142页。杨伯峻：《春秋左传注》，定公八年，第1564页。

[5] 参见襄樊市文物普查办公室等：《襄樊市文物史迹普查实录图集》，北京：今日中国出版社，1995年。

在春秋以前对这一地区的经营是有限的，它迁至这一地区的时间，也
应该不会早于两周之际。

（六）唐₁[1]

在随州、枣阳之间有一唐地。《左传》宣公十二年，晋楚邲之战：
"楚子使唐狡与蔡鸠告唐惠侯。"杜注云："唐，属楚之小国，义阳安
昌县东南有上唐乡。"[2]《史记·楚世家》"吴与唐、蔡西伐楚"条张
守节《正义》引《括地志》云："上唐乡故城在随州枣阳县东南百五
十里，古之唐国。"[3] 安昌县为三国魏置，之前汉代属南阳郡，《汉
书·地理志》"南阳郡·舂陵县"载："有上唐乡，故唐国。"西晋属
义阳郡，治所就在今湖北枣阳市南三十里，其东南百五十里，也就是
钱穆所说今湖北随县西北九十里的唐县镇。[4] 其地点在今湖北随县
西北唐县镇，或随州枣阳县东南。

随县之唐国，并不是方城祁姓唐国，而是另外一个姬姓国家。
《史记·楚世家》"楚昭王灭唐"条张守节《正义》引《世本》云：
"唐，姬姓之国。"[5]《国语·郑语》"当成周者，南有随、唐"条韦
昭注亦云："皆姬姓国也。"[6] 杜预《春秋释例》亦云："唐，姬
姓"，[7] 都认为近楚之唐国为姬姓，陈槃、杨伯峻等也同意这一看
法。姬姓唐国为叔虞之后，始封晋南故唐国之墟，后迁于晋。唐地所
在不详，《史记·晋世家》云："唐在河、汾之东。"[8] 大致范围应
该就在侯马一带。近年来，由于陶寺遗址和天马—曲村晋侯墓地的发

---

［1］关于唐的地点，参见附录一"唐"。

［2］杜预注，孔颖达疏：《春秋左传正义》卷23，宣公十二年，第1881页。

［3］司马迁：《史记》卷40《楚世家》，第1716页。

［4］钱穆：《史记地名考》卷11《晋地名》，北京：商务印书馆，2001年，第489页。

［5］司马迁：《史记》卷40《楚世家》，第1716页。

［6］徐元诰撰，王树民、沈长云点校：《国语集解》卷16，第461页。

［7］引自郑樵撰，王树民点校：《通志二十略》"氏族略·古帝王氏"，第37页。

［8］司马迁：《史记》卷39《晋世家》，第1635页。

现，学界对于唐和晋的具体位置又开始了新的讨论，[1] 也还没有达成一致意见，但是，其范围不出临汾与侯马之间的汾河谷地应该是没有问题的。

根据韦甗铭文可以知道，汾水流域的唐国在受封后不久就更名为晋，而汉水流域的姬姓唐国称"唐"，那么，此唐国徙封的时间应该在汾水流域唐国更名以前，否则汉水流域存在的就应该不是"唐"地，而是晋地了。前文（第二章第二节）曾提到的觌公簋，年代在西周早期，《史记》记载燮父迁晋应该是可信的，那么，汉水流域唐国的徙封时间应该至迟不晚于燮父迁晋。而且，也不能排除燮父迁晋可能就与唐国徙封有关。当然，这一点还有待更多材料论证。

湖北随县的唐国与山西的唐国同名，又同为姬姓，与吴国、虢国一支留居始封地、一支徙封的情况一致，应该就是山西姬姓唐国的一支。叔虞的始封在成王时期，所以，姬姓唐国徙封的时间最早也要在康王以后。唐国所在的随枣走廊是湖北地区南北交通的要道，各个时期的遗址分布十分密集。在枣阳地区，新石器时代的遗址主要为当地的石家河文化，商代遗址较少，在石家河文化层上叠压西周地层或东周地层的情况都存在。枣阳地区的西周遗址有毛狗洞、[2] 孙家湾、[3] 二王庄、[4] 小河口、泉桥寺、古城[5]等，地层较厚，遗址密度比较大，显示出周文化在当地有比较长时期的发展，这种情况与

---

[1] 李伯谦：《天马—曲村遗址发掘与晋国始封地推定》，《中国青铜文化结构体系研究》，第114—123页。

[2] 襄樊市博物馆：《湖北枣阳毛狗洞遗址调查》，《江汉考古》1988年第3期，第10—20页。

[3] 襄樊市博物馆：《随枣走廊几处新石器时代遗址调查》，《江汉考古》1995年第4期，第5—7页。

[4] 襄樊市博物馆：《随枣走廊几处新石器时代遗址调查》，《江汉考古》1995年第4期，第3—5页。

[5] 国家文物局主编：《中国文物地图集·湖北分册》"襄樊市·枣阳"，西安：西安地图出版社，2002年，第144—145页。

其南部的随州也比较一致。由此可见西周王朝应该从较早的时期就对当地进行统治了，而姬姓唐国徙封至此的时间也不会太晚，应该与昭王时期对汉水流域的经营有关。

（七）随[1]

文献载随国姬姓，其始封在晋南，其地在山西介休，徙封至鄂东大别山与大洪山之间。随国的姓，除了姬姓外，文献中还有炎帝后姜姓和陶唐氏后祝姓之说。《路史·国名纪》云："随侯，炎裔。"[2]《路史·后纪》"炎帝参庐"亦云："随，姜国也。"[3] 炎帝后裔姜姓，《路史》之说应当是据《姓纂》而来。随国祝姓说见于《孟子·尽心章句》下孙奭疏引《韩诗》云："随侯姓祝。字符畅。往齐国，见一蛇沙中。"[4]《路史·国名纪》"陶唐氏后"云："按《类林》，随侯，祝姓，则亦陶唐氏之后。"[5] 又《后记》"陶唐氏"纪云："至周，封（尧）帝后于铸。铸，祝是。分侯于随。为铸氏。祝氏，随氏。"[6]

近年来，以随州叶家山西周曾国墓地、[7] 枣树林、[8] 文峰塔东周曾国墓地[9]为代表的汉东考古新发现，将曾、随两国的历史越来越清晰地勾勒出来，也又一次引发了关于曾、随是否为同一国的讨

[1] 关于随的地点，参见附录一"随"。

[2] 罗泌：《路史》卷24《国名纪》，《景印文渊阁四库全书》第383册，第263页。

[3] 罗泌：《路史》卷13《后纪四》，《景印文渊阁四库全书》第383册，第107页。

[4]《孟子注疏》卷十四下"子曰：诸侯之宝三：土地、人民、政事。宝珠玉者，殃必及身。"参见赵岐注，孙奭疏：《孟子注疏》卷14下《尽心章句下》，阮元校刻：《十三经注疏（附校勘记）》，第2778页。

[5] 罗泌：《路史》卷27《国名纪四》，《景印文渊阁四库全书》第383册，第312页。

[6] 罗泌：《路史》卷20《后纪十一》，《景印文渊阁四库全书》第383册，第188页。

[7] 湖北省文物考古研究所等：《湖北随州市文峰塔东周墓地》，《考古》2014年第7期，第18—33页。

[8] 湖北省文物考古研究所等：《湖北随州叶家山西周墓地发掘简报》，《江汉考古》2011年第1期，第4—60页。

[9] 湖北省文物考古研究所、北京大学考古文博学院、随州市博物馆、曾都区考古队：《湖北随州市枣树林春秋曾国贵族墓地》，《考古》2020年第7期，第75—89页。

论。在 2013 年文峰塔墓地出土了"随大司马献有之行戈"后，2020年芈加铜鼎公布，铭文有"楚王媵随仲芈加"，都从考古发现的角度确认了随国的存在。但即使新材料提供新信息，信息仍然是不足够的。曾、随之间的关系，一时恐怕无法定谳。本节的讨论虽然不敢回避这个问题，但也知很难解决，故而遵从一般的文献原则，只依据文本所载为"曾"或为"随"作为史料分类标准，将"曾"与"随"分开讨论。这一点，也很大程度上受到了张昌平基于考古学分析所持的曾随分开主张的影响。[1]

　　周王朝对随州的经略应该是比较早的，与文献中所载昭王南征的时间应该比较一致。鄂州和枣阳西周时期的遗址数量比较丰富，在整个汉水流域中密度都是比较高的。[2] 随州庙台子遗址西周时期遗存中出土的 A 型鬲与长安张家坡西周墓葬第三期所出 V 式鬲和圻春毛家咀所出弧壁袋足鬲较为相似，所出陶簋腹部与黄陂鲁台山西周早期遗址二式陶簋相似，都有典型的周文化特征，年代可定为西周前期。[3] 这样看来，虽然周初王朝重点关注的是南阳盆地，但随枣自古为南北交往的重要通道，周王朝在统治稳固之后是进行过积极经营的。[4]后文将谈到的唐的徙封，都应该与王朝对随枣走廊的控制和开发有关。

（八）鄂（噩）[5]

　　西周鄂（噩）国的地望，《史记·楚世家》正义引《括地志》

————————

[1] 张昌平：《曾随之谜再检视》，《中国国家博物馆馆刊》2015 年第 11 期，第 58—66 页。

[2] 国家文物局主编：《中国文物地图集·湖北分册》，第 208—209 页。

[3] 中国社会科学院考古研究所湖北发掘队：《湖北圻春毛家咀西周木构建筑》"图九·2"，《考古》1962 年第 1 期，第 6 页。中国社会科学院考古研究所沣西工作队：《1967 年长安张家坡西周墓葬的发掘》"图三五·4"，《考古学报》1980 年第 4 期，第 489 页。武汉大学历史系考古教研室、襄樊市博物馆、随州市博物馆：《西花园与庙台子（田野考古发掘报告）》，武汉：武汉大学出版社，1993 年，第 191 页。

[4] 武汉大学近年来在枣阳地区发现二里岗上层时期的商文化城址，材料尚未发表，承常怀颖先生告知，特致谢忱。

[5] 参见附录一"鄂（噩）"

云："邓州向城县南二十里有西鄂故城。"[1] 徐中舒、马承源、徐少华等皆主此说，认为西周的鄂国在南阳邓县的西鄂。[2] 存世噩国西周铜器有噩叔簋（《集成》3574）、噩侯历季诸器（《集成》3668、5325、5912）等。陈佩芬则认为噩侯驭方之国应该在江汉平原的湖北鄂州一带，禹鼎铭文所载厉王时期噩侯驭方的叛乱是江汉平原与淮河中上游勾结发动的。[3] 近年来，田野考古为西周封国研究提供的新材料中，随州羊子山墓地与南阳夏饷铺墓地所出鄂国铜器都很重要。鄂国并非姬姓封国，在已有研究中虽然并未被漠视，但也没有特别受到关注。而新材料的出土，提示我们这个封国不仅是王朝在西周中期以前对汉阳地区进行控制的最重要支点，而且整个封国的发展跌宕起伏，直接改变了王朝在南土的政治走向。梳理材料可知，鄂的始封地在今曲沃—翼城一带，徙封至随州附近，周厉王以后迁至南阳。详情参见附录一《晋南与鄂东豫西地区两周时期的地名重名现象》"鄂（噩）"。

鄂国姞姓，传世有噩侯作王姞簋（《集成》3928—3930）。而《楚世家》所载熊渠所伐之鄂，确实为湖北鄂州之东鄂，但正因如此，熊渠将东鄂封与其子红，东鄂就应该为芈姓，而不会为姞姓。所以鄂州的东鄂为楚人的分支，姞姓鄂国则是另外一国。此国并非南土原生的人群，在商代，噩地位于北方。

姞姓为黄帝后裔，是中原地区古老高贵的姓氏，姬姓与姞姓有密切的通婚关系，姞姓是姬姓周人最重要的通婚对象之一。春秋时期，列国间仍然有"姬姞耦，其子孙必蕃"的说法。[4] 黄帝族群的活动

---

[1] 司马迁：《史记》卷40《楚世家》，第1692页。

[2] 徐中舒：《禹鼎的年代及其相关问题》，《考古学报》1959年第3期，第53—66页。
马承源：《记上海博物馆新收集的青铜器》，《文物》1964年第7期，第10—19页。
徐少华：《周代南土历史地理与文化》，第21—27页。

[3] 陈佩芬：《上海博物馆新收集的西周青铜器》，《文物》1981年第9期，第30—36页。

[4] 《左传》宣公三年："石癸曰：'吾闻姬、姞耦，其子孙必蕃。姞，吉人也，后稷之元妃也。'"杜预注，孔颖达疏：《春秋左传正义》卷21，宣公三年，第1869页。

范围，基本上在沿着渭河到黄河的东西两岸，另一个姞姓国家南燕就位于河南卫辉，与商代的鄂国紧邻。商代的鄂侯与西伯、九侯都是西北大国，应该实力不弱，疆土范围不小，但在整个周代，我们却看不到这一地区还有鄂国；而在汉阳地区的随枣走廊，却出现了一个举足轻重的鄂，这两国之间的联系我们不能忽视。

鄂国与西周王朝有通婚关系。据噩侯乍王姞簋显示，这种联姻在周王朝建立后还一直保持着。

> 王南征，伐角、遹，唯还自征，在𤔲，噩侯驭方纳醴于王，乃裸之。驭方侑王，王休宴，乃射，驭方佫王射，驭方休闌，王宴，咸酓，王亲易驭方玉五瑴，马四匹，矢五束，驭方拜手稽首，敢对扬天子丕显休赍，用乍尊鼎，其万年永宝用。

噩侯驭方鼎铭文拓本

铭文记载周天子南征，回师途中接受噩侯的朝觐、献纳，并行裸礼。天子与噩侯宴饮，席间行射礼，天子赐玉珏、马匹、弓矢。由此看来，噩侯与周天子的关系很融洽。天子颁赐佩玉、车马、弓矢，具有赐予噩侯政治权力的含义。噩国是周王朝的联姻对象，也就是王室的亲戚，在王畿以南的封国格局中必然是具有关键作用的。从随州羊子山墓地出土青铜器的情况看，在西周的绝大多数时间内，噩国应位于随州。前文已经谈到，此处是南北交通大动脉随枣走廊的中心节点，是王畿以南最重要的交通枢纽。这里向南连接矿产资源产地，向东连接经济生产日渐繁荣的淮河流域。所以，在西周中期，噩国以及随州的随、唐等国，在维持周王室与资源产地、物资产地之间的联系上，都扮演着重要角色。

（九）聃

《史记·管蔡世家》云聃国的始封在成王时：

> 武王已克殷纣，……封功臣昆弟，……康叔封、冉季载皆少，未得封。……武王即崩，成王少，周公旦专王室，……封季载于聃。[1]

《史记》记周公举冉季为司空，辅佐成王治理国家。[2] 前文已经提到，"聃"为畿内封邑，据载其地在今陕西西安长安县。[3] 江永《春秋地理考实》"僖二四年"条云：

> 《国语》聃由郑姬，盖因郑姬而亡。僖二年，郑有聃伯，似郑灭之以为采邑，当在开封府境。[4]

江永谈到春秋时郑州附近有一聃地。陈槃同意江永的说法，但他认为

---

[1] 司马迁：《史记》卷35《管蔡世家》，第1564—1565页。

[2] 《史记·管蔡世家》载："周公举……冉季为周司空，以佐成王治。"同上，第1565页。

[3] 顾野王撰、陈彭年修：《重修玉篇》卷22，《景印文渊阁四库全书》第224册，第185页。陈彭年、丘雍：《重修广韵》卷4，《景印文渊阁四库全书》第236册，第393页。

[4] 江永：《春秋地理考实》卷1，第272页。

"岂季载初封一如毛叔郑之初封，并在此畿内，厥后随王室东迁，毛食河南，而聃则食郑与？"[1] 根据江永和陈槃的意见可以知道，聃是畿内封君，平王东迁时失去了封邑，随天子东迁至东畿附近。

顾栋高《春秋大事表》称还有一聃国，在湖北那处。[2]《史记》司马贞《索隐》云：

> 冄，或作那……庄十八年，楚武王克权，迁于那处。杜预云：那处，楚地。[3]

那处为今湖北荆门东南那口，虽然汪远孙、梁玉绳、姚范等都质疑湖北那处之聃是文王子季载之封地，[4] 但却不能排除湖北的那地是聃国的徙封之地。

"畿南"地区徙封封国表

区域	地 点	国	姓	始封封号	始封区域	始封地点
淮汝流域区	河南周口淮阳	陈	妫	陈	沁阳田猎区	河南新乡卫辉
	河南驻马店上蔡	蔡	姬	蔡	周人关中故地，安阳殷王族区	陕西省内（宗周畿内），河南安阳市
	河南驻马店汝南平舆之间	沈	姬	沈	晋南方国区	山西汾水流域
	河南信阳淮滨	蒋	姬	蒋	沿黄渡口姬姓封国区	河南开封尉氏

---

[1] 陈槃：《春秋大事表列国爵姓及存灭表撰异（三订本）》，第610页。

[2] 顾栋高：《春秋大事表》卷5《春秋列国爵姓及存灭表》，第586页。

[3] 司马迁：《史记》卷35《管蔡世家》，第1564页。

[4] 汪远孙《国语发正》二，梁玉绳《汉书人表考》三，姚范《援鹑堂笔记》十二，见杨伯峻：《春秋左传注》，僖公二十四年，第421页。

续　表

区域	地　点	国	姓	始封封号	始封区域	始封地点
随枣走廊	湖北襄阳谷城	榖	姬	榖	成周王畿	河南洛阳市
	湖北随州随县、枣阳市之间	唐	姬	唐	晋南方国区	山西临汾侯马一带（河汾之东）
	湖北随州市	随	姬	随	晋南方国区	山西晋中介休
	湖北随州市	鄂（噩）	姞	鄂（噩）	晋南方国区	山西曲沃、翼城一带
	湖北荆门沙洋	聃	姬	聃	周人关中故地	陕西西安长安区西北

三、懿孝夷政局与畿南封国格局

除去后章专门讨论的南阳盆地，在经历了西周一系列分封与徙封之后，畿南一共有封国、族部 43 个：聃、蔡、沈、曾（随）、刘、榖、应、顿、息、巴、许、厉、鄂（噩）、番、唐、陈、卢、权、萧、邓、绞、六、英氏、蓼、舒、桐、钟离、贰、江、黄、道、柏、郧、楚、夔、樊、麇、罗、胡、濮、弦、阴戎。分析"畿南"地区的封国格局，也就是分析这 43 个国、族的态势和布局，即这些封国之间的政治关系和地域关系。

在封国态势方面，这 43 个封国中，与周天子关系亲密的有曾（随）、鄂（噩）、陈。从徙封初期的情况看，蔡最初应当并不亲近，但随着王朝历史发展，反倒与王朝越来越密切。这个区域内还有三大异族，其一是与周天子渐行渐远的楚国及群芈，其二是关系疏远的徐偃群舒，其三是紧邻成周、王朝要下力气对付的阴戎。除此之外，还有在文献记载中面目十分模糊、但即使是楚国都要日常防备的百濮。

至于这 43 个封国之间的关系，为地区主导级别的有曾（随）、楚。与担任地区主导角色封国关系紧密的，姬姓有蔡、应，姜姓有许，他们实力不弱，但并不如曾，应该是姬姜诸小国中的地区中坚，与曾一起维持着区域内姬周型封国的基本秩序，聃、沈、刘、穀、顿、息、巴、厉等国在这一秩序中稳定发展。与姜姓诸国相似，同姬姓密切合作的还有鄂（噩）、陈、番、唐、卢、权、萧、邓等华夏旧族褒封小国，其中鄂（噩）和陈的国力最强，可能是组织者。

绞、六、英氏、蓼、舒、桐、钟离、贰、江、黄、道、柏等嬴偃群舒诸国中，以六、钟离在文献中比较突出。但具有影响力的国家，可能是东侧的徐国。而从鄂国能联合淮夷叛乱来看，一些旧族之国也可能是姬姓与淮夷之间的中介。从地区局势看，这个角色可能是鄂国，也可能是陈国，也可能二者都是。而追随楚国的群芈，有郧、夔、樊、麋、罗，情况都不太清楚。在区域内比较边缘化的则是百濮和阴戎。

在封国布局方面，"畿南"区域可以分成中、东、西三大部分。区域中部是姬姓势力范围，包括随枣走廊亲周封国区和淮河中上游亲周封国区。汉水流域以大洪山和汉水为界，在政治上分成东、西两部分，汉水流域东侧是随枣走廊。周王朝为了保护联系幕阜山铜矿的"金道"，一直在巩固对随枣走廊的控制。不晚于成王时期，姬姓随国、姞姓鄂国即徙封入随枣走廊，控制了这条南北交通干线。汉水流域自周初就与王畿联系紧密，近年来的考古成果也在不断印证这个认识。先是随州安居羊子山进行的考古发掘中，出土了多批鄂国的青铜器。这个姞姓国家原本只在宣幽时期青铜铭文中因为叛乱而大出风头，现在可知其国原本是王朝在南方的重要镇守。羊子山 4 号墓出土的几件大型器物，比如通高 49.5 厘米的扉棱提梁卣、通高 60.1 厘米的鄂（噩）侯方彝，造型独特，工艺上即使与同期北方的晋侯墓地、燕侯墓地相比都毫不逊色。[1] 甚至可以大胆一点说，从器物规格看，鄂国在西周初年的地位可能比很多黄河中下游的封国地位高，或者说，实力强。

除此以外，周初随枣地区的大国可能还有唐国，虽然仅仅通过文献我们无法确定这个国家是姬姓、祁姓或是姚姓，但无论是哪个，无论是与显赫的舜族有关，还是与王朝的统治者姬姓周族有关，都不是寻常之辈。此外还有谜一样的随国，也隐约存在于这个地区的早期历史之中。南宫氏受封的随（曾）国成长为姬姓大国，实力不亚于鲁、卫。随的周围还有鄂（噩）、唐等异姓国紧邻，成为规模堪比宗周王都与成周王都的集聚型大邑，既是畿南的中心，也是王朝干线路网的核心枢纽。

淮河上源、桐柏山山前地带，也就是现在的信阳地区，地势开阔，也是黄河、淮河、长江之间南北向交往的传统通道。淮河中上游原本是一些华夏旧族生活的地区。在成王东征以后，姬姓的蔡与妫姓的陈两个大封国徙入淮河上游，成为王朝在当地进行军事殖民的据点。王朝通过徙封陈、蔡、沈、蒋诸国，在这条宽阔的交通大动脉沿线形成了比较稳固的亲周势力。

区域西部是楚及汉水流域土著区。大洪山以西、沿汉水樊宜云梦一线的楚，最初是与周王室合作的，但在西周中期以后与姬周王室渐行渐远。从族群上看，汉水流域西侧是楚及其他当地原住民的活动区域。楚人当时生活在南阳盆地的北部边缘。在昭穆时期，楚与周王室出现政治摩擦，可能是受王朝军事打击影响，也可能是楚族群发展的自然结果。楚沿着汉水南迁，进入江汉平原。在西周，汉水、长江之间的大片湖沼水泽，主要就是由楚国控制的。

区域东部的淮夷、南淮夷、南夷诸国族区，原本是王朝的边缘

---

[1] 随州市博物馆编：《随州出土文物精粹》，北京：文物出版社，2009年，第26—27、30—31页。

地带，在西周中期以后与王朝关系越来越密切，呈现向经济重地发展的趋势。在昭穆时代受迫于王朝军事压力、沿淮河西进的淮夷，到恭懿时代在淮河中上游已经形成相当规模，受邻近王畿的区位条件影响，在经济方面活跃起来，成为供应王朝物资与资源的"帛贿"之臣。

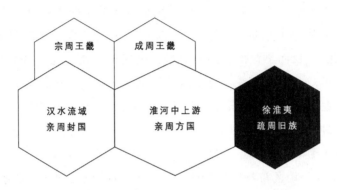

图 23　懿孝夷以前"畿南"政治格局分区示意图

　　经历了懿孝夷二世三王阶段的发育，王畿以南（汉水中下游、淮河中上游地区）成为亲周的多族杂居地区，这些族包括在周人文献系统里基本上大而化之统称的淮夷，和汉水流域的楚族。虽然这两大人群在文化和政治上始终与姬周王朝治下华夏各族有区别，但其所在的区域与天子直辖之地在空间上是连续的，在经济上是紧密的。穆王以后的几十年中，南下夷人不断沿淮西进，越来越接近成周王畿，淮河中上游逐渐成为淮夷、南淮夷活动的区域。师寰簋（《集成》4313、4314）铭文称"淮夷旧我帛晦（贿）臣"，淮河流域在西周中期经济功能很突出。淮河流域内夷人自西向东大规模流动，从淮河上游的陈、蔡两大国以东一直到下游的苏北，淮河以北几乎全被夷人占据。随着楚和诸夷国族实力的增长，这个地区由王朝所依赖的稳定的物资和资源供应地、经济的繁荣区，逐渐成为叛乱频繁的动荡地区。

　　"畿南"整个区域的北侧是宗周和成周王畿。在这个时期，原本在商末的三个王都：大邑商（安阳）和商（商丘），已经分别成为卫和宋的都城，而亳都（郑州）和沁阳田猎区的中心衣（沁阳）则成为成周王都的附属都邑。成周王都和周边地区开发日益成熟，与之呼应，成周以南的淮汝之间和随枣走廊也都发展很快。与"大东"地区由原本的亲商夷人区演进为高度姬周化区域的走向正相反，"畿南"在经历了孝夷时期的发展后，没有按照一般的预设"顺理成章"地"华夏化"，反而孕育出了离心力量，呈现出"蛮夷化"的趋势。在西周初年，无论是汉水以西还是淮河上游，都在王朝的有效控制之下，与姬周王室合作得很好；而到了西周末年，这两个地区都成为疏离西周封国体系、与王朝长期对抗的地方。这种关键转变的发生，重要原因在于孝夷时期地方经济的成长与军事力量的增加。

　　"畿南"地区在西周中期的发展，与天子直辖之地一直是呼应的，西周千里王畿很明显也是在这个时期成形的。随着周边各区域封国的发展，周天子直领地的边界也日渐清晰。宗周、成周是两个大邑群，在其周边散布着一个个、一组组由等级不一的交通线串联起来的封邑。这些封邑的封君，以周天子作为直接的君主，日常运行方式相当程度上与鲁、卫相类，是有序的，也是松散的。同时，宗周与成周两都，相互也有一些区别。宗周是周族故地，也是文王一系的大宗、周天子宗庙所在，以八百里秦川作为基本范围，南北以黄土高原和秦岭作为基本界线，区域边际比较清晰，地理单元也相对独立。成周的大邑洛邑则处于开放的大平原，是三监叛乱后由周公一手建成的。周公平定武庚后，迁殷多士（贵族）、庶殷（平民）于洛邑，营建成为东都。在成康时代，成周的发展一直由周公主导，与"大东"地区紧密相连。周公同时控制着洛邑和鲁国，一方面在东畿开疆拓土，一方面将周边的一大片地区纳入王朝的有序统治中。这种状况应该在昭穆时期也还一直持续。

　　而随着王朝迭代，到懿孝夷时期，从铜器铭文看，有更多的宗周大贵族参与到成周地区的日常经营当中。[1] 而随着淮河流域在资源、人力方面日渐崛起，成周与其南侧开阔的广袤地带之间天然的联系凸显出来。成周交通网直接联系的淮河上游，与王畿间没有明显的天然界线。西周初年，陈、蔡徙封至此，是王朝在南土的镇守，也是王朝与淮河流域异族间的中介。而陈、蔡背后，就是成周王畿的南界。到西周中期以后，蒋、沈等国徙入，进一步向南深入淮河上游腹地，而此时成周王畿的南界，可以理解有一部分甚至可以向南延展至蒋、沈背后。也就是说，在淮河上游，王畿的南界基本上就是陈、蔡、蒋、沈诸国的北界一线。而在汉水流域，王朝的中介是曾（随）、唐、鄂（噩）诸国，则王畿的界线也基本就在这几国的北界。这样看来，南阳盆地在西周中期可以算成周王畿在西南端的一部分，这部分也通过秦岭内的交通线连接着宗周王畿。也正因如此，这片农业生产条件极佳的碟形盆地在西周早中期两百多年间显得十分平常，没有大封君，也没有大封国。直到下一个阶段，汉淮地区局势大变，王畿南界回缩，南阳成为宣幽时期发展最显著的地区。

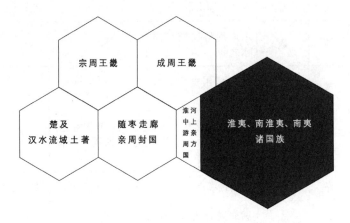

图 24　懿孝夷以后"畿南"政治格局分区示意图

---

[1] 于薇：《"义阳三关"两周时期的区位发展与东畿开发》，《中山大学学报（社会科学版）》2019 年第 6 期，第 17 页。

"畿南"地区西周封国表

序号	国家	姓	始　封	徙封或迁移	始封君或族属
1	聃	姬	陕西西安长安区西北	湖北荆门沙洋	文王子季载
2	蔡	姬	陕西省内（宗周畿内）	成王时徙封河南驻马店上蔡；春秋平侯迁河南驻马店新蔡，昭侯迁安徽淮南寿县；战国时在湖北复国	文王子叔度
3	沈	姬	山西汾水流域	河南驻马店汝南、平舆	
4	随	姬	山西晋中介休	湖北随州市	
5	刘	姬	河南洛阳偃师南		
6	榖	姬	河南洛阳市北	湖北襄阳谷城	
7	应	姬	河南平顶山市		武王子
8	顿	姬	河南周口项城与商水之间		
9	息	姬	河南信阳罗山、息县间		
10	巴	姬	杨伯峻注认为巴与邓近，当在襄樊附近，《大事表》认为在重庆。巴西周时应位于大巴山脉		
11	许	姜	河南许昌市	灵公迁平顶山叶县	伯夷后文叔
12	厉	姜	湖北随州市（一说在河南周口鹿邑）		
13	鄂（噩）	姞	山西曲沃、翼城一带（河南焦作沁阳）	湖北随州市，河南南阳市	黄帝后

序号	国家	姓	始　封	徙封或迁移	始封君或族属
14	番	己（妃）	河南信阳平桥区		
15	唐	祁	山西临汾侯马	河南平顶山鲁山、南阳方城一带	尧后
16	陈	妫	河南新乡卫辉	河南周口淮阳	舜后胡公
17	卢（卢戎）	妫？	伐纣时，卢戎在古梁州，后迁到湖北十堰竹山，之后沿汉水东南行，春秋时期，卢已经迁到了襄阳南漳。与庸、濮相同		西南夷（或曰舜后）
18	权	子（或偃、芈）	湖北宜昌当阳市		或云武丁后，或偃姓皋陶后，或芈姓颛顼后
19	萧	子	安徽宿州萧县		鲁庄公时宋封萧叔大心为附庸
20	邓	曼	河南焦作孟州	河南南阳邓州	武丁叔父
21	绞	偃	山东枣庄滕州	湖北十堰郧阳区	淮夷？
22	六	偃	安徽六安市		皋陶后
23	英氏	偃	安徽六安市		皋陶后
24	蓼	偃	安徽六安霍邱		皋陶后
25	舒	偃	安徽六安舒城		
26	桐	偃	安徽安庆桐城		
27	钟离	嬴	安徽宿州泗县		徐之别封
28	贰	偃	湖北随州广水、应山一带		

序号	国家	姓	始 封	徙封或迁移	始封君或族属
29	江	嬴	河南驻马店正阳		
30	黄	嬴	河南信阳潢川		嬴姓东夷
31	道	嬴或偃	河南驻马店确山		
32	柏	嬴或偃	河南驻马店西平		
33	鄅	妘	湖北十堰郧阳区	移居湖北天门市一带	祝融之后
34	楚	芈	陕西商洛商南	迁湖北荆州市	颛顼后熊绎
35	夔	芈	湖北宜昌秭归或重庆巫山		熊挚
36	樊	芈	湖北襄阳樊城		
37	麇	芈或嬴	陕西安康白河、湖北十堰郧阳区之间		
38	罗	熊	湖北襄樊宜城	湖北宜昌枝江市及湖南岳阳平江市均为其所迁	楚之分族
39	胡	归	安徽阜阳颍州区		
40	濮（百濮）	姚？	在夏商时期，可能在河北、山东一带生活过，但是周初就已经到了南方，应该是南土，也就是秦岭南麓或汉中，到了春秋时，在楚的西侧		舜后？
41	弦	傀？	河南信阳光山		
42	陆浑之戎（阴戎）	允	河南洛阳嵩县		小戎迁于中国者

第四节　南国是式：宣幽时期

本节标题所说的"南国"，指南阳盆地。南阳盆地北连黄河，南接汉水，东邻淮河，是南北东西往来辐辏之地。盆地内地势平坦，土壤肥沃，适宜农作，是自然条件优良的地区。南阳盆地人类活动很早。[1] 商代末年周人尚未立国时，已经在发展经营这里。有学者提出，所谓"文王化行"，主要就是指南阳地区。[2] 西周建国后，将祁姓唐国徙封至今方城，将曼姓邓国徙封至今邓县。祁姓为陶唐氏后裔，曼姓为商人后裔，原居于中原腹地的河南北部和山西地区，都是中原地区的古老人群，经济文化发展程度很高，在周王朝建立后，这些族群都归附于周，王朝将他们徙封至南阳盆地，开发与控制南阳的意图很明显。[3] 到西周中后期，随枣走廊局势逐渐失控，原本在涢水流域为王朝经营、镇守南方交通干线的姞姓鄂国叛乱，王朝在翦伐后将其残部内迁回南阳盆地，并徙封申、吕到当地，南阳盆地内宛城一带替代随州，成为西周末年南方地区的政治中心和交通枢纽。

一、鄂（噩）侯驭方之乱后的南方政治地理格局

宣幽时期是南阳区域发展的关键时间，这个阶段，王朝政局的关键词是"危机"。西周王朝在这个阶段的危机是全面的，既有政治经济方面，也有军事方面，而以军事尤甚。

厉王、宣王时期在北方与西戎的战事是旷日持久的。《秦本纪》

---

[1] 南阳地区文物队、方城县文化馆：《河南方城县大张庄新石器时代遗址》，《考古》1983 年第 5 期，第 398—403 页。

[2] 徐少华：《周代南土历史地理与文化》，第 5 页。

[3] 详见于陈槃：《春秋大事列国爵姓及存灭表撰异（三订本）》，第 385、769 页。鄂、邓等问题，亦参见于徐少华：《周代南土历史地理与文化》上编第二章，第 10—27 页。

载，厉王时西戎反王室，灭犬丘、大骆之族。宣王时，西戎杀秦仲。秦人复仇成功，受封为西垂大夫。[1] 宣王还曾征伐条戎、奔戎、姜氏之戎、申戎。由于在北方的军事活动失败，宣王丧南国之师，而不得不料民于太原。[2] 多友鼎铭文也验证了传世文献中的情况，记载了厉王命武公征伐严允（猃狁）。[3]

这一时期南方也战事不断。传世文献载宣王曾伐徐方，也曾伐楚。师寰簋铭文也部分验证了相关内容，其文载王命师寰随主帅征伐淮夷，其军队的来源是"大东"地区的齐、㠱、莱等国，涉及的是齐、楚之间广阔的淮河流域。[4] 宣王时王朝军队主帅有召伯虎，还有南仲皇父、方叔等，[5] 这么多军事将领出现在这个阶段的文献中，可以看成是当时戎事活动频繁的一个表现。

从铜器铭文呈现的信息看，自懿王时起，畿南广阔地域就开始随着诸夷的力量壮大而日渐动荡。史密簋铭文中开始出现王朝与淮夷发生战争的内容。[6] 到厉王时期，随枣走廊发生了鄂（噩）侯驭方的叛乱。据禹鼎铭文载，鄂（噩）侯驭方率南淮夷、东夷广伐南国，王命西六师、殷八师倾巢出动，由武公带领。鄂（噩）国被灭。[7]

这种军事危机同时伴随着经济损失。杨宽就谈道：

> 淮夷和严允入侵，都具有劫略性质，劫略的目标不仅包括财物，而且包括人，因此侵入的都是比较富庶的地区。淮夷入侵的

[1] 司马迁：《史记》卷5《秦本纪》，第178页。

[2] 徐元诰撰，王树民、沈长云点校：《国语集解》卷1，第23—24页。

[3] 李学勤：《论多有鼎的时代及意义》，《人文杂志》1981年第6期，第87—92页。

[4] 郭沫若：《两周金文辞大系图录考释》，第146页。

[5] 《诗·大雅·江汉》、见郑玄笺，孔颖达疏：《毛诗正义》卷18-4，第573页。《诗·大雅·常武》，郑玄笺，孔颖达疏：《毛诗正义》卷18-5，第576页。《诗·小雅·采芑》，见郑玄笺，孔颖达疏：《毛诗正义》卷10-2，第425页。

[6] 李学勤：《史密簋铭所记西周重要史实考》，《中国社会科学院研究生院学报》1991年第2期，第5—9页。

[7] 徐中舒：《禹鼎的年代及其相关问题》，《考古学报》1959年第3期，第53—66页。

是东都成周以南的洛水、伊水流域，严允入侵的是镐京周围的地区。周王朝出兵反击，不仅为了击退入侵的戎狄，夺回被俘的人和被劫的财物，更重要的是要戎狄定期献纳贡赋。[1]

在这片危局下，南阳盆地却进入了区域显著发展的时段。南阳盆地原本属于王朝直接控制的地区，政治上与中原是一体的。鄂（噩）侯驭方叛乱直接改变了畿南的军事与交通格局，叛乱后，周王朝将原本在随枣走廊的鄂（噩）国残部徙封回偏北的南阳，又将申、吕两个姜姓国徙封至南阳。西周末年的南阳俨然成为南方的新兴区域，自成一体，在政治上几乎能扮演左右政局的角色。晁福林师曾经谈到，据《国语·郑语》史伯谈幽王末年政局之语的记载，在幽王八年时，政局矛盾的焦点是申、吕、缯、西戎等诸侯国与周幽王之间的太子之争。[2] 申、吕当时都在南阳。[3]

二、南阳盆地的封国徙封与调整

南阳盆地西周时期有 5 个封国徙入。其中邓、唐徙封在西周初年成康以前，鄂（噩）、申、吕则是在宣幽时期。

（一）邓[4]

第二章第二节中已经谈到，邓是武王克商之初在沁阳田猎区褒封的商人旧族。陈槃认为邓为商人之后，最初封于黄河以北，后徙封至山东、河南。[5]《汉志》"南阳郡·邓"条谓："故国"，注云"应劭曰：邓侯国"。[6] 汉南阳邓即现在的河南南阳邓州。昭王时铜器中甗

[1] 杨宽：《西周史》，第 566 页。
[2] 晁福林师：《夏商西周的社会变迁》，第 155 页。
[3] 缯当时有可能不在南阳。
[4] 参见附录一"邓"。
[5] 陈槃：《春秋大事表列国爵姓及存灭表撰异（三订本）》，第 390—391 页。
[6] 班固：《汉书》卷 28 上《地理志》，第 1564—1565 页。

铭文有："中省自方、邓、囗、囗、邦，在鄂（噩）师次……"唐兰认为"邓"就是邓国，与它邻近的有方、鄂等国，[1] 士山盘铭文中"方"地附近则还有"都"地，[2] 西周"都"在河南淅川，"方"即南阳方城。这样看来，"邓"应该也在这个地区。《史记·楚世家》正义引《晋太康地志》云："故邓城在襄州安养县北二十里，春秋之邓国。"即今湖北襄阳。[3] 江永在《春秋地理考实》中称："此别是一地，为邓国之南鄙。"[4] 当时邓国面积比较大，是个大国。

　　颖汝流域还另有一邓城。《春秋》桓公二年："蔡侯、郑伯会于邓。"杜注："颍川召陵县西南有邓城。"[5]《左传》昭公十三年："蔡公召二子而盟于邓。"杜注亦云："颍川召陵县西南有邓城。"[6] 汉召陵县，即现在的河南郾城。

邓孟壶铭文拓本

南方之邓国曼姓。《左传》桓公十一年载祭仲足"为（郑庄）公娶邓曼，生昭公"，先秦女子称姓，可知邓国曼姓。[7] 传世铜器有邓伯氏鼎、邓孟壶等，铭文为：

　　邓伯氏鼎：唯邓八月初吉，伯氏、姒氏乍䚋嫚臭滕鼎。　（《大系》149·180）
　　邓孟壶：邓孟乍监嫚尊壶，子子孙孙永宝用。　（《大系》149·180）

这两件都是滕器，所滕女子为"䚋嫚"和"监

---

[1] 唐兰：《论周昭王时代的青铜器铭刻》（上编）"中甗"考释，《古文字研究》第2辑，第88页。

[2] 黄锡全：《士山盘铭文别议》，《中国历史文物》2003年第2期，第60—65页。

[3] 司马迁：《史记》卷40《楚世家》，第1696页。

[4] 江永：《春秋地理考实》卷1，第259页。

[5] 杜预注，孔颖达疏：《春秋左传正义》卷5，桓公二年，第1740页。

[6] 杜预注，孔颖达疏：《春秋左传正义》卷46，昭公十三年，第2069页。

[7] 杜预注，孔颖达疏：《春秋左传正义》卷7，桓公十一年，第1756页。

嫚”，为邓公室为其女儿所做，可证邓国确为曼姓。

从地理上的南北分布来看，河北曼、郾城和邓县三处之间应该是存在联系的。先秦时黄河河道与后来不同，在河南境内至花园口即转而向北经汲县过安阳，东西走向的河道很短，因而当时能够称为“河北”的地区，也就是当时的沁阳田猎区。从这一地过黄河向南，最重要的一条交通线就是在花园口渡河经新郑、长葛、许、临颍到郾城。这条路线也是后来春秋时晋国南下与楚北上侵郑的一条主要路线。而郾城与邓县恰好又同在自古以来出入南阳盆地的一条重要交通线上，这条路线在南阳盆地内西起邓县，经南阳、方城出伏牛山到达叶县，转向东南经舞阳到郾城，这条路的最东端是商王朝南方的中心商丘。这三处地点之间联系紧密，邓由北向南迁移的迹象也比较明显。从时间上看，昭王时邓国即已进入南阳盆地，那么邓在郾城的时间应该就在周初。也就是说，邓在商时就已经南过黄河迁至郾城，克商以后，周王朝仍然保留了邓国，但是将其迁离郾城，徙封至南阳盆地。

邓国的情况比较特殊，可以说是褒封与徙封在同时。王朝徙封邓国，应该与郾城所处的重要地理位置有关。河南中部是武王时期重点经营的地区，武王时期所封的姬姓亲族多在这一地区，召公之子的封国始封就在郾城，邓国的迁移不知道是否与封燕有关。如果从时间上看，我们有理由做一个大胆的推测，周初徙封邓国的原因，就是为了将此处交通要道分封给郾国。而山东的邓地，则不知源于何处。先秦时期的异地同名现象目前为止我们还不完全清楚，除了人群迁移造成的重名外，不同起源而发音相同的地点也是有可能存在的。

（二）唐₂[1]

第二章第二节谈到武王克商后褒封在晋南方国区的封国，唐也在其中。南方也有唐，并且不止一处。《汉书·地理志》“南阳郡·春陵

---

[1] 参见附录一“唐”。

县"："有上唐乡，故唐国。"杜注"义阳安昌县东南有上唐乡"。[1]
安昌县为三国魏置，初属南阳郡，西晋属义阳郡，其地为今湖北枣阳
范围内。《国语·郑语》"当成周者，南有随、唐"，此唐即紧邻随之
唐。韦昭注云"皆姬姓国也"，[2] 陈槃、杨伯峻等也同意此即随枣走
廊中之姬姓唐国。[3]

还有一唐国，在今南阳方城一带。《史记·晋世家》裴骃《索
隐》云：

> 唐本尧后，……及成王灭唐之后，乃分徙之于许、郢之间。
> 故春秋有唐成公是也，即今之唐州也。[4]

裴氏此说认为成王时灭唐，将唐的原地分封给了叔虞，而将唐人的后
裔徙封至许、郢之间的唐州。唐代的许，即河南道许州，在今河南许
昌市，郢即山南东道郢州，今湖北京山附近，唐州方城即今南阳方
城、唐河一带。《新唐书·宰相世系表》认为成王灭唐后所封的唐侯
就是鲁县的刘累之后，而其国在南阳方城。其文云：

> 唐氏出自祁姓……成王灭唐，以封弟叔虞。其后更封刘累裔
> 孙在鲁县者为唐侯，以奉尧嗣，其地，唐州方城是也。[5]

梁玉绳在《汉书人表考》中也同意这种说法。[6] 《通志·氏族略》
"古帝王氏"以唐为祁姓，但是并不确定，同一条下又另引杜预《春
秋释例》云"唐，姬姓"。[7] 虽然我们无法判定这一唐国究竟是否为

---

[1] 杜预注，孔颖达疏：《春秋左传正义》卷23，宣公十二年，第1881页。
[2] 徐元诰撰，王树民、沈长云点校：《国语集解》，第461页。
[3] 陈槃：《春秋大事表列国爵姓及存灭表撰异（三订本）》，第770—774页。杨伯峻：
　　《春秋左传注》，宣公十二年，第740页。
[4] 司马迁：《史记》卷39《晋世家》，第1635页。
[5] 欧阳修、宋祁：《新唐书》卷74下《宰相世系四下》，第3201页。
[6] 梁玉绳：《汉书人表考（考补附录）》卷8，《丛书集成初编》（3711），第431页。
[7] 郑樵撰，王树民点校：《通志二十略》"氏族略·古帝王氏"，第37页。

逃奔鲁县的刘累后裔，但《索隐》记古族、古地理颇有可取之处，依其所言，南阳方城的唐国当为祁姓。

西周南方唐国的地点记载中有南阳方城与湖北枣阳东南两处，而对于唐国的姓，也有祁姓与姬姓两说，在后世文献中，这四点有时被错误组合，造成唐国的问题看起来比较复杂。通过前面的梳理我们能够看出文献错讹的线索，究其原因，应该是由于这一地区历史上有祁姓、姬姓两个唐国，而后世不清，误以为非此即彼造成的。祁姓唐国所徙封的地点方城，与邓国所徙封的邓州一样，都在进出南阳盆地的交通要道之上，而记载中徙封前所在之鲁山，则是周公子伯禽之始封地，与郾城为召公子封地也情况相类。这样看来，唐国进入南阳盆地恐怕与成王灭唐之间并无直接关系，而很可能与鲁国的分封有关。

《左传》昭公二十九年载有豢龙氏的著名故事：

> 及有夏孔甲，扰于有帝，帝赐之乘龙，河、汉各二，各有雌雄，孔甲不能食，而未获豢龙氏。有陶唐氏既衰，其后有刘累，学扰龙于豢龙氏，以事孔甲，能饮食之。夏后嘉之，赐氏曰御龙，以更豕韦之后。龙一雌死，潜醢以食夏后。夏后飧之，既而使求之。惧而迁于鲁县，范氏其后也。

杜注：“鲁县，今鲁阳也。”鲁阳春秋时为楚地，鲁阳文子是楚司马子期之子。[1] 若依此，尧后南迁的时间在夏孔甲时。但《史记索隐》的说法就与《左传》明显不同，司马贞认为尧后南迁的时间在西周：

> 晋初封于唐，故称晋唐叔虞也。且唐本尧后，封在晋墟，而都于鄂。鄂，今在大夏是也。及成王灭唐后，乃分徙之于许、郏之间。[2]

《左传》昭公元年子产的一段话分析起来也与昭公二十九年的不同：

---

[1] 杜预注，孔颖达疏：《春秋左传正义》卷53，昭公二十九年，第2123页。

[2] 司马迁：《史记》卷39《晋世家》，第1635页。

> 昔高辛氏有二子，伯曰阏伯，季曰实沈，居于旷林，不相能
> 也，日寻干戈，以相征讨。后帝不臧，迁阏伯于商丘，主辰。商
> 人是因，故辰为商星。迁实沈于大夏，主参。唐人是因，以服事
> 夏、商。……故参为晋星。[1]

子产称唐人因大夏之地，"以服事夏、商"，不仅提到了夏，而且提到
了商，并没有说到夏就中断了。所以，南方的唐地究竟何时、因何出
现，文献中的信息是混乱的。

《左传》襄公二十四年晋卿范宣子讲范氏历史"昔匄之祖自虞以
上为陶唐氏，在夏为御龙氏，在商为豕韦氏，在周为唐杜氏，晋主夏
盟为范氏"。[2] 基本上一脉相承，称"在周为唐杜氏"，印证《国
语》贾逵"武王封尧后为唐、杜二国"[3] 的说法，说明陶唐氏一支
重大的变动应该是在西周建国以后。这样的话，南方唐地的出现，也
应该是在西周建国以后。

前文已经提到，根据晋公盨铭文，晋始封君称鄅公。"鄅"通
"唐"，武王时占领了旧唐所在的汾涑之间，将当地的人群，一部分南
迁到后来鲁县附近，一部分迁到杜，而将旧地封与姬姓亲族。迁走的
人群，就把"唐"这个地名带到了大河以南的唐聚。所以，唐的徙封
与邓一样，是西周初年调整的结果。

（三）鄂（噩）[4]

上节已经谈到，鄂（噩）本为商沁阳田猎区内的旧族，后徙入随
枣走廊。在孝王以后，鄂（噩）国叛乱，之后鄂（噩）国徙入南阳，
是西周史基于近年重大考古发现获得的最重要的新认识。前文已经谈
到，鄂（噩）国叛乱后并没有被灭国，而是北徙入南阳盆地。这是在

---

[1] 杜预注，孔颖达疏：《春秋左传正义》卷41，昭公元年，第2023页。
[2] 杜预注，孔颖达疏：《春秋左传正义》卷35，襄公二十四年，第1979页。
[3] 杜预注，孔颖达疏：《春秋左传正义》卷35，襄公二十四年，第1979页。
[4] 参见附录一"鄂（噩）"。

夏饷铺墓地发掘前学界没有想到的，也呈现出西周政治强烈的时代特点。如同周人东征后对商人灭国而不绝祀一样，对于姞姓鄂（噩）国，西周也采取了保其宗祀的办法。而也如同三监叛乱撼动了最初在"小东"地区的政治设计一样，鄂（噩）国的叛乱也意外地打破了王朝在江汉地区的既有政治格局。鄂（噩）国叛乱后，王朝将鄂（噩）的余部安置在南阳。[1] 同时还徙封申、吕等姜姓国到南阳充实军事力量，等于将在南方的据点由随枣大幅度向北回撤，不再像西周初年那样直接深入江汉地区。

（四）申

第一章第四节谈到，申为姜姓国，始封在晋南霍太山山地，宣王时徙封至南阳。

（五）吕

在前文对"齐"的考证时已经谈到，吕始封在武王克商以后，地点在晋南，其国姜姓，始封君为太公一支，后此支徙封至济水流域的薄姑故地。西周末年南方申国附近也有一吕国。《国语·郑语》载史伯云：

> 当成周者，南有荆、蛮、申、吕、应、邓、陈、蔡、随、唐。[2]

> 若伐申，而缯与西戎会以伐周，周不守矣！缯于西戎方将德申，申、吕方强，其隩爱太子，亦必可知也，王师若在，其救之亦必然矣。王心怒矣，虢公从矣，凡周存亡，不三稔矣！[3]

韦昭注云"吕、申同姓"。徐元诰《集解》引沈镕云："今河南南阳

---

[1] 河南省文物局南水北调文物保护办公室、南阳市文物考古研究所：《河南南阳夏饷铺鄂国墓地 M5、M6 发掘简报》，《江汉考古》2020 年第 3 期，第 12—32 页。

[2] 徐元诰撰，王树民、沈长云点校：《国语集解》卷 16，第 461 页。

[3] 徐元诰撰，王树民、沈长云点校：《国语集解》卷 16，第 475 页。

县西三十里有吕城。"[1]《括地志》云：

> 故申城，在邓州南阳县北三十里；故吕城，在邓州南阳县西
> 四十里。此周时申吕并言者，即《诗》所云戍甫矣。[2]

此吕国与申国相邻，在西周晚期时国力应该很盛，所以史伯有"申、
吕方强"之说。而到了春秋中期，申、吕两国都已经被楚国所灭。
《左传》成公七年载：

> 楚围宋之役，师还，子重请取于申、吕以为赏田。王许之。
> 申公巫臣曰："不可。此申、吕所以邑也，是以为赋，以御北方。
> 若取之，是无申、吕也，晋、郑必至于汉。"王乃止。[3]

《左传》哀公十七年子榖云彭仲爽为楚文王令尹，实县申、息，[4] 可
知申国在春秋初期即已经成为楚国的县，吕国与申紧邻，被灭时间应
该与申相差不远，春秋早期即已灭国。

西周末年的吕国，地望还有汝南上蔡说。《续汉书·郡国志》"汝
南郡新蔡"本注："有大吕亭。"[5]《新唐书·宰相世系表》："吕
氏……其地蔡州新蔡是也。"[6] 雷学淇也认为吕在新蔡，雷氏引《说
文》"郙"，认为是吕之别称"甫"加邑部作"郙"，许慎云其为上蔡
亭名。[7] 此说其实与《郡国志》所指为同一地，既然吕、甫通，则
"大吕亭"亦可记做"大郙亭"。

从《左传》记载的材料来看，此二书凡提及的吕地者，除了晋国

[1] 徐元诰撰，王树民、沈长云点校：《国语集解》卷16，第475页。

[2] 李泰著，贺次君辑校：《括地志辑校》卷3，第194页。

[3] 杜预注，孔颖达疏：《春秋左传正义》卷26，成公七年，第1903页。

[4]《左传》"哀公十七年"载："子榖曰：'……彭仲爽，申俘也。文王以为令尹，实县
申、息。'"杜预注，孔颖达疏：《春秋左传正义》卷60，哀公十七年，第2179页。

[5] 范晔：《后汉书》志第20《郡国二》，第3424页。

[6] 欧阳修：《新唐书》卷75上《宰相世系五上》，第3370页。

[7] 雷学淇：《竹书纪年义证》卷22《穆王纪下》，第336页。

境内之外，皆与申国相邻，虽然新蔡也距离南阳不远，但是两地之间毕竟相隔数百里，其间还有桐柏山相隔，从地理上来看不容易成为一体，楚国所灭的吕，在现在的南阳宛县附近应该是没有问题的。但是，新蔡确实有吕国之说，以目前的材料，还无法说清新蔡的吕与西周吕国之间的关系，这一点，郦道元在《水经注》中就已经发现：

> 《水经注·汝水》：又东为青陂，陂东对大吕亭。《春秋外传》曰：当成周时，南有荆蛮、申、吕，姜姓矣，蔡平侯始封也。西南有小吕亭，故此称大也。[1]

> 《水经注·淯水》：梅溪又迳宛西吕城东。《史记》曰："吕尚先祖为四岳，佐禹治水，有功。虞、夏之际，受封于吕，故因氏为吕尚也。"徐广《史记音义》曰："吕在宛县。"高后四年，封昆弟子吕忿为吕城侯，疑即此也。又案新蔡县有大吕、小吕亭而未知所是也。[2]

郦道元将此二说并举，是也无法分辨其是非之意。《水经注·淯水》中郦氏提到了西汉吕后时期众建诸吕为侯、王，认为吕忿所封吕城即在南阳。但考之《史记·吕太后本纪》及《汉书·外戚列传》，吕忿所封地点都没有明确的说明。汉代众建诸吕，梁国即因吕产封梁王，而将梁更名为吕，[3] 吕姓封国在西汉很多，不知新蔡之吕得名是否与西汉吕后所封之子弟国家有关。从其地称"亭"来看，此地名出自汉代是有可能的。《诗·崧高》载申国徙封时一直将申、甫并举，吕国徙封南阳应该与申国同时，都是王朝为了保障南方的安全、控制南阳盆地的举措。

吕徙封后，还有一支留居关中或晋南。从《尚书·吕刑》知西周一直有吕国存在。《吕刑》中有"吕命王"，传世有吕王鬲：

---

[1] 郦道元著，王先谦校：《合校水经注》卷21"汝水"，第327页。

[2] 郦道元著，王先谦校：《合校水经注》卷31"淯水"，第461页。

[3] 司马迁：《史记》第9《吕太后本纪》，第404页。

吕王乍尊鬲，其子子孙孙永宝用享。　　　（《集成》635）

《左传》中载晋国有吕氏，僖公十年有吕甥，后吕氏、郤氏作乱，弑晋惠公。[1] 在春秋时，山西之吕已经成为晋国采邑。

按照周代的礼制，诸侯在国内称公，会盟称爵，只有天子才可以称王。但是，在金文中，我们也见到有诸侯称王的现象，除了吕王之外，还有前面叔姜瑚中西申称"申王"，及出土于宝鸡的"矢王"器有姜姓"矢王"，西申与矢都是西北地区的姜姓国家，他们称王，应该与姜姓戎人的传统有关；在中、东部地区的姜姓国家，就秉承周代的礼制，没有称王的现象。吕王鬲的年代在西周晚期，不知作于吕国徙封之前或之后。但吕王壶中称王的"吕"，无论作于吕国徙封前或后，都应该是留居西北的吕，而不是南阳的吕。

南阳盆地徙封封国表

区域	地　点	国	姓	徙出地点	始封区域	始封地点
南阳盆地	河南南阳邓州	邓	曼	河南焦作孟州	沁阳田猎区	河南焦作孟州
	河南南阳市	鄂	姞	湖北随州市	晋南方国区	山西曲沃、翼城一带
	宛北河南南阳市	申	姜	山西临汾霍州	晋南方国区	山西临汾霍州
	河南南阳市	吕	姜	山西临汾霍州	晋南方国区	山西临汾霍州
	河南平顶山鲁山、南阳方城一带	唐	祁	山西临汾侯马	晋南方国区	山西临汾侯马

---

[1] 杜预注，孔颖达疏：《春秋左传正义》卷13，僖公十年，第1802页。

三、宣幽政局与南阳盆地封国格局

在宣幽时期，南阳地区封国一共 5 个，邓、唐、鄂（噩）、申、吕，全部都是由旧族杂居区徙封至此地的。这 5 个封国之间的态势和布局，构成了西周末年"南阳"这片政治重心的封国格局。

在封国态势方面，这 5 个封国中，申、吕、唐、邓与周天子关系亲密，在周初即与姬姓王室实现政治联合。鄂（噩）虽然是经历叛乱后被动内迁，但曾经也是与周天子紧密合作的南方大藩，余部既然还能得到王朝的承认，当时从政治态度上应当也是驯服的。

至于这 5 个封国之间的关系，申、吕虽然后至，可在当时是受王命南徙，其族姓姜姓又是周天子母亲一系血缘之所出，姜姓诸国是姬姓周天子的臂膀，后盾强大，应当是宣幽时期南阳政局的主导者。邓、唐之族皆为华夏旧族，徙封至南阳的时间早于申、吕。这两个封国在宣幽时期的国力，目前材料看不大清楚，但至少邓国入春秋后仍然不弱。

在封国布局方面，宣幽时期南阳的区位是在畿南大区域格局内发展的。分析宣幽时期的南阳，还是要在畿南中、东、西三大部分的框架下，观察其在西周末年的变化。区域中部，随枣衰落，南阳崛起，姬姓势力范围缩减。区域内东、西两大族群（淮河流域嬴偃群舒、淮夷，汉水流域楚及诸芈）势力扩张。区域北界，宗周王畿、成周王畿的南界回缩，并逐渐被限定。

经历了宣幽时期的徙封，"南阳"（南阳盆地）成为异姓亲周的封国集中区。《诗·大雅·崧高》称申伯徙入，"南国是式"，孔颖达疏释其义"为一州之牧"，认为在宣王时期申国是西周王朝在南方地区的统领之国。这从另一个角度也可以理解为经历了朝代中期的快速扩张后，西周规模空前巨大的疆土的回缩调整。这样一个态势，是西周南方政治疆域的剧变，也呈现出西周区域发展状态的复杂与多元。

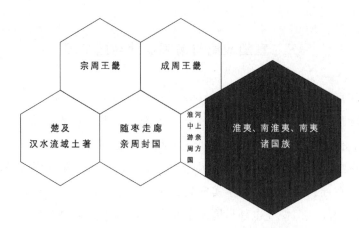

图 25　宣幽以前南阳盆地政治格局分区示意图

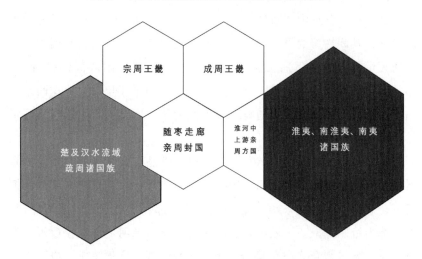

图 26　宣幽以后南阳盆地政治格局分区示意图

　　南阳盆地虽然是随枣走廊、信阳通道与成周之间连接的重要地带，但作为成周王畿西南端的一部分，在西周早中期一直附属于整个成周的发展中，并不突出。宣幽之后，鄂（噩）、申、吕等大诸侯徙封进入，南阳盆地成为王朝在南方的军事据点，王畿回缩至此地诸国背后，也就是回缩至南阳盆地以北。盆地东侧宽平的方城山，可以视作此时王畿的边缘。

在南阳盆地内，农业开发是成熟的，政治开发则仍处于初期。区域内有叛乱势力的遗民，有为王朝看管遗民、镇守经营当地的大藩。在宛城附近，"鄂遗民+申伯"的组合模式，组成了类似西周初年成周"殷遗民+周公"的结构。姜姓的申国，是天子的联姻之国、太子母家。除了镇抚遗民外，处在南北交通大动脉节点上的申国，还能够替周天子联系汉水流域，具有"一州之牧"的控制能力。这是西周王朝最后一个异军突起的区域，也直接影响了幽王时代的政治走向和西周王朝的结局。

南阳盆地西周封国表

序号	国家	姓	始　　封	徙封或迁移	始封君或族属
1	邓	曼	河南焦作孟州	河南南阳邓州	商季父后裔
2	唐	祁	山西临汾侯马	河南平顶山鲁山、南阳方城一带	尧后
3	鄂（噩）	姞	山西曲沃、翼城一带（河南焦作沁阳）	先徙封湖北随州市，后再徙封河南南阳市	黄帝后
4	申	姜	山西临汾霍州	河南南阳市	伯夷后？（一说太姜后）
5	吕	姜	山西临汾霍州	河南南阳市	

通过分区的办法对西周王朝的地理空间和政治进行分析的工作，日本学者伊藤道治曾经系统做过。在他的名著《中国古代王朝的形成——以出土资料为主的殷周史研究》中，伊藤氏利用传世文献、金文和考古材料，从姬姓封国的角度，把西周疆域分成了七个区，分别是：1.西周王朝都城所在的渭水流域，2.黄河弯曲处到汾水流域之间的地区，3.从洛阳连结开封、安阳之间的三角形区域以及从安阳向北

延长线上的地点，4. 山东滕县、邹县到梁山一线，以及山东半岛北部的济水流域，5. 滕县以南到江苏省、安徽省、河南省东部的地带，6. 河南省南半部及湖北省，7. 湖北省南部和横亘湖南、江西、浙江各省的地区。[1] 这是从封国的角度对西周疆域进行分区最重要的研究成果。伊藤氏的区域划分是本文分区的重要依据，但伊藤氏分区的特点，一是没有将宗周到成周之间的王畿单独划出，而是把成周周边划入了本文所谈的"小东"地区；二是把"大东"地区切分为二。从前文论述看，西周政治地理结构中的分区方案，需要考虑到封国动态调整和区域演进的要素，而从这个角度，将西周王朝的政治疆域分为王畿、晋南、小东、大东、畿南和南阳六个区可能会比较合适。

---

[1] ［日］伊藤道治：《中国古代王朝的形成》第二部第四章《姬姓诸侯封建的历史地理意义》，第 192 页。

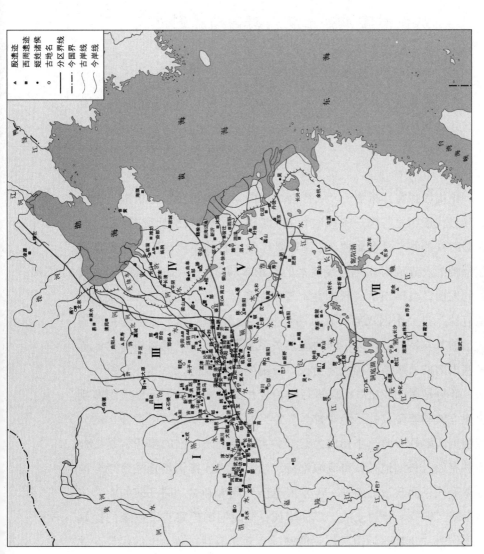

图 27　西周疆域分区图

（图片来源：根据伊藤道治《中国古代王朝的形成》"西周疆域分区图"改绘）

第四章　异姓为后

从徙封看西周王朝对封国的控制方式

晁福林师曾经指出，"从社会结构的角度进行分析，中国古史的氏族时代应当是与编户齐民时代相对应的一个漫长的历史时代"，是先秦时代的基本社会属性。"随着周代分封制的实施而产生的贯彻宗法精神的氏族成为社会上最基本的组织单位"，反映出氏族时代在周代的发展，也体现了"长期性、普遍性和对于新的社会形势的很强的适应性"这一中国氏族时代社会结构的突出特色。[1] 血缘性是西周政治的基本特性，与天子间的血亲关系是周初代封君的普遍身份，周王室内部的血缘亲疏构成周初权力分配的天然依据。

徙封是周代各血缘氏族进行政治合作的过程。在周氏族组织基础上建立的国家政权并不绝对排斥外族，相反，还要吸纳愿意合作的外族精英。姬姓以西土小邦成为天下共主，接下来面临的挑战就是如何能够有效且长期地在黄河流域维持统治。血缘连接仍然是维系社会的基本形式，而政治上的进一步发展也已经成为必然。周王朝的应对措施是褒封旧族、分封亲戚、广徙诸侯，同时明确地将直系血缘的姬姓封国作为"王朝—封国"体系的基础，确立姬姓在政治上的优势，并进一步凝练出姬姓封国群体之间共同遵循的宗法原则。

---

[1] 晁福林师：《论中国古代的氏族时代——应用长时段理论的一个考察》，《历史研究》2001 年第 1 期，第 105—115 页。

西周数百年间，被封国政治规则化的血缘关系运行得十分平稳，而血亲原则同时也在封国制度内推广。在封国政治秩序之内，同姓、异姓、庶姓并存，政治地位直接受血缘因素影响。同时，分封也是一种空间行为，塑造了西周地缘政治结构。西周封国政治的主导力量——姬姓封国在华夏地区平稳发展，并日益在地化。同时，周王室给予通过婚姻关系建立血缘连接的华夏旧族诸侯礼制上的特权，但政治地位上还是不能高于同姓。而在封国政治中边缘化的其他封国，在血缘上也无法与王室亲近。周王朝的政治规则，在很多方面是多层次、多类型组合在一起的。"在西周，通过封邦建国，国中出现了各族共处的情况。……在政治关系和血缘关系的共同支配下，国人的社会生活自然也要带上一种双重性。"[1] 地缘政治行为的特征是空间性和竞争性。这种竞争在西周并非挑战，而是配合着根深蒂固的血缘传统，通过封国地理位置的调整逐渐酝酿、实现的。

第一节　西周封国血缘基础上的
分类原则与等级结构

王朝初建，一时子弟功臣皆成有土之君。天子治下，祭祀宴飨，各封国间确定最基本的礼仪秩序是自然之事。周王室为姬姓，姬姓周人对于血缘关系非常重视，姬姓是西周政治中代表了与王室具有血缘关系因而等级最高的姓，所谓"同姓"，就是姬姓诸。《左传》僖公二十八年载，曹伯为晋所囚，曹国大臣侯獳买通筮史向晋侯进言云：

> 齐桓公为会而封异姓，今君为会而灭同姓。曹叔振铎，文之昭也，先君唐叔，武之穆也。且合诸侯而灭兄弟，非礼也。[2]

[1] 赵世超：《周代国野制度研究》，西安：陕西人民教育出版社，1991年，第73页。
[2] 杜预注，孔颖达疏：《春秋左传正义》卷16，僖公二十八年，第1827页。

晋、曹同为姬姓，而称为同姓。《礼记·曲礼》云："天子不言出。诸侯不生名。君子不亲恶。诸侯失地，名。灭同姓，名。"[1]《春秋》僖公二十五年载："正月丙午，卫侯燬灭邢。"[2] 邢、卫同为姬姓，卫灭邢国，故而称邢侯之名。在文献中，凡提到"同姓"，均指天子同姓，即姬姓。

"异姓"，郑玄注"异姓，昏姻也"，[3] 指与姬姓有婚姻关系的姓，即王后之姓，在西周时期有着与后世不同的含义。周人的王后，在后面我们还要详细分析，总的来说，最主要的就是与周人同出于西部的姜姓女子，除此以外，见于金文的有姒、祁、妫、姞、妊、妃等姓女子。姞姓为黄帝后，祁姓为尧后，妫姓为舜后，姒姓为禹后，[4] 这些都是长期活动在黄河流域的古老部落，也就是周人所谓的"先代之后"，都是既有实力又有高贵血统的政治力量。此外，还有王姬归嫁的宋国，虽然是亡国之余，却也是先代之后。所以，周的"异姓"可以说是中原地区传统政治势力的代表。

"庶姓"，郑玄解"无亲者也"，[5] 即除了姬姓与异姓之外的与周天子没有亲戚关系的其余诸姓，如偃姓、嬴姓等等。一些学者认为，"庶"本意为"众"，《说文解字》云"庶，屋下众也"，[6]《尔雅·释言》"庶，侈也"，[7] 都是表多之意。《诗·大雅·生民》有"庶无罪悔"，《卷阿》有"既庶且多"，郑玄注"庶，众也"，[8] 而嫡庶及表示身份较低的意思都是后来衍生的。西周庶姓究竟是实际存

[1] 郑玄注，孔颖达疏：《礼记正义》卷5《曲礼下》，第1267页。

[2] 杜预注，孔颖达疏：《春秋左传正义》卷16，僖公二十五年，第1820页。

[3] 郑玄注，贾公彦疏：《周礼注疏》卷38《秋官·司仪》，第896页。

[4] 刘启益：《西周金文中所见的周王后妃》，《考古与文物》1980年第4期，第85—90页。

[5] 郑玄注，贾公彦疏：《周礼注疏》卷38《秋官·司仪》，第896页。

[6] 许慎：《说文解字》9下"广部"，第193页。

[7] 郭璞注，邢昺疏：《尔雅注疏》，第2583页。

[8] 郑玄笺，孔颖达疏：《毛诗正义》卷17《大雅·生民》，第532页。郑玄笺，孔颖达疏：《毛诗正义》卷17《大雅·卷阿》，第547页。

在的，还是郑玄的一种划分呢？血缘关系在政治上具有重要影响的西周时代，异姓基于婚姻关系而获得较高的政治地位是顺理成章的，而庶姓与天子没有婚姻，地位自然要低于其他国家，不论"庶"字表示身份低下的意义是否后起，郑玄将这些国家称为"庶"都是合适的，庶姓国家在西周确实存在，并且在政治地位、与王朝的关系方面存在某种程度上的一致性，能够构成一类国家。有学者认为"庶姓"在文献中可以区分成不同的使用情况，一种是对于异姓的卑称，另一种情况是我们所说的庶姓"无亲者"。[1] 从文献的角度来看，这也是一种很好的解释，但异姓卑称的含义恐怕不是"庶姓"一词的原生含义，而是在王朝发展过程中各种人群不断融合后的产物，其情况更适于春秋时期。

从金文材料可以看出，这种异姓与庶姓的区分，在整个西周阶段还是比较稳定的。但是，到了春秋时期，国家政治变化很大，周王室的婚姻对象放宽，甚至开始同狄人通婚，[2] 人们在观念中对于"异姓"与"庶姓"的区别逐渐模糊。从《左传》对"异姓"和"庶姓"的使用中就可以看出，到了春秋时期，二者已经基本通用了，这一时期的"异姓"就不单纯指周的婚姻甥舅之国，而是包括"庶姓"在内的姬姓以外的所有国家，所以就会出现滕侯称薛为"庶姓"，而羽父称薛为"异姓"的情况。有的学者认为，这一材料反映了"庶姓"的一项词义为"异姓"的卑称，而"庶姓"的另一项词义则是指与天子没有婚姻关系的姓族，[3] 这种说法其实是没有注意到西周到春秋"庶姓"的变化，这是"庶姓"在内容上的变化所引起的观念上的变化，"异姓"与"庶姓"之间的界限已经逐渐模糊了。

"同姓""异姓"和"庶姓"的身份是周人的观念和认同。周人

---

[1] 陈絜：《商周姓氏制度研究》，北京：商务印书馆，2007 年，第 234—235 页。

[2] 徐元诰撰，王树民、沈长云点校：《国语集解》卷 2，第 50 页。

[3] 陈絜：《商周姓氏制度研究》，第 234—235 页。

以姓为依据进行权力分配，分为三个层次：

第一，亲同姓。如果我们从另一个角度看"异姓为后"这个原则的话，也可以说，就是"姬姓为先"。重视姬姓血缘在政治上的作用，是周人政治最突出的一个特征。在确定诸侯国等级的血亲原则中，依照亲同姓的原则，鲁、卫等姬姓封国获得了最高的地位。封国的日常交往中，不论是处理国家关系，还是举行礼仪活动，"亲同姓"都是原则。《左传》襄公十二年载：

> 凡诸侯之丧，异姓临于外，同姓于宗庙，同宗于祖庙，同族于祢庙。[1]

在诸侯国君之丧中，同姓国家在宗庙之中，而异姓国家则不能进入宗庙。亲同姓的原则一直到春秋时期都还在影响着诸侯国之间的关系。《左传》僖公二十八年：

> 晋侯有疾，曹伯之竖侯獳货筮史，使曰以曹为解："齐桓公为会而封异姓，今君为会而灭同姓。曹叔振铎，文之昭也，先君唐叔，武之穆也。且合诸侯而灭兄弟，非礼也；与卫偕命，而不与偕复，非信也；同罪异罚，非刑也。礼以行义，信以守礼，刑以正邪。舍此三者，君将若之何？"公说，复曹伯，遂会诸侯于许。[2]

晋、曹同为姬姓，应该互相亲厚，在国家交往时应该扶助同姓的国家，而晋国灭了同姓的曹国，所以晋侯遭受疾患，是违背了"血亲原则"的盟约，违背了礼，也可以说是受到了神灵的惩罚。这虽然是侯獳为了解救曹伯设计好的一种说辞，但产生了效果，说明同姓相亲确实是当时人非常重视的一种观念。剖析开来，血亲原则"亲同姓"的

---

[1] 杜预注，孔颖达疏：《春秋左传正义》卷31，襄公十二年，第1951页。

[2] 杜预注，孔颖达疏：《春秋左传正义》卷16，僖公二十八年，第1827页。

原则，包含有两方面的内容：一方面，在姬姓诸侯国与姬姓之外的诸侯国之间，姬姓诸侯国拥有绝对的特权，在西周诸侯国中占有较高的等级地位。在朝觐会同的礼仪活动中，姬姓诸侯国位列其他诸侯国之前。另一方面，在姬姓诸侯国内部，各国应该以血缘宗法为纽带和规则，互相亲睦，共同确保姬姓周人对整个王朝的统治。

第二，后异姓。西周的"异姓"特指周天子的婚姻甥舅之国。除了姜姓之外，这些国家都是中原地区古老高贵的姓氏。《左传》成公十六年载：

姬姓，日也；异姓，月也。[1]

这种比喻比较准确地描述了异姓在西周政治中与姬姓的微妙关系。周天子"土揖庶姓，时揖异姓，天揖同姓"，[2] 异姓虽然本身血统高贵，但在西周，政治地位也要列在姬姓之下。周人对于同姓之外族群，始终是存有戒心和隔阂的。《国语·晋语》载司空季子言："异姓则异德，异德则异类。异类虽近，男女相及，以生民也。同姓则同德，同德则同心，同心则同志。"[3] 认为异姓之间虽然男女相及以生民，但是却异德异类，而同姓则是同心同德的。在政治上，周人则希望异姓能够尽心服侍姬周政权，《国语·鲁语》记孔子言："古者，分同姓以珍玉，展亲也；分异姓以远方之职贡，使无忘服也。"[4] 在册命时，姬姓分以珍宝，而异姓分以职贡，明确反映了异姓在政治地位上低于姬姓。但同时，作为先圣之后，有着"于周为客"的特殊地位，[5] 又与天子有着婚姻之好，"异姓"相较于"庶姓"地位又是显然要高的。姬姓周人作为西方小邦，一方面要借与"异姓"通婚广

---

[1] 杜预注，孔颖达疏：《春秋左传正义》卷28，成公十六年，第1918页。

[2] 郑玄注，贾公彦疏：《周礼注疏》卷38《秋官·司仪》，第896页。

[3] 徐元诰撰，王树民、沈长云点校：《国语集解》卷10，第337页。

[4] 徐元诰撰，王树民、沈长云点校：《国语集解》卷5，第204页。

[5] 杜预注，孔颖达疏：《春秋左传正义》卷51，僖公二十五年，第2109页。

泛联合中原故有势力，使自身血统更具华夏属性，某种意义上获得"提升"；另一方面又要保持姬姓在政治上的绝对优势。

第三，远庶姓。"异姓为后"的原则中，除了天子的婚姻之国外，就是与周王室没有亲戚关系的其他"庶姓"诸侯国了。由于这些国家多是周初通过武力征服的，所以，王朝对于他们，一直是控制、威服为主，采取一种远庶姓的政策，不仅将他们的国家迁离原来生活的区域，迁至当时一些边远地区，在血亲原则中，这些国家也地位最低，列于姬姓和异姓之后。从西周庶姓来看，在最初，最主要的就是子姓。子为商王族之后，是周人在建国之初面对的最直接的敌人，虽然周人保留了商人的祭祀，但是却没有与之通婚。而其余的嬴、偃、芈等则都是周初的四夷国家，而且是逐渐才成为周王朝有效统治下的庶姓国家的。嬴、偃等东方夷人，在周初发动了大规模叛乱，遭到周人镇压，族群被周王朝迁离原来的居住地，《逸周书·作雒》载："（周公）凡征熊盈族十有七国，俘维九邑。"[1]《尚书序》云："成王即践奄，将迁其君于薄姑。"[2] 东征后，东夷开始被周人统治，可以算是庶姓国家。但是，这种统治是极不稳定的，一方面这些人群还不断移居，另一方面在政治上时叛时服，直到西周中晚期以后，嬴、偃与周人的政治关系才逐渐稳定下来。周人对于东夷，政策是比较严厉的，《诗·豳风·破斧》疏引《尚书大传》云："遂践奄，践之云者，谓杀其身，执其家，潴其宫。"[3] 杀掉其君主的同时还要将宗庙毁掉挖成水池，可见周人对东夷国家的态度。所以，嬴、偃的政治地位在西周不高。另外还有一些最初在王朝统治边缘地带的人群，如芈姓的楚国，时叛时服。

————————

[1] 黄怀信、张懋镕、田旭东：《逸周书汇校集注（修订本）》卷 5《作雒解》，第 518 页。

[2] 孔安国传，孔颖达疏：《尚书正义》卷 17《多方》，第 227 页。

[3] 郑玄笺，孔颖达疏：《毛诗正义》卷 8《豳风·破斧》，第 398 页。

一、宗盟所见同姓、异姓与庶姓封国

　　《左传》隐公十一年载，诸侯朝鲁，滕薛争长，鲁国提出一项诸侯排序的原则："周之宗盟，异姓为后。"[1] 在分封制度下，西周各诸侯国的等级地位如何确定，是西周史研究中一个重要的课题。"宗盟"是揭示西周封国等级制的一个关键的切入点。关于西周宗盟，古代学者如贾逵、服虔、杜预、孙毓等皆有疏解，当代学者钱宗范、巴新生等也进行了专门的研究，但总体而言不够深入、全面。

　　关于"宗盟"，历代学者有着不同的解释。贾逵以"宗"为"尊"，服虔以为"同宗之盟"，孙毓则认为宗伯之属官掌作盟诅载辞，故谓之"宗盟"。[2] 因此，有必要首先对"宗盟"的内涵进行辨析。

　　前人的争论，主要集中在对"宗"字的理解上。贾逵所执，为汉代经学家的传统说法，但就《左传》原文而言，若以"宗"为"尊"，"宗盟"之前则缺乏主语，"异姓为后"的原则与尊盟也缺乏直接的逻辑关系。至于孙毓之说，孔颖达反驳云"《周礼》司盟之官，乃是司寇之属，非宗伯也"，[3] 至确。诸说中以服虔影响最大，以致学者多以"宗盟"为同宗之盟，即姬姓之盟。但孙毓指出"同宗之盟，则无与异姓，何论先后？若通共同盟，则何称于宗？"[4] 可谓切中要害。因此，上述三说都存在一定的缺陷。

　　从"宗""盟"二字的本义看，"宗"始见于甲骨文，从宀从示，为屋内置一神主形。[5]《说文解字》："宗，尊祖庙也"，[6]"宗"的

[1] 杜预注，孔颖达疏：《春秋左传正义》卷4，隐公十一年，第1735页。
[2] 转引自魏了翁：《春秋左传要义》卷五"周无同姓，虽有异姓，亦曰宗盟"条，《景印文渊阁四库全书》第153册，第304页。
[3] 杜预注，孔颖达疏：《春秋左传正义》卷4，隐公十一年，第1735页。
[4] 杜预注，孔颖达疏：《春秋左传正义》卷4，隐公十一年，第1735页。
[5] 于省吾：《甲骨文字诂林》，第1987页。
[6] 许慎：《说文解字》7下"宀部"，第151页。

本义就是宗庙。"盟"则是列国间的盟誓活动。《左传》中，诸侯国盟会频繁，盟誓之时，列国按照一定的班序，在神圣场所举行杀牲歃血、订立盟辞等一系列仪式程序。西周时期的"盟"，因材料所限，其具体仪式不得而知，但与春秋时期的"盟"应相去不远。关于"盟"的政治功能，《左传》昭公十三年载叔向曰："国家之败，有事而无业，事则不经。有业而无礼，经则不序。有礼而无威，序则不共。有威而不昭，共则不明。……是故明王之制，使诸侯岁聘以志业，间朝以讲礼，再朝而会以示威，再会而盟以显昭明。"[1] 可见，盟会的目的之一，是通过"示威于众，昭明于神"，以避免列国"序则不共"，即强化各诸侯国的班序等级。这一点，对于揭示"宗盟"的内涵至关重要。

在了解"宗""盟"基本含义的基础上，我们进一步考察"宗盟"的含义。先将《左传》中"宗盟"的材料具引如下：

> 滕侯、薛侯来朝，争长。薛侯曰："我先封。"滕侯曰："我，周之卜正也；薛，庶姓也，我不可以后之。"公使羽父请于薛侯曰："……周之宗盟，异姓为后。寡人若朝于薛，不敢与诸任齿。君若辱贶寡人，则愿以滕君为请。"薛侯许之，乃长滕侯。[2]

首先，鲁国是在处理滕、薛两国朝觐行礼的先后次序问题时提出所谓"宗盟"的，所以宗盟应该是诸侯国的联盟。《周礼·秋官·司盟》孔疏云："邦国会同之盟，《封人》所谓大盟也。凡大盟必在会同。"孙诒让按："大会同合诸侯而盟誓，则亦合会群神而诏告之，通六方之神，皆为盟神。"[3] 就是说诸侯国相互结盟，一定要在"大会同"之时。

---

[1] 杜预注，孔颖达疏：《春秋左传正义》卷46，昭公十三年，第2071页。
[2] 杜预注，孔颖达疏：《春秋左传正义》卷4，隐公十一年，第1735—1736页。
[3] 孙诒让撰，王文锦、陈玉霞点校：《周礼正义》卷69《秋官·司盟》，第2853—2855页。

何为"大会同"？清儒金鹗《求古录礼说·会同考》将会同之礼分为四种：一是时见，"王将有征讨，会一方之诸侯"。二是殷同，"王不巡守，四方诸侯皆会京师"。这两种会同皆在王畿之内。三是时巡，即王巡守诸侯时会诸侯于方岳之下。最后一种是殷国，王不巡守，众诸侯国要朝王于近畿。后两种是在王畿之外的。"时见、时巡，所会皆止一方诸侯，是会同之小者也。殷见，殷国，所会者四方六服诸侯毕至，故曰殷，是会同之大者也。"[1] 可见，所谓"大会同"，就是王朝治下的所有诸侯朝王于京师或近畿。只有在这种情况下，各诸侯国才可以举行会盟。《周礼》所述"邦国会同之盟"，与春秋列国随意结盟的情况相差甚远，反映的应是西周时的情形。

为了有效控制封国，防止各国勾结，周天子对于各国间的盟会有着严格的限制。《礼记·曲礼》孔疏云："郑氏曰：'天下太平之时，则诸侯不得擅相与盟。'"[2] 各诸侯国在王朝没有重大战争或灾难时不可擅自相互结盟。《公羊传》隐公二年："纪子帛、莒子盟于密。"何休注曰："书会者，其虚内务，恃外好也。古者诸侯，非朝时不得越境。"[3] 所以，只有在朝觐周王时，诸侯方可离开国境，诸侯间的盟会，也必须在周王所在之京师或近畿地区举行。

之所以限定在这些地区举行盟会，原因之一是其为西周王室宗庙所在地。宗庙是王朝政治活动最重要的场所，全体诸侯会盟这样的大事，自然应在宗庙中举行。《国语·晋语八》载："昔成王盟诸侯于岐阳。"[4]《左传》昭公四年载："成有岐阳之蒐，康有丰宫之朝，穆有涂山之会。"[5] 可见，成王在岐阳、康王在丰宫都曾举行过重要的

---

[1] 金鹗：《求古录礼说》"会同考"，《清经解续编》卷13，阮元、王先谦：《清经解 清经解续编》第三册，第333页。

[2] 郑玄注，孔颖达疏：《礼记正义》卷5《曲礼下》，第1266页。

[3] 何休注，徐彦疏：《春秋公羊传注疏》卷2，隐公二年，第2203页。

[4] 徐元诰撰，王树民、沈长云点校：《国语集解》卷14，第430页。

[5] 杜预注，孔颖达疏：《春秋左传正义》卷42，昭公四年，第2035页。

诸侯盟会。岐阳为太王所居，王应麟《诗地理考·岐丰》云："岐阳在凤翔府扶风县岐阳镇。"[1] 陈启沅《毛诗稽古编·江汉》云："岐乃王迹所基，周之别庙多在焉。"[2] 而丰则为文王所居，《诗地理考·岐丰》云："《通典》周文王作丰，今京兆府长安县西北灵台乡沣水上是也。宗周丰镐宗庙所在。"[3] 而"某宫"，在西周金文明确可知就是宗庙之意。[4] 所以，"宗盟"之"宗"，就是"宗庙"之义，在宗庙举行，所以称为"宗盟"。前人对"宗盟"的解释不甚明晰，即在于没有正确理解"宗"的含义。

这样看来，"宗盟"的含义应该是以周天子为盟主、在周宗庙中进行的、包括周天子治下的所有诸侯国参加的盟会活动。周天子是宗盟的盟主。杜预《春秋释例》认为："斥周而言，指谓王官之宰临盟者也。其余杂盟，未必皆然。"[5] 孙毓也认为："异姓为后者，谓王官之伯降临诸侯，以王命而盟者耳。"[6] 也就是说，只有周天子为盟主的盟，才可以称之为"宗盟"。贾逵以"宗"为"尊"，以"宗盟"为盟会的泛称，是不合适的。从大会同的规模来看，"宗盟"不是某几个国家之间的结盟，而是要包括王朝治下的所有诸侯国，这是西周"宗盟"的重要特征之一。

二、从叶家山 M2 ✔子鼎看西周
初年宗盟活动的场景

前文已经提到，宗盟不是贾逵所说的"尊盟"，也不是服虔认为

---

［1］王应麟：《诗地理考》卷6"岐丰"，《景印文渊阁四库全书》第75册，第717页。

［2］陈启沅：《毛诗稽古编》卷22"江汉"，《清经解》卷81，阮元、王先谦：《清经解清经解续编》第一册，第436页。

［3］王应麟：《诗地理考》卷6"岐丰"，《景印文渊阁四库全书》第75册，第717页。

［4］唐兰：《西周铜器断代中的康宫问题》，《考古学报》1962年第1期，第15—48页。

［5］杜预：《春秋释例》卷3"班序谱"，第65—66页。

［6］杜预注，孔颖达疏：《春秋左传正义》卷4，隐公十一年，第1735页。

的"同宗之盟"，它是一种盟会活动，但又与寻常盟会不同，是由周天子主盟，其治下所有封国都要参加的一种等级最高、规模最大的盟会。因为活动的地点在天子宗庙，所以称为"宗盟"，即"宗庙之盟"。盟会时，王朝以与王室之间的血缘亲疏为原则，分同、异、庶三姓，排定封国向周天子行礼的先后次序，以及诸国群集时站立的班位。这种班位代表了一个封国的地位贵贱，而这种贵贱决定了该封国在王朝日常政治中的等级高下。宗盟可以说是西周初年王朝赖以维持封国秩序的基本制度。宗盟实质上可能只在西周中期以前举行过，到了王朝后期，随着封国政治越来越复杂，活动难以维持，由宗盟排定的班次也荒废了，封国政治级别慢慢变成由五等爵制来确定。[1]

　　虽然貌似提出了一个相对完整的解释，但遗憾的是因为这类活动规模庞大，在当时的交通和通讯条件下，可能事实上举行的次数很有限。经过数千年磨洗之后，留在文本中就仅有只言片语。所以总体看，之前文章的材料还是不够充足，而且性质比较单一，都是传世文献。所以，文章发表后，笔者一直关注着这个问题，希望有更多材料可以支持结论。而且，笔者也相信，如果宗盟确实是一个时代的重大措施，也应该有更多相关证据存在。

　　2011 年 2 月至 6 月，湖北省文物考古研究所对随州叶家山墓地进行了发掘，其中 M2 出土的 子鼎上有 37 字（合文 2）铭文，[2] 记录了周初南方封国国君到宗周参加盟会之事，干支可以与之前出土的保卣、堇鼎等周初重器铭文干支系联。三器铭文综合在一起，显示周成王时有同一时间内各地诸侯齐聚宗周之事。这件事很可能与之前推测为宗盟的"岐阳之盟"有关。 子鼎对于推进西周宗盟乃至整个封国问题的研究具有重要价值。

---

[1] 于薇：《西周"宗盟"考论》，《史学集刊》2008 年第 2 期，第 102—105 页。
[2] 湖北省文物考古研究所、随州市博物馆：《湖北随州叶家山西周墓地发掘简报》，《文物》2011 年第 11 期，第 4—60 页。

叶家山墓地为商末周初曾国国君墓地，揭露面积 3 700 平方米，发掘了墓葬 64 座，马坑 1 座。出土青铜器 325 件（套），74 件有铭文。[1] 其中 M2 出土的 1 件铜鼎，全文 37 字（合文 2），李天虹、王占奎等及简报整理者都对铭文进行了考释和断句，笔者结合各家说法，暂释文如下：

> 丁巳，王大𥛽。戊午，✝子蔑历📿，白牡一。己未，王赏多邦伯，✝子麗赏大邕卤，贝二朋。用乍文母乙尊彝。

整篇铭文的文字并不复杂，但"✝"和"📿"两字可能需要稍加讨论。其中"✝子"为器主，私名"麗"，"✝"应为其国名或封地名。出土该器的 M2 为女性墓，墓主应即铭文中的"文母乙"。M2以西约 10 米处有曾侯谏墓 M65，根据 M2 出土铜器铭文可以判定墓主为曾侯谏夫人，[2] 则"✝子"应为曾侯之子。"✝"可能离曾不远。王占奎隶定为"戉"，释为"越"，李天虹释"✝"为"未"。[3]

"📿"目前多释为"赏"或"尝"，但铭文中另有两处出现标准"赏"字，写作"𧶠"，与"📿"写法有明显不同。"📿"恐不宜释为"赏"。从字形看，似应释为"尚父"合文。从器物的年代看，很可能是师尚父，即太公望。

这样，铭文内容就比较清晰，是记"✝子"至周王都参加一次活动。首日，天子有祭事。次日，✝子见师尚父，仪式用了一头白色的公牛。第三日，王赏赐参加活动的诸侯，✝子也获得了赏赐。

乍看之下，这个内容并没有什么十分特别之处。但铭文中的三个

---

[1] 湖北省文物考古研究所、随州市博物馆：《湖北随州叶家山 M65 发掘简报》，《江汉考古》2011 年第 3 期。此简报先于《文物》发表，其中墓葬数量为 63 座，与《文物》略有差异，本文依《文物》取 64 座。

[2] 湖北省文物考古研究所、随州市博物馆：《湖北随州叶家山西周墓地发掘简报》，《文物》2011 年第 11 期，第 59 页。

[3] 湖北省文物考古研究所、随州市博物馆：《湖北随州叶家山西周墓地笔谈》，《文物》2011 年第 11 期，第 73、76 页。

干支，"丁巳""戊午"和"己未"，其实非常重要。不仅因为这三个干支显然是连续的，更关键的是，这些干支与 1948 年洛阳出土的保卣以及 1974 年北京琉璃河燕国墓地出土的堇鼎两件重器的铭文干支都能够系联在一起。

保卣和堇鼎是公认的周初重器，之前学界进行过不少研究。保卣全文 46 字，其铭文云：

> 乙卯，王命保及殷东国五侯诞兄（贶）六品，蔑历于保，易，宾。用乍文父癸宗宝尊彝。遘于四方合（会）。王大祀祁于周。在二月既望。　　　　　　　　　　　　（《集成》5415）

子鼎的首干支为"丁巳"，保卣的干支为"乙卯"，二者之间仅隔"丙辰"。虽然子鼎未记王年及月份，保卣也未记王年，单凭干支还不能认定两器可以系联，但子鼎的年代是成王时器，保卣的年代绝大多数研究者也认定为成王，[1] 且子鼎铭文中有"王大祁"，保卣亦有"王大祀祁于周"铭文，遍检已出铜器铭文，记王举行"祁"祭者仅有此两件以及与保卣完全同铭文的保尊，且"祁"字写法完全相同。联系这些细节，两器干支之间的关系可能就不能视作偶然了。

另外一件堇鼎，出土于北京琉璃河西周燕国墓地 M253，是整个墓地出土最大的一件铜器，也是目前为止北京地区最大的西周铜器，铭文为：

> 匽侯令堇饎（饴）大保于宗周。庚申，大保赏堇贝，用乍大子癸宝尊鬶（餗）。　　　　　　　　　　　　（《集成》2703）

---

[1] 陈梦家定保卣为武王时器，黄盛璋、郭沫若、蒋大沂、马承源皆认为应该是成王时器。诸家说法皆依据对铭文所载史事解释来判定，论据稍嫌不足。陈公柔、张长寿从铜器形制本身特征出发进行器物学研究，也判定保卣为西周早期成王时器。参见陈梦家：《西周铜器断代》，《考古学报》第九册，1955 年；郭沫若：《保卣铭释文》，《考古学报》1958 年第 1 期；蒋大沂：《保卣铭考释》，《中华文史论丛》第 5 辑，北京：中华书局，1962 年；王世民、陈公柔、张长寿：《西周青铜器分期断代研究》，北京：文物出版社，1999 年，第 125 页。

菫鼎的日期为"庚申"，单从干支表上看，恰恰是列在 ✦子鼎最末一个干支"己未"之后。虽然铭文非常可惜没有纪年纪月，但目前学者多定菫鼎为成王时器，[1] 王年与✦子鼎和保卣相同。当然，一个王年内，特别是像成王这样的长纪年，同一纪日干支会有一定重复率。即使前后连续，我们也无法保证菫鼎铭文所记与✦子鼎和保卣是同年同月事。

但依菫鼎铭文，燕侯之臣菫享大保，受赏后作器，其器用来祭祀"大子癸"。而保卣则是大保的自作器，其器用来祭祀"文父癸"。众所周知，大保奭与燕侯是父子，保卣中所祀的"文父癸"很可能就是菫鼎中所祀的"大子癸"。为同一人作器，干支又恰属同一甲子，两器铭文之间恐怕会有些联系。

另外，还有一个重要信息，就是李学勤指出，"对于叶家山 M2（也就是✦子鼎的出土单位——引者注），最好的对比单位就是北京房山琉璃河 M253"，[2] 说明✦子鼎和菫鼎两器出土单位所出器物在器型上也有较高的一致性。虽然我们对西周初年诸侯国铜器生产机制还不完全清楚，但这种一致性，不能排除是由于生产时间的接近或铸造缘起的相关造成的。所以，菫鼎和✦子鼎之间，也似乎存在某种隐性联系。

总之，虽然证据链条上还有诸多断点，但三器所讲为同一事件的可能性非常大。所以李天虹在《笔谈》中也点出了✦子鼎和保卣之间干支联系的问题，提醒学界注意。[3] 陈小三也专门撰文进行论证。[4] 甚至我们还有一个更大胆的假设，就是若此三器确实产生于成王宗

---

[1] 马承源：《商周青铜器铭文选（三）》，第 29 页。

[2] 湖北省文物考古研究所、随州市博物馆：《湖北随州叶家山西周墓地笔谈》，《文物》2011 年第 11 期，第 64 页。

[3] 湖北省文物考古研究所、随州市博物馆：《湖北随州叶家山西周墓地笔谈》，《文物》2011 年第 11 期，第 77 页。

[4] 陈小三：《新出荆子鼎与武王克殷年代——兼论周武王时期的标准青铜器群》，复旦大学出土文献与古文字研究中心论坛，2012 年 1 月 18 日。

盟，那么另外一些成王时期的器物，譬如叔植器、[1] 献侯鼎[2]等，很可能记载的也是同一事件。因为像宗盟这样重大的事件，必然会被诸多各式身份的参与者以多种形式记载。但由于这些铭文信息量太少，我们无法做进一步推断。

最后，我们用一点篇幅将⻊子鼎、保卣和菫鼎三篇铭文的干支串联明确列出来，便于下文讨论相关问题：

乙卯（保卣）——丙辰（空）——丁巳（⻊子鼎）——戊午（⻊子鼎）——己未（⻊子鼎）——庚申（菫鼎）

将三器铭文综合在一起，西周初年一次大型封国集会活动的轮廓呈现眼前。虽然还有诸多细节我们不清楚，但有三点问题不大：首先，整个活动的规模颇巨，参与封国众多；第二，既有姬姓封国，也有非姬姓封国参加；第三，活动中有在宗庙内举行仪式的环节。这三方面都与我们关注的宗盟问题有关。

首先是规模问题。除了通过⻊子鼎和菫鼎铭文知道⻊、燕两国国君在宗周外，[3] 铭文中还能看到不少其他国家的国君。比如⻊子鼎铭文有"王赏多邦伯"，既然是"多邦"，应该就不止两三个国家。又如保卣铭文先提到了"东国五侯"，可知东方五个国家的国君在宗周。铭文最后称活动为"四方合（会）"，早期文献中"四方"多代指王朝控制的完整范围，"四方会"暗含有"封国毕集"之意，铭文中已经提到了"东国"，则恐怕还有没有详细举出的"南国""西国""北国"诸侯共至。

保卣铭文中的"殷"字，是整篇铭文的文眼，直接点出了保卣记

---

[1] 叔植器铭文有"唯王祈于宗周，王姜史叔使于太保"。

[2] 献侯鼎铭文有"唯王大祈于宗周"。

[3] 菫鼎铭文记燕侯命菫飨大保，之前研究多认为是燕侯派菫至宗周拜见大保，但燕侯若同时在宗周，亦可命菫飨大保。因为极少见西周金文记有封国国君派家臣专门至宗周飨食天子卿士事，甚至若解为菫随燕侯至宗周，期间燕侯命菫飨大保，似更为合理。

载事件的性质和规模。但之前由于没有 ⧆ 子鼎铭文配合，一直没能确定其准确含义。因为陈梦家、黄盛璋、郭沫若、马承源等都主张将"殷"看作定语，解释为"殷所治下"，所以以往多将保卣所载事件与周初对东方的战争联系在一起。将"王命保及殷东国五侯"断做一句，解释为"王命令保逮捕原来殷所治之下的东国五侯"。这样，这篇铭文看起来就是与班簋一类王命卿大夫征伐东方的记事铭文相类似的内容。

如果仅看文句本身，再联系周初形势，倒也符合情理。但若作是解，铭文后面的解释就会出现一些麻烦。一个是"遘于四方合（会）王大祀 ■ 于周"与整篇铭文内容显得游离，只能解释为以事纪年。虽然周初金文中不乏这类例子，但这种解释总归是不得已而择之的无奈之举。学者这些年其实疑问不断。[1] 另一个是"诞兄（贶）六品"与"易，宾"的次序不清，内容重复。第二点更关键，我们后面会详细论述。

显然这两个问题都与王究竟命令保去做什么事有关。如果王命令保做的事与"遘于四方合（会）王大祀 ■ 于周"一致，那么最后一句就不会游离于主题之外。如果王命保参加的是个仪式而不是战争，那么将后面的贶、易、宾放在繁复仪节中去理解看起来也就合理得多。

这样，对"殷"含义的准确把握就成了关键。许慎《说文》云："殷，作乐之盛"，[2] 段玉裁注曰："引申之为凡盛之称，又引申之为大也，又引申之为众也"，[3] 指出有"众"之意。许说之盛乐往往与礼仪活动有关，段注又指出有众、大之意，所以蒋大沂在仔细比对各

---

[1] 蒋大沂就认为"王命保及殷东国五侯"的解释应与"遇于四方会"相表里。马承源也提出过类似看法。详见后文。

[2] 许慎：《说文解字》8 上"月部"，第 170 页。

[3] 段玉裁：《说文解字注》8 篇下"月部"，第 388 页。

家说法后，提出"殷"应为殷见、殷同之礼，[1] 而马承源也在不反对殷为殷邦之意同时另存一说，称"殷"："殷同之礼，为四方诸侯会王于都城。"[2] 其实也承认了"殷"与末句的"四方会"为同一件事。

若取此解，则铭文断句就必须随之调整，由"王命保及殷东国五侯"变为"王命保及殷"。"殷"应该是"殷同"省语，周之"殷同"也称作"大会同"。笔者在之前讨论西周宗盟的文章中也曾经涉及。"同"就是"盟"，"大会同"与"会同"并列，不是简单的规模较大的"会同"，而是强调"全部诸侯"都要参加。[3] 其中"大"不是笼统的大小问题，而是有"全"之意。以前的这个解释是依据礼书推出的，而今保卣铭文中"殷"与"四方会"对举，一定程度上证实了当时的判断。"王命保及殷"的"及"可以解释为"参加"，那么王命令保去参加的是大会同活动，不是打仗。

"殷"与"众诸侯"相关，这类含义在传世文献的解释中并不罕见，因为这类含义虽然在后世已属生僻，在上古却是其常用意。如江声《尚书集注音疏》中《多方》"惟而殷侯尹民"即注云："殷之言众，众侯犹诸侯也。"[4] 想来是由于传世文献系统有传统注疏作为提示，某字在先秦礼制系统内属于专有名词，一般汉魏古注中会点出，后世亦多沿用。但在铜器铭文研究中，如果没有相关细节提示，确实不易想到。而今从"殷"的解释路线来看，有些铭文的关键字眼，可能还确实需要放回其时代语境中去理解。"殷"字如此，铭文后段的

---

[1] 蒋大沂：《保卣铭文考释》，《中华文史论丛》第5辑，第96页。

[2] 马承源：《商周青铜器铭文选（三）》，第22页。

[3] 除了"殷同"外，礼书中还有一种"殷见"之礼，或也可简化为"殷"。但因为保卣后文又称"大合会"，所以应该是会同之礼，故取"殷同"说。"殷见"为朝觐之礼。虽然在礼书中二礼并提，但与天子盟会时必行朝觐之礼，而朝觐天子时未必可以与之盟。恐初"殷同"为经礼，"殷见"为曲礼，后世误并提。

[4] 江声：《尚书集注音疏·多方》，《清经解》卷397，阮元、王先谦：《清经解 清经解续编》第二册，第914页。

"宾"字也如此。

"宾"在金文中多解释为"赠与礼物"之意。但其实这样的解释弱化了"宾"字的礼制含义。不是所有"赠与礼物"的行为都称作"宾"。"宾"在文献中含义比较丰富，但最重要的一种是"使者"之意，《礼记·乡饮酒义》云"宾者，接人以义者也"，[1] 故郑玄《仪礼·聘礼》注云"宾，使者也"，在另一处更是明确称"宾，掌诸侯朝觐之官"，[2] 所以在某些特定语境下，只有受赐者答谢周王派出的使者才称为"宾"。陈梦家其实就是在对保卣铭文的考释文章中提出了金文"宾"字含义的问题。他列举了 8 件相似铭文的器物，认为："皆为王命其近臣使于（命于）侯者，侯伯宾献诸臣。"指出"宾"是受赐者答谢王之使者。[3] 将这种解释带入到保卣铭文当中，如果"王命保及殷东国五侯"是下战争命令，"诞兄（贶）六品，蔑历于保"是接下来王赏赐保物品、褒扬鼓励保，那么整个活动就只有王和保两个人，不存在"使者"，蔑历之后也就不该再重复有"赐、宾"之语。也正因如此，陈梦家对保卣文意的解释显得有些犹豫，虽然称"及"为"逮"意，但随后又说王命保之事"与铭文末所述二月既望王大会四方祭祀于周有关"。

《仪礼·觐礼》中载诸侯朝觐天子，郊劳、赐舍、戒期、觐王、赐车服等几个环节中都有天子使者出面。特别是觐王结束后的赐车服，王甚至会派出两名使者，事毕，诸侯要"傧使者，诸公赐服者束帛四马。傧大史，亦如之"。[4] 其中使者由王朝卿士担任，都是身份很高的人。保卣铭文中"东国五侯诞兄（贶）六品，蔑历于保，易（赐），宾"，若解释为保作为使者接待东国五侯，五侯纳币，保蔑历，代替周王赏赐物品，五国受到赏赐以后，答谢天子的使者大保，整个

---

[1] 郑玄注，孔颖达正义：《礼记正义》卷 61《乡饮酒义》，第 1683 页。

[2] 司马迁：《史记》卷 38《宋微子世家》，"七曰宾"裴骃《集解》引，第 1613 页。

[3] 陈梦家：《西周铜器断代》，第 8 页。

[4] 郑玄注，贾公彦等：《仪礼注疏》卷 27《觐礼》，第 1092 页。

顺序就能与传世文献相合。反观 ⌘子鼎铭中也有"⌘子以白牡一
蒐历尚父"，与东国五侯蒐历于保相类，也是一个重要旁证。虽然
朝觐是单独的一种礼，但也是殷同活动中的一个必然环节，铭文所
载礼节与朝觐相合，让我们进一步肯定了"殷"确实可以解释为
"殷同"。

　　这样，即使不讨论是不是同一件事，保卣、⌘子鼎和堇鼎所载
事件的性质起码是一样的，否则即使干支一致，也无法联系在一起。
保卣中所说的大保所及的"殷"，就是⌘子鼎中"王大祼""赏多
邦伯"的活动，也就是堇鼎中"匽侯令堇䲧（饴）大保于宗周"的
活动。"殷"就是"殷同"，规模很明确，就是王朝治下全部封国都
要参加。⌘子鼎所在的"曾"处于周南国之地，保卣提到了东国，
堇鼎所属的燕国无疑是周的北土，虽然尚缺西土之器，但也已经看到
四面八方封国毕至的盛况了。

　　第二是参加者的身份问题。前面提到，⌘子可能是曾侯之子。
《国语·周语》载"杞、鄫由大姒"，文献中有曾国姒姓之说。从之
前出土的曾国青铜器铭文可以看到战国的曾国为姬姓，[1] 但之前的
曾国是姬姓还是姒姓，尚缺乏材料说明。这次叶家山墓地出土铜器铭
文中仍未完全解决族属问题，但李伯谦在《笔谈》中认为："叶家山
曾国墓地虽无曾国为何族姓的证据，但却有可以否定其为姬姓的线
索。"[2] 因为从墓向上看，整个墓地绝大多数是东西向墓，而典型的
姬姓人群墓葬都是南北向。[3] 既然如此，用排除法，则西周曾国公
室为姒姓（或者姬姓曾国以外另存一姒姓曾国）的可能性大大提高。
在前文中，笔者根据《礼记》记载提出，姬周王室在周初以同姓、异

[1] 张昌平：《曾国青铜器研究》，北京：文物出版社，2009 年，第 9 页。

[2] 湖北省文物考古研究所、随州市博物馆：《湖北随州叶家山西周墓地笔谈》，《文物》
　　2011 年第 11 期，第 66 页。

[3] 湖北省文物考古研究所、随州市博物馆：《湖北随州叶家山西周墓地发掘简报》，《文
　　物》2011 年第 11 期，第 59 页。

姓和庶姓区分封国等级贵贱。同姓是同族，也就是姬姓兄弟子侄之邦，地位高。异姓和庶姓是异族，地位低于姬姓封国。但异姓与天子有亲，是婚姻之国，与姬姓共荣共存。庶姓则是无亲者，非但无亲，还多是曾与周为敌、最终败北的降服之国。曾国之所出的姒姓，商末时有女大姒，为文王之妻，其后周也有几位王后出于姒姓，[1] 若曾国为姒姓，则应属周的异姓之国。

陈梦家认为保卣铭文中的"东国五侯"应该也不是姬姓。[2] 西周所谓"东国"，主要指今天河南省东北部与山东全省，这个地区在周公东征以前主要是夷人的活动区域，有诸多风姓、嬴姓、偃姓的族群生活在那里。东征中这些小国有的被灭，余下的被征服，仍旧留在东方。从金文统计和传世文献记载来看，除了齐国以外，东国地区能与王室通婚的国家极少，所以绝大多数应该属于庶姓之国。稍有区别的是"诸任"，即以薛国为首的任姓小国。任姓之女大任为季历妻，此姓与周王室的通婚关系后来也还保持着，属于异姓。"东国五侯"究竟是庶姓还是异姓，以现有材料我们很难判断，但东方一干不是姬姓的诸侯到王都去参加殷同，受到王的礼遇，这个情形通过保卣铭文可以想象。

所以，周天子举行的这次活动，除了像董鼎所属的燕国这样的姬姓封国之外，还有众多的非姬姓国家一同参加。

第三是举行仪式的处所问题。所谓"宗庙之盟"，应与宗庙相关，保卣铭文末句"王大祀 ■■ 于周"便是记录，只是 ⺼ 子鼎出土以前，无法想到可以将它放在大事件中去，所以字义解释方面也有些问题没注意。目前西周金文分期已经很成熟，但是在解释文句的时候，对于

---

[1] 寓鼎铭文："唯十又二月丁丑，寓献佩于王姤（姒）。赐寓曼丝。对扬邦（挂）王姤（姒）休，用乍父壬宝尊鼎。"（《集成》2718）叔妣方尊铭文："叔妣（貔）赐贝于王姤（姒），用乍宝尊彝。"（《集成》5962）。

[2] 在保卣铭文考释中就指出"凡此（东国五侯）侯伯多为异姓的侯伯。"当然，陈梦家所说的"异姓"不是礼制意义上的"异姓"，而只是强调他们非为姬姓。

金文文本年代的考量似乎还不够充分。比如像保卣这样一篇西周初年的铭文，"祀""祳"这类与礼制相关的用字，大都依据周礼进行解释。但周人的礼制是西周中期以后才逐渐形成自己的一套内容的，所以西周早期金文中某些字的含义可能与后世的不一样。陈梦家就指出过"周金文中之祭名，十九因于商"，[1] 这种说法用来理解全部西周铭文未必合适，但对于西周初年情况来说很可能是准确的。从商代材料入手，我们可以知道，这次殷同活动在宗庙中举行，或者至少有与宗庙相关的环节。

"祳"字的理解是问题的关键。学者一般认为祳从示从友，应释作"佑"[2] 或"祐"，意思为助祭。[3] 这样的解释当然很通顺，但"佑"虽然在金文中常用，却多是从单手写作"𠂤"，"祐"则在金文中仅一见，写作"祐"，[4] 从口比较明显。两个字都与祳字形差别较大。所以，祳是否释作"祐"，还可以再推敲。而且这个字除了这两件器之外不见于他器，似乎西周初年以后便很少使用了。

祳字右半部分所从的"右"，也可以看作从双手。甲骨文中有从示从双手的字，如《合集》27400、30538、30539、30541、34603、34617，尤其是34617中，有写作"𢰆"之形，除了一只手形转到左侧外，与"祳"字完全一致。在《甲骨文编》《甲骨文字诂林》《殷墟甲骨刻辞类纂》中，这些字释作"祭"。"祭"在商代的含义与周代常用含义有所不同，不是笼统表达祭祀之意。根据常玉芝的研究，"祭"是商代周祭中的五种祭名之一。[5] 商代周祭的祭祀对象是时王的祖先，朱凤瀚谈到过，商代大部分直系先王和二代以内的先妣

[1] 陈梦家：《古文字中之商周祭祀》，《燕京学报》第19期，1936年，第149页。

[2] 华东师范大学中国文字研究与应用中心：《金文引得·殷商西周卷》2823，桂林：广西教育出版社，2001年，第156页。

[3] 陈梦家：《西周铜器断代》，第9页。

[4] 作册益卣（集成5427），西周中期。

[5] 常玉芝：《商代周祭制度》，北京：中国社会科学出版社，1987年，第138页。

都有宗庙，商王在宗庙内举行祭祀。[1] 也就是说，商代的"祭"是指专门的宗庙之祭。周建国之初，留用了众多商知识分子和工匠，[2] 铜器铭文中的字义同于商时的可能性很大。但周人没有继承商人这套祭祀形式，所以在西周初年以后的铜器铭文中就看不到这个字眼了。

因为宗盟是盟誓活动，盟誓要对鬼神起誓，[3] 在祭祀神灵之后，面对神灵盟誓、建立国家与国家之间的约定关系，所以祭祀是盟会活动的核心环节。西周盟会活动的详细情况我们目前不清楚，但从春秋时期情况看，盟会中的祭祀以郊天祀地为主，宗庙之祭不太常见，可能因为宗庙主要是为了祭祀本族姓的祖先，而周人的宗法传统是有较强排他性的，"神不歆非类、民不祀非族"，[4] 所以若有不同族姓参加，一般不会进行祖先祭祀。"宗盟"之盟是西周盟誓中的一个例外，虽然诸姓齐聚，却是在宗庙中举行。《周礼·春官·大祝》中专记："大会同造于庙。"[5] 为宗盟之祭这一特点提供了非常重要的文本支持。此次保卣和𠙽子鼎铭文显示诸侯大聚庙祭于周，为"宗庙之盟"又增加了一条材料。

有出土文献为证，我们也能够读懂更多传世史料。比如对《论语》"宗庙之事如会同"[6] 一句的理解。因为不了解有在宗庙之中举行的大会同之礼，清代两位礼学大师黄以周和金鹗，虽然都意识到郑玄将"宗庙之事"解释为"祭祀"有问题，但一个只承认"会同"在宗庙中举行，是宗庙活动中的一种，却强调"会同"的性质一定是

[1] 朱凤瀚：《殷墟卜辞所见商王室宗庙制度》，《历史研究》1990年第6期，第3—19页。

[2] 尹盛平：《西周微氏家族青铜器群研究》，北京：文物出版社，1992年，第58页。

[3] 李衡眉：《盟誓浅说》，《先秦史论集》，济南：齐鲁书社，1999年，第565页。

[4] 杜预注，孔颖达疏：《春秋左传正义》卷13，僖公十年，第1801页。

[5] 郑玄注，贾公彦疏：《周礼注疏》卷25《大祝》，第811页。

[6] 何晏集解，邢昺疏：《论语注疏》卷11《先进》，第2500页。

朝觐周王，不是诸侯齐聚与周王盟会；[1] 另一个虽然承认"会同"的性质是诸侯齐聚与周王盟会，却强调一定不在宗庙中。[2] 现在我们知道了西周时期诸侯殷同的活动可能就是在宗庙中，就可以明白《论语》此事所讲的"会同"就是后世礼书中的"大会同"，也就是"宗盟"。这样看来，虽然到春秋时，宗盟已经湮废甚久，但可能还有不少人了解其内容，所以鲁羽父才能说出"周之宗盟，异姓为后"之语，孔子也才能以"会同"作比。

至此，从规模、参盟者身份、举行仪式的处所三方面，我们可以看到这次活动与我们所分析的"宗盟"主要特征之间能够高度吻合。《左传》昭公四年提道："周武有孟津之誓，成有岐阳之蒐，康有酆宫之朝，穆有涂山之会，齐桓有召陵之师，晋文有践土之盟。"[3] 其中所谓"成有岐阳之蒐"，《国语·晋语》中记作"昔成王盟诸侯于岐阳"。[4] 这可能是传世文献中对西周宗盟活动记录最明确的一条材料。[5] 𠭯子鼎、保卣和董鼎记载的这次殷同，很可能与周著名的"岐阳之盟"有关。此前陈小三已经注意到了𠭯子鼎与重大历史事件之间的可能联系，但他认为是在武王时期。可如果𠭯子鼎铸于武王时期，那么保卣和董鼎也应该是武王时器，而学界目前大多还是认为后两件器早不到武王，应该是成王时器。本文撰写过程中，读到李学

---

[1] 黄以周认为郑注有误："宗庙之事，谓邻国之来朝聘者，对会同在外地言之，故曰宗庙之事。"

[2] 金鹗也反对郑玄的说法，《求古录礼说》卷六《宗庙会同考》称"宗庙之事不一，而会同其一"。认为在宗庙举行的不是祭祀之事，而是另外的活动，"时文有谓会同行於宗庙中者，宗庙之事不作祭祀解，其见自卓"。但金鹗也不完全同意黄以周的说法，认为"仍以为时见殷同之礼则当行於国外，不在宗庙中"。

[3] 杜预注，孔颖达疏：《春秋左传正义》卷42，昭公四年，第2035页。

[4] 徐元诰撰，王树民、沈长云点校：《国语集解》卷18，第430页。

[5] 《左传》记做"蒐"，《国语》记做"朝"，似乎有些矛盾，特别是"蒐"为军事活动，似乎与宗盟无关。但仔细分析，《左传》整段将成康之"蒐""朝"与春秋霸主会盟并举，说明本质上都是会盟活动。这段文献中之所以对"盟"五花八门的说法很多，可能主要是谈话者为了追求表述而刻意造成的变化，"蒐""朝"与"会""盟"这些活动，形式和程序应该是一样的。

勤发表的《斗子鼎与成王岐阳之盟》[1] 也提出此鼎所记为成王岐阳之盟。所以，综合各方面来看，"✦子""东国五侯""燕侯"等"多邦伯"参加的这次大会盟，应该就是著于史册的"岐阳之盟"，而"岐阳之蒐""酆宫之朝""涂山之会"应该都是西周早中期所举行宗盟活动的记载。

叶家山墓地出土青铜器对于西周封国研究具有重要价值。特别是铭文相对较长的✦子鼎，更是引人注目。但与其说✦子鼎的重要价值在于其铭文所记内容的重要性，不如说是其中的事件、干支、祭名"盘活"了另外两件（随着研究的深入，甚至可能更多）铜器铭文，而且这两件铭文本身也都比较著名。这三件青铜器，共同揭示出西周初年的一个重大历史事件：成王宗盟。

✦子鼎组合起来的这个小铜器群，可以说一定程度上验证了我们之前的预判，即重大事件或重要制度会有对应的重要遗物，此前周公东征相关的铜器群是个例子，如果周初宗盟是高等级的、大规模的、关乎王朝秩序和封国地位的大型活动，也应该能发现相关的器物，而且数量还不会太少。所以，✦子鼎的出现并不意外，而且未来可望有更多与西周宗盟相关的铜器出土，宗盟问题亦可在新材料的支撑下越来越明晰。

目前叶家山墓地最直接的学术价值在于解决了早期曾国的问题。这无疑是重大发现。但叶家山铜器的意义应不仅在于一国一地，它可以为探索西周王朝在南方地区的政治运作方式提供材料。南方地区是西周相对于夏商新拓展出的疆域。与商只在王朝中期短暂占有盘龙城等几个长江流域的驻防点不同，西周的大部分时间里，都有效控制着汉水流域和淮河北岸地区。显然维持这种稳定关系并不容易，虽然有天子亲征南方的事件，但以当时的政治架构和物质条件，王朝日常恐

---

[1] 李学勤：《斗子鼎与成王岐阳之盟》，《中国国家博物馆馆刊》2012 年第 1 期，第 53—55 页。

怕很难直接对封国实施有效控御。那么，王朝在南方地区究竟如何运作封国政治可以取得这么好的效果，就值得探索。

现在根据𠃌子鼎以及整个叶家山墓地出土遗物来看，王朝应该是以南阳—随枣作为经营南方的"基地"和"前哨"。这个地区里的曾、鄂、随、邓等国，自西周初年可能就是王朝在封国间行政事务的深度参与者。他们为王朝控御汉水流域的楚、巴、彭、濮等诸多异族邦、国，后来可能还要兼顾颍汝地区夷人的动向。

20世纪以来，随州重大考古发现不断，羊子山西周鄂国墓地[1]和叶家山西周曾国墓地的遗物为进一步思考西周时期鄂东地区与中原核心区之间的联动关系提供了材料。鄂、曾两国有一个共同点，即都属于周的异姓婚姻之国，巧合的是，在东方扮演类似角色的齐国也是异姓。由此将想法引开来，也许未来我们能够对西周王朝的封国控驭方式产生一些新的认识。

三、《逸周书·王会》所见宗盟
活动中的血亲优先原则

《逸周书·王会》是记载西周初年成周一次宗盟活动的篇目，其文详载西周初年"成周之会"盛况，详述周初诸侯宗盟仪典时排位、列等，涉及宗盟活动的诸多细节，从中可以看到周初诸侯的等级状态。其内容虽然"经春秋加工改写"，却"本出西周"，[2] 通过对《王会》进行分析，可以看到周王朝建立之初各封国政治地位的结构和层次的一些情况。

《王会》包括两个相对独立的部分，一部分可以称作"成周之

---

[1] 随州市博物馆：《随州出土文物精粹》；张昌平：《论随州羊子山新出鄂（噩）国青铜器》，《文物》2011年第11期，第87—94页。

[2] 黄怀信：《逸周书源流考辨》，第125页。

会"，即全文的前三分之二内容，是对场景的描绘。另一部分可以称作"伊尹朝献"，是《商书》逸篇，内容为伊尹制定四方诸族向商汤纳贡品目的政令。由于"成周之会"篇中列有当时诸族向周天子贡纳的方物，所以"伊尹朝献"是作为附篇附于"成周之会"后的。

《王会》不纯粹是描述王会活动的文字，应当原本有配图，是"图说""图解"。唐大沛即持此看法，提出：

> （《王会》）此篇非作于成王之世，盖后人追想盛世，绘为王会之图。今则图已泯灭久矣，幸此篇未泯，正如《山海图》失传而《山海经》尚在。[1]

中古时期，关于《王会图》的记忆还存在。《新唐书·南蛮传》载："贞观三年，其（东谢蛮）酋元深入朝，冠乌熊皮若注旄，以金银络额，被毛帔，韦行縢，着履。中书侍郎颜师古因是上言：昔周武王时，远国入朝，太史次为《王会篇》，今蛮夷入朝，如元深冠服不同，可写为《王会图》。"[2] 宋《宣和画谱》卷一称："唐贞观中，东蛮谢元深入朝，颜师古奏言：昔周武时远国归款，乃集其事为《王会图》。今卉服乌章，俱集蛮邸，实可图写。乃命立德等图之。"[3] 也追述此事。通读《王会》可以发现，想顺利理解整篇，最方便的办法也是绘出文中每一人、每一物的位置。多处段落的行文，由于是随着画像描述，内容在叙述逻辑中就会显得突兀。譬如讲述内台诸侯后，紧接"堂后东北为赤帝焉，浴盆在其中，其西，天子车立马乘六，青阴羽凫旌"[4] 句，然后又讲"中台"周围诸人，就显得叙述不够顺畅。而若根据此篇文字绘出一幅会盟图像，理解就会变得容易。所以，《王会》篇的图文关系，应该是很密切的。本文尝试通过绘图的方法分析

---

[1] 黄怀信、张懋镕、田旭东：《逸周书汇校集注（修订本）》卷7《王会解》，第795页。
[2] 欧阳修、宋祁：《新唐书》卷222下《南蛮传》，第6320页。
[3] 《宣和画谱》卷1，《景印文渊阁四库全书》第813册，第72页。
[4] 黄怀信、张懋镕、田旭东：《逸周书汇校集注（修订本）》卷7《王会解》，第812页。

《王会》的内容，且发现，绘图可以直观反映出西周初年诸侯分类和等级的一些特点。

《王会》开篇云"成周之会"，孔晁注解其文云："王城既成，大会诸侯及四夷也"，[1] 讲此篇所记内容背景是成周城修建完成，天子在成周大会诸侯。之后，则开始描绘"堂"的情况。堂是天子之所在，随同天子立于堂上的各组臣僚、封君是上等诸侯。首先讲天子：

> 墠上张赤帝阴羽。天子南面立，绕无繁露，朝服八十物，搢珽。[2]

《礼记·祭法》云："封土为坛，除地为墠。"[3] 墠类似于现代的广场，是一片经过平整的空地，形状以方形居多。《左传》昭公元年楚公子围娶于郑，子产不愿让楚人入郑逆女，命子羽辞曰："以敝邑偏小，不足以容从者，请墠听命。"一注曰："古代迎亲，婿受妇于女家之祖庙。子产不欲其入城，欲除地为墠，代丰氏之庙，行迎亲之礼。"[4] 从《左传》内容含义看，"墠"可以是临时建筑，但于城外设"墠"即可代丰氏之庙，可见在宗庙内举行仪式时，"墠"也是相当重要的区域。天子宗盟，即宗庙之盟，行礼场所在宗庙。《王会》描述，成王之会有"墠"。除"墠"外，《王会》所载，宗庙内还有"台"、有"阶"、有"堂"，显然不是临时建筑，应该就是在天子宗庙。王应麟曰："觐礼诸侯觐于天子，为宫方三百步，四门，坛十有二寻，深四尺"，[5] "墠"应该就是"宫"内修整过的平地，类似于现代的广场。宗盟举行之时，"墠"周围都张列赤帝阴羽之旗，标示

[1] 黄怀信、张懋镕、田旭东：《逸周书汇校集注（修订本）》卷7《王会解》，第796页。

[2] 黄怀信、张懋镕、田旭东：《逸周书汇校集注（修订本）》卷7《王会解》，第796—799页。朱右曾：《逸周书集训校释》卷7《王会》，第114页。

[3] 郑玄注，孔颖达疏：《礼记正义》卷46《祭法》，第1589页。

[4] 杨伯峻：《春秋左传注》，昭公元年，第1199页。

[5] 黄怀信、张懋镕、田旭东：《逸周书汇校集注（修订本）》卷7《王会解》，第796页。

范围。从后文看，壝内有内、中、外三层台，内台上有堂，外台上有列币之具，还有供诸侯休憩的帐幕。

天子在堂上，背北面南而立。天子身边侍立着一些贵族，《王会》描述他们的身份、位置和衣饰：

> 唐叔、荀叔、周公在左。太公望在右。皆絻，亦无繁露。朝服七十物，摺笏，旁天子而立于堂上。[1]

"唐叔、荀叔、周公在左。太公望在右"句中的"左""右"应为天子之左、右，而不是看图者之左、右。周人以东为尊，堂前东侧祚阶为尊，西侧西阶为卑。所以居东诸侯似乎地位略高于居西诸侯。天子南面而立，若将此句按天子左、右为东、西绘于图上，则可见周公、荀叔、唐叔居祚阶之侧，而太公居西阶之侧。这样看来，全图的方位是上北下南，左东右西，这也是传统图画中常见的方位结构。

依照这套方位，将"唐叔、荀叔、周公在左"绘于堂上东侧，也可顺利解释行文次序中的一个问题，即为何成王时政治地位更高的周公，会列于唐叔和荀叔之后。此句描述三位封君的班位，是从画卷头向画卷尾的方向描述，即从画面右讲到画面左。这样，从图上可以看出，虽然叙述先讲"唐叔"，但贴身傍邻天子而立的是周公，荀叔居中，唐叔列班尾。东侧三位皆是天子同姓至亲，并排但班位略有差异，按年齿，班首周公居长，而班尾唐叔最幼。天子右手是太公近身立于旁侧。太公姜姓，是天子母家。《王会》全文凡言右有三处，后两处为"堂下之右，唐公、虞公南面立焉"，及"中台之外，其左泰士，台右弥士"，全部都是指天子右侧，即西方。

堂上是非常尊贵的位置。唐叔、荀叔、周公在天子之左，太公在天子之右。唐、虞、夏、殷四公在堂下亦南面而立。北面而朝的为各国诸侯。"唐叔、荀叔、周公在左，太公望在右，……旁天子而立于

---

[1] 黄怀信、张懋镕、田旭东：《逸周书汇校集注（修订本）》卷7《王会解》，第800—802页。

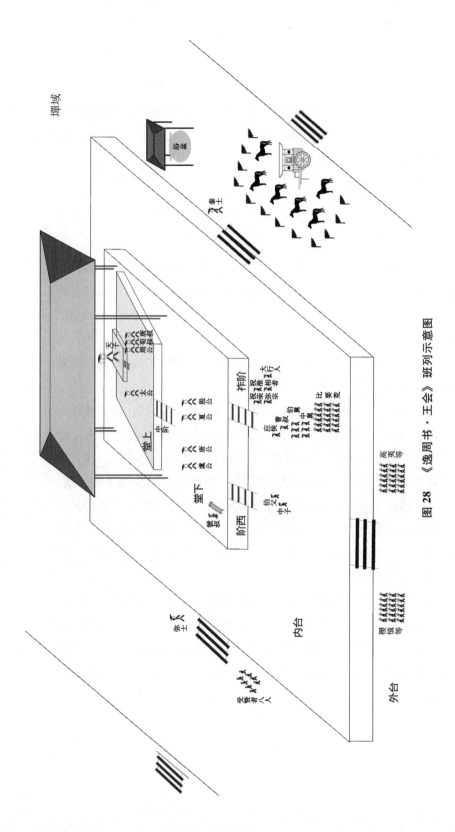

图 28 《逸周书·王会》班列示意图

堂上。"与天子共在堂上者地位最高，他们都是成王至亲，姬姓诸侯列位于阼阶一侧，而太公望则以异姓婚姻之尊，也立于堂上，但不能与姬姓同列，而是在西阶一侧。

再接下来是叙述"堂下"的情形：

> 堂下之右，唐公、虞公南面立焉。堂下之左，殷公、夏公立焉，皆南面。綅有繁露，朝服五十物，皆揖笏。[1]

"堂"，朱右曾云"堂下，谓中阶左右"，可知"堂"是单阶，即仅有中阶，而内台与中阶之间，还有阼阶、西阶所达的一层台，即"堂下之右，唐公、虞公南面立焉。堂下之左，殷公、夏公立焉，皆南面"句中所谓"堂下"，也可理解为"堂前"。堂前所立诸侯皆南面，亦即并排横列，与天子同样背北面南而立。这些"堂前"的封君，虽然班列比"堂上"的封君略低，但都居于"上等"。

堂前诸侯的描述，虽然并未像堂上一样由卷首起始，而是接续上句先讲了西侧天子右手之班再讲东侧左手，但班位仍是从左至右。绘于图上，则可见此台有四位封君，东侧班首为夏公，西侧班首为唐公，东侧班尾为殷公，西侧班尾为虞公。四位的封国分别是杞、唐、宋、陈，即周所褒封的所谓先代圣王之后、"三恪"之国，也都是周天子的姻亲异姓之国。四封国班列所呈现的地位上的细微差别，应当是当时各国与周王亲疏关系的反映，只是由于后世相关材料较少，比较难进一步解释而已。

将堂上与堂前的诸侯班位综合起来分析可见，同为异姓封君，太公的地位比其他几位要高。这一方面自然是太公在周立国过程中当有大军功；另一方面，虽然同为周王室姻亲，但太公是天子血亲，其他异姓封君与天子血缘上远不如太公亲近，这一点也呈现在了站班时与天子的距离上。

---

[1] 黄怀信、张懋镕、田旭东：《逸周书汇校集注（修订本）》卷7《王会解》，第802—804页。朱右曾：《逸周书集训校释》卷7《王会》，第114页。

"内台"上的贵族，叙述紧随前文，所以自东向西，变回了自卷首向卷尾。其文云：

> （为诸侯之有疾病者）[1] 阼阶之南，祝淮氏、荣氏次之，圭瓒次之，皆西面。弥宗旁之，为诸侯有疾病者之医药所居。相者太史鱼、大行人，皆朝服，有繁露。堂下之东面，郭叔掌为天子菉币焉，绲无繁露。[2]

紧邻台阶者，为参与仪式的天子官员。阼阶一侧有"祝""宗""史""大行人"四官。若据《周礼》，"祝"属春官为神职，所以旁设有"圭瓒"；[3]"宗"为医者，在周代亦属春官神职；其旁为相者，由"史"充任，也属春官神职，掌文字礼仪。神职官员皆列阼阶之侧，可见地位颇高。大行人则为天子掌邦交之官，《王会》所载为大会同之事，大行人之官需要预先筹备，并在仪式中承担联络协调工作，几乎是最重要的实际事务官员，所以也侍立于阼阶旁。西阶一侧为郭叔，即虢叔，其为姬姓诸侯，但由于在仪式当中有职事，掌为天子菉币，即宣陈各诸侯所贡之物，故而单独侍立于西阶旁。

之后叙内台上站列的封君，仍然是从东侧讲起：

> 内台西面正北方，应侯、曹叔、伯舅、中舅，比服次之，要服次之，荒服次之。西方东面正北方，伯父、中子次之。方千里之内为比服，方二千里之内为要服，方三千里之内为荒服，是皆朝于内者。[4]

"内台西面正北方"，朱右曾云："台即坛也。坛有三成。"成，

---

[1] 衍文。见黄怀信、张懋镕、田旭东：《逸周书汇校集注（修订本）》卷7《王会解》，第804页。

[2] 黄怀信、张懋镕、田旭东：《逸周书汇校集注（修订本）》卷7《王会解》，第804—807页。朱右曾：《逸周书集训校释》卷7《王会》，第114—115页。

[3] 黄怀信、张懋镕、田旭东：《逸周书汇校集注（修订本）》卷7《王会解》，第805页。

[4] 黄怀信、张懋镕、田旭东：《逸周书汇校集注（修订本）》卷7《王会解》，第807—810页。朱右曾：《逸周书集训校释》卷7《王会》，第115页。

即层。郑康成云："上等为堂，堂方二丈四尺。三等每面各一丈二尺。"[1] 郑玄的意思也就是说，坛的每层"台"也称为"等"，坛有"三等"，"上等"就是"堂"。朱右曾进一步解释说"上言堂下，是上等也"，也就是说，文中"堂上"和"堂下"，都属于"堂"的范围，所以"堂下"用现代的空间概念可以理解为"堂前"。而居于"堂上"和"堂下"的这八位封君，则都是"上等"封君，他们的封国也就是上等封国。

"内台"，孔晁注云"内台，中台也"，[2] 认为"内台"与"中台"是同一回事。依图观之，其说不谬。朱右曾云："此言内台，是中等也。下言外台，是下等也。"[3] 这样看来，列班于中台之上的，应该就是西周的中等诸侯，其国即中等之国。而列班于外台之上的，应该就是下等诸侯，其国则是下等之国。西周宗盟，班列三台，国分三等。不同"台"的诸侯，也就是不同"等"的诸侯。

堂上的天子、封君皆面南而立，俯视堂下内、外台上的诸侯、币帛、四方贡物。而内台上两班执事官员和诸侯则皆面东、西，不能北面视天子，更不能南面俯视台下，等级尊卑立现。而周天子地位衰微的标志性事件，所谓"夷王下堂见诸侯"，是天子要从堂上走下中阶到堂前，再走下阼阶到内台之上。天子下堂后，除地位最高、最亲近的血亲诸侯及三恪国君外，这些站班时东、西面的诸侯才能见到天子，否则高台深堂，这一等级的诸侯也几乎没有机会清楚看见天子容貌、听闻天子声音。

内台上诸侯应是分列两班居于阼阶和西阶之南。"内台西面正北方，应侯、曹叔、伯舅、中舅。"在堂下东侧列班封君中，应侯为武王后裔，曹叔为文王后裔，称伯父者是姬姓封君。他们班次在前。称

---

[1] 朱右曾：《逸周书集训校释》卷7《王会》，第115页。
[2] 黄怀信、张懋镕、田旭东：《逸周书汇校集注（修订本）》卷7《王会解》，第807页。
[3] 朱右曾：《逸周书集训校释》卷7《王会》，第115页。

舅者为异姓，班次列于姬姓之后。[1] 更远处是"比服次之，要服次之，荒服次之"，比、要、荒等服之人应多是所谓庶姓。西侧列班，"伯父、中子次之"，此句似有乙误和缺文，唐大沛云"'中子'当作'仲父'，'子'字讹耳"。[2] "中子"身份难以确定，但能称"伯父"者，应为姬姓封君，所以可与东侧应侯、曹叔对班，距离天子之堂较近。这样看，内台上两班封君按照距离天子远近可分三组，第一组是应侯、曹叔、伯父、中子，第二组是伯舅、中舅，第三组是比、要、荒。其后文云"皆朝于内者"，可以理解为这三组封君同"等"，都是"中等"诸侯，其国都是中等之国，但站班还是有远近，居首距离天子最近为同姓，居中较远为异姓，居尾最远为庶姓。

至此，墠的内台之上的封君已经描述完毕。但内台周围还有一些陈设和人员是内台的附属物。此处叙述依旧自东向西。首先自东北方起述堂后物品：

> 堂后东北为赤奕焉，浴盆在其中。其西，天子车立马乘，亦青阴羽凫旌。[3]

堂后东北用赤奕和青阴羽凫圈出范围，其中分别放置天子行礼之前涤濯所用的浴盆和天子车马。"其西"，朱右曾云"浴盆之西"，[4] 也就是紧邻浴盆，为安置天子车马仪仗之处。内台旁还有执事使役士人，其文云：

> 中台之外，其右泰士，台右弥士，受赘者八人，东面者四人。[5]

---

[1]《礼记·曲礼下》云："天子同姓谓之伯父，异姓谓之伯舅。"《左传》僖公九年、襄公十四年周天子对齐侯称伯舅，昭公九年、三十二年对晋平公、定公等称伯父，可见《礼记》所云不误。

[2] 黄怀信、张懋镕、田旭东：《逸周书汇校集注（修订本）》卷7《王会解》，第810页。

[3] 黄怀信、张懋镕、田旭东：《逸周书汇校集注（修订本）》卷7《王会解》，第812页。

[4] 朱右曾：《逸周书集训校释》卷7《王会》，第115页。

[5] 黄怀信、张懋镕、田旭东：《逸周书汇校集注（修订本）》卷7《王会解》，第813—814页。

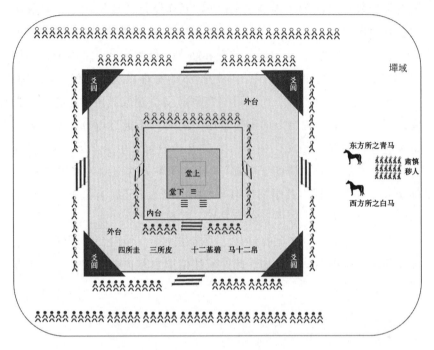

图29　《逸周书·王会》墠域层级示意图

孔晁云："外，谓台之东西也。"[1] 描述仍然是自东向西，台东泰士，台西弥士。正文未言受赞者在内台何方，仅与泰士、弥士联言"在右"。受赞者应为隶币官的助手，依台上郭叔位置看，受赞者也应在内台下西侧。这些执事都不是庶人，而是低等级贵族"士"，他们与居于内台之上、紧邻阼阶、服侍天子和上等诸侯的大祝、大史、弥宗、相者、大行人等官不同，他们是在仪式活动中为中等诸侯服务之人。

中台之下是外台，外台是四裔诸君参会的处所，即诸"庶姓"封君列班之地，也是陈币之所：

---

[1] 黄怀信、张懋镕、田旭东：《逸周书汇校集注（修订本）》卷7《王会解》，第813页。

陈币当外台，天玄毵宗马十二，玉玄缭璧綦十二，参方玄缭
璧豹虎皮十二，四方玄缭璧琰十二。外台之四隅张赤帟，为诸侯
欲息者皆息焉，命之曰爻闾。[1]

外台上全部是诸侯贡纳的马匹玉帛，根据《仪礼》和一些铜器铭文就
可以了解。外台四角有红色的帐篷，供诸侯休息，称为"爻闾"。丁
宗洛云："爻者，大约是整齐排列之意。"[2] 朱右曾云："闾者，聚
也。设于台之四隅，如卦爻，故曰爻闾。"[3] 整个描述颇有画面感，
可以想见，内台之上，人、马皆衣帛配玉，列币也是皮帛玉璧。周围
四角幔帐横排爻列，秩序井然。台上服饰、贡物均有定制，色彩红黑
相间，清洁整饬。

外台有阶，阶下是四裔诸族之人及贡物，分列阶东西，这些是不
得上"台"之人。四裔诸族则服饰不同，礼节各异。且诸君皆携土
贡，其中异兽众多，可以想见外台上嘈杂之貌。

接下来则描述外台周围附属于外台的马匹、兵士：

周公旦主东方所之青马黑□，谓之母儿。其守营墙者，衣青
操弓执矛。[4]

此句，校勘者多认为有脱讹。何秋藩云："此节之下必有夺文。"[5]
但有可能原文即如此，这恰恰与西周初期的封国形势有关。当时诸侯
分封并非四方皆完整整齐，只在东方是成规模的封国。此时周公已主
东方，且已封殷，后文四裔君长中有诸多东夷，可知已是东征之后。

[1] 朱右曾：《逸周书集训校释》卷7《王会》，第115—116页。黄怀信、张懋镕、田旭
　　东：《逸周书汇校集注（修订本）》卷7《王会解》，第815—818页。
[2] 黄怀信、张懋镕、田旭东：《逸周书汇校集注（修订本）》卷7《王会解》，第819页。
[3] 黄怀信、张懋镕、田旭东：《逸周书汇校集注（修订本）》卷7《王会解》，第819页。
[4] 朱右曾：《逸周书集训校释》卷7《王会》，第116页。黄怀信、张懋镕、田旭东：
　　《逸周书汇校集注（修订本）》卷7《王会解》，第819—820页。
[5] 黄怀信、张懋镕、田旭东：《逸周书汇校集注（修订本）》卷7《王会解》，第820页。

孔晁认为"周公主东方所之青马，则必有太公主西方之白马"，[1] 虽然未必东方贡马就西方一定贡马，但其说自然也有一些依据。不过，其中也存在一个问题，即文献有言，西方召公掌之，即使有西方贡马也当由召公主之，而此会中没有召公，不知是何缘故。而"其守营墙者，衣青操弓执矛"，外台四周可能都有兵士。正文中所谓"墙"，或即人墙。各台之间皆有人墙，其中内外台间守营墙者最重要，既是维持礼仪秩序、守护财物，也是监管四裔君长。

概括起来讲，畿内封君与封国诸侯混列，封君之号不纯粹以爵，而是杂以亲称，仪式活动的站班也直接呈现出封君与天子的血缘亲疏关系。仪式中，封君中叔、舅成列，居于三台，分成三等。唐叔、荀叔、周公居堂上，唐公、虞公、殷公、夏公居堂前，为上等。应侯、曹叔、伯父、中子、伯舅、中舅、比、要、荒居内台，为中等。四裔居外台，为下等。堂上诸侯首列天子顾命叔伯，次列先代之后。内台首列天子伯叔，次列天子舅氏，末列比要荒之君。外台四裔君长与珍禽异兽混列。

总而言之，成周之会，班列三台，君分三等，国分三等。封君在"墠"的班列，距天子远近不同，"台"越高，距离天子越近，在仪式活动中的政治等级也就越高。不同"台"的诸侯，也就是不同"等"的封君。同台的诸侯，也基本上可以认作是同"等"封君。

《王会》所记的朝列班位以及描述的朝会礼仪，也可以与《逸周书·明堂》及《礼记·明堂位》相比照。《明堂》和《明堂位》相关内容基本相同，只是《礼记·明堂位》的篇幅更长，除明堂之会的朝班外，还涉及三代之礼的其他内容，《明堂位》的文献可能有一部分就是来自《明堂》。两篇都有"明堂也者，明诸侯之尊卑也"句，可

---

[1] 黄怀信、张懋镕、田旭东：《逸周书汇校集注（修订本）》卷7《王会解》，第820页。

知明堂礼仪是为确定诸侯尊卑之用。《明堂》称："既克纣六年而武王崩，成王嗣，幼弱未能践天子之位，周公摄政，君天下，弭乱，六年而天下大治。乃会方国诸侯于宗周，大朝诸侯明堂之位。"[1] 述其会时间为成王六年、"弭乱"之后，地点是在宗周。

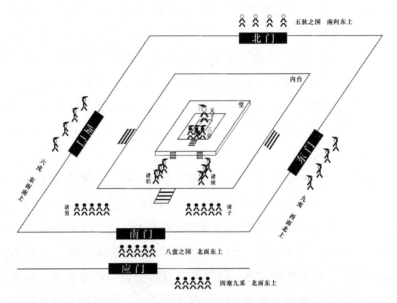

图30　《逸周书·明堂》坛墠层级示意图

与《王会》相似，《明堂》也可绘为图示，为了行文简洁，本文即不对《明堂》行文详加引述，直接绘图说明。相比较可见，《明堂》与《王会》的班序排列所体现的仪式活动中，各诸侯等级状态不同。《王会》所载的仪式结构是由三部分组成的，举行仪式场所分"堂""内台""外台"三层，封君中叔、舅成列，居于三台，分成三等。《明堂》所载的仪式结构则是由四部分组成的，举行仪式的场所分"堂""内台""门内""门外"，台只有一层，整个仪式空间基本

---

[1] 朱右曾：《逸周书集训校释》卷7《王会》，第100页。黄怀信、张懋镕、田旭东：《逸周书汇校集注（修订本）》卷6《明堂解》，第710页。

上可以看成平面结构，而不像《王会》篇中，是三层台基的结构。
"堂"上居三"公"，[1]"内台"居诸侯、诸伯，[2]"门内"居诸子、
诸男，[3]"门外"居四裔君长。[4]《王会》中，在地位最显赫的堂
上，天子叔、伯、姻戚及先王之后、"三恪"之国居其上，而这些先
王之后、"三恪"之国亲戚、行辈、族源的表述，都不见于《明堂》。
《明堂》叙述诸侯，行文全用"五等爵"之制，如《王会》所载内台
上封君为"叔""舅"，在《明堂》中则是"诸侯""诸伯"。在《明
堂》中，坛下之壝有了明确的"四门"，《王会》中居于外台之上的
戎狄蛮夷在《明堂》中居于四门之外，由"不得上台"变成了"不
得入门"。而在整个仪式空间更外层还出现了应门，门外为"四塞九
采"之国。

　　虽然《明堂》也自述为成王之事，但反映的仪式形态与诸侯政治
等级结构，与《王会》存在明显区别。《明堂》的"四门—应门"内
外之别，与"五等爵"的诸侯政治等级结构相配合，《王会》的"堂
—内台—外台"上下之等，则与"宗盟"封国秩序相配合。宗盟之
内，同姓、异姓、庶姓并存，政治地位直接受血缘因素影响。这种特
点，可能西周初年最为显著，而其存在应该是一直贯穿整个周代、在
周礼中形成"三等"结构的普遍遗存。三等、五爵都是周代封国政治
秩序的可能状态，其共同基础都是姬周型制度，而《王会》篇中"三
等"结构的血缘性尤其鲜明地呈现了西周的时代特色。

---

[1]《明堂解》云"天子之位，负斧扆，南而立，群公卿士侍于左右"，"三公之位，中
　　阶之前，北面东上"。

[2]《明堂解》云"诸侯之位，阼阶之东，西面北上"。"诸伯之位，西阶之西，东面北
　　上"，《明堂位》内容相同，只是称"诸伯之国"。其后逐条基本皆是《明堂解》称
　　"位"而《明堂位》称"国"。

[3]《明堂解》云"诸子之位，门内之东，北面东上""诸男之位，门内之西，北面
　　东上"。

[4]《明堂解》云：两文皆云"九夷之国，东门之外，西面北上"，"八蛮之国，南门之
　　外，北面东上"，"六戎之国，西门之外，东面南上"，"五狄之国，北门之外，南面
　　东上"，"四塞九采之国世告至者，应门之外，北面东上"。

在《王会》呈现的封国秩序中，异姓国最为特别。与天子通婚、有婚姻之好便为异姓，通婚是周王朝与周族以外的人群建立政治关系最直接的办法，异姓之国在周代封国体系中的地位高贵。从《王会》来看，周初宗盟仪式上，异姓的高贵地位是实在的。而从传世文献的记载看，在后来的发展过程中，王朝又设置了一些限定办法，将异姓封国区别对待，使得姻亲相比血亲政治地位略低。其中天子对封君的称谓和礼仪，就是最重要的区别规则。

对于姬姓的周王朝与异姓之间的关系，周人有自己的表述：

> 姬姓，日也；异姓，月也。[1]

"日"与"月"虽然都在王朝政治中有特殊身份，但相互之间的区别明显。在整个政治结构中，姬姓周人的力量是太阳，是整个国家政治上的绝对主导；异姓是月亮，只能衬托太阳的光辉。当然，日月相比群星又是特别光耀的，所以姬姓与异姓是盟友，是姻亲，是互相扶持的政治伙伴。这种关系，在姜姓族群的封国发展过程中可以看到。在周人建国的过程中，师尚父一支的姜姓部族功劳最大，与姬周王室政治联系最紧密。但是，在后来，无论是王朝政治还是封国格局中，姜姓国家并没有特别地突出出来，这是与周人血亲原则"后异姓"的政策有密切关系的。从周初开始，各主要姜姓封国都陆续被迁离故地，分散于山东北部、南阳盆地以及河南中部地区。这种徙封，一方面有偶然事件的因素，另一方面更多体现的是王朝对于姜姓国家的警惕与控制。

《仪礼·觐礼》载：

> 诸侯前朝，皆受舍于朝。同姓西面北上，异姓东面北上。……同姓大国则曰伯父，其异姓则曰伯舅。同姓小邦则曰叔父，其异

---

[1] 杜预注，孔颖达疏：《春秋左传正义》卷28，成公十六年，第1918页。

姓小邦则曰叔舅。[1]

《礼记·曲礼》也有类似的记载。在《左传》僖公九年，周天子称齐桓公为"伯舅"也证明这种称呼是确实存在的。孔颖达《礼记正义》云："异姓谓之伯舅者，异族重亲之名也。"[2] 孔颖达认为这种称呼代表了名分，所谓"异族重亲"，意思就是以亲戚称谓称呼异姓，是为了昭显亲密关系。但称呼上毕竟还是有"伯父"与"伯舅"的区别的，所以亲疏差异也要呈现。周天子通过对异姓封国的尊称，确认了周王朝与异姓封国之间的亲缘关系，为异姓国家在礼仪活动中的特殊地位提供了依据。

同时，异姓国家在西周王朝的礼仪活动中相比庶姓又是受到了优待的，享受着"于周为客，天子有事，膰焉；有丧，拜焉"的特权。[3]《礼记·文王世子》还载诸侯国中："若公与族燕，则异姓为宾。"[4] 这种原则可以上推至天子，当天子与姬姓诸侯举行燕礼时，异姓诸侯也可以参加，并是作为"宾"来参加的，这实在是一种很高的政治待遇。

不过，周人对于异姓的优待，也基本就只是体现在礼仪等级上，在切实的政治权利方面，姬周王室其实是对异姓有所限制的。在周人的血亲原则体系下，举行政治活动时，异姓封国基本上没有什么特权可言。文献中所载周初褒封先代之后"以备三恪"的说法，传统上认为西周王朝对归服的"先圣之后"大都采取了优抚的态度，但实际情况可能是，王朝对这些势力不仅有联合，也有控制，不仅有褒封优抚，也有征伐威服。据清华简《耆夜》《尚书·洪范》等篇看，武王

---

[1] 郑玄注，贾公彦疏：《仪礼注疏》卷26下、卷27《觐礼》，第1088，1092页。

[2] 郑玄注，孔颖达疏：《礼记正义》卷5《曲礼下》，第1264页。

[3]《左传》僖公二十四年。虽然是说宋，但是，宋是地位特殊的庶姓，在礼仪方面，是与异姓国家同类的。见杜预注，孔颖达疏：《春秋左传正义》卷15，僖公二十四年，第1818页。

[4] 郑玄注，孔颖达疏：《礼记正义》卷20《文王世子》，第1408页。

克商后，很有可能将没有处理好"先圣之国"问题作为商灭亡的重要原因，从而在"胜国"集中的山西地区进行了重要的军事行动，对当地的旧族施行军事打击。这一行动对西周国家政权的确立有重要意义。昭穆以降，这些"先圣之后"的势力更是日趋边缘化，逐渐淡出王朝政权核心。西周铜器中基本没有看到畿外异姓封国国君在王朝内担任重要官职。即使在个别时代，有如春秋早期陈桓公受到天子宠信的情况，在整个异姓封国中也是比例很小的。[1] 而且王室所联合异姓封国的范围也相当有限。西周中前期王室通婚对象基本就是先代之后的二代、三恪之国。到西周晚期罕见地出现了一些新的，如"妃"。金文中的"妃"姓即文献中的"己"姓，《国语·晋语》载："凡黄帝之子，二十五宗，其得姓者十四人为十二姓：姬、酉、祁、己、滕、箴、任、荀、僖、姞、儇、依是也。"[2] 己姓虽然自称黄帝后裔，是华夏地区的老牌原住部族，但到西周晚期才成为异姓之国，可见王室在通婚对象的选择上有一定的保守性。

周王室对异姓有依赖的方面，最主要的是在军事上。《左传》僖公四年管仲云：

> 昔召康公命我先君大公曰："五侯九伯，女实征之，以夹辅周室！"赐我先君履，东至于海，西至于河，南至于穆陵，北至于无棣。尔贡苞茅不入，王祭不共，无以缩酒，寡人是征。昭王南征而不复，寡人是问。[3]

说明王朝曾付于齐国很大军权。异姓诸侯国多居于与异族庶姓之国杂居的边缘之地，实质上都需要守土或开拓。齐国深入淮夷腹地，陈国直接面对被打压至山东、江苏交际地区的淮夷，南阳盆地的各国则面

---

[1]《左传》隐公四年："陈桓公方有宠于王"。见杜预注，孔颖达疏：《春秋左传正义》卷3，隐公四年，第1725页。

[2] 徐元浩撰，王树民、沈长云点校：《国语集解》卷10，第334—335页。

[3] 见杜预注，孔颖达疏：《春秋左传正义》卷12，僖公四年，第1792—1793页。

对着日益强大的楚国以及周围的蛮族，这些国家多次参与王朝对这些地区的战争，在军事上比较发达，这也是王朝在军事上依靠异姓国家的结果。

四、宗盟流变与封国政治地理的结构—过程

宗盟十分重要，但相关的记载并不像对宗法等问题的记载那样丰富，应当是与宗盟举行的频率不高有关。《国语·晋语》载："昔成王盟诸侯于岐阳。"[1]西周建国，成王在岐阳大会诸侯，第一次举行了宗盟。《左传》昭公四年："周武有孟津之誓，成有岐阳之蒐，康有酆宫之朝，穆有涂山之会，齐桓有召陵之师，晋文有践土之盟。"[2] 从《左传》记载看，成王之后，只有康王和穆王曾经召集规模能与岐阳之会相比的诸侯大会。而从政治环境看，比较纯粹的宗盟活动，可能也主要就是在西周前期举行过。因为只有在国家草创阶段，在处理封国等级时，才会比较单纯地依据血缘族姓。也只有在周初的政治气氛中，借助"小邦周"阶段紧密的血亲关系传统，"姓"才有可能发挥对诸侯国的直接约束力。到西周后期，随着国家政治的复杂化，在这种比较单纯以姓来划定国家等级的理念之外，逐渐发展出西周服制、五等爵制等其他制度理念，共同影响了西周封国的等级结构。

所以，西周中期以后，宗盟在政治生活中虽然还有很深远的影响，但已经不是一项制度了。到春秋时期，人们对宗盟的理解和应用，融入了很多当时的因素。宗盟作为一个历史概念，在整个周代经历了变化的过程。春秋时期人们对于西周的宗盟在核心原则上还能够有所保存，但在使用上，已经与春秋时期的政治特征相结合了。魏了翁在《春秋左传要义·周先同姓虽有异姓亦曰宗盟》条中谈到春秋封

---

[1] 徐元诰撰，王树民、沈长云点校：《国语集解》卷14，第430页。
[2] 杜预注，孔颖达疏：《春秋左传正义》卷42，昭公四年，第2035页。

国间的盟会，认为：

> 践土之盟，其载书云：王若曰"晋重鲁申，是用王命而盟
> 也"。召陵之会，刘子在焉，故祝佗引践土为比，为有王官故也。
> 宋之盟，楚屈建先于赵武明，是大国在前，不先姬姓。若姬姓常
> 先，则楚不得竞也。且言周之宗盟，是唯周乃然。故《释例》
> 曰：斥周而言，指谓王官之宰临盟者也。其余杂盟，未必皆然。
> 是言余盟不先姬姓。[1]

他认为有王官在，即名义上是天子主盟，则盟会时以姬姓为先；如果
没有王官参与盟会，则以国家强弱进行排序。这种看法可以说在很大
程度上认识到了西周时期宗盟的特点和基本原则，同时也看到了宗盟
在春秋时期的变化。

宗盟虽然主导西周政治时间很短，却非常重要，宗盟是西周封邦
建国后，王朝对封国秩序的政治规划，即姬姓国家之间依据传统的血
缘宗法关系原则来进行交往，姬姓与其他姓的国家之间则依靠宗盟原
则来处理事务。宗盟包括西周王朝治下的所有诸侯国，王朝依据"异
姓为后"的原则，确立了西周国家内部所有诸侯国的贵贱等级秩序，
这正是西周宗盟的实质所在。

一些学者在以往的研究中将宗盟解释为在异姓国家之间建立一种
类血缘的关系，并且依照血缘原则来处理事务，[2] 这种说法欠妥当。
周王室通过宗盟体制，成功地将姬姓以外的诸侯国纳入国家的等级秩
序之中，同时又保证了姬姓周人在政治生活中的优势地位。因此，宗
盟实质上是超血缘的。宗盟体制的确立，是西周时期地缘关系进一步
增强在国家形态上的一种反映。

---

[1] 魏了翁：《春秋左传要义》卷 5《周先同姓虽有异姓亦曰宗盟》，《景印文渊阁四库全
　　书》第 153 册，第 304 页。
[2] 巴新生：《西周宗盟初探》，《东北师范大学学报》1997 年第 2 期，第 40—47 页。

第二节　西周封国徙封地理特征的血缘类型

一、姬姓封国：农业生产型

西周"王畿—封国"的基本框架中，姬姓封国是最重要的基础。姬姓封国在政治上拥有一定特权，这种特权以"亲同姓"的形式表达，实质上也可以看作天子王室对伐商后取得的政治权力在姬姓族内的再分配。从总体看，在"亲同姓"的理念下，西周姬姓封国拥有宽松的发展环境，容易获得需要的资源。克商之役后，周族在关中故地外获得了更多土地。同时，这些封国在血缘上与周天子更亲近，在王室主导的权力分配中更容易获得便利。在这样一个以族姓作为等级区别的封国体系下，"亲同姓"的原则也就达到了"兴同姓"的结果。

前文已经述及，在翦商之役后到东征以前，经过武王的经略，文献可考的周初 20 余个姬姓封君集中在宗周畿内、霍太山地和运城盆地、嵩山山地与沿黄渡口。

东征以后，鲁、卫两个姬姓强宗成为东方大国。另外还有一批姬姓小国，一些向东徙封到"大东"的菏济、汶泗之间，一些向南徙封到畿南的随枣、淮汝之间。这些地方也就成为周代主要的农业区。

并不是所有的族群都天然掌握着耕作技术，而周人恰恰十分擅长农作。《诗经》中有许多记载周人农业活动的内容。如《生民》云"诞后稷之穑，有相之道"，毛传云"相，助也"，郑《笺》进一步解释为"有见助之道，谓若神助之力也"，认为"相"周人祖先后稷的稼穑之道"如有神助"，[1] 可见汉代时人对于周擅长农艺程度认识之夸张。清人马瑞辰则据《尔雅·释诂》载"相"意为"视"，认为后

---

[1] 郑玄笺，孔颖达疏：《毛诗正义》卷 17《大雅·生民》，第 530 页。

西周姬姓封国徙封表

区 域	地 点	国	姓	始 封 区 域	始 封 地 点
洙汶流域区	山东济宁曲阜	鲁	姬	嵩山山地姬姓封国区	河南平顶山鲁山
菏泗流域区	山东济宁、泰安之间	郕	姬	周人关中故地	陕西宝鸡岐山
	山东济宁金乡	茅	姬	沿黄渡口姬姓封国区	山西运城平陆
	山东菏泽曹县、成武之间	郜	姬	嵩山山地姬姓封国区	河南郑州登封
淮汝流域区	河南驻马店上蔡	蔡	姬	周人关中故地，安阳殷王族区	陕西省内（宗周畿内），河南安阳市
	河南驻马店汝南、平舆	沈	姬	晋南方国区	山西汾水流域
	河南信阳淮滨	蒋	姬	沿黄渡口姬姓封国区	河南开封尉氏
随枣走廊	湖北襄阳谷城	榖	姬	成周王畿	河南洛阳市北
	湖北随州随县、枣阳市之间	唐	姬	晋南方国区	山西临汾侯马一带
	湖北随州市	随	姬	晋南方国区	山西晋中介休
	湖北荆门沙洋	聃	姬	周人关中故地	陕西西安长安区西北

稷是"有相视之道"，也就是在稼穑之事上善于观察、判断。[1]《史记·周本纪》亦云："稷及为成人，遂好耕农，相地之宜，宜五谷者稼穑焉。"[2] 即后稷能判断土地的水壤条件，对应种植适宜的庄稼品种，也能看出周人当时对农业知识的了解很丰富，技术很成熟。正因如此，周人对于宜农土地的需求也是直接的。对于封国来说，农业生产条件应当是选择地点时需要考虑的一个重要因素。

---

[1] 马瑞辰撰，陈金生点校：《毛诗传笺通释》卷25《大雅·生民》，第880—881页。
[2] 司马迁：《史记》卷4《周本纪》，第112页。

在传世文献的记载中，关中以外土壤条件最好、农业最发达的地区，是"三河"地区。司马迁《史记·货殖列传》云：

> 唐人都河东，殷人都河内，周人都河南。夫三河在天下之中，若鼎足，王者所更居也，建国各数百千岁。[1]

"河东"，《史记集解》引徐广曰："尧都晋阳也。"[2] 对于尧都之所在，学界还没有达成统一的看法，但一般认为，周初晋国所封区域当为尧一族活动的主要区域。所谓"河东"，也就是山西西南隅黄河大拐弯处，中条山、吕梁山和太行山夹抱间的运城盆地。"河内"，《正义》云"盘庚都殷墟，地属河内也"，[3] 河内即黄河故道河南孟津、濮阳到河北临漳一线以北到太行山东南之间的平原地带。"河东"与"河内"，基本上就能对应西周的"晋南"和"小东"。"三河"中的"河南"则只是现在河南省很小的一部分。所谓"周人都河南"，《正义》释云"周自平王已下都洛阳"，[4] 也就是说，"河南"是指以洛阳为中心的一片区域，即成周王畿。

史念海曾谈过，"（冀、豫）两州中的河东、河内、河南所谓三河部分却是从远古以来就是农业发达的区域"，[5] "冀豫两州的土壤按照《禹贡》的说法是不能和雍州相比拟的，这不过就一般的情形来说。如果仅就三河地区研究，其情形可能不完全一样。三河毗邻雍州，也应该属于黄土地带。……若是古代情形与此相仿佛，那么三河地区富庶的原因应该和渭水流域取得相似的结论"，[6] 也就是说，"三河"地区的土壤堪比关中，农业生产条件与周人故地类似，三河

---

[1] 司马迁：《史记》卷129《货殖列传》，第3262—3263页。

[2] 司马迁：《史记》卷129《货殖列传》，第3263页。

[3] 司马迁：《史记》卷129《货殖列传》，第3263页。

[4] 司马迁：《史记》卷129《货殖列传》，第3263页。

[5] 史念海：《春秋战国时代农工业的发展及其地区的分布》，《河山集》，北京：生活·读书·新知三联书店，1963年，第92页。

[6] 史念海：《春秋战国时代农工业的发展及其地区的分布》，《河山集》，第93页。

地区能够富裕，与关中渭水流域富裕的原因也相似。西周渭水流域的富饶，主要是靠农业，那么三河的富裕也应该同样是靠农业。卫国是成康时代不逊于鲁国的姬姓大国，徙封至"河内"，还有晋等姬周王室的至亲封在"河东"，"河南"则由周王室直接占有，虽然契机是军事驻防，但占据宜农之地也是顺理成章，其中看得出姬姓周人对宜农土地的重视。

除了这些大藩，还有姬姓小封国。在关中以外，姬姓小封国最集中的地区有二，一是泰山山地西麓的菏—汶—泗水之间，二是桐柏山东麓的淮河上游信阳地区。从自然地理的角度看，这两个地方在自然条件上有一定相似性，都属于山前汇水地带，是中型河流的上游，在农业开发前有相当区域是泽薮。在公元前 1000 年，"大东"、畿南大片地区没有开垦，是沼泽、灌木甚至林地。但土地是有潜力的，在早期农业生产中，虽然农作物的收获更多地依赖于土地本身的肥力和水壤条件，但擅长农业技术的族群可以兴修水利、因地制宜。擅长农业的周人有判断土地的能力，"大东"、畿南姬姓小国集中的这些区域，都是大河下游的冲淤积平原，土壤肥沃，适合农耕，完全可以通过垦田、选择作物类型、调节水利等办法培育农业经济。在农具主要是石质和木质的西周时代，泽薮附近水源丰富、土质柔软，实际上更适宜定居农业。一个地区，成为擅长定居农业族群的生活地，与成为游牧或游耕族群生活地，经过一段时间之后呈现的面貌将大为不同。经过周代的发展，姬姓诸侯国集中的几个地方，都成为土壤条件较好、适宜农耕的地区。

伊藤道治对姬姓封国分布的空间状态与农业之间的关系进行过专门分析，认为西周姬姓封国分布与农地之间的对应关系很直接。伊藤氏指出："史念海先生对春秋战国时代主要的农业地区进行过研究。本章（即其文，依据姬姓封国的分布情况将西周疆域划分为七个区——引者注）所述姬姓诸侯的分布地域大部分与之重合。其中山东半岛西周遗迹的分布范围完全重合。这是西周沿袭的殷商以来中国古代文明在黄河流域农业地区的母体，西周东进的一大目标就是夺取农业生产地区。在第二、第三地区，西周——可能也包括殷——势力在山西的扩展，不仅是与戎狄之间的关系问题，也包括农业的问题。"[1]

二、异姓封国：交通节点型

西周的异姓，也就是天子配偶之姓，主要有姜、妊、姒、姞、祁、妫、妃等姓。这些王后所出之国，也就是西周的异姓之国。文献中所载天子婚姻之国分封情况，谈得最详细的是《国语·周语中》里周卿士富辰的一段话：

> 王德狄人，将以其女为后。富辰谏曰："不可。夫婚姻，祸福之阶也。……昔挚、畴之国也由大任，杞、缯由大姒，齐、许、申、吕由大姜，陈由大姬，是皆能内利亲亲者也。"[2]

富辰谈到几个异姓的封国分封原因，其中挚、畴、杞、缯、齐、许、申、吕是由于嫁女于周，陈则是由于娶王室之女，都是因为同姬姓周王室通婚而受封。另外《诗·大雅·思齐》有云：

> 思齐大任，文王之母。思媚周姜，京室之妇。大姒嗣徽音，则百斯男。[3]

分别讲到了文王之母为大任，太王之妻为周姜，文王之妻为大姒。

大任之后所封即上文有挚、畴二国。《诗·大雅·大明》载："挚仲氏任，自彼殷商；来嫁于周，曰嫔于京。乃及王季，维德之行。大任有身，生此文王。"[4] 前文已经提到，任姓自称为黄帝之后，《国语》韦昭注则称"任姓，奚仲、仲虺之后"，则将其始祖记述为黄帝

[1]［日］伊藤道治：《中国古代王朝的形成》，第二部第四章《姬姓诸侯封建的历史地理意义》，第216页。

[2] 徐元诰撰，王树民、沈长云点校：《国语集解》卷2，第46—47页。

[3] 郑玄笺，孔颖达疏：《毛诗正义》卷16-3《思齐》，第516页。

[4] 郑玄笺，孔颖达疏：《毛诗正义》卷16-2《大明》，第507页。

的后代奚仲。[1] 大任是王季之妻、文王之母。不过金文和传世文献
中所见西周任姓封国，内容最多的是薛，倒很少见到关于挚和畴的记
载。另外还可以见一任姓铸国，"畴""铸"二字字形相近，应当是
同一国名在文献传抄中形成的异文。所谓"思媚周姜，京室之妇"中
的"周姜"，是太王之妻、王季之母。姜姓是姬姓最稳定的联姻对象。
姜姓国家中的齐、吕，既是因为武王之妻受封，也是因为克商功臣吕
望而受封，而申、许后世也都曾与天子通婚，如幽王王后即申姜。所
谓"大姒嗣徽音，则百斯男"，毛传云："大姒，文王之妃也。"[2]
大姒为武王的生母，也是周公、康叔生母。《大雅》是周人自己的宗
庙祭祀诗，应当不是附会之言。另外，《左传》宣公三年载，与周人
很早通婚的族群还有姞姓，其文云："石癸曰：'吾闻姬、姞耦，其子
孙必蕃。'姞，吉人也，后稷之元妃也。"[3] 前文已经提到，姞姓的
封国有南燕和鄂（噩）。在通婚诸国中，只有陈国的情况稍有不同，
并非克商之前周族娶妇的王后之国，而是周武王在克商之后嫁女的外
婿之国。当然，更重要的是，周武王嫁长女于陈，名义上因为陈族是
先代圣王舜的后裔。[4]

　　在传世文献中有关周王室的女子出嫁的材料还比较少，所知道的
也都在春秋时期，如"王姬归于齐"。[5] 另外，还有宋昭公夫人为王
姬。[6] 宋国在周代是地位非常特殊的封国。在平定武庚叛乱之后，
周人改变了将商人保留在原地进行统治的方式，将商人的族群分
散，最顽固反对周统治的"殷顽民"被迁至成周，处于周军队的严
密监管下，另一部分则分成族，赐予一些主要的姬姓国家，如鲁国

---

[1] 徐元诰撰，王树民、沈长云点校：《国语集解》卷2，第46页。
[2] 郑玄笺，孔颖达疏：《毛诗正义》卷16-3《思齐》，第516页。
[3] 杜预注，孔颖达疏：《春秋左传正义》卷21，宣公三年，第1869页。
[4] 杜预注，孔颖达疏：《春秋左传正义》卷36，襄公二十五年，第1985页。
[5] 《左传》庄公十一年，杜预注，孔颖达疏：《春秋左传正义》卷8，庄公元年，第1762页。
[6] 《左传》文公十六年，杜预注，孔颖达疏：《春秋左传正义》卷20，文公十六年，第1859页。

和燕国的殷民。[1] 还有对于周王朝比较归服的一部分，则由微子的侄子稽由潞州迁至商丘建立宋国，来守商的宗祀。宋国在政治上与其他前代统治者后裔一样，受到周王朝在礼仪等级方面的优待，甚至有些方面还高于其他国家，在政治上也没有受到特殊的压制。看起来周王朝在政治上比较信任宋国上层，宋是西周封国结构中的重要力量。从周天子角度的表达来看，宋属于存灭国继绝祀的"三恪"之国，与陈、杞的性质相同。不过，作为被周所灭政权的后裔，又经历了三监之乱和随后的东征，周王室不会毫无忌惮。虽然反抗最强烈的"殷顽民"已经被迁居至成周，宋国始封君微子与周天子是比较合作的态度，但二者之间关系依旧微妙。对于天子来说，《左传》僖公二十四年，郑皇武子云"宋，先代之后也，于周为客"，[2] 这种"客"的身份是对宋人在西周封国政治结构中所处地位的最恰当描述，与其他由婚姻联结的"异姓"封国都不同。总的来看，周的异姓之国，娶嫁均有，而且在政治上也应当差异不大。

传世文献零星可见西周诸王王后之所出。武王后邑姜，《史记·晋世家》集解引服虔曰："邑姜，武王后，齐太公女也。"出于齐国。[3]《国语·周语上》记载："昭王娶于房。"[4] 房国自称祁姓，丹朱之后，亦即唐尧后裔。[5] 由《诗·大雅·崧高》"王遣申伯，……往近王舅。"毛传："申伯，宣王之舅也。"[6] 而知厉王的王后出于申国。宣王后宣姜据刘向《列女传》"周宣姜后者，齐侯之女也"，知亦出于齐国。[7] 西

---

[1] 对于这一点，学术界意见不完全统一，一部分人认为诸侯国中的商人是由王朝赐予的，一起带到封国去的，另一部分学者则认为诸侯国内的商人就是当地的。

[2] 杜预注，孔颖达疏：《春秋左传正义》卷15，僖公二十四年，第1818页。

[3] 司马迁：《史记》卷39《晋世家》，第1635页。

[4] 徐元诰撰，王树民、沈长云点校：《国语集解》卷1，第30页。

[5] 陈槃：《春秋大事表列国爵姓及存灭表撰异（三订本）》，第923—930页。

[6] 郑玄笺，孔颖达疏：《毛诗正义》卷18《崧高》，第567页。

[7] 刘向：《列女传》，《列女传译注》，济南：山东大学出版社，1990年，第52页。

周近三百年，有天子十二，这样看来，绝大多数天子的通婚情况还是无法通过传世文献获知的。

金文材料可以稍微弥补一些传世文献之不足。在金文中，女子之姓前冠以"王"字者，除"王姬"为天子之女外，其余均为周天子的配偶，这在学术界已经得到公认。按照铜器年代对西周早期、中期、晚期金文中所载周王配偶的情况加以整理，能够大致看出周王配偶的情况。

这些人当中，"庚嬴"有些特殊，她没有像其他王后一样在姓前缀"王"，而是称行次。不过从西周金文常见情况看，天子蔑历妇人的情形并不常见，所以，她虽然不称作"王嬴"，但也应该是与周天子关系十分密切，而不是普通的贵族妇女。庚嬴并非姬姓，显然不是公主，那就很有可能是天子的配偶或者上一代天子的配偶，但其称不缀"王"，则身份可能并非王后，而是身份较低的嫔御。[1] 后面"丰妊"应该也是类似的情况。

西周早期金文所见周王配偶表

王后名	铭　　文	器　名	著录号
王　姜	……乍册夨令尊宜于王姜……	作册夨令簋	《集成》4300
	……王姜令乍册寰安尸伯……扬王姜休……	乍册寰卣	《集成》5407
王　姜	……王姜史（使）菽（叔）事（使）于大（太）保……	菽簋	《集成》4132—4133
	……王姜赐旟田三于待劀……	旟鼎	《集成》2704
王　姒	……寓献佩于王姛（姒）……对扬珇（挂）王姛（姒）休……	寓鼎	《集成》2718
	叔鈲（貔）赐贝于王姛（姒）……	叔鈲方尊	《集成》5962
王　妊	王妊乍簋。	王妊簋	《集成》3344
庚　嬴	……王蔑庚嬴历……	庚嬴鼎	《集成》2748

[1] 刘启益：《西周金文所见的周王后妃》，《考古与文物》1980年第4期，第85—90页。

西周中期金文所见周王配偶表

王后名	铭　　　文	器　名	著录号
王俎姜	……王俎姜事（使）内史友员赐玄衣朱……	彧方鼎	《集成》2789
王　姜	……王姜赐不寿裘……	不寿簋	《集成》4060
伯　姜	天子㳠宫伯姜……伯姜对扬天子休……	伯姜鼎	《集成》2791
仲　姜	王乍仲姜宝鼎	王乍仲姜鼎	《集成》2191
虢王姞	遣叔吉父乍虢王姞旅盨……	遣叔吉父盨	《集成》4416

　　"虢王姞"的问题比较复杂。周人"同姓不婚"，虢封君为姬姓，"虢王姞"虽然冠以"虢"字，但当不出于虢公室，可能是与姬姓封君虢仲一支，同处畿内虢地的姞姓封君（据铭文为遣氏）或畿外虢国（东虢）卿大夫之女子嫁入王室。[1] 对于王室与卿大夫阶层通婚的情况，我们所知甚少，"虢王姞"是非常重要的材料。

　　铭文所见周王配偶，能够依据作器者判断所出之国的，主要集中在西周晚期。其中王姞出于鄂（噩），王妃出于苏，王妫出于陈。孟姜、丰妊、番妃称号前不加王，其中孟姜称为"王妇"，这些女子可能与西周早期庚嬴的情况类似，属于身份比较低的周王配偶。丰原为姬姓国，丰侯被黜后为畿内封邑；番则史籍无载，也很可能都是出自畿内封君之家。此外，可能还有"王京"，[2] 但"京"姓不见于传世文献和其他材料，"王京"是否为王后不能确定，此处暂且不列。

────────

[1] 陈昭容：《两周婚姻关系中的"媵"与"媵器"——青铜器铭文中的性别、身份与角色研究之二》，《"中研院"历史语言研究所集刊》第77本第2分，2006年，第204页。原文作：某些作器者国氏或姓不详的青铜器，假若女性受器者的姓名与名前所附的国族姓氏不同，根据"同姓不婚"的原则，也可判断为该器的作器者是由女性受器者的出身父母国所作。……作器者"遣叔吉父"国氏不详，因虢国姬姓，可判断此器是为嫁往虢国的姞姓女所作，"遣叔吉父"应是"虢王姞"的长辈。

[2] 刘启益：《西周金文所见的周王后妃》，《考古与文物》1980年第4期，第85—90页。

西周晚期金文所见周王配偶表

王后名	铭　文	器　名	著录号	备　注
王伯姜	王伯姜乍尊鬲……	王伯姜鬲	《集成》607	
	王伯姜乍尊鬲……	王伯姜鬲	《集成》647	
	王伯姜乍季姬福母尊鼎……	王伯姜鼎	《集成》2560	
	王伯姜乍尊壶……	王伯姜壶	《集成》9623	
姜　氏	王乍姜氏尊簋。	王乍姜氏簋	《集成》3570	
孟　姜	王妇髸孟姜乍旅匜……	髸孟姜匜	《集成》10240	
丰　妊	王乍丰妊单宝盉……	王盉	《集成》9438	
王　姞	噩（鄂）侯乍王姞媵簋……	噩（鄂）侯簋	《集成》3928—3930	
王　妫	陈侯乍王妫媵簋。	陈侯簋	《集成》3815	
王仲妫	陈侯乍王仲妫䋣母媵般（盘）。	陈侯盘	《集成》10157	春秋早期
王　妃	穌（苏）公乍王改孟簋……	苏公簋	《集成》3739	
番　妃	王乍番改齐（齌）鬲……	王乍番改鬲	《集成》645	

　　刘启益对西周金文中的王后进行了专门研究，认为武王后为邑姜，成王后为王姒，康王后为王姜，昭王后为王祁，穆王后为王俎姜、王姜，共王后为王妫，懿王后为王白（伯）姜，孝王后为王京，夷王后为王姞，厉王后为申姜，宣王后为齐姜，幽王后为申姜、褒姒。[1] 这对于我们理解西周王后出身很有帮助。当然，因为一些铭文中其实并没有明确当时天子的信息，只能根据器形年代作为辅助，所以这种对应是否十分准确，还可以进一步讨论。如幽王时期，就曾经出现过废后再立之事，所以并不能保证一代天子仅有一位王后。先

[1]　刘启益：《西周金文所见的周王后妃》，《考古与文物》1980年第4期，第85—90页。

代天子驾崩后，其配偶不一定同时死去，所以在一个时期内，很可能同时有几个称为"王某"的女子在王室生活。而铜器分期也并不是严格对应王年的，有些青铜器的年代问题本身争议就比较大。这样看来，目前还达不到将金文中王后与周王一一对应的程度，但各期铭文中都能看到有不同姓的王后存在，这是金文中呈现出的状态。

我们可以把金文所见周天子配偶与传世文献材料综合，形成《西周王后表》。

西周王后表

时代	王　后	姓	国	时代	王　后	姓	国
西周早期	太姜	姜	齐/申	西周中期	王姜	姜	齐/申
	王姜	姜	齐/申		伯姜	姜	齐/申
	大姒	姒	杞/缯		虢王姞	姞	鄂（噩）？
	后母姒	姒	杞/缯	西周晚期	王伯姜	姜	齐/申
	王姒	姒	杞/缯		姜氏	姜	齐/申
	大任	妊	挚／铸		孟姜	姜	齐/申
	庚嬴	嬴			丰妊	妊	挚／铸
	后稷元妃	姞			王姞	姞	鄂（噩）？
	不详	妃	苏		番妃	妃	苏
	房后	祁	房		王妃	妃	苏
西周中期	王姐姜	姜	齐/申		王妫	妫	陈
	仲姜	姜	齐/申		王仲妫	妫	陈

通观西周早、中、晚三个阶段，周王室通婚对象变化不大，姜、姒、任（妊）、姞姓一直是周王室王后出身的主要姓氏，后来到西周晚期，妫、妃姓加入进来。周王室通婚还是有比较稳定规则的，如西周中前期王后基本出于畿外封国，这种规则在西周晚期稍微有些变化，王室通婚范围似有增大。

西周"异姓"在传世文献中都有英雄祖先故事，而且祖先功业几乎都发生在中原地区。可以说，周异姓封国在族群方面的一个主要特征就是多为中原地区的原住族群。但也有特例，就是姜姓诸国。以齐为代表的与周王室通婚的姜姓诸部，原本是周人的近邻，生活在关中，东征后徙封至淄潍河流域。齐国的徙封有一定偶然因素，东征是齐国徙封的直接原因。但其后，姜姓诸国申、吕的徙封及许的分封，则都能够看出具有一定的明确意图。太公吕望一支始封在霍太山附近，前文已经提到，此处可能是晚商的一处祭祀中心。但同时，其地也是晋南交通系统中的重要节点。霍太山在今陕西霍州市，地处临汾盆地北出口与太原盆地南出口之间，有关卡之势，是晋南地区南北向交通最重要的节点。当大宗徙封至齐地后，吕的另一支和申仍留在当地，呈现一种异姓封国驻守关卡的态势。

到西周末年，王朝又将申、吕徙封至南阳盆地（宛）。这也是一处交通节点，在鄂（噩）侯驭方叛乱之后，南阳盆地作为随枣交通线与中原夏路的联结点，呈现出异乎寻常的重要性。从下列《"三河"地区异姓封国徙封表》中可见，西周末年徙封至南阳的，全部都是异姓之国。南阳盆地的封国中，不仅有姜姓申、吕，还有中原旧族邓和唐。而鄂国原本是随枣走廊的国家，叛乱后也被迁回南阳盆地。

"三河"地区异姓封国徙封表

国 名	姓	始 封 地	徙 封 地	族 属
宋	子	山西长治潞城	河南商丘市	商后
邓	曼	河南焦作孟州	河南南阳邓州	商后
鄂（噩）	姞	山西曲沃、翼城一带（河南焦作沁阳）	湖北随州市，河南南阳市	黄帝后
唐	祁	山西临汾侯马	河南平顶山鲁山、南阳方城一带	尧后
申	姜	山西临汾霍州	河南南阳市	四岳后
吕	姜	山西临汾霍州	河南南阳市	四岳后

另一个姜姓大国许国，没有徙封，其始封在武王时。《左传》隐公十一年《正义》引杜谱云："许，姜姓，与齐同祖，尧四岳伯益之后也。周武王封其苗裔文叔于许。"杜预注："许，颍川许昌县。"其地即今河南许昌市。[1] 许昌与南阳在同一条交通线上，这条交通线西起南阳方城关，东通鲁、宋，是成周王畿南缘的交通大动脉。这条路因为横贯中原核心区，在文献中又被称为"夏路"。

伊藤道治《中国古代王朝的形成》在谈淮河流域西周区域发展的情况时，重点讨论了异姓诸侯国在交通方面的重要功能。伊藤氏谈到，淮河流域是"被两个异姓诸侯相挟持的地区"，这两个诸侯就是宋和陈。淮河流域的交通线"处在姬姓的鲁等跟子姓的宋之间，姬姓的蔡等跟妫姓的陈之间，也即处在姬姓诸侯集团与异姓诸侯之间"。这样的交通形势是当地的传统，在这样的结构中，西周的势力原本难以顺利扩张，所以，"西周在封建异姓诸侯的时候，有时把异姓诸侯放在扩张有困难的地区附近，姬姓诸侯在其后方，采取确保交通线路的方针"。不仅淮河流域，齐国和燕国的位置也需要从这个角度来理解。[2]

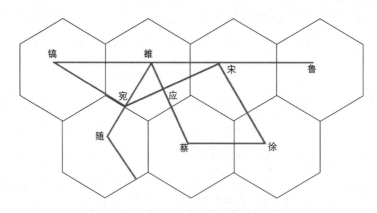

图 31　西周汉淮地区交通路线示意图

[1] 杜预注，孔颖达疏：《春秋左传正义》卷4，隐公十一年，第 1735 页。

[2] [日] 伊藤道治著，江蓝生译：《中国王朝的形成——以出土资料为主的殷周史研究》，北京：中华书局，2002 年，第 209—210 页。

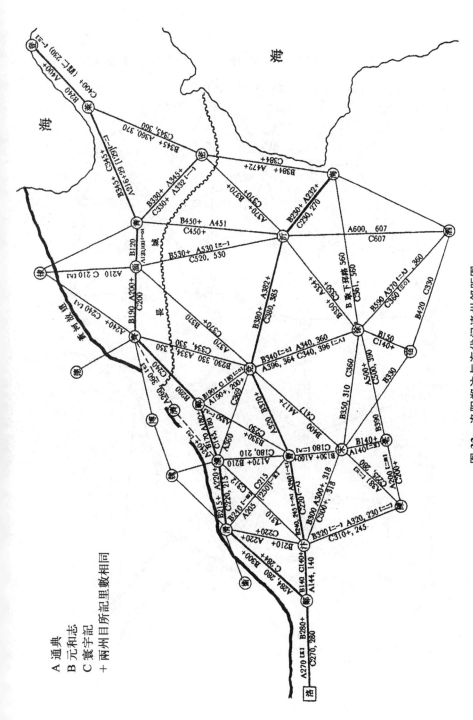

图 32　洛阳郑汴与海岱间诸州邻距图

（图片来源：严耕望《唐代交通图考》"河南淮南区"）

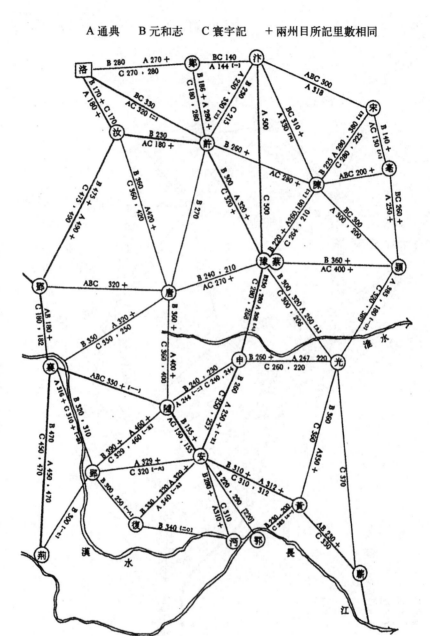

图33　中原汉东淮上间诸州邻距图

（图片来源：严耕望《唐代交通图考》"河南淮南区"）

无论霍太山地、南阳盆地还是夏路，都是陆路交通线。而菏泗与淮泗地区是另一个西周异姓封国集中的地区。除土著的风姓任、宿、须句外，还有自称黄帝之后的任姓薛、铸，及姒姓曾国。这个地区的异姓封国也在交通节点上，不同的是，此处的交通网络是以水路为主的。这个区域内的封国主要集中在今菏泽、济宁、枣庄、临沂四市范围内，又可以划分成三个比较集中的地区，最西面是菏泽到济宁金乡之间，居中偏北的是东平到济宁中北部，最东是枣庄滕州与临沂费、苍山之间。如果看地图可以知道，这三处环绕着今天的微山湖区。微山湖并不是西周既有的地表环境状态，是在宋代以后受黄河改道和明清京杭运河影响逐渐形成的。在成湖之前，此处是由济—菏—汶—泗逐节连接形成的、沟通黄河与淮河的南北向水运交通线。而上文所列诸异姓封国，几乎都在这条运道附近。

三、庶姓封国：资源供应型

西周的庶姓封国，指姬姓和异姓以外的封国。与其说是封国，可能状态更接近族群。周王朝的庞大统治无法一蹴而就，各族群与周族之间经历了长期复杂的磨合过程。除了异姓族群与周族之间形成了比较温和的、紧密的合作关系外，也有一些族群与周族之间的关系是松散的、时叛时服的。周天子没有与这些族群通婚，也没有与这些族群达成关于周人血缘规则的共识，而文献系统中也没有形成较多关于这些庶姓族群的记载。

传世文献中所见西周诸姓，除姬姓和前面提到的姜、姒、妊、姞、妃、妫、祁、子等异姓外，还有曼、偃、嬴、风、曹、妘、芈、熊、姚、隗、允、漆、归十三个姓。这些姓，主要可以分成四大类：

（1）商人后裔：曼姓。前面谈邓国徙封时已经提到，曼姓为商王族一支，武丁封其叔父于河北曼，后以曼为姓。

（2）东夷族姓：主要是偃姓、嬴姓和风姓。嬴姓为东夷，偃与嬴为一声之转，是同一字；风姓为太昊后裔，也是东夷。对此前辈学者已经进行了充分论述，此处不做赘述。[1]

（3）南方汉水流域的南蛮："南蛮"族群多自称为祝融后裔。己、董、彭、秃、妘、曹、斟、芈为祝融后裔，后世总称其为"祝融八姓"。[2] 八姓中，己、董、彭、秃、斟在周代已不存，曹、妘、芈三姓后裔仍存，封国有鄅、邾、路、偪阳、邹、莒、越、蛮和荆，其中荆即楚，在汉水流域。汉水流域还有一熊姓，其所部为罗国，陈槃认为罗是楚之分族。[3] 无论取哪一说，罗为汉水流域土著之部应该问题不大。

（4）北方的戎狄：隗、漆、允等是北方戎狄之姓。隗为赤狄，这一点王国维名作《鬼方昆夷玁狁考》中已有详细考证。[4] 还有漆姓，为汪芒氏之后，属长狄。[5] 另有允姓，为戎人一支，称阴戎，也就是后来的陆浑之戎。[6]

在西周的铜器铭文中，还能看到少量传世文献无载的庶姓。根据

[1] 顾颉刚遗著：《徐和淮夷的迁、留——周公东征史事考证之五》，《文史》第32辑，第1—28页；蒙文通：《古史甄微》六《海岱民族》，成都：巴蜀书社，1999年，第55—62页。

[2]《国语·郑语》云"己姓昆吾、苏、顾、温、董，董姓鬷夷、豢龙，则夏灭之矣。彭姓彭祖、豕韦、诸、稽，则商灭之矣。秃姓舟人，则周灭之矣。妘姓鄅、邬、路、偪阳，曹姓邹、莒，……斟姓无后。融之兴者，其在芈姓乎！芈姓夔越，不足命也。闽芈蛮也。唯荆实有昭德，若周衰，其必兴矣。"见徐元诰撰，王树民、沈长云点校：《国语集解》卷16，第466—468页。

[3] 见陈槃：《春秋大事表列国爵姓及存灭表撰异（三订本）》，第449—452页。《姓觽》《通志》则载罗为妘姓，非熊姓。

[4] 王国维：《鬼方昆夷玁狁考》，《观堂集林（附别集）》，第583—606页。

[5]《国语·鲁语下》载仲尼曰："汪芒氏之君也，守封、嵎之山者也，为漆姓。在虞、夏、商为汪芒氏，于周为长狄，今为大人。"见徐元诰撰，王树民、沈长云点校：《国语集解》卷5，第203页。

[6]《左传》僖公二十二年："秋，秦、晋迁陆浑之戎于伊川。"《左传》昭公九年："晋梁丙、张趯率阴戎伐颍。王使詹桓伯辞于晋曰：……故允姓之奸，居于瓜州，伯父惠公归自秦，而诱以来，使偪我诸姬，入我郊甸，则戎焉取之。"杜预注，孔颖达疏：《春秋左传正义》卷15，僖公二十二年、卷45昭公九年，第1813页、第2056—2057页。

陈絜的研究，在金文中，无论是妇女自称，还是家长、丈夫或晚辈称之，除了某些特殊情况，女子的父家族姓是最重要的、必不可少的。家长称已婚女子一般前系其夫家氏名，而丈夫称妻子则前系其父家氏名。[1] 这确实是西周女子铜器铭文中的一条规律。也就是《礼记·丧服小记》所说的"妇人书姓与伯仲"及《史记索隐》所言"礼，妇人称国及姓"。[2] 通过下列《金文所见西周庶姓表》我们还可知西周多个庶姓：

金文所见西周庶姓表

姓	铭　　文	器　名	年　代	著录号
娟	伯鼬乍母娟旅盉	伯鼬盉	西周早期	《集成》9417
㜼	伯蔡父乍母㜼宝簋	伯蔡父簋	西周中期	《集成》3678
娸	庚姬乍叔娸尊鬲	庚姬鬲	西周中期	《集成》637
妭	善夫梁其乍朕皇考惠仲皇母惠妭尊簋	善夫梁其簋	西周晚期	《集成》4147
妸	伯田父乍井妸宝簋	伯田父簋	西周晚期	《集成》3927
妓	仲师父乍季妓始宝尊鼎	仲师父鼎	西周晚期	《集成》2743
嬬	奠㊣伯乍叔嬬荐鬲	奠㊣伯鬲	西周晚期	《集成》597
嫖	觸姬乍旛嫖媵簋	舫姬簋盖	西周晚期	《集成》3945
姁	祔倏父乍兽姁媵鼎	祔倏父乍兽姁鼎	西周	《集成》2334
娙	娙乍甫媵簋	仲簋	春秋早期	《集成》4534

表内这些姓都未见与王室有通婚关系，应该也算是庶姓。不过目前除嫖已知是宝鸡地区的西周封国之外，其他族群的情况都不清楚。

---

[1] 陈絜：《商周姓氏制度研究》，329—330 页。

[2] 郑玄注，孔颖达疏：《礼记正义》卷 33《丧服小记》，第 1499 页。司马贞：《史记索隐》，《史记》卷 32《齐太公世家》，第 1493 页。

西周庶姓国族的情况可参见附表三。

周人"远庶姓"，最显著的表现就是"无亲"，几乎不通婚。他们各自的发展轨迹不同，一些时段与王朝深度互动，一些时段却又与王朝发生军事冲突，有些逐渐封国化，有些则与王朝渐行渐远。庶姓国家在地理上有明显的边缘性，基本都不生活在中原地区。除了关中故地的戎人之外，也大多数与周族没有族源或地域上的交集。对于周王朝来说，在东征以后始终维持密切互动的，最主要的是淮河流域诸族，其次是汉水流域荆蛮百濮。一般观念中，西周庶姓族群中较大部分对于周王朝来说可能是军事威胁，主动参与王朝政治的程度可能不高，也不是血亲原则主要针对和处理的问题。但若从资源的角度看，庶姓诸族由于所处环境多与姬姓及异姓诸国不同，生计方式和所出物产能够形成互补，所以他们其实在经济方面扮演着重要角色。

孙华在《安阳时期商朝国家的政治版图》中，谈到过商代周边地区异族对于王畿的物资和资源供应，举了两种由周边地区异族供应的重要物资和资源，分别是原始瓷器和铜料。[1] 这个研究十分重要，西周在这个问题上的具体内容和运作机制，应当是直接延续商代的。孙华认为，长江中游江西吴城文化所代表的地域组织很可能是受商王朝管控或与商王朝有密切利害关系的政治势力，其统治者及所属社群有可能为商王朝提供开采和运输长江以南的铜料、烧制和输送瓷器等服务，并在这个过程中逐渐掌握了铜器冶铸技艺和行政管理艺术。中期以后，商王朝放弃了对长江中游及以南地区的直接控制，但仍然需要这个地区的资源，吴城人群开始承担铜料采冶和瓷器征购工作，并从商王朝中央得到赏赐或报酬。孙华认为，周克商以后，吴城没有转向周王朝，而是随着商王朝覆灭。[2] 从考古遗存情况看，铜料和原

---

[1] 孙华：《安阳时期商朝国家的政治版图——从文化分域和重要遗存的角度来考察》，《古代文明》第 10 卷，第 174—175、177—178 页。

[2] 孙华：《安阳时期商朝国家的政治版图——从文化分域和重要遗存的角度来考察》，《古代文明》第 10 卷，第 175 页。

始瓷仍然是周贵族需要的物资，[1] 但并未有明显的周文化进入原吴城文化区域的迹象，那么，周人应当有自己的中介来从事资源开采、物资生产和转运事务。在这个区域内生活的庶姓族群，尤其是江淮、黄淮之间的庶姓淮夷、南淮夷、徐淮夷诸部，可能性最大。这也能在一定程度上解释西周中期以后淮夷势力迅速强大的原因，他们在经济上与黄河中游建立了密切联系，在过程中获取财富、技术和组织办法，进而发展为强大的淮夷、南淮夷、徐淮夷集团。而到殷墟晚期，安阳地区的原始瓷则不再由吴城文化输入，而改由湖熟文化供应，主要为宁镇地区。湖熟文化的古国或族群在灭商过程中没有依附周，周王朝在东征以后联合湖熟以南的族群"消灭了湖熟文化国家或族群，并将这块土地封赐给了属于周人系统的'吴太伯'这个社群，以及来自浙江和福建的这些族群"，东南地区进入了新时代。[2] 这样看来，诸越也可能是西周王朝的资源供应者。

从总体看，东起淮泗，经沙涡、颍汝几个流域和南阳盆地，西至汉中，北以秦岭为界，南到长江南岸，这一大片地区是周代的南方。南方最重要的两条河流是淮河和汉水。东方夷人最初是以王朝敌人的身份出现的。传说中的东夷族群为太昊与少昊的后裔。太昊后裔主要是风姓，而少昊族群主要是偃姓。从后来的情况看，周初叛乱中，自称为太昊后裔的族群可能并没有太多参与，故东征后仍居住于泰山北麓的丘陵地带。[3] 后来齐国"因其俗，简其礼"针对的也主要是这些人。[4] 而

---

[1] 青铜铸造在整个西周都很繁荣，这一点已有普遍共识。原始瓷器近年来在西周考古新发现中频繁出现，如山西翼城大河口、湖北随州叶家山等处，证明原始瓷在西周仍然是重要物资。见山西省考古研究所大河口墓地联合考古队：《山西翼城县大河口西周墓地》，《考古》2011 年第 7 期，第 14 页；湖北省文物考古研究所、随州市博物馆：《湖北随州叶家山 M28 发掘报告》，《江汉考古》2013 年第 4 期，第 50—51 页。

[2] 孙华：《安阳时期商朝国家的政治版图——从文化分域和重要遗存的角度来考察》，《古代文明》第 10 卷，第 177—178 页。

[3] 参见《西周封国简表》。

[4] 司马迁：《史记》卷 32《齐太公世家》，第 1480 页。

自称少昊后的嬴、偃之姓的奄、蒲姑、徐等人群，则是东征讨伐的主
要对象。东征时这部分人的情况，顾颉刚谈到过，认为"除三监外是
奄和蒲姑……徐和淮夷等人群还没有动，或是只动了一部分"，[1] 也
就是说，受到周人军事征伐的主要是奄和蒲姑，周人"杀其身，执其
家，潴其宫"，基本将其灭族；[2] 但潍水流域的潍（淮）夷并没有在
东征时受到很大影响。后来齐、鲁发动战争，淮夷由淄潍河流域南迁
至淮泗地区。[3] 历康、昭两代发展，到穆王时期徐、淮夷势力开始
强大，恭王时基本控制了整个淮河中下游地区。到春秋前期，淮河流
域的东夷国家已经逐渐在政治上为中原族群所接受，成为东周王朝政
治疆域内的一员。这也是蛮夷族群封国化的过程。淮河流域与中原地
区紧密关系的建立，与经济直接相关。"淮夷旧我帛畮（贿）臣"与
"金道锡行"可以说是西周金文中最著名的两条内容。[4] 这两条材
料，都与淮河流域的资源供应角色相关。

　　在西周以前，汉水流域于中原王朝政治疆域内并不稳定。在新石
器时代，这里是中原的仰韶、河南的龙山文化与长江流域的屈家岭、
石家河文化相互争夺进退的区域；到夏代，这一区域似乎远离了黄河
流域的影响，几乎看不到有新砦或二里头文化的分布。到商代早期，
商人的势力曾经到达过这一地区，而在晚商时，随着商人势力的全面
收缩，这一地区又成为中原王朝政治疆域以外的一个区域。东征结束
后，王朝开始主动经营汉水流域。文献载周昭王时王室与楚发生过军
事冲突，在金文中也能看到迹象。楚人至迟在夷王时南下进入了江汉

[1] 顾颉刚遗著：《徐和淮夷的迁、留——周公东征史事考证之五》，《文史》第32辑，
　　第11页。

[2] 《诗·豳风·破斧》孔疏引《尚书大传》，郑玄笺，孔颖达疏：《毛诗正义》卷8《破
　　斧》，第398页。

[3] 顾颉刚遗著：《徐和淮夷的迁、留——周公东征史事考证之五》，《文史》第32辑，
　　第18—20页。

[4] 兮甲盘（《集成》10174），曾伯霥簠（《集成》4631、4632）。

平原。[1] 进入江汉平原以前，楚是生活在山间荆棘中、发展程度不高的人群，在王朝打压和族群迁移过程中，逐渐成为王朝政治疆域内的庶姓大国。这是楚国姬周化的过程，也是楚族湖区化的过程。克商之初，楚一度与周王室交往较为密切。对于周人来说，楚并不是可有可无的存在，因为荆楚之地要为王室提供至少一种重要的、不可替代的资源——包茅。与之相关的材料很著名，即《左传》载春秋时齐桓公伐楚时管仲所说："尔贡包茅不入，王祭不共，无以缩酒。"[2] 在周代，"国之大事，在祀与戎"，[3] 祭祀活动频繁且隆重，消耗的物资多且专门。周代祭祀需用物资在政治与经济方面的意义，都远高于后代。

　　濮人是生活在汉水以西、山体褶皱中的土著。濮人有多个部族，所以文献称其为"百濮"。想了解濮人的历史状态十分困难，因为以华夏为中心的文献记述中，他们基本上处于失语状态。在传世文献中，《史记·楚世家》有载"熊霜六年，卒，三弟争立。仲雪死，叔堪亡，避难于濮；而少弟季徇立，是为熊徇"，载楚叔堪曾避祸于濮。另外，"三十七年……（楚熊通）自立为武王，与随人盟而去。于是始开濮地而有之"，[4] 载楚武王始有濮地。张守节《史记正义》引《括地志》云濮在楚西南。[5] 可知楚与濮紧邻，两族互有交往，也时有兵祸。但这样的记载，关于濮都仅仅只言片语，并未记述濮人的社会状态。不过关于濮的记载并不晚，卜辞中即有"丁丑贞，卜又希，□。卜田……"（《合集》34708），郭沫若释为"卜即卜子之卜，乃国族名"。[6] 此族在殷西方，即文献中的"濮"。《尚书·牧誓》中

---

[1] 石泉：《楚都丹阳地望新探》，《古代荆楚地理新探》，第190页。

[2] 杜预注，孔颖达疏：《春秋左传正义》卷12，僖公四年，第1792页。

[3] 杜预注，孔颖达疏：《春秋左传正义》卷27，成公十三年，第1911页。

[4] 司马迁：《史记》卷40《楚世家》，第1694—1695页。

[5] 司马迁：《史记》卷4《周本纪》，第123页。

[6] 郭沫若：《殷契粹编》，北京：科学出版社，1965年，第669页。

有随武王伐纣之西土八国，即"庸、蜀、羌、髳、微、卢、彭、濮"，伪孔传解此濮在江汉之南，随武王共同伐纣。[1] 此濮与卜辞中之"卜"可能为同一族。也就是说，至少在晚商，濮人即与商、周之族皆有交往。《左传》所载"百濮离居"，[2] 杜预《春秋释例》载"建宁郡南有濮夷，濮夷无君长揔统，各以邑落自聚，故称百濮也"，[3] 是文献中少量言及濮社会状态的材料。濮人生活在山区之内，各以邑落自聚。濮人生计方式与后世山地内以狩猎、采集、游耕为主的族群类似。相比平原地区主要出产各类农产品，山地内有诸多奇珍异产。《逸周书·王会》载商代初年成汤令伊尹为四方献令时即云："正南，瓯、邓、桂国、损子、产里、百濮、九菌，请令以珠玑、玳瑁、象齿、文犀、翠羽、菌鹤、短狗为献。"[4] 其中象齿、文犀、翠羽、菌鹤都出于山林。《逸周书·王会》记载周初成周之会"卜人以丹砂"，杜佑云"今按卜人，盖濮人也"，[5] 丹砂也出于山穴之中。西周中晚期王室与濮人一度交往比较密切，如周厉王时铜器宗周钟（《集成》260）铭文记载濮子曾为南夷、东夷二十六国之首，这背后与资源供应有深刻联系。[6] 而其后楚国在江汉之间崛起壮大的过程中，"楚蚡冒于是乎始启濮"，[7] 首先要控驭百濮；到了春秋初叶，楚武王为了楚国的发展，也首先"开濮地而有之"，这背后都与山地的资源有关。[8]

---

[1] 孔安国传，孔颖达疏：《尚书正义》卷11《牧誓》，第183页。

[2] 杜预注，孔颖达疏：《春秋左传正义》卷20，文公十六年，第1859页。

[3] 孔颖达疏引杜预《春秋释例》，杜预注，孔颖达疏：《春秋左传正义》卷20，文公十六年，第1859页。

[4] 黄怀信、张懋镕、田旭东：《逸周书汇校集注（修订本）》卷7《王会解》，第913—915页。

[5] 见黄怀信、张懋镕、田旭东：《逸周书汇校集注（修订本）》卷7《王会解》，第865页。

[6] 徐中舒：《论巴蜀文化》，成都：四川人民出版社，1982年，第93—94页。

[7] 徐元诰撰，王树民、沈长云点校：《国语集解》卷16，第477页。

[8] 司马迁：《史记》卷40《楚世家》，第1695页。

第三节　西周封国政治中的
血缘性与地缘性

在中国几千年的古代社会中，任何一个王朝在发展过程中都曾经有过一些制度性尝试，有的成功了，有的没有。西周王朝用来组织、维持"王朝—封国"结构的逻辑与办法，必然也经过了诸多尝试。但学界受限于文献稀缺，对西周政治的认识一直处于较宏观的状态，对"姬周型制度"发展的过程和细节缺乏了解，虽然"分封"和"宗法"两个基本原则为后世熟知，但在他们定型过程中的诸多史学研究价值极高的具体问题目前都还没有深入讨论。

血亲原则是克商以后姬周王室处理各个人群如何进行利益分配的办法，在此基础上产生了"宗盟"活动，"宗盟"活动也成为西周初年确定封国政治秩序的仪式。姬姓以西土小邦成为天下共主以后，面临的最直接挑战就是如何保证姬姓周人的统治；而在解决了商遗民问题后，如何能够有效地统治长期生活在黄河流域的人群，则是"外来"周人需要面对的直接挑战。西周王朝建立初年，政治上可资借鉴的经验和资源有限，故只能够向氏族社会的制度形式寻求借鉴，而血缘组织就是周人所能想到的最直接的模式。所以，周王朝的应对措施就是将姬姓封国作为西周"王朝—封国"体系的基础，确立姬姓在政治上的优势。这样的尝试在短期内效果是显著的。西周以"姓"代表血缘认同，"宗盟"的原则是"姓"，"宗盟"秩序的依据也是"姓"。姬姓封国在周初血亲关系主导的政治环境下发展平稳，并进一步凝练出姬姓封国群体之间共同遵循的宗法原则。在血缘规则下，西周封国体系整体运行比较平稳，周初分封的50余个姬姓诸侯国，鲜少出现互相攻伐、灭国的情况。

但这种办法比较简单，使用的空间规模也有限，当国家发展越来越复杂，政治疆域越延展越开阔以后，仅此办法来处理政治问题就会功效不足。所以，"宗盟"维持的时间并不长，比较纯粹的血亲原则在封国政治中主导的时间，甚至可能最多成、康两代。血亲原则的简单性在于制度的逻辑原则比较单一，就仅仅是"姓"，缺乏封国间现实的实力对比作为基础。华夏地区氏族时代多数地方的生计方式是定居型的，很多当地的族群有比较深厚的地方传统。对于华夏旧族来说，周人是远方外来的异族。周王室除了通过褒封和联姻礼遇、联合这些旧族，还需要恩威并施建立一种制度，将这些国家纳入可以被有效控制的政治等级体系之中，而血亲原则的逻辑最为自然、合理。经过周初两代，在"宗盟"结构下，姬姓封国因为政治上的优越条件，在华夏地区逐渐反客为主，而异姓封国也还都比较稳定。西周的封国之间，除根据封国与天子的血缘关系，在同姓—异姓—庶姓封国间呈现亲疏远近的关系外，还受族群生计方式及区域社会政治传统影响，在同姓—异姓—庶姓封国中呈现出农耕、交通、资源等功能分类。这两种都基本是呈平面结构的封国权利关系。

随着王朝政治复杂化，封国层面的各类事务要面对西周治下的全部封国，血亲原则的内容需要复杂起来。到穆王以后，随着人群的代际更迭，从商王朝向西周王朝的过渡彻底完成，政治逻辑也在悄然转变。一方面，王朝—封国之间普遍建立起一种拟血缘形式，即仍然以血缘组织的形式来组织和管理相互没有血缘关系的国家。另一方面，对分散各地的封国来说，地缘和实力越来越成为封国排序的依据。

经历了两百多年的运行，西周封国间关系逐渐走向层级化，地缘的影响在封国权利结构中越来越凸显。西周区域性封国格局的出现，本身就是王朝政治中地缘因素发展的产物，而这种格局发展到西周末年，地缘因素的作用更加明显，在一些封国集中区内出现了中心性国家，如山东的齐、鲁，汉水流域的鄂（噩）、曾等。这些国家有的政治等级很高，与王室存在密切的关系，因而具有很强的政治和军事实力，如山东的鲁国；有的与周边的国家具有血缘上的派生关系，具有天然的联系，如山东半岛的齐国；还有处于区域内的战略要地，因为地理上的优势而受到王朝的重视，如南阳的申国和随枣走廊的曾、随、鄂（噩）国。这些地区性中心国家对于周边国家的联系和控制，也一定程度上保证了它所在地域范围及其中封国关系的稳定。但是，恰恰又是这些西周姬姓大国鲁、卫、邢等，发展到春秋时期又都不够强盛，邢、卫更是被异族灭国。春秋霸主齐、宋、晋、秦、楚五国，仅有晋一国为姬姓，而且其国在西周还并非姬姓大国。所以，对西周封国发展的理解可以更复杂些，姬姓周人虽然在各个据点稳定下来，但似乎在华夏地区还是受限于一些条件，并无法真正强大。其中原因，也许可以从齐、鲁立国之初对当地态度的区别中获得一些启示。这个例子十分著名，即所谓太公治齐"因其俗简其礼"，伯禽治鲁"革其俗变其礼"，[1] 用现代史学的话语系统来说，即"在地化"问题。姜姓齐国与姬姓鲁国都是外来族群，齐国到封地伊始即主动在地化，而鲁国则相反。在其后的封国发展中，齐对封地资源的利用也更充分，进入春秋以后，地缘方面的各种条件都越来越多地成为齐国的优势。

　　封国徙封贯穿了周代两百多年统治的始终，对于西周封国的分布和政治疆域的奠定产生了巨大影响。历史的复杂性又在于，在西周封国政治地理进程中，产生关键推动作用的却是一些有些"意外"的政治事件。最初的徙封，开始于令周人猝不及防的武庚、东夷叛乱。又如姬姓的吴国，原本是与王室关系比较密切的一支，由于徙封之后交通线断绝而逐渐远离中原政治中心，在西周政治中一度走向边缘化。而除了西周早中期之交的康、昭等时代为了开疆拓土而将一些国家徙封至选定的区域外，到了西周晚期，王朝又为应对鄂（噩）侯叛乱及汉水流域和淮河流域兴起的土著和夷人势力，又一次进行了大规模的徙封。也就是说，一次又一次的政治意外，是推动西周政治地理进程的直接原因。

　　徙封的影响，不仅在于形成了区域性的封国格局，从整个王朝政

――――――――

[1] 司马迁：《史记》卷33《鲁周公世家》，第1524页。

治演进的角度来看，徙封的过程是一个确认周王朝政治疆域的过程，也是一个转变周王朝分封性质的过程。在成王大徙封以前，王朝的分封仍然是一种以建立一个传统的以周天子为盟主的政治联盟为目的的活动，对于归服人群多因其旧地而封，其中的显例，就是文武时期姬姓封国多封在距离天子很近的宗周畿内。而成王的徙封，将姬姓子弟远徙，实现对新获土地的占领；康王时徙封则带有鲜明的开疆辟土之意，周王朝借助对封国的徙封，建立起一种真正的姬姓周人主导的统治。周天子真正地"非复诸侯之长而为诸侯之君"，[1] 西周的分封制也才真正成为后世意义上的分封制。我们必须看到，中国由氏族政治向成熟的国家政治转变的过程中，地理因素的作用是直接的，甚至是主导性的。

血缘与地缘，是徙封与血亲原则两项制度发展的主线，也毋庸置疑是西周王朝政治的两大主题。一般认为，国家与氏族社会的区别之一就在于国家政权的基础是地缘性，甚至有比较流行的看法是，地缘组织取代血缘组织可以作为判断一个地域是否进入"国家"阶段的标志。但从西周王朝发展过程看，血缘与地缘并非互相取代，而是互动并存、同时发展。如果说宗盟呈现了血缘的力量，那么徙封则体现了地缘的力量。西周的灭亡，究其根本，正是源于西周国家政治框架内血缘与地缘的矛盾。地缘关系是国家区别于氏族社会的基本要素，而西周王朝的政治，却在实际上以血缘家族为基础。随着国家政治的不断成熟，地缘性因素开始越来越多地影响王朝的政治走向，而血缘组织则随着时间不断地自然疏远。这样的两个因素虽然在西周的一段时间内能够同时存在，但这种结构性的矛盾发展到一定程度总会爆发。西周的灭亡，表面上看是与周王朝有血缘、姻亲关系的申、曾等国对王朝发动叛乱，但从根源上看，则是因为地缘关系超越了血缘关系成为封国间交往与合作的条件。

---

[1] 王国维：《殷周制度论》，《观堂集林（附别集）》卷10《史林二》，第467页。

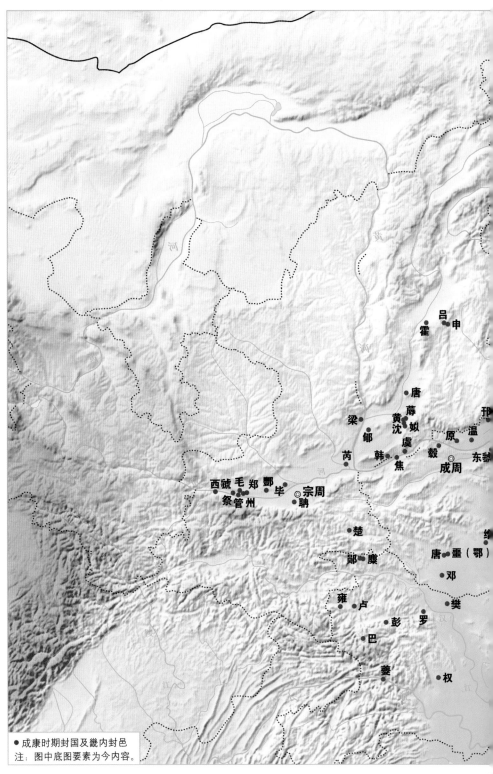

吕
申
霍

唐
蒂姒
黄沈
梁 郇 虞
芮 韩 焦 毂 ◎成周
东虢

西虢毛郑 鄂
祭管州 毕 ◎宗周
聃

楚
郧麋
唐 噩（鄂）
邓

雍 卢 樊

彭 罗
巴
夔 权

● 成康时期封国及畿内封邑
注：图中底图要素为今内容。

图 35　成康

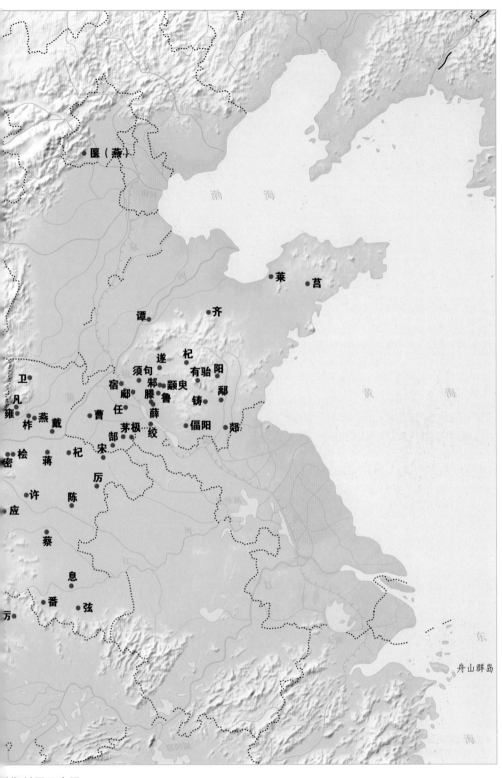

匽〔燕〕

渤　海

莱　莒

谭　齐

遂　杞

须句　阳

宿　邾　颍　臾

郕　滕　鲁

卫　　　任　薛　郯

凡　　曹　　铸

雍　柞　燕　戴　　茅　极　绞　偪阳

桧　蒋　杞　宋

密　　厉

许　陈

应

蔡

息

万　番　弦

东

舟山群岛

黄　海

海

……时期封国示意图

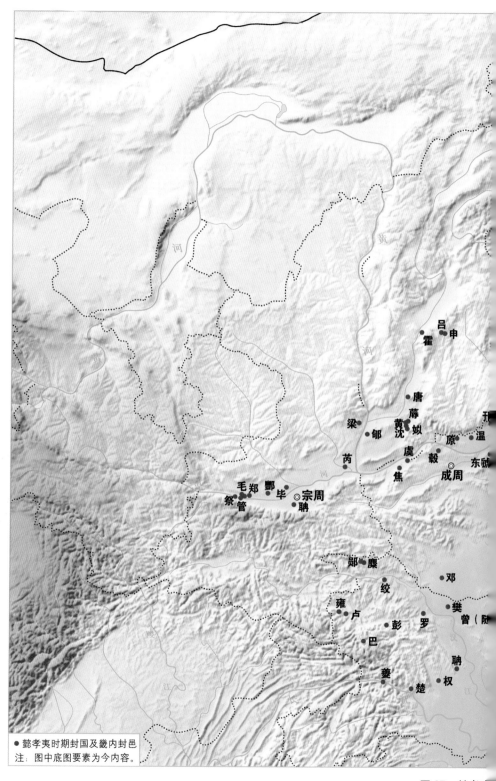

吕
申
霍

唐
蓣
姒
黄
沈
郇
梁
虞
原
温
芮
毂
东虢
焦
◎成周

毛郑
鄂
祭
管 毕 ◎宗周
聃

郧 麋
邓
绞
雍 卢 樊
彭 罗 曾（随
巴
聃 权
蓣
楚

● 懿孝夷时期封国及畿内封邑
注：图中底图要素为今内容。

图 37 懿孝夷

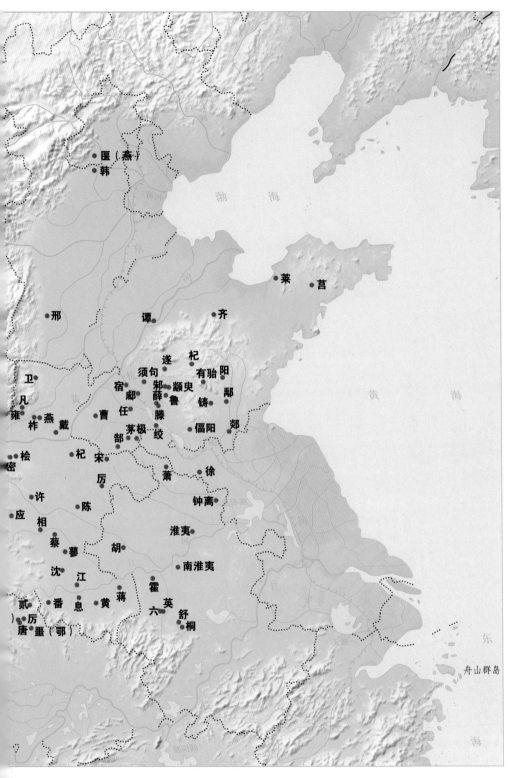

時期封国示意图

结语　流域、区域与交通线

西周政治地理结构—过程对中国历史的塑造

晁福林师曾指出：

> 从我国古代政治结构发展演变进程看，分封制的意义在于它是联结方国联盟制和君主郡县制的关键。[1]

分封制是西周政治的基本框架，虽然在中国历史上真正存在和发挥作用的时间主要就是有周一代，可没有这种制度，就无法实现数千年方国联盟向数千年郡县制帝国的过渡。"封国"与"王畿"共同组成西周国家；王畿以外的空间发展，封国是主要载体。在西周"王畿—封国"组合型的国家内，天子与各封国的关系由合作向统治发展，各政治单元由松散分布向成区连片发展，管理方式上由贵族组织属民的封邑向官吏统治编户齐民的郡县发展。这是各尺度区域的社会属性都在不断强化的趋势，这些结果塑造了以后数千年中国历史。

西周政治地理的结构—过程，是以流域为基础，以交通线为主干，发展出一定政治、社会特征的过程。这一过程也同时使西周王朝培育出有别于前代的"姬周型制度"。而周王朝的制度，则深刻影响和塑造了其后中国历史各王朝的制度模型和思想资源。从封国徙封现象的普遍程度、涉及地域的广阔程度看，西周疆域不仅是活态的，而

---

[1] 晁福林师：《先秦社会形态研究》，第 403 页。

且相比后世郡县，西周各政治单元在空间上甚至可以说是高度动态的。在理解西周历史时，注重其政治地理方面某种程度的"流动性"，能够为深入了解西周制度提供一种可能性。

经历了王朝发展，受封国徙封影响，西周政治疆域内先后发展起小东、大东、畿南、南阳四个区。同时，王朝疆域内还有徙封现象不突出，但在政治地理架构中相当重要的王畿、晋南两个区。这些区，与流域相呼应，可以作为分析西周政治的地理单元。到春秋时，詹桓伯回顾西周疆土，言于晋人曰："我自夏以后稷，魏、骀、芮、岐、毕，吾西土也。及武王克商，薄姑、商奄，吾东土也，巴、濮、楚、邓，吾南土也，肃慎、燕、亳，吾北土也。"[1] 这是经历了两百多年的发展，到西周末年形成的王朝政治疆域。在詹桓伯的叙述中，西周的疆域，在四个方向上都各自形成了一片区域，即"四土"。

"四土"是一种观念。刘绪老师在《西周疆至的考古学考察》中指出了周代"四土"地理观念的发展过程。周人灭商之前，地理观念中"西土基本上在现在的陕西关中以西一带，往东出了陕西不远就是洛阳，叫作东国洛"。天下只有东西二分。克商以后，在周人的观念中，"西面仍然是它的西土，但洛阳已不是原来灭商之前的东国了，而是中土，叫作'中国'，实际上当时的中国就是以洛阳为中心的。西面原来的老家是西土。同时还有北土、东土和南土。这在文献里都有记载"。[2] "四土"观念的形成，显然是西周政治地理发展的结果，"四土"观念下，西周政治疆域具有了清晰的范围。同时，"四土"也是实在的分区办法，"王畿—四土"是西周王朝基本的政治地理架构。而这种在空间上清晰简单的形态，是由前述诸区域组合而成的。王畿、晋南、小东、大东、畿南、南阳，是西周疆土六大单元。

---

[1] 杜预注，孔颖达疏：《春秋左传正义》卷45，昭公九年，第2056页。

[2] 刘绪老师：《西周疆至的考古学考察（上）》，"爱考古"公众号，2019年10月25日，https：//mp.weixin.qq.com/s/do473-R6eb-a7gOgi9oN8g。

　　这六大单元，与自然地理的"流域"之间则呈现出相当程度的对应关系。从自然地理的角度，流域是最基本的地理单元，也是原发性的区域单位。流域原本只有自然属性，随着王朝政治的发展，流域不断与人文要素相呼应，共同塑造西周时期具有相对成熟而稳定社会属性的一些"区域"：王畿、小东、大东、畿南。

　　黄河是华夏地区的干流，也是从流域角度分析西周政治地理结构—过程的逻辑主线，西周各区域的发展进程主要就是依托黄河干、支流流域展开的。对于西周政治地理问题的研究，黄河中游是最关键的，主要支流都集中在这个河段，在西周时期，区域内已经不仅有天然河道，人工河道也已经发展起来，涉及的问题最为复杂。黄河中游之外，汉水流域是相当关键的。汉水虽然是长江的支流，但经过西周政治地理进程，整个区域与黄河中游的整合度相当高。还有一条重要的河流是淮河，淮河流域西周的政治地理进程，从现象层面是最显著的，但相对于黄河中游各支流流域，其历史进程的展开还不够充分。而长江干流，在西周时期，还仅仅是空间问题发展的趋势，并非主导。这些流域，与王畿、小东、大东、畿南几大区域相呼应，支撑起西周政治地理结构"王畿—封国"的大框架。

　　在封国发展过程中，交通线是最重要的人文要素，交通具有整合和塑造区域的能力。华夏地区的早期交通线，主干基本沿黄河中游干支流河道及分水岭展开，[1] 所以各流域与各区域能够显示出很高的对应度。区域内交通网络的形态，重要交通节点、关键路段，也能帮助理解各区域在西周王朝政治、经济体系中的位置和功能。

　　泾、渭、伊、洛间的狭长王畿，与河济包夹的小东、淮泗润泽的大东、颍汝联络的汉淮、汾汉串联的南阳，共同构成西周"王畿—封

---

[1] 史念海：《春秋以前的交通道路》，《中国历史地理论丛》1990 年第 3 期，第 5—37 页。史念海：《春秋时代的交通道路》，《人文杂志》1960 年第 3 期，第 59—66 页。史念海：《战国时代的交通道路》，《中国历史地理论丛》1991 年第 1 期，第 19—57 页。

国"的组合型国家政治地理特性。周天子治下广阔领土内的这些河流，区隔着一定空间，但也联系着更多空间。而几个后世衍生出鲜明特征的区域，则在西周王朝的政治实践和地理的天然规律双重影响下迈出了发展的第一步。四大综合区域，组合成西周"王畿—封国"的基本空间结构，在运行过程中，孕育出了"姬周型制度"。这些区域和制度，是以后历代王朝疆域空间与典章制度的根源。西周政治地理结构—过程的诸项成果，深刻塑造了中国古代王朝历史。

在姬周型制度没落、蜕变的战国时代，华夏地理文献经典——《禹贡》成文。在《禹贡》体系内，三代疆土以山、河为界划分为"九州"。"九州"的重心也是黄河中下游及黄淮之间，各州的轮廓与西周各区呈现一定程度的对应。雍州与宗周王畿、豫州与成周王畿、兖州冀州与"小东"地区、荆州与"南阳"，主体部分甚至对应得相当直接。而兖、青、徐、扬四州的连接地带与"大东"，豫州、扬州的连接地带与"畿南"，也都呈现出一定对应关系。《禹贡》九州内皆有河流，甚至可以将诸州理解为这些河流之流域。冀州以汾水、黄河为重，兖州内以济水和黄河为重，[1] 青州以淄水、潍水为重，徐州以淮河为重，扬州以淮河及江水为重，荆州以汉水为重，豫州以洛水为重，雍州以渭水为重，梁州以黑水为重。文献中的"九州"，有现实素材，也有理想设计，呈现出一种介于西周"区域"与秦汉"政区"的中间状态。

《禹贡》"凡九州之末，皆言贡道"，[2] 对各州的交通干线都有记述。言雍州贡道为："浮于积石，至于龙门、西河，会于渭汭。"豫州贡道："浮于洛，达于河。"兖州贡道："浮于济漯，达于河。"冀州贡道："岛夷皮服，夹右碣石，入于河。"青州贡道："浮于汶，达于济。"徐州贡道："浮于淮、泗，达于河。"荆州贡道："浮于江、

---

[1] 北流黄河。

[2] 胡渭著，邹逸麟整理：《禹贡锥指》卷2，"岛夷皮服，夹右碣石入于河"条，第59页。

沱、潜、汉，逾于洛，至于南河。"扬州贡道："沿于江、海，达于淮、泗。"[1]《禹贡》九州贡道突出特点是水路交通网。而其他文献系统所见西周各区域交通线主要是马车、行人使用的陆路交通线。《禹贡》汇入黄河的九州贡道，是赋税土贡运道、物资流通网络。西周各区以宗周成周和随为交通枢纽的陆路交通网，是奉行"国之大事，在祀与戎"的天子、贵族征伐、会盟、巡行四方，实现权力的道路。《禹贡》的交通结构，与西周交通网之间的联系和区别，当中有时代发展造成的区别，也存在着功能的差异。

《禹贡》是西周政治地理结构—过程影响下的文本，也可以作为反观西周区域发展历史过程的依据。将黄河长江八条主要支流的流域、西周带有社会属性的四个"区域"及《禹贡》"九州"中的八个州域综合在一起，可以看到西周政治地理整体结构的主要框架，也能够看到西周政治地理发展过程的基本节奏。

一、渭洛、王畿与雍豫

西周的"王畿"，主体为关中平原和洛阳盆地，北界为黄土高原，南界为秦岭—淮河，东界为嵩山，西界为六盘山。王畿的主体，与《禹贡》雍州、豫州大致对应。

有周一代，王畿空间的发展节奏，与各封国区的发展节奏相呼应。封国向外扩张，王畿就稳定。周边封国受异族挤压回缩，王畿就变小。

王畿地区在晚商曾经是周人关中故地以及黄河两岸旧族区。区域发展的关键时间贯穿西周王朝始终。如果一定要强调这样一个过程的关键时间节点，那么应当是成王、孝夷和平王三个时期。成王东征奠

---

[1] 孔安国传，孔颖达疏：《尚书正义》卷6《禹贡》，第147—150页。本文讨论问题区域不涉及梁州，故不列梁州贡道。

定了王畿宗周—成周东西两个中心的格局；孝夷时期成周王畿发展逐渐成熟；平王东迁以后宗周不存，成周成为王畿主体，王朝政治地理格局发生重大改变。

在王畿之内，有宗周王都和成周王都两大邑落群。这种邑落群，颇类似晚商的大邑商，在很小的范围内存在若干个具有相当规模的大邑，大邑之间距离很近。宗周至少有丰、镐两个大邑，[1] 很可能还有毕；[2] 成周至少有王城和雒邑两个大邑。[3] 这种邑落形态，可以称为"集聚型邑落"。[4] 这两个大邑落群，不仅是整个王朝的政治中心，也是王朝政治疆域内交通网络的中心，水陆交通干线最高级节点。

王畿可以理解为天子直领之地，也可以理解为周天子之国。西周王畿最突出的特点，是分成西侧"宗周"、东侧"成周"两大区域。这两个区域内的人群构成不尽相同，发展轨迹不同步，制度办法也不完全一样。宗周畿内以周人旧族为主，组织生产生活的制度办法应该比较直接地继承了周人传统旧制。而成周畿内的人群构成比较复杂，有收编的殷顽民，也有周人，而二者都不是当地的原住民，所以，在成周，组织生产生活，更多需要依靠东征胜利、营建成周后在政治演

---

[1] 宗周由沣、镐组成，虽然文献称"文王居沣，武王居镐"，但武王以后，沣京并未废弃，一直是周王室宗庙所在。沣京位于今长安县沣河中游西岸到入渭河口之间，包括客省庄、张家坡、新旺、冯村等地。镐京遗址在今沣河中游东岸，北到落水村，南达斗门镇，西至滴水故道，东至昆明池故址，汉昆明池遗址一部分也应该属于镐京范围。丰镐聚落群总面积在 10 平方公里以上。

[2] 毕为毕公封邑，也是文王、武王所葬之地，亦是周公归葬之处。从秦汉情况看，关中平原帝陵有陵邑一体的传统，大陵处有大邑，毕的规模应当不小。毕位置在今咸阳，紧邻丰镐，应当也属于宗周王都邑落之一。

[3] 王城与雒邑的关系。成周包括两部分，一部分是收编的殷顽民聚居区，他们作为军事驻防力量，集中居住。另一处则是天子驻跸之处，即《尚书》载召公所营之邑。这两处分别发展为大城，共同组成成周王都。

[4] 虽然由于秦汉的破坏，宗周王都的状态很难了解，但是，大邑商是最好的可用以类比的个案。大邑商与宗周其实时代相仿，在宗周初建的时代，大邑商是华夏地区发展程度最高的邑落群，生活在当地的人群后来又迁入宗周王畿，不可能不影响宗周的发展。所以，深入理解晚商大邑商聚落群，是研究宗周王畿最现实的办法。

进过程中为应对各项事务发展出的新办法。因为事态相似，成周地区的制度办法，甚至可能更接近东部各封国。这种东征后、姬姓周人在周王朝旧疆土以外拓殖过程中形成的办法和规则，就是文献所云"周公制礼作乐"的主要内涵，其中组织运行政治单元、与后世历代王朝"制度"在形式和功能上能够类比的部分，本书称为"姬周型制度"。西周王畿，是一片"周人旧制+姬周型制度"运行的区域。

西周王畿，在自然地理上包括渭水流域和洛水流域。渭水和洛水是黄河中游最重要的两条支流。黄河发源于青藏高原巴颜喀拉山北麓，现代黄河流经青海、四川、甘肃、宁夏、内蒙古、陕西、山西、河南，在山东入海。中上游以山地为主，中下游以平原、丘陵为主。河源至内蒙古托克托县河口镇为上游，河口镇至河南郑州桃花峪为中游，桃花峪至入海口为下游。中游南北—东西走向，切割黄土高原；下游东—西走向，横贯华北平原。黄河中游各支流流域组成了华夏地区的主体。

渭水，今水文名称为渭河，即黄河中游重要支流。发源于甘肃定西市鸟鼠山，流经甘肃天水，陕西宝鸡、咸阳、西安、渭南，至潼关汇入黄河。干流横跨甘肃东部和陕西中部。流域西部为黄土丘陵沟壑区，东部为关中平原区。泾水是渭水的重要支流，发源于宁夏固原市六盘山，向东南流，在西安北汇入渭河，流域包括甘肃平凉市、庆阳市，陕西长武、彬县、永寿、淳化、泾阳等地。地貌上，在泾阳以上属黄土高原，泾阳以下属渭河谷地。渭河流域可以分南北两区。北区为泾水流域，地貌为黄土高原，并不是周人的主要活动区，而是文献中的"犴狁之区"。南区为渭水干流流域，地貌为平坦谷地，为宗周王畿。

《禹贡》九州，是西周诸区经历春秋战国后，在文献中有关其继承与分化的表达。在《禹贡》中，有"黑水、西河惟雍州"。《传》曰："西距黑水，东据河。龙门之河在冀州西。"[1]　《经》西河即

---

[1] 孔安国传，孔颖达疏：《尚书正义》卷6《禹贡》，第150页。

《传》龙门之河，也就是黄河中游南北向河段，黑水则历代学者言之不详。雍州之地为黄河中游以西到黑水，与宗周王畿基本对应，与渭水流域也位置相当。

　　洛水，古写为雒水，是黄河中游右岸的重要支流。源出陕西渭南华州与蓝田、临渭交界处秦岭山地，东南流经卢氏、洛宁、洛阳、偃师等县，在巩义东北注入黄河。洛水的最大支流是伊河。伊河发源于栾川县伏牛山北麓，经嵩县、伊川、洛阳，在偃师汇入洛河。伊河汇入后，从偃师伊河河口至巩县洛河河口一段又称伊洛河。在文献中，"伊洛河"名称甚至更为常见。洛水流域可以分东西两区。西区为洛

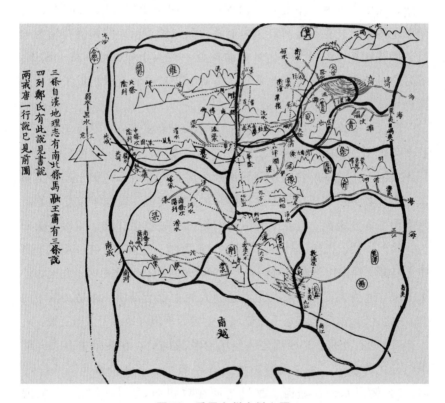

图 39　禹贡九州山川之图

（图片出处：曹婉如：《中国古代地图集（战国-元）》"禹贡九州山川之图"）

水流域，地貌以山谷为主，进入洛阳盆地后才地势平缓，区域内的邑落和人群情况记载很少，情况不大清楚。东区为伊水流域，地貌平坦开阔，适宜农耕，开发很早，是中原旧族聚居之处。东西两区交汇处，土肥水丰，即成周大邑之所在。整个洛水流域的东界，即华夏地区祭祀中心之一的嵩山山地。

《禹贡》"荆河惟豫州"，《传》曰："西南至荆山，北距河水。"[1]《经》之"荆"，即《传》之"荆山"，曾旼云："临沮之荆山，其阴为豫州，其阳为荆州。"古荆山的位置即古沮水流域、今湖北荆门南漳一带。《经》之河，即《传》之"河水"，胡渭云："河，南河也。"[2] 也就是黄河中游东西向河段。豫州之地为秦巴山地东北端到黄河之间，豫州包括两个自然地理单元，北区主体与成周王畿基本对应，与伊洛水流域位置也基本相当。南区则是颍、汝等发源于这些山地而南流注入淮河的河流流域，是淮夷之区，属于"畿南"之区。南北两区之间，是以叶县为起点，到宋、鲁的东—西向陆路交通干线。

渭水流域与洛水流域的桥接地带，山地交错、河谷枝杈纵横，交通条件复杂，潼关与函谷关及两处隘道之间的地带，是王畿内陆路交通线最重要的节点和路段。渭水和伊洛水都是黄河右岸支流，也都在发源后向东流，注入黄河。两个流域东西呈一字形连接。交通线沿河谷展开，总体比较平坦，只有在两个流域桥接地带的黄河南侧，从潼关到陕县之间有两处山地，与河道之间形成狭窄难行的隘道，即文献中分处东、西的潼关、函谷关。

此处是渭洛地区交通线最复杂的区段。这个区段以潼关为起点，形成南北两条道路，一条是自潼关向东，沿黄河与山前的低洼地带向东，到陕县出函谷关。一条是自潼关翻山岭向南，沿洛水河谷曲折东

---

[1] 孔安国传，孔颖达疏：《尚书正义》卷6《禹贡》，第149页。
[2] 胡渭著，邹逸麟整理：《禹贡锥指》卷8，"荆、河惟豫州"条，第239页。

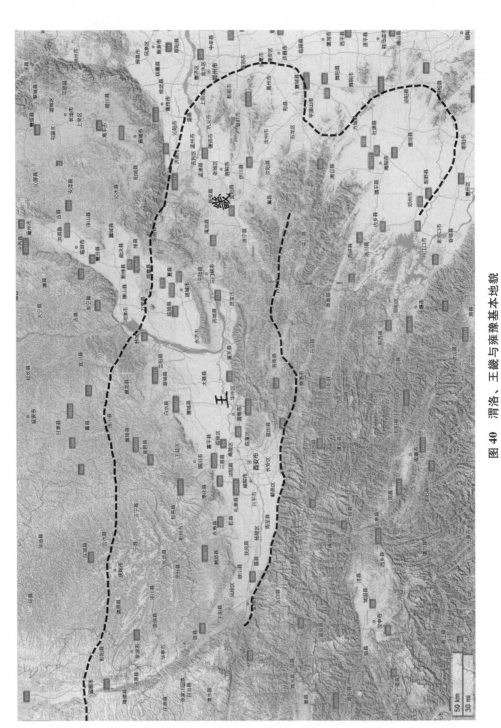

图 40　渭洛、王畿与雍豫基本地貌

（底图来源：天地图地形图）

行。两条路线各有利弊，北线紧邻的黄河河道冲淤变化剧烈，主流摆动频繁，交通线很不稳定。而且向东连接函谷关隘道，极为狭窄难行。但优势是路线平直，路程短。南线平阔，但是迂曲，路程相较北线要远很多。潼关到函谷关之间，连接着王畿的东西两部分，这个区域交通通畅，周天子就能顺畅地在王畿内活动，宗周王都与成周王都两大邑落群之间也能顺畅交往。

二、河济、“小东”与兖冀

前文已经谈到，西周的“小东”，主体为古黄河荥阳以下河道两岸，太行山东麓二级台地，北界为燕山，南界为荥泽，东界为济水古河道，西界为太行山。小东的主体，与《禹贡》兖州大致对应，也与冀州密切相关。

小东地区西周徙入的封国有四个，分别是卫、邢、燕、韩，四个封国全部都是姬姓。小东地区范围内，晚商时期存在安阳殷王族区、郑州商遗民区及沁阳田猎区。另外，晋南方国区也与小东关系十分密切。在西周，区域发展的关键时间是成康时期。由于三监叛乱的意外事件，最初将旧商族群保留于此地的设计无法维持，姬周王室必须徙封至亲进行直接控制。晚商的晋南方国区虽然不属于小东，但在西周与小东关系十分紧密，必须一起理解。在三监叛乱前，晋南处于宗周与小东两处政治、经济最繁荣地区、丰镐与大邑商两大邑落群之间的桥接地带，是武王时期重要姬姓封国最主要的分封地之一，在政治地理格局设计中处于核心的位置。而东征后，大量封国自晋南徙出，小东地区边缘化，雒邑设立，成周王畿发展起来，晋南成为王朝政治疆域的边缘地带。

在小东之内，没有明显的大邑落群。这个区域单体的邑规模不大，邑落之间距离较远，由交通线串联，属于散布型邑落。从文献上看，卫、邢、燕、韩的国都朝歌、邢丘、蓟、韩这几个城的情况都不太清楚。这实际上很说明问题。在西周时期，这几个封国的都邑形态可能并不像战国以后大规模造城那样，有稳定的城市建成区，城内有稳定的功能区，有高墙深垒，有深宅大院。西周时期封国的都邑，可能呈现这样的状态：生活区更破碎，功能区更零散，中心区并不稳定，并不都是后世那种单一、明确的都城形态。

小东是姬周型制度的实践区。由于卫国始封君康叔与周公关系密切，在这个区域内，徙封初期的制度设计由卫国主导，比较严格地施行。但在成康以后，制度内容似乎没有进一步与区域自身特征相结合，进一步发展出对姬周型制度贡献更大的封国运行办法。这与"小东"地区紧邻太行山地的自然条件有关，整体上看，有周一代，这个地区面临太行山及晋中南高地内狄人的侵扰，整个区域的军事压力较大，政治经济实力似乎也受到一定影响。制度发展在这样的背景下相对滞涩。

西周的小东，自然地理上包括古济水流域和古黄河北流河段"河间"地带。黄河改道后淤塞不存的古下游西南—东北走向河道，即文献所谓"九河"与"逆河"。[1] 这段河道在西周是黄河的下游入海河道，但在战国中叶下游河道全面筑堤以前，长期处于漫流状态，实际上是北到海河河口、南到漳水的一片扇形地带。在春秋中期以前，区域中干流流路是荥阳广武山北麓起，经新乡、滑县、浚县，沿太行山东麓北流，在深县分为南北两路，北路至永定河冲积扇南缘东折，在今天津市区入海，南路则流经冀中平原，在今天津南入海。此即所谓"山经河"。春秋中期以后，宿胥口以下形成一条新流路，东北经今濮阳西南，折北经馆陶东北，又经高唐、东光，在今黄骅东入海。此后黄海干流在此间摆荡，有时二股并流，两流路之间即文献所谓"河间"。[2]

---

[1] 孔安国传，孔颖达疏：《尚书正义》卷6《禹贡》，第151页。

[2] 邹逸麟：《黄淮海平原历史地理》，合肥：安徽教育出版社，1993年，第88页。

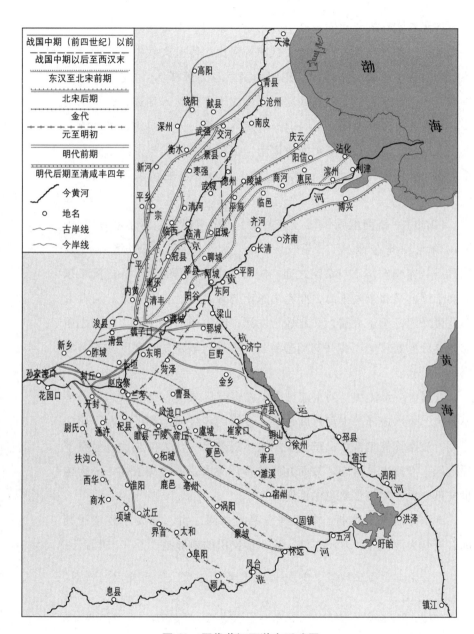

图 41 历代黄河下游变迁略图

（图片出处：根据邹逸麟《黄淮海平原历史地理》"历代黄河下游变迁略图"改绘）

济水其实在现代水文意义上并不是一条河，而是两条河。也就是说，这是一条存在于古代传世文献中的河流。传世文献中有一种长期流行的看法，所谓济水潜流、越河而南、潴为荥泽。[1] 这种认识若以现代地理学来看肯定存在问题，以现代水文概念来描述，则济水主要的水源来自荥阳荥泽，流经菏泽、定陶入海，入巨野泽，出泽流经梁山入渤海。流路在西周黄河故道南。在济源王屋山与荥泽之间有一条水道，被认为是济水的上源。显然，在对济水的认识中，荥泽是关键。

《禹贡》"济河惟兖州"，《传》曰："东南据济，西北距河。"则河在西北，济在东南，《正义》曰"言山川者，皆谓境界所及也"，[2] 兖州在济水与黄河之间。胡渭划定兖州疆界："济自菏又东北会于汶，又北东入于海，此兖之东南与豫、徐、青分界处。河自大伾北过降水，至于大陆，又北播为九河，同为逆河入于海。此兖之西北与冀分界处。"[3] 兖州与周边各州的疆界比较清楚，范围基本与西周小东对应。

兖州含济水流域与河水流域。但在兖州区域内，地表状态是河济不分区，聚水成泽。大河尾闾地区，在西周各级河道都还没有渠化的时期，流路移徙是常事。济水虽然水体规模无法与大河相比，但在平原地区，漫流也是常态。故而九河散布，济水荥波这类表述，成为传世文献中关于河济最常见的话题。

济水流向奇异曲折，黄河则漫漶为九河，雷、夏大泽潴域居其间，兖州大河漫流、水泽丰沛。兖州最突出的地形是"丘"，胡渭云：

> 兖少山而丘颇多，其见于经传者曰楚丘、帝丘旄丘、铁丘、

---

[1] 胡渭著，邹逸麟整理：《禹贡锥指》卷15，"导沇水，东流为济，入于河"条，第587—597页。

[2] 孔安国传，孔颖达疏：《尚书正义》卷6《禹贡》，第147页。

[3] 胡渭著，邹逸麟整理：《禹贡锥指》卷3，"济，河惟兖州"条，第63页。

> 瑕丘、清丘、廪丘、敦丘，皆在濮水之滨，桑土之野。……兖地最卑，丘非山比。当泛滥之时，而其上犹可以居人。[1]

若依胡渭说法，则"丘"接近水中可居之"州"而略高。兖州赋比他州为下等，而绫锦美，似乎不是典型的农业区。

汾水是黄河中游重要支流。汾河发源于山西宁武管涔山，纵贯山西中部，流经太原、榆次、临汾、侯马，经太原和临汾两盆地，在万荣汇入黄河，是黄河第二大支流。汾水流域春秋时属于晋国，晋是春秋的政治明星，所以一般认识中，晋南地区似乎在整个周代都一直属于晋国。但西周时期，晋只是个小国，春秋时经过献公开疆辟土、文公励精图治才逐渐崛起。西周晋国控制的范围很有限。《左传》庄公十六年载"王使虢公命曲沃伯，以一军为晋侯"，[2] 曲沃并晋之时也只是一军小国，说明此前晋国不会超过这个等级。晋为叔虞之封，辈分尊隆，按理说应该是当地封国中较为突出者，其尚且如此，那么可以推测，西周时期，整个晋南地区恐怕没有一个实力很突出的国家，这与山东地区齐、鲁独大的局面有所不同。另一方面，这个地区有盐池，是重要资源，需要强有力的控制。没有实力突出的封国，那么王室对这一地区的控制可能更直接。

《禹贡》冀州无界域，《正义》曰："兖州云济、河，自东河以东也；豫州云荆、河，自南河以南也；雍州云西河，自西河以西也。明东河之西，西河之东，南河之北，是冀州之境也。"[3] 冀州也就是黄河中游两条南北向和一条东西向河段之间的地区。豫州之地为秦巴山地东北端到黄河之间，冀州三面皆临河，西界南流黄河没有大规模改道，所以西界比较清楚，也比较稳定。南界、东界由于黄河改道，有

---

[1] 胡渭著，邹逸麟整理：《禹贡锥指》卷3，"桑土既蚕，是降丘宅土"条，第76页。

[2] 杜预注，孔颖达疏：《春秋左传正义》卷9，庄公十六年，第1772页。

[3] 孔安国传，孔颖达疏：《尚书正义》卷6《禹贡》，第147页。

些模糊不清，即胡渭云："冀东亦以河与兖分界。自周定王五年河徙之后，禹河故道堙废，而冀、兖之界难分。"[1] 冀之北界在经文中即无载，故亦无可考，胡渭认为"约略言之，当得阴山"。[2]

冀州以壶口为界，可分为两个自然地理单元，南区是汾水流域，北区是晋陕高原。南区是冀州的重心。《禹贡》冀州之境，特重壶口以下，也就是汾水流域。汾水流域由于表里河山独特有利的地理条件，相对难于控制。在商王朝早、中期势力已经能够深入长江流域和淮河流域时，对于紧邻商都的这片地区一直无法实现直接控制。到商末，晋南也鲜少商人的直接控制点。而到了西周时期，情况则为之一变。在武王时期，晋南是最主要的姬姓封国区，成王以后，晋南的走向有些模糊，区域内甚至有一部分很可能由王室直接控制。[3] 黄河以北、中条山两侧的地区也十分重要。中条山南侧与黄河之间是军事战略要地，中条山以北是资源产地。以往为学界广泛了解的是运城盐池，而近期考古成果又显示，中条山地内有丰富的铜矿资源，是距离夏商王朝最近、储量最丰富的铜矿区，以垣曲为中心的山地范围内，有同善、箆子沟、铜矿峪等多处先秦冶炼遗址，其中运城西吴壁冶铜遗址入选"2019 中国考古新发现"。[4] 所以，汾水流域与小东是密切联系的。

小东内重要的交通节点都是穿行太行山、沟通晋陕高原的陉口，几乎都是东西向的交通线。陉口的东西向交通通畅，晋陕高原与华北平原能够保持比较密切的联系，汾水流域的资源和人群可以到达王畿

---

[1] 胡渭著，邹逸麟整理：《禹贡锥指》卷 2，"冀州"条，第 17 页。

[2] 胡渭著，邹逸麟整理：《禹贡锥指》卷 2，"冀州"条，第 19 页。

[3]《尔雅·释地》："周有焦護"，"焦護"即为山西的滮泽，称为"周"所有，即周王室直接所领之地，这块地的性质和王畿非常相似。《国语·周语》还载周宣王："料民於大原"，前面已经谈到，大原之地也在晋南，如果这个地区全部是诸侯领地，周王似乎没有理由到那里去料民。

[4] 时达：《二〇一九年度全国十大考古新发现揭晓》，《文物天地》2020 年第 6 期，第 88 页。中国国家博物馆考古院、山西省考古研究院、运城市文物保护研究所：《山西绛县西吴壁遗址 2018~2019 年发掘简报》，《考古》2020 年第 7 期，第 47—74 页。

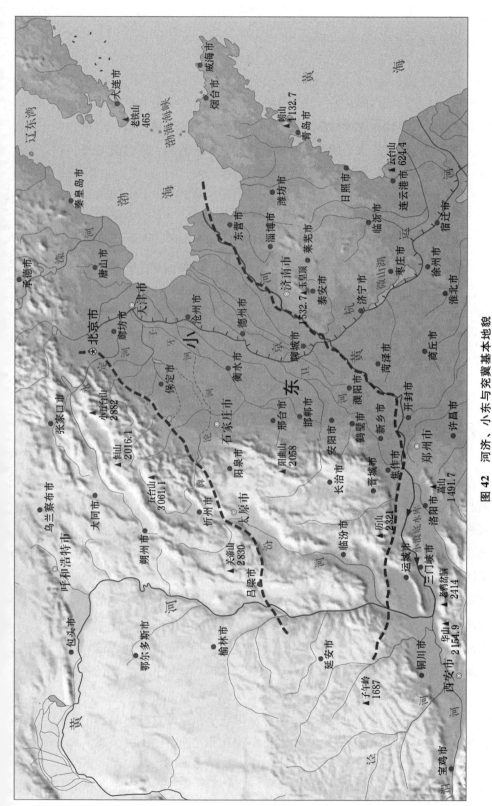

图 42 河济、小东与荥冀基本地貌

（底图来源：天地图地形图）

和小东。小东区域内的交通干线为陆路，是沿太行山山前与黄河北流河道之间的二级台地边缘的南北交通线。因为原本为晚商王畿，小东内比较多的道路网应该是接续大邑商邑落群原本的路网，道路交通基础比较好，其平坦的地势也比较适合马车出行。

三、菏泗、"大东"与青徐

前文已经谈到，西周的大东，主体为鲁西南山地四周，北界为济水，南界为淮水，东可达海，西界大致在古汴水、鸿沟水一线。大东的主体，与《禹贡》青州、徐州大致对应，也与扬州密切相关。北为"小东"，南为"大东"，合之则周人之"东"土。

大东地区西周徙入的封国有八个，分别是鲁、齐、宋、郕、郜、茅、杞、吴。八个封国中，鲁、郕、郜、茅、吴五个是姬姓，齐是异姓大姓，杞、宋都是先代之后、三恪之国。区域内徙入诸国的族群以姬姓为主，姬姓族群密度最大，政治实力显著。

大东地区在晚商曾经是商丘旧族区以及东方夷人区。在西周，区域发展的关键时间是昭穆时期。东征以前，当地原住人群主要是以薄姑、商奄为代表的亲商夷人，还有以任姓的薛、铸和风姓的宿国等为代表的亲周人群。东征以后，大量的姬姓和姜姓封国徙入，密度最大的是鲁西南微山湖以西的菏泽、济宁一带，以及与之相连的河南商丘地区。这一地区内有姬姓的鲁、郜、茅、郕及异姓的宋、杞等国，都是周初地位较高的国家。而齐、纪等姜姓国家，则处于比较偏北的潍弥河流域。昭穆时期王朝不断发动针对大东地区的战争，强势控制东方地区。受王朝的军事打击的影响，徐淮夷迁离淮泗故地，向西进入淮河中上游，大东地区的原住族群逐渐为迁入族群所取代，并且还带动了豫州南部淮河北岸颍汝流域的区域发展。

在大东之内，没有明显的大邑落群。与"小东"情况类似，这个区域内的邑落也是散布型，规模比较小，互相之间距离也比较远。

"大东"内三个最大的封国鲁、齐、宋，无论从考古遗迹，还是从文献记述，都很难看到在西周时期曾存在规模宏大、功能复杂、地点稳定的国都邑落群的迹象。

大东是多元制度的生成区，也是沟通南北的通道区。大东区域内政治形态复杂，鲁国施行的是典型的姬周型制度，齐国施行的是周夷混合型制度，宋国施行的是殷商型制度。在多元制度中，姬姓徙封封国最为强势。鲁是区域内具有主导能力的大国，区域内还有规模不大但数量不少的姬姓小国。这些封国成为大东地区政治发展的主导。当地原生的东夷族群，在西周统治稳固展开后，一部分迁出，一部分则与周人的政治节奏日渐一致。在大东地区，以鲁国为代表的姬周封国长期稳定开展军事殖民，周公时代的制度设计不断系统化、具体化，成为姬周型制度的模板。经历了周初的惨烈战事，出现大批西土徙来之人，东方在西周后来的时间稳定发展，是财富之区，也是周的政治基石。山东在西周的发展，是逐渐将鲁中南山地纳入控制的过程。经过有周一代，形成西连商丘、东至海滨、北达河漳、南到淮泗的一片地区，菏泗连接下的大东，北与河济之间，南与宁镇地区，都能通达，成为沟通南北的一个通道区。

西周的大东，在自然地理上包括古菏水流经地区和古泗水流经地区。菏水，又名深沟，是古人工河道，与泗水一起，连通济水与淮水。菏水原本存在基础河道，但主要由人工拓挖。古济水于定陶北汇为菏泽，菏泽与泗水之间连接的水道是古菏水。菏水明确作为人工水道出现在文献中是在春秋末年，《国语·吴语》载吴王夫差北征，为黄池之会，"阙为深沟，通于商、鲁之间，北属之沂，西属之济，以会晋公午于黄池"。[1] "深沟"即菏水。但在此之前，水道应该就存在了，只是通航条件没有那么稳定和便利。

---

[1] 徐元诰撰，王树民、沈长云点校：《国语集解》，第 545 页。

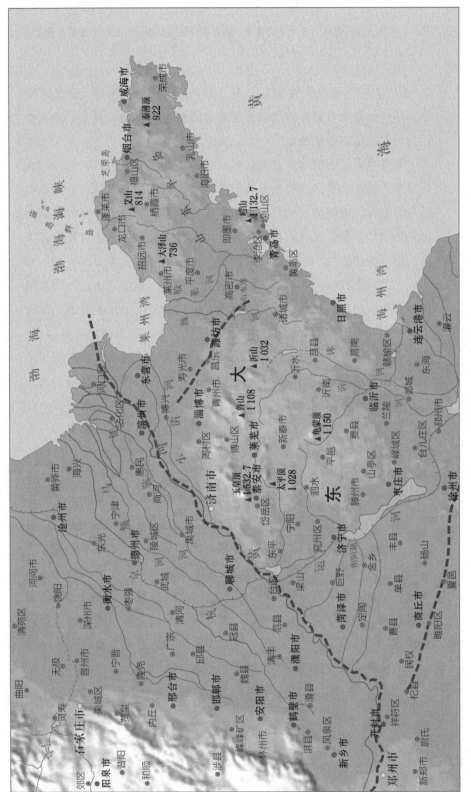

图 43 菏泗、大东与青徐基本地貌

（底图来源：天地图地形图）

　　《禹贡》"海岱惟青州"，《传》曰："东北据海，西南距岱。"[1]《经》之海，《传》言"东北"，胡渭云："自朝鲜以至日照皆青也。"[2]《经》之岱，《传》："岱音代，泰山也。"[3]颜师古注云："岱即太山也。"[4]即泰山。青州之地自泰山至于海上。青州以岱为界，分成东、西两个自然地理单元。泰山以东是夷人区，泰山以西是封国区。泰山以西封国区也就是菏水流经地区，是西周大东的北半部。泰山以西到淮河之间是泗水流域，是西周大东的南半部。

　　泗水是淮河的最大支流。泗水发源于今山东新泰蒙山南麓，经鲁西南山地西缘，南流进入江苏入淮。今泗水河道中、下游受黄河改道和运河工程影响很大。金以后，今江苏徐州以下一小段长期为黄河所夺，后纳入徐州淮—运河水利系统。元以后，山东济宁南鲁桥至徐州成为运河的一部分，清以后逐渐发展为今天广义的微山湖大湖区。

　　徐州可以分成东、西两区，东区是泗水流域，西区是淮河北岸颍汝流域。《禹贡》"海、岱及淮惟徐州"，《传》曰："东至海，北至岱，南及淮。"[5]胡渭按云："徐西不言所至。然《尔雅》云'济东曰徐州'，则知其西亦距济，而《经》不言者。"[6]泰山在济水南，徐州西界不会完全越过泰山北达济水，应该大致在济水所出之荥泽一线。在荥泽以南，自嵩山山地发源的淮河北岸支流颍水和汝水，自西北向东南流，汇入淮河。徐州西区，即颍汝流域。

　　大东地区交通网络以水路为主。区域交通网络中最突出的是南北大动脉人工运道菏水的修造。菏水的交通价值在于其区位，沟通了济水与泗水。菏水人工运河的修造，沟通了南北水路交通。通过菏水，

---

[1] 孔安国传，孔颖达疏：《尚书正义》卷6《禹贡》，第147页。

[2] 胡渭著，邹逸麟整理：《禹贡锥指》卷4，"海、岱惟青州"条，第89页。

[3] 孔安国传，孔颖达疏：《尚书正义》卷6《禹贡》，第147页。

[4] 班固：《汉书》卷28上《地理志》，第1526页。

[5] 孔安国传，孔颖达疏：《尚书正义》卷6《禹贡》，第148页。

[6] 胡渭著，邹逸麟整理：《禹贡锥指》卷5，"海、岱及淮惟徐州"条，第115页。

大东北端的黄河流域与南段的淮河流域能紧密地连为一体，并可以向北连接小东，向南连接长江流域。

泗水也是大东内交通线的重要路段。泗水连通淮河，这两条水道与周围广阔的泽薮地共同形成了一片既能形成一定阻隔、又能保持一定联系的过渡地带。在这个过渡地带的西侧是淮夷生存的地区，而这个地带的东侧，就是大东的主体地区。

黄河、济水、菏水、泗水、淮河水路经由人工梳理，形成南北向水路大动脉，大东是一个交通发达、沟通南北的通道区。襄公二十九年，季札聘周，由吴出发，经徐，至鲁曲阜，再至齐临淄，由临淄到郑，向北到卫都帝丘，北行经戚，也就是今河南濮阳之北稍东，再西行至晋，所经由的就是大东交通线。[1]

四、汉淮、畿南与荆扬

西周的"南土"，是相当宽广之地，徐少华已经定义了这个概念。[2] 西周的"南"是伴随着王畿地理发展而内涵存在变化的动态概念。[3]"畿南"的范围包括宗周王畿以南的汉水流域和成周王畿以南的淮河流域。南阳是淮河流域与汉水流域之间连接地带的蝶形盆地，原本是王畿与畿南之间的过渡地带，是畿南的附属地带。西周末年王朝对畿南失控回缩后，成为王朝的南疆。南土的主体，与《禹贡》荆州、扬州有关。

汉淮地区西周徙入的封国有十三个，分别是蔡、沈、蒋、唐（姬）、随、聃、陈、榖、鄂、邓、申、吕、唐（祁）。十三个封国中，蔡、沈、蒋、榖、唐（姬）、随、聃是姬姓，申、吕是异姓大姓

［1］杜预注，孔颖达疏：《春秋左传正义》卷39，襄公二十九年，第2006—2009页。司马迁：《史记》卷31《吴太伯世家》，第1452—1459页。

［2］徐少华：《周代南土历史地理与文化》，第1页。

［3］参见附录三。

姜，陈、鄂、唐（祁）、邓都是先代之后、三恪之国。汉淮徙入封国的结构与大东完全相同，以姬姓封国为主，诸姬聚居于此，政治上优势显著。其余诸国虽不是姬姓，但也都与周天子合作比较密切，自身具备相当实力，在周王朝政治规则中受一定优待，不过与姬姓封国相比，政治上还是处于弱势。

目前看来，汉淮地区在晚商，与子姓商王族在政治上没有明显的密切联系。[1]"畿南"和"南阳"都是西周新发展起来的区域。在西周，"畿南"发展的关键时间在孝夷时期，"南阳"的关键时间在宣幽时期。从总体看，这个区域的空间规模是不稳定的，经历了扩展与回缩的历程。

"畿南"包括汉水流域与淮河流域两部分。汉水流域西侧原住居民主要是平原湖区居住的楚人和山居的百濮。汉水东侧则没有明显的族群属性，应该是因为至少在商代中期便已作为交通干线，区域通达性高，人群流动频率也比较大，与华夏地区的交往也比较密切，所以族群属性不明显。王畿以南的淮河流域原本也是通道地带，其后在徐淮夷西进的过程中呈现夷化的趋势。在孝夷时期，成周王畿稳定发展，政治经济比较繁荣，畿南紧邻成周，在大趋势的带动下进入区域发展的关键阶段，区域与王朝的关系不断密切，淮夷、南淮夷实力也不断增强。

"南阳"地区则原本是畿南两个小区域之间的连接地带，是随枣走廊与大别山东麓山前通道两条南北干线北端的一片平原。在宣幽时期，王朝陷入政治危机，王畿以南的封国政局动荡，王朝无力维系在随枣走廊的政治影响力，封国势力向北回缩至南阳，南阳由王朝腹地变成了疆土南缘。无论如何，南土与王朝之间互动复杂，是西周王朝两百多年间发展最显著的地区。

---

[1] 随着盘龙城的衰落，晚商时期江汉平原及随枣走廊沿线没有明显的商军事驻防点。若按清华简《楚居》的说法，楚人与商族在族源上可能存在某种联系，但在晚商时，楚与商缺乏密切关联的迹象。

在各地都没有发展起来类似王都那种集聚型大邑的情况下，南土却出现了一个大邑落群——随。这可能是宗周、成周之外最大的邑落群。随、唐、鄂等几个大邑集聚于一处，与晚商大邑商及周边邑落集聚的结构最为相似。

畿南是姬周型制度的实践区。西周政治空间中，"南"这个方位无法忽视。其复杂多元性影响了国家政治疆域的总体性质。在以往研究中，学者认为这片地方"宽广而多变"，"长久以来周人无法按自己的意愿行事"，[1] 所以在将王朝所治疆域看作一个整体进行研究时，这部分地区被划在结构之外。但整个西周王朝最大的成果之一就是在空间上获取了广阔的南国。西周中期以后中央行政的诸多变化，"姬周型政治"结构性特征的形成，都与南方地区的疆域化进程有关。因为西周政治疆域内不仅包括黄河中下游，还包括南土这一地区，所以王朝内不同区域间的差别，不仅是族群的、政体的，甚至还是社会发展阶段的。如果丢掉了南土，将西周空间均质化，就丢掉了理解西周政治的一个关键理念：多元视角，也就无法理解政治地理过程对于西周制度的塑造。

畿南在自然地理上包括汉水流域和淮河流域干流北岸地区。汉水，现代水文名称为汉江，是长江的支流。汉水源出陕西宁强秦岭南麓嶓冢山，自西向东流经沔县、汉中、安康至丹江口转为流向东南，经襄阳、宜城等地在武汉汇入长江。丹江口以上为上游，河谷狭窄；丹江口至钟祥为中游，河谷较宽；钟祥至汉口为下游，河道曲折，河面收窄。经沔县（现勉县）称沔水，东流至汉中始称汉水，自安康至丹江口段古称沧浪水，襄阳以下别名襄江、襄水。流域内绝大部分山地在老河口以上，平原主要分布在钟祥以下，中间为丘陵。有 200 多个湖泊，其中大部分为洼地积水。

淮水，今水文名称为淮河，历史上的淮水是一条独流入海的河

---

[1] 李峰：《西周的灭亡：中国早期国家的地理和政治危机》，第 360 页。

流。淮河发源于河南南阳桐柏山西北，古淮河在盱眙以西大致与今淮河相似，至盱眙后折向东北，经淮阴向东，在今涟水县云梯关入海。古淮水阶段没有洪泽湖，干流河槽也较宽深，南宋以后黄河长期夺淮，盱眙与淮安之间的洼地逐渐形成今洪泽湖，淮河不再入海。淮河流域南以大别山、江淮丘陵与长江分界，北以泰山为界与黄河流域分界。淮河北岸西有伏牛山、桐柏山、大别山，东有沂蒙山。整个流域以低洼平原为主，支流发达，水网交错，渠道纵横，湖泊密布。淮河流域也是西周"南土"的构成部分。大别山以东、广阔的淮河流域，是西周政治疆域真正实现拓展的主要区域。从周初开始，这片地区的政治意义就非常重要，与王畿和大东都有密切联系。山东夷人大多数进入了这个地区。随着政治进程的展开，淮河中下游北岸与王朝之间的纠缠越来越深，有时虽然表现为战争，但日常交往恐怕更占主流。

| ◎ 成周 | 诸侯(大国)国名 | ◉ 蚌埠市 | 今市人民政府驻地 |
| ⊙ 管 | 诸侯(小国)国名 | ⊙ 寿县 | 今县级人民政府驻地 |

图44　独流入海的淮河水系图

（图片来源：根据邹逸麟《黄淮海平原历史地理》"独流入海的淮河水系图"改绘）

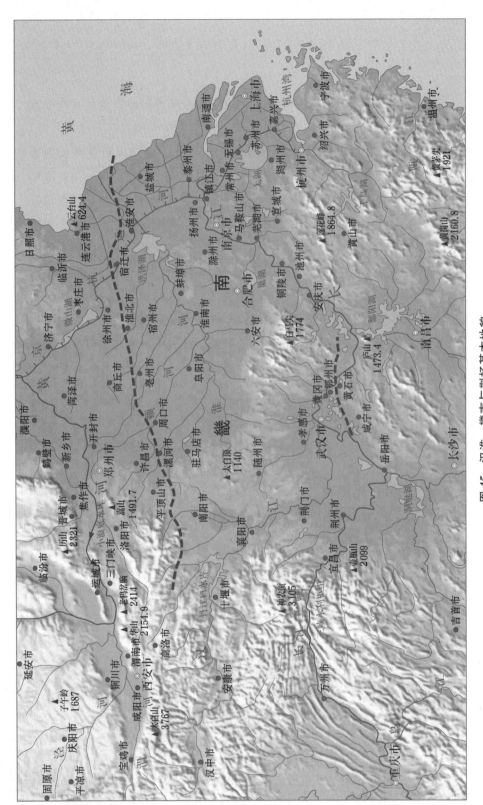

图 45 汉淮、畿南与荆扬基本地貌

（底图来源：天地图地形图）

　　淮河以北分别是豫州和徐州，淮河以南为扬州。《禹贡》"荆及衡阳惟荆州"，《传》曰："北据荆山，南及衡山之阳。"[1] 荆山，前文豫州部分已经谈过，在今湖北荆门南漳一带。衡阳即衡山之南，但由于衡山地点不定，所以南界不清。其余西、东两界，分别与梁、扬、豫交错，即胡渭所云"荆之西界，《经》无可见"。"《禹贡》梁州之地，荆亦兼之，不尽归于雍。自大别以东，江南之地，为扬所侵，而大别以西，汉东之地，亦皆入于豫。"[2] 荆州域内，以大别山为界，分为东、西两区。大别山以西为汉水流域，大别山以东为淮河上游干流地带。《禹贡》"淮海惟扬州"，[3] 扬州北界很清楚，就是沿淮，以光州为起点，呈正东—西向。扬州西界大致沿山间隘道向西南纵切大别山，再随幕阜山而南，此线以西为荆州，以东为扬州。扬州南界与东界相连，不十分清楚，大致沿海而行。扬州为水泽之区，虽然有大东通道连接，但有大片区域是处于西周政治地理疆域范围之外的。荆州与扬州西北部，与西周南土范围大致对应。

　　周畿之南，有一张翻山越岭、水陆联运的交通网。宗周向南行，要翻越秦岭，所达之地为汉水流域。成周向南行，是淮阳山弧外侧的信阳通道，若经方城隘口或鲁阳关隘，所达之地则为南阳盆地。汾水流域则可以翻越中条山，南渡黄河，穿崤山、熊耳山和嵩山山间孔道，进入汝水河谷，之后沿汝水河谷南行，达到叶县，经方城进入南阳盆地。王朝在昭穆时期经营南土，孝夷时期应对动荡，宣幽时期回撤拒守，都是通过这套交通网。楚人沿汉水一路南下，在政治上与王朝渐行渐远，也是经由这套路网。青徐之间通过人工河道建立了南北交通动脉，荆豫之间则通过水陆联运建立了南北交通动脉。在畿南的交通网络中，最重要的交通节点是大邑落——随，最重要的路段是随

［1］孔安国传，孔颖达疏：《尚书正义》卷 6《禹贡》，第 149 页。

［2］胡渭著，邹逸麟整理：《禹贡锥指》卷 5，"荆及衡阳惟荆州"条，第 201、197 页。

［3］孔安国传，孔颖达疏：《尚书正义》卷 6《禹贡》，第 148 页。

枣走廊。这条通道也是商代既有的道路，直接连通南土与王畿，并将宗周王都、成周王都、随三个西周大邑连接起来，形成整个王朝交通网络中最核心的交通枢纽。

以下三个方面的认识可作为本研究的概括，并为西周政治地理问题的探索提供进一步话题：

第一，封国是西周政治的基本单元。封国在空间上是动态的，成康、昭穆、孝夷、宣幽四个时期，是西周封国地理发展的关键阶段。同姓、异姓、庶姓是西周封国的基本分类，三类封国在政治地理的功能上分别侧重于农业、交通和资源。西周王朝最初以与天子的血缘亲疏形成的礼制差别作为封国权力大小的区分原则。经过两百多年的运行，礼制等级仍然存在，军事、经济实力及与周边其他封国关系也成为封国在王朝中政治地位的重要影响因素。在一些封国集中的地区，各国因为地利之便建立了紧密联系，一些封国成为区域主导者，地缘要素对于政治活动的影响越来越明显。这一趋势，是春秋"五霸"这类区域霸主出现并在不同区域轮替现象的前因。

第二，西周王朝的政治地理空间，经历了克商后和东征后两个大的发展阶段，在商代政治地理格局的底图上，发展出若干西周政治地理区域。经过克商后的分封，商末的五个区域演变为武王阶段的八个小区域，这些小区域的分布集中在黄河中游，且看不出比较完整的结构。经过了东征后的封国徙封，这八个小区域逐渐衍进为六大区域，地理范围覆盖了淮河流域和长江中游，并呈现出比较清晰的"王畿—四土"结构。在周王朝的政治地理空间内，宗周、成周、随三个聚集型大邑是重要支点，交通干线在这三个大邑之间展开，并延展成交通网络，连接着各个封国，成为西周政治地理结构的骨骼。

第三，西周王畿与封国的发展，孕育出区别于商王朝的"姬周型制度"。这套制度的一个核心就在于分封。西周分封的突出特点是封国的流动性，相比西汉初年诸王国，西周封国始终处于变动、拓殖的过程，并在这种"军事殖民"过程中培育出了国野制，而这一制度是"姬周型制度"在封国方面的核心特点。

封国徙封在西周看起来是常态，这种基本政治单元在王朝发展中呈现出一种流动性。因为习惯于秦汉大一统郡县长官、编户、治所、辖域都固定在一个地点上，以往研究对于西周王朝与秦之间区别的认识不够全面，尤其是在空间问题方面。以"姬周型制度"为主导的西周王朝，政治疆域是动态的，不仅骨骼、轮廓在消长，各个单元的地点位置也都处在变动之中。我们需要在这种状态下思考"王畿—封国"结构运行的法则问题。

在本书的论述中，周代的政治疆域在不同阶段被分成不同数量的区。这种分区，当然更多的是一种分析方法。从实际状态看，区域是始终处于动态过程中的，区域不可能有平滑的边缘，西周的各个区域甚至未必有如后世那样比较均质的内涵。西周的区域是一些聚落点状分布的一定范围。西周政治空间复杂多元，不同区域间的差别，不仅是族群的、政体的，甚至是社会发展阶段的。理解西周"王畿—封国"结构的运行法则需要多元视角，在诸多视角中，一个最重要的就是"流动性"。

日本学者松井嘉德曾经对西周王朝统治方式的"流动性"进行过专门论述，在他看来，西周的权力状态是，周王室经过封建在空间上将"分族结构"扩展出传统生活区域，形成了"王畿—封国"的形态。"周王朝通过周王向'四方'通省、巡游'周邦'内部的'都城'而获得了统治秩序，同时也通过分散居住在那些地方诸氏族的血缘关系，维持了收敛于周王的向心力。"[1] 也就是说，周天子主要是依靠一种大流动性的办法对各级封君进行直接控制，而不是传统认识中那种固定在王都内、借助王朝卿士遥控的方式。松井氏认为，邠京是周天子在起源之地的都邑，岐周是周天子在隆兴之地的都邑，宗周

---

[1]［日］松井嘉德《周代国制の研究》，正文第 71 页。

则是周天子为东出翦商营建的都邑，成周是周天子领有天下后在故土之外营造的都邑，天子巡行的主要路线就是由这几个大节点串联起来的。[1]

虽然还需要更多的实证支持，但松井氏此说确实可以推进对西周王权运作实态的认识。周天子与秦汉以后大一统帝国皇帝的日常行政形式很可能不同。秦汉以后大一统时期的皇帝，往往常年居住于唯一都城内，通过层级化的郡县系统及对应的官员行使权力，以定居的状态进行统治。而西周天子行使王权的办法则是"流动"的。不过，随着封国在地权力的稳定和王畿地理范围的明确，天子直接行使权力的范围可能逐渐被固化于王畿之内。在不同时间到不同王都居住、施政，是北方族群常见的统治方式。以往因为对周人为农业族群的普遍认识，对天子在畿内的行权形式自然形成了定居、定点的印象，对此其实并没有进行过更多的反思和讨论。在商代的研究中，沿交通线、据点式的控制方式广泛存在，这一点已经为学界接受。而周天子在王畿之内的控制方式也在一定程度上呈现这种状态，但在既有西周的政治史和历史地理研究中还未能充分揭示。

不过近年来已有一些新出版的专著开始涉及相关问题，其中雷晋豪的《周道：封建时代的官道》注意到周代政治具有"移动性"的特点，希望综合考虑"路""车""人"三个相互关联的交通要素来理解这一问题。他将文献中的"周道"界定为周代的官道，首先讨论周代马车的性能与"周道"的关联性，之后考证了八条"周道"的地理位置，最后综合讨论了周代政治中"移动性"的来源与特质。雷晋豪将"周道"的形成置于周初东进的过程中考察，同时又兼顾"周道"在贵族社会中呈现的等级性，虽然是从交通的角度出发，但实际上讨论已经深入到了"移动性"这类属于制度特征层面的问题。[2]

---

[1] ［日］松井嘉德《周代国制の研究》，正文第67—68页。

[2] 雷晋豪：《周道：封建时代的官道》，北京：社会科学文献出版社，2011年。

李凯的《先秦巡狩研究》则全面梳理了出土文献，与传世文献互证，整理、分析了先秦时期很有特点的"巡狩"现象，研究中引入了"地方治理"的视角，阐发了他对巡狩活动在中国早期国家形成过程中功能的认识。其中"周夷王'烹齐哀公于鼎'事件反映的西周巡狩行为""《晋侯苏编钟》所见的厉王巡狩行为""商周时期王者巡狩征伐的后勤供应问题"等一些讨论，已经触及了周天子王权行使方式的流动性特征。[1] 这两项研究是除了松井嘉德研究之外，理解这一问题时要重视的成果。

在西周流动型的王权行使方式下，交通线在西周政治地理的发展中的角色必然十分凸显。权力在空间中的运行、各权力单元之间的联系与整合，都直接依托交通线。理解西周封国政治地理时，如果"流动型"的权力行使方式可以作为逻辑的基本支撑点之一，那么交通网络就应该是维持"王畿—封国"结构运行的基础。"流域"内涵的社会要素中也包括交通线。西周王朝的交通网络，不仅包括陆路，也包含水路，而且陆路交通线也多沿河流展开。天子巡狩、封国徙封、会同、征伐都依托交通线，同时也在塑造交通网络中的道路和节点。国家权力通过交通线注入各个流域，流域也由单纯的地理单元发展为政治单元，流域之间则由于王朝的运转和国族的流动联系日益密切。经过这样的过程，原本分散的、"族地域"属性的各个流域被整合在一起，中国历代王朝政治疆域的基本空间渐渐被塑造出来。可以说，西周王朝政治疆域的确立过程，也就是流域间地缘关系的建立过程，而周人在权力实现方式上有些区别于华夏传统的"流动性"，是促动这种联系与融合的条件。

总的来看，西周时代权力"流动性"的问题，不仅涉及现象层面，更深入到性质层面。松井嘉德认为周天子维持的是一个"移动秩序"，并从这个角度将周王朝的地域称为"领域"。他这样阐述：

---

[1] 李凯：《先秦巡狩研究》，北京：北京师范大学出版社，2017 年。

周王朝的整个统治领域为包括夷狄"邦"在内的"四方"
（"四国"或"万邦"），同时通过"周邦"而连接于"王家"
"王位""王身"。因文王受命、武王克殷而体现了正统性的周王
作为秩序的核心、源泉，王朝统治了这"王身—王位—王家—周
邦—四方"的领域。表现为"我心及四方"的周王的统治意识，
通过王命下达、"四方"（"万邦"）受命得以实现，对于叛乱等
王朝秩序的动摇，周王通过"通省"等军事行动巡游"四方"之
地，以图恢复其政治秩序。[1]

从某种角度看，在西周，不仅封国可以被视作一个空间过程，王畿也
可以，王权与君权，同样也可以被视作空间过程。这一段内容，可以
看作是"姬周型制度"在"天子—诸侯（封君）"之间政治秩序的
独特内容，也可以看作是分区研究之后，如何从整体上理解西周王朝
地理空间的一个提示。

在古代国家政治地理问题研究中，始终需要面对一个与现代国家
不同的问题，即古代国家的边界有着显著的不确定性，领土界线模
糊。对这种现象，学者希望在研究中尽量找到分寸适当的概念来加以
阐述。谭其骧、葛剑雄都在讨论"疆域"概念时强调古代"疆域"
与现代"领土"的区别。[2] 古代的特殊性在于对政权的空间境界并
无清晰认识，相邻政权也不认为划分界线有必要。王健在《西周政治
地理结构研究》一书中尝试用"政治疆域"来表述西周的王朝地域，
认为三代国家政治疆域有空间界线不明确、多都城、管控据点化和延
续方式法理化四个表征。[3] 这些前辈研究在静态视角下对西周地理
空间特质的描述已经很贴切，若想再进一步通过西周时期的状况来理

---

[1]［日］松井嘉德《周代国制の研究》，附录第 67 页。

[2] 谭其骧：《中国历史地图集》"前言"。葛剑雄：《中国历代疆域的变迁》，北京：商务
　　印书馆，1997 年，第 7—11 页。

[3] 王健：《西周政治地理结构研究》，第 273—302 页。

解古代国家在政治地理方面的复杂性，引入动态视角，注重各类权力单元的流动性是必要的。

另外还有一个重要问题是"姬周型制度"的区域来源问题。西周政治地理的结构—过程，在空间上并不是均质的。六个区域，在"姬周型制度"的培育和实践中，贡献程度也不一样。杜正胜谈及其研究所讨论的周代制度问题时，称他的名著《周代城邦》其实就只是"解释西元前十世纪至（前）六世纪中原及山东半岛一带，社会性质的特点及其转变"。[1]"公元前十世纪至（前）六世纪"，也就是西周到春秋前期，"中原到山东半岛一带"，也就是本文讨论的成周王畿、小东、大东地区。杜正胜的这种问题设置，指出了西周制度的区域差异性。也就是说，这些区域才是在西周时期制度发展最复杂、经历从贵族分封制到编户齐民郡县制变革过程最完整的地区。想理解姬周型制度如何转变为秦制，本质是要明白中原及山东半岛地区的转变过程。

成周王畿、小东和大东，是姬姓封国最集中的地区，也是东征直接影响下生成的区域。这些区域内的封国徙封既有偶然性，又有规划性。成周王都、鲁、卫、齐等几个大据点，其中姬姓周人由军事殖民者发展为地区组织者，这些地区是"姬周型制度"中大量内容真正的形成区，也是各项制度实际运行的核心区。杜正胜谈到西周封国最核心的制度——国野制时，讲到"国人""野人"概念内涵的区分，解释周的平民身份时，称"周的平民也属国人阶层，所谓'私人（家臣）之子，百僚是试'（小雅大东），他们是介乎'东人之子'与'西人之子''舟（周）人之子'（大东）之间的"。[2]在杜正胜看来，"东人之子""西人之子""周人之子"是国野制中对人的身份的一些基本分类。"东""西""周"在西周文献中并非泛指方向或大的地域，而是常常分别对应"大东""宗周"与"成周"，也就是说，

---

[1] 杜正胜：《周代城邦》序，台北：联经出版事业股份有限公司，2018年，第17页。
[2] 杜正胜：《周代城邦》，第76—77页。

西周国野制下很可能以区域为条件对人群进行细分，这种区域差异同时也标识着等级差异。在这套分类中，大东、宗周、成周是区域条件，其实同时也就意味着这套分类很有可能就是从这些地区的政治实践中产生、发展起来的。如果我们相信一个王朝的制度生成、发展与其空间进程存在互动，那么，西周中期以后中央行政的诸多变化，"姬周型制度"的具体内容和结构性特征，可能都直接来源于新获地区，特别是东方地区的政治地理进程。

"姬周型制度"是显著区别于商代的一套属于周人自己的制度，是周王朝独特的"王畿—封国"组合结构运行的成果。从西周王朝政治地理结构—过程的视角回顾王国维百年前《殷周制度论》中的论述：

> 逮克殷践奄，灭国数十，而新建之国皆其功臣昆弟甥舅，本周之臣子。而鲁卫晋齐四国，又以王室至亲为东方大藩，夏殷以来古国，方之蔑矣。由是天子之尊，非复诸侯之长而为诸侯之君。[1]

其说仍然是反映西周时代政治最为凝练准确的经典。

---

[1] 王国维：《殷周制度论》，《观堂集林（附别集）》卷10《史林二》，第467页。

附 录 与 附 表

附录一　晋南与鄂东豫西地区两周
时期的地名重名现象

地名是先秦文献中非常重要的内容。地名本身即为一种史料。在传统沿革地理的时代，相关研究主要集中在地名本身，对古地名的位置、一地地名的演变等加以考证。学术近代化以后，学者开始利用地名进行历史问题的研究。

地名虽然多只有一两个字，但却包含不容忽视的历史信息，且往往与重大历史事件或历史进程相关。20 世纪 50 年代，顾颉刚在为中国科学院历史研究所撰写的《工作计划》中就强调古史研究必及地名，且地名研究中要重视族群的移徙问题：

> 研究历史必及地名，而古代地名素来是读者的障碍物。……地名常因民族的移徙，前人对于古代地名看得过分呆板，对于民族移徙又绝未注意，所以弄得许多地方窒碍难通，现在也必须加以纠正。[1]

当时顾颉刚已经年逾六旬，在上古历史研究方面积淀深厚，此时他对

---

[1] 顾颉刚：《春秋地名考（未刊本）》"前言"，北京：北京图书馆出版社，2006 年，第 3 页。

古地名的强调，可以理解为是在丰富的研究实践中总结出的重要认识。到 1978 年，中国社会科学院要求科研人员提交研究计划，顾颉刚在材料中再次写道：

> 古地名众说纷纭，必须加以考索，并联系其氏族之起源与流徙。[1]

又一次强调族群迁徙与上古地名的历史问题在研究时必须要联系在一起。

顾颉刚后来也做了一些这样的研究尝试。比如遗稿中《徐和淮夷的迁、留》一文，[2] 就将不同时间不同区域的水名"淮"联系起来梳理出一个变化，然后将其与东夷在西周初年的人群迁移联系起来。这个研究揭示出周初东征以后王朝东部地区的政治联动情况，大大丰富了西周早中期之际的历史场景。虽然从总体看这种工作为数不多，但颇具启发性。

然而顾颉刚这一思路要实践起来也颇为困难，因为将地名地点变化与人群迁移联系起来很冒险。首先，单个地名历史信息十分有限，虽然是文本，但只有一两个字，很难直接对应历史问题。同时，记录地名与人群活动之间关系的材料也极少，文献所见不同地点间记字上同音同字地名来源的可能性又太多，如果不经过严密的材料鉴别和筛选就将几个地名联系起来，再提出解释，很容易流于泛化和想象。要解决单个地名信息不足的问题，唯一可行的方法就是增加信息总量，将相关地名合在一起进行聚类分析，并且要将多类型、多成因的地名史料相互印证。

金祖孟是我国现代地名学基础理论研究中有代表性的学者。1945年，他指出地名存在历史性与地理性，明确提出"地名群"的概念。

---

[1] 顾颉刚：《春秋地名考（未刊本）》"前言"，第 5 页。
[2] 顾颉刚：《徐和淮夷的迁、留——周公东征史事考证之五》，《文史》第 32 辑，第 1—28 页。

他在《地名通论》一文中谈到地名"结群"的概念：

> 所谓结群（Gruppierung），就是若干不同的地名，由于有一个共同的来源，往往在形式上（用字）或含义上有类似的地方；这种类似的地名，可以很明显的自成一群（Gruppe）。这种地名之群，我们称为"地名群"（Ortsnamengruppe）；同一地名群所属各地名之间，因为有共同的来源，总有一种类似共同血统的关系。因此，"地名群"也可以称为"地名属"（Ortsnamenfamilie）。所谓"共同的来源"，至少有两种。第一是构成地名的共同的语言文字的基础；第二是地名取义的共同的地理事物的根据。[1]

他认为地名"结群"亦可称"地名群"，这一概念强调地名之间的联系，利于将地名分析从个体地名引向群体地名。相对于个体地名，"地名群"信息总量大，地名间内在的逻辑关系（即"共同的血缘关系"）更为明显，不仅利于把握其地理特性，更容易提示其中隐含的历史信息。但地名之间的关系缺乏直接证据，首先最基本地将哪些地名聚为一群就十分困难。从金祖孟对地名性质的理解来看，要找到其中的逻辑，时间、空间应该是最直接的入手途径。

在早期文献中，能够看到存在某类"地名群"的迹象。童书业曾谈到，汾水流域与汉水流域之间存在一种国名多重名的现象：

> 汾水流域之国，汉水流域多有之。汾水流域有唐，即晋，……汉水流域亦有唐国。[2]

童书业所谓"国"，同时也是地名，虽然只列举了"唐"，但既然称"多有之"，显然童书业认为不止一处，可以理解为一组重名地名群。在两周时期，汾水流域长期属于晋国，汉水流域则长期属于楚国。以此为线索，以《左传》《国语》为基础史料，对读其中涉及楚晋部

---

[1] 金祖孟：《地名通论》，《新中华》复刊 3 卷 4 期，1945 年，第 40 页。
[2] 童书业：《太伯、仲雍所奔"荆蛮"》，《春秋左传研究》，第 356 页。

分，寻找重名地名信息，将这两种文献中的重名地名代入《诗》、《书》、金文、甲骨文中进行查检，并参核部分战国文献，可以发现，各类重名地名至少有 17 组，其中不仅有童书业提到的国名，还有不少河流、聚邑的名字。而且涉及的区域，也不仅是汾水流域与汉水流域，而是今晋南与鄂东豫西这两个更大范围的区域。

若只是某几个地点间单一地名简单重名，其中当然有很大的偶然因素。但汾水流域与汉水流域两地间多处地名重名，数量大到可以成组，若再联系到顾颉刚的假设，可以推测这背后隐含着重大事件，其中的可能之一，是族群移徙。

晋南地区指汾水流域、黄河北岸，最主体是太行山—中条山山系的两侧地区。鄂东豫西地区则包括汝水流域、南阳盆地、鄂北山地、随枣走廊和整个汉水流域，最主体是桐柏山—大别山山系两侧地区。这两个地区都是两周历史展开的核心区域，区域发展与商周时期的大历史密切相关。对区域内人群交往与流动的把握程度，关乎对于商周历史的认识精度。同时，近年来考古发现揭示出的新现象也进一步增强了对区域内人群流动，特别是汾水流域与汉水流域之间早期联系与交往问题研究的迫切性。

由于这种关联在传世文献中即已彰显，自 2005 年起，笔者就开始注意搜集积累这一问题的相关材料。2008 年，笔者的博士学位论文《西周徙封与宗盟问题研究》中即已涉及，但论述和讨论还比较初步，主要是当时还没有意识到"地名群组"对于地名与人群流动之间建立关系的重要性。[1] 在后来到复旦大学历史地理研究中心进行博士后研究期间，笔者一方面进一步学习地理学的知识和方法，一方面逐步积累，完善论证。到 2010 年，笔者的博士后出站报告《西周封国与先秦流域间地缘关系过程：以汉水流域为中心》的第二篇《先秦时期汾水流域与汉水流域的地名重名现象》成为出站报告的重点内容之

---

[1] 于薇：《西周徙封与宗盟问题研究》，北京师范大学博士学位论文，2008 年。

一，此文对地名成对儿进行论证，以通专名属性、字音义配合作为筛选标准，以交通线作为与人群移徙问题衔接主要逻辑的论证架构基本成型。[1] 随后，笔者主持国家自然科学基金青年项目"流域地缘关系过程与中国传统政治地理"（2010—2013，40901076），借助基金平台进一步深入探索，数易文稿，最终明确了"地名群组"的研究方法，筛选确立了这样 17 组地名。经过近 10 年的时间，形成了本文这样一个初步的研究成果。

在此期间，2011—2013 年湖北随州叶家山墓地考古发掘工作取得重大发现，引起学界轰动。叶家山两次发掘共清理墓葬 140 座，马坑 7 座，出土器物包括青铜器、玉器等共 2 100 多件（套）。从出土器物看，墓葬所有年代都集中在西周前期，应属西周曾国公墓。[2] 叶家山墓地墓葬有一个明显特点，头向基本全部向东。而目前已发现的西周时期包括西周早期诸侯国墓地，除了汾水流域的山西绛县横水墓地和翼城大河口墓地墓葬多作东西向之外，其他基本都是南北向。陕西省考古研究所研究员、山西绛县横水和翼城大河口墓地发掘主持者谢尧亭，对汉水流域的随州叶家山墓地和汾水流域的绛县横水、翼城大河口、侯马北赵、曲村墓地等墓葬的墓地面积、兆域、墓葬方向、殉人、腰坑、殉牲、斜洞等方面进行了比较，认为叶家山墓地东向墓的情况与曲村唐人墓葬十分相似。据此，谢尧亭提出了一个推断，叶家山人群存在自山西迁徙而来的可能。李零在比较了相关出土器物后，也提出了基本一样的问题，即随州叶家山墓地的人群，是否存在从山西汾水流域迁来的可能性。[3] 笔者之前的研究一定程度上得到了考

---

[1] 于薇：《西周封国与先秦流域间地缘关系过程：以汉水流域为中心》，复旦大学博士后出站报告，2010 年 6 月。

[2] 湖北省博物馆、湖北省文物考古研究所、随州市博物馆：《随州叶家山：西周早期曾国墓地》。

[3] "礼乐中国——湖北出土商周青铜器特展暨叶家山西周墓地国际学术研讨会"会议发言，发表于湖北省博物馆、湖北省文物考古研究所主办"礼乐中国——湖北出土商周青铜器特展暨叶家山西周墓地国际学术研讨会"，2013 年 12 月 29 日。

古发现的印证，并与考古、古文字方向的重要专家观点大体一致，感到十分欣喜，亦更加希望能尽快完成此文，以这些重名地名为材料，深入分析汾、汉流域的地名重名现象，探索其背后隐含的历史信息。

金祖孟谈"地名群"时，专门强调了当中的困难，指出"在同一区域，寻求个时代特有的地名群，这种工作比较困难……各地历史、种族、语言很复杂，……这样的工作，很困难，也就很有意义，同时也常有争议"。[1] 笔者深知将"地名群组"这一概念引入先秦地名、族群、流域间关系研究的艰难，也深知这套方法还有诸多不足。而近年来，一些青年学者已经同笔者一样重视运用这种方法，如南开大学历史系赵庆森博士的学位论文《商周时期的族群迁徙与地名变迁》（2016 年 5 月）第四章第四节《汾水流域和淮汉地区的族群交流》举出 13 组例证，例子与方法都与本文多有交叉。看到更多学者注意到此类问题和方法，笔者十分感慨，这说明 10 年来坚持的探索方向是具备学术价值的。越来越多学者的关注，有益于此类研究，也必将推动新认识的产生。故而，本篇在探索历史现象的同时，也更希望能在方法上作一些贡献，能对利用地名进行历史问题研究十分艰难的先秦研究略有裨益。

一、"重名地名群"的确认

（一）重名地名举例：汾

"汾"是本文最重要的一个关键词。此水为先秦北方最著名的河流之一，《诗·魏风·汾沮洳》有云："彼汾一曲，言采其藚。"[2]《魏风》所歌，为春秋晋国核心区内的风物，"彼汾一曲"之"汾"，

---

[1] 金祖孟：《地名通论》，《新中华》复刊 3 卷第 4 期，1945 年。

[2] 郑玄笺，孔颖达疏：《毛诗正义》卷 5-3 "汾沮洳"，第 357 页。

即晋地之汾水。《左传》昭公元年载："台骀能业其官，宣汾洮，鄣大泽，以处大原。帝用嘉之，封诸汾川，沈、姒、蓐、黄，实守其祀。今晋主汾而灭之矣。"杜预注："汾、洮二水名。"[1] 在春秋时，汾河是晋国主祀的河流。《周礼·职方》云："河内曰冀州，其山镇曰霍山，其泽薮曰扬纡，其川漳，其浸汾、潞。"[2] 战国以后，汾水被看作整个冀州最重要的河流之一。

《汉书·地理志》"大原郡·汾阳"自注云："北山，汾水所出，西南至汾阴入河，过郡二，行千三百四十里。"[3] 孔颖达《左传》僖公十六年疏云："汾水从平阳南流，折而西入于河。临汾县在汾水北，狐谷疑是狐厨，乃在县之西北。则狐厨、受铎皆在汾北。狄自北而侵，南涉汾水，至于昆都。昆都在汾南也。"[4]《水经注·汾水》云："汾水出太原汾阳县北管涔山，东南过晋阳县东，晋水从县南东流注之。又南，洞过水从东来注之。又南过大陵县东，又南过平陶县东，文水从西来流注之。又南过冠爵津，又南入河东界，又南过永安县西，历唐城东。又南过杨县东，西南过高粱邑西，又南过平阳县东，又南过临汾县东，又屈从县南西流，又西过长修县南，又西过皮氏县南，又西至汾阴县北，西注于河。"[5] 从上述不同时期对汾河流路的文献记载来看，汾河河道在历史时期的变化不大，与今河道基本一致，源出山西宁武管涔山，向南流经静乐县、古交市、太原市、清徐县、祁县、介休市、霍州市、洪洞县、临汾市、侯马市，在河津附近汇入黄河。汾水作为黄河最著名的一条支流，其对于晋国历史，乃至整个三代历史中的重要性，已经无须多言了。

引人注目的是，春秋时楚地亦有一汾，虽没有晋地之汾著名，但

---

[1] 杜预注，孔颖达疏：《春秋左传正义》卷41，召公元年，第2024页。

[2] 郑玄注，贾公彦疏：《周礼注疏》，第863页。

[3] 班固：《汉书》卷28上《地理志》，第1552页。

[4] 杜预注，孔颖达疏：《春秋左传正义》卷14，僖公十六年，第1809页。

[5] 郦道元著，王先谦校：《合校水经注》卷6，第96—104页。

却是一处兵家必争之地。《左传》襄公十八年："子庚帅师治兵于汾。"[1] 因为下文讨论还涉及文内相关地点，故先列全段如下：

> 郑子孔欲去诸大夫，将叛晋而起楚师以去之。使告子庚，子庚弗许。楚子闻之，使杨豚尹宜告子庚曰："国人谓不穀主社稷而不出师，死不从礼。不穀即位，于今五年，师徒不出，人其以不穀为自逸而忘先君之业矣。大夫图之，其若之何?"……子庚帅师治兵于汾。于是子蟜、伯有、子张从郑伯伐齐，子孔、子展、子西守。二子知子孔之谋，完守入保，子孔不敢会楚师。楚师伐郑，次于鱼陵。右师城上棘，遂涉颍。次于旃然。蒍子冯、公子格率锐师侵费滑、胥靡、献于、雍梁，右回梅山，侵郑东北，至于虫牢而反。子庚门于纯门，信于城下而还。涉于鱼齿之下，甚雨及之。楚师多冻，役徒几尽。[2]

这段文字记载了郑、楚两国间的一次战役，涉及多处郑楚间地名，其中楚令尹子庚练兵之处即称"汾"，可知楚国有"汾"地。杜预注云"襄城东北有汾丘城"，认为此地在西晋时之襄城县东北汾丘城，即今河南许昌市西南。后来历代注《左传》者如孔颖达、竹添光鸿、[3] 杨伯峻，[4] 包括专治春秋地理的江永等，[5] 也都同意杜说。

但对汾地点的传统说法可能还需讨论一下。是役，楚师先治兵于汾，进攻途中首先次于"鱼陵"，战罢回兵途中又涉于"鱼齿"，"鱼陵"和"鱼齿"是判断"汾"地位置的重要参照，而对此二地位置恰恰有不同说法。杜注云："鱼陵，鱼齿山也，在南阳鄪县北，郑

---

[1] 杜预注，孔颖达疏：《春秋左传正义》卷33，襄公十八年，第1965页。

[2] 杜预注，孔颖达疏：《春秋左传正义》卷33，襄公十八年，第1965—1966页。

[3] [日] 竹添光鸿：《左氏会笺 下》第十六襄十八，第21页。

[4] 杨伯峻：《春秋左传注》，第1041页。

[5] 江永：《春秋地理考实》卷2"汾"，第293页。

地。"[1] 认为两地实为一地，在西晋南阳国犨县，即今河南鲁山县东南。但若犨在鲁山，汾在许昌，则两地位置似乎不应在伐晋的同一条行军路线上。顾炎武就引范守己说，认为子庚既治兵于襄城之汾，不当南还走鲁山。[2] 杨伯峻也指出，"楚伐郑，治兵于许昌西南，而军反退至鲁山县一带"，[3] 不合常理。如此一来，"汾""鱼陵""鱼齿"几处杜注自相矛盾，其中必然存在问题。

顾炎武、杨伯峻等都认为是杜所解鱼陵有误，"鱼陵不为鱼齿山"。但从后面各地点与交通线之间的关系来看，杜注对于鱼陵的注释没有错，而是之前根据西晋时"汾丘"的位置来解春秋时"汾"的位置，比起实际情况偏北了。这段文献中的地名，看起来有些杂乱，但其实有自身的空间逻辑。记载战争活动的文本中涉及的地名，多与关隘和交通线有关。军队出征，一方面是要取胜，一方面要尽量保证自身安全，同时还要保证行军速度，所以行军路线的选择相当谨慎，除非偷袭，一般会选取便于战车行进的常规道路，交通线相对稳定。春秋楚、郑之间的交通线是比较清楚的，结合交通线分析上文一系列地点的相对位置和绝对位置，就可以发现，子庚治兵之"汾"不在"汾丘"。

首先，若依杜注，"汾"在"襄城汾丘城"，那么子庚治兵就在颍水东岸，也就是说，从楚的方向出兵，已经渡过了颍水，则无论鱼陵是不是鱼齿山，都不会有后面"城上棘""涉颍"之事。这里有一点需要说明，杨伯峻注认为"杜注谓西晋之襄城县东北有汾丘城，当在今许昌市西南，颍水南岸"，[4] 汾丘在颍水南岸的说法似乎不确。《水经注·颍水》载："颍水出颍川阳城县西北少室山，东南过其县

———————————

[1] 杜预注，孔颖达疏：《春秋左传正义》卷33，襄公十八年，第1966页。
[2] 顾炎武：《左传杜解补正》，《清经解》卷2，阮元、王先谦：《清经解 清经解续编》第一册，第13页。
[3] 杨伯峻：《春秋左传注》，第1042页。
[4] 杨伯峻：《春秋左传注》，第1041页。

南，又东南过阳翟县北，又东南过颍阳县西，又东南过颍阴县西南，
又东南过临颍县南，又东南过汝南灊强县北……又东南至慎县东南入
于淮。"颍水正源自少室山出以后，一路东南流向，郦道元注云："颍
水又南迳颍乡城西，颍水又东南迳柏祠曲东，历冈丘城南，迳繁昌故
县北。"[1] 赵一清注云冈丘城即"故汾丘城"。[2] 颍水"历冈丘城
南"，显然冈丘城在颍水北岸，所以杨守敬《水经注图》中即将汾丘
绘于颍水东北。[3] 若《水经》及诸注记载无误，则杨伯峻认为汾丘
在颍水南岸恐不确。即此，楚境在颍水西南，若子庚治兵于汾丘，则
当已经渡过颍水了，后面应再无"涉颍"之事。

　　而且，从事前的铺叙看，子庚本不主张出兵，后受王命被迫起
师，也并未开战，只是在汾地"治兵"。"治兵"一词在《左传》中
有专门的含义。隐公五年载：

> 　　春蒐夏苗，秋狝冬狩，皆于农隙以讲事也。三年而治兵，入
> 而振旅，归而饮至，以数军实。昭文章，明贵贱，辨等列，顺少
> 长，习威仪也。[4]

周制农闲时以田猎形式练兵，在此之外，每三年集中演习一次，即"治
兵"。"治兵"是一种礼，虽然也教习战法，但主要目的在于"昭文章，
明贵贱，辨等列，顺少长，习威仪"，确立军队中的秩序。[5]《公羊
传》云"出曰祠兵"，[6]《春秋》庄公八年经"甲午，治兵"。[7]

---

[1] 郦道元著，王先谦校：《合校水经注》卷22，第328—332页。

[2] 赵一清：《水经注释》卷22，光绪六年八月会稽章氏重刊本，第4页。

[3] 杨守敬等：《水经注图》，北京：中华书局，2009年，第325页。

[4] 杜预注，孔颖达疏：《春秋左传正义》卷3，隐公五年，第1726—1727页。

[5] 杜预注，孔颖达疏：《春秋左传正义》卷3，隐公五年，第1727页。

[6] 何休解诂，徐彦疏：《春秋公羊传注疏》卷7，庄公八年，第2203页。

[7] 杜预注，孔颖达疏：《春秋左传正义》卷8，庄公八年，第1765页。

《左传》云"治兵于庙，礼也"，[1] 讲得更明确，"治兵"是一种需要告庙的仪式，是一种军礼。当然，《左传》中个别地方的"治兵"并不完全与隐公五年传文所称三年一治兵的周期相符合，而是发生在战前，作为授兵仪式，但活动仍然有祭祀的性质。如隐公十一年"授兵于大宫"，[2] "大宫"即太庙，说明授兵也在庙中，而且是宗庙。各国的宗庙一般不会建在自己的国土以外，[3] 所以战前治兵的地点也不会在封土之外。如僖公二十七年"楚子将围宋，使子文治兵于睽""子玉复治兵于蒍"，"睽""蒍"杨注为楚地；又如宣公十五年"晋侯治兵于稷以略狄土"，"稷"杨注为晋地；再如昭公十三年晋"治兵于邾南"，"邾南"杨注为邾国之南境，有误，应在平丘，即今河南长垣、封丘之间，属于晋河南地。[4] 都在本国的封境之内。所以，子庚治兵之"汾"，也至少应该在楚境之内。

而"汾丘"所在的襄城东北，当时并不属楚，而是郑的领地。鲁僖公二十四年《传》载大叔（王子带）以狄师伐周，"王出适郑，处于氾"，杜注："郑南氾也，在襄城县南。"杨伯峻注："在今河南省襄城县南，以周襄王尝出居于此，故名襄城。"[5] 据此可知这一地区为郑地。虽然之后楚师入郑都，但未取其地而还。入其国而不取其地的情形，在春秋是比较常见的。到襄公二十六年，《传》云："（楚子伐郑）入南里，堕其城。涉于乐氏，门于师之梁……涉于氾而归。"[6]

---

[1] 杜预注，孔颖达疏：《春秋左传正义》卷4，隐公十一年，第1736页。

[2] 杨伯峻：《春秋左传注》，第444、763、1353页。杜预注，孔颖达疏：《春秋左传正义》，第1822、1888、2071页。

[3] 后世宗庙一般建在国都，但西周封国，宗庙并非在一地，可能多个城邑有宗庙，故《左传》庄公二十八年云："冬，筑郿，非都也。凡邑有宗庙先君之主曰都，无曰邑。"

[4] 前后的一系列行动都与邾没有任何关系，不应该在邾境南。治兵即振旅，整肃军队，以便召开盟会。所以邾南应该就在会盟的平丘附近。

[5] 杜预注，孔颖达疏：《春秋左传正义》卷15，僖公二十四年，第1818页。杨伯峻：《春秋左传注》，第426页。

[6] 杜预注，孔颖达疏：《春秋左传正义》卷37，襄公二十六年，第1992页。

这次征伐，因为子展听从子产的建议没有备防，楚进兵很顺利，打到郑国都，取胜后从氾地渡过汝水还师。《传》中记载南里、乐氏、师之梁都是郑地，氾应该也与他们一样，是当时郑控制下的城邑。子庚治兵在襄公十八年，十八年到二十四年间，经传未载楚有伐郑夺邑之事，所以可以推知，子庚治兵时，氾一带还应该是郑地。汾丘位置相对氾还要偏东北，距郑都更近，氾当时不是楚地，楚应该也不会越过氾而占有汾丘。显然，汾丘不在楚境之内。春秋时楚国的基本疆域主要是以方城为界，楚文王时开始伐申（《左传》鲁庄公六年），到成王时已经完全占领了南阳盆地，并在申地设县，此后楚的北部一直稳定在这个地区，到昭公十九年，也就是春秋末年，楚才大城成父，襄城方成为楚的东部前沿。所以，子庚治兵之地，似不应在封境之外的汾丘。

　　其实，不仅"汾"的位置有问题，这次战役的地理问题，杜注及其后注家整体解释都不够严密。如杜注指旃然为旃然水，在今荥阳附近，杨伯峻亦承杜说，并指费滑为今偃师县南之缑氏镇，胥靡为今偃师县东，献于未详其地，雍梁则取顾栋高《春秋大事表》说为今禹县东北。[1] 但若按此，则楚军已行至郑都附近，又忽然西南行军百里，离开郑都攻打偃师南之小邑，然后又回师向东，攻偃师东之小邑，之后又向南，几乎回到起点，攻打雍梁，然后又向北长途行军回到郑都附近，最后越过黄河，到达封丘。这样的行军路线，无论如何都是非常古怪的，看不出有什么必要。由于汉贾逵、马融注经重经义、制度，于地理不详，可能杜预为《左传》地理问题做注时，旧注中难以找到准确的沿革依据，所以有时要参照他所在西晋时代地名的位置进行推断。但由于经历了战国秦汉数百年的历史变迁和政区发展，不少地名西晋时虽然还在，但已经不是西周春秋时的位置，所以杜注于地理问题整体看是比较粗疏的。此点后世学者已多有批评，钱基博即总

---

[1] 杨伯峻：《春秋左传注》，第 1042 页。

结为"言地理，好为臆说，未能揆度远近，辄以影附今地"。[1] 认为
是杜注的一大过失。

　　实际上，楚、郑之间的交通线并不复杂，楚侵郑，基本上就只一
条干道可走，即经南阳，出方城，经方城外之叶县，然后向北，经汝
州到达郑国附近。所以这场战役的行军路线也应该是很清楚的，楚师
先驻扎在鱼陵，然后分兵两路，一路从上棘渡颍水，驻扎在旃然，之
后沿途攻打费滑、胥靡、献于、雍梁、梅山，侵伐郑的东北部，到达
虫牢；另一路则直捣郑国国都，最后两军应该都回师到鱼陵。这样的
话，上棘应在颍水南岸，旃然在颍水北岸不远，费滑、胥靡、献于、
雍梁、梅山、虫牢应该都是郑东北地名。而楚出次和回军的地点鱼陵
在平顶山，也证明了行军路线起点正是方城之外，而子庚出兵之前在
封境内治兵的地点，也很可能就在方城附近。

　　楚"汾"是一处险要之地，而且不是普通的险要，是天下之险。
《吕氏春秋·有始览》云："何谓九塞？大汾，冥阨，荆阮，方城，
殽，井陉，令疵，句注，居庸。"高诱注："大汾，处未闻，冥阨，荆
阮，方城皆在楚。"未详其所在。毕沅认为"大汾"就是晋地之汾：
"大汾，《淮南》作'太汾'，注云'在晋'，此何以云未闻？"毕沅此
说恐怕是没有读懂高诱注的意思。以晋地汾水之著名，高诱何以会不
知？高注此地未闻，明显是认为此"大汾"与晋地汾水为两处。吴承
仕即为高诱注做解云："言大汾、令疵未闻者，亦其慎耳。"[2] 虽然
未详其地，但从语序看，大汾之后三处要塞皆在楚地，大汾很可能也
相去不远。《战国策·楚策》云"楚北有汾陉之塞"，不少注家都认
为此"汾陉"即"大汾"，也就是《左传》中楚子庚治兵之"汾"。[3]

　　楚国的领土，东北部以南阳盆地东缘伏牛山、桐柏山为最稳定的

---

[1] 钱基博：《经学通志》，上海：上海古籍出版社，2011年，第127页。
[2] 陈奇猷：《吕氏春秋新校释》，第663、670页。
[3] 诸说参见诸祖耿：《战国策集注汇考（增补本）》，第748—749页。

界限。楚重要的军事据点，也主要就是这一条山弧中的隘口。"大汾"
又称"汾陉"，《说文·部》云："陉，山绝坎也。"段注云："陉者，
一山在两川之间，故曰山绝坎。绝犹如绝流而渡之绝，其荃理亘于陷
中也。"[1]《尔雅·释山》云："山绝，陉。"邢昺疏："陉，谓山形
连延中忽断绝者名陉。"[2] 可见，"陉"就是山间河谷。太行山中峡
谷多称"陉"，其中最著名的就是"太行八陉"，《元和郡县志》"河
北道"有"太行陉阔三步，长四十里"。[3] 陉应指比较狭窄的山谷。

　　伏牛山中也有两处类似的地貌，一处是方城，另一处是醴水出伏
牛山的峡谷。《水经注·汝水》云醴水"出南阳雉县……又东南迳唐
城北，南入城，而西流出城。（自注云：城盖因山以即称矣。）醴水又
屈而东南流，迳叶县故城北……又东迳郾县故城南，左入汝。"[4] 这
条河，经过了三座非常重要的城邑：唐、叶和郾，其河谷正是东出南
阳的干道。河穿伏牛山而过，南有支水烧车水，符合"一山在两川之
间"的地貌特征。醴水南有潕水，潕水穿伏牛山的河谷也符合"陉"
的地貌，其关隘便是著名的方城。从形势上看，唐、叶之间的醴水河
谷，必然也是楚北方最重要的军事据点之一。《左传》僖公四年："四
年春，齐侯以诸侯之师侵蔡。蔡溃，遂伐楚。……师进，次于陉。"
杜注："陉，楚地。"[5] 此陉即汾陉。齐当时兵临楚境，就在楚境最
重要的隘口前方扎营。而楚后来有"方城以为城，汉水以为池"之
语，也印证此时齐陈兵国门的态势，齐桓公先攻下蔡，然后再伐楚，
之后回军退至召陵（今河南省漯河市辖境内），也正是在叶县通鲁宋
的这条交通路线上。子庚若治兵于此，不仅与后来的行军路线相符，
其地点也与当地的实际地形相符合。所以，楚国的"汾""大汾"

---

[1] 段玉裁：《说文解字注》14 篇下，第 734 页。

[2] 郭璞注，邢昺疏，《尔雅注疏》卷 7《释山第十一》，第 2618 页。

[3] 李吉甫：《元和郡县图志》卷 16 "河北道一"，第 444 页。

[4] 郦道元著，王先谦校：《合校水经注》卷 21，第 323—324 页。

[5] 杜预注，孔颖达疏：《春秋左传正义》卷 12，僖公四年，第 1792 页。

"汾陉"，很可能就在南阳方城附近。

（二）重名地名群中其他地名

1. 随

"随"地在汾水流域和汉水流域都是很著名的地点，且位置在文献中没有太多争议。

汾水流域的随地，见于《左传》隐公五年："翼侯奔随。"杜预注云："随，晋地。"[1]《读史方舆纪要》"历代州域形势·晋"载："随，晋别邑，或曰在今汾州府介休县东。"[2]杨伯峻注云："今山西省介休县东稍南约二十五里有古随城。"[3]竹添光鸿笺亦曰："随城在今山西汾州府介休县东，晋士会食邑于随，即此。"[4]

汉水流域的随是当地的著名大国。其国始见于《左传》桓公六年，楚武王侵随，斗伯比言于楚子曰："汉东之国，随为大。"[5]《汉书·地理志》"南阳郡·随"自注："故国。"[6]《续汉书·郡国志》"南阳郡·随"注："古随国。"[7]晋杜预注云："随国，今义阳随县。"[8]《晋书·地理志下》载"武帝平吴……分南阳立义阳郡"，[9]故杜预云晋时随地属义阳郡。晋惠帝时义阳郡移治义阳县，今信阳州南，义阳故城是也。又分置随郡，领随县等县，《读史方舆纪要》云："随，今湖广德安府随州。"[10]故城在今湖北省随县南。随国的相关考古发现一直很少，学者曾疑此国在当地另有称呼。2013

---

[1] 杜预注，孔颖达疏：《春秋左传正义》卷3，隐公五年，第1727页。

[2] 顾祖禹撰，贺次君、施和金点校：《读史方舆纪要》卷1，第10页。

[3] 杨伯峻：《春秋左传注》，第45页。

[4] [日] 竹添光鸿：《左氏会笺 上》第一隐五，第62页。

[5] 杜预注，孔颖达疏：《春秋左传正义》卷6，桓公六年，第1749页。

[6] 班固：《汉书》卷28上《地理志》，第1564页。

[7] 范晔：《后汉书》志第22《郡国四》，第3476、3478页。

[8] 杜预注，孔颖达疏：《春秋左传正义》卷6，桓公六年，第1749页。

[9] 房玄龄等：《晋书》卷15，北京：中华书局，1974年，第454页。

[10] 顾祖禹撰，贺次君、施和金点校：《读史方舆纪要》卷1"历代州域形势"，第19页。

年，湖北省文物考古研究所对随州市文峰塔春秋中晚期曾国墓地进行发掘，出土了"随大司马献有之行戈"，使得随国的存在得到了确认。

2. 唐

汾水流域有唐地，汉水流域也有唐地，童书业论汾汉多重名地名时，即以唐为例，但没有展开。汾水流域的唐见于《诗》，《诗》有"唐风"，"其诗不谓之晋而谓之唐，盖仍其始封之旧号耳"。[1]甲骨文中有"𤇯"字，孙海波释为"唐"，认为在有些版中是地名（甲932，乙570）。[2]2008年新出青铜器觑公簋铭文有"王命易伯侯于晋"，[3]学者基本上认为应将"易"释为"唐"，即晋始封之地，在今山西侯马、曲沃一带。这样看来，汾水流域之"唐"作为地名，西周以前就存在了。汉水流域的唐见于《国语·郑语》，史伯曰"当成周者，南有……随、唐"，[4]一般认为在今湖北随县西北唐县镇，或随州枣阳县东南。

除此以外，还有三处唐地，分别在燕地、鲁地和周地。燕地之唐，见于《春秋》昭公十二年，其经云"齐高偃帅师纳北燕伯于阳"，《传》云"高偃纳北燕伯款于唐"，杜注云"阳即唐，燕别邑。中山有唐县"。[5]鲁地之唐，见于《春秋》隐公二年，经云"公及戎盟于唐"，杜注鲁地，杨伯峻引《春秋大事表》云在山东曹县东南四十里，又引《读史方舆纪要》云在山东省鱼台县东北十二里。[6]周地，即春秋时周天子直接控制的成周附近地区，周地之唐见于《左传》昭公二十三年，《传》云："尹辛败刘师于唐"，杜注"唐，周地"。[7]

［1］朱熹：《诗集传》卷6，第68页。

［2］中国科学院考古研究所编辑：《甲骨文编》卷二·九，第44页。

［3］朱凤瀚：《觑公簋与唐伯侯于晋》，《考古》2007年第3期，第64页。

［4］徐元诰撰，王树民、沈长云点校：《国语集解》卷16，第461页。

［5］杜预注，孔颖达疏：《春秋左传正义》卷45，昭公十二年，第2061页。

［6］杨伯峻：《春秋左传注》，第20—21页。

［7］杜预注，孔颖达疏：《春秋左传正义》卷50，昭公二十三年，第2102页。

这五处唐地中，汾水流域的"唐"原本是一个古国名，西周时可能用以专指原来古唐国所都之邑，也可能稍宽泛地指其国原来所辖的地区。汉水流域的唐，西周时是一个国名。其余三处传文和注疏都比较简略，看不出来是什么。但一般情况下，如果是国，在传文或注疏中都会有痕迹，既然看不到，那么是国的可能性则不大。燕地的唐邑可以纳北燕伯，应该具备一定的规模。鲁和周的唐，无从查考，且仅一见，可能是个小邑。后三处唐地，西周时期是否已经存在，也不清楚。

3. 霍

汾水流域有霍山，也有霍国。"霍"字在甲骨文中就有出现，写作"𩁹""𩁟"。卜辞有：

癸未卜在霍贞王旬无畎在六月甲申。

（《合集》35887）

在霍𩁹……王卜曰吉。　　（《合集》36783）

《禹贡》载冀州域内"壶口雷首，至于大岳"。《诗·唐谱》孔颖达疏引郑玄注有云："大岳在河东故县彘东，名霍大山。"[1]《周礼·职方》亦云冀州有霍，为山名："河内曰冀州，其山镇曰霍山，其泽薮曰杨纡，其川漳，其浸汾潞。"[2] 以霍山为冀州之岳镇。

霍山的具体位置，《周礼》郑注云："霍山在彘。"[3] 指其在汉彘县。《汉书·地理志》"河东郡·彘"自注云："霍大山在东，冀州山，周厉王所奔。"应劭云："顺帝改曰永安。"[4] 是郑时彘已为永安。《尔雅·释

35887

---

[1] 郑玄笺，孔颖达疏：《毛诗正义》卷 6-1 "唐谱"，第 360 页。

[2] 郑玄注，贾公彦疏：《周礼注疏》卷 33，第 863 页。

[3] 郑玄注，贾公彦疏：《周礼注疏》卷 33，第 863 页。

[4] 班固：《汉书》卷 28 上《地理志》，第 1550 页。

地》云："西方之美者，有霍山之多珠玉焉。"郭璞注："霍山今在平阳永安县东北。"[1] 则彘县后改名为永安。孙诒让《周礼正义》："汉彘县即今山西霍州治，霍山在州东南三十里。"[2] 清霍州民国改称霍县，即今山西省霍州市。《读史方舆纪要》："盖霍山崎岖险峻，介并、晋二州之间，实控厄之要矣。"[3] 可见霍山不仅是神居之所，也是咽喉要地。

邻近霍山有霍国。《逸周书·世俘》："庚子，陈本命伐磨，……乙巳，陈本命荒新蜀磨至，告禽霍侯、俘艾佚小臣四十有六。"[4]《集注》引潘振云："霍侯，麿国君也。"朱右曾云："霍侯都麿，艾侯都蜀。"[5] 则商末已存在一霍国，在商周易代之际，被武王派兵伐灭。《左传》僖公二十四年："管、蔡、郕、霍……文之昭也。"[6] 周初分封，将霍地封与同姓。《左传》闵公元年："晋侯作二军，……以灭耿灭霍。"虽然此处杜预注云："永安县东北有霍大山。"[7] 还将其释为山名，但既然为晋侯所灭，则显然是国或族，而不是一座山，所以杨伯峻注云："霍，姬姓国，文王子叔处所封。故城在今霍县西南十六里。"[8]《史记·赵世家》云："晋大旱，卜之，曰：'霍太山为祟。'使赵凤招霍君于齐，复之，以奉霍太山之祀。"[9] 霍国归晋后，霍君移居或逃居齐国。

---

[1] 郭璞注，邢昺疏：《尔雅注疏》，第 2615 页。

[2] 孙诒让撰，王文锦、陈玉霞点校：《周礼正义》卷 64《夏官·职方氏》，第 2675 页。

[3] 顾祖禹撰，贺次君、施和金点校：《读史方舆纪要》卷 39 "山西一"，第 1786 页。

[4]《汇校》云："此句旧本同，卢校改'告禽霍侯、艾侯，俘佚侯小臣四十有六'。庄校作'告禽霍荒侯，俘小臣四十六。'顾校依《路史》'艾'下增'侯'字。"黄怀信、张懋镕、田旭东：《逸周书汇校集注（修订本）》卷 4《世俘解》，第 429—431 页。特别是第 431 页。

[5] 黄怀信、张懋镕、田旭东：《逸周书汇校集注（修订本）》卷 4《世俘解》，第 431 页。

[6] 杜预注，孔颖达疏：《春秋左传正义》卷 15，僖公二十四年，第 1817 页。

[7] 杜预注，孔颖达疏：《春秋左传正义》卷 11，闵公元年，第 1786 页。

[8] 杨伯峻：《春秋左传注》，第 258 页。

[9] 司马迁：《史记》卷 43，第 1781 页。

　　汝水流域亦有"霍"，从文献来看，可能是山名，也可能是邑名。《左传》哀公四年："夏，楚人既克夷虎，乃谋北方。左司马眅、申公寿余、叶公诸梁致蔡于负函，致方城之外于缯关，曰：'吴将泝江入郢，将奔命焉。'为一昔之期，袭梁及霍。单浮余围蛮氏，蛮氏溃。蛮子赤奔晋阴地。"杜预注云"梁南有霍阳山"，为山名。[1]杨伯峻注云："梁在今河南临汝县西，与僖十九年传之梁在今陕西韩城县南者不同。霍在梁之西南，离临汝县稍远。"[2]

　　哀公四年中的"梁、霍"也存在另外一种解释，即邑名。顾祖禹《读史方舆纪要》"汝州·霍阳聚"云："在州东南二十里。《左传》'哀公四年'：'楚为一昔之期，袭梁及霍，以围蛮氏。'梁即故梁县也，……梁、霍皆蛮子之邑也。"[3]就认为楚所袭为汉霍阳聚。但顾祖禹也不否认汉水流域的"霍"亦与山名有关。在《纪要》"汝州"下载有"霍山"条，顾氏自注云："在州东南二十里。春秋时有霍阳聚，盖因山以名。杜佑曰：'汉于山下立霍阳县，俗谓之张侯城。'"[4]认为霍阳聚是因山以名聚。《水经注·汝水》："汝水之右有霍阳聚，汝水迳其北。"[5]《大清一统志·汝州》："（霍阳聚）在州东南，亦名霍阳城。"[6]其地即今河南汝州市西南，汝水流域的霍亦应在此处。

　　4. 梁

　　两处的梁皆为山名。汾水流域的梁山，见于《禹贡》"冀州"，其下云"壶口治梁及岐"，虽然孔传云"梁、岐在雍州"，[7]认为梁山

[1] 杜预注，孔颖达疏：《春秋左传正义》卷57，哀公四年，第2158页。

[2] 杨伯峻：《春秋左传注》，第1626页。

[3] 顾祖禹撰，贺次君、施和金点校：《读史方舆纪要》卷51"河南六"，第2439页。

[4] 顾祖禹撰，贺次君、施和金点校：《读史方舆纪要》卷51"河南六"，第2438页。

[5] 郦道元著，王先谦校：《合校水经注》卷21"汝水"，第320页。

[6] 穆彰阿：《（嘉庆）大清一统志》第5册卷225，上海：上海古籍出版社，2008年，第502页。

[7] 孔安国传，孔颖达疏：《尚书正义》卷6《禹贡》，第146页。

在陕西韩城县西北九十里，不在汾水流域，但蔡沈就提出怀疑，认为雍州之山不当载于冀州，而以石州离石县东北之吕梁山为《书经》之梁山。[1] 孔传对"梁"的解释确实存在一些问题。《尔雅·释丘》："梁山，晋望也。"[2] 秦晋以河为界，韩城在河西，属于秦境，梁既然是晋的望山，不大可能不在晋境而在秦境。《读史方舆纪要》"永宁州·吕梁山"云："州东北百里。《禹贡》'治梁及岐'，孔氏曰：'梁，吕梁山也。'《吕氏春秋》：'龙门未辟，吕梁未凿，河出孟门之上'是也。"[3] 认为冀州之梁山即今山西西部南北纵贯的吕梁山。

　　另一处"梁"是楚北境的一处险要之地。上揭已引《左传》哀公四年有"为一昔之期，袭梁及霍"。楚人欲图北方，需要先设计取梁、霍，则二地当为楚向北图霸路线上的重要地点。《国语·楚语下》载："（楚）惠王以梁与鲁阳文子，文子辞曰：'梁险而在北境，惧子孙之有二者也。'"[4] 可知梁在楚北。《左传》杜注云："梁，河南梁县西南故城也。"《水经注·汝水》云："汝水出河南梁县勉乡西天息山，东南过其县北，又东南过颍川郏县南。"[5] 郦注云："霍阳山水又迳梁城西。按：春秋周小邑也，于战国为南梁矣。"[6] 可知晋梁县在郏县西北。《太平寰宇记》"河南道·汝州·梁县"载梁地宋以前沿革最全："梁县……汉旧县。战国时谓之南梁，以别大梁、少梁也。汉理在汝水之南，俗谓之治城。隔汝水与注城相对，……后魏于此置治城县，高齐省入今梁县。隋大业二年改为承休县，属汝州，……贞

---

［1］蔡沈：《书经集传》卷2，《景印文渊阁四库全书》第58册，第26页。

［2］郭璞注，邢昺疏：《尔雅注疏》卷7《释山第十一》，第2618页。

［3］顾祖禹撰，贺次君、施和金点校：《读史方舆纪要》卷42"山西四"，第1953页。

［4］徐元诰撰，王树民、沈长云点校：《国语集解》，第527—528页。

［5］郦道元著，王先谦校：《合校水经注》卷21，第319—321页。

［6］郦道元著，王先谦校：《合校水经注》卷21，第320页。

观元年复为梁县。"宋初属河南道汝州，[1]《大清一统志》云："梁县故城在州西"，即在今河南临汝县西。[2]

霍已知为山名，梁虽然文献中载为邑名，但既然称为"梁险"，应该也是地形险要之处。汝州在汝水北岸，嵩山山地东端，整个地区的地势比较平坦，不知道这两个山具体对应今何山，但汝州当洛阳与叶县之间，是这条交通要道的关键节点。

5. 屈

汾水流域有屈地。《左传》僖公二年晋欲假道虞以伐虢，荀息请以"屈产之乘与垂棘之璧"[3]以为贿，知春秋晋国有屈地。《左传》庄公二十八年载："（骊姬）使（二五）言于公曰：'曲沃，君之宗也。蒲与二屈，君之疆也。不可以无主。……若使大子主曲沃，而重耳、夷吾主蒲与屈，则可以威民而惧戎，且旌君伐。'……夏，使大子居曲沃，重耳居蒲城，夷吾居屈。群公子皆鄙，唯二姬之子在绛。"[4]骊姬以为君守疆为由令诸公子出居，"皆鄙"，夷吾所居之屈，应是晋当时边鄙之地。后来夷吾逃奔秦，再后来回国为晋惠公，屈城一直存在。河南新郑北关战国窖藏出土"北屈"大方足布，[5]可知到战国时，屈地之名都还存在。

庄公二十八年中屈地称"二屈"，杜预注云："二屈今平阳北屈县，或云二当为北。"从杜注理解，"屈"可能是简称，其全称为"二屈"或"北屈"，在西晋平阳北屈县。《读史方舆纪要》"吉州·北屈废县"云北屈地在"州东北二十一里。春秋时晋屈邑，即公子夷吾所居。……汉置北屈县，应劭曰：'有南故加北。'汲郡古文：'翟

［1］乐史：《太平寰宇记》卷 8，第 144 页。

［2］穆彰阿：《（嘉庆）大清一统志》第 5 册卷 225，第 500 页。

［3］杜预注，孔颖达疏：《春秋左传正义》卷 12，僖公四年，第 1791 页。

［4］杜预注，孔颖达疏：《春秋左传正义》卷 10，庄公二十八，第 1781 页。

［5］赵新来：《河南新郑城关出土的战国布币》，《考古学集刊》第 3 集，北京：中国社会科学出版社，1983 年，第 128—129 页。

章救郑，次于南屈。'后汉及魏、晋仍为北屈县。"[1] 则认为晋境内
屈地分南北，庄公二十八年《经》中所载为北屈。杨伯峻注云："二
屈，北屈、南屈，两屈盖毗邻，故夷吾一人镇之。"也认为屈分南北，
但两城紧邻，庄公二十八年经文无误，就是"二屈"。北屈的位置，
《水经注·河水》云："河水南迳北屈县故城西，西四十里有风山，风
山西四十里河南孟门山。"[2] 则北屈在河水以南，距孟门山八十里，
杨伯峻注云："北屈在今吉县东北，南屈当在其南。据《晋世家》，蒲
边秦，二屈边狄。"[3] 屈地当在今山西吉县附近。

汉水流域春秋时也有屈。楚有屈氏，《左传》桓公十一年："楚屈
瑕将盟贰、轸"，杜注屈"楚大夫氏"。[4] 竹添光鸿："楚武王生子
瑕，受屈为客卿，因以为氏。"[5] 则屈为封邑名。罗泌《路史·国名
纪》云："屈，武子瑕邑，号屈侯。"[6] 屈的具体地点，今已不可考。

6. 方

甲骨文中有很多"方"，"方"是当时对部族称呼的一种。同时
"方"又是一个专名，商有一方国或城邑即名为"方"。例如下面几
条刻辞：

> 方其来。　　　　　　　　　　　　　　　　　　（粹 1145）
> 方其出唐。　　　　　　　　　　　　　　　　　（甲 2924）
> 方其敦大邑。　　　　　　　　　　　　　　　（前 8.12.2）

这几条卜辞中的"方"即为国族名。陈梦家认为"方当在沁阳之北、
太行山以北的山西南部"。[7]《诗》载有"方"地。《小雅·出车》

---

[1] 顾祖禹撰，贺次君、施和金点校：《读史方舆纪要》卷41"山西三"，第1928页。

[2] 郦道元著，王先谦校：《合校水经注》卷4，第54页。

[3] 杨伯峻：《春秋左传注》，第240页。

[4] 杜预注，孔颖达疏：《春秋左传正义》卷7，桓公十一年，第1755页。

[5] [日] 竹添光鸿：《左氏会笺》第二桓十一，第63页。

[6] 罗泌：《路史》卷26，《景印文渊阁四库全书》第383册，第292页。

[7] 陈梦家：《殷虚卜辞综述》，第270页。

云："王命南仲，往城于方。出车彭彭，旂旐央央。天子命我，城彼朔方。赫赫南仲，猃狁于襄。"[1]《六月》云："猃狁匪茹，整居焦获。侵镐及方，至于泾阳。"[2] 顾颉刚认为二诗从文体、记事上看是同时之作，描写的是同一场战争，战争过程是"猃狁居焦、获而侵镐、方，以至于泾阳；吉甫伐之，至于太原；方既为猃狁所侵，周王为防御计，遂命南仲往城之。"顾颉刚认为此"方"的位置并不如二诗传统注释所认为在镐京附近，而是在山西之西南部，其附近之"焦"即《史记·秦本纪》"惠文君……九年，渡河，取汾阴、皮氏；与魏王会应；围焦，降之"之"焦"，《正义》引《括地志》云"焦城在陕州城内东北百步，因焦水为名"，看来《诗》中焦地也在安邑附近，则猃狁在今山西南部及河南东北部，《六月》所记战事，是猃狁"先侵山西西南之方京，自河入渭而侵陕西中部之镐京，又渡渭而北至泾阳"。尹吉甫从宗周率兵应战，将猃狁逐回山西南部的太原一带。按照战役发生的先后顺序，应该是先侵方再侵镐，《诗》云"侵镐及方"，是为了与"至于泾阳"押韵。[3]

从文献看，河东地区有不止一处"方"，多是山名。《读史方舆纪要》"蒲州·首阳山"载："州东南三十里，与中条连麓，……或又谓方山。"[4] 即在今运城永济市南，与中条山相连。《括地志》"屯留县"又有"方山"："降水源出潞州屯留县西南方山，东北流，至冀州入海。"[5] 则今山西东部长治屯留县附近有一方山。又《纪要》

---

［1］郑玄笺，孔颖达疏：《毛诗正义》卷9-4"出车"，第416页。

［2］郑玄笺，孔颖达疏：《毛诗正义》卷10-2"六月"，第424页。

［3］顾颉刚：《〈尧典〉著作时代考》，《文史》第24辑，第27页。

［4］顾祖禹撰，贺次君、施和金点校：《读史方舆纪要》卷41"山西三"，第1892页。

［5］贺次君校记云：《史记·夏本纪》"北过降水"《正义》引。按各本《史记》此《正义》作"西南方东北流"，清吴春照校柯维雄本，张文虎校金陵本均删"方"字。河渠书"过降水"《正义》云"降水源出屯留县西南方山"，盖本《括地志》为说，《元和郡县志》亦云"出方山"，今据增。李泰著，贺次君辑校：《括地志辑校》卷2，第65页。

"永宁州·吕梁山"条载："方山，在州北故方山县界，县以此名。"即今吕梁市离石区。[1] 甲骨文和《诗》所载可能存在于晋南的"方"具体地点已失考，但河东地区多"方"之地名的传统还是可以看到。

西周南阳盆地也有"方"。中甗铭文云：

> 王令中先省南国贯行……中省自方、邓……伯买父乃以厥人戍汉、中、州。　　　　　　　　　　　　　　　　　（《集成》949）

从铭文看，方邻近邓，下文会谈到，邓地在南阳盆地南缘，"方"与"邓"相邻，马承源即释中甗铭文云："方，地名。此方或即方城，在今河南省叶县南。"[2] 另一件西周中期的铜器"士山盘"铭文中也有"方"：

> 于入中侯，延征都、刑（荆）、**于**服，眔亢虘服、履服、六孳服。中侯、都、**于**宾贝、金。[3]

"**于**"，黄锡全隶定为"方"。[4] 铭文中"方"与都、荆等在同一个地区，应该与中甗铭文中的"方"为同一处。西周中期都在河南淅川，荆在丹阳，都在现在南阳盆地南部，方也应该相去不远，能够与马承源的看法相互印证。由此可见，至迟到西周中期，南阳盆地已有"方"。

春秋文献中"方"称"方城"。如《左传》文公三年："王叔桓公、晋阳处父伐楚以救江。门于方城，遇息公子朱而还。"[5] "方城"的记载在《左传》中还有多处，是地处南阳盆地东部边缘伏牛山的山间隘口，晋楚争霸，多次在"方城"地区拉锯。春秋战国时可能也以

---

[1] 顾祖禹撰，贺次君、施和金点校：《读史方舆纪要》卷42"山西四"，第1953页。

[2] 马承源：《商周青铜器铭文选（三）》，第77页。

[3] 朱凤瀚：《士山盘铭文初探》，《中国历史文物》2002年第1期，第4页。

[4] 黄锡全：《士山盘铭文别议》，《中国历史文物》2003年第2期，第62—63页。

[5] 杜预注，孔颖达疏：《春秋左传正义》卷18，文公三年，第1840页。

"方城"代称伏牛山，即《禹贡》导山中："熊耳、外方、桐柏，至于陪尾。"[1]《汉书·地理志》"颍川郡·嵩高县"载："古文以崇高为外方山也。"即今登封县内汉武帝时定为中岳的嵩山。《太平寰宇记》"唐州"有"方城县"："本汉堵阳县，属南阳郡。应劭云：'明帝改为顺阳。'西魏置襄邑郡于此，后废。唐武德初置北澧州。贞观初改为鲁州，九年复废为县，隶唐州。黄城山，即方城山也。《地志》：'南阳叶县方城邑有黄城山。'"[2]顾颉刚不否认方城在伏牛山，但指出外方之地也可能指较大一片区域，"根据《禹贡》文意，就地形来看，实际当指熊耳山和伊水东南，北起嵩山，斜向西南的伏牛山一带诸山"。[3]无论如何，春秋战国方城关的位置应大致就在今南阳方城境内的山区。

7. 郇

周初分封，文王一子在郇。《左传》僖公二十四年"毕原酆郇，文之昭也"。[4]《诗·曹风·下泉》有"郇伯劳之"，可见郇为周治下一封邑。[5]《左传》桓公九年："虢仲、芮伯、梁伯、荀侯、贾伯伐曲沃。"杨伯峻注："荀，姬姓国，今山西省新绛县东北二十五里有临汾故城，即古荀国。《汉书·地理志》注引汲郡古文云：'晋武公灭荀，以赐大夫原氏黯，是为荀叔。'"[6]西周晚期的多友鼎铭文有"戎伐筍"（《集成》2835），有一种意见认为即山西古郇国。[7]僖公二十

[1] 孔安国传，孔颖达疏：《尚书正义》卷6《禹贡》，第151页。

[2] 乐史：《太平寰宇记》卷142"山南东道一"，第2763页。

[3] 顾颉刚、刘起釪：《尚书校释译论》，第777页。（笔者按：《左传》中"方城"有三种意思。一是方城关，一是方城山，一是广义的大别山系。《读史方舆纪要》卷51"河南六·方城山"："其山连接南阳、唐县、叶县之境，几数千里。"见第2429页。）

[4] 杜预注，孔颖达疏：《春秋左传正义》卷15，僖公二十四年，第1817页。

[5] 郑玄笺，孔颖达疏：《毛诗正义》卷7-3"下泉"，第386页。

[6] 杨伯峻：《春秋左传注》，第126页。

[7] 田醒农，雒忠如：《多友鼎的发现及其铭文试释》，《人文杂志》1981年第4期，第116—117页。黄盛璋：《多友鼎的历史与地理问题》，《古文字论集（一）》，陕西省考古所主办《考古与文物》丛刊第2号，1983年，第14—16页。

四年的"郇"与桓公九年的"荀"所指似为一地，位置在临汾故城。

而在文献中，晋国另有一"郇"地。僖公二十四年重耳归国，"秦伯使公子絷如晋师，师退，军于郇。辛丑，狐偃及秦、晋之大夫盟于郇。壬寅，公子入于晋师。丙午，入于曲沃。"[1] 则春秋晋郇地邻近曲沃，晋师在郇，重耳壬寅入晋师，第四天丙午就可以入曲沃，以一天三十里的基本路程计，郇地与曲沃相距百里以内，即使因为情势紧急，重耳速行，两地相距也不会太远。《左传》成公六年晋议迁都之事，"诸大夫皆曰：'必居郇、瑕氏之地，沃饶而近盐，国利君乐，不可失也。'……（公）谓献子曰：'何如？'对曰：'不可。郇、瑕氏土薄水浅，其恶易觏。'"[2] 可见郇自然条件颇佳，宜农，且有商利，所谓"近盐"，应即邻近运城附近的盐池。服虔曰："郇国在解县东，郇瑕氏之墟也。"[3] 《汉书·地理志》河东郡有解县，[4] 《续汉书·郡国志》"河东郡·解"自注云："《左传》曰咎犯与秦晋大夫盟于郇，杜预曰县西北有郇城。"[5] 《水经注·涑水》有"涑水又西迳郇城"，又自注："《诗》云郇伯劳之，盖其故国也。……今解故城东北二十四里有故城，在猗氏西北，乡俗名为郇城。"[6] 解县即属今运城市。《括地志》则云："故郇城在蒲州猗氏县西南四里。"[7] 《舆地广记》"河中府·猗氏县"有郇城，云："周文王子所封，《诗》所谓'郇伯劳之'者也。"[8] 《左传》杨伯峻注则云："在今山西省临

［1］杜预注，孔颖达疏：《春秋左传正义》卷15，僖公二十四年，第1816页。

［2］杜预注，孔颖达疏：《春秋左传正义》卷26，成公六年，第1902页。

［3］沈豫：《春秋左传服注存》卷2，《藏修堂丛书》，清光绪十六年新会刘氏藏修书屋刊本，第19页。

［4］班固：《汉书》卷28上《地理志》，第1550页。

［5］范晔：《后汉书》志第19《郡国一》，第3398—3399页。

［6］郦道元著，王先谦校：《合校水经注》卷6，第110页。

［7］李泰著，贺次君辑校：《括地志辑校》卷2，第52页。

［8］欧阳忞著，李勇先、王小红校注：《舆地广记》卷13，成都：四川大学出版社，2003年，第363页。

猗县西南不远之地。"[1] 则一说郇在旧猗氏县。《国语·晋语》沈镕注曰："郇在今山西临晋县东北十五里。"[2] 临晋与猗氏紧邻，今已合并为临猗县，临晋在西，猗氏在东，沈镕所谓临晋东北，即《括地志》所言猗氏西南，则郇或在今临猗县境内。

可见，"荀"与"郇"虽然发音相同，但应当是两地。地处临汾的封邑在文献中常见的写法为"荀"，"郇"为异体；而另外一个正写为"郇"的邑，则在临猗。《国语·晋语》云："及（范）文子成晋、荆之盟，丰兄弟之国，使无有间隙，是以受郇、栎。"[3] 可知"郇"为晋大夫范（士）氏之邑。而汲冢古文云"荀"则为晋大夫荀氏邑。既然分属两族，应该是两地。甲骨文中有"𩠹"，陈梦家就认为应释做"荀"，是武丁时代的晋南方国，在新绛西，与"郇"为两地。[4]

汉水流域亦有"郇"，其地始见于《战国策·楚策》，称"郇阳"：

> 楚地西有黔中、巫郡，东有夏州、海阳，南有洞庭、苍梧，北有汾陉之塞、郇阳。[5]

《史记·苏秦列传》作"北有陉塞、郇阳"。[6] "阳"应是表方位的通名，"郇"则是其地专名。郇阳的地点，旧注有三种说法。第一种说法认为郇阳即顺阳。徐广注云："郇阳今顺阳，属汝南。"吴师道云："《正义》云顺阳故城在邓州穰县西，《括地志》邓州穰县顺阳故城在邓州穰县西三十里，楚之郇邑也。"[7] 这种看法主要是因为后世

[1] 杨伯峻：《春秋左传注》，第422页。

[2] 徐元诰撰，王树民、沈长云点校：《国语集解》，第426页。

[3] 徐元诰撰，王树民、沈长云点校：《国语集解》，第426页。

[4] 陈梦家：《殷虚卜辞综述》，第295—296页。

[5] 诸祖耿：《战国策集注汇考（增补本）》，第743页。（笔者按：此处"郇阳"的属读问题有争议，本文据《史记》属上读。详见后文。）

[6] 司马迁：《史记》卷69，第2259页。

[7] 诸祖耿：《战国策集注汇考（增补本）》，第748—749页。

顺阳在楚境内，又与"郇阳"音近，所以认两处为一地。但"顺阳"之名得来较晚，《史记·张释之列传》张守节《正义》"堵阳"条引应劭曰"哀帝改为顺阳"，[1] 既然更名在汉哀帝时期，而之前称"堵阳"，与"郇阳"发音并不接近，郇阳在顺阳也就失去了依据。

第二种说法认为郇阳在汉新阳县。《苏秦列传》司马贞《索隐》云："郇阳当汝南颍川之界，当是新阳，声近字变尔。"[2] 司马贞的说法也是因声求地，认为郇阳所在应为汉汝南、颍川郡范围内的新阳县。考《汉书·地理志》"汝南郡"有"新阳"，自注云："莽曰新明，应劭曰在新水之阳。"[3] 东汉建武三十年，改属淮阳国。[4] 其地沿革比较清楚，今属安徽界首市。界首位于安徽西北，与河南省相邻，可以算是楚北境，所以司马贞的说法从位置上来看有一定可能性。但新阳地处黄淮平原，四周皆是平衍之地，交通便利，却无险可守。据张仪的说法，郇阳是一处要隘，从地貌来看，新阳说可能还有些问题。

第三种说法认为"郇阳"是"鄖阳"，且"郇阳"不是《战国策》正文，而是衍文。此说代表人物是金正炜。金氏认为："此文疑本作'北有汾陉之塞'，郇阳当为鄖阳，盖旧注误并入文也。《吕览·有始篇》：'何谓九塞？大汾、冥、陉、荆、阮、方城。'注：'大汾，未闻。冥、陉、荆、阮、方城皆在楚。'（《淮南·坠形》篇注：'大汾在晋，是时或入于楚，又或即大隧。'）《燕策》作'鄖隘'。陉、隘字形相似，因以致误。《史记·苏秦传》：'残均陵，塞鄳陉。'徐广曰：'江夏鄳县'，故知郇当为鄳，亦字之伪。"诸祖耿亦案："《初学记》七引作：'楚有汾陉之塞。'《御览》二三〇引《春秋后语》

［1］司马迁：《史记》卷102，第2751页。

［2］司马迁：《史记》卷69《苏秦列传》，第2260页。

［3］班固：《汉书》卷28上《地理志》，第1562、1563页。

［4］范晔：《后汉书》卷42"光武十王列传"，"三十年，以汝南之长平、西华、新阳、扶乐四县益淮阳国"，第1444页。

作：'北有汾阴，地方五千里。'均无郇阳字。"[1] 显然也受了金氏的影响。但金氏之说，本身就有些混乱，他先说"郇阳"为"鄳阳"之讹，但此二字字形相差较大，实在不好说能否讹变。而其后又引《坠形训》注，却不辨其将大汾归于晋，又将其混同于桐柏山义阳三关之大隧这样明显的错误。之后引《燕策》"鄳隘"，却论"隘"与"陉"同，显然又用其解释"大汾"之别称"汾陉"，之后引徐广注便径得"郇"与"鄳"通之结论。这一系列论证之间几乎没有明显的逻辑联系，其结论也颇为可疑。

　　三种既有说法都有些问题，那么《战国策》中楚北要塞郇阳的位置就还有进一步讨论的必要。程恩泽在《国策地名考》中提出，郇阳在郧汉之间，陕西兴安府洵阳县（今安康旬阳县）。[2] 程恩泽专治《战国策》地名，考证精到，其说多可信。王伯厚亦持此说："《地理志》：汉中有旬阳县。今金州之洵阳。郇、旬、洵古字通也。徐广曰顺阳，《索隐》曰新阳，皆非。按今兴安府，故金州也。洵阳县东旬水上有关，或即楚郇阳。"[3] 洪亮吉也同意这一说法："今为陕西兴安府洵阳县（郇、旬、洵三字并通）。又商州镇安县，亦其地。"[4] 旬阳地处秦巴山区东段的狭窄河谷间，汉水、旬河于其地交汇，是汉中盆地与南阳、荆襄之间的天然要隘，其地春秋时开始归楚，成为楚北境最重要的门户，正可与苏秦的说法相符。

　　诸祖耿认为《战国策》正文中"郇阳"可能是古注篡入的，但从《史记·苏秦列传》文本与《战国策》基本相同来看，司马迁引《战国策》时，"郇阳"即已在正文中了，则所谓《战国策》古注不会晚于汉武帝时。《战国策》是战国纵横家书，汉代独尊儒术的文化环境

---

[1] 诸祖耿：《战国策集注汇考（增补本）》，第749—750页。

[2] 程恩泽：《国策地名考》卷7，《续修四库全书》第423册，第12页。

[3] 诸祖耿：《战国策集注汇考（增补本）》，第748页。

[4] 诸祖耿：《战国策集注汇考（增补本）》，第749页。

下，很难想象会有人有兴趣为其专门做注，且在任何目录中也都未见有相关记载，后世也没有其他学者提到这个注本，则古注篡入说恐怕很难成立。以往不清楚大汾和郇阳的位置，所以觉得苏秦既已言大汾，再言郇阳有些多余，故疑其为注文篡入。其实，苏秦所说大汾的位置在南阳方城附近，即可知郇阳不会是大汾的注文。大汾、郇阳分守楚北境两条交通要道，汾守的是东达洛阳的交通要道，郇阳守的则是北通关中的交通要道，是楚北境两个最重要的关隘，苏秦其说不误。

8. 瑕

河东有瑕，但对于晋境内瑕地是一处还是两处，存在一些争议。杜预认为晋辖境内有两处瑕地。《左传》僖公三十年郑烛之武退兵，见秦伯曰："君尝为晋君赐矣，许君焦、瑕，朝济而夕设版焉。"杜预注："晋河外五城之二邑。"[1] 认为此处的瑕是河外五城之一，在大河以南。《左传》成公六年："晋人谋去故绛。诸大夫皆曰：'必居郇瑕氏之地，沃饶而近盐，国利君乐，不可失也。'"杜预注："郇瑕，古国名，河东解县西北有郇城。"[2] 认为晋另有一"郇瑕"，即"郇"，在河东解县。江永则对杜注提出质疑，认为几处涉及"瑕"的杜注都有错误：

> 杜以焦、瑕为河外五城之二，非也。惠公赂秦以河外列城五，东尽虢略，南及华山，内及解梁城，既而弗与。在河外者，焦固其一，然内及解梁城，则亦有河北之邑。《水经注》："河东解县西南五里有故瑕城，晋大夫詹嘉之故邑。"则瑕在今之解州，非河外也。此文于河外邑举焦，内及解梁者举瑕，以该所举之邑耳。瑕在解，与河南之桃林塞亦相近，故詹嘉处瑕亦可守桃林之塞。又成六年晋人谋去故绛，诸大夫曰"必居郇瑕氏之地"，郇

---

[1] 杜预注，孔颖达疏：《春秋左传正义》卷 17，僖公三十年，第 1831 页。

[2] 杜预注，孔颖达疏：《春秋左传正义》卷 26，成公六年，第 1902 页。

与瑕皆在解，杜并为一地，亦非。又瑕吕饴甥亦曰阴饴甥，盖饴甥尝食采于瑕，兼食于吕，吕即阴，故曰瑕吕饴甥。杜以瑕吕为姓，亦非。是皆不考解有瑕城而失之者也。河外无瑕。顾炎武求之不得，谓瑕有乎音，以汉弘农郡之湖县为瑕，谬矣。[1]

江永的基本观点是河外无瑕，《传》僖公三十年所谓"许君焦、瑕"并不全在河外，瑕即在河东解州，成公六年的"郇瑕"也不简称为"郇"，而分别为两邑，其中"瑕"亦即解州之瑕。顾炎武相信杜注，却无法在文献中找到河外有瑕地的其他证据，而因声求地，指为他处，也不正确。简言之，江永认为晋只有一处瑕地。江永对杜注的批评有合理之处，如"郇瑕"不应为一处，《续汉书·郡国志》"河东·解县"有"瑕城"，应即邻近郇之瑕地。

但江永坚持认为"河外无瑕"，以顾炎武为非，可能也有些问题。《左传》文公十二年秦师侵晋入瑕。十三年春，"晋侯使詹嘉处瑕以守桃林之塞"。杜预注："詹嘉，晋大夫，赐其瑕邑，令帅众守桃林以备秦。"[2] 杜注对使詹嘉处瑕的意图在于助桃林兵防以备秦，这个理解应该没有问题。"与君焦、瑕"的瑕在不在河北可以先存疑，使詹嘉处瑕守桃林的瑕，从地形上一望便知，不会在河北。杜注："桃林在弘农华阴县东潼关。"[3] 若瑕在解州，则瑕与桃林之间不仅隔着大河，还隔着中条山，将军队置于此处，不便于镇守桃林塞。所以，沈钦韩在《春秋左氏传地名补注》云："解与猗氏之瑕，非秦所侵，及詹嘉所处明矣。杜预注此，横分瑕与桃林为二处，显然违《传》。"[4]《左传》成公十三年："公及诸侯朝王，遂从刘康公、成肃公会晋侯伐秦。……肃公卒于瑕。"[5] 鲁成公、成肃公等朝王，之后与晋侯会

[1] 江永：《春秋地理考实》卷1，第274—275页。
[2] 杜预注，孔颖达疏：《春秋左传正义》卷19，文公十三年，第1852页。
[3] 杜预注，孔颖达疏：《春秋左传正义》卷19，文公十三年，第1852页。
[4] 沈钦韩：《春秋左氏传地名补注》卷5，《丛书集成初编》第3048册，第56页。
[5] 杜预注，孔颖达疏：《春秋左传正义》卷27，成公十三年，第1911—1913页。

合，以图伐秦，则鲁、成、刘从成周向西北行，晋侯自晋都西南行，两军相会之处正是桃林，之后无论是西进还是东返，都没有越过中条山进入解州的道理。所以，成肃公所卒之瑕，应在河外，很可能就在两军会师的桃林附近。《大清一统志》陕州有瑕城"在阌乡县西"，[1] 则其地应在今陕县境内。

所以，顾炎武《日知录》云："晋有二瑕，其一《左传》成公六年，诸大夫皆曰：'必居郇瑕氏之地'……在今之临晋县境；……其一，僖公三十年，烛之武见秦伯，曰：'许君焦瑕，朝济而夕设版焉。'……瑕邑即桃林之塞也。"[2] 顾氏的说法应该是比较接近当时情况的。

汉水流域瑕地的记载比较一致。《左传》桓公六年："楚武王侵随，使薳章求成焉，军于瑕以待之。"杜预注："瑕，随地。"[3] 到成公十六年，《传》云："楚师（自鄢陵）还，及瑕。"杜注云："瑕，楚地。"[4] 则瑕原为随国地，后为楚所得。只有《水经注·阴沟水》的记载有些不同："北肥水又东迳山桑县故城南，北肥水又东积而为陂，谓之瑕陂。又东南迳瑕城南。《左传》'成公十六年'楚师还及瑕，即此城也。"[5] 认为瑕地在北肥水流域，即今安徽境内。江永《春秋地理考实》认为《水经注》说有误："楚师自鄢陵还荆州，不当回远由今之蒙城，《水经注》误也。桓六年'楚武王侵随，使薳章求成，军于瑕以待之'。当是此瑕邑，盖在今德安府随州。"[6] 江永之说有理，据《左传》来看，楚所夺之瑕，应该就在近随之地，即今湖北省随州市境内。

---

［1］穆彰阿：《（嘉庆）大清一统志》第 5 册卷 221，第 445 页。

［2］顾炎武著，黄汝成集释：《日知录集释》卷 31，第 1774 页。

［3］杜预注，孔颖达疏：《春秋左传正义》卷 6，桓公六年，第 1749 页。

［4］杜预注，孔颖达疏：《春秋左传正义》卷 28，成公十六年，第 1919 页。

［5］郦道元著，王先谦校：《合校水经注》卷 23，第 352—353 页。

［6］江永：《春秋地理考实》卷 2，第 288 页。

9. 栎

汾水流域有栎地。《左传》襄公十一年："秦晋战于栎。"杜预注云："栎，晋地。"[1]《史记索隐》引《春秋释例》云栎在河北，但其地阙。[2] 认为晋在大河以北有一栎地。《国语·晋语》载："及文子成晋、荆之盟，丰兄弟之国，使无有间隙，是以受郇、栎。"韦昭注："郇、栎，晋二邑。"所指与襄公十一年应该为同一地。但沈镕注曰："栎，今河南禹县有阳翟城，即栎邑也。"[3] 认为此栎在大河以南。沈镕的说法没有考虑到读音的问题，所以可能有误。

先秦文献中晋南豫东及西侧紧邻的陕东地区内，写作"栎"的地点不止一地，而是共有三处。但这三处不难区分，因为发音互不相同。宋庠《国语补音》卷三有云："郇栎，上音询，下音铄，晋地也。按《左传》'桓公十五年'郑伯突入于栎，音历，在阳翟。《汉书》高祖初都于栎，音药，在高陵。凡有三音。"[4] 所以，徐元诰就指出："沈谓禹县之栎，盖非此地。"沈镕是误将音"历"之栎的位置指为音"铄"之栎了。

《国语·晋语》所载栎地，似应离郇邑不远。[5] 鲁襄公十一年，秦伐晋以救郑，庶长鲍先入晋地，晋士鲂轻敌弗备，秦庶长武自辅氏过河，与已经入晋境的庶长鲍相配合，在栎地交战。辅氏在今陕西大荔县东，其地紧邻黄河蒲津渡，秦师应即自蒲津渡河，随即进入解州境，之后沿涑水继续向东北行军，很快便可以到达郇地。所以竹添光鸿即云："是役秦师济自辅氏，战于栎，则栎为河上之邑明矣。"[6] 两军交战的栎地，则应该就是蒲津到郇邑交通在线的一处地方。蒲津

[1] 杜预注，孔颖达疏：《春秋左传正义》卷31，襄公十一年，第1951页。
[2] 司马迁：《史记》卷39《晋世家》，第1683页。
[3] 徐元诰撰，王树民、沈长云点校：《国语集解》，第426页。
[4] 宋庠：《国语补音》卷3，《景印文渊阁四库全书》第406册，第226页。
[5] 徐元诰撰，王树民、沈长云点校：《国语集解》，第426页。
[6] [日]竹添光鸿：《左氏会笺 下》第十五襄十二，第30页。

在今永济县，郇邑据上文已知在解县或临猗，则栎地即应在两地之间。

除前三处外，在鄂东楚境之内也还有一处栎。《左传》昭公四年："冬，吴伐楚，入棘、栎、麻。"杜注："皆楚东鄙邑。"杜预对其中"栎"的地点进行了专门的说明："汝阴新蔡县东北有栎亭。"孔疏也强调此非郑河南阳翟之栎。则这个"栎"虽然在楚东境，但不是在阳翟音历的那一个。杨伯峻注曰："棘，今河南永城县南。……栎，今河南新蔡县北二十里。麻，在今安徽砀山县东北二十五里，旧有麻成集。"[1] 竹添光鸿笺曰："今河南汝宁府新蔡县北二十里有野栎店，即古栎城也。……吴入棘、栎、麻。棘在今亳州，栎在今新蔡，麻在今砀山下。"[2] 也都指此栎在新蔡。

10. 襄

襄，甲骨文写作"〔甲骨字〕""〔甲骨字〕""〔甲骨字〕""〔甲骨字〕"，卜辞有"甲午卜，〔甲骨字〕令去襄〔甲骨字〕方"（《合集》20464），"癸丑卜，王其田于襄惟乙擒"（《合集》29354）等，可以用作地名。[3] 饶宗颐认为："其地在河域，由侯家庄四一片知之。"[4] 认为襄在大河附近。又《合集》30439（甲3916）有"贞，王其田于襄，〔甲骨字〕于河。吉"，可以印证饶说。襄地临河，是商王田猎之地。《合集》30439 为一块完整的龟腹甲，共有 17 条刻辞，同版地名有"河""西沚"，钟柏生认为同版者还有"衣"，他认为"〔甲骨字〕地近于黄河"，但是具体地望不知。[5]《合集》30439 属于三四期无名组，时间在祖甲到文丁之间，则至迟到此时商畿附近已有襄。

卜辞中的襄虽然基本可以确定是地名，但性质并不明确。两周时

［1］杨伯峻：《春秋左传注》，第 1255 页。

［2］［日］竹添光鸿：《左氏会笺 下》第二十一昭四，第 16 页。

［3］于省吾：《甲骨文字诂林》，第 69 页。

［4］饶宗颐：《甲骨文通检》，香港：香港中文大学出版社，1989 年，第 1304 页。

［5］钟柏生：《殷商卜辞地理论丛》，第 180 页。

文献中没有见到河东有以"襄"为名的邑，但有以"襄"为名的山。《穆天子传》云："自河首襄山"，[1]《史记·封禅书》："自华以西，名山七。"其中有薄山。《索隐》云："薄山者，襄山也。"应劭云："（襄山）在潼关北十余里。"[2]《括地志》"蒲州·河东县"云："雷首山，一名中条山，亦名历山，亦名首阳山，亦名襄山，亦名甘枣山，亦名潴山，亦名独头山，亦名薄山，亦名吴山。此山西起雷首，东至吴坂，凡十一名，随州县分之。"[3]《史记集解》引徐广云"蒲阪县有襄山"，但他怀疑相关记载的准确性，称"或字误也"。[4]张守节在《正义》中赞同《括地志》的说法："此山西起雷山，东至吴阪，凡十名，以州县分之，多在蒲州。"[5] 则襄为山名，即今中条山脉中之一座。在这一地区，有著名的垣曲商城，可见此地与商关系较为密切，出现在卜辞中也比较合理。另外，《读史方舆纪要》载"潞安府"有"襄垣县"，在"府北九十里。西北至辽州榆社县百三十里。秦置县，属上党郡。相传邑城为赵襄子所筑也"。[6]卜辞中的襄，也有一定的可能性是在此处。

临汾还有一襄陵县，地名也有"襄"字。《史记集解》裴骃案："《地理志》河东有襄陵县。"徐广曰："今在南平阳县也。"《史记索隐》："（襄陵）县名，在河东。"《史记正义》引《括地志》云："襄陵在晋州临汾县东南三十五里。阚骃《十三州志》云襄陵，晋大夫郤邑也。"[7] 三家分晋，此襄陵入魏。《史记·魏世家》载魏文侯三十

---

[1]《穆天子传》卷4，《四部丛刊初编》缩印明天一阁本，上海：商务印书馆，1922年，第12页。

[2] 司马迁：《史记》卷28，第1372页。

[3] 李泰著，贺次君辑校：《括地志辑校》卷2，第51页。

[4] 司马迁：《史记》卷28，第1372页。

[5] 司马迁：《史记》卷28，第1372—1373页。

[6] 顾祖禹撰，贺次君、施和金点校：《读史方舆纪要》卷42"山西四"，第1963页。

[7] 司马迁：《史记》卷5、卷40，第215、1722页。

五年齐取魏襄陵、魏惠王十九年诸侯围魏襄陵,[1]《田齐世家》有"于是……使田忌南攻襄陵",[2]《楚世家》楚怀王六年"攻魏,破之于襄陵,得八邑",[3] 出土的鄂君启节中也有"大司马邵阳败晋师于襄陵之岁"[4] 等,都是指此襄陵。

豫西有"襄城"。《汉书·地理志》"颍川郡"下又有"襄城"县,战国晚期有襄城楚境尹戈,铭文为"都寿之岁,襄城楚兢(境)尹所造",周晓陆认为即颍川郡之襄城,其地在今河南省襄阳、郏县、舞阳一带。[5]

鄂东汉水流域也有称"襄"之地。《路史·国名纪》云:"襄,今襄阳,古襄国。"[6] 认为襄阳地原称襄,为古国。但在先秦文献中,这片地区未见有以"襄"为名的地名。传世文献中有"襄"之地名,最早见《汉书·地理志》,"南郡"下有"襄阳"县,其地在今湖北襄阳市汉水以南。《古陶文汇编》中收有一陶文"襄阴市",[7] 字体风格看似为战国或更早时期。若战国时已有"襄阴",也应有与其相对之"襄阳",则"襄阳"之称可能在战国或更早时期已经存在。

《路史》虽然是宋代的书,但在上古国族问题上多有可取之处。"襄"地虽然在西周、春秋时期的文献中不见,但不等于其地名不存。其在早期文献中不甚显著的原因,可能是城邑重要性凸显的时间稍晚。襄阳虽然在中国历史上是非常著名的交通节点和军事重镇,但在

[1] 司马迁:《史记》卷44《魏世家》,第1841、1845页。

[2] 司马迁:《史记》卷46《田敬仲完世家》,第1892页。

[3] 司马迁:《史记》卷40《楚世家》,第1721页。

[4] 殷涤非、罗长铭:《寿县出土的"鄂君启金节"》,《文物》1958年第4期,第8—11页。

[5] 周晓陆,纪达凯:《江苏连云港市出土襄城楚境尹戈读考》,《考古》1995年第1期,第77页。

[6] 罗泌:《路史》卷30,《景印文渊阁四库全书》第383册,第400页。

[7] 高明:《古陶文汇编》"9.32",北京:中华书局,1990年,第102页。

西周、春秋时期，楚的控制范围有限，对外交往可能主要是经南阳盆地东出方城通诸夏，所以地处南阳盆地中的邓才是当时这个地区交通干道上的通都大邑，而邓南部的襄，当时可能只是一个不甚重要的小邑，所以史书中没有太多的记载。到春秋中期以后，楚北灭申吕，东控随枣，西灭庸国后，向西沿丹水河谷西通宗周的道路、向东出方城北通成周的道路，都被楚控制了，楚境内的交通网络结构发生了一些变化，交通网络中产生了新兴的交通节点，襄阳才逐渐重要起来，而史书中开始出现襄阳，也是在这个过程之后。

24356

至于襄阳与襄国之间的关系，已有材料已无法说清。根据上古地名比较常见的演变趋势，西周到春秋时期单字地名附加某种通名性质的限定字，多为"上""下"或"新""故"，[1] 加"阴""阳"的情况不多见，而地名中的"阴""阳"，一般认为是指称与山、水的相对位置，"襄阳""襄阴"可能也是这类情况。《汉志》"襄阳"注引应劭云"在襄水之阳"，则襄阳可能得名于襄水。[2]《读史方舆纪要》"襄阳府·檀溪"载："府西四里。源出柳子山，北流为檀溪，南流为襄水，亦曰涑水，皆流合汉江。……又襄水，在府西北三里。今皆涸。""汉江"条亦云："俗亦谓之襄江。""万山"条又云："志云：县西五里又有襄山。"[3] 则汉水流域有襄水，也有襄山，襄山、襄水都在襄阳城附近。既然这样，就很难说襄阳究竟得名于何处，而更容易理解为襄山、襄水的得名是与古襄国有关。

11. 邓

晋南汾水流域的邓地，最初出现的时间不详。甲骨文中有""

---

[1] 如上郡、下郡，新绛，故绛。

[2] 班固：《汉书》卷28上《地理志》，第1567页。

[3] 顾祖禹撰，贺次君、施和金点校：《读史方舆纪要》卷79"湖广五"，第3709、3707、3706页。

"⚬"字，"庚午卜，王在⚬卜"（《合集》24352），"戊辰卜，王曰贞其告其陟在⚬阜卜。"（《合集》24356）其字从"羽"从"登"，为地名，《类纂》列于"登"条后，应该认为其从"登"声，不知是否即为"邓"地。[1]《广韵·去声》"邓"云："姓……武丁封叔父于河北，是为邓侯。后因氏焉。"[2]《路史·后纪》云："初，武丁封季父于河北曼，曰蔓侯，有曼氏、蔓、鄾氏。优、邓，其出也。"[3] 若按《广韵》及《路史》的说法，则商代河北即有"邓"。

　　《路史》因为其好说奇异，历来所获评价不高。但实际上，在对于上古经、传的理解上，《路史》别有所长，其中突出价值在于其对上古国族、地理的重要记载。《四库全书提要》对《路史》中记载古族名国名的《国名纪》有一段评价："其《国名纪》发挥余论考证辩难，语多精核，亦多怯惑持正之论，固未可尽以好异斥矣。"[4] 高士奇《春秋地名考略·凡例》中也对《路史》评价不低："罗泌好用隐僻，独于抉摘经传亦有所长。取其纯，略其疵缪者，辨之不厌详缕，期归于一是焉。"[5] 所以，《路史》中提到邓出自武丁所封河北曼一事，值得重视。《姓解》"邓"云："殷武丁封叔父于河北，是曰邓侯，遂以为氏。"[6]

　　《括地志》"怀州·河阳县"载："故邓城在怀州河阳县西三十一里，六国时魏邑。"[7]《读史方舆纪要》云河阳汉置县，晋仍为河阳县，后魏因之，北齐置河阳关，后周灭齐，置河阳总管府，唐仍曰河

---

[1] 姚孝遂：《殷墟甲骨刻辞类纂》，第 332 页。

[2] 陈彭年：《宋本广韵》，第 413—414 页。

[3] 罗泌：《路史》卷 19，《景印文渊阁四库全书》第 383 册，第 171 页。

[4]《钦定四库全书总目》卷 50《史部·别史类》，《景印文渊阁四库全书》第 2 册，第 120 页。

[5] 高士奇：《春秋地名考略》，第 485 页。

[6] 邵思：《姓解》，《丛书集成初编》3296，第 26 页。

[7]《史记·秦本纪》"左更错取邓及轵"《正义》引。李泰著，贺次君辑校：《括地志辑校》卷 2，第 80 页。

阳县。会昌中，中书门下奏置孟州，金大定中，城为河水所坏，筑城徙治上孟州，兴定中，复治故城，谓之下孟州。元初，复治上孟州，故城为下孟镇。清为孟州。[1] 今为河南省焦作孟州市。

《左传》昭公九年："巴濮楚邓，吾南土也。"[2] 可知西周南境封国中有邓。南方的邓亦见于传世铜器，且数量不少，如"邓伯氏鼎""邓孟壶"等，其铭文分别为：

> 唯邓八月初吉，伯氏、姒氏作𥅆嫚臭媵鼎。
>
> （《大系》190·176）
>
> 邓孟乍监嫚尊壶，子子孙孙永宝用。　（《大系》190·176）

两器为媵器，应是邓公室为嫁女所做，铭文显示邓女曼姓。《左传》载楚武王之妻为邓曼，[3] 可知近楚之邓为曼姓国，所以学者基本都认为这些铜器即近楚的邓国之器。襄阳市文管部门还征集到两件"邓公牧簋"，从器型、铭文看，至迟在两周之际。[4]

《春秋》桓公七年《经》中提到过邓国，云："夏，穀伯绥来朝。邓侯吾离来朝。"[5] 但据经文看不出邓国的位置，杜注也没有讲。[6] 因为汉晋古注中没讲清楚邓的地理位置，后世就出现了一些不同的说法，总结起来主要有三种，分别为今河南南阳邓县、今湖北襄阳东北和今湖北襄阳西北。实际上，在唐代以前，古邓国的位置在文献中比较清楚。《汉书·地理志》"南阳郡·邓"自注："故国。都尉治。"颜注引应劭曰："邓侯国。"[7]《续汉书·郡国志》"邓"亦为"南阳郡"辖县。[8]

---

[1] 顾祖禹撰，贺次君、施和金点校：《读史方舆纪要》卷49"河南四"，第2298—2299页。

[2] 杜预注，孔颖达疏：《春秋左传正义》卷45，昭公九年，第2056页。

[3] 杜预注，孔颖达疏：《春秋左传正义》卷7，桓公十三年，第1756页。

[4] 诸说参见徐少华：《周代南土历史地理与文化》，第11—16页。

[5] 杜预注，孔颖达疏：《春秋左传正义》卷7，桓公七年，第1753页。

[6] 杜预注，孔颖达疏：《春秋左传正义》卷7，桓公七年，第1753页。

[7] 班固：《汉书》卷28上《地理志》，第1564—1565页。

[8] 范晔：《后汉书》志第22《郡国四》，第3476页。

许慎《说文·邑部》："邓，曼姓之国，今属南阳。"[1] 也就是说，在汉代，各种记载都认为南阳郡邓县是古邓国。直到《晋书·地理志》中义阳郡"邓城"，注云"故邓侯国"，都还很清楚。[2] 但到了《隋书·地理志》中，义阳郡属县已经没有了邓县，襄阳郡下也没有邓县。[3] 而"南阳郡"注云："开皇初，改为邓州。"[4] 则在隋开皇年间，改南阳郡为邓州，以"穰"为邓州治所，"邓县"之名废。"邓州"治所非旧邓故地，其地为《汉书·地理志》中与"邓"县并存的"穰"县。现代的邓县称"邓"，是隋代撤州、移治、并县等一系列政区变动的结果，[5] 并不是故邓国所在。汉邓县的政区沿革中断，后世注家渐以唐邓州即今河南南阳邓县为邓国，[6] 而这个地点并不准确。

唐代文献中开始出现对春秋邓国位置的分歧意见。《括地志》引《太康地志》云："故邓城在襄州安养县北二十里，春秋之邓国。"[7] 即今湖北襄阳县。《元和郡县志》"山南道·襄州·临汉县"载："本汉邓县地，即古樊城，仲山甫之国也。西魏于此立安养县，属邓城郡。周天和五年改属襄州。天宝元年，改为临汉县。县城南临汉水。……故邓城，在县东北二十二里，春秋邓国也。"[8] 后《太平寰宇记》《大清一统志》等都沿袭此说。[9]《隋书·地理志》"襄阳郡·安养县"注

[1] 许慎：《说文解字》6下，第134页。

[2] 义阳郡，太康中分南阳郡置，统新野、穰、邓、蔡阳、随、安昌、棘阳、厥西、平氏、义阳、平林、朝阳，即南阳盆地南部即随枣走廊一代。房玄龄等：《晋书》卷15，第455页。

[3] 魏徵、令狐德棻：《隋书》卷31，北京：中华书局，1973年，第894、891页。

[4] 魏徵、令狐德棻：《隋书》卷30，第841页。

[5] 班固：《汉书》卷28上《地理志》，第1564页。

[6] 杨伯峻：《春秋左传注》，第118—119页。

[7] 司马迁：《史记》卷40《楚世家》，"文王二年伐申过邓"张守节《正义》引，第1696页。

[8] 李吉甫：《元和郡县图志》卷21，第529—530页。

[9] 乐史：《太平寰宇记》卷145"山南东道四"，第2817页。穆彰阿：《（嘉庆）大清一统志》第8册卷347，第291页。

云："西魏置河南郡，后周废樊城、山都二县入，开皇初废焉。"[1]
但《隋志》同郡内还另载有一"邓城"与"安养县"并列说明。所
以安养东北之邓，应即《晋志》中与义阳郡"邓"并存的襄阳郡
"邓城"，而非春秋邓国。[2] 由此看来，问题可能最
先出在《太康地志》上，《太康地志》对邓的位置记
载有误，而唐代邓县又不存，地望不详，所以《括地
志》误信《太康地志》，这一说就一直影响到后来。
正如竹添光鸿笺所云："或因襄阳有邓、鄾二城，遂
舍南阳之邓州，以襄阳之邓城为邓国，误矣。"[3]

36501

　　不过《太康地志》中所记的邓，虽然不是邓都，
但应该属于春秋邓境。江永《春秋地理考实》云：
"此（襄城邓县）别是一地，为邓国之南鄙。"[4] 陈
槃认为河南邓州与湖北襄阳相距一百五十里，襄阳
之邓为邓国的南鄙是可能的。[5] 直到《晋书·地理
志》中，"襄阳郡"还有"鄾"，也可知唐襄州北部
原来确应是邓南境。[6]

　　古国位置后世出现争议，一个重要原因是，国名
同时也是国都之名，古书中有时说的是国都，有时
说的是国境，后世很难分辨。义阳之邓，应该是邓国
国都所在，也是汉代置邓县之处，其地唐代已经不
存，但应在今南阳境内。襄阳邓城、邓塞，则应是邓
国南境的关塞，其城属邓国，故称"邓城"。至于故

———————

［１］魏徵、令狐德棻：《隋书》志 26，第 891 页。

［２］房玄龄等：《晋书》卷 15，第 455 页。

［３］［日］竹添光鸿：《左氏会笺 上》第二桓七，第 51 页。

［４］江永：《春秋地理考实》卷 1，第 259 页。

［５］陈槃：《春秋大事表列国爵姓及存灭表撰异（三订本）》"邓"，第 389 页。

［６］房玄龄等：《晋书》卷 15，第 455 页。

邓国，即汉代邓县的确切位置，恐怕有待更多材料才能揭示。石泉根据《三国志·诸葛亮传》裴注引《汉晋春秋》"亮家于南阳之邓县，在襄阳城西二十里"及《元和志》襄州襄阳县"在（襄阳）县西十一里，与南阳邓县分界处。古谚曰：襄阳无西，言其界促近"，认为古邓国、汉邓县在襄樊西北的邓城遗址。[1] 徐少华根据襄阳邓城遗址、山湾墓地考古发现进一步确认这个位置，认为其可以成为古邓国国都位于此地的可靠材料。[2]

12. 噩

甲骨文中有"𦥑"：

> 壬子卜田𦥑，又五日丁巳卜田高。　　　　　　（前 2. 32. 7）
>
> 乙酉卜，在乐贞。今日王步于𦥑，无灾。（《合集》36501）

《类纂》认为𦥑是地名，释为"丧"。[3] 陈梦家指出："甲骨文'𦥑'字从罗振玉所释（为'噩'），但当其为动词时（如噩师、噩众）确为'丧'字，地名之'噩'可能即是嚣地。"[4] 陈梦家认为，上面一条卜辞中，卜噩与卜高（郜）相隔五日，可知"两地当相近。高为敖郜之郜，噩疑是敖。仲丁居嚣，《殷本纪》作隞，即敖山"。[5] 但细看整个论证，陈梦家在讨论"𦥑"位置时，没有进行特别的论证，所以这个结论应该还有进一步讨论的余地。

"噩"通"鄂"，《史记·楚世家》中楚王"熊噩"[6] 在"十二诸侯年表"中就写作"熊鄂"。[7]《史记·殷本纪》载："九侯女不

---

[1] 石泉：《古邓国、邓县考》，《古代荆楚地理新探》，第 109—111 页。

[2] 徐少华：《周代南土历史地理与文化》，第 11—14 页。

[3] 姚孝遂等：《殷墟甲骨刻辞类纂》，第 516 页。

[4] 陈梦家：《殷虚卜辞综述》，第 262 页。

[5] 陈梦家：《殷虚卜辞综述》，第 262 页。

[6] 字形作"咢"，《索隐》："鄂（噩）音鄂，亦作'咢'"。司马迁：《史记》卷 40，第 1694 页。

[7] 司马迁：《史记》卷 14，第 526 页。

憙淫，纠怒，杀之，而醢九侯。鄂（噩）侯争之强，辨之疾，并脯鄂（噩）侯。"称商代末年已有鄂国。裴骃《集解》引徐广曰："（鄂）一作'邘'。音'于'。野王县有邘城。"[1] 认为"鄂"即是"邘"。而"邘"即甲骨文中的"盂"，在河内，今河南焦作沁阳一带，[2] 鄂的位置在今焦作沁阳附近。

鄂在春秋时为晋地。《左传》隐公六年载："翼九宗五正、顷父之子嘉父，逆晋侯于随，纳诸鄂，晋人谓之鄂侯。"杜预注仅称："鄂，晋别邑也。"具体地点没有说。[3] 竹添光鸿云："计其地去晋故绛都，亦不甚远。故鄂侯之子仍号为翼侯也。"指出鄂地在故绛附近。[4] 杨伯峻则称："据《一统志》，鄂侯故垒在今山西省乡宁县南一里。"[5]《史记·晋世家》晋哀侯九年载曲沃武公"伐晋于汾旁"，[6] 晋即晋侯，此时的晋侯居鄂，伐晋于汾旁，则鄂地距离汾水不远。司马贞《索隐》云："晋初封于唐，故称晋唐叔虞也。且唐本尧后，封在晋墟，而都于鄂。鄂，今在大夏是也。"[7]《世本·居篇》云："唐叔虞居鄂。"[8] 则鄂为晋始封地。近年来，由于天马曲村晋侯墓地的发现，考古界对于晋始封地的研究很多，结论之间分歧也比较大。但基本范围不出今曲沃—翼城一带，《一统志》认为鄂在汾河以西、吕梁山与临汾盆地之间的乡宁县，位置与考古发现不太符合，恐怕存在一定问题。鄂的大体位置应该在今曲沃—翼城一带。

鄂东豫西地区先秦时期不同时间存在三处"鄂"地，一个在南阳盆地，一个在随枣走廊，一个在江汉平原。

---

[1] 司马迁：《史记》卷3，第106—107页。

[2] 陈梦家：《殷虚卜辞综述》，第260页。

[3] 杜预注，孔颖达疏：《春秋左传正义》卷4，隐公六年，第1731页。

[4]［日］竹添光鸿：《左氏会笺 上》第一隐六，第69页。

[5] 杨伯峻：《春秋左传注》，第49页。

[6] 司马迁：《史记》卷39，1639页。

[7] 司马迁：《史记》卷39，1635页。

[8] 宋衷注，秦嘉谟等辑：《世本八种》，秦嘉谟辑本，第349页。

《史记·楚世家》中张守节《正义》引《括地志》云："邓州向城县南二十里西鄂故城是楚西鄂。"[1] 徐中舒、马承源认为即铜器上的姞姓噩国。[2] 南阳西噩的地点和沿革，历来争议不大。《大清一统志》"西鄂故城"条云："在南召县南。两汉县属南阳郡，汉《地理志》南阳郡西鄂注应劭曰：'江夏有鄂，故此加西。'晋属南阳国，宋永初后省，后魏复置，后周废。《括地志》'西鄂故城在向城县南二十里'。"清代则属南阳府。[3]《读史方舆纪要》"南阳县·博望城"载："向城，在府北六十里，汉西鄂县地。西魏置向城县，兼置雉阳郡治焉。隋初郡废，县属渟州，唐属邓州，五代州废。《志》云：向城在府东北，春秋时许国向邑之人迁此，西魏因以名县。"[4] 其地即在今南阳市北。但实际上，这一地点并不是噩国最早的地点，而是周厉王以后才迁来的，在此之前，噩国在随枣走廊的随州附近。

以往认为，西周早期凡是出现噩，即南阳西鄂。后来学者逐渐提出怀疑。近年来，随州安居镇涢水北岸羊子山墓地 M4 出土的铜器，为西周早中期"鄂"地点的确定提供了关键材料，证明传世文献中两处鄂地均非鄂国原处。张昌平在《论随州羊子山新出噩国青铜器》中指出，根据随州安居羊子山墓地出土噩器情况判断，一直到厉王以前，汉水流域噩国的地望都应在今随州一带。[5] 而在此以后，鄂国迁至今河南省南阳市区附近，2012 年南阳夏饷铺鄂国贵族墓地的考古发现可以证明。[6]

"噩叔簋"（《集成》3574）、"噩侯历季"诸器（《集成》3668、

[1] 司马迁：《史记》卷 40，第 1692 页。

[2] 徐中舒：《禹鼎的年代及其相关问题》，《考古学报》第 3 期，1959 年，第 62—63 页。马承源：《记上海博物馆新收集的青铜器》，《文物》第 7 期，1964 年，第 12 页。

[3] 穆彰阿：《（嘉庆）大清一统志》第 5 册卷 211，第 317 页。

[4] 顾祖禹撰，贺次君、施和金点校：《读史方舆纪要》卷 51"河南六"，第 2402 页。

[5] 张昌平：《论随州羊子山新出噩国青铜器》，《文物》2011 年第 11 期，第 87—94 页。

[6] 崔本信、王伟：《河南南阳夏响铺鄂国贵族墓地》，中国文物信息网，2013 年 3 月 25 日。

5325、5912）即随州噩国的铜器。穆王时期有噩侯驭方鼎，其铭文云：“王南征伐角，遹。唯还自征，在坏，噩侯驭方纳醴于王，王乃裸之。”王南征后回到坏地，噩侯驭方去朝觐王，还向王献酒，说明一直到西周中期，噩国都与周王朝保持着比较密切的关系。而到了厉王时期，不知因何原因，噩国叛离了王朝。根据《禹鼎》的记载，噩侯带领汉淮间众多国家攻打王朝，被周王室消灭，且惩罚手段非常严厉，“无遗寿幼”，所以在《左传》的记载中，我们就看不到有一个姞姓的鄂国存在了。

在江汉平原，文献中还能看到一个鄂地，即“鄂君启节”中有“鄂”地。《史记·楚世家》：“当周夷王之时，……熊渠甚得江汉间民和，乃兴兵伐庸、杨粤，至于鄂。”[1]则此鄂地在江汉之间。《汉书·地理志》江夏郡有鄂县。[2]许慎《说文》：“鄂，江夏县。”[3]《楚辞·涉江》“乘鄂渚而反顾”王逸注：“鄂渚，地名。”洪兴祖《补注》曰：“楚子熊渠封中子红于鄂，鄂州，武昌县地是也。”[4]《括地志》“鄂州·武昌县”：“武昌县，鄂王旧都。今鄂王神即熊渠子之神也。”[5]若根据《史记》，则西周中期此地名即存在，李学勤《论周初的鄂国》一文中也认为周初武汉即有鄂。[6]

13. 州

北方的州，最早比较明确地见于周初铜器铭文。虽然甲骨文中有“州”，但其意不详。邢侯簋铭文中有“菁邢侯服，易臣三品：州人、重人、章人”（《集成》4241）。陈梦家认为此处的州“或即《左传》‘隐公十一年’与郑人之州。杜注云：‘今州县’”。参照铭文中其他

［1］司马迁：《史记》卷40《楚世家》，第1692页。

［2］班固：《汉书》卷28上《地理志》，第1567页。

［3］许慎：《说文解字》6下，第134页。

［4］黄灵庚：《楚辞章句疏证》卷5，北京：中华书局，2007年，第1351页。

［5］《史记·楚世家》“中子红为鄂王”条下《正义》引。李泰著，贺次君辑校：《括地志辑校》卷4，第232页。

［6］李学勤：《论周初的鄂国》，《中华文史论丛》，2008年第4期，第1—7页。

几个地名邢、㥪、章的位置，陈梦家的说法应当不错。[1] 邢侯簋的年代，陈梦家定为成康时期，郭沫若、[2] 唐兰[3] 及马承源[4] 都认定为康王时器，则至迟在周初成康时期，北方的"州"地之名即存。

　　此"州"地的地理位置与本文所论大多数地名不同，不在晋南汾水流域，而是分水岭以南的河内之地，但也属晋的辖境。《左传》记载春秋时晋国有"州"地。隐公十一年"王取邬、刘、蒍、邘之田于郑，而与郑人苏忿生之田：温、原、絺、樊、隰郕、欑茅、向、盟、州、陉、隤、怀"。[5] 可见"州"地原是王朝东部王畿内苏氏的采邑，由天子赐予晋国，其后为晋所有。《左传》昭公三年郑伯如晋，公孙段相，晋侯赐之州田："初，州县栾豹之邑也。及栾氏亡，范宣子、赵文子、韩宣子皆欲之。"[6] 州地入晋后，曾为栾氏封地，晋国内其他大族也多有觊觎。这片地方自然条件和交通区位应该都比较优越。《汉书·地理志》有"河内郡·州"，[7] 则州在汉河内郡境。《括地志》"怀州·武德县"载："怀州武德县，本周司寇苏忿生之州邑也。"[8] 杨伯峻注云："州，当在今河南省沁阳县东稍南五十里之地。"[9] 汉水流域的州国位置比较偏南，但相对清楚。《左传》桓公十一年："楚屈瑕将盟贰、轸。郧人军于蒲骚，将与随、绞、州、蓼伐楚师。"杜预注："州国在南郡华容县东南。"[10]《续汉书·郡国

[1] 陈梦家：《西周铜器断代》，第81—82页。

[2] 郭沫若：《两周金文辞大系图录考释》，第20页。

[3] 唐兰：《西周青铜器铭文分代史征》，第159页。

[4] 马承源：《商周青铜器铭文选（三）》，第45页。

[5] 杜预注，孔颖达疏：《春秋左传正义》卷4，隐公十一年，第1737页。

[6] 杜预注，孔颖达疏：《春秋左传正义》卷42，昭公三年，第2032页。

[7] 班固：《汉书》卷28上《地理志》，第1554页。

[8]《史记·韩世家》"宣子徙居州"《正义》引。又《通鉴地理通释》"六国"引。李泰著，贺次君辑校：《括地志辑校》卷2，第78页。

[9] 杨伯峻：《春秋左传注》，第77页。

[10] 杜预注，孔颖达疏：《春秋左传正义》卷7，桓公十一年，第1755页。

志》"南郡·华容侯国"注："杜预曰州国在县东（南）。"[1]《读史方舆纪要》"历代州域形势·晋·南郡"载："华容，今荆州府监利县东五里有故城。"[2]《史记·楚世家》："考烈王元年，纳州于秦以平。"徐广注："南郡有州陵县。"[3]《左传》杨伯峻注就认为州在今湖北省监利县东之州陵城。[4]

　　14. 三户

　　汾水流域的"三户"最早见于卜辞："于三户。"（《合集》32833）陈梦家指出，卜辞属于武乙、文丁时期，"三户"位置在邺西。[5]《史记·项羽本纪》载："项羽使蒲将军日夜引兵渡三户，军漳南，与秦战，再破之。"同篇"楚虽三户，亡秦必楚"句下张守节《正义》引服虔云："三户，漳水津也。"引孟康云："津峡名也，在邺西三十里。"[6]《水经注·浊漳水》："漳水又东迳三户峡为三户津。"[7]《括地志》"相州·滏阳县"条载：

32833

"浊漳水又东经葛公亭北，经三户峡为三户津，在相州滏阳县界。"[8]《大清一统志》"广平府"载："滏阳故城，今磁州治。"[9]则"三

［1］范晔：《后汉书》志第22《郡国四》，第3480—3481页。

［2］顾祖禹撰，贺次君、施和金点校：《读史方舆纪要》卷3，第111页。

［3］司马迁：《史记·楚世家》卷40，第1736页。

［4］杨伯峻：《春秋左传注》，第130页。

［5］陈梦家：《殷虚卜辞综述》，第268页。

［6］司马迁：《史记》卷7，第308、300—301页。

［7］郦道元著，王先谦校：《合校水经注》，第167页。

［8］《史记·项羽本纪》"楚虽三户"《正义》引。又《通鉴》卷六《秦二世纪》"引兵渡三户"注引作"三户津在相州滏阳县界"。李泰著，贺次君辑校：《括地志辑校》卷2，第84页。

［9］穆彰阿：《（嘉庆）大清一统志》第1册卷33，第476页。

户"应在今河北磁县西南漳水上。

汉水流域的"三户"最早见于《左传》。《左传》哀公四年："士
蔑……将裂田以与蛮子而城之，且将为之卜。蛮子听卜，遂执之，与
其五大夫，以界楚师于三户。"杜预注："今丹水县北有三户亭。"[1]
《后汉书·郡国志》"南阳郡·丹水县"条下载："丹水故属弘农。有
章密乡。有三户亭。"[2]《括地志》"南阳郡·内乡县"载："故丹城
在邓州内乡县西南一百三十里。"[3]《明一统志》"南阳府"载："三
户城，在内乡县西南，春秋时晋执戎蛮子界楚师于三户，即此。"[4]
《大清一统志》"南阳府"载："三户城，在淅川县西南。"[5] 即今河
南淅川县西南。

15. 涑

涑水是河东地区另一条重要的河流。前引《国语·晋语》宰孔
云："（晋）景霍以为城，汾、河、涑、浍以为渠。"韦昭注："四者，
水名也。"[6]《左传》成公十三年"伐我涑川"，杜注云："涑水出河
东闻喜县西南，至蒲坂县入河。"竹添光鸿笺云："今山西蒲州府城东
北二十六里有涑水城，即秦所伐之涑川也。"[7]《水经注·涑水》
"涑水出河东闻喜县东山黍葭谷，西过周杨邑南，又西南过左邑县南，
又西南过安邑县西，又南过解县东，又西南注于张阳池。"郦注云：
"又西南迳张阳城东"，董佑诚曰："在今虞乡县西北。"[8] 涑水横贯
今山西南部，发源于今绛县，向西南流经今闻喜、夏县、运城市区、
临猗，在永济附近入河。涑在战国时已置县，战国早期有"涑县发弩

---

[1] 杜预注，孔颖达疏：《春秋左传正义》卷57，哀公四年，第2158页。

[2] 范晔：《后汉书》志第22《郡国四》，第3477页。

[3] 李泰著，贺次君辑校：《括地志辑校》卷4，第195页。

[4] 李贤等，《大明一统志》卷30，第2149页。

[5] 穆彰阿：《（嘉庆）大清一统志》第5册卷210，第322页。

[6] 徐元诰撰，王树民、沈长云点校：《国语集解》，第288页。

[7] ［日］竹添光鸿：《左氏会笺 上》第十三成十三，第15页。

[8] 郦道元著，王先谦校：《合校水经注》卷6，第107—111页。

戈"（《集成》11213），从字体和"冶某"来看，为三晋兵器。《太平寰宇记》河东县有"涑水故城，在县东北二十六里"，即今山西永济市北，临涑水入河处，应即战国涑县。[1]

涑鄢（縣）發
弩戈，冶珍

11213A

在汉水流域亦有涑水，是一条小河。在早期的文献中，此涑水未见记载。最早的记载见于《水经注》。《水经注·沔水》云："沔水又南与疏水合，水出中庐县西南，东流至邔县北界，东入沔水，谓之疏口也。"[2]"疏"同"涑"，《太平御览》中即写作"涑"。《御览》引《十道志》云"涑水亦名襄水"，[3]《太平寰宇记》"襄州·襄阳县"亦云："涑水，亦名襄水。"[4]涑水的流路，文献记载较少，存在一些争议。《沔水》云疏水出中庐县，东流经邔县入汉水，《太平御览》引《襄沔记》亦云："中庐有涑水，注于沔。"[5]传统上认为中庐在襄阳城南汉水西岸，邔县在今宜城县北境。石泉在《古鄢、维、涑水及宜城、中庐、邔县故址新探》一文对楚地涑水进行过考证，认为若按传统说法，则其流向就应该是向北，而不是《涑水注》所谓的"东流"。石泉认为传统说法有误，涑水应位于今湖北省襄阳、宜城、南漳三县之间，古涑水

---

[1] 乐史：《太平寰宇记》卷46"河东道七"，第955页。

[2] 郦道元著，王先谦校：《合校水经注》卷28，第425页。

[3] 李昉等编纂，夏剑钦、王巽斋等点校：《太平御览》卷63《地部二十八》"涑水"条，石家庄：河北教育出版社，1994年，第500页。

[4] 乐史：《太平寰宇记》卷145"山南东道四"，第2815页。

[5] 李昉等编纂，夏剑钦、王巽斋等点校：《太平御览》卷63《地部二十八》"涑水"条，第500页。

与邔县故城的位置实与后世襄阳城南的襄渠及欧庙相合，而不在今宜城北境。[1]

16. 漳

北方的漳水亦见于《尚书》。《禹贡》"覃怀厎绩，至于衡漳"，此"衡漳"解释有两说，一是衡、漳各为一水，《释文》引马融注、孔疏引王肃注、司马贞《索隐》皆主此说，清王夫之《书经稗疏》、牟庭《同文尚书》等亦从之。二是衡漳为同一水。伪孔传、郑玄注皆云："漳水横流入河。"孔颖达疏云："衡即横字，漳水横流入河，故云横漳。"敦煌本（伯3615）孔传记为："漳水奥流入河，……至奥漳也"，"奥""横"古通，也印证了孔颖达的解释。[2] 从两种说法所出的文献来看，伪孔传和郑注似更正统，而王肃解经为求成一家之说，多有意与郑玄相左。不过后人所论，则多据王肃，以"衡"为"漳"之定语。两相比较，"衡漳"即漳的解释可能更具合理性。

《汉书·地理志》"上党郡·沾县"载："大黾谷，清漳水所出，东北至邑成入大河，过郡五，行千六百八十里。"又"上党郡·长子县"载："鹿谷山，浊漳水所出，东至邺入（清）漳。"[3] 则漳水又分两支："清漳"与"浊漳"。《水经注·漳水》云："浊漳水出上党长子县西发鸠山，……又东北至乐成陵县北别出，又东北过成平县南，又东北过章武县西，又东北过平舒县南东入海。清漳水出上党沾县西北少山大要谷，……东至武安县南黍窖邑入于浊漳。"[4]《汉书》言浊漳入清漳，《水经》言清漳入浊漳，两水不能判定何为干流，《括地志》则云："漳水一名浊漳水，源出潞州长子县西力黄山。"[5] 以浊漳为干流。浊漳，水出山西长治县西南，向东流经长治、襄源、黎

---

[1] 石泉：《古代荆楚地理新探》，第273—280页。

[2] 臧克和：《尚书文字校诂》，上海：上海教育出版社，1999年，第101页。

[3] 班固：《汉书·地理志》卷28上，第1553页。

[4] 郦道元著，王先谦校：《合校水经注》，第164—181页。

[5]《史记·河渠书》卷29"西门豹引漳水溉邺"《正义》引，第1408页。

城等县，至交漳口合清漳后，出太行东行。《水经注·浊漳水》云："漳水东迳屯留县南，又屈迳其城东，东北流，有绛水注之。"[1] 自是漳水亦称绛水，《汉书·地理志》"广平国·斥章县"注引应劭云漳水在此入河。[2] 总的来看，漳水流向基本为正东—西向，也符合"衡漳"之"衡"。

汉水流域亦有"漳"水。前文已引《左传》哀公六年载："三代命祀，祭不越望。江、汉、雎、漳，楚之望也。"[3] 漳水也是楚主祭的河流之一。漳水的流处，特别是注水，文献中有四种说法。第一种称漳水入沮。《左传》宣公四年："师于漳澨。"杜预注云："漳澨，漳水边。"对漳水的位置说法不太具体，孔颖达《正义》引《释例》云："漳水出新城沶乡县，南至荆山，东南经襄阳南郡当阳县入沮。"[4]《水经注·漳水》："漳水出临沮县东荆山，东南过蓼亭，又东过章乡南。又南至枝江县北乌（笔者按：一云乌）扶邑，入于沮。"[5] 亦载漳水入沮。竹添光鸿也认为："漳水在今湖北安陆府当阳县北四十里，自襄阳府南漳县流入城，至县东南五十里，与沮水合。"[6] 第二种称漳水入汉。《汉书·地理志》"南郡·临沮县"自注云："《禹贡》南条荆山在东北，漳水所出，东至江陵入阳水，阳水入沔。"[7] 认为漳水入汉。第三种说法是漳水出大洪山，入涢。《读史方舆纪要》"安陆县·漳水"云："漳水，府西南五十里。亦出大洪山，经京山、应城县界流入境，下流合涢水。沈括曰：'清浊相揉曰漳。'漳，交也。"[8] 别有云梦之漳，与涢水合流，色理如螵蛸，数

---

［1］郦道元著，王先谦校：《合校水经注》，第164页。

［2］班固：《汉书》卷28上《地理志》，第1631页。

［3］杜预注，孔颖达疏：《春秋左传正义》卷58，哀公六年，第2162页。

［4］杜预注，孔颖达疏：《春秋左传正义》卷21，宣公四年，第1869页。

［5］郦道元著，王先谦校：《合校水经注》，第474—475页。

［6］［日］竹添光鸿：《左氏会笺 上》第十宣四，第28页。

［7］班固：《汉书》卷28上《地理志》，第1566页。

［8］中华书局本作"文也"。

十里方混，其处谓之漳口。……又有灈水，在府西南九十里，亦出大洪山，东流会于漳。一云其源出白兆山，达云梦县北二十里蒿子口入于涢水。"[1] 第四种说法称漳水入江。《左传》哀公六年孔疏云："漳经襄阳至南郡当阳入江。"杜、班、孔三家说法虽然注水不同，但都源出荆山，流经襄阳，大致流向基本一致，《读史方舆纪要》认为源出大洪山，入涢水，说法明显偏南。诸说分歧应该是因为漳在不同年代有不同位置造成的。石泉认为漳水东南流，注入汉水，在今蛮河流域。[2] 最初的漳水可能源出荆山一带，经襄阳入汉，后来随着楚人进入江汉平原，漳水名也带入了江汉平原涢水一带。

经过上文梳理可见，童书业所谓汾汉之间多地名重名现象所言不虚。笔者统计了《左传》中所有的重名地名，共有 34 组，其中本文界定的区域内两地对应有 17 组，在重名地名总量中占整整一半。而且，除了晋南和鄂东豫西之间，其他地区的重名现象都不明显（参见附表五）。晋南的主体区域是晋国，鄂东豫西的主体区域是楚国，清人沈淑所辑杜预《春秋左传分国土地名》中，晋国有 168 条，楚国有 126 条。[3] 据笔者统计，《左传》中出现晋国地名共计为 148 条，楚国地名 125 条，与沈淑辑出的条目略有出入。综合两种统计，基本可以判定《左传》中出现的晋国地名总量在 150—170 个之间，楚国地名总量在 130 个以内（参见附表六）。若重名地名以 17 组计，则在晋、楚两地地名中所占的比例，都达到或超过百分之十，这个比例已经属于比较高的了。所以，通过对传世文献的梳理，我们基本能够认定存在一群明显的重名地名是晋南与鄂东豫西之间关系的一个特征。

---

[1] 顾祖禹撰，贺次君、施和金点校：《读史方舆纪要》卷77 "湖广三"，第3611 页。

[2] 石泉：《齐梁以前古沮（雎）、漳源流新探》，《古代荆楚地理新探》，第219 页。

[3] 沈淑：《春秋左传分国土地名》，《丛书集成新编》第 91 册，上海：商务印书馆，1936 年。

晋南与鄂东豫西重名地名表

	地名	晋 南 位 置	鄂东豫西位置
1	汾	源出山西宁武管涔山，向南流经静乐县、古交市、太原市、清徐县、祁县、介休市、霍州市、洪洞县、临汾市、侯马市，在河津附近汇入黄河	河南南阳方城平顶山叶县之间。醴水出伏牛山的峡谷
2	随	山西晋中市介休县	湖北随州市
3	唐	山西临汾、侯马之间	湖北随州市西北唐县镇
4	霍	山西临汾霍州市	河南平顶山汝州市东南
5	梁	山西吕梁山	河南平顶山汝州市西南
6	屈	山西临汾市吉县	不详
7	方	山西运城市夏县	河南南阳市方城县
8	郇	山西运城临猗县	陕西安康市旬阳县
9	瑕	河南三门峡市灵宝县	湖北随州市
10	栎	山西蒲州与解县或临猗之间	河南许昌禹州市
11	襄	山西中条山南麓	湖北襄阳市
12	邓	河南焦作孟州市	湖北襄阳市
13	噩	山西临汾市曲沃、翼城一带	湖北随州
14	州	河南省焦作沁阳市	湖北荆州市监利县或湖南岳阳市
15	三户	河北邯郸市磁县	河南南阳市内乡
16	涑	一说山西闻喜到解县，一说永济县涑州城	湖北襄阳城南
17	漳	水出山西长治县西南发鸠山，东经长治、襄源、黎城等县，至交漳口合清漳后，出太行东行	湖北蛮河流域

　　但我们亦知，要确定"重名地名群"，还需得对诸地名读音的音、类、等级等要素进行一番考察。这里有一个简单的道理，地名是一个空间的名称，要找到一个地点的位置，就必须知道这个地点的地名，而对于日常使用来说，地名的发音比写法更重要。所以一地地名虽然不同文献中用字可能不一样，但读音应该一致。不同地点用字相同，但读音不同，也不能认为是重名地名。例如《左传》宣公十二年载郑有"鄐"地，哀公四年则载晋有"鄐"地。两个地名用字相同，但郑之"鄐"音为"苦交反"，晋之"鄐"音为"呼洛反"，[1] 两地虽然记字相同但读音不同，就不能认定为重名地名。

　　困难的是，地名实际使用时的读音的声音又颇难通过文献保存下来，只能依靠记名用字的字音来考索。但古地名记字一旦落到文献中，就存在对读音的认定问题，尤其是历史文献，尤为复杂。文献中的字今古发音不同，且存在一字多音的情况。本文也只能借助字书并参照历代注疏对汾汉间用字相同地名的读音逐一考索，加以甄别。目前已有字书，以《说文》《尔雅》最古，《说文》和《尔雅》是早期字书，虽然成书在汉代，但已是追索古地名古音的最直接途径。

　　总体来看，晋南、鄂东豫西两地用字相同的地名，读音也高度一致。这 17 组 34 个地名，大多不是多音字，都只有一个读音，所以文献中记名相同的地点，发音也应该是相同的。其中只有一个例外，是"栎"字。"栎"字多音，在早期文献中一共能见到四处"栎"地，虽然用字相同，读音却不完全一致。上文已经提及，宋庠《国语补音》云："郇、栎，上音询，下音铄，晋地也。……《左传》'桓公十五年'郑伯突入于栎，音历，在阳翟。《汉书》高祖初都于栎，音药，在高陵。凡有三音。"[2] 昭公四年楚地之"栎"，陆德明《释音》云："力狄反，徐又失灼反"。虽然楚地之栎有两音，但四个地名中，与

――――――――――

［1］［日］竹添光鸿：《左氏会笺上》第十一宣十二，第 11 页。

［2］宋庠：《国语补音》卷 3，《景印文渊阁四库全书》第 406 册，第 226 页。

晋地之"栎"同音的只有楚地之"栎"。[1] 所以在晋南、鄂东豫西两地，"栎"也是同取一音，发音相同，也可以认定为重名地名。

除发音外，地名所标示空间的属性也是地名的一个关键要素。按地名学的分类，地名在性质上可以分为地形名（地文、水文地名）与地域名（行政区域、村镇地名）二类。[2] 即使有两个用字和发音都相同的地名，但若标示的空间属性不同，譬如一为地形名、一为地域名，则二者也不宜看作是重名。

《说文》《尔雅》较多保留字的早期含义，通过对《说文》《尔雅》中重名地名群地名用字含义逐一查对，可见晋南与鄂东豫西两地区这 17 组地名性质上也是分属两大类，一类地形名，一类地域名。每组地名在大类方面都一一对应，即在晋南指地形的地名，在鄂东豫西也是地形，地域名亦然。其中地形名分河流名和山名，组内地名对应的属性基本相同。地域名则主要是城邑，可以分成两个层级，高层级为国名，稍低层级为邑名。晋南、鄂东豫西两地重名地名的属性基本一致，虽然个别组地名在两地间等级稍有不同，但大多数都还是对应的，在晋南是国名，在鄂东豫西还是国名；在晋南是邑名的，在鄂东豫西也还是邑名。（参见下文《重名地名在〈说文〉〈尔雅〉中字义表》）

从另一个角度看，地名在属性上又可以分为"通名"和"专名"。[3] 若文献中出现的一个地名记字性质为通名，则在各个地区都能使用，即使用字相同，也不具备"重名"的特质，所以，对 17 组中各地名是通名还是专名，也需要加以甄别。

从《说文》看，国邑名中，除三户不见于《说文》外，邓、䣜、郇 3 个地名明确为地域专名，州则是地形专名，随、唐、屈、方、

---

[1] 杜预注，孔颖达疏：《春秋左传正义》卷 42，昭公四年，第 2036 页。

[2] 金祖孟：《中国政区命名之分类研究》，《地理学报》1943 年 10 月。转引自孙冬虎、李汝雯：《中国地名学史》，北京：中国环境科学出版社，1996 年，第 203 页。

[3] 金祖孟：《中国政区命名之分类研究》，《地理学报》，1943 年 10 月。转引自孙冬虎、李汝雯：《中国地名学史》，第 203 页。

瑕、栎 6 个本不是地名，是由其他性质的名词借用而为地域专名。水名中，3 个地名都是专名。山名中，霍不见于《说文》，性质不明确；襄或名"鄸"，为地域专名；梁则是其他名词借用为地域专名。

所以，总的来看，晋南与鄂东豫西间 17 组地名基本都可以认定为专名，具备认定为重名的条件。需要稍加分析的是三户、汾、州、襄 4 组。

"三户"的问题是这个词除表地点外，还有表示"很少的人"的意思，即《史记·项羽本纪》中"楚虽三户，亡秦必楚"句，并由此可引申为另一重含义，指"很少居民的聚落"，也就是后世土俗称谓中"三家村"一类。这样一来，这个词的性质就由专名变成了通名。虽然存在这样一种可能性，但从传世文献看，绝大多数"三户"都是有明确所指地点的，作为通名使用的频率很低。所以，本文还是将"三户"列于重名地名群之内。而且，退一步讲，即使"三户"是通名，也是土俗称谓。聚落的土俗称呼，不同地域间有比较明显的区别。两个地域特征的土俗通名出现在其他地区，则更具考察意义。

重名地名在《说文》《尔雅》中字义表

	地名	《说文》	《尔雅》
国邑	随	辵部·从也。从辵，堕省声。旬为切。	
	唐	口部·大言也。从口庚声。	释宫·庙中路谓之唐。
	屈	尾部·无尾也。从尾出声。	释诂·挚敛屈收戢搜裒鸠楼，聚也。
	方	方部·并船也。象两舟省、緫头形。	
	郇	邑部·周武王子所封国，在晋地。从邑旬声。读若泓。	
	瑕	玉部·玉小赤也。从玉叚声。	

续　表

	地名	《说文》	《尔雅》
国邑	栎	木部·木也。从木乐声。	
	邓	邑部·曼姓之国。今属南阳。从邑登声。	
	鄳	邑部·江夏县。从邑黽声。	
	州	川部·水中可居曰州，周绕其旁，从重川。昔尧遭洪水，民居水中高土，或曰九州岛。《诗》曰："在河之州。"一曰州，畴也。各畴其土而生之。	释水·水中可居者曰洲。
	三户		
水	汾	水部·水。出太原晋阳山，西南入河。从水分声。或曰出汾阳北山，冀州浸。	《尔雅》"河有雍，汝有濆"，《尔雅·释水》"江有沱，河有洛，汝有濆"。
	涑	水部·瀚也。从水束声。河东有涑水。	释地·西方之美者有霍山之多珠玉焉。
	漳	水部·浊漳，出上党长子鹿谷山，东入清漳。清漳，出沾山大要谷，北入河。南漳，出南郡临沮。从水章声。	
山	霍		释山·大山宫小山，霍。
	梁	木部·水桥也。从木从水，刅声。	释地·梁莫大于溴梁。
	襄	衣部·襄。汉令：解衣耕谓之襄。邑部·鄴今南阳穰县是，从邑襄声。	释言·襄，除也。释言·襄，驾也。

"汾"，《水经注·汝水》引《尔雅》"河有雍，汝有濆"，[1]

[1] 郦道元著，王先谦校：《合校水经注》卷21"汝水"，第323页。

《尔雅·释水》"江有沱，河有洛，汝有濆"，[1] 有学者认为两处"濆"同，通"汾"，则"汾"是汝水支流的通称。但实际上，《水经》中"濆"与"雍"对，雍为土丘，"墳莫大于河墳"，是高丘的意思，并不指水，两字是否相通，还有讨论的余地。退一步讲，即使"汾""濆"相通，《释水》云："水自河出为灉，济为濋，汶为澜，洛为波，汉为潜，淮为浒，江为沱，過为洵，颍为沙，汝为濆。……江有沱，河有灉，汝有濆。"[2] 各条河都有对应的支流通称，甚至《释水》中"河"的支流"洛"的支流也都有通名为"波"，这类说法实在是过于复杂和整齐。此处各水与其说是支流通名，不如理解为最主要的一支支流的专名。从前文考订部分的史料亦可知，至少在《左传》成书的时代，汾已经被公认为指纵贯晋地南北的那条大河，若说是汝水支流，则诸多史料无法解通。所以，汾理解为水名专名似更通达。

"州"，《说文》解为"水中可居"之处，[3] 文献中也多见各个"州"，其字可用作地名通名是无须怀疑的。但先秦文献中还有一种现象，在后世地名学理论中尚未得到充分重视，即一些通名同时也是某一地的专名，显著者如"东""北"等。这两个例子已为学界熟知，不需赘述。"州"虽以专名显，但据上文考证部分亦可以知，在本文涉及的两个地区，"州"明显是专指一邑的专名。

"襄"，《太平寰宇记》云："荆楚之地水驾山而上者，皆呼为襄上也。"[4] 若据此，则"襄"似应亦有专名的属性。但这种说法所见文献比较晚，即使是《荆州记》的说法，也已晚至南北朝。而据前文考证所引材料亦可知，在当时的实际使用中，晋南和鄂东豫西两地的

---

[1] 郭璞注，邢昺疏：《尔雅注疏》，第 2615 页。

[2] 郭璞注，邢昺疏：《尔雅注疏》，第 2619 页。

[3] 许慎：《说文解字》11 下"川部"，第 239 页。

[4] 乐史：《太平寰宇记》卷 145"山南东道四"，第 2815 页。

"襄"都有专门所指的地点，所以本文也判定为专名。

综合前文的考订和分析，我们可以认定，晋南与鄂东豫西之间存在 17 组重名地名，构成一个富有特色的"重名地名群"。

二、"重名地名群"的空间、时间分布特征

回到本文开头金祖孟的理论，分析地名群的内在联系是提取隐含历史信息的途径。除了记字外，一个地名最基础的信息就是它所指的空间位置，再有就是它所使用的时间范畴。在确认了晋南与鄂东豫西"重名地名群"确实存在之后，本文将进一步分析其在空间位置和时间序列方面的特点，以进一步提取地名群包含的历史信息。

（一）空间分布

位置是地名的基本内容之一，重名地名群中诸地名既然存在内在联系，则其空间分布应该与社会属性存在一定关联。总的来说，重名地名群中的 17 个地名在晋南的空间分布状态比较散乱，没有明显规律，大致散布在太行—王屋—中条山脉东南麓和汾—涑水流域两片区域内。但在鄂东豫西，情况则明显不同。总的来看，鄂东豫西重名地点的空间分布有一定规律，突出特点以关键节点为中心，呈放射状沿交通线分布。下面就详细分析一下鄂东豫西地名的空间分布情况。

1. 夏路：邓—（鄎）—汾（方）—梁—霍

邓、汾（方）、梁、霍这几个地点，分布在一条横穿南阳盆地之后向北、向东延伸的交通线上。《左传》庄公九年："楚文王伐申，过邓。"南阳盆地交通线南端的起点是邓，邓以北的下一个重要节点是申。另外，前面已经提到，根据南阳夏饷铺的考古发掘成果，到两周之际，距离申非常近的地方就是鄎。所以，鄎也是在由邓出发北穿南阳盆地的交通线上。

由鄎向北，出伏牛山的隘口有两个，互相紧邻，一个是稍偏北的汾陉，一个是稍偏南的方城。汾陉虽然在战国时为天下九塞之一，是

著名的关隘，但方城隘道也是当时进出南阳盆地最为重要的关口之一。《左传》哀公四年载："夏，楚人既克夷虎，乃谋北方。左司马眅、申公寿余、叶公诸梁致蔡于负函。致方城之外于缯关，曰：'吴将泝江入郢，将奔命焉。'为一昔之期，袭梁及霍。"杜注云："夷虎，蛮夷叛楚者。"[1] 这些蛮夷小国位于楚的西方。楚人伐灭了蛮夷叛乱之后，开始向北方图霸。此次北侵，楚人选择的就是方城隘道，"缯关"即方城外之隘口。

出伏牛山山口以后，交通线分为东、北两支。向东的一支，出伏牛山口到叶县，然后向东达宋、鲁。《左传》襄公二十九年："夏四月，葬楚康王。公及陈侯、郑伯、许男送葬，……公还，及方城。"[2] 鲁襄公由楚还鲁，就是要过方城，然后向东归。这条线，就是史书中著名的"夏路"。向北一支经郾城、临颍、许、长葛到达新郑，之后由新郑可以到达洛邑，也可以到达黄河诸渡口。在方城与新郑之间的重要节点则是梁、霍。哀公四年，楚驻兵方城缯关后，向北袭夺了梁、霍，就是为了夺取北侵交通线上的重要城邑。

向北的交通线，西周时就已经是王朝政治疆域范围内最重要的一条交通干线，而且不排除在商代就已经使用的可能性。前文已经引用过中甗铭文中记录西周时中巡省南国途径中的一些地点"中省自方、邓、□、□、邦，在噩（鄂）师次……"很明显，中是从成周洛邑出发的，经方城进入南阳盆地，然后继续向南过邓，再进入随枣走廊到达鄂（噩）。方城因为在这条交通线上，所以成为楚北境最重要的隘口。由于方城重要，楚的内外险要都以"方"为名。《禹贡》导山："内方至于大别"，[3] 顾颉刚指出："方城为楚国最险要可守之地。故其外的险要称外方，其内之险要称内方。"[4] 到战国时，方城不仅是

---

[1] 杜预注，孔颖达疏：《春秋左传正义》卷57，哀公四年，第2158页。

[2] 杜预注，孔颖达疏：《春秋左传正义》卷35，襄公二十九年，第2005页。

[3] 孔安国传，孔颖达疏：《尚书正义》卷6《禹贡》，第151页。

[4] 顾颉刚、刘起钎：《尚书校释译论》，第778页。

楚北境的重要关隘，也是天下之险。《吕氏春秋·有始览》载："何谓九塞？大汾，冥阨，荆阮，方城，殽，井陉，令疵，句注，居庸。"[1] 一直到东汉末年，这条交通线的重要性都有增无减。《后汉书·孝灵帝纪》载："（中平元年）三月戊申以河南尹何进为大将军，将兵屯都亭。置八关都尉官。"李贤注："八关谓函谷、广成、伊阙、大谷、轘辕、旋门、小平津、孟津也。"[2] "广成"，惠栋《后汉书补注·孝安帝纪》引李吉甫注曰："广成泽在汝州梁县西四十里。"[3]《读史方舆纪要》亦推此说，其河南府"灵帝光和七年，以黄巾贼乱从河南尹何进言置八关都尉官。八关者，函谷、广成"等，"广成"后自注"见汝州，本河南梁县"。[4] 汉代时，这条交通在线的"梁"，与战国"大汾"列于"九塞"相类，成为天下"八关"之一，说明一直到汉代，这条交通线都还在使用，而且军事地位可能越来越重要了。

2. 武关道：三户—邓

三户、邓两地，处于穿秦岭过商洛连接宗周丰镐的交通线上。这条交通线即后来的武关道。

早期交通线在文献中的记载非常少，复原有一定困难，但严耕望《唐代交通图考》中对这一地区的交通路线进行了非常细致的研究，可以为分析早期交通线提供重要参考。从地形上看，汉水流域这个区域，北、东、西都有明显的山体作为边缘，从这三个方向出入，必然要依靠山间交通线，而山间通道多是依靠河谷，《唐代交通图考》中武关道在过武关后经富水关达内乡之后分为两支，一支向东通南阳，一支向南通邓，[5] 两条线路都是沿河谷而行的。秦岭、大巴山、大

---

[1] 陈奇猷：《吕氏春秋新校释》卷13，第663页。

[2] 范晔：《后汉书》卷8，第348页。

[3] 惠栋：《后汉书补注》第207册卷3，《续修四库全书》第270册，第524页。

[4] 顾祖禹撰，贺次君、施和金点校：《读史方舆纪要》卷48"河南三"，第2215页。

[5] 严耕望：《唐代交通图考》，上海：上海古籍出版社，2007年，第637—660页。

别山这样的大山体，历史上自然面貌变化不大，除非有重大技术突破，交通路线在历史上一般变化不大。但河谷出口处山体一般比较低矮破碎，出山口的路线选择相对较多，会稍微复杂一些，而且在不同时代，出山口的不同线路、城市在繁荣程度上也会略有差别。

向东一支暂且不论，武关道南侧的路线，周代可能就与唐代有些差别。在商洛以东，可能还存在更偏南的一条支路，即沿丹水河谷东南行，到淅水入丹处的三户，之后分为两支，一支继续沿丹水南行到达丹水入汉处，另一支则向东，一直到邓地。西周初年，楚人就是从商洛地区沿着这条路线逐渐东迁，达于丹淅之会。这条沿丹水河谷的行进路线在周代可能更为重要。三户在丹淅所会之处，从位置上看，很可能是交通线上的一个重要节点。武关古称少习，据《左传》哀公四年晋楚之战，楚人虚称将开通少习，实际上陈兵于三户，威胁晋国将连秦伐晋，晋人就不得不乖乖将阴地的九州之戎交与楚。所以，楚北出三户的这条路线，应是当时楚北一条颇具战略意义的交通通道。

3. 子午道：郇—邓

郇、邓之间的联系，落在横穿汉中后北越秦岭到达丰镐的交通线上。

《唐代交通图考》中，从长安出发过秦岭到汉水流域的道路，除武关道外，还有两条，一条是子午道，一条库义锡三谷道。严耕望认为，子午道在秦岭以北段，古今道大抵相同，秦岭以南，汉魏古道是循洵水西源及直水（今池河）西侧至安康县的。《汉书·高祖本记》有"从杜南入蚀中"，蚀为汉初子午谷之名，则此道的开通不能迟于战国、秦世。[1] 程大昌《雍录》云："汉长安都城北据龙首山，故子午谷正在南面，溯午则背子矣。"[2] 王先谦《汉书补注》云："关中

---

［1］严耕望：《唐代交通图考》，第 680—686 页。

［2］程大昌撰，黄永年点校：《雍录》卷 6，北京：中华书局，2002 年，第 117 页。

南面，背碍南山，其有微径可达汉中者，惟子午谷在长安正南。"[1] 也就是说，如果古人出丰镐寻找穿越秦岭的孔道，子午谷应该是最直接的选择，周在丰镐经营数百年，不会不注意子午道，子午道的使用时间很可能是在战国以前。如果再考虑到这条线路附近西周毅国的位置，西周时期这条路线就已经使用了。[2] 而且，秦岭隘道借用山间河谷，并不完全依托栈道，所以即使没有像后代那样正式的、大规模的凿通，路况不够优良，但作为交通线也应该可以使用了。特别是西周时期，武关道商洛以东地区为楚人活动的范围，楚人时叛时服，武关道沟通宗周与江汉之间的能力可能并不稳定，子午谷很可能是丰镐南入江汉的另一条重要途径。顾栋高《春秋大事表·春秋列国形势口号》中有一诗云："楚势鸱张自灭庸，连秦抵角到巴东。戎车更绕周疆后，郧郦初通汉水烽。"提到灭庸是楚向北争霸的一个重要环节，这个前人强调得不多。灭庸之所以重要，就是因为庸在竹溪，可以说是控制着子午谷的出入。

还有一条过秦岭的重要路线是库、义、锡三谷道。此道从丰镐南行，起点有三支，分别为库谷、义谷和锡谷，三条线过秦岭后在归安镇（今镇安县）附近汇合，南达金州。[3] 这条路在先秦时期是否存在，目前尚无较多证据，但三谷道主要沿洵水河谷行进，与之前谈子午道的情况类似，即使没有正式的大规模凿通，这样一条天然交通线应该也是比较早就会被利用了。

子午道越秦岭后，继续向东南过金州，三谷道越秦岭后，亦抵金

---

[1] 王先谦：《汉书补注》卷1"高帝纪第一"，北京：中华书局，1983年，第34页。

[2]《春秋》桓公七年："夏，毅伯绥来朝。邓侯吾离来朝。"杜注云："毅国在南乡筑阳县北"孔颖达疏云：（毅邓）南方诸侯，近楚小国。杨伯峻注其故城即今湖北省谷城县西北，顾栋高《春秋大事表》也认为其在湖北襄阳府谷城县。高士奇：《春秋地名考略》卷8"九县"条："考姬姓国之近楚者曰随曰息曰蓼曰毅。"毅国姬姓，在谷城，正子午道与三谷道汇合后沿汉东行出河谷处。这个位置出现一个姬姓封国，很可能与控制交通线有关。

[3] 严耕望：《唐代交通图考》，第686页。

州，金州是子午道与三谷道的交汇处。前面已经考证过，郇阳即洵水之阳，其位置正在洵水入汉处的金州。

4. 随枣走廊：邓—唐—瑕—随（曾）

随枣走廊是汉水流域最著名的交通线，前人已经有非常多的研究，此处不再赘述。随是这条交通在线的重要节点，也是汉水流域最著名的国邑。唐、瑕都在随的附近。南下的路线，穿过南阳盆地后，最常使用的路线就是进入大洪山东麓平坦便捷的随枣走廊，经过随后，继续沿涢水南行，进入江汉平原。

5. 樊宜走廊：邓—襄—州

在汉水流域的研究中，随枣走廊一般提到得比较多，但实际上，大巴山东端与大洪山之间才是真正的汉水河谷，也是一条重要的走廊，基本上可以称为樊宜走廊。

前面考证南方的"襄"时，已经谈到，襄阳是在楚控制了子午道以后，地位才逐渐上升的，但由于处于汉水津渡上，在这之前也是一个交通节点，这条线就是樊宜走廊，亦即汉水交通线。在楚境内，南北之间的交往至为重要。特别是在楚进入江汉平原以后，有诸多贵族的领地都还在故地丹淅一带，所以，依托汉水的樊宜走廊对于楚内部的交通意义十分重要。"州"在长江以南，看似与江汉平原比较远，但从《左传》定公四年楚王越江达于江南云中来看，江南地区与楚之间的联系应该是一直存在的，这个地区与北方地区的交往即应是通过汉水，沿樊宜线北上。

通观汉水流域的整个交通网络，各条交通线都在"邓"交汇，"邓"是整个交通网络的中心枢纽。《读史方舆纪要》"河南六·邓州"云："其地西控商洛，南当荆楚，山高水深，舟车辐辏，号为'陆海'云。秦之末也，沛公自南阳入武关，后之有事关中者，往往图武关，图武关而州为孔道矣。"[1] 虽然讲的是秦以后之事，但实际

---

[1] 顾祖禹撰，贺次君、施和金点校：《读史方舆纪要》卷49"河南六"，第2415页。

上，"邓"的重要地位，在周代就已经有所表现。

总的来看，鄂东豫西地区重名地名多是以某一地点为中心，在半径不大的区域内分布。汾、霍、梁、方以及西周晚期的噩等 5 地在今河南南阳附近，襄、邓、三户、涑、漳等 5 地在今湖北襄阳附近，随、唐、瑕、栎以及西周早中期的噩等 5 地在今湖北随州附近。只有位置不详的屈和郇、州 3 地是例外。同时，若将鄂东豫西重名地名连接，由北向南，自东向西，可以连成五条交汇于"邓"地的线，这五条线，又都能与汉水流域重要的交通路线吻合。这样的空间分布样态，颇值得玩味。

（二）首见文献年代

从最早出现的文本看，重名地名群中鄂东豫西的地名见于各类文献中的记载要迟于晋南。

在前文已经看到，晋南的地名中，有 11 个在甲骨、金文中已经出现，另外有 4 个则始见于春秋文本，还有 3 个始见于战国讲述夏代故事的文本《尚书·禹贡》。不同文本内的地名时代有差异，甲骨、金文中的地名，商、周或以前已经存在。春秋文献中的地名，则可能包含商、西周、春秋三个时代的。虽然没有做十分确切的普遍统计工作，但将金文与春秋时期文献比对可以形成一种感觉，即从西周到春秋，地名的使用相对稳定，《左传》中的地名可能不少都是沿用西周的。《禹贡》中的地名号称夏代，但年代不容易确定。无论如何，晋南的 17 个地名中绝大多数应该至迟在西周就已经存在了。而鄂东豫西的文献则相对较晚，无一见于甲骨，只有 3 个始见于西周金文，11 个始见于春秋文献，2 个始见于战国文献，另有 1 个见于战国以后的文献。

这当然与地区历史进程、地方文本的生成年代有关。黄河流域的历史进程较早，形成文献也较早。楚地方文本的生成年代目前尚无法简单说清，但用黄河流域的文字进行记载的年代显然比较晚，当然，这并不足以说明鄂东豫西地名使用必然就时间较晚。不过从西周时期鄂东豫西出土的铜器看，西周初年铜器铭文使用的文字与其他地区完全相同，所以，即使晚也晚不过西周初年。既然如此，在文献中出现

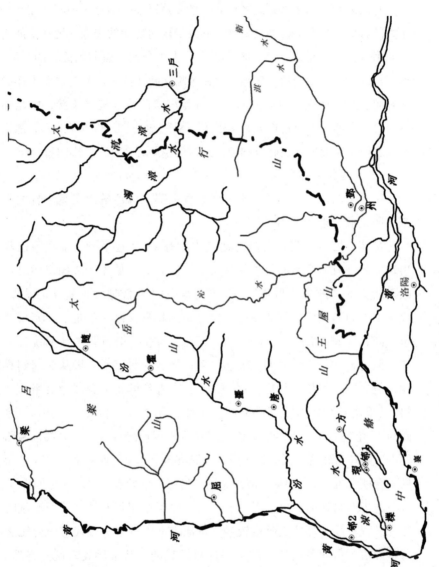

图 46　重名地名分布示意图（晋南地区）

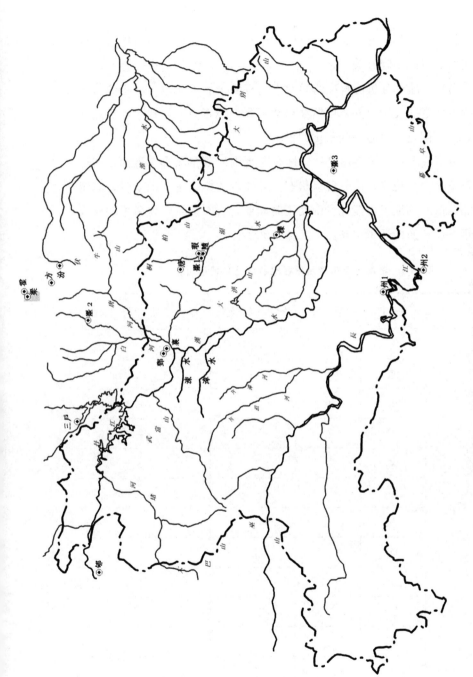

图 47 重名地名分布示意图（鄂东豫西地区）

早晚的原因，就不好与文献的形成年代相联系，而更可能与地名出现和使用的时间早晚有关。

当然，质性分析能解决的问题毕竟有限，靠单一地名本身的信息来判定地名的使用时间，可信度自然不高。但若借助达到一定数量的地名群，倒是可以做一些量化的分析。

由下表可见，重名地名群中地名在晋南出现早于鄂东豫西，这种关系不是个别现象，而是群组状态。若作较大胆推论，则重名地名组中鄂东豫西的地名可能比晋南使用时间要晚，一些重名地名可能西周初年在鄂东豫西还未出现。

晋南与鄂东豫西重名地名首见文献年代表

区　域	地　名	甲　骨	金文、《诗经》	春秋文献	战国文献
晋南	汾		△		
	随		△		
	唐	△			
	霍	△			
	梁				△
	屈			△	
	方	△			
	郇		△		
	瑕			△	
	栎			△	
	襄	△			
	邓	△			

（续表）

区 域	地 名	甲 骨	金文、《诗经》	春秋文献	战国文献
晋南	噩	△			
	州		△		
	三户	△			
	涑			△	
	漳				△
鄂东豫西	汾			▲	
	随			▲	
	唐			▲	
	霍			▲	
	梁			▲	
	屈			▲	
	方		▲		
	郇				▲
	瑕			▲	
	栎			▲	
	襄				▲
	邓		▲		
	鄂（噩）		▲		
	州			▲	
	三户			▲	
	涑				
	漳			▲	

当然，即使进行了统计，依靠在文献中出现的年代来判断两地之间地名的实际出现和使用时间早晚还是非常困难的。除文献早晚外，我们还可以看到，两地地名属性上的一些现象，似乎也与时间有关。

举"方"为例，在甲骨文中是方国名，存在于晋南。到西周时，晋南、鄂东豫西两个地区都有方，《诗·六月》："猃狁匪茹，整居焦、获；侵镐及方，至于泾阳。"[1] 可见西周时汾水流域的"方"已经不是方国名，而是城邑名。而到了春秋时期，"方"在晋南的具体地点都不明确了。而在鄂东豫西，未见商代时有"方"，到西周时，"方"还是一个独立的封国。如士山盘铭文云"中侯、郡、方宾贝金"。[2]"中"国君称侯，"郡"则见于郡公簋等器，器主明确称"郡公"，《左传》僖公二十五年"以申、息之师戍商密"条杜预注："郡本在商密，秦、晋界上小国。"[3] 可知郡西周时为南土小国。"方"在士山盘铭文中，一方面与"中""郡"并列，另一方面与这两国一样进行贡纳，说明"方"不仅是一个途经的城邑，还是一个封国。到了春秋时期，"方"在鄂东豫西也已经不是封国，而是楚所属的一个城邑。

串联起来看，"方"地的等级，在两个地区分别经历了一个"封国（方国）—城邑—小邑"的变化过程，而这个过程的节奏，鄂东豫西相对晋南略慢一拍。这种现象，可能与地名自身变化的规律有关：一个表示比较高等级、比较大范围政区的地名，会在后世发展过程中范围逐渐缩小，等级逐渐降低。亦可以举"陈"为例，原为国名，后为郡名，再后来仅指郡治所在城邑名。不仅是方、邓、随、噩也都有类似情况。这种变化的趋势在两地倒是一致的，但阶段间存在时差。从总体看，鄂东豫西比晋南要晚一些。

---

[1] 郑玄笺，孔颖达疏：《毛诗正义》卷10-2《六月》，第424页。

[2] 黄锡全：《士山盘铭文别议》，《中国历史文物》2003年第2期，第60页。

[3] 杜预注，孔颖达疏：《春秋左传正义》卷16，僖公二十五年，第1821页。

虽然只是从时空两方面进行了一些很不完善的统计和分析，但晋南与鄂东豫西重名地名群内地名间的内在逻辑还是比较明显的。两地间存在相当数量的重名地名，其中一地在空间分布上有显著规律，同时两地地名在文献中出现的年代有比较明显的先后关系。将这些特征综合在一起考虑地名群的成因，用小概率恐怕就较难解释了。

三、"重名地名群"的成因与区域间地缘关系过程

以往认为，地理上相邻的两个地区之间在政治、经济上的联系可能紧密一些。谈到晋南与其他地区的联系，一般会认为与关中最为密切。而鄂东豫西与晋南，一个主体部分属楚，一个主体部分属晋，研究者不大会想到地域间的关联问题。而重名地名群的存在，及其在空间、时间上的分布特征，让我们不得不重新思考两地区间的联系问题。

晋南、鄂东豫西重名地名群形成的机制必然是非常复杂的。坦率地讲，现有的资料也还不足以将具体原因讲述得更为具体。顾颉刚认为理解上古地名问题，有必要结合族群人群的迁徙流动。这种思路不难理解，而且确实有一定的事实和理论依据。我们在历史时期见到过不少人群迁移时会将原来地名带到移入地的例子，最显著的就是东晋南朝时期的侨置郡县，从郡名到县名的各级地名都被北方移民带入南方，在文本中就显示为诸多重名地名。1934 年，谭其骧《晋永嘉丧乱后之民族迁徙》的研究，利用侨州郡县的地名材料，梳理出永嘉丧乱后北方汉民南迁的时空过程，揭示出至今学界公认的中国历史上第一次人口大迁移的重要事实。[1] 先秦时期的地名材料虽然系统性较弱，但由于处于地缘关系的发生期，寻找一些关于区域地缘关系建立过程中的理论化问题，相信具有一定的学术意义。而在人类学的田野

[1] 谭其骧：《长水集》，第 206—229 页。

实践中，也常常能见到移民带着地名迁移的现象，说明这种地名变化的机制到现在都还在发生作用。

近年来鄂东地区的考古发现，也进一步提示了这种可能性。2009年出土的随州文峰塔 1 号墓 1 号编钟铭文云："伯括上庸，左右文武，挞殷之命，抚定天下。王遣命南公，营宅汭土，君此淮夷，临有江夏。"[1] 与今年（2014 年）当地新发掘的叶家山西周墓地铜器铭文相结合，可知西周曾国的始封君可能与西周"南公"有比较直接的关系。[2] 质言之，南公是曾的祖之所出。《逸周书》载"南公"为殷臣。我们不知道南公最初的封邑地点，但学者一般都承认商代汾水流域人群与商之间存在比较密切的联系。如果曾的祖之所出为南公，而南公来自汾水流域，那其中几个关键地名的重名现象就非常容易解释。

若真有人群自晋南迁至鄂东，自汾水流域迁移至汉水流域，当地应有相关传说或故事。即使时间、地点、人群都有讹变，也该有蛛丝马迹可循。不过，目前在文献中还尚未查找到汉水流域类似的传说，可能是因为时间太久远，也可能是因为这一地区人员流动性太大。然而，在后世文献中，其实可以比较多地看到汉水流域有一些族群自称为商人后裔，而这很可能是迁移故事的一种曲折表达。

邓国在传世文献中就有一种说法为商人后裔。《路史·后纪》云："初，武丁封季父于河北曼，曰蔓侯，有曼氏、蔓、鄾氏。优、邓，其出也。"[3]《广韵》"邓"云："姓，武丁封叔父于河北，是为邓侯。后因氏焉。"[4]《广韵》将邓作为姓，而不是国，不过他也承认

---

[1] 湖北省文物考古研究所、随州市博物馆：《随州文峰塔 MI（曾侯舆墓）、M2 发掘简报》，《江汉考古》2014 年第 4 期，第 14—15 页。

[2]《江汉考古》编辑部：《"随州文峰塔曾侯与墓"专家座谈会纪要》，《江汉考古》2014 年第 4 期，第 56—57 页。

[3] 罗泌：《路史》卷 19，《景印文渊阁四库全书》第 383 册，第 171 页。

[4] 陈彭年：《宋本广韵》，第 413—414 页。

邓国为武丁叔父所封，是商人后裔。《姓解》"邓"则云邓非为姓，而是氏："殷武丁封叔父于河北，是曰邓侯，遂以为氏。"[1] 高士奇《春秋地名考略》因其出于商人，而认邓国为子姓，亦承认其是商人后裔。[2] 另外，关于邓之所出，还有后稷之后姬姓等说，但往往世系较混乱，如张澍《姓氏辨误》二六"邓氏"条引朱熹《邓氏谱》序云："邓，后稷之后，在殷为曼姓。至虞叔始封唐，传四世而生燮，改国为晋。又五世生吾离，始封邓侯，子孙因以为氏。"[3] 即称其后稷后裔，又称其为曼姓，显然是含混其词，有后人杜撰之嫌。到近代，陈槃也认为邓国为商人之后，最初封于黄河以北，河南之邓是邓国后来的迁移之地。[4]

　　还有一个关于"有南国"的传说，也是说汉水流域有一群商人的后裔。《逸周书·史记》则载："昔有南氏有二臣，贵宠，力钧势敌，竞进争权，君弗禁，南氏以分。"孔晁云："二臣势钧而不亲，权重养徒党，所以分国也。"卢文弨注云："有南之国，《水经注》以为在南郡。"[5] 《路史·国名纪》载："禹后有南氏，以二臣势钧争权而分。《楚地纪》云：汉江之北为南阳，汉江之南为南郡者是。"[6] 认为其为夏后裔。但有南国的先祖，存在另一种说法，其中以清人陈士元在《江汉丛谈》中辨"有南"之事最详："'仁卿问有南赤龙'，答曰：'有南赤龙者，商汤后也。'《路史》云：'有南以二臣势均争权而分出。《汲冢周书》后有南仲翊宣王以中兴。'罗萍注云：'汤八世孙盘庚，自汤至盘庚十七世。今云八世，误。妃姜氏梦赤龙入怀，孕十有二月，生子有文在手曰南，遂封之南国，号有南赤龙。'"陈士元根

[1] 邵思：《姓解》，《丛书集成初编》3296，第 26 页。
[2] 高士奇：《春秋地名考略》卷 2，钱塘高氏康熙刻本，第 4 页上。
[3] 转引自陈槃：《春秋大事表列国爵姓及存灭表撰异（三订本）》"邓"，第 388 页。
[4] 陈槃：《春秋大事表列国爵姓及存灭表撰异（三订本）》"邓"，第 386—387 页。
[5] 黄怀信、张懋镕、田旭东：《逸周书汇校集注（修订本）》卷 8《史记解》，第 961 页。
[6] 罗泌：《路史》卷 27《国名纪四》，第 323 页。引文有误，原文为"世本之有男氏，潜夫作南，周书之有南也"。

据罗萍注，称有南国是殷人后裔，其祖先名赤龙，是商王盘庚之子，后受封于南国。陈士元又谈其国地域"《楚地记》云汉江之北为南阳，汉江之南为南郡，并以古南国得名耳。《诗》称江汉为南国之纪，说者谓在丰镐南也，安知不指商时侯国名哉"。[1] 照陈氏的理解，几乎整个汉水流域都是有南国的范围。

这两个传说中的商人后裔，也可以理解为是一群来自北方的人。汾水流域在商代与商人的关系十分密切，在一两千年的流传中，商人后裔已经成为来自商人控制地区的一种曲折表达。

当然，前文也提到，单独两个重名地名之间，在没有充足材料的情况下，用迁移论来推论可能会有些单薄。所以陈槃虽然在《春秋大事表列国爵姓及存灭表撰异》中每个地名都注意其重名地名，并且提出存在迁移的设想，但却没有被学术界普遍接受。其中重要原因，可能就是他没有进一步分析整合这些重名地名，进行分组对应的尝试。晋南与鄂东豫西这 17 组重名地名，是证明重名地名迁移论的一组好材料，应该可以由此掀开商周两代区域之间政治经济联系建立过程的盖布一角。

从时间上看，传统上谈到南方地区与北方地区的政治联动，往往会想到昭王南征。但仅这样一个历史事件，对地区的发展进行解释总归有限。中商以来商势力的扩张，周初陈、蔡的分封，都暗示汉水流域政治进程开始得颇早而且关键。早年南阳出土的商器，信阳出土的"息"器，近年来随州羊子山、叶家山新出噩、曾器，更是确切地将一个很可能比较复杂的汉水流域周代政治进程至少提到了周初。而叶家山墓地出土的陶器，也为两个地区之间的联系又提供了一些证据。

从大的历史过程上看，若结合人群流动的思路，两地重名地名群的成因，可以推测出三种可能性。第一种是封国分封及徙封，这些事

---

[1] 陈士元：《江汉丛谈》卷 1 "有南"，《景印文渊阁四库全书》第 590 册，第 481—482 页。

件主要发生在西周。第二种是商业活动，从事贸易的人的流动以及物资的交换。晋南与鄂东豫西两地在历史上商业交往一直十分密切。这两个地区，在资源上有明显的互补性。河东盐池的食盐是非常重要的物资，而汉水流域不产盐，一直是河东盐的销售区。而汉水流域南端则出产铜，是北方铜料最重要的供应地。两地在后世商业联系一直都非常紧密。明清时期汉水流域最有实力的商人群体就是山陕商人，其中最重要的货物是盐。时人讲"天下至和"就有"河东盐"。第三种则是其他的人员交往。两地间在交往上有天然的交通优势，所谓"楚才晋用"，由于交通便捷，两地之间的人员往来有长久的传统。总之，无论如何，这种重名现象的成因都与人的流动有关。

遗憾的是，我们目前为止还是没能找到记载晋南与鄂东豫西两地在商周之间存在人群徙出和迁入的直接材料。这种迁移的机制是什么，是自发还是有组织的，是政治性的还是经济性的？迁移的时间在什么时候？我们目前都还不清楚。未来的研究，可能一方面还只能尴尬地尝试从地名个案开始清理，看区域的历史进程中是否有一些指向族群流动的节点，然后再代回到对地名重名现象的研究之中。另一方面，从这些地名本身时间、空间特点入手，做一些集合研究，分析其中的一些共性特征。虽然这些地名所依托的文本有些成书年代、性质存在争议，有误差的可能性，但这类研究毕竟是利用成组材料研究的优长之处，过程上不能省略。

（原载《古代文明》第 12 卷，上海古籍出版社，2018 年）

附录二　汉阳诸姬：基于地理学的证伪
——西周汉水流域的政治面貌

《左传》僖公二十八年（公元前 632 年），晋楚城濮之战时，晋国大夫栾枝云："汉阳诸姬，楚实尽之。"这八个字，涉及的问题重大，记载却语焉不详。"汉阳诸姬"究竟都有哪些国家，地望在什么地方，分封的时间和目的为何，这些问题长期聚讼不已却很难辨清。笔者几年间关注西周封国，"汉阳诸姬"问题无可避免地进入了研究视野。[1] 经过梳理，楚国在汉阳地区所灭诸小国只有极少数可以确定为姬姓，鄂东地区西周考古学文化中也看不到有周人封国多点分布的迹象。种种迹象显示，周代汉阳地区恐怕并不存在一个姬姓封国群体，"汉阳诸姬"是一个文本讹传与地理错觉共同造成的误解。在下文中，笔者不揣浅陋，对此将试析之。

一、"征诸传记半模糊"的"汉阳诸姬"

最早解释"汉阳诸姬"问题的是杜预注："水北曰阳。姬姓之国在汉北者，楚尽灭之。"[2] 注文十分简单，只提到诸姬在汉水以北。其后解经者，则基本笼统沿用杜说，也没有做系统的考证。到清代，可能是籍贯引发的兴趣，湖北人易本烺对"汉阳诸姬"问题开始细究，并且着力最重。易氏在《春秋楚地答问》"问汉东之国汉阳诸姬系何国名今在何地"条中，提出关于"汉阳诸姬"的两个问题：一是

---

[1] 于薇：《西周徙封与宗盟问题研究》，北京师范大学博士学位论文，2008 年。导师晁福林教授。

[2] 杜预注，孔颖达疏：《春秋左传正义》卷16，僖公二十八年，第1825页。

具体有哪些国家；二是位于何地。易氏自问自答，认为"汉阳诸姬"
包括唐、厉、随、贰、轸、郧、黄、弦、申、息、江、道、柏、沈、
邔十五国。还圈出"汉阳"的基本范围："汉阳者，谓汉水之北也。
以《春秋传》考之，西自汉水以东，南自汉水以北，东至于光黄，北
至于淮汝，此百千里中小国，皆楚之属也。"[1] 易氏明确了"汉阳诸
姬"包含的封国，但考证还不够细密，如申国明确可知不是姬姓，[2]
"郧"国与"邔"国则实为一国。[3] 其所定"汉阳"的范围，与杜
注相比更为具体，也比较大，不仅包括了汉水流域，还有一大部分延
伸到了淮河流域。

　　易氏的研究并没有成为"汉阳诸姬"问题的定论。进入现代，李
玉洁《楚史稿》在"汉阳"的范围上沿用了易本烺的结论，具体包
括的封国虽然也列出了十五个，但与易氏略有不同，没有"弦、江、
沈、邔"，而改为"曾、吕、应、房"四国。[4] 杨东晨、杨建国在
《汉阳诸姬国史述考》中，则对"汉阳"的范围和"诸姬"所指都提
出了新说，认为整个"终南山（秦岭）以南，淮水、汉水的南北流域
之区，大体相当于今陕西南部、湖北西北部与中部、河南省的南部"
都是"汉阳诸姬"的分布区。这个区域比易本烺的还要大，包括了汉
水以南的江汉平原，楚在春秋实力最鼎盛时的范围也不过如此。而
"汉阳诸姬"包括的国家，《述考》中提到十一个，巴、曾、唐、随、
贰、蒋、息、蔡、沈、霍、应。[5] 而如杨宽、徐少华等学者则较为
谨慎，虽不否认有汉阳诸姬，却仅明确指出随、唐两国。[6] 现代学

[1] 易本烺：《春秋楚地答问》，沈钦韩《春秋左氏传地名补注》后附，《丛书集成初编》
　　本，北京：中华书局，1985年，附第1页。
[2] 申为姜姓，《国语·周语》："齐许申吕由大姜"，徐元诰撰，王树民、沈长云点校：
　　《国语集解》，第46页。
[3] 参见《左传》宣公四年杨伯峻注，《春秋左传注》，第682页。
[4] 李玉洁：《楚史稿》，郑州：河南大学出版社，1988年，第27页。
[5] 杨东晨、杨建国：《"汉阳诸姬"国史述考》，《学术月刊》1997年第8期，第90—91页。
[6] 杨宽：《西周史》，第388页。徐少华：《周代南土历史地理与文化》，第2页。

者在研究中，还提出了一些新问题，如"汉阳诸姬"的分封时间，以及分封目的。分封时间的结论跨度很大，认为分封较早的称在"周公东征后"，[1] 认为较晚的却迟至"周宣王征服了汉水流域"[2] 时。至于分封的目的，则基本都认为是为了防御楚国。

　　通过简单的学术史回顾可以看到，"汉阳"的地理范围实际上是在后代的解释中被不断扩大的，而"汉阳诸姬"所包含的封国中非姬姓的也越来越多，这有趣地暗合了"层累地造成古史"的理论，也说明，已有的论证当中可能存在着不小的问题。当然，我们不能苛责前人，一则《左传》中的相关记载确实比较简单，二则周代南方，特别是江汉淮汝一带，封国、地理记录也实在混乱，很难一目了然。无怪乎清代春秋学大师顾栋高在《春秋大事表·春秋列国地形口号》中感叹："汉阳诸姬吞灭尽，征诸传记半模糊。"[3]

　　但"汉阳诸姬"实在是个如芒在背、必须解决的问题。这个问题涉及周代历史两个非常重要的方面，第一，它关乎"汉水流域"。在西周时期，王朝疆域的主体与后世有所不同，可以说基本就是由三个流域构成的：黄河流域、淮河流域和汉水流域。其中黄河流域受到关注最多，各方面问题也比较清楚；淮河流域材料稀缺，在没有新的重大发现的情况下，目前能深入发掘的东西不多；而汉水流域，以往的关注点多集中在楚国，对区域内其他封国政治进程的把握十分有限。但实际上，这一地区封国众多，族群复杂，自周初起就与王朝有紧密的政治联系。这一地区的基本情况如果不梳理清楚，周代许多历史问题都很难说清。第二，它涉及"姬姓封国"。分封制在西周政治中的重要性无须多言，姬姓封国作为王室至亲、封国主体，与其他封国相比，历史内涵更加丰富。"汉阳诸姬"不是单独的一个国家，而是一

---

[1] 杨东晨、杨建国：《"汉阳诸姬"国史述考》，《学术月刊》1997 年第 8 期，第 91—94 页。

[2] 李玉洁：《楚史稿》，第 27 页。

[3] 顾栋高：《春秋大事表》，第 1002 页。

个地域范围内的一组封国，这即使在姬姓封国中，也是非常特殊的。处于关键区域的重点封国群体，这样的问题长期不清，会影响整个西周封国乃至西周政治史的研究。

二、所谓"汉阳诸姬"实不存在

（一）"汉阳"的地理范围

要辨清"汉阳诸姬"，首先要明确"汉阳"的所在。山南水北为阳，这是古代地名的一项基本原则，甚少有变例。所谓"汉阳"，从字面看简单明确，应该就是杜预所说的"汉水以北"。如果不是为了能在区域内找到所谓"汉阳诸姬"国家，恐怕历代学者对此都不会有更多疑问。但时至今日，"汉阳"的范围已经被划到了淮河上游北部支流的颍汝地区，这从地理的角度，无论如何都难以说通。

现代汉水虽然只是长江的一条支流，但在周代，从《诗经》中就能看到，江汉并提，汉水是周王朝地域内最重要的河流之一。汉水发源于秦巴山地，东南流经今陕西南部、湖北西部和中部，在武汉注入长江。在今沙洋与武汉之间，汉水河道基本呈东西向，根据山南水北为"阳"的命名原则，所谓"汉阳"，应该就是这段河道北岸的地区。从地理单元上看，这一片地区包括汉水北岸的冲积平原、大洪山地和随枣谷地。

"汉阳"有明显的地理上的东部边界——桐柏山和大别山——他们同时也是汉水与淮河的分水岭。虽然山体北中段相对低矮破碎，但在当时的交通条件下，这道山弧却是中原与汉水之间的一道天然界线。楚国将这道山弧看作军事上的天然屏障，将其称为"方城"。[1]

---

[1]"方城"的含义，学界多有探讨。一种看法认为"方城"是楚国人工修筑的长城。杨宽《战国史》就谈到春秋"方城"从今河南鲁山县西南鲁阳关起，向东经犨县，到达滍水，再折向东南到达泌阳。整个城防呈矩形，所以叫"方城"。（杨宽：《战国史》，上海人民出版社，1998年，第320页。）但学界还存在另一种看法，认为"方城"为山名。姚鼐《左传补注》云："楚所指方城，据地甚远，居淮之南，江、汉之北，西逾桐柏，东越光黄，止是一山。……《淮南子》曰：'绵之以方 （转下页）

《左传》僖公四年齐桓公伐楚时，楚臣屈完言："楚方城以为城，汉水以为池，虽众，无所用之。"屈完为了表示楚抗齐的决心，称将"方城"作为城墙，将"汉水"作为护城河。定公四年吴伐楚，楚左司马沈尹戍谓令尹子常："我悉方城外以毁其舟，还塞大隧、直辕、冥阨。"姚鼐《左传补注》云："（方城）其间通南北道三大者，惟有义阳三关，故定四年《传》之城口。"[1]大隧、直辕、冥阨即"义阳三关"，此三关是淮河上游与江汉地区交通无法绕行的山间孔道，也是楚最为倚重的军事要塞。这样的山间孔道成为军事隘口，可见当时桐柏大别一线已经将汉水和淮河分成两区。分属两个流域，中间又有天险作为分水岭，所谓"汉阳"，无论如何都很难包括"方城"以外的"淮阳"。

因为汉水"行至襄阳，其势渐折而南，至天门，又渐折而东，折而南下者，以东西为界，折而东趋者，以南北为界"，[2]河道走出了一个"L"形，汉水以北的地区同时也在汉水以东，所以《左传》中"汉阳"这个地区也被称为"汉东"。[3]"《禹贡》'导水'，汉至大别入江，而《尔雅》曰'汉南曰荆州'。盖汉水之名，至大别山而

（接上页）城。'凡申、息、陈、蔡，东及城父，《左传》皆谓之方城之外。"杨伯峻深以姚鼐之说为然，他在《春秋左传注》僖公四年注中云："说方城者甚多，唯姚说最为有据。"并引《水经注·潕水》附姚说后，认为"依郦注诸说，以今地理度之，凡今之桐柏、大别诸山，楚统名之曰方城。"（杨伯峻：《春秋左传注》，第292—293页。）竹添光鸿也认为春秋楚人所称"方城"为山名，《左氏会笺》僖公四年屈完语后竹添氏笺曰："方城汉池，夸天险也。"（［日］竹添光鸿：《左氏会笺》，第五僖四，第16页。）两种意见都有合理之处，楚"方城"的含义在不同时期可能发生过一些变化。但从《左传》僖公四年看，屈完所称的"方城"依后一种说法，指桐柏大别一线似更妥帖。故本文采姚鼐、杨伯峻、竹添一派之说法。

[1]杜预注，孔颖达疏：《春秋左传正义》卷54，定公四年："若司马毁吴舟于淮，塞城口而入。"第2136页。

[2]易本烺：《春秋楚地答问》，沈钦韩《春秋左氏传地名补注》后附，附第1页。

[3]"随以汉东之国叛楚"，即汉阳，杜预注，孔颖达疏：《春秋左传正义》卷14，僖公二十年，第1811页。

止。"[1] 大别山作为汉水与淮水之间的分水岭不仅在地理上，在文献上也是很明确的。虽然淮阳地区在方位上确实在汉水以东，但汉水在大别山以西已经汇入长江，早已没有了汉水之名，所以这个地区从哪个方面讲都很难与汉水扯上干系。在《左传》定公四年入郢之役中，吴为了使随人交出楚昭王曾做出许诺"汉阳之田，君实有之"，如果"汉阳"的范围真的是包括桐柏山大别山内外、从汉水到淮阳这么一大片地区，吴国无论如何也不该给当时已经沦为小国的随国这么重的筹码。

在学者所列的封国中，还有一些位于南阳盆地。将这些封国也列入"汉阳诸姬"之内，从地理的角度也存在一些偏谬。南阳盆地由第三纪断陷形成，整个盆地低于周边地区，平均海拔只有 100—150 米，大洪山、桐柏山与盆地南端连结，成为盆地天然的南部边界，虽然与汉水以北的这片区域紧邻，但具有明显的独立地理单元的特征，划入"汉阳"也不太符合地理常识。

所以，所谓"汉阳"，既不应包括淮阳，也不应包括南阳，而就是汉水以北、"方城"以内这片不大的丘陵、山谷、平原交错的地区。

（二）春秋楚所灭无汉阳地区姬姓之国

明确了"汉阳"的范围后可以发现，《左传》记载中，这一区域内的姬姓国家非常少。对此，康熙御制《日讲春秋解义》引用明儒的说法，解释为："自随服，而汉阳诸姬，楚实尽之矣。然自庄以前，楚人侵伐江汉间小国，无一见于经，盖未有告命也。"[2] 所谓"随服"与"庄之前"，指的是同一件事，即《左传》庄公四年楚武王伐

---

[1] 胡渭著，邹逸麟整理：《禹贡锥指》卷6，"淮海惟扬州"条，孙诒让《周礼正义》卷64《夏官·职方氏》"正南曰荆州"按亦赞同此说。

[2] 姜宝《春秋事义全考》随以汉东诸侯叛楚，楚伐随，取成而还。李廉曰："自庄以前，楚兵加随及江汉间诸国，皆不经见。盖未有告命也。"《四库全书》本。李光地等：《日讲春秋解义》卷18"僖公二十年"，《景印文渊阁四库全书》第172册，第246页。

随，随与楚行成之役。《解义》认为，随国服楚，是楚彻底吞灭汉阳
诸姬的标志，但诸姬中，大多数为楚所灭的时间，是在庄公四年以
前。鲁庄公四年为公元前 690 年，我们只要将楚发迹的时间过程加以
梳理，就能够知道，从周立国到鲁庄公四年的三百多年间，楚实际上
没有时间对汉阳诸姬进行灭国。

　　据石泉研究，楚国在周初只是商洛山间的一个蛮夷小国，后沿汉
水向南发展。[1] 近年来，随着河南南阳淅川地区的考古发掘工作的
展开，考古人员根据淅川下王冈出土的陶鬲，已经基本能够建立起周
代当地楚式鬲比较完整的演变序列，为这一论断提供了非常有力的支
持。[2] 到西周晚期的夷王、厉王时期，楚熊渠"甚得江汉间民和"，
楚第一次兴起，其间伐灭"庸""杨粤"，至于"鄂"，封"句亶"
"鄂"两王。[3] "庸"是"牧誓八国"之一，杜预注认为在晋时的
"上庸县"，《括地志》载在"房州竹山县"，属于鄂西北。"句亶"在
今湖北江陵，[4] "鄂"在今湖北武昌。[5] "杨粤"地点不详，但从
其他几个地点看，也应该在楚由丹阳沿汉水南下到武昌的这条路
线上。

　　这一阶段虽然楚发展得比较快，但当时周王朝的军事力量也还尚
存，王朝动用不小的军力来征讨楚国。《诗·采芑》就记载周王朝的
将军方叔曾率大军，以戎车三千讨伐荆蛮。《采芑》云"蠢尔蛮荆，
大邦为雠。方叔元老，克壮其犹。方叔率止，执讯获丑。戎车啴啴，

［1］石泉：《楚都丹阳地望新探》《楚都丹阳及古荆山在丹淅附近补证》，《古代荆楚地理
　　新探》，第 174—210 页。
［2］按：此文发表时淅川下王冈发掘仍未结束，陶鬲演变序列为社科院考古所何驽研究
　　成果，承北京大学考古系商周考古常怀颖博士告知，特致谢忱。
［3］司马迁：《史记》卷 40《楚世家》，第 1692 页。
［4］《史记集解》："张莹曰：今江陵也"，司马迁：《史记》卷 40《楚世家》，第 1693 页。
［5］"鄂"有二，一为南阳西鄂，一为湖北东鄂。南阳西鄂有国为姞姓，与楚芈姓不同，
　　所以，楚所立应为湖北东鄂，也就是武昌。

啴啴焞焞，如霆如雷"，[1] 这次讨伐王朝大获全胜。可见，虽然这一时期楚的势力渐长，但其绝对实力恐怕还是无法与中原王朝抗衡。有学者提出，《诗》中记载厉宣时期讨伐荆楚的诗文不少，就是因为楚凌虐周边的王朝封国。但当时楚扩张的范围既远离王都，又远离中原，区区一个楚国的动作似乎还不足以引起王朝这样的大动干戈。厉宣时期的伐楚诗，及厉宣时期大规模南征，真正的原因恐怕与这一时期鄂国主导的淮汉地区大规模叛乱有关。[2]

所以，即使所谓"汉阳诸姬"真的存在，在厉宣时期，楚国恐怕也还没有在王朝的军威下吞灭他们的实力。熊渠在周厉王时很快便自去王号。熊渠死后，楚国在西周末年内乱频仍，熊挚红、熊延争位，到周宣王时，仲雪、叔堪、季徇又发生王位争夺。在这种状况下，楚国很难有对外侵伐的能力。一直到楚武王时，楚国的王位继承才稳定下来，国力也才再一次开始上升。而此时，已到了春秋前夕。

鲁桓公六年（公元前706年），斗伯比言于楚子曰："吾不得志于汉东也。"[3] 说明在进入春秋后的一段时间里，楚国的势力范围也还没有能跨过汉水到达大洪山。楚武王时期楚国的扩张在《左传》中记载得十分详细，桓公六年、八年楚两次伐随都未取胜，两国行成，九年楚伐邓，十一年欲盟贰、轸，未果，伐郧，十二年伐绞，十三年伐罗兵败，楚武王自责，其后一直未有战事，直到庄公四年服随，楚武王薨于军中。在这16年间，楚国虽然战事不断，却没有明确记载楚伐灭了其中的哪个国家，且这些国家中，随、郧两国是汉阳地区的大国，贰、轸尽管在汉阳，却不是姬姓，而其他国家都不在汉阳。直到

---

[1] 郑玄笺，孔颖达疏：《毛诗正义》卷10-2《采芑》，第426页。

[2] 从据禹鼎、宗周钟等铭文可见厉王时期南阳盆地的噩国联合淮夷发动大规模针对成周地区的叛乱。从内容来看，这两篇铭文分别作于战争的开始和结束时。禹鼎提到反叛领导者是噩侯驭方，参与叛乱的有"南淮夷"和"东夷"，宗周钟记载王朝最终取得了胜利。这次叛乱规模很大，除禹鼎、宗周钟外，柞伯鼎、敔簋、虢仲盨、晋侯苏钟等铭文的战争记载都应与此次叛乱有关。

[3] 杜预注，孔颖达疏：《春秋左传正义》卷6，桓公六年，第1749页。

鲁僖公四年（公元前 656 年），齐桓公伐楚结昭陵之盟，管仲曾以两罪责楚，一为楚贡苞茅不入，一为昭王南征不复，却没有提到楚吞灭姬姓封国。齐国虽然不是姬姓，但姬姜联姻，是公认的王朝外戚，如果楚已经吞灭众多姬姓封国，罪责要远超过前两条，而齐国却只字不提，难免让人产生疑问。对上述一系列事件进行文献归纳后，最可能的解释是，一直到楚武王甚至楚成王时期，楚都没有吞灭过姬姓封国。

如果仅通过时间方面的梳理来证明楚没有机会吞灭汉阳地区的姬姓小国，还稍显不够充分，我们还可以再对春秋前期楚所灭国家的地点进行梳理。从中也可以看到，春秋时期楚所灭的国家中，汉阳地区封国中没有姬姓，而姬姓封国的地点也都不在汉阳。

楚在春秋初期确实曾经一度想向汉阳地区扩张，但因为随的存在，一直没能占领汉阳。在同随国结盟后，楚将扩疆拓土的方向转向了开发程度更高的南阳和淮汝地区。徐少华对春秋前期楚的空间扩张进行过概括：

> （楚）武王克州、蓼，服随、唐；文王灭邓，县申、息，朝陈、蔡，封畛于汝；成王时期，兵锋远及郑、宋。至召陵之盟时，整个南阳盆地除了东部的唐国、西部的鄀国因较早附属于楚而存外，大部分并入楚境。方城以东、淮河上游一带的番、樊和方城以北、汝河上游的应国，或灭或服，相继纳入楚之势力范围。汝水以南广大地区基本为楚所有。[1]

这段总结非常精辟，可见学者也早已经注意到，楚国在春秋早期攻伐占领的地区，一个是南阳盆地，一个是方城以外的淮汝之间，并没有涉及汉阳。

春秋前期楚所灭的国家，据何浩《楚灭国研究》中所列有郧、

---

[1] 徐少华：《周代南土历史地理与文化》，第 273—274 页。

厉、蓼、贰、州、弦、黄、縠、绞、申、缯、应、邓、息 14 国。[1]
此 14 国中，汉阳地区的姬姓国家可谓寥寥无几。南土封国地望虽然
记载纷杂，但学者对上述 14 国的地点认定却争议不大，现将各主要
说法列表如下。

　　从表中能看到，依各家说法，除缯国为何浩单独认定外，其余 13
个国家中属于汉阳地区的仅有 3 个：郧国、厉国和贰国。有关黄国的
地点有两说，其中一说在宜城，即使算上黄，也一共才 4 个。其余 10
国，不是在南阳，就是在淮汝。汉阳的 3 个封国中，郧国妘姓，厉国
姜姓，贰国嬴姓，又都不是姬姓。[2]虽然这样的结论有点难以置信，
但我们却不得不承认，楚所吞灭的国家中，没有一个是汉阳地区的姬
姓国。[3]

　　如此一来，栾枝所谓楚尽灭"汉阳诸姬"，在文献上就无法找到
对应的记载。明儒和《日讲春秋解义》对此有一种解释，认为被楚灭
的"诸姬"确实存在，《左传》中不可考是因为被灭时没有告命于
鲁。这种说法也不是完全没有依据。《左传》隐公十一年："凡诸侯有
命，告则书，不然则否。师出臧否，亦如之。虽及灭国，灭不告败，
胜不告克，不书于策。"但这是讲《春秋》书法的，《春秋》讲礼，
灭国不告，经则不书。而实际上，在《左传》中，遇有大事，告与不
告并不是书与不书的绝对条件。如隐公十一年《传》有："冬，十月，
郑伯以虢师伐宋。壬戌，大败宋师，以报其入郑也。"[4]这场战役，
宋国大败，是一件大事。此条不见于《经》，而见于《传》，《传》中

---

[1] 何浩：《楚灭国研究》，武汉：武汉出版社，1989 年，第 4—8 页。

[2] 此三国之姓，也都存在一些争议，但均不为姬姓，限于篇幅无法详考，可参见顾栋
高《春秋大事表》、陈槃《春秋大事表列国爵姓及存灭表撰异（三订本）》、徐少华
《周代南土历史地理与文化》等。

[3] 随国虽然是汉阳的姬姓国，但终春秋一直存在，没有被灭国。唐也是汉阳姬姓国，
但《史记·楚世家》载"楚昭王灭唐"，远在召陵之盟以后。

[4] 杜预注，孔颖达疏：《春秋左传正义》卷 4，隐公十一年，第 1737 页。

学者有关"十四国"地点认定表

	杜预[1]	班固[2]	易本烺[3]	顾栋高[4]	杨伯峻[5]	谭其骧[6]	徐少华[7]	何浩[8]
鄋	江夏云杜县	江夏郡竟陵县郧乡	德安府治	德安府安陆县	湖北省京山县及安陆县	湖北随州安陆		湖北京山
厉	义阳随县北	南阳郡随县历乡	随州北境	湖广德安府随州	河南省鹿邑县东	湖北随州市	河南鹿邑	湖北随州
蓼	义阳棘县东南湖阳城	南阳郡湖阳县；六安国蓼县		河南南阳府唐县	河南省唐河县南稍西八十里	东蓼在河南光州固始，西蓼在河南南阳	西蓼在河南唐河县，东蓼在河南固始县始	河南唐河湖阳镇

[1] 杜预：《春秋经传集解》，商务印书馆四部丛刊初编本，申见于隐公元年杜注，郧见于桓公十一年，邓、鄋见于桓公十三年，黄见于桓公八年，息见于隐公十一年，弦见于僖公十三年，应见于僖公二十四年。
[2] 班固：《汉书》卷28上《地理志》，1560—1568页。
[3] 易本烺："问汉东之国汉阳诸姬系何国名今在何地"，《春秋楚地答问》，第571—578页。
[4] 顾栋高：《春秋大事表》卷5《列国爵姓及存灭表》，第29—30页。
[5] 杨伯峻：《春秋左传注》。杨注所出年份与上揭杜注相同。条，沈钦韩《春秋左氏传地名补注》后附，附第1页。
[6] 谭其骧：《中国历史地图集》第一册，第29—30页。
[7] 徐少华：《周代南土历史地理与文化》，参见相关章节。
[8] 何浩：《楚灭国研究》，参见相关章节。

（续表）

	杜预[1]	班固[2]	易本烺[3]	顾栋高[4]	杨伯峻[5]	谭其骧[6]	徐少华[7]	何浩[8]
贰			应山	湖广德安府应山县	湖北省应山县	湖北省应山县		湖北应山
州	南郡华容县			湖广荆州府监利县	湖北省监利县东之州陵城	湖北省咸宁、沔阳之间		湖北监利
弦	弋阳轪县	江夏郡轪县	蕲水县境		河南省潢川县西北，或河南光山县西北	河南光山、息县、罗山之间	河南光山、罗山、息县交界	河南潢川光山一带
黄	弋阳县	汝南郡弋阳（应劭注）	河南光州	河南光州	河南潢川县	河南潢川县	河南潢川	湖北宜城东
縠	南乡筑阳县	南阳郡筑阳县		湖广襄阳府谷城县	湖北谷城县	湖北省谷城县		湖北谷城
绞				湖广郧阳府	湖北省郧阳地区郧县西北	湖北郧县		约谷城西北
申	南阳宛县	南阳郡宛县	河南汝宁府	河南南阳	河南省南阳市	河南省南阳市	河南南阳市	河南南阳

（续表）

	杜预[1]	班固[2]	易本烺[3]	顾栋高[4]	杨伯峻[5]	谭其骧[6]	徐少华[7]	何浩[8]
缯								南阳缯关
应	襄阳父城县西南	颍川郡父城		河南汝州鲁山	河南省鲁山县东三十余里应乡	河南省鲁山县	河南平顶山市西境	河南襄城
邓	颍川召陵县西南	南阳郡邓县		河南南阳邓州	河南省邓县	湖北襄樊市	湖北襄樊市	湖北襄樊市北
息	汝南新息		河南汝宁府	河南光州	河南省息县	河南省息县	河南省息县	河南省息县西南

也明确解释，因为"宋不告命，故不书",[1] 也仅是不书于《经》，《传》中也能看到。而且，如果是个别国家，确实有漏载的可能，但所谓"诸姬"不是一国，而是一群国家，全都无稽可查，这种解释的说服力就不够强了。

　　造成以往说法"汉阳诸姬"混乱的一个重要原因，是将周王朝封在淮汝地区的姬姓小国算作"汉阳诸姬"。春秋时楚灭淮汝地区的封国，见于史书的有楚文王六年灭息、[2] 成王十七年灭弦、[3] 成王二十四年灭黄、[4] 穆王三年灭江、[5] 昭王二十年灭顿,[6] 何浩据记载还推有文王时灭缯、应，成王时灭蒋、道、柏、房，灵王灭不羹、赖等。[7]

　　在这些国家中，《左传》僖公二十四年载应国为武王之穆、蒋为周公之胤，明确可知两国为姬姓。[8] 息国，《左传》隐公十一年载其与郑"不量力，不亲亲"。[9] 在西周，封国间所谓"亲"，即指同姓，所以杜注云"郑、息同姓之国"，可知息也为姬姓。顿国姬姓，见于班固《汉书·地理志》"汝南郡·南顿"县原注，虽然不见于《左传》，但会盟中顿有子爵，排序在小国中也比较靠前，是姬姓的可能性很大。道国姬姓见于《通志·氏族略》，学者间对此还有些争议，仅列于此处。可见，春秋时期楚所灭姬姓小国，更多是集中于方城山系以东的信阳地区，而不是方城以西的汉阳。

　　至此，我们不得不承认，楚扩张过程中，根本就没有吞灭过"汉阳诸姬"，并不是文献无载，也不是后人没有考订清楚，而是在汉阳

---

[1] 杜预注，孔颖达疏:《春秋左传正义》卷4，隐公十一年，第1737页。
[2] 杜预注，孔颖达疏:《春秋左传正义》卷9，庄公十四年，第1771页。
[3] 杜预注，孔颖达疏:《春秋左传正义》卷12，僖公五年，第1795页。
[4] 杜预注，孔颖达疏:《春秋左传正义》卷13，僖公十二年，第1802页。
[5] 杜预注，孔颖达疏:《春秋左传正义》卷18，文公四年，第1840页。
[6] 杜预注，孔颖达疏:《春秋左传正义》卷56，定公十四年，第2151页。
[7] 何浩:《楚灭国研究》"楚灭国表"，第10—12页。
[8] 杜预注，孔颖达疏:《春秋左传正义》卷15，僖公二十四年，第1817页。
[9] 杜预注，孔颖达疏:《春秋左传正义》卷4，隐公十一年，第1737页。

地区，根本就没有这样一批姬姓小国。

（三）鄂东考古学文化中鲜见"诸姬"

除了文献中找不到汉阳地区有大量的姬姓封国外，在考古材料中，我们也很难找出有周文化封国一级在鄂东地区多点分布的情况。

一个地区的考古学文化中，铜器是最引人注目的。鄂东地区出土的青铜器，主要是商式。两周之际，地方商式铜器来源可分为两种：一种是本地商文化遗存。当地在商代就有商人生活，这些铜器是商人自作自用的，如蕲春毛家咀就属于这种情况；[1]另一种是周人在扩张过程中带至某处的。周灭商以后，许多原本属于商人的铜器被分赐给周人，而这些铜器又被带到各地。商"邶"器是其中最明显的一个例子。[2]而在商周鼎革以后，目前发现的鄂东铜器有一个明显的断层，西周时期铜器很少，基本都晚至春秋以后。铜器代表了社会的上层，虽然工作充分与否会影响铜器出土量，但如果当地西周时期确实有大量姬姓封国存在，从几率上讲，在铜器上也不会没有相应的反映。

而且，最能反映一个地区考古学文化主体人群面貌的还是陶器。鄂东地区西周时期陶器发展呈现明显的阶段性，周初周文化分布范围较广，但中期以后当地文化占据主导地位。有学者将鄂东地区西周地层出土的陶器文化要素分成周文化、土著文化、湖南沣水流域文化、

---

[1] 中国社会科学院考古研究湖北发掘队：《湖北圻春毛家咀西周木构建筑》，《考古》1962年第1期，第1—9页。湖北黄冈市博物馆等：《湖北蕲春达成新屋塆西周铜器窖藏》，《文物》1997年第12期，第29—33页。吴晓松、洪刚：《湖北蕲春达成新屋塆窖藏青铜器及其相关问题的研究》，《文物》1997年第12期，第52—54页。

[2] 传世商代青铜器中，多有"北伯""北子"铭文者，原不知所出。王国维《北伯鼎跋》记："光绪庚寅直隶涞水县张家洼又出北伯器数种"（《观堂集林（附别集）》卷18，第885页。）民国时方知河北有邶器。20世纪60年代，湖北江陵西周早期窖穴又出土七件邶器（《江陵发现西周铜器》，《文物》1963年第2期。）学者对此群铜器流散问题讨论较多，最有说服力的说法就是"北子"器是周人的战利品，通过"分器"的形式进入江陵。（陈恩林师：《鲁齐燕的始封及燕与邶的关系》，《历史研究》1996年第4期，第22页。）

当地延续下来的商文化四类，[1] 基本可以反映鄂东陶器的特点。早期以典型周文化为主体的遗址，主要就是枣阳毛狗洞。这一地点也确实是姬姓封国，发掘者就提出："毛狗洞遗址当与唐国、随（曾）国有密切的联系。"[2] 鄂东地区西周时期文化中流行一种宽体、瘪裆、小口、折沿、折肩、直腹、柱足、饰绳纹和凹弦纹的陶鬲，随州庙台子、[3] 大悟吕王城[4] 和新洲香炉山[5] 都有发现。这种瘪裆折肩鬲不见于中原地区西周文化，也不见于周围地区同时代文化遗址，更与商文化陶鬲有明显的区别，是鄂东地区当地文化的代表。西周晚期，在庙台子、吕王城、香炉山、汉川乌龟山、[6] 罗田庙山岗[7] 等遗存中，这种瘪裆宽体鬲数量大有增加，基本器物组合也与中原西周文化不同。西周晚期是鄂东地方文化迅速发展的时期，[8] 看不出中原周文化大规模进入的迹象。

三、汉水与淮河流域诸国之封非为防楚

"汉阳诸姬"研究中，还有一个重要观点，认为汉阳地区的姬姓

---

[1] 李克能：《鄂东地区西周文化分析》，《东南文化》1994 年第 3 期，第 41—54 页。将鄂东地区陶器文化因素分成此四种来源，是基本正确的。但文中对每种文化要素下陶器组合的分析有些可以商榷，如将"折肩鬲"划入甲组（周文化），"鼎式鬲"划为乙组（当地文化），从发展轨迹上看，折肩鬲应属于当地文化，而鼎式鬲则是淮河流域长江下游外来文化要素。

[2] 襄樊市博物馆：《湖北枣阳毛狗洞遗址调查》，《江汉考古》1988 年第 3 期，第 20 页。

[3] 武汉大学考古教研室等：《西花园与庙台子（田野考古发掘报告）》。

[4] 孝感地区博物馆：《大悟吕王城重点调查简报》，《江汉考古》1985 年第 3 期，第 5—16 页。

[5] 武汉大学历史系考古教研室等：《湖北新洲香炉山遗址（南区）发掘简报》，《江汉考古》1993 年第 1 期，第 14—19 页。

[6] 湖北省文物考古研究所：《汉川乌龟山西周遗址试掘简报》，《江汉考古》1997 年第 2 期，第 10—13 页。

[7] 湖北省文物考古研究所等：《湖北罗田庙山岗遗址发掘报告》，《考古》1994 年第 9 期，第 779—800 页。

[8] 文物出版社：《新中国考古五十年》，北京：文物出版社，1999 年，第 282 页。

诸侯国是周王朝为了防御楚国设立的前哨阵地，这也是一些学者论证"汉阳诸姬"确实存在的一个重要理由。无法否认，楚确实是在吞灭这些国家的过程中一步步强大起来的，但如果因为这些国家最终为楚所灭，就断定这些国家一开始就是王朝防御楚国的屏障，这恐怕就犯了一个逻辑上的错误。

高士奇在《左传纪事本末》中对楚的扩张过程有一个著名概括："自邓亡，而楚之兵申、息受之；申、息亡，而楚之兵江、黄受之；江、黄亡，而楚之兵陈、蔡受之；陈、蔡不支，而楚兵且交于上国矣。"[1]申、息在南阳，江、黄、陈、蔡都在淮汝，这不仅可以再一次强调"汉阳"不是楚大规模攻占的地点，从中也能看出，楚向外扩张的步骤有明显的地域性，先占南阳，后占淮阳。这种地域性，是因为当时封国的分布有明显的集中性，而这种集中性，是整个西周通过分封徙封的漫长过程形成的，不是短期行为的结果。

（一）随枣封国不为防楚而为保护"金道"

对于王朝在汉阳地区分封姬姓国家的目的，一般有两种解释，一种认为是控守"义阳三关"，一种认为是抵抗楚国。但将楚国在西周的发展与王朝对南土的开发这两个过程放在同一个时间坐标下进行分析，可以发现，这两个理由其实都说不通。

认为王朝分封汉阳诸姬的目的是扼守江汉地区与淮汝地区交通线上的咽喉"义阳三关"的说法，多是根据楚国迫使随国归服后，曾多次出"义阳三关"攻打淮汝。不可否认，这条线路在春秋中期是至关重要的行军路线，但在西周时，这条线路却并不突出。西周时，王朝到汉水流域，若从宗周丰镐出发，可以走后世的武关道一线，沿丹水入汉水南下。昭王南征选择的就是这条路线，铜器士山盘中也记载有

---

[1] 高士奇：《左传纪事本末》卷45，北京：中华书局，1979年，第660页。

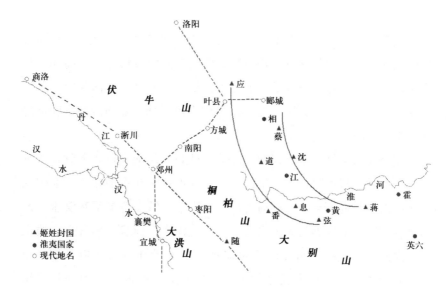

图 48　西周汉淮地区交通路线示意图

这条路线。[1]

　　而进出淮汝与江汉之间，则走"夏路"最为便捷。[2]《史记·越王勾践世家》"宗胡之地，夏路以左，不足以备秦"，[3] 此路由南阳开始。据《越王勾践世家》"韩之攻楚，覆其军，杀其将，则叶、阳翟危"，[4]"夏路"经方城穿出伏牛山后，经今叶县、登封一带，正是横穿淮汝的要道。有了这条路，淮汝与江汉之间，实在也无须翻山

---

[1] 士山盘为西周中期器，铭文记载了王朝派士山到南方地区收取供赋的事，其中有士山南行的详细路线："于入中侯，出征都、荆、方服，暨大虘服，履服，六孳服，中侯、都、方宾贝、金。"士山在王都受命后，所到的第一站是"中"国，朱凤瀚《士山盘铭文初探》（《中国历史文物》2002 年第 1 期。）指出此"中"国，在陕西商洛地区。士山经过的"都"，据《左传·僖公二十五年》杜注，西周时期的都国在河南淅川。而后经过的荆即楚，也正位于丹淅之会的淅川一带。虽然后面的市、大虘、履、六孳等地点，因为存在争议不能确定，但已知的这部分线路就已经能够说明，从宗胡到江汉地区，先走武关道再沿汉水南下，不需要经过"义阳三关"。

[2] 也称为"南阳隘道"。这条线西连南阳与襄阳，东出方城与黄淮平原相通。

[3] 司马迁：《史记》卷 40《越王勾践世家》，第 1748 页。

[4] 司马迁：《史记》卷 40《越王勾践世家》，第 1748 页。

越岭过"义阳三关"再北上。

更重要的一点，"义阳三关"能成为重要交通线，有一个前提，即必须要形成汉西与淮汝势均力敌、隔山对峙的战略态势。而在春秋中期以前，楚的势力还远没发展起来，没有大规模东出的要求，虽然已有"大邃、直辕、冥阨"之称，但怎么也不会重要到需要王朝群封同姓来防守的程度。

如果说王朝封"汉阳诸姬"是为了防楚，从地理位置上就很难解释。西周时楚都丹阳，无论争论如何，都承认是在丹淅之汇，大致在现在的淅川附近不会错，其后楚沿汉水南下，活动范围都在汉水以西的樊宜一线，不仅不过大洪山，甚至不过汉水。而且，樊宜这一线也直通南阳，与中原之间交通甚为方便。[1] 如果王朝要限制楚国，防止其北侵，要在樊宜一线分封诸侯才能有效，把姬姓封国分封在汉阳，其间隔着汉水和大洪山，要有效发挥战略作用岂不是自找麻烦？

当然，我们也承认西周时期随枣走廊在战略上的重要性。但当时随枣一线的功能，是为了要沟通南阳与铜矿之间的联系，而不是遏制楚国。最简单的道理是，随州、枣阳的周文化遗址，都可以早到周初，说明这一线封国的设立很早。而周初楚国还在商洛山区，王朝即使再有深谋远略，恐怕也很难预知三百多年后楚国会崛起在江汉。从湖北地区的西周遗址可以看到，目前发现的西周早期遗址，蕲春毛家咀、新屋塆，黄陂鲁台山，大悟吕王城，武昌放鹰台，[2] 基本都在随枣一线，特别是集中在最南端鄂东南一带，而紧邻这一地区的，就

---

[1]《太平寰宇记》引习凿齿《襄阳记》云："楚有二津，谓从襄阳渡沔，自南阳界出方城关是也。通周郑晋卫之道。"

[2] 中国社会科学院考古研究所湖北发掘队：《湖北圻春毛家咀西周木构建筑》，《考古》1962 年第 1 期，第 1—9 页；湖北黄冈市博物馆：《湖北蕲春达成新屋塆西周铜器窖藏》，《文物》1997 年第 12 期，第 29—33 页；黄陂县文化馆等：《湖北黄陂鲁台山两周遗址与墓葬》，《江汉考古》1982 年第 2 期，第 37—61 页；孝感地区博物馆：《大悟吕王城重点调查简报》，《江汉考古》1985 年第 3 期，第 5—16 页；湖北省文物考古研究所：《武昌放鹰台》，北京：文物出版社，2003 年。

是商周最重要的矿冶遗址群——大冶铜绿山遗址、阳新丰山洞遗址和瑞昌铜岭遗址。[1] 春秋初期《曾伯霖（漆）簠》（《三代》10.26.1、《集成》4631）提到淮夷地区的"金道锡行"是重要的运铜路线,[2] 其实,随枣一线才是更早的中原获取铜料的交通路线。铜对于商周国家政治的重要意义已无须多言,所以,周王朝才会在此线路上分封随国这样的姬姓大国。而随枣属于山谷地带,区域比较狭窄,易守难攻,只需在每处重点地区设一个封国,就能控制住整条道路,不需要分封一大批的小国来共同防御。

（二）淮河上游诸姬之封实为抵御淮夷

王朝在淮汝地区的小国不少,有姬姓的应、蒋、息、顿、道、沈、蔡等,另外还有己姓的番和傀姓的弦。番国不见于史书记载,但是其国青铜器出土和传世很多。从铭文看,番国与王朝关系密切,与王室通婚,西周番国铜器文化面貌也与中原地区有较多一致性,故番国应是周人系统的封国。弦国的傀姓则是北方地区族姓,属于赤狄别种,[3] 应该比较早就归服了周人,王朝封晋时,就封其有"怀姓九宗","怀姓"即"傀姓"。除了华夏系统的国家外,淮汝地区还有不少东夷族系嬴姓或偃姓的小国,包括柏、江、黄等。这些国家在这一地区的位置分布见上图。[4] 从图中可以看到,这些国家的分布呈现

[1] 中国社会科学院考古研究所铜绿山工作队:《湖北铜绿山东周铜矿遗址发掘》,《考古学报》1981年第1期,第19页;黄石市博物馆:《铜绿山古矿冶遗址》,北京:文物出版社,1999年;港下古铜矿遗址发掘小组:《湖北阳新港下古矿井遗址发掘简报》,《考古》1988年第1期,第30—42页;江西省文物考古研究所铜岭遗址发掘队:《江西瑞昌铜岭商周矿冶遗址第一期发掘简报》,《江西文物》1990年第3期,第1—12页;刘诗中、卢本珊:《江西铜岭铜矿遗址的发掘与研究》,《考古学报》1998年第4期,第465—494页。

[2] 陈公柔:《〈曾伯霖簠〉铭中的"金道锡行"及相关问题》,《中国考古学论丛:中国社会科学院考古研究所建所40年纪念》,北京:科学出版社,1993年,第331—338页。

[3] 杜预注,孔颖达疏:《春秋左传正义》卷15,僖公二十三年,第1815页。

[4] 由于篇幅原因,本文无法对这些国家地点逐一考证,图中定点,主要可参见徐少华:《周代南土历史地理与文化》相关各章。何浩:《楚灭国研究》"楚灭国表",第10—12页。陈伟:《楚东国地理研究》"地望编",武汉:武汉大学出版社,1992年。

出一种非常明显的战略形态，王朝封国背靠淮阳山弧面对着淮河、西北—东南形成两个封国带。而淮夷国家则分布在淮河沿岸及王朝封国线的东侧，其西进北上的路线正好为王朝封国所阻挡。历来谈及周王朝封国，都称其"以藩屏周"，在淮汝地区，我们确实能够直观地看到这种"藩屏"的形态。从这种态势分析，王朝在淮汝的封国，面对的敌人不是楚国，而是淮夷。

淮夷本是生活在山东地区的古老族群，曾形成非常发达的山东龙山文化。而在春秋史籍中，夷人的控制范围不在山东，而在淮河流域。我们知道，周公东征是山东地区夷人势力衰弱的原因，而从周初到春秋，夷人如何逐步占据了淮河流域，目前学界还没有十分细致的研究。结合近年来出土的金文材料，我们已经可以把握其大要。顾颉刚考证，周公东征的对象主要是潍淄河流域的夷人，没有殃及其他。齐鲁在山东立国以后，继续开疆辟土，攻伐山东地区的其他夷人部落。此时，山东夷人开始南下，进入淮泗的徐地。[1] 到穆王时，王朝又一次大规模攻打南迁的夷人，迫使其沿淮西进。至此，夷人开始在淮河流域巩固发展，沿淮密布众多赢、偃小国。到了西周孝王前后，夷人西进至淮河上游的淮汝一带。[2]

夷人虽然与楚人一样，都是周王朝治下的异族，但与楚人从伐商战争之初就与周族合作不同，从西周王朝建立之初，夷人就以商族的盟友、周王朝的敌人面目出现，并且终周之世都是王朝最重要的敌人。从周公东征开始，与夷人之间的战争一直是西周王朝最重要的军事活动。周王朝几代人接连不断的征伐都没有能够消灭夷人，夷人历经迁移后进入信阳这样的重要地区，必然会引起王朝的高度警觉。目前在淮汝地区，上蔡、平顶山、驻马店、罗山、平舆、固始（期思）

---

[1] 参见顾颉刚：《徐和淮夷的迁、留——周公东征史事考证之五》，《文史》第 32 辑。

[2] 于薇：《汉淮政治区域的演进与周人的南土观念》，《西周徙封与宗盟问题研究》附录一，北京师范大学博士学位论文，2008 年。

等相关地点都发现了城址，除了上蔡蔡国遗址、平顶山应国遗址及罗山息国城址可以早到西周早期外，其余城址始建多在西周晚期到两周之际。这说明，王朝对淮汝地区的重点控制，是从西周中晚期开始的，这正与淮夷开始进入这一地区的时间相合。[1]

所以，淮汝地区的王朝封国，是王朝抵御淮夷的南方防线，虽然随着楚国的崛起，这些小国，无论是王朝封国，还是嬴偃淮夷，最终都没有逃脱灭亡于楚国的命运，但西周王朝毕竟不能未卜先知，这些国家最初出现在淮河流域的原因，应该与楚国无关。

四、"汉阳诸姬"是文献和地理的双重讹误

既然汉阳地区根本没有一群姬姓国家，那么，《左传》中为什么会出现"汉阳诸姬，楚实尽之"的说法。笔者试析其原因有二。

一方面，这是一个文献学问题。《左传》作为先秦古籍，其成书往往不像汉代以后的书籍，由一人一时写定，而是经历了口头流传的过程才形成基本的写定文本。《左传》虽然出于史官，但始终是儒家内部的口传私授之学，其中必然有在教演过程中的演绎和发挥，其中如"君子曰"诸条就是最明显的例证。[2]

"城濮之战"一篇，也应该属于这一类文字。城濮之战的记录，在《春秋》经中只有24个字，[3] 以记言为主的《国语》中对此也没有更多描写，仅有"至于城濮，果战，楚众大败"10个字。[4] 而到了《左传》中，这场战事竟被描述得异常细致，晋侯战前所作之梦、晋师将帅之间的心理活动和对话，都活灵活现。这样一大段文字，有明显的演绎成分，很难让人不联系到文献口传过程中不断累加的问

---

[1] 参见国家文物局主编：《中国文物地图集·河南分册》。

[2] 参见沈玉成、刘宁：《春秋左传学史稿》，南京：江苏古籍出版社，1992年，第396页。

[3] "夏四月己巳，晋侯齐师宋师秦师及楚人战于城濮，楚师败绩。"

[4] 《国语·晋语四》，徐元诰撰，王树民、沈长云点校：《国语集解》，第357页。

题，而这样一种文风，恐怕也更接近于战国的记述风格。在《左传》中，不只一处有早期出现晚期史事的情况，如关于陈"五世其昌，并于正卿；八世之后，莫之与京"[1]和魏"其后必大"[2]的预言，都是以战国史事演绎春秋的。"汉阳诸姬"一条，前人都没有注意到，其实也是口传定本过程中衍入后代史事的一个例子。在春秋中期以后，楚尽灭汉淮小国，后人据此，让栾枝在春秋初年就说出"汉阳诸姬，楚实尽之"的话，搅乱了史家的视野。

另一方面，楚所灭姬姓诸国不在汉水流域而在淮河流域，但文本中，却形成了"汉阳诸姬"之称，这当中反映出一个地理认知的问题。

汉淮地区虽说春秋以后发展很快，但对于北方中原来说还比较僻远，在以黄河流域为中心的早期历史阶段，人们对这一地区的感觉还很模糊。举例来说，昭王南征而不复，这是西周史上的一件大事，但对于昭王之丧究竟是在汉水之上还是长江之上，竟长期记载不清。《史记·周本纪》云："昭王南巡守不返，卒于江上"，《帝王世纪》却载："昭王得衰，南征，济于汉……王及祭公俱没于水中而崩。"[3]虽然现代地理学认定汉水为长江的支流，但先秦时期，汉水是中原王朝联系和统治南方地区的最重要水道，一直被看作是一条与长江同样并重的河流，《左传》哀公六年有"江、汉、睢、漳，楚之望也"，[4]到战国时期，《孟子·滕文公下》中还称"水由地中行，江、淮、河、汉是也"，[5]一直到汉代《汉书·地理志》仍沿用"江、汉朝宗于海""嶓冢导漾，东流为汉……东为北江，入于海"，[6]汉水都被视作一条单独入海的河流，所以，司马迁记载昭王

[1] 杜预注，孔颖达疏：《春秋左传正义》卷9，庄公二十二年，第1775页。

[2] 杜预注，孔颖达疏：《春秋左传正义》卷11，闵公元年，第1786页。

[3] 司马迁：《史记》卷4《周本纪》，第134、135页。

[4] 《春秋左传正义》卷58，哀公六年，第2162页。

[5] 赵岐注，孙奭疏：《孟子注疏》卷6下《滕文公章句下》，第2714页。

[6] 班固：《汉书》卷28上《地理志》，第1529、1534页。

落水的地点，显然不是用干流"长江"代替支流"汉水"，而是极有可能采用的某种错误记载的材料或承袭了某种错误认识。长江与汉水这两条大河都是南国最基本的地标，所谓"滔滔江汉，南国之纪"，这样的两条大河都会出现记载上的混乱，可见先秦时人们对于王朝南部地理基本情况之陌生。而由于当时的政治中心在北方的黄河流域，修史者也多是北方人，所以史书在南方地理上出现错误的情况并不罕见。

"汉阳诸姬"问题中的汉阳与淮阳之误，与昭王南征问题中的"江""汉"之误一样，很大程度上是因为对南方地理认识模糊引起的。汉、淮之间的分水岭，高高的大别山，虽然不可谓不明显，但到战国时楚占领了淮域之后，汉、淮之间在政治和族群上都发生了充分的融合，在战国以后形成了一个以楚文化为特点的淮汉政治文化区。这一政治文化区对人们对于自然地理区域的感觉显然是产生了深刻的影响，模糊了汉水和淮水之间的地理界线，而当时人们对当地的地理情况本来就了解有限，那么，将淮河流域的小国误认为汉水流域也就完全可以理解了。

由此看来，《左传》中栾枝提到的"汉阳诸姬"，甚至整个城濮之战的文本，可能都是晚至战国时代形成的。战国时楚建立的"淮汉"政治文化区域影响了对于南方地理原本就比较模糊的认识，所以形成了"汉阳"地区有一大批姬姓封国的误解。由此看来，以往学者们认为周王朝曾在汉水流域封建一批姬姓小国来防御楚国的事件恐怕并没有真实发生。其实，楚国在西周时期一直都不是王朝最恐惧的威胁，夷人才是王朝军事上最主要的对手，所以，"汉阳诸姬"并不存在，实际上也是顺理成章的。

（原载《历史地理》第 24 辑，上海：上海人民出版社，2010 年）

附录三　淮汉政治区域的形成与淮河作为南北政治分界线的起源

淮河是中国历史上重要的南北政治分界线，曾经发挥过极其重要的影响。通观整个历史，无论是治世还是乱世，淮河南北分界线在整个中国政治地理结构中都占据着重要的位置。国家统一时，王朝疆域腹心地区的州郡界线，都是沿淮河来设立的。比如汉代泗水、陈郡与九江郡的分界，唐代河南道与淮南道的分界都是淮河。而遇到国家分裂的时期，淮河则会更为鲜明地被凸显出来。在五胡十六国、魏晋南北朝、宋辽金这些历史上最严重的分裂时期，没有一次南、北政权不是选择淮河作为对峙和对抗的界线。

历史上的淮河南北分界线具有两大特点：第一，它作为政治分界线形成很早，延续时间很长。根据学者的研究，最早可见淮河作为南、北政治分界线，是在《尚书·禹贡》中。[1]《禹贡》的成书至迟不晚于战国，所以淮河成为南北分界线是在战国以前。第二，淮河南北分界线十分顽固。中国疆域广阔，南北纬度相差很大，历史上的不少时候，南北方的气候、政治条件等会发生变化，南北界线也当然会受到影响。比如唐代，长江就一度成为人们感知中的南北分界线。[2]想象中，长江水体更为宽大，一旦成为区域分界线，更容易定型。但事实是，在短暂的摆动之后，人们认知中的南北分界线，很快就又回到淮河一线。这种情况在历史上不止一次。

淮河南北政治分界线的这种延续性和顽固性，在传统中国政治地

---

[1] 龚胜生：《〈禹贡〉中的秦岭淮河地理界线》，《湖北大学学报》（哲学社会科学版）1994年第6期，第93—97页。

[2] 张伟然、周鹏：《唐代的南北地理分界线及相关问题》，《中国历史地理论丛》2005年第2期，第5—11页。

理格局中异常引人注目。淮河由一条天然河流变为两大区域间的政治界线，其背后的历史过程和社会机制更值得深入研究。本文拟通过对淮河分界线形成过程的梳理，来探讨早期国家地缘关系演变过程中的一些问题。

一、淮河：气候过渡带与政治分界线

学界对淮河成为南北政治分界线的原因，在解释上一直存在一种倾向，即特别强调自然因素所起的决定作用。[1] 当然，淮河是我国自然地理上的南北分界线，具有成为政治南北分界线的先天条件。从现代气候学的角度，秦岭—淮河一线确实是最重要的气候分界线，淮河南北两侧，地层、土壤、气候等自然地理要素都有一些不同，[2] 地理要素对淮河成为南北分界线的影响是毋庸置疑的。但是，要以此作为解释淮河作为政治界线长期、稳定存在的唯一原因，当中还有些问题很难回答。

首先，古人是否知道淮河就是地理上的南北分界线？古代对自然条件的差异，没有现代仪器测量的各项指标作为依据，需要直观的景象判断。淮河两侧都是一样性质的冲、洪积平原，两岸没有明显高差，山体湖泊等地貌也并没有特别大的差别。从舞阳贾湖、蒙城尉迟寺、蚌埠双墩、定远侯家寨等遗址出土的炭化稻来看，淮河南、北两岸的农业也都是以稻作或稻麦混作为主，农业景观上也没有明

---

[1] 近期相关研究中，如盛险峰，就提出："春秋战国时期的战争，扩大了南北之间的经济、文化交流。特别是夷夏之交，促使民族融合，这不仅改变了夷夏关系，也使诸夏和四夷的地理空间格局发生了变化。在这种情况下，南北差异中的气候因素得以提升，并作为地区差异的突出要素，成为南北方地域差异的重要标识。"见盛险峰：《论淮河在中国古代南北方的分界地位》，《古代文明》第6卷，北京：文物出版社，2008年，第58页。

[2] 如从气候上来看，此线是最冷月太阳辐射热量收支相等（即一月份平均温度为摄氏零度），也是全年水分收支相等（即降水与蒸发相等）的标志线。

显的区别。[1] 在这样的自然景观条件下，人们恐怕很难凭直观印象就知道淮河南北岸气候存在着差异。虽然，淮河两岸"南橘北枳"的说法十分著名，但细考文献，"橘""枳"之界的说法也不仅仅针对淮河，而是一直存在着"长江"和"淮河"两种说法，[2] 而且这种说法最早也要到战国以后才出现。[3] 前面说过，战国以前淮河分界线已经在《禹贡》这样的经典中被确认，那更晚文献中南橘北枳的说法则很可能是一个概念影响了人们对自然景观体认的结果。

同时，如果严格从气候学上来说，南北气候分界"线"在科学上并非真正存在。所谓淮河南北气候分界，是在淮河两岸相当宽的带状区域内，逐渐完成的气候、土壤等自然地理特征。在这样一条宽阔的过渡带中，人们如何直接体察淮河两岸存在气候上的差异，又如何能准确地将淮河作为划分南北政治的界线？无论如何，古代人对于淮河气候分界的认识不能说是明晰的，而这样模糊的地理认识，又怎能保证淮河政治分界线在数千年的历史过程中长期、稳定地存在呢？

所以，一条呈现出延续性和稳定性的政治界线的出现，地理要素只是提供了条件，背后一定还存在一些强有力的人文要素。

从逻辑上讲，淮河从"气候过渡带"到"政治分界线"，至少需要两个条件：1. 淮河两岸在很早的历史时期就形成了相对独立的"政治区

---

[1] 张居中等：《淮河中游地区稻作农业考古调查报告》，《农业考古》2004 年第 3 期，第 84—91 页。

[2] 孙星衍云：《说苑》《艺文类聚》《后汉书》注中"淮"俱作"江"。《列子·汤问篇》："吴楚之国有大木焉，其名为柚，碧树而冬生，实丹而味酸. 食其皮汁，已愤厥之疾。齐州珍之，渡淮而北，化为枳焉。"《说苑》作："江南有橘，齐王使人取之，而树之江北，生不为橘，乃为枳"。《说文》："枳木似橘。"（张）纯一案："《后汉书》注，见《冯衍传》。《类聚》二十五作江北，八十六作淮北。"参见张纯一：《晏子春秋校注》卷 6《内篇杂下第六》"楚王欲辱晏子指盗者为齐人晏子对以橘第十"条注，上海：世界书局，1935 年，第 159 页。

[3] 《晏子春秋》卷 6《内篇杂下第六》："橘生淮南则为橘，生于淮北则为枳。"《周礼·考工记》"橘逾淮而北为枳"。张纯一：《晏子春秋校注》卷 6《内篇杂下第六》"楚王欲辱晏子指盗者为齐人晏子对以橘第十"条，第 159 页。郑玄注，贾公彦疏：《周礼注疏》卷 39《考工记》，第 906 页。

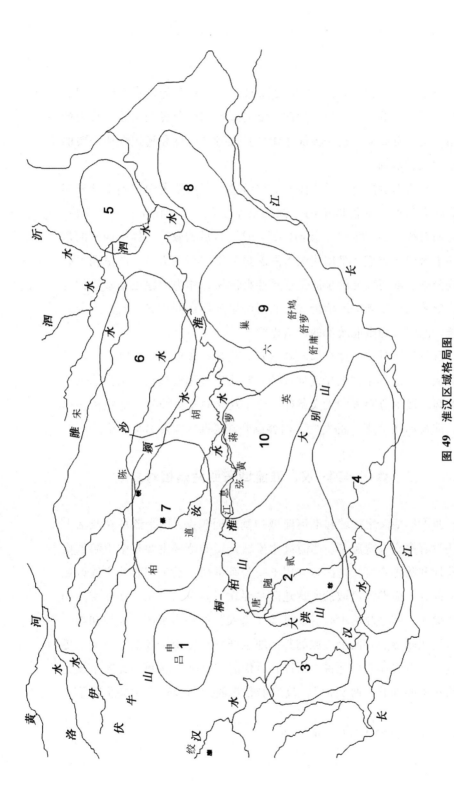

图 49　淮汉区域格局图

1. 南阳盆地　2. 随枣走廊　3. 樊宜地区　4. 江汉平原（云梦地区）　5. 苏北地区　6. 沙涡流域　7. 颍汝流域　8. 苏南地区　9. 淮南湖荡　10. 大别山东麓

域"，政治上的分异有深厚的历史渊源。2. 这种分异，在人们的观念上形成了相应的认同。只有如此，淮河才能起到分界两岸政治势力的作用，也只有如此，这条界线才能具有维持顽固性和稳定性所需要的政治和文化基础。

淮河两岸恰恰经历了这样一个政治过程。从西周中期到春秋末年的300多年间，淮河以南的"江淮汉水之间"[1] 形成了一个政治、文化相对统一的"淮汉"政治区域。这一区域的政治主体由西进的东夷和土著南蛮组成，是周代政治发展过程中的新兴力量，与王朝由疏离到分立。淮河以北的主体是华夏族群国家，作为中原王朝政治的延伸，延续三代以来的政治传统。淮河两岸族群认同相异，政治上分立对抗，淮河成为南北政治的一道界线。

目前学界对这一过程都说得不够清楚，本文希望通过对"淮汉政治区域"形成到淮河两岸走向政治分野历史过程的梳理，来揭示淮河成为南北政治分界线的人文条件。至于观念对于区域界线稳定性的影响，涉及周代"南"的概念，内容也非常复杂，需要另文讨论。

二、西周早期：汉、淮流域东西两端相对发达

西周早期汉水流域和淮河流域的基本面貌是：两个流域在政治上都还没有完全发育起来。当时汉水流域开发的范围主要是中下游的南阳盆地和随枣走廊。这两地与周王朝关系密切，是王朝政治主体区域的一部分。而淮河流域的发达地区主要在下游，与山东、江苏交界的苏北徐州一带是政治中心。这里是"夷人"的势力范围，在周初与王朝对抗比较激烈。两个流域的其他地区开发程度都比较低，政治上更是基本可以看作空白地带。所以，后代的"汉淮"区域，此时呈现为两头粗中间细的"哑铃形"，政治中心东西距离较远。这甚至算不上

---

[1] 童书业：《春秋左传研究》，第 236 页。

是一种格局，因为虽然汉水、淮河一个归附王朝、一个对抗王朝，但两个地区的族群间基本上没有直接的交往和冲突。

（一）王朝以南阳为中心控制汉水流域

据《水经》，汉水发源于秦岭，有两个源头，一名漾水，一名沔水，漾水出于陇西氐道嶓冢山，沔水出于武都沮县东狼谷。两水在沮县合流，之后东南至南阳一段称汉水，过南阳向南折的河段称沧浪之水，至江夏又改称夏水，最后汇入长江。[1] 汉水流域也可以根据这几段划分成汉中盆地、南阳盆地、大洪山两麓、江汉平原（也称云梦）几个小的地理单元。

南阳盆地是淮河流域与汉水流域的连接地带，既有汉水流经，又处于淮河的上源。南阳盆地自然条件良好，农业发展程度较高，在裴李岗文化时期就已经有人类活动。[2] 商代末年周人尚未立国时，就已经在这里经营。有学者提出，所谓"文王化行"，主要就是指南阳地区。[3] 西周建国后，王朝将姬姓曾国、姞姓鄂国徙封至今南阳市区附近，将祁姓唐国徙封至今方城，将曼姓邓国徙封至今邓县。[4] 这些国家，除姬姓周人外，姞姓为黄帝后裔，祁姓为陶唐氏后裔，曼姓为商人后裔，都是中原地区的古老人群，原居于中原腹地的河南北部和山西地区，经济文化发展程度很高。在周王朝建立后，这些族群都归附于周，王朝将他们徙封至南阳盆地，开发与控制南阳的意图很明显。[5] 王朝对南阳地区军事上的控制也很紧，在日本出光美术馆

---

[1] 顾颉刚、刘起釪：《尚书校释译论》"禹贡"，第645页。

[2] 南阳地区文物队、方城县文化馆：《河南方城县大张庄新石器时代遗址》，《考古》1983年第5期，第398—403页。

[3] 徐少华：《周代南土历史地理与文化》，第5页。

[4] 参见于薇：《西周徙封与宗盟问题研究》，北京师范大学博士学位论文，2008年。

[5] 详见于陈槃：《春秋大事表列国爵姓及存灭表撰异（三订本）》"邓""唐"，第385—392，769—774页。鄂、邓等问题，亦参见徐少华《周代南土历史地理与文化》上编第二章。

收藏的静方鼎铭文中有："（王）命静曰：'司汝采，司在曾、噩（鄂）师。'"[1] 可见王朝在这些封国内还驻有军队。虽然汉水只是在盆地西南边缘流过，但在西周中前期，南阳是汉水流域的政治中心。

楚人当时生活在南阳盆地的北部边缘。对于早期楚都丹阳的地点，前人已有许多探讨，较早有秭归说、枝江说，稍晚有丹淅说，近代又出荆山说。[2] 在诸说之中，以石泉提出的商县说最具说服力。石泉认为，周初楚居于陕西商县（现在的商州市）的丹江河谷，后迁移至河南淅川的丹淅之会。[3] 近年来秦岭南麓的商洛巩家湾、东龙山和陈塬遗址的考古发掘成果也证明，陕西商州丹江河谷地区确实与楚文化之间存在着非常密切的关系，[4] 这就更进一步支持了楚人早期在商县的说法。楚为祝融后裔，也是中原旧族，参加了周伐商的战争，并在成周之会上负责守燎，在周初与其他接受褒封的小国一样，对王朝是臣服的。所以，很明显，南阳盆地属于王朝直接控制的地区，在政治上与中原是一体的。

汉水流域的其他地区，汉中盆地、大洪山两麓、江汉平原等地，当时开发程度还比较低。土著西南夷卢、彭、濮等主要居住在大巴山

---

[1] 张懋镕：《静方鼎小考》，《文物》1998 年第 5 期，第 88 页。

[2] 关于楚都丹阳前人诸说，需稍加介绍。1. 秭归说。《水经注》卷 34 认为在湖北秭归县东、江水北岸有"丹阳城……楚子熊绎始封丹阳之所都也"，《史记正义》《括地志》《太平寰宇记》《读史方舆纪要》等都主此说。2. 枝江说。孔颖达《左传正义》桓公二年引宋衷表说法认为在湖北枝江。3. 丹淅说。清人宋翔凤《楚鬻熊居丹阳、武王徙郢考》提出楚丹阳在丹淅二水汇流处，童书业、吕思勉也基本持此说。4. 荆山说。杨宽认为楚早期应该在湖北南漳县西北一带的荆山地区。

[3] 石泉：《楚都丹阳地望新探》，《古代荆楚地理新探》，第 185—194 页。

[4] 两处遗址都没有正式报告发表。据报道，巩家湾遗址位于丹凤县丹江南岸，东龙山遗址位于商州市的丹江北岸，陶器群与周文化差别较大，与楚文化则基本接近，代表性陶器又见于湖北襄樊真武山楚文化遗址，时代为西周中晚期。陈塬遗址位于商洛市丹江边的台地上。遗址部分陶器与关中地区西周中晚期的同类器物趋同，但多数陶器在形制方面与关中地区的西周陶器存在较大差别，其中大口盆形鬲的形制与该地区东周时期所常见的楚式陶鬲具有明显的演变关系，从总体上来看，陶器群与江汉平原地区的西周遗存以及东周时期的楚文化遗存有较密切的联系。

地的褶皱之间，虽然这些族群也参加了伐商战争，但周立国以后，它们与王朝政治上的联系却日渐疏远，经济文化发展程度也比较低。可以说，在周初，除了南阳盆地外，汉水流域的其他地区还基本属于王朝政治上的空白地带。

（二）淮夷集中在淮河下游北岸的苏北地区

淮河发源于桐柏山地，一路向东，在宋元以前一直独流入海。[1] 淮河两岸为冲、洪积平原，平坦，支流发达，可以大致分成 6 个小的区域：颍汝、沙涡、大别山东麓（信阳）、苏北湖荡、淮南湖荡和苏南湖荡区。[2]

其中 3 个区在淮河以北：1. 颍汝地区。颍汝上游的考古工作已经展开很多年，考古学文化序列也已经基本清楚，基本上是庙底沟二期—王湾三期—二里岗—后冈—大司空这样一个发展过程。所以，颍汝上游地区往往与伊洛郑州区合称为"伊洛颍汝区"或"嵩山文化圈"，是属于黄河流域核心地带的考古学文化谱系之列的。[3] 因此，本文研究的淮河上游北岸的"颍汝"地区，主要是指颍汝的下游，也就是今天平顶山、漯河、淮阳一线以南的地区。这一地区周初不是王朝特别关注的地区，封国主要就是蔡国，当地周初的遗址发现得也不多，大体可以算是王朝控制和影响下的地区。2. 颍汝以东的沙涡地区，早期情况不详。[4] 3. 苏北湖荡地区。这一地区由于与山东接近，

---

[1]《尚书·禹贡》："导淮自桐柏，东会于泗、沂，东入于海。"孔安国传，孔颖达疏：《尚书正义》卷 6《禹贡》，第 152 页。

[2] 本文淮河两岸这 6 个分区，主要是以地理单元为基础，并参照王迅对淮河流域考古学文化的分区。其中"淮南湖荡"与王迅书中"安徽江淮地区"界定相同，指安徽江淮之间、霍山以北的大部分地区。而霍山以南的潜山县、太湖县、安庆市等地因为文化面貌异质明显，故不在"淮南"范围之内。参见王迅：《东夷文化与淮夷文化研究》，北京：北京大学出版社，1994 年，第 3—4 页。

[3] 参见常怀颖：《公元前 2200—1900 年中原地区社会复杂化进程初探》"豫中"、"豫东南"的相关章节论述，成都：四川大学硕士学位论文，2005 年。

[4] 安徽淮河以北的地区经过历次文物普查和 1987 年的沿淮重点调查，发现夏商文化时期的文化遗存还是比较普遍的。但是由于没有正式发掘，材料非常零散，考古学文化序列不详。

基本上列于山东地区的考古学文化谱系之内。在夏代，苏北类型属于岳石文化的一个地方类型，[1] 到了商代，这一地区没有同胶东半岛以外的其他地区一样成为商文化的分布区，而是以徐州为中心，形成了一个较多保留传统文化因素的独立区域。[2]

另3个区在淮河以南：1. 大别山东麓，即信阳地区，从考古学文化特征上看，是长江流域与黄河流域之间重要的走廊地带。在文化面貌上，土著、中原与长江流域三种因素共存。[3] 需要说明的是，信阳北端的江国和息国，虽然在淮河的北岸，但与颍汝上游的陈、蔡之间，有比较大的一片封国空白地带。无论是从空间上还是政治上，这两个国家都应归入淮南信阳区，而不能归入淮北颍汝区。2. 淮南湖荡地区。淮河中游南岸湖荡地区在商代以前曾产生过土著的蚌埠双墩、斗鸡台等文化，而到了商代，整个区域被典型商文化覆盖。晚商时期商文化大范围收缩后，当地的考古学文化进入了一个空白期，遗址很少，更基本看不到周文化的器物，说明当地在周初人群活动不频繁，封国也很少。3. 苏南地区。这一地区在考古学文化上一般归于宁镇文化区。由于工作开展范围的原因，目前这一地区早期的面貌不太清楚。进入西周以后，出现一种以土墩墓为代表的极富特色的当地文化。从器物来看，这一地区出土的陶器和原始瓷地方特征比较明显，但青铜器则与中原地区在风格上比较一致，这样看来，苏南地区周初

---

[1] 王迅：《东夷文化与淮夷文化研究》，第35、44页。进行类似划分的还有严文明：《东夷文化的探索》，《文物》1989年9期，第1—12页；张学海：《论四十年来山东先秦考古的基本收获》，《海岱考古》第一辑，济南：山东大学出版社，1989年，第325—343页；张国硕：《岳石文化的类型划分》，《郑州大学学报》（哲学社会科学版）1992年2期，第43—49页。《中国考古学·夏商卷》将其称为"万北类型"，见中国社会科学院考古研究所编：《中国考古学·夏商卷》，北京：中国社会科学出版社，2003年，第453页。

[2] 即"丘湾类型"。

[3] 文物出版社编：《河南省文物考古工作五十年》，《新中国考古五十年》，第252页。

在政治上还是王朝能够控制和影响的地区。[1]

可见，周初淮河流域的政治中心在淮河北岸最东端的苏北湖荡地区。

一直以来，对于夷人大规模进入淮河流域的时间，学界似有一种误解，认为周公东征后，夷人就直接迁到了江淮地区。事实上，夷人大规模南迁的时间应该是在穆王时期，而之前的几十年中，南下的夷人并没有走远，主要还是停留在了苏北地区。[2] 也正因如此，苏北这个地理上的边缘地带，由于王朝的关注，实际上成为这一时期淮河流域政治上最活跃的中心地区。而且，我们现在所谓的淮河（水），在周初还没有淮水之称。[3] 淮河流域的其他地区，颍汝地区的北部，地域上更靠近黄河流域，是周王朝封国密集区之一，属于成周的政治辐射地带。淮北的沙涡地区零星散布着一些封国，蔡国、陈国、胡国等，实力也都不是特别突出。淮河以南的地区则基本没有封国，政治上基本是空白。

三、西周中期：汉、淮流域的全面开发

西周中期汉、淮两个流域的基本历史脉络是：在汉水流域，周王朝为了保护联系幕阜山铜矿的"金道"，开始加强对南阳、随枣地区的控制。昭王多次南征伐楚，楚在军事压力下沿樊宜线向南迁，进入江汉平原。此时汉水流域以大洪山为界，在政治上分成东、西两部分，东部南阳随枣一线继续与王朝保持一体，西部樊宜云梦一线则存

---

[1] 参见中国社会科学院考古研究所编：《中国考古学·两周卷》"长江下游土墩墓"，北京：中国社会科学出版社，2004年，第142—154页。

[2] 周公东征的对象，顾颉刚已经指出，"除三监外是奄和蒲姑，徐和淮夷还没有动，或是只动了一部分"，而对于奄和蒲姑，周人"杀其身，执其家，潴其宫"，对其施行灭族，也就谈不上南迁。真正迫使潍水流域的潍（淮）夷迁徙的，是后来齐鲁发动的战争。这场战争的规模不大，淮夷逃至徐人控制的苏北地区就进入了安全地带。

[3] 当时的淮水，是指现在山东北部的潍水，这一点，顾颉刚已经做过充分论证，为学界所公认。见顾颉刚：《徐和淮夷的迁、留——周公东征史事考证之五》，《文史》第32辑。

在一些分离倾向。在淮河流域，夷人此时已迁出苏北，南逃至淮南湖荡地带。整个淮河以北的苏北、沙河、涡河流域及颍、汝下游，还有上游南岸的信阳地区，基本都在王朝的有效控制之下。这是周王朝势力最为鼎盛的时期，整个淮汉之间在原来"哑铃形"格局的基础上，进一步发展成为王朝对夷人聚集区半合围的"钳形"格局。即便如此，汉水流域和淮河流域间还是没有密切的交往，后世影响巨大的"淮汉"区域，此时还无从想象。

（一）王朝对南阳、随枣的控制与楚在樊宜、云梦地区的活动

昭王时，周王朝很重视对汉水流域的经营。一方面，通过伐楚，保证了与南阳之间的交通线，牢牢控制住了南阳盆地。另一方面，沿随枣走廊徙封姬姓封国，控制长江以南的铜矿产区。

昭王对楚大规模用兵，是西周历史上一个非常著名的事件。史墙盘、逑盘、𫗴驭簋、㠱叔簋、𪉖鼎、过伯簋等多件青铜器中都有关于这场战争的记载。但考之当时的历史情况，却有一点令人生疑：楚的发迹，最早也是西周末年的事，周初的楚国只是一个僻处山林的小国，而且商末以来，楚人随周伐商，盟会守燎，与周王朝之间的关系是比较和睦的，周王朝实在没必要对这样一个小族发动如此大规模的战争。所以，周初伐楚，还不是因为楚的实力达到了威胁王朝的能力，而是为了控制王朝通过南阳到达铜矿产区的交通线，保证王朝对汉水流域的控制。

在对楚用兵的同时，周王朝开始经营大洪山东麓的随枣走廊。江汉平原年代较早的西周遗址，如蕲春毛家咀、新屋塆，黄陂鲁台山，大悟吕王城，武昌放鹰台等，[1] 基本都集中在随枣一线。这些遗址

[1] 中国社会科学院考古研究所湖北发掘队：《湖北圻春毛家咀西周木构建筑》，《考古》1962 年第 1 期，第 1—9 页；湖北黄冈市博物馆等：《湖北蕲春达城新屋塆西周铜器窖藏》，《文物》1997 年第 12 期，第 29—33 页；黄陂县文化馆等：《湖北黄陂鲁台山两周遗址与墓葬》，《江汉考古》1982 年第 2 期，第 37—61 页；孝感地区博物馆：《大悟吕王城重点调查简报》，《江汉考古》1985 年第 3 期，第 5—16 页；湖北省文物考古研究所：《武昌放鹰台》。

的初始年代在西周早中期之交，应与周昭王经营江汉有直接关系。而昭王经营江汉的原因，则是为了与随枣走廊相连接的幕阜山地区的铜矿资源。在这一地区考古工作者已经发现了大冶铜绿山遗址、阳新丰山洞遗址和瑞昌铜岭遗址等，组成了商周时期最大的矿业遗址群。[1]这些铜矿在商代就已经开发，随枣一线是当时中原获取铜料最主要的交通线。为了控制这一狭窄地带，王朝将唐、随两个姬姓大国由山西的汾水流域徙封至随枣走廊的锁钥随县。[2]

昭王以后的一段时间，青铜器中很少再有王朝对南方用兵的铭文，说明在西周中期，王朝可以说牢牢控制着汉水中游的南阳盆地和大洪山以东地区。恭王时期的士山盘铭文记载了周天子命王朝大臣士山到汉水流域各国索取贡赋的情况。其铭文云：

> 王呼作册尹册命山曰：于入中侯，延征𬨨、荆、𪒠服，眔亢虐服、履服、六孳服。中侯、𬨨、方宾贝、金。山拜稽首，敢对扬天子丕显休，用乍文考釐仲宝尊盘盉，山其万年永用。

其中"中、荆、𪒠、亢虐、履、六孳、𬨨"都是王朝统治下的封国或族群。"中"，朱凤瀚认为在陕西商洛地区。𬨨，又见于春秋𬨨公平侯鼎（《集成》2771、2772），《左传》僖公二十五年杜注云"本在商密，秦楚界上小国，其后迁于南郡𬨨县"，当时应该在现在的河南南阳淅川。荆即楚，当时应该在比𬨨国稍南的位置。𪒠，黄锡全隶定为"方"字，从字形来看，应该大体不错。安州六器中有"方"地，应在今南阳方城。"亢虐""履""六孳"则地点不详，从顺序上看，

[1] 中国社会科学院考古研究所铜绿山工作队：《湖北铜绿山东周铜矿遗址发掘》，《考古学报》1981年第1期，第19—23页；黄石市博物馆：《铜绿山古矿冶遗址》；港下古铜矿遗址发掘小组：《湖北阳新港下古矿井遗址发掘简报》，《考古》1988年第1期，第30—42页；江西省文物考古研究所铜岭遗址发掘队：《江西瑞昌铜岭商周矿冶遗址第一期发掘简报》，《江西文物》1990年第3期，第1—12页；刘诗中、卢本珊：《江西铜岭铜矿遗址的发掘与研究》，《考古学报》1998年第4期，第465—494页。
[2] 参见于薇：《西周徙封与宗盟问题研究》，北京师范大学博士学位论文，2008年。

应该距离方城不远。总之，士山是从王朝出发，先到达了商洛地区，然后应该是沿丹水南下，到达汉水中游的淅川一带，之后再折入南阳盆地。看来士山整个行程没有什么波折，所到之处都向王朝交纳了贡赋，中、都、方三国还向士山赠金。可见，此时汉水中游与王朝之间的关系确实是比较稳定的。

而楚人一方面接受王朝的统治，另一方面，却也没有停止谋求自身发展。在昭王南征后，楚人离开商洛山区，沿汉水南下，向政治力量相对空虚的大洪山西岸及江汉平原一带迁移。楚人南迁的时间，以往也多有争议，石泉认为，至迟到夷王时，楚人已经由商县迁至淅川。[1] 而据《史记·楚世家》："当周夷王之时……熊渠甚得江汉间民和，乃兴兵伐庸、杨粤，至于鄂。"鄂地的所在，张守节《正义》引刘伯庄云"地名，在楚之西……今东鄂州是也"，[2] 即现在的湖北武昌附近，恐怕在夷王时，楚不仅已经远离了秦岭山区，而且已经深入到了江汉平原的云梦一带。

（二）王朝对苏北的讨伐与夷人沿淮西进

被齐、鲁驱赶至苏北湖荡地带的夷人，经过康、昭两代可能恢复了一定的实力，引起了王朝的警觉，王朝对这一地区发动了战争。这次对苏北湖荡的征伐，应该发生在穆王时期。文献中有穆王伐徐的记载，《史记》中有："造父幸于周缪（穆）王……缪王使造父御，西巡狩，见西王母，乐而忘归。而徐偃王反，缪王日驰千里马，攻徐偃王，大破之。"[3]《后汉书》《韩非子》《淮南子》等也都有记载，虽然内容不尽相同，但穆王时发动过一场规模不小的战争是没有问题的。

班簋（《集成》4341）记载了穆王时期伐徐的战争，其铭文云：

---

[1] 石泉：《楚都丹阳地望新探》，《古代荆楚地理新探》，第185—194页。

[2] 司马迁：《史记》卷40《楚世家》，第1692页。

[3] 司马迁：《史记》卷43《赵世家》，第1779页。

王令毛伯更虢成公服，屏王位，乍四方亟。秉繁、蜀、巢……王命毛公……伐东国眉戎。王令吴白（伯）曰：以乃师左比毛父。王令吕伯曰：以乃师右比毛父……三年靖东国，亡不成。

班簋的年代争议不大，从清末刘心源以来，都定为穆王时期，唐兰认为是明确无疑的，并指出："班簋记伐东国眉戎事……疑即指徐偃王。"[1] 杨宽也认为东国眉戎"可能是淮夷或徐戎的一支"。[2] 但铭文中繁、蜀、巢的地点，先生们多认为在淮河中上游。"繁"地，陈梦家认为在繁阳（新蔡），唐兰则认为其地点无法确定；"巢"地，陈梦家认为在新野，唐兰先生则认为在安徽巢县；蜀地，陈梦家认为无法确定，[3] 唐兰也没有指出具体地点，但强调此"蜀"绝非西蜀。[4] 但从铭文中提到繁、蜀、巢、吕、吴等地名来看，战场的位置很可能没有如此偏西，而在今江苏、山东交界的苏北地区。因为淮夷虽然遭到齐、鲁两国驱赶，但并未走远，穆王时期可能还没有达到淮河中上游。马承源《铭文选》仅见引用《国语》内容。《国语·楚语上》"使太宰启疆请于鲁侯，惧之以蜀之役"韦昭注"蜀，鲁地"，指出三地中的"蜀"在山东，这一说法是很有见地的。陈、唐两位将"繁""巢"都定在淮河中上游，这样却与马保春所定山东"蜀"距离甚远，毛公所掌管的范围恐怕太大，"繁""巢"两地应该与"蜀"相去不远。文献中"巢"地也确实不仅仅存在于河南。上博简《容成氏》载夏桀逃亡路线，其中有"南巢"，与其一线还有"有虞氏""鸣条""郕"等地。有学者指出，这几个地名，均在今山东境内。[5] "繁"地见于周公庙所出西周甲骨，朱凤瀚指出，这批甲骨与

［1］唐兰：《西周青铜器铭文分代史征》卷五中《穆王·班簋》，第355页。

［2］杨宽：《西周史》，第560页。

［3］陈梦家：《西周铜器断代》，第26页。

［4］唐兰：《西周青铜器铭文分代史征》卷五中《穆王·班簋》，第350页。

［5］马保春：《由楚简〈容成氏〉看汤伐桀的几个地理问题》，《中国历史文物》2004年第5期，第40—45页。

周公东征有密切关系，那么，此"繁"很有可能与周公庙甲骨中的
"繁"同为一地，就在山东地区。[1] 王朝先将繁蜀巢赐予毛公作为辖
地，其后命其出征，那么毛公所征伐的地区也不会距此太远。铭文中
的"吕"地，学者依旧疏认为在南阳。但是，吕国本封山西霍太山一
带，西周晚期与申国同时南徙至河南南阳，依《诗·大雅·崧高》，
徙封时间在宣王时期。班簋中的"吕"应该指山东的齐国。据《史
记·齐太公之家》载，齐本就称吕，在太公封于山东后，其子丁公仍
称"吕伋"，后来虽然不用旧称，但直至战国时期，曾侯乙编钟铭文
中仍有"其在齐为吕音"，说明"齐""吕"二字互称。铭文中的
"吴"地，则应是宜侯夨簋铭文中所载迁至苏南宜地的吴（虞）
国。[2] 王朝调用齐、吴两国为毛公侧翼，应该也是就近用兵。在山
东与苏南之间，正是徐淮夷活动的苏北湖荡地带。

　　铭文记载，战争持续了 3 年，规模不小，周王朝最终取得了胜
利，而苏北地区的夷人战败，东方是大海，只能向南、向西沿淮河逃
离，进入淮南湖荡地区。进入淮河流域以后，夷人很快就控制了淮
南，并发展到淮河上游的大别山东麓。从淮南地区的考古学文化发展
序列来看，在相当于中原的商代，这一地区基本上属于商文化的分布
区，而其后，当地出现了外来的素面鬲、素面瓿、折肩罐等东夷文化
传统的陶器。同时，高圈足簋也较以前增多，这 4 种陶器的来源就是
山东地区。当地周代文化二期时这些器物的量有所增加，到了第三期
时，更是在此基础上出现了极具地方特色的淮式鬲。这就说明，在周
代确实有大量山东的东夷人群进入这一地区，而后来以典型淮式鬲为
代表的淮河流域当地文化，就是在这一文化基础上发展而来的。目前
学界对于淮河流域周代文化各期的绝对年代，还没有形成统一的认

---

[1] 周公庙甲骨尚未正式发表。以上观点引自北京大学文博学院、陕西省考古研究院
　　2009 年 3 月在北京举办的周公庙考古工作汇报暨新出西周甲骨座谈会会议录音材料。
[2] 李学勤：《宜侯夨簋与吴国》，《文物》1985 年第 7 期，第 13—16 页。

识。一般来说，将江淮地区西周文化的四期分别对应中原的西周早期、中期、晚期和春秋早中期。[1] 但是，淮南地区作为周边地带，在进行分期时需要考虑文化传播上的滞后性，第一期可能不能早到周初，恐怕应该在西周早中期之际，也正是穆王前后。[2] 穆王伐夷战争的直接后果，是王朝夺取了长期被夷人控制的苏北地区，而原本生活在东部的夷人，沿淮西进。在西周中期，淮北的沙河、涡河中下游地区出现了以素面鬲、素面甗、折肩罐为特征的文化遗存，这些文化要素的来源就在山东地区，此时在安徽淮河流域出现，说明淮夷进入了当地。[3]

虽然淮夷进入了淮河中游，甚至到达了颍汝下游地区，但整个淮河北岸都被牢牢控制在王朝手中。西周中期是王朝对淮夷统治最为有效的一段时间。宣王时期兮甲盘（《集成》10174）铭文云："淮夷旧我帛晦（贿）人，毋敢不出其帛、其积、其进人。其积，无敢不即次、即市。敢不用命，则即刑扑伐。"夷人在西周的大多数时间里都与王朝进行着军事对抗，向王朝称臣纳贡的时候不多，兮甲盘中提到的情况，应该就发生在穆王以后。所以，虽然夷人进入了淮河流域，但这一地区还是王朝的势力范围，特别是淮北，颍汝尾闾的陈、蔡等封国有着雄厚的实力，为王朝控御着整个地区。可以说，在西周中期，淮河北岸地区在政治上与中原基本连成一体。大别山东麓的信阳地区也仍在王朝的控制之下，姬姓的蒋国、息国，妃姓的番国，子姓的弦国都是与中原政治有着深厚渊源的封国，王朝能够通过这些封国控制当地。而西周中期进入信阳地区的淮夷小国也不多，直到春秋时期，淮河上游南岸的嬴、偃姓国家都只有黄国一个。

---

[1] 王迅：《东夷文化与淮夷文化研究》，第 118 页。

[2] 已有学者从考古学角度对此加以论证，如高广仁、邵望平：《淮系文化的早期发展与三代变迁》，《中国社会科学院古代文明研究中心通讯》2004 年第 7 期，第 8—12 页。唐际根、荆志淳：《考古学文化发展的延滞现象和"边缘化效应"》，《三代考古》（一），北京：科学出版社，2004 年，第 12—15 页。

[3] 王迅：《东夷文化与淮夷文化研究》，第 64、119 页。

这样，在淮北，王朝的势力范围呈现钳形，对淮南一小片夷人集中的地区形成合围之势。但是，随着淮夷力量的休整重启，这种态势很快就被打破了。

四、西周晚期："淮汉"区域雏形始现

两周之际是"淮汉"政治区域形成的关键：在汉水流域，南阳地区的政治倾向发生了变化，封国背叛王朝，不断发动叛乱。随枣走廊虽然还在姬姓封国控制下，但南阳叛离中原，阻断了随枣与北方连接的最主要道路，客观上造成这一地区显示出越来越强的地方化倾向。汉水流域的政治中心，随着楚国的兴起南移到了江汉平原。在淮河流域，夷人完全控制了淮南湖荡地带，并北上与王朝争夺淮北颍汝地区，还有一部分淮夷越过大别山进入了汉水流域。虽然王朝保住了对淮北的控制，但南阳、淮南两地区共同发动针对王朝的叛乱，政治上已经实现了联合。"淮汉"区域的雏形及夹淮对峙的格局初步形成了。

（一）南阳地区的离心及淮夷对汉水流域的渗透

西周末年，汉水流域的政治面貌错综复杂。厉王时期，南阳地区发生了一次规模很大的叛乱。禹鼎记载了这次战争，其铭文云：

> 亦唯噩鄂侯驭方率南淮夷、东夷，广伐南国、东国。至于历寒。王迺命西六师、殷八师曰：戬伐噩侯驭方，勿遗寿幼。肆师弥怵恒，弗克伐噩。肆武公迺遣禹帅公戎车百乘，斯驭二百、徒千，曰：于将朕肃慕惠（唯）西六师、殷八师，伐噩侯驭方，勿遗寿幼。于禹以武公徒驭至于噩。敦伐噩。休。蔑（获）厥君驭方。肆禹有成，敢对扬武公丕显耿光。

铭文中讲到噩侯驭方发动了对王朝的战争，周王命武公率领王朝的大军西六师和殷八师对其讨伐，武公又命禹作为军队的主帅，最终伐噩成功，俘虏了叛乱的国君噩侯驭方。徐中舒、马承源等都认为，

发动战争的噩国就在南阳盆地，[1]《史记·楚世家》正义引《括地志》云"邓州向城县南二十里西鄂故城"，[2] 因为汉水流域有两个噩国，南阳的噩（也作"鄂"）相对于《楚世家》所载熊渠所伐之湖北鄂州之鄂位置偏西，所以也称西鄂。传世器中有"噩侯作王姞簋"（《集成》3928—3930），可知噩国为姞姓。姞姓乃黄帝后裔，在商代就已经立国，[3] 卜辞"……二田噩、盂，有大雨"（《萃》968）可知，噩与盂地邻近，盂在今河南沁阳，商代的噩也应该在河南北部地区。徐少华则根据噩叔簋、噩侯历季诸器的形制，认为噩国早在成王时期就已经从豫北迁至南阳盆地。[4] 噩国在邓州，扼守着南阳盆地通往随枣走廊的要道，与王朝之间的关系比较密切。噩国姞姓，与杞国、宋国等同为先代之后，享有"于周为客"的特殊礼遇，[5] 姞姓又与姜姓一样，是姬姓周人最主要的通婚对象，直到春秋，仍然有"姬姞耦，其子孙必蕃"的观念，[6] 不仅反映了姞姓与周王室在血缘上亲近，更重要的是，在当时那个血缘关系在政治上仍然存在直接影响力的时代，这种通婚关系更能够延伸出政治上的联盟关系。噩国与齐国一样，都是侯爵，说明噩国有很高的国家等级，而且担负着一定的军事职能。前面提到，静方鼎铭文记载王朝在噩国还驻有军队。孝王时期的噩侯驭方鼎铭文中也有"王南征伐角、遹。唯还自征，在𢀴，噩侯驭方纳醴于王，王乃裸之"，可见王朝在两畿以南的军事活动与噩国有密切的关系。以往我们对周初东方的政治形势、诸侯国等

---

[1] 徐中舒：《禹鼎的年代及其相关问题》，《考古学报》1959 年第 3 期，第 62—63 页。马承源：《记上海博物馆新收集的青铜器》，《文物》1964 年第 7 期，第 12 页。

[2] 司马迁：《史记》卷 40《楚世家》，第 1692 页。

[3] 商时鄂即为大国，《史记·殷本纪》载商纣时"九侯有好女……不憙淫，纣怒，杀之，而醢九侯。鄂侯争之强，辨之疾，并脯鄂侯"。见司马迁：《史记》卷 3《殷本纪》，第 106 页。

[4] 徐少华：《周代南土历史地理与文化》，第 247 页。

[5] 杜预注，孔颖达疏：《春秋左传正义》卷 51，僖公二十五年，第 2109 页。

[6] 杜预注，孔颖达疏：《春秋左传正义》卷 21，宣公三年，第 1869 页。

级比较清楚，知道齐国在周初分封时军力超过一般国家，承担着王朝
镇守一方的军事重任，但对南方的区域开发和封国历史认识还比较模
糊，恐怕对噩国在周王朝南土中的重要性认识不足。应该可以这么
说，如果齐国有为王朝镇守东方的重任，那么噩国就是为王朝镇守南
方的大藩。这样一个举足轻重的国家反叛，对王朝南方的政治格局影
响是非常重大的。虽然从宗周钟（《集成》260）铭文"南国艮孳
（子）敢陷虐我土……南夷、东夷俱见廿又六邦"来看，噩国的叛乱
最终还是被平定了，但南阳地区的离心倾向已经表露无遗。虽然王朝
为了抓住这一地区，徙封了申、吕，但不久以后，正是南阳申国与犬
戎联合，发动叛乱，彻底断送了西周王朝。

从考古学文化特征看，随枣走廊这一时期与王朝之间的关系似乎
也在疏远，逐渐显示出一种地方化的趋势。大洪山以东地区西周时期
文化中流行一种宽体、瘪裆、小口、折沿、折肩、直腹、柱足、饰绳
纹和凹弦纹的陶鬲，随州庙台子、[1] 大悟吕王城[2] 和新洲香炉
山[3] 都有发现。这种瘪裆折肩鬲不见于中原地区西周文化，也不见
于周围地区同时代文化遗址，更与商文化陶鬲有明显的区别，是当地
文化的代表。这种瘪裆鬲虽然一直存在，但在西周中前期并不流行，
到西周晚期，庙台子、吕王城、香炉山、汉川乌龟山、[4] 罗田庙山
岗[5]等遗存中数量大有增加，基本器物组合也开始与中原西周文化
不同。[6]

---

[1] 武汉大学考古教研室：《西花园与庙台子（田野考古发掘报告）》。

[2] 孝感地区博物馆：《大悟吕王城重点调查简报》，《江汉考古》1985 年第 3 期，第 5—
16 页。

[3] 武汉大学历史系考古教研室等：《湖北新洲香炉山遗址（南区）发掘简报》，《江汉
考古》1993 年第 1 期，第 14—19 页。

[4] 湖北省文物考古研究所：《汉川乌龟山西周遗址试掘简报》，《江汉考古》1997 年第 2
期，第 10—13 页。

[5] 湖北省文物考古研究所等：《湖北罗田庙山岗遗址发掘报告》，《考古》1994 年第 9
期，第 779—799 页。

[6] 文物出版社：《新中国考古五十年》，第 282 页。

而大洪山以西的樊宜一线和江汉平原，在楚的开发下发展起来，成为楚最核心的势力范围。而楚国在西周末年基本与王朝彻底对立，自称为王。虽然看不出楚是否参加了噩国的叛乱，但江汉平原在政治上与王朝对立的局势是很明显的。

在春秋时期，汉水流域存在着一些偃姓的封国，如应山的貮国，《路史·后纪》"小昊"云："皋陶后，偃姓"；[1] 郧阳的绞国，《路史·后纪》"小昊"也皆称其为偃姓[2]；郧县的麇国，《春秋分记》云"嬴姓"。[3] 从国姓来看，这几个小国明显是夷人的国家。从文献传统来看，江汉平原不是夷人活动的范围。而从考古学文化来看，在新石器时代，汉水流域一直是河南龙山文化和湖北屈家岭—石家河文化的势力范围，目前也还没有发现山东龙山文化或岳石文化要素。在夏商时期，目前也没有发现出土山东文化特征器物的遗址。[4] 所以，这些夷人国家肯定不是江汉平原地区原生的，而是由淮河流域进入的，而且他们进入江汉平原的时间应该是在西周以后。也就是说，夷人在进入淮河中上游并立足的同时，还有一部分越过大别山，进入到汉水流域。虽然进入汉水流域的淮夷数量不多，势力也很微弱，但这些夷人越过了淮河和汉水之间的分水岭，跨过了两个流域之间的地理界线，加强了汉水流域与淮河流域族群之间的联系，这对于相对独立的两个流域融合成一个"淮汉"政治区域，有十分重要的意义。绞、麇这样的国家，已经深入到汉水流域中游的郧阳地区，那里是汉水流域与南阳盆地之间联系的关键地带，虽然我们尚无法找到明确的证据，但此时淮夷国家进入这一地区，对于南阳盆地与淮河流域政治上的交往以及整个"汉淮"区域的形成必然会起到促进作用。

总体来看，西周末年的汉水流域，在政治上表现出强烈地与中原

---

[1] 罗泌：《路史》卷16《后纪七》，《景印文渊阁四库全书》第383册，第276页。

[2] 罗泌：《路史》卷16《后纪七》，《景印文渊阁四库全书》第383册，第276页。

[3] 程公说：《春秋分记》卷84，《景印文渊阁四库全书》第154册，第1026页。

[4] 国家文物局主编：《中国文物地图集·湖北分册》。

政治相脱离的趋势。无论是原本从属于王朝的南阳盆地，还是从一开始就与王朝对立的江汉平原，都在政治上明显表现出与王朝的分离和异化。整个汉水流域，只有随枣走廊的随国还充当着王朝政治的代表。但在南阳背离了王朝以后，随枣走廊不保已势所必然。

（二）淮夷与王朝在淮河中上游北岸的争夺

王朝虽然在南方也有一些封国，但一部分在颍汝上游，一部分在淮河南岸，淮河中上游北岸地区整体上比较空虚。而西进夷人在淮河中游稳定下来以后，不断沿支流向北侵扰，与王朝在淮北地区争夺。与汉水流域王朝势力北缩的情况相反，周王朝击败淮夷，控制住了淮北地区。

淮夷对淮北、颍汝的侵扰大致开始于西周中晚期之交的孝王时期，翏生盨（《集成》4459）铭文云：

> 王征南淮夷，伐角、潏，伐桐、遹，翏生从，执讯折首，孚戎器，孚金。

到厉宣时期，王朝与淮夷在这一地区的争夺升级，又开始出现了大量记载战争的铭文。厉王时期的虢仲盨（《集成》4435）铭文云：

> 虢仲以王南征，伐南淮尸。在成周，乍旅盨。

同样与这次战役有关的铜器还有柞伯鼎，[1] 其铭文云：

> 虢仲令柞伯曰：……今汝其率蔡侯左至于昏邑。即围城，蔡侯告征虢仲，遣氏曰：既围昏。虢仲至，辛酉搏戎。柞伯执讯二夫，获馘十人。

将两器铭对照可以看到，虢仲为王朝卿士，受天子之命指挥柞国和蔡国的军队参战。王朝对距离王畿较远的地方进行征伐，调用周边封国就近参战比较便利。西周末年的蔡国在淮河上游支流汝水东岸的上

---

[1] 朱凤瀚：《柞伯鼎与周公南征》，《文物》2006 年第 5 期，第 67—73 页。

蔡，柞国虽然在黄河以北的延津县，但记载战争的柞伯鼎则出土于离蔡国不远的汝水西岸平顶山，很有可能与柞伯在此地作战有关。所以，厉王时期这次战役的地点，大致应该就在汝水的中上游一带。铭文中的"昏"城，是厉王、宣王时期战争铭文中多次出现的一个地点。晋侯苏钟铭文云：

> 二月既死霸壬寅，王债往东。三月方死霸，王至于蕫分行。王亲令（命）晋侯苏：率乃师左洀覆（濩），北洀□，伐夙（宿）夷……王至于匍觑（城）……亲命晋侯苏：自西北遇（隅）敦伐匍觑（城）。晋侯……敆（陷）入……王至淖淖列列，夷出奔。

朱凤瀚指出，柞伯鼎中的"昏"，即晋侯苏钟的"匍"。匍的地点，文献中没有明确的记载。李学勤认为是山东郓城。但是，从宿地周边的环境看，晋侯苏到达宿，要渡过濩水和另一条河。濩水，《水经》载为获水，其水"出汳水于梁郡蒙县北，又东过萧县南，睢水北流注之，又东至彭城县北，东入于泗"，[1] 即从现在安徽蒙城经萧县到达江苏徐州，并不经过东平郓城的古大野泽一带。而在濩水流经的区域内也确实有宿地。《春秋》庄公十年"宋人迁宿"，杨伯峻指出，宋人所迁之宿并非山东东平之宿，"以宋不得至齐、鲁境内也"，[2] 江永《春秋地理考实》中提出"凤阳府之宿州，地亦属宋"，[3] 认为宿地在安徽宿州，很有道理。宿州在古睢水与沙水之间，虽然还无法确定匍城的地点，但参照柞伯鼎战场的区域，匍城应该也不出淮河中游汝水到沙水的范围内。也就是说，晋侯苏钟记载的宣王时期的这次战争，也发生在淮河中上游北岸地区。可见，淮河中上游的颖汝沙涡一带在西周末年是王朝抵御夷人侵扰的主要战场。

淮夷沿着淮河北岸的支流向北侵扰，最严重的时候，已经到达了

---

[1] 陈桥驿：《水经注校证》卷23，北京：中华书局，2007年，第559页。

[2] 杨伯峻：《春秋左传注》，第181页。

[3] 江永：《春秋地理考实》卷1"庄公十年·宿"，第241页。

王朝腹地成周附近。敔簋铭文即载：

> 内（入）伐淏鄦（昂）、参、泉、褱（裕）、敏、阴阳洛。
> 王命敔追御于上洛、㥄谷，至于伊，班。[1]

学者们都肯定"上洛"就是"上雒"，即陕西商州市；[2] 而阴阳洛，
马承源则认为是洛水南向下游。[3] 为了控制处于王朝军事屏障位置的
颍汝沙涡地区，王朝除了出兵讨伐外，还向这一地区徙封了蒋、沈等
姬姓封国。蒋国，《左传》僖公二十四年所载周公之胤的六国之一，
杜预认为在"弋阳期思县"，[4] 即今信阳淮滨县。淮滨县东南 30 里
有期思公社，20 世纪 80 年代调查时发现有东周到汉代古城遗址。城
东西长 1 700 米，南北长 400—500 米，北墙不存，其余三面断续可
见，出土有绳纹陶，西周铜镞，春秋战国铜剑、戈、矛、镞、郢爰和
较多蚁鼻钱及汉代绳纹砖瓦。[5]《水经注·淮水》云："（淮水）又
东北，过期思县北。县，故蒋国，周公之后也。春秋文公十年，楚王
田于孟诸，期思公复遂为右司马，楚灭之以为县。"[6] 考古发现所见
古城位置与文献记载比较一致，应该与古蒋国之间存在密切关系。淮
滨期思古城没有进行发掘，80 年代调查时曾对一段城墙进行过解剖，
依据城墙夯土内的陶片，调查者将期思古城的上限定在春秋，但《左
传》中又没有任何关于蒋国位移的记载，城墙剖面内又有西周铜镞，
考虑到先秦城墙与城址之间有比较复杂的关系，期思古城的始建时间
很可能早到西周末年。《太平寰宇记》载"开封府·尉氏县"条云：

---

[1] 由于所存为摹本，对于敔簋的年代，长期以来争议较大。唐兰《史征》认为是懿王
　　时器（480），陈梦家《断代》认为是孝王时器（162），郭沫若《大系》认为是夷
　　王时器，马承源《铭文选》认为是厉王时器。此处从马承源说，定为厉王时。

[2] 马承源、陈梦家、郭沫若等均主此说。

[3] 马承源：《商周青铜器铭文选（三）》，第 286—287 页。

[4] 杜预注，孔颖达疏：《春秋左传正义》卷 15，僖公二十四年，第 1817 页。

[5] 李绍曾：《期思古城遗址调查》，《中原文物》1983 年特刊，第 59—60 页。

[6] 陈桥驿：《水经注校证》卷 30，第 706 页。

县西五十里有蒋城，[1] 蒋国在西周末年应该就是从河南北部南迁至颍汝的。沈国据《左传》文公三年杜注："汝南平舆县北有沈亭。"[2] 在今信阳平舆县北。近年来，汝南县北与平舆县界之间发现了春秋时期的沈国故城遗址。调查可知城址总面积 2.1 平方公里，平面近方形，城垣夯土残迹尚存，东、西、南城门址尚可辨，城内外出土有铜剑、戟、矛、镞，及陶鼎、豆、罐、瓮等，从遗物看，城址的使用年代为春秋时期。[3] 马承源据沈子它簋认为沈国为周公之子的封国，[4] 汾水流域有沈地，沈国始封应该在山西，其迁徙的时间和原因应该与蒋国一致。

一般认为，宣王时期的征伐，王朝取得了胜利。《诗》中《江汉》《常武》等都是赞颂宣王南征赫赫武功的篇章。从春秋颍汝地区封国分布来看，淮夷国家相对集中于淮河南岸，颍汝地区则只有道、柏两国，也说明王朝在西周末年确实有效控制住了淮河上游北部地区。

随着活动空间范围的接近，汉水流域与淮河流域的人群在西周末年不再互相没有来往，而是联合起来与王朝为敌。前面已经看到禹鼎的铭文，"噩（鄂）侯驭方率南淮夷、东夷"发动叛乱，说明此时淮河流域的夷人已经与汉水流域的势力在政治要求上实现了一致，两个地区打破了桐柏—大别山的自然界限，开始以一种区域政治势力的面貌出现在西周的政治事件当中，"淮汉"这样一个政治联合的区域，此时已经雏形始现。

---

[1]《太平寰宇记》："蒋城在（尉氏）县西五十里。"乐史：《太平寰宇记》卷 1 "河南道一"，《景印文渊阁四库全书》，第 14 页。

[2] 杜预注，孔颖达疏：《春秋左传正义》卷 18，文公三年，第 1839 页。

[3] 国家文物局主编：《中国文物地图集·河南卷》"驻马店市·平舆县"，北京：中国地图出版社，1991 年。

[4] 马承源：《商周青铜器铭文选（三）》"沈子也簋"，第 56 页。

五、春秋以后："淮汉"区域的确立与巩固

春秋以后的几百年间，楚的统治进一步确立和巩固了"淮汉"政治区域的实体。

春秋时期楚国扩张和东进的历史过程十分清楚。高士奇在《左传纪事本末》中对楚的扩张过程也有一个概括："自邓亡，而楚之兵申、息受之；申、息亡，而楚之兵江、黄受之；江、黄亡，而楚之兵陈、蔡受之；陈、蔡不支，而楚兵且交于上国矣。"[1] 楚向外扩张，首先占领的地区是与王朝脱离的南阳，而后取信阳，之后夺淮北。南阳与楚最近，虽然相对于中原，南阳在地理上自成单元，但由于樊宜一线是楚的势力范围，除了一个邓国作为门户外，对于楚国可以算是无险可守，所以南阳最先被纳入楚的控制之下。南阳在军事上有一个致命的特点，就是要与伊洛颍汝地区互相支撑。顾栋高就曾经说过："声势相联称宛、雒，宣王封谢壮藩垣。申亡腰脊从中断，南国旋成楚北门。"[2] 宛即南阳，雒即伊洛，伊洛与颍汝上游在政治、文化上自古就是同一个圈子，往往合称"伊洛颍汝"。所以宛、雒两地一旦分离，南阳就无力抵御北上的楚国。而楚夺取南阳后，淮河以北的伊洛地区也失去了屏障。所以，在南阳被楚控制以后，以蔡投降楚国为开端，长期在王朝控制下的淮河上游北岸地区也被楚占领。但是，这一地区毕竟与中原政治盘根错节，与"实县申息"的南阳和信阳已经完全成为楚的直辖领地不同，淮北地区与楚之间一直是附庸关系，而且随着中原霸主国家军事实力的消长而时叛时服，在春秋中后期，历史的主题就是晋楚争霸，而淮北地区，正是晋楚争霸的拉锯地带。僖公二十八年以前，楚在淮北的势力很盛。但城濮之战以后，这一地区的小国

---

[1] 高士奇：《左传纪事本末》卷45，第660页。
[2] 顾栋高：《春秋大事表》卷9《春秋列国地形口号》，第998页。

纷纷归附于晋，楚在当地的势力渐弱。在楚康王五年（公元前555年）以前，楚在淮北的势力大体止于今沙河上游南岸一线，[1]虽然楚惠王十四年时（公元前475年），楚已经灭陈、蔡，势力达到泗上，其后的数十年间，楚与韩、魏在淮北的冲突中还是处于劣势，楚怀王时，楚亡淮北地于宋，[2]所以，楚对淮北，特别是颍汝沙涡的下游尾闾地区的政治控制，是很不稳定的。

　　而在此之前，楚国就已经控制了信阳地区。庄公十四年灭息，并在息地设县。僖公五年灭弦，僖公十二年灭黄，僖公二十八年城濮之战楚国丧失了颍汝地区以后，楚国更是依托信阳地区原有的基础向东扩张，文公四年灭江，其后灭六，灭蓼，灭群舒，灭巢，灭钟离。这些国家全部都是淮河中游南岸的淮夷国家，楚国彻底吞灭了这些国家，将这一地区完全变成了楚的领土。昭公十二年，楚灭徐，进入了淮河下游的苏北地区。但吴、越的兴起严重影响了楚的东进和北上。《史记·货殖列传》云："彭城以东，东海、吴、广陵，此东楚也。其俗类徐、僮。朐、缯以北，俗则齐。浙江南则越。"[3]可见，楚国对淮河下游两岸的影响远不及东夷和吴越，所以，春秋战国时期楚势力的东端，只能长期盘踞在淮河中上游南岸地区。正因如此，淮南地区在政治、文化上与楚的故地充分融合，大别山和义阳三关的阻隔作用在这两个区域之间完全消失了，由汉水中下游的南阳盆地、大洪山两麓、江汉平原（云梦）和淮河中上游南岸构成的"淮汉政治区域"的主体空间，在这一时期得到了进一步的确立和巩固。

　　社会一体化是政治一体化发展到更高程度的一种表现。考古学文化根据古代人类日常生活遗存划分类型，可以很直观地反映出某一地区、某一人群的社会生活状况。汉水、淮河之间的蛮、夷两个族群，

---

[1] 陈伟：《楚东国地理研究》，第97页。

[2] 杨宽：《战国史》，第396页。

[3] 司马迁：《史记》卷69《货殖别传》，第3267页。

源自不同的文化传统、生产方式，器物类型上原本差别很大。而到了春秋时期，在汉淮区域内的考古学文化上，两族群呈现出明显的趋同、融合的迹象。在两周之际的淮河流域，特别是淮南，鬲足表面出现了刮削的作风，部分钵、豆的形态特征，都有与湖北地区同时期的陶器相似的因素，这在以前不明显。到春秋早中期，在淮河流域较大范围内，陶器中更是出现了明显的受楚式鬲直接影响的平沿、束颈、实足根较高的红陶鬲。[1] 而到了春秋末年，淮河中游下蔡、寿县一带所出土的蔡国青铜器，完全列入了楚文化范畴内，虽不甚严格，但已经可以看出深受楚系青铜器的影响。[2] 这说明，在楚国强大的统治下，在汉水淮河之间的这一大片地区内，人们的生产、生活方式已经大体相同，成为一个真实存在的社会实体。这种社会实体对于"淮汉"区域在中国历史上长期存在的意义，恐怕比政治实体形成的意义还要大，因为相对于国家政治来说，社会生活要稳定得多。

六、意义：淮河南北分界线与中国 早期政治地理格局的演变

"淮汉"政治区域的形成，使淮河这条气候过渡带发展成为一条政治分界线，这实在是一个影响中国数千年的历史过程，也是中国总体政治、文化地理格局形成的重要基础。

汉水流域和淮河流域内包含有复杂的水系、山脉，还有不同族属的人群，在周王朝封国政治的作用下，这些要素之间经历了将近800年的整合过程，最终形成了一个"淮汉"区域实体。"淮汉"区域形成后，成为中国历史上一个重要的地域概念。《辨亡论》有云"（吴）

---

[1] 王迅：《东夷文化与淮夷文化研究》，第122页。

[2] 朱凤瀚：《古代中国青铜器》，天津：南开大学出版社，1995年，第897页。

西界庸益之郊，北裂淮汉之涘，东苞百越之地，南括群蛮之表"，[1]
提到"淮汉"，就可以代表益州以西、百越以东、江淮之间的大片土
地。南宋时，金主完颜亮遣使令宋割地，行前命使臣曰："汝见宋
主……索淮汉之地。"在此之前，完颜亮有"密隐画工于奉使中，俾
写临安湖山以归，为屏而图己之像，策马于吴山绝顶，题诗其上，有
'立马吴山第一峰'之句"之事，[2]"淮汉"在后段历史中更是被扩
大为包括长江下游在内的整个南方地区的代称。总之，"淮汉"这一
地域概念在历史上被广泛接受，成为历史上对于以汉水流域和淮河流
域为中心、中原以南长江以北地区的一个常用名称。

　　淮汉区域面积虽然足够大，但经济发展水平与中原地区却一直有
着不小的差距。在秦王朝建立以后，淮河两岸有很长时间都被纳入大
一统王朝的版图之内，然而，淮河南北在古代始终没有整合在一起形
成跨淮的政区，一旦王朝瓦解，就形成政权夹淮对峙的局面。这当中
虽然有政治、军事等复杂要素在发生作用，但有一点不能否认，"淮
汉"在政治、社会和文化上与中原的异质，已经在区域实体的产生和
存在过程中发展为一种传统。这种传统，不会轻易被王朝政治所消
解，一旦条件具备，就会发生作用。所以，淮河成为中国历史上稳定
的、顽固的南北政治分界线。

　　淮河南北分界线的形成，在上古乃至整个中国政治史上具有重
要意义，是影响中国政治格局的一次重大变化。五帝以降，中国族
群、社会、政治的基本格局呈现为东西分立的情况。傅斯年在《夷
夏东西说》中就谈及，"在这片大地中，地理的形势只有东西之分，
并无南北之限。历史凭借地理而生，这两千年的对峙（按：三代及
三代以前），是东西而不是南北"，上古三代的历史梗概，就是"夏

---

[1] 房玄龄：《晋书》卷54《陆机传》，第1469页。

[2] 陈邦瞻：《宋史纪事本末》卷74，北京：中华书局，1977年，第776页。

夷交胜"。[1] 杨宽在其《中国上古史导论》中提出中国上古民族的
文化也不外东西二系,[2] 姜亮夫更明确提出"夏起西方,与东方之
殷族相对。国中属和者有之,持异议者有之。而东西之分,终始莫能
摧折。此义既定,则龙凤之分,九、六数字之分,三代异同之分,皆
以此为机衡。国人之无派性、家数之成见者,亦无辞以动余说"。[3]
当然,这些说法细节上还有需要斟酌的地方,但无论如何,上古三代
的族群在政治文化上确实基本呈现出一种东、西分立的格局。

　　而淮河南北分界线改变了三代以来政治格局的方向。淮河横亘东
西,将政治团体间的格局转变为南、北向。虽然从自然条件上看,我
国中部太行山—大别山一线山脉的走向为南北向,东部平原的一级台
地与中西部山地的二级台地之间地形地貌上差异比较明显,东西格局
也有一定的自然环境基础,但是,以淮河为分界的南北向分异,在结
构上与我国境内自然带的分布吻合,也与我国境内主要河流的走向一
致,加之"中原""淮汉"两个区域传统的存在,结构显然更加稳
定。所以,南北分立成为传统政治格局的常态,此后的两千多年间,
东西分立的情况微乎其微。这种与地理结构相契合的政治格局对中国
历史的发展有深刻的影响,虽然我们不能仅仅用这样一个格局来解释
历史上诸如统一到分裂、"五百年一循环"等奇特的现象,但引用布
罗代尔的说法,"有些结构因长期存在而成为世代相传、连绵不绝的
恒在因素:他们左右着历史长河的流速……(其中)最易接受的例子
似乎是地理限制",[4] 地理结构必然对政治运行产生影响,权力运作

[1] 傅斯年:《夷夏东西说》,《庆祝蔡元培先生六十五岁论文集》(下),南京:中研院历
　　史语言研究所,1935 年,第 1093—1134 页。
[2] 杨宽:《中国上古史导论》,《古史辨》第 7 册,上海:上海书店,1993 年,第 148—
　　154 页。
[3] 姜亮夫:《三楚所传古史与齐鲁三晋异同辩》,《楚辞学论文集》,上海:上海古籍出
　　版社,1984 年,第 92 页。
[4] [法]布罗代尔著,顾良、张慧君译:《长时段:历史和社会科学》,《资本主义论
　　丛》,北京:中央编译出版社,1997 年,第 180 页。

一定会对空间形态存在依赖，这是我们不可以回避的。

　　"淮汉"政治区域的形成与淮河南北分界线的确立，对于上古政治的意义，还不仅在于改变了旧格局的方向，更重要的是，在"淮汉"政治区域的形成和确立过程中，华夏、东夷、南蛮等族群的血缘界线逐渐被打破，不同族群在政治进程中互相融合演变为两大地域团体。自此，中国的政治格局不再是血缘族群的轮替或并存，而是以"中原"和"淮汉"为基础的地域间的分异或对抗，上古政治格局的性质由血缘性跃升为地缘性。两周时期是公认的从氏族社会向成熟国家转变的关键时期，其中地缘关系取代血缘关系是上古社会变革中最为重要的内容，"淮汉"政治区域的演进和确立，直接推动了这一变革。

（原载《古代文明》（东北师范大学）2010 年第 1 期）

附录四　始封在庙与徙封在社：
西周封建的仪式问题

西周封国封建仪式举行的地点，传统上多认为在"庙"中。但宜侯夨簋铭文等金文材料中却记载册命仪式的地点在"社"。分析可知，西周封建诸侯有两种情况，一种为始封，一种为徙封。始封的仪式在庙中举行，徙封的仪式在社中举行。始封仪式重在使受封者获得诸侯这种高级贵族身份，而徙封则是改换诸侯封地，使其统治新获土地。始封强调爵命，徙封强调城邑土地。"爵命属阳，国邑属阴"，庙、社亦分主阳、阴，所以文献中就看到"始封在社"和"徙封在庙"两种情况。

封邦建国是西周政治活动中非常重要的内容，与之相关的学术问题很多，从大的方面可以讨论西周王朝的政治结构、行政运作特征，甚至整个西周分封制所体现出的时代性与中国文明进程的关系；从小的方面，则可以考证某一封国分封的时间、地点。总的来说，已有研究对西周封建的方方面面都有涉及，但也仍然存在进一步拓展和深化的空间。

以分封的仪式为例，虽然在文献中这方面内容相对多一些，已有研究做过一些梳理，但谈不上充分。例如天子分封一个诸侯国，在哪里举行分封的仪式？如果封国之前已经受封，后面要改换领地进行徙封，那么仪式又会在哪里举行？这些看似都是细节，但属于分封仪式的基本信息。如果想对西周封建活动有全面、具体的认识，有必要在这些方面进行一些探索。而且，在以"礼"作为政治理论的西周时代，这些仪式背后的含义，本身就包含重要的历史信息。

在对西周始封建国仪式的研究中，引用率较多的材料是《左传》定公四年中关于鲁、卫、晋分封的记载：

　　分鲁公以大路，大旂，夏后氏之璜，封父之繁弱，殷民六
族、条氏、徐氏、萧氏、索氏、长勺氏、尾勺氏。使帅其宗氏，
辑其分族，将其类丑，以法则周公，用即命于周。是使之职事于
鲁，以昭周公之明德。分之土田陪敦，祝、宗、卜、史，备物、
典策，官司、彝器。因商奄之民，命以《伯禽》，而封于少皞之
虚。……[1]

根据这段话可以知道，西周分封时会授民，授疆土，分以宝器、职
官，并授以册命文书，但在这段话中，其实没有赐授这些物品时仪式
的细节。从《周礼》的记载中，可以看到分封仪式的一些细节：

　　凡封国命诸侯，王位设黼依，依前南向，设莞筵纷纯，加缲
席画纯，加次席黼纯，左右玉几。[2]

但也还是无法了解分封仪式的完整情况，特别是分封仪式举行的
地点。

《国语·周语上》载周宣王"命鲁孝公于夷宫"，韦昭注云：

　　命为侯伯也。夷宫者，宣王祖父夷王之庙。[3]

韦注的理解应该无误，宣王册命鲁孝公的地点在天子祖庙。虽然这次
册命不是分封，而是加封，但也点出了祖庙是西周册命仪式的场地。
在韦昭之前，战国秦汉也有学者持这种意见，《诗·周颂·赍》篇
《序》云：

　　《赍》，大封于庙也。[4]

《诗》序作者认为《赍》是举行"大封"之礼时所奏诵之诗乐。郑玄
《笺》云："大封，武王伐纣时，封诸臣有功者"，即"大封"专指武

---

[1] 杜预注，孔颖达疏：《春秋左传正义》卷54，定公四年，第2134—2135页。
[2]《周礼·春官·司几筵》。郑玄注，贾公彦疏：《周礼注疏》卷20，第774页。
[3] 徐元诰撰，王树民、沈长云点校：《国语集解》，第23页。
[4] 郑玄笺，孔颖达疏：《毛诗正义》卷19-4，第605页。

王克商之后分封功臣的仪式，也就是西周克殷立国后封建诸侯的仪式，郑玄没有反驳《序》中"于庙"的说法，应该也是认同分封典礼于庙中举行。班固整理的《白虎通》中"爵"篇亦载：

> 封诸侯于庙。[1]

看来至少在两汉，学者们多认为祖庙应该是举行封邦建国仪式的场所。葛志毅在《周代分封制度研究》中也曾涉及册命活动的场所问题，他根据《左传》桓公二年载有策勋于祖庙之礼，认为周代使用策书时的仪式"一应以举行于宗庙为正"。[2] 从金文材料来看，西周册命礼确实基本上在宗庙中举行。《殷周金文集成》所收有 2814、2831、2836、4240、4266、4270—71、4274—75、4279—82、4288—91、4318—19、4340、6013、9898、9899—9900 共 24 件明确记载在庙中举行的册命仪式。分封建国仪式的基本目的就是宣告诸侯获得统治权力，最重要的环节应是宣读、授予册命。若据葛志毅的意见，则封邦建国的仪式亦应于宗庙之中举行为正。

　　但铜器铭文中所见的情况却与学者的说法有些不同。江苏丹徒出土的宜侯夨簋铭文被学者认为是宜国分封的记录，其铭文云：

> 唯四月，辰在丁未，王省武王成王伐商图，征省东国图。王立于宜，入土，南向。王令虞侯夨曰：迁侯于宜。易鬯瓒一卣，商鬲一□。彤弓一，彤矢百，旅弓十，旅矢千。易土，氒川三百□，氒□百又廿，氒宅邑卅又五，氒□百又卅。易在宜王人□又七生（姓）；易奠七伯，氒盧□又五十夫；易宜庶人六百又□六夫。宜侯夨扬王休，乍虞公父丁尊彝。　　　　（《集成》4320）

整篇铭文确实与《左传》定公四年的行文结构有诸多相似之处。但最关键之处在于，铭文中明确有"王立于宜，入土"一句，表明整个册

---

[1] 陈立撰、吴则虞点校：《白虎通疏证》，第23页。
[2] 葛志毅：《周代分封制度研究》，第94页。

封仪式举行的地点并不在庙中。"土",在甲骨文中作"⬤",在早期金文中写作"⬤",都是石主之形,所以此处的"土",学者们一致认为应释作"社"。宜国的封建仪式是在"社"进行的。[1] 记载燕国分封的克罍、克盉铭文,虽然没有直接记在"社"中举行仪式,但内容中也涉及了"社":

> 王曰:大保,佳乃明,乃鬯享(飨)于乃辟。余大封,乃享(飨),令克侯于匽。使羌舄,徂于御微。克来匽,入土(社),眔有司。用作宝尊彝。

匽就是文献中的北燕。与封宜时周王亲自到宜地参加不同,克受封为燕侯,仪式应该是在天子国都举行的,但随后克到燕地就封,则与众有司到社中举行了一番仪式。若据《左传》桓公二年的说法:"凡公行,告于宗庙;反行,饮至、舍爵,策勋焉,礼也。"[2] 有出行时由庙而出、返回时也要告庙的道理,那么燕侯克若是在王都于庙中受命的,到了封地也应是告庙,将策书置于庙中、告于祖先。而铭文中燕侯到封地首先告社,则很有可能是因为其受命也在社中。这样看来,西周的封建仪式,就不止有在庙中举行这一种情况,还另有在社中举行的情况。

在传世文献中,"庙"和"社"有明显的区别,二者分别用来举行性质不同的仪式。《尚书·甘誓》云:

> 用命,赏于祖;不用命,戮于社。[3]

---

[1] 郭沫若:《矢簋铭考释》,《考古学报》1956年第1期,第7—9页。谭戒甫:《周初矢器铭文综合研究》,《武汉大学学报》1956年第1期,第163—211页。刘启益:《西周矢国铜器的新发现与有关的历史地理问题》,《考古与文物》1982年第2期,第42—46页。黄盛璋:《铜器铭文宜、虞、矢的地望及其与吴国的关系》,《考古学报》1983年第3期,第295—305页。李学勤:《宜侯矢簋与吴国》,《文物》1985年第7期,第13—16页。陈梦家:《西周铜器断代》,第14页。唐兰:《西周青铜器铭文分代史征》,第153页。

[2] 杜预注,孔颖达疏:《春秋左传正义》卷5,桓公二年,第1743页。

[3] 孔安国传,孔颖达疏:《尚书正义》卷7,第155页。

《甘誓》是夏启与有扈氏在甘地作战的誓词，讲到赏、罚仪式要分别在不同的地点施行。若将士用命，则在祖庙中行赏，若不听指挥，则要在社中受罚。《墨子·名鬼下》谈到先圣君王如何事鬼神之事时亦称：

> 故圣王其赏也必于祖，其僇也必于社。

可见"庙"与"社"适用确有不同。广义理解，庙主嘉赏之事，社主杀罚之事。《墨子》进一步申论了这样做的理由：

> 赏于祖者何也？告分之均也；僇于社者何也？告听之中也。

孙诒让引江声注云："分之均，谓颁赏平均；听之中，谓断罪允当也。"[1] 也就是说，在庙中施行嘉赏之事，是为了让祖先知道赏赐是公平的；在社中行杀罚之事，则是向社神显示断罪的公正。此论是否牵强姑且不论，"庙"与"社"两处地方，在时人的观念中分别适宜赏、罚两种不同的仪式，应该是明确的。有学者也曾注意到这种区别，谈及"社坛与祖庙不同，很少当做爵赏典礼的处所。……大体上祖庙与社稷，一主赏一主刑"。[2] 但回过头再看两篇铭文，所记载的却都是册封之事，显然属于嘉赏之举，若按照前述对于庙、社的理解，无论如何，这样的事都不应该在社中举行。

"封土立社，示有土也"，[3] 社为封地之神，凡营城，必得首先建社，[4] 所以当时宜国与燕国国都中必然已有社。那么铭文中记载册命典礼于社中举行，会不会由于新城初建，只有社而没有庙呢？《诗·大雅·崧高》记载周天子封申，命申伯远赴南国谢地镇守之事，诗云：

> 亹亹申伯，王缵之事。于邑于谢，南国是式。
>
> 王命召伯，定申伯之宅。登是南阳，世执其功。

---

[1] 孙诒让撰，孙启治点校：《墨子间诂》，第 235 页。

[2] 杜正胜：《古代社会与国家》，第 626—627 页。

[3] 陈立撰，吴则虞点校：《白虎通疏证》卷 3《社稷》，第 83 页。

[4] 顾颉刚、刘起釪：《尚书校释译论》，第 862 页。

　　王命申伯，式是南阳。因是谢人，以作尔庸。

　　王命召伯，彻申伯土田。王命傅御，迁其私人。

　　申伯之功，召伯是营。有俶其城，寝庙既成。既成藐藐，王
锡申伯。[1]

据诗文可知，在申伯赴申之前，是先派召伯提前去营城，城邑建成时，寝、庙也都同时建好了。这样看来，寝与庙也是营城首先要建好的地方，不大会只建社不建庙。封申之事虽然发生在西周末年，封燕、封宜在成康之时，要早得多，但封重臣于远地，就封之前先营城，使其有居住之所，乃是人之常情，周初与末年应该差别不大。在社封宜，应该不会是没有庙的情形下的权宜之举。

　　那么，宜侯夨簋中所载封宜于社可能是何种原因呢？《礼记·祭统》"古者于禘也，发爵赐福，顺阳义也"句郑玄注云：

　　爵命属阳，国邑属阴。[2]

对我们探索这个问题很有帮助。虽然郑玄是汉代人，但他精通上古文献，兼通汉今古文经，其说往往有据。郑玄认为，"爵命"与"国邑"分属"阳""阴"，说辞有些玄，夹杂着战国秦汉时人的理解，但其中暗含一个道理，即在较早的文献中可以看出，时人认为"爵命"与"国邑"的属性是有区别的，"爵命"在当时归于属阳一类之物，"国邑"则归于属阴一类之物。而"庙"与"社"，在文献中也正分别被归为属阳和属阴。

　　周人营国，庙与社分别在不同位置。《周礼·春官·小宗伯》云："掌建国之神位，右社稷，左宗庙。"[3]《礼记·祭义》亦云："建国之神位，右社稷而左宗庙。"[4] 为什么会有这样的区分，贾公彦引何

---

[1] 郑玄笺，孔颖达疏：《毛诗正义》卷18-3，第566页。

[2] 郑玄注，孔颖达疏：《礼记正义》卷49，第1606页。

[3] 郑玄注，贾公彦疏：《周礼注疏》卷19，第766页。

[4] 郑玄注，孔颖达疏：《礼记正义》卷48，第1601页。

休的解释："质家右宗庙，尚亲亲。文家右社稷，尚尊尊。若然周人右社稷者，地道尊右，故社稷在右，是尚尊尊之义。"[1] 认为是因为周人认为地道在右，以右为尊，周人尊社，所以社稷在右而宗庙在左。但其后贾氏又引《礼记·祭义》注云"周尚左"，这样的话，若周人以社为尊，就不应该置于右侧。贾公彦并存异说，不加判断，但两说相互矛盾是很明显的。秦蕙田《五礼通考》中即不采其说，提出：

> 盖宗庙阳也，故居左。[2]

认为宗庙为阳，故而居左。秦氏应是采自郑玄的说法，《周礼·地官·牧人》"阳祀用骍牲，阴祀用黝牲"郑注云：

> 阳祀祭天及宗庙，阴祀祭地及社稷。宗庙属阳，故在左，左为阳也。社稷属阴，故在右，右为阴也。[3]

郑玄显然认为"左宗庙"是因为左为阳之属，宗庙亦为阳之属，二者是同类。《尚书·甘誓》孔颖达《正义》亦云：

> 祖主阳。阳主生。《礼》"左宗庙右社稷"，是祖阳而社阴。[4]

祖为主阳之属，而爵命也是主阳之属，孔颖达也将二者归为同类。所以，封爵命的活动，当然应该在与其同类的庙中举行。即《礼记·祭统》所说"古者明君爵有德而禄有功，必赐爵于太庙"。[5]

　　但并不是所有的西周册命活动都意在封爵命，有些仪式的目的在于占国邑。在西周，诸侯国的封建，存在"始封"与"徙封"两种情况。始封就是裂土封侯，徙封则是改换封地。始封的重要功能，是

---

[1] 郑玄注，贾公彦疏：《周礼注疏》卷19，第766页。

[2] 秦蕙田：《五礼通考》卷58，《景印文渊阁四库全书本》第136册，第312页。

[3] 郑玄注，贾公彦疏：《周礼注疏》卷13，第723页。

[4] 孔安国传，孔颖达疏：《尚书正义》卷7，第155页。

[5] 郑玄注，孔颖达疏：《礼记正义》卷49，第1606页。

赏爵以赐有功，通过正式的仪式，使得原本身份并不特殊的姬姓亲戚、功臣正式成为有爵命的高等级贵族。在这个仪式中，土地人口虽然是赏赐物品中非常重要的一类，但整个仪式最强调的，还是赋予受封之人爵命。所以，这样的仪式场所要顺应爵命之阳义，要在与之同属的宗庙中举行。但徙封，绝大多数是将已经具有贵族身份的诸侯迁到新获土地上去实施占领，整个仪式强调的是赐授土地，宣告对国邑的领有权，这样的仪式，虽然有些程序和内容与始封十分类似，但目的和含义有绝对的区别。

在郑玄看来，"国邑"与爵命不同，"国邑"是阴之属。而在前引众多对"庙"的讨论中，也基本都会同时对举"社"，从中也能明显看出来，与庙属阳相反，社之属性为阴。

国邑之所以为属阴之物，与其为积土而建有关。《左传》襄公九年"祀盘庚于西门之外"杜预注："城积阴之气"，孔颖达疏："城以积土为之，土积则为阴。"[1] 而"社"由"土"而来，"国邑"属阴与"社"属阴本质相同。如此，若举行一个仪式，目的在于强调授赐土地，那么顺理成章应该在"社"中举行。

宜侯夨簋铭文中载"王令虞侯夨曰迁侯于宜"，可知宜国之封建，并非始封建国，而是徙封换土。[2] 这次册封仪式，重不在封"爵"，而在封"土"，所以在社中举行正符合其性质。

周王克商取胜，即位也在社中。《逸周书·克殷》载：

> 王入，即位于社，太卒之左，群臣毕从。[3]

周克商后举行仪式，若是为宣示获得高位，则应当在庙中，即使因远征没有庙，但文献云武王伐纣，载文王木主而行，可以很方便地在其

---

[1] 杜预注，孔颖达疏：《春秋左传正义》卷30，襄公九年，第1941页。

[2] 亦可参见拙文：《西周封国徙封的文献举证》，《中国历史地理论丛》2013年第1期。

[3] 黄怀信、张懋镕、田旭东：《逸周书汇校集注（修订本）》卷4《克殷解》，第350页。

父主之前行礼。[1] 但仪式却是在社中举行，显然是因为意不在个人高位，而在于表明自此以后，此土为周所有。这也是新生的周政权必须要强调的。然而，在武王时，大体还是想以旧的方式建国，即授予周人亲故贵族身份，设立封国，与中土旧族，甚至是商残部建立联盟，延续传统的"方国联合体"形式，表示自己只是替换商，仍然只做"诸侯之长"。所以，周武王时期的分封，也以始封为主，重在众建亲戚，使他们变成诸侯一类的高等级贵族，利用封爵命侯来提高血亲的政治地位，所封多在陕西、山西这些周人旧有的势力范围之内。另外就是褒封一些中原旧族来维系政治联盟，这些人原本就是有土之君，对他们的分封强调的也是爵命而不是土地。

但形势在成王时期发生了变化。武王所封的兄弟之国联合商王子武庚发动了大规模叛乱，原来与商关系密切的东夷诸族也加入进来，周公不得已之下发兵平叛，继而东征，直接目的是维持文、武、成王这一系的周政权，但同时却获得了一个巨大的副产品——中原和东方的大片土地。随后营建洛邑和实施徙封，都是为了稳定东方、统治新获土地。在这一过程中，与社相关的仪式变得更为重要。

在营建洛邑的过程中，周公非常重视"社"。《尚书·召诰》载：

> 若翼日乙卯，周公朝至于洛，则达观于新邑营。越三日丁巳，用牲于郊，牛二。越翼日戊午，乃社于新邑，牛一、羊一、豕一。[2]

之所以如此重视社，应该与洛邑的军事性质有关，也与洛邑用来安置殷顽民的管控功能有关。在营建洛邑的同时，以及后来随着军事活动的继续展开，周王室进行了一系列的徙封。这种徙封，有些是将已经实质占领了当地的将领封为诸侯，有些是将畿内的诸侯迁至新获土地

---

[1]《史记·伯夷列传》："西伯卒，武王载木主，号为文王，东伐纣。"司马迁：《史记》卷61，第2123页。

[2] 孔安国传，孔颖达疏：《尚书正义》卷15，第211页。

进行统治。从整体看，周初徙封的性质非常接近军事移民。这些徙封的诸侯，之前都已经有爵，徙封至他地，是要控制那里的人口和土地。与武王时期联盟型的政策设计相比，这种大规模军事输出型的统治方式从理念到实施都很不一样，重视爵命，但更重视对新获土地的占领和控制。姬姓周人控制的土地面积也超越了传统的势力范围。在中原、华北、海岱、淮河流域，诸多姬周封国与当地旧族插花分布，周天子依靠这些封国有效地稳定统治大片政治疆域，在事实上成为"诸侯之君"。

在这样的政治背景下，代表土地的"社"在西周封国行政中的地位较之前代也更为重要，《礼记·郊特牲》"家主中霤而国主社"郑注云："国中神莫大于社。"[1] 应该就是对周人重社的记载。周的"社"越来越发达，文献中对于"社"的记载也越来越复杂。《礼记·祭法》载：

> 王为群姓立社，曰大社。王自为立社，曰王社。诸侯为百姓立社，曰国社。诸侯自为立社，曰侯社。大夫以下成群立社，曰置社。[2]

对于西周的各类社，后世解释众说纷纭。总的来看，经传之中的社大致可以分为两种，"郊社之社，通举大地言。社稷之社，专主一国言。两祭同名而异实"，[3] 即一种社是广义的"土"，王为群姓立的"大社"、诸侯为百姓立的"国社"应该都是这个性质的，祭此社是祭大地。另一种社是专指天子、封君所领有的土地，这种"社"只有有土之人，也就是君身份的人才可以祭祀。天子的"王社"、诸侯的"侯社"、大夫的"置社"都是这种。这种社代表特定的土地范围，祭这种社，代表对这片地区拥有统治权力。周代的社虽然看起来复杂，应该也主要就是这两类。徙封之时，要强调对当地的占有；举行仪式的地

---

[1] 郑玄注，孔颖达疏：《礼记正义》卷25，第1449页。

[2] 郑玄注，孔颖达疏：《礼记正义》卷46，第1589页。

[3] 黄以周撰，王文锦点校：《礼书通故》第十三，北京：中华书局，2007年，第660页。

点，有可能是后一种性质的社。而庙与社由于属类不同，后来分别成为封国政治之中血缘性与地缘性的标识，在封国中，联系贵族的中心是庙宫，联系国人者是社坛。庙与社，"一是贵族性的，一是平民性的"。[1]

以往西周封国研究中，几乎所有的册命文字都被笼统定义为"分封"或"封建"文本，每篇铭文背后的具体情况却被忽视了。封国徙封问题长期得不到重视，即使有研究观察到了，也多被理解为单纯的封地改换，没有将其视为从时势背景到实施目的都与始封不同的单独一类政治活动。通过对"在庙"与"在社"两种不同的册命仪式进行分析能够看出，始封与徙封的区别，是武王与成康时期不同的政治局面造成的，也反映了周公成王以后，不同统治理念在行政中的累加。从"徙封在社"可以看出，西周徙封有强烈的军事殖民意味，强调对土地的占领。通过持续的徙封，王朝控制了关中故地以外大片新获土地，祚国近三百年。王国维有过一个著名的论断："逮克殷践奄，灭国数十，而新建之国皆其功臣昆弟甥舅，本周之臣子。而鲁卫晋齐四国，又以王室至亲为东方大藩，夏殷以来古国，方之蔑矣。由是天子之尊，非复诸侯之长而为诸侯之君。"[2] 他提出"商周之变"为一大变，指出分封的直接结果是建立以周王为核心的王权，从而形成了一种与夏、商二代诸侯联盟不同的国家政治结构。王氏此说已成经典，但在西周国家由商代松散的方国联盟到分封制下的统一国家、周天子由"诸侯之长"到"诸侯之君"的转变过程中，相对于始封颁爵位，"徙封"可能是更需要引起我们重视的因素。"始封在庙"到"徙封在社"的仪式区别，可以理解为西周统治思路复杂化的结果，也可以视为西周国家性质转变的信号。

（原载《历史教学》2014 年第 1 期）

---

[1] 杜正胜：《古代社会与国家》，第 627 页。

[2] 王国维：《殷周制度论》，《观堂集林（附别集）》卷 10《史林二》，第 467 页。

附表一 西周封国简表[1]

序号	国家	姓	始 封	徙封或迁移	始封君或族属
1	西虢	姬	陕西宝鸡市	迁河南三门峡陕州区	文王弟虢叔
2	郕	姬	陕西宝鸡岐山	山东泰安、济宁交界的东平、宁阳、汶上之间	文王子叔武
3	毕	姬	陕西咸阳市北	——	文王子
4	聃	姬	陕西西安长安区西北	湖北荆门沙洋	文王子季载
5	祭	姬	陕西省内（宗周畿内）	春秋时迁入河南洛阳（东畿）	周公子
6	郑	姬	陕西省内（宗周畿内）	春秋武公迁于河南郑州新郑	厉王子友
7	毛	姬	陕西省内（宗周畿内）	文王子叔郑
8	蔡	姬	陕西省内（宗周畿内）	成王时徙封河南驻马店上蔡 春秋平侯迁河南驻马店新蔡，昭侯迁安徽淮南寿县 战国时在湖北复国	文王子叔度
9	郜	姬	陕西省内（宗周畿内）	——	文王子

---

[1] 表格中实线"——"表示没有材料，或没有徙封，虚线"⋯⋯⋯"表示目前材料不足以判断具体情况，问号"？"表示结论存疑。

续　表

序号	国家	姓	始　封	徙封或迁移	始封君或族属
10	管	姬	陕西省内（宗周畿内）	——	文王子叔鲜
11	东虢	姬	陕西省内（宗周畿内）	河南郑州荥阳	文王弟虢仲
12	骊戎	姬	陕西省内	——	——
13	大戎	姬	陕西延安市	——	唐叔之后？
14	吴	姬	山西运城平陆	江苏镇江丹徒	太王子太伯
15	虞	姬	山西运城平陆	——	仲雍后虞仲
16	茅	姬	山西运城平陆	山东济宁金乡	周公子
17	郜	姬	河南郑州登封（一说在山西运城平陆）	山东菏泽曹县、成武之间	文王子
18	芮	姬	山西运城芮城	——	——
19	韩	姬	山西运城芮城	河北廊坊固安	武王子
20	魏	姬	山西运城平陆、芮城间	——	——
21	荀	姬	山西运城新绛、临猗之间	——	文王子
22	耿	姬	山西运城河津	——	——
23	晋	姬	山西临汾曲沃、翼城一带	春秋穆侯迁山西临汾翼城，景公迁山西临汾侯马	武王子叔虞
24	唐	姬	山西临汾侯马一带	湖北随州随县、枣阳市之间	——

序号	国家	姓	始　封	徙封或迁移	始封君或族属
25	霍	姬	山西临汾霍州	——	文王子叔处
26	杨	姬	山西临汾洪洞	——	——
27	沈	姬	山西汾水流域	河南驻马店汝南、平舆	少昊后？
28	贾	姬	山西临汾蒲县	——	叔虞少子公明
29	凡	姬	河南新乡辉县	——	周公子
30	柞	姬	河南新乡延津	——	周公子
31	原	姬	河南济源市	——	文王子
32	雍	姬	河南焦作修武	——	文王子
33	邘	姬	河南焦作沁阳西北	——	武王子
34	密	姬	河南郑州新密	——	
35	邢	姬	河北邢台市？	河南焦作温县	周公子
36	随	姬	山西晋中介休	湖北随州市	
37	蒋	姬	河南开封尉氏	河南信阳淮滨	周公子
38	滑	姬	河南安阳滑县	迁河南洛阳偃师	
39	刘	姬	河南洛阳偃师南		
40	穀	姬	河南洛阳市北	湖北襄阳谷城	
41	焦	姬	河南三门峡陕州区	——	
42	应	姬	河南平顶山市	——	武王子

续　表

序号	国家	姓	始　封	徙封或迁移	始封君或族属
43	鲁	姬	河南平顶山鲁山	山东聊城市一带，后迁都济宁曲阜	周公子伯禽
44	顿	姬	河南周口项城与商水之间	——	——
45	卫（康）	姬	河南许昌禹县	河南新乡卫辉	文王子康叔封
46	息	姬	河南信阳罗山息县间	——	——
47	曹	姬	山东菏泽定陶	——	文王子叔振铎
48	极	姬	山东济宁鱼台		
49	滕	姬	山东枣庄滕州	——	文王子叔繡
50	阳	姬	山东临沂沂水（或说本在潍坊青州，齐逼使迁）	——	
51	北燕	姬	河南漯河郾城	北京房山，后北迁入北京西城区	召公奭
52	鲜虞	姬	春秋时在河北保定平山	——	白狄别种
53	巴	姬	杨伯峻注认为巴与邓近，当在襄樊附近，大事表认为在重庆。巴西周时应位于大巴山脉		——
54	州（淳于）	姜	山东潍坊安丘	——	——
55	齐	姜	山西临汾霍州	山东淄博市临淄区	太公望
56	申	姜	山西临汾霍州	河南南阳市	伯夷后？（一说太姜后）

续　表

序号	国家	姓	始　封	徙封或迁移	始封君或族属
57	吕	姜	山西临汾霍州	河南南阳市	——
58	向	姜	山东日照莒县（大事表认为在安徽蚌埠怀远）	——	——
59	鄣	姜	山东泰安东平	——	——
60	纪	姜	山东潍坊寿光	——	——
61	逄	姜	山东省内	——	商时国
62	许	姜	河南许昌市	灵公迁河南平顶山叶县	伯夷后文叔
63	厉	姜	湖北随州市（一说在河南周口鹿邑）	——	——
64	有驺	姜	陕西咸阳武功或山西运城闻喜	山东临沂费县	姜嫄母家
65	姜戎	姜	山西北部	——	陆浑别部
66	鄂（噩）	姞	山西曲沃、翼城一带（河南焦作沁阳）	湖北随州市，河南南阳市	黄帝后
67	南燕	姞	河南新乡延津	——	黄帝后
68	郯（熊?）	己	山东临沂郯城	——	——
69	莒	己	山东省内（胶州半岛）	春秋初迁山东日照莒县	兹舆期
70	温(苏)	己	河南焦作温县	——	司寇苏公
71	番	己(妃)	河南信阳平桥区	——	——

续　表

序号	国家	姓	始　封	徙封或迁移	始封君或族属
72	薛	任	山东枣庄滕州（一说河南商丘市一带）	春秋后迁江苏徐州邳县	黄帝后奚仲
73	铸（祝）	任	山东临沂市	——	——
74	唐	祁	山西临汾侯马	河南平顶山鲁山、南阳方城一带	尧后
75	杜	祁	陕西西安市东南	——	尧后
76	鼓	祁	河北石家庄晋州	——	白狄别种
77	杞	姒	河南开封杞县	山东泰安新泰	禹后东楼公
78	鄫	姒	河南商丘睢县	移居淮河流域后移至山东	禹后
79	遂	妫	山东泰安宁阳	——	——
80	陈	妫	河南新乡卫辉	河南周口淮阳	舜后胡公
81	卢（卢戎）	妫？	伐纣时，卢戎在古梁州，后迁到湖北十堰竹山，之后沿汉水东南行，春秋时期，卢已经迁到了湖北襄阳南漳。与庸、濮相同	——	西南夷（或曰舜后）
82	宋	子	山西长治潞城	河南商丘市	微子启
83	戴	子	河南开封兰考	——	——
84	谭	子	山东济南市东南	——	………

续　表

序号	国家	姓	始　封	徙封或迁移	始封君或族属
85	权	子（或偃、芈）	湖北宜昌当阳	——	或云武丁后、或偃姓皋陶后或芈姓颛顼后
86	萧	子	安徽宿州萧县	——	鲁庄公时宋封萧叔大心为附庸
87	邓	曼	河南焦作孟州	河南南阳邓州	武丁叔父
88	任	风	山东济宁市东南	——	太皞后
89	颛臾	风	山东临沂蒙阴	——	太皞后
90	宿	风	山东泰安东平	——	太皞后
91	须句	风	山东泰安东平	——	太皞后
92	梁	嬴	陕西渭南韩城	——	………
93	秦	嬴	甘肃陇南礼县	后迁陕西宝鸡凤翔，再迁陕西咸阳市	伯益之后微子，
94	莱	嬴或偃	山东半岛	——	东夷
95	绞	偃	山东枣庄滕州	迁湖北十堰郧阳区	淮夷？
96	徐	嬴	江苏徐州市	——	伯益后
97	六	偃	安徽六安市	——	皋陶后
98	英氏	偃	安徽六安市	——	皋陶后
99	蓼	偃	安徽六安霍邱	——	皋陶后
100	舒	偃	安徽六安舒城		

序号	国家	姓	始　封	徙封或迁移	始封君或族属
101	桐	偃	安徽安庆桐城	——	——
102	钟离	嬴	安徽宿州泗县	——	徐之别封
103	贰	偃	湖北随州广水、应山一带	——	——
104	江	嬴	河南驻马店正阳	——	………
105	黄	嬴	河南信阳潢川	——	嬴姓东夷
106	葛	嬴	河南商丘宁陵	——	………
107	道	嬴或偃	河南驻马店确山	——	——
108	柏	嬴或偃	河南驻马店西平	——	——
109	邾	曹	山东济宁邹城	——	颛顼苗裔挟 祝融后
110	小邾	曹	山东枣庄滕州东	——	邾公子友
111	鄅	妘	山东临沂市北	——	………
112	偪阳	妘	山东枣庄市峄城区南	——	………
113	郐	妘	河南郑州新密东北	——	祝融后
114	鄖	妘	湖北十堰郧阳区	移居湖北天门市一带	祝融之后
115	楚	芈	陕西商洛商南	迁湖北荆州市	颛顼后熊绎
116	夔	芈	湖北宜昌秭归或重庆巫山	——	熊挚

序号	国家	姓	始　封	徙封或迁移	始封君或族属
117	樊	芈	湖北襄阳樊城区	——	——
118	麇	芈或嬴	陕西安康白河、湖北十堰郧阳区之间	——	——
119	罗	熊	湖北襄樊宜城	湖北宜昌枝江市及湖南岳阳平江市均为其所迁	楚之分族
120	鄋瞒	漆	浙江省内	春秋时为长狄，在山东济南市	防风氏后
121	胡	归	安徽阜阳颍州区	——	——
122	濮（百濮）	姚？	在夏商时期，可能在河北、山东一带生活过，但是周初就已经到了南方，应该是南土，也就是秦岭南麓或汉中，到了春秋时，在楚的西侧		舜后？
123	廧咎如	隗	山西省内	——	赤狄别种
124	弦	傀？	河南信阳光山	——	——
125	陆浑之戎（阴戎）	允	河南洛阳嵩县	——	小戎迁于中国者
126	鄀	允	河南南阳淅川	春秋时迁湖北襄阳宜城	金天氏后裔允格后
127	小戎	允或子	甘肃酒泉敦煌	——	四岳之后
128	甲父		山东济宁金乡	——	古国

附表二　西周封国徙封表

序号	国家	徙封时间	姓	始 封 地	徙 封 地	其 他
1	邓	武王？	曼	河南焦作孟州	河南南阳邓州	商后
2	唐	武王？	祁	山西临汾侯马	河南平顶山鲁山、南阳方城一带	尧后
3	鲁	成王	姬	河南平顶山鲁山	山东聊城市	
4	郜	成王	姬	河南郑州登封	山东菏泽曹、成武间	前提是分封于武王时期
5	郕	成王	姬	陕西宝鸡岐山	山东泰安、济宁交界的东平、宁阳、汶上之间	
6	蔡	成王	姬	陕西省内（宗周畿内）	河南驻马店上蔡	
7	卫（康）	成王	姬	河南许昌禹县	河南新乡卫辉	
8	东虢	成王	姬	陕西省内（宗周畿内）	河南郑州荥阳	
9	北燕	成王	姬	河南漯河郾城	北京房山	
10	齐	成王	姜	山西临汾霍州	山东淄博市临淄区	四岳后
11	宋	成王	子	山西长治潞城	河南商丘市	商后
12	邢	康王	姬	河南郑州荥阳	河北邢台市	始封地点还有待进一步证实

续　表

序号	国家	徙封时间	姓	始封地	徙封地	其他
13	吴	康王	姬	山西运城平陆	江苏镇江丹徒	
14	鄂(噩)	成康, 周晚期	姞	山西曲沃、翼城一带(河南焦作沁阳)	先徙封湖北随州市, 后再徙封河南南阳市	黄帝后
15	茅	周初?	姬	山西运城平陆	山东济宁金乡	徙封时将部分戎人带到了山东
16	有邰	周初?	姜	陕西咸阳武功或山西运城闻喜	山东临沂费县	姜嫄母家
17	陈	周初	妫	河南新乡卫辉	河南周口淮阳	舜后胡公
18	唐	昭王	姬	山西临汾侯马一带	湖北随州随县、枣阳市之间	
19	随	昭王	姬	山西晋中介休	湖北随州市	
20	聃	昭王?	姬	陕西西安长安区西北	湖北荆门沙洋	
21	蒋	懿王到厉王之间	姬	河南开封尉氏	河南信阳淮滨	
22	韩	宣王	姬	山西运城芮城	河北廊坊固安(方城)	
23	申	宣王	姜	山西临汾霍州	河南南阳市	伯夷后?(一说太姜后)
24	吕	宣王	姜	山西临汾霍州	河南南阳市	四岳后
25	穀	两周之际	姬	河南洛阳市北	湖北襄阳谷城	
26	沈	两周之际	姬	山西汾水流域	河南驻马店汝南、平舆	少昊后?

附表三 西周庶姓封国表

序号	国家	姓	始 封	徙封或迁移	始封君或族属
1	邓	曼	河南焦作孟州	河南南阳邓州	武丁叔父
2	任	风	山东菏泽巨野	——	太皞后
3	颛臾	风	山东临沂蒙阴	——	太皞后
4	宿	风	山东泰安东平	——	太皞后
5	须句	风	山东泰安东平	——	太皞后
6	梁	嬴	陕西渭南韩城		········
7	秦	嬴	甘肃陇南礼县	后迁陕西宝鸡凤翔,再迁陕西咸阳市	伯益之后微子
8	莱	嬴或偃	山东半岛	——	东夷
9	绞	偃	山东枣庄滕州	迁湖北十堰郧阳区	淮夷?
10	徐	嬴	江苏徐州市	——	伯益后
11	六	偃	安徽六安市	——	皋陶后
12	英氏	偃	安徽六安市	——	皋陶后
13	蓼	偃	安徽六安霍邱	——	皋陶后
14	舒	偃	安徽六安舒城	——	——
15	桐	偃	安徽安庆桐城		
16	钟离	嬴	安徽宿州泗县	——	徐之别封
17	贰	偃	湖北随州市广水、应山一带		——

续　表

序号	国家	姓	始　封	徙封或迁移	始封君或族属
18	江	嬴	河南驻马店正阳	——	....
19	黄	嬴	河南信阳潢川	——	嬴姓东夷
20	葛	嬴	河南商丘宁陵	——	....
21	道	嬴或偃	河南驻马店确山	——	——
22	柏	嬴或偃	河南驻马店西平	——	——
23	邾	曹	山东济宁邹城	——	颛顼苗裔挟祝融后
24	小邾	曹	山东枣庄滕州东	——	邾公子友
25	鄅	妘	山东临沂市北	——	....
26	偪阳	妘	山东枣庄市峄城区南	——	....
27	桧	妘	河南郑州新密东北	——	祝融后
28	鄖	妘	湖北十堰郧阳区	移居湖北天门一带	祝融之后
29	楚	芈	陕西商洛商南	迁湖北荆州市	颛顼后熊绎
30	夔	芈	湖北宜昌秭归或重庆巫山	——	熊挚
31	樊	芈	湖北襄阳樊城区	——	——
32	麇	芈或嬴	陕西安康白河、湖北十堰郧阳区之间	——	——
33	罗	熊	湖北襄樊宜城	湖北宜昌枝江及湖南岳阳平江均为其所迁	楚之分族

续　表

序号	国家	姓	始　封	徙封或迁移	始封君或族属
34	鄋瞒	漆	浙江省内	春秋时为长狄，在山东济南府	防风氏后
35	胡	归	安徽阜阳颍州区	——	——
36	濮（百濮）	姚？	在夏商时期，可能在河北、山东一带生活过，但是周初就已经到了南方，应该是南土，也就是秦岭南麓或汉中，到了春秋时，在楚的西侧		舜后？
37	廧咎如	隗	山西省内	——	赤狄别种
38	陆浑之戎（阴戎）	允	河南洛阳嵩县	——	小戎迁于中国者
39	小戎	允或子	甘肃酒泉敦煌	——	四岳之后
40	嫼	嫼	陕西宝鸡市	——	不详
41	？	妧	不详	——	不详
42	？	妧	不详	——	不详
43	？	姉	不详	——	不详
44	？	妓	不详	——	不详
45	？	姁	不详	——	不详
46	？	娊	不详	——	不详
47	？	娟	不详	——	不详
48	？	嫞	不详	——	不详
49	？	嬡	不详	——	不详

附表四　西周中后期汉淮流域国家简表

序号	国家	姓	始　封　地	徙封或迁移	始封君或族属
1	申	姜	山西临汾霍州	河南南阳市	伯夷后？（一说太姜后）
2	吕	姜	山西临汾霍州	河南南阳市	——
3	唐	祁	山西临汾侯马	河南平顶山鲁山、南阳方城一带	陶唐氏后
4	鄂（噩）	姞	山西曲沃、翼城一带（河南焦作沁阳）	湖北随州市河南南阳市	——
5	邓	曼	河南焦作孟州	河南南阳邓州	商季父后裔
6	鄀	允	河南南阳淅川	春秋时迁湖北襄阳宜城	金天氏后裔允格后
7	蒋	姬	河南开封尉氏	河南信阳淮滨	文王子叔处
8	应	姬	河南平顶山市	——	——
9	顿	姬	河南周口项城与商水之间	——	——
10	息	姬	河南信阳罗山、息县间	——	——
11	胡	姬	河南信阳固始	——	——
12	蔡	姬	陕西省内（宗周畿内）	成王时徙封河南驻马店上蔡 春秋平侯迁河南驻马店新蔡，昭侯迁安徽淮南寿县 战国时在湖北复国	——

续　表

序号	国家	姓	始　封　地	徙封或迁移	始封君或族属
13	番	己（妃）	河南信阳平桥区（长台关、吴店）一带	——	祝融之后
14	弦	傀？	河南信阳光山	——	——
15	道	嬴或偃	河南驻马店确山东北	——	淮夷
16	柏	嬴或偃	河南驻马店西平	——	淮夷
17	钟离	嬴	安徽宿州泗县	——	徐之别封
18	巢	………	淮河中上游（一说在山东境内）	迁安徽省巢湖市	………
19	曾	姬	湖北随州市	——	可能出自南宫氏，与随的关系待考
20	唐	姬	山西临汾侯马一带	湖北随州随县、枣阳市之间	——
21	随	姬	山西晋中介休	湖北随州市	——
22	榖	姬	河南洛阳市	湖北襄阳谷城	——
23	庸	——	湖北十堰竹山	——	参与过武王伐纣
24	彭	——	湖北十堰房县	——	——
25	卢（卢戎）	妫？	伐纣时，卢戎在古梁州，后迁到湖北十堰竹山，之后沿汉水东南行，春秋时期，卢已经迁到了襄阳南漳。与庸、濮相同		舜后？西南夷
26	厉（赖）	姜	湖北随州市（一说在河南周口鹿邑）	——	厉山氏后，周初已立国

续　表

序号	国家	姓	始　封　地	徙封或迁移	始封君或族属
27	樊	芈	湖北襄阳樊城区	——	——
28	楚	芈	陕西商洛商南	后迁入江汉平原	颛顼后熊绎
29	麇	芈或嬴	陕西安康白河、湖北十堰郧阳区之间	——	——
30	罗	熊	湖北襄樊宜城	湖北宜昌枝江市及湖南岳阳平江市均为其所迁	....
31	郧	妘	湖北十堰郧阳区	后迁到湖北天门市一带	祝融之后
32	贰	偃？	湖北广水、应山一带	——	与六有族属渊源，六在安徽六安
33	绞	偃	山东枣庄滕州	湖北十堰郧阳区	淮夷？
34	权	子偃芈	湖北宜昌当阳	——	或云武丁后、或偃姓皋陶后或芈姓颛顼后
35	巴	姬	大巴山脉		——
36	濮（百濮）	姚？	夏商疑居河北、山东一带，周初就已至南方，居秦岭南麓或汉中，春秋时，在楚的西侧		舜后？
37	夔	芈	湖北宜昌秭归或重庆巫山		楚王熊挚之子，有疾不嗣，另立于夔
38	蜀	....	....		
39	微	....	....		
40	宗	....	....		

附表五 《左传》重名地名表

序 号	地 名	国	《左传》中出处
1	敖	楚？夷？	哀公十九年
	敖	晋	宣公十二年
2	亳	郑	襄公十一年
	亳	宋	昭公十一年
3	巢丘	鲁	成公二年
	巢	楚	昭公二十五年
	巢	吴	定公二年
	巢	卫？	哀公十一年
4	承匡	晋	文公十一年
	承匡	鲁	襄公三十年
5	东阳	齐	襄公二年
	东阳	晋	襄公二十三年
6	督扬	周	成公十六年
	督扬	鲁	襄公十九年
7	丰	楚	哀公四年
	丰丘	齐	哀公十四年
8	滑	郑	僖公三十三年
	滑	舒蓼	宣公八年

序　号	地　名	国	《左传》中出处
9	黄	鲁-宋	隐公元年
	黄	楚	庄公十九年
	黄	晋	昭公元年
10	霍	晋	闵公元年
	霍	楚	哀公四年
11	棘	楚	昭公四年
	棘	齐	昭公十年
12	稷	晋	宣公十五年
	稷	楚	定公五年
13	焦	晋	僖公三十年
	焦	楚	襄公元年
14	匡	徐	僖公十五年
	匡	郑	文公元年
	匡	卫（晋）	文公八年
15	栎	郑	宣公十一年
	栎	晋	襄公十一年
	栎	楚	昭公元年
16	梁	晋	僖公六年
	梁	楚	哀公四年
17	麻隧	晋	成公十三年
	麻	楚	昭公四年
18	郔	晋	僖公二年
	冥阨	楚	定公四年

续　表

序　号	地　名	国	《左传》中出处
19	平阳	鲁	宣公八年
	平阳	晋	昭公二十八年
20	濮	卫	隐公四年
	濮	楚	昭公十九年
21	戚	卫（后属晋）	文公元年
	戚	晋	成公十四年
	戚	陈	襄公元年
	戚	郑	襄公二年
	戚	鲁	襄公十四年
22	潜	鲁-戎	隐公二年
	潜	楚	昭公二十七年
23	穷	楚	昭公二十七年
	穷谷	周	定公七年
24	汝	楚	昭公七年
	汝	晋	昭公二十九年
	汝	楚	哀公十七年
25	随	晋	隐公五年
	随	随	桓公六年
	随	楚	定公四年
26	琐	楚？越？	昭公五年
	琐	卫？	定公七年

续　表

序　号	地　名	国	《左传》中出处
27	武城	楚	僖公六年
	武城	晋	文公八年
	武城	楚	成公十六年
	武城	晋	襄公十九年
	武城	楚	哀公十七年
28	昔阳	肥	昭公十二年
	昔阳	晋	昭公二十二年
29	瑕	随	桓公六年
	瑕	晋	僖公三十年
30	夷	陈	僖公二十三年
	夷	晋	文公六年
	夷	楚	襄公元年
	夷	鲁	哀公八年
31	沂	楚	宣公十一年
	沂	鲁	襄公十九年
32	缯	齐	宣公十八年
	缯关	楚	哀公四年
33	訾	楚	昭公十三年
	訾	周	昭公二十三年
34	宗丘	晋	僖公十五年
	宗丘	楚	昭公十四年

（本表原刊于薇：《晋南与鄂东豫西地区两周时期的地名重名现象》，《古代文明》第12卷，第216—218页）

附表六 《左传》晋、楚地名表

序号	地名	国	注疏中认定的地点	性质	在《左传》中出现的时间	其　他
1	故绛	晋	竹添：在曲沃县南	邑	隐公五年	见笺文
2	翼	晋	竹添：山西平阳府翼城县东南三十五里	邑	隐公五年	
3	曲沃	晋	竹添：在今山西绛州闻喜县东北，去翼都约一百五十里	邑	隐公五年	
4	随	晋	竹添：今山西汾州府介休县东	邑	隐公五年	
5	鄂	晋	竹添：鄂地在汾旁。计其地去晋故绛亦不甚远	邑	隐公六年	
6	州	晋	竹添：在今怀庆府河内县东南五十里	邑	隐公十一年	原属周
7	陉庭	晋	竹添：山西平阳府翼城县东南七十五里有荥庭城	邑	桓公二年	
8	千亩	晋	杜预：西河介休县南有地名千亩。竹添：《括地志》晋千亩在晋州岳阳县北九十里。晋州今为平阳府，介休今属汾州府，穆侯时晋境不得至介休	地	桓公二年	

序号	地名	国	注疏中认定的地点	性质	在《左传》中出现的时间	其　他
9	条	晋	竹添：今山西解州安邑县有中条山，县北三十里有鸣条岗	山	桓公二年	
10	魏	晋	竹添：今山西解州芮城县东北七里有古魏	国	桓公三年	旧国，入于晋
11	汾	晋	竹添：汾水出太原府静乐县西南，至府城西东、南流经平阳府城西及襄陵县大平县之东，又南迳曲沃县西境，折而西迳绛州、又西历稷山县河津县南、至蒲州府之荣河县北、而入于大河	水	桓公三年	
12	聚	晋	竹添：绛州绛县东南十里	邑	庄公二十五年	
13	绛	晋	杜预：（晋）平阳绛邑县。竹添：绛即冀	邑	庄公二十六年	
14	贾	晋	竹添：陕西同州府蒲城县西南十八里有贾城	邑	庄公二十八年	原为国，为晋所灭
15	蒲	晋	竹添：山西平阳府西北二百八十里有隰州，春秋时蒲地	邑	庄公二十八年	
16	屈	晋	竹添：山西平阳府吉州东北二十一里有北屈废县	邑	庄公二十八年	

序号	地名	国	注疏中认定的地点	性质	在《左传》中出现的时间	其　他
17	耿	晋	竹添：山西绛州河津县东南十二里有古耿城	旧国	闵公元年	入于晋
18	霍	晋	竹添：山西平阳府霍州西十六里有霍城	旧国	闵公元年	入于晋
19	东山	晋	竹添：山西大原府乐平县东七十里	山	闵公二年	
20	颠軨	晋	竹添：今山西解州平陆县东北五十里	山	僖公二年	
21	垂棘	晋	竹添：杜（预）但云晋地，今无考	地	僖公二年	
22	郖	晋	竹添：今山西解州平陆县东北二十五里有故郖城	邑	僖公二年	
23	三门	晋	竹添：三门山在虢城东北，《水经注》三门在大阳城东，大阳今平陆县即是	山	僖公二年	
24	冀	晋	竹添：山西绛州河津县东	邑	僖公二年	
25	桑田	晋	竹添：今河南陕州灵宝县西二十五里稠桑邑即其地	地	僖公二年	
26	采桑	晋	竹添：山西吉州乡宁县西大河津济处	津	僖公八年	
27	高梁	晋	杜预：在平阳杨县西南也。竹添：平阳今山西平阳府临汾县也，杨县今洪洞县也，在临汾东北五十里	邑	僖公九年	

续　表

序号	地名	国	注疏中认定的地点	性质	在《左传》中出现的时间	其　他
28	韩原	晋	竹添：秦晋战地当在河东，盖在山西平阳府河津万泉之间	地	僖公十五年	
29	宗丘	晋	竹添：即韩原别名	地	僖公十五年	
30	厨	晋	竹添：在汾西	地	僖公十六年	
31	狐	晋	杜预：平阳临汾县西北有狐谷亭。竹添：狐即狐突食邑	邑	僖公十六年	
32	昆都	晋	竹添：山西平阳府临汾县南有昆都聚	邑	僖公十六年	
33	受铎	晋	竹添：在汾西	邑	僖公十六年	
34	绵上	晋	竹添：翼城县西有绵山 江永：清山西沁州府介休沁源之间	山	僖公二十四年	
35	臼衰	晋	竹添：在今解州西北	邑	僖公二十四年	
36	令狐	晋	竹添：今山西蒲州府猗氏县西十五里有令狐城	邑	僖公二十四年	
37	庐柳	晋	竹添：今猗氏县西北有庐柳城	邑	僖公二十四年	
38	桑泉	晋	竹添：今蒲州府临晋县东十三里有桑泉城	邑	僖公二十四年	
39	郇	晋	竹添：今解故城东北二十四里有故城，在猗氏故城西北，俗名郇城	邑	僖公二十四年	

序号	地名	国	注疏中认定的地点	性质	在《左传》中出现的时间	其　他
40	南阳	晋	竹添：今太行山之南、河南怀庆府属河内济源修武温四县之地皆南阳也	地	僖公二十五年	
41	焦	晋	竹添：今陕州南二里有焦城	邑	僖公三十年	
42	瑕	晋	杜预：詹嘉，晋大夫，赐其瑕守桃林以备秦。竹添：瑕亦在河南	邑	僖公三十年	
43	清原	晋	竹添：清一名清原，在山西绛州稷山县西北二十里	地	僖公三十一年	
44	殽	晋	竹添：二殽在今河南府永宁县北六十里	山	僖公三十二年	
45	箕	晋	竹添：箕地当近河。今山西隰州蒲县，本汉河东郡蒲子县地，东北有箕城	邑	僖公三十三年	
46	戚	晋	竹添：直隶大名府开州北七里有古戚城	邑	文公元年	原属卫，后入晋
47	茅津	晋	竹添：山西解州平陆县东南有茅城，河水经其南，即茅津也。乃黄河津济处，亦谓之大阳津	地	文公三年	
48	王官	晋	竹添：蒲州猗氏县南二里	邑	文公三年	

序号	地名	国	注疏中认定的地点	性质	在《左传》中出现的时间	其　他
49	宁	晋	竹添：今河南卫辉府获嘉县西北有修武故城，古宁邑	邑	文公五年	
50	董	晋	竹添：有董泽，在闻喜县东北四十里，接绛州界	地	文公六年	
51	堇阴	晋	竹添：山西蒲州府荣河县	邑	文公七年	
52	刳首	晋	竹添：在（令狐）西三十里	邑	文公七年	
53	武城	晋	竹添：在今陕西同州府华州东北十三里	邑	文公八年	
54	北征	晋	颜师古：《汉书·地理志》左冯翊征为此传北征。即清陕西同州府澄城县。竹添：恐未是	邑	文公十年	
55	潞	晋	竹添：山西潞安府潞城县	国	文公十一年	赤狄国，后属晋
56	羁马	晋	竹添：今山西蒲州府永济县南三十六里有羁马城	邑	文公十二年	
57	河曲	晋	竹添：即蒲阪也。今蒲阪故城在山西蒲州府永济县东南五里	地	文公十二年	
58	桃林之塞（瑕）	晋	杜预：桃林在弘农华阴县东，潼关也。竹添：今在河南陕州灵宝县南十一里，即秦函谷关	关	文公十三年	

序号	地名	国	注疏中认定的地点	性质	在《左传》中出现的时间	其 他
59	诸浮	晋	竹添：当是（晋国都）城外之近地	地	文公十三年	
60	黄父	晋	竹添：即黑壤		文公十七年	
61	首山	晋	竹添：即首阳山。在今山西蒲州府南	山	宣公二年	
62	翳桑	晋	竹添：地名，地点不详	地	宣公二年	
63	阴地	晋	杜预：晋河南山北，自上洛以东至陆浑也。竹添：今河南府陕州卢氏县东北有阴地城	地	宣公二年	
64	怀	晋	竹添：今怀庆府武陟县西南十一里有怀城	邑	宣公六年	原苏忿生之田
65	邢丘	晋	竹添：即怀，在怀庆。怀今武陟县	邑	宣公六年	
66	黑壤	晋	竹添：即黄父。黑壤山在今山西泽州府沁水县西北四十里	山	宣公七年	
67	瓜衍之县	晋	竹添：今山西汾州府孝义县北十里有瓜城	邑	宣公十五年	
68	稷	晋	竹添：今山西绛州稷山县南五十里有稷神山，山下有稷亭	山	宣公十五年	
69	洛	晋	竹添：晋地有上洛，上洛在晋南，洛在其东	地	宣公十五年	

序号	地名	国	注疏中认定的地点	性质	在《左传》中出现的时间	其　他
70	曲梁	晋	竹添：此曲梁近潞国，潞国即在潞县	邑	宣公十五年	
71	辅氏	晋	竹添：今陕西同州府朝邑县西北十三里有辅氏城	邑	宣公十五年	
72	断道	晋	——	地	宣公十七年	
73	卷楚	晋	竹添：即断道	地	宣公十七年	
74	野王	晋	竹添：今河南怀庆府治	邑	宣公十七年	
75	原	晋	竹添：今怀庆府济源县西北有原乡	邑	宣公十七年	原苏忿生之田
76	赤棘	晋	竹添：所在未详	地	成公元年	
77	邢	晋	竹添：亦曰邢丘	邑	成公二年	
78	梁山	晋	杜预：在冯翊夏阳县北。竹添：《吕氏春秋》《尸子》《淮南子》皆以吕梁山即《禹贡》之梁山，公穀皆云，梁山崩，雍河三日不流，梁山之崩能雍河，则俯瞰河流可知，信为禹凿之余也	山	成公五年	
79	浍	晋	竹添：浍水在曲沃县南五里	水	成公六年	
80	新田	晋	竹添：在晋时之绛邑	邑	成公六年	
81	祁	晋	竹添：山西太原府祁县	邑	成公八年	

续　表

序号	地名	国	注疏中认定的地点	性质	在《左传》中出现的时间	其　他
82	铜鞮	晋	竹添：今铜鞮故城在山西沁州南十里	邑	成公九年	
83	郜	晋	竹添：其为滨河之邑无疑	邑	成公十三年	
84	涑川	晋	竹添：今山西蒲州府城东北二十六里有涑水城，即秦所伐之涑川	地	成公十三年	
85	滑	晋	竹添：在河南府偃师县东二十里	邑	成公十七年	
86	虚	晋	竹添：河南府偃师县东南有虚城	邑	成公十七年	郑子驷侵晋虚、滑
87	瓠丘	晋	竹添：山西绛州垣曲县东南阳壶城是也	城	襄公元年	
88	长樗	晋	竹添：长樗盖近城之地，公及晋侯盟，盟不书地，在晋都也。此盟出城外	地	襄公三年	
89	霍人	晋	竹添：《地理志》太原郡之葰人县。葰人故城，《括地志》云在代州繁峙县	邑	襄公十年	
90	栎	晋	竹添：栎为河上之邑	邑	襄公十一年	
91	瓜州	晋	杜预：瓜州地在今敦煌。竹添：今甘肃省复设敦煌县，属安西州	地	襄公十四年	
92	向	晋	竹添：今济源县西南有向城	邑	襄公十四年	故周向邑

序号	地名	国	注疏中认定的地点	性质	在《左传》中出现的时间	其　他
93	清	晋	竹添：一名清原，在山西绛州稷山县西北二十里	地	襄公十七年	
94	纯留	晋	竹添：今潞安府屯留县东南十里有纯留城	邑	襄公十八年	
95	梗阳	晋	竹添：今山西太原府清源县	邑	襄公十八年	
96	长子	晋	竹添：山西潞安府长子县	邑	襄公十八年	周初为辛甲所封邑，后归晋
97	着雍	晋	竹添：着雍盖晋适齐宋河以内之地，当在直隶河间府境	邑	襄公十九年	
98	轩辕	晋	竹添：轩辕山今在河南府巩县西南七十里。其坂有十二曲，将去复还，故名。关在山上	关	襄公二十一年	
99	孟门	晋	竹添：在卫辉府辉县。齐人入孟门，盖入白陉也	关	襄公二十三年	
100	朝歌	晋	竹添：河南卫辉府淇县东北	邑	襄公二十三年	原属卫
101	大行	晋	竹添：大行首始河内，北至幽州，连亘十三州之界。大行陉在怀庆府城北，亦名羊肠阪	山	襄公二十三年	

续　表

序号	地名	国	注疏中认定的地点	性质	在《左传》中出现的时间	其　他
102	东阳	晋	竹添：东阳大抵为晋大行山以东之地	地	襄公二十三年	
103	少水	晋	竹添：少水即沁水，今山西泽州沁水县是也	地	襄公二十三年	
104	雍榆	晋	竹添：今在卫辉府浚县西南十八里	邑	襄公二十三年	
105	郫邵	晋	竹添：即郫也。今河南怀庆府济源县西一百里有郫亭，县西百二十里有邵原关	邑	襄公二十三年	
106	鄌	晋	竹添：近邢之地	邑	襄公二十六年	
107	苗	晋	竹添：在怀庆府济源县西苗亭	邑	襄公二十六年	
108	杨氏	晋	竹添：故杨国地，今平阳府洪洞县东南十八里有故杨城	邑	襄公二十九年	
109	任	晋	竹添：今任县属直隶顺德府，县东南有古	邑	襄公三十年	
110	黄	晋	竹添：黄在汾州	旧国	昭公元年	古国，台骀后裔
111	蓐	晋	——	旧国	昭公元年	
112	沈	晋	——	旧国	昭公元年	
113	姒	晋	——	旧国	昭公元年	
114	唐	晋	——	旧国	昭公元年	

序号	地名	国	注疏中认定的地点	性质	在《左传》中出现的时间	其　他
115	洮	晋	竹添：亦涑水兼称。《水经注·涑水》涑水所出，俗谓之华谷，至闻喜县周阳邑，于洮水合。洮水源东出清野山，东迳大岭下西流出，谓之唅口，又西合涑水	水	昭公元年	
116	温	晋	杜预：今河内温县也。竹添：温县今属怀庆府	邑	昭公元年	原属周
117	雍	晋	竹添：故雍国，地入于晋。今河南怀庆府修武县西有雍城	邑	昭公元年	
118	大原	晋	杜预：晋阳也。竹添：非地名	地	昭公元年	
119	大夏	晋	杜预：今（晋）晋阳县	地	昭公元年	
120	中都	晋	竹添：怀庆府河内县	邑	昭公二年	
121	虒祁	晋	竹添：晋平阳府曲沃县西四十九里	邑	昭公八年	
122	戏阳	晋	竹添：河南彰德府内黄县北	邑	昭公九年	
123	昔阳	晋	竹添：今正定府之晋州	邑	昭公二十二年	晋所取鼓国都
124	马首	晋	竹添：马首故城在寿阳县东南十五里，今属山西平定州，县东南十五里有马首村	邑	昭公二十八年	

序号	地名	国	注疏中认定的地点	性质	在《左传》中出现的时间	其　他
125	平陵	晋	竹添：山西太原府文水县东北二十里	邑	昭公二十八年	
126	平阳	晋	竹添：山西平阳府治	邑	昭公二十八年	
127	涂水	晋	竹添：今涂水故城，在榆次县西南二十里	邑	昭公二十八年	
128	邬	晋	竹添：邬城故址在今山西汾州府介休县东北二十七里	邑	昭公二十八年	
129	盂	晋	竹添：盂本仇犹国，晋灭之以为盂县，战国赵为源仇县，汉置县，今属平定州	邑	昭公二十八年	
130	汝	晋	竹添：汝水在河南汝州鲁山县北，源出大盂山，东北流入伊阳县界	水	昭公二十九年	晋所取陆浑地
131	平中	晋	竹添：今直隶保定府唐县附近	地	定公三年	
132	夏虚	晋	竹添：今大原晋阳也	地	定公四年	
133	中牟	晋	竹添：约当在今直隶顺德府邢台邯郸之间	邑	定公九年	
134	百泉	晋	竹添：河南卫辉府之辉县	地	定公十四年	旧属卫，后属晋
135	邯郸	晋	——	邑	哀公元年	
136	棘蒲	晋	竹添：今直隶赵州城中有棘蒲社	邑	哀公元年	

序号	地名	国	注疏中认定的地点	性质	在《左传》中出现的时间	其　他
137	干侯	晋	竹添：斥丘古城在今直隶广平府成安县东南十三里，春秋时晋之干侯也	邑	哀公元年	
138	柏人	晋	竹添：直隶顺德府唐山县西十二里	邑	哀公四年	
139	壶口	晋	竹添：在今山西潞安府黎城县东北太行山口	邑	哀公四年	
140	临	晋	竹添：在直隶赵州临城县东	邑	哀公四年	
141	栾	晋	竹添：今直隶正定府栾城县及赵州北境皆古栾邑	邑	哀公四年	
142	逆畤	晋	竹添：今曲逆故城在直隶保定府完县东南二十里	邑	哀公四年	
143	阴人	晋	竹添：地无考	邑	哀公四年	
144	仓野	晋	竹添：丹水在今商州城南一里，州南百四十里有仓野聚	邑	哀公四年	
145	上洛	晋	竹添：今陕西商州治也	邑	哀公四年	
146	菟和	晋	竹添：今陕西商州东有菟和山，通襄汉之道	山	哀公四年	
147	鄗	晋	竹添：在直隶赵州柏乡县北二十二里	邑	哀公四年	

续　表

序号	地名	国	注疏中认定的地点	性质	在《左传》中出现的时间	其　他
148	英丘	晋	竹添：犁丘在今山东济南府临邑县，则英丘当亦相近之地	邑	哀公二十三年	
149	随	楚	竹添：今湖北德安府随州	旧国	桓公六年	
150	汉	楚	杜预：一名沔水。出武都沮县、至江夏入江。武都今陕西汉中宁羌州、江夏今湖北武昌府江夏县	水	桓公六年	
151	瑕	楚	竹添：随地	邑	桓公六年	京相璠曰："楚地"。道元云："瑕陂水又东南，迳瑕城南，左传楚师还及瑕，即此城也。"
152	沈鹿	楚	竹添：今湖北安陆府治钟祥县东六十里有鹿湖池	邑	桓公八年	
153	黄	楚	竹添：河南光州西十二里	旧国	桓公八年	
154	鄾	楚	杜预：在今邓县南沔水之北也	邑	桓公九年	
155	郧	楚	竹添：湖北安陆府京山县	旧国	桓公十一年	

序号	地名	国	注疏中认定的地点	性质	在《左传》中出现的时间	其　他
156	郊郢	楚	竹添：今湖北安陆府治钟祥县郢州故城是其地	邑	桓公十一年	
157	鄢	楚	竹添：襄阳府宜城县南有宜城故城，即古鄢也	邑	桓公十三年	楚灭赖，迁赖于鄢
158	荒谷	楚	竹添：在今荆州府治江陵县西	地	桓公十三年	
159	冶父	楚	竹添：在江陵县东	地	桓公十三年	
160	那处	楚	竹添：安陆府荆门州东南有那口城	邑	庄公十八年	
161	涌	楚	竹添：乃夏水支流。今在监利县南	水	庄公十八年	
162	津	楚	竹添：荆州府枝江县西三里有津乡	邑	庄公十九年	
163	湫	楚	竹添：在襄阳府宜城县西南	邑	庄公十九年	
164	方城	楚	竹添：盖楚所指方城，据地甚远，其山居淮之南江汉之北，西逾桐柏，东越光黄，止是一山	山	僖公四年	
165	弦	楚	竹添：今湖北黄州府蕲水县西北四十里軑县故城，为弦国地	国	僖公五年	
166	武城	楚	竹添：今在河南南阳府治北	邑	僖公六年	

序号	地名	国	注疏中认定的地点	性质	在《左传》中出现的时间	其　他
167	商密	楚	杜预：今南乡丹水县也。竹添：《水经注》丹水又迳丹水县故城南，县有密阳乡，古商密之地	地	僖公二十五年	
168	析	楚	竹添：今河南南阳府淅川县及内乡县之西北境皆析地	地	僖公二十五年	
169	睽	楚	杜预：睽，楚邑	邑	僖公二十六年	
170	蔿	楚	杜预：蔿，楚邑也	邑	僖公二十七年	
171	申	楚	杜预：申在方城内	旧国	僖公二十八年	隐公元年传杜注：申在南阳宛县
172	六	楚	竹添：今安徽省六安州	旧国	文公五年	
173	阪高	楚	竹添：今湖北襄阳府西境	地	文公十六年	
174	大林	楚	竹添：安陆府荆门州西北有长林城，疑即大林	邑	文公十六年	
175	阜山	楚	竹添：在湖北郧阳府房县南五十里	邑	文公十六年	
176	陉隰	楚	竹添：荆州府以东多山溪之险，因名	地	文公十六年	此句为"先君蚡冒所以服陉隰也。"
177	句澨	楚	竹添：襄阳府均州西	地	文公十六年	

序号	地名	国	注疏中认定的地点	性质	在《左传》中出现的时间	其　他
178	临品	楚	竹添：襄阳府均州界	邑	文公十六年	
179	庐	楚	——	旧国	文公十六年	
180	仞	楚	竹添：当在今均州界	邑	文公十六年	
181	石溪	楚	竹添：当在今均州界	邑	文公十六年	
182	阳丘	楚	——	邑	文公十六年	
183	訾枝	楚	竹添：在钟祥县境	邑	文公十六年	
184	叶	楚	竹添：河南南阳府叶县南三十里有古叶城	邑	宣公三年	
185	皋浒	楚	竹添：荆州府枝江县境	地	宣公四年	
186	轑阳	楚	竹添：湖北荆州府江陵县境		宣公四年	
187	梦	楚	竹添：云梦	泽	宣公四年	
188	漳澨	楚	竹添：漳水在今湖北安陆府当阳县北四十里，自襄阳府南漳县流入城，至县东南五十里，与沮合	水	宣公四年	
189	烝野	楚	——	地	宣公四年	
190	沂	楚	竹添：在今河南汝宁府正阳县境	邑	宣公十一年	
191	州来	楚	竹添：今安徽凤阳府寿州北三十里	旧国	成公七年	

序号	地名	国	注疏中认定的地点	性质	在《左传》中出现的时间	其　他
192	钟离	楚	竹添：今安徽凤阳府凤阳县东四里有钟离城	旧国	成公十五年	
193	新石	楚	竹添：在今河南南阳府叶县境	邑	成公十五年	
194	驾	楚	竹添：在无为州境	邑	成公十七年	传曰：驾，良邑也
195	厘	楚	竹添：在无为州境	邑	成公十七年	
196	虺	楚	竹添：在庐江县境	邑	成公十七年	
197	焦夷	楚	——	邑	襄公元年	
198	棠	楚	竹添：今为江苏江宁府六合县	邑	襄公十四年	
199	汾	楚	竹添：汾丘城在今河南许州府襄城县东北	水	襄公十八年	子庚帅师治兵于汾
200	雩娄	楚	竹添：在安徽颍州府雩丘县西南。查无雩丘县，疑为雩娄县之误	邑	襄公二十六年	
201	棘	楚	竹添：河南归德府永城县南。疑有误	地	襄公二十六年	
202	胡	楚	竹添：今安徽颍州府阜阳县西北二里有胡城	国	襄公二十八年	旧国，入于楚
203	犨	楚	竹添：河南汝州鲁山县东南	邑	昭公元年	本郑邑，后入楚

续　表

序号	地名	国	注疏中认定的地点	性质	在《左传》中出现的时间	其　他
204	郏	楚	竹添：河南汝州郏县	邑	昭公元年	本郑邑，后入楚
205	栎	楚	竹添：河南开封府禹州	邑	昭公元年	本郑邑，后入楚
206	麻	楚	竹添：今江苏徐州府砀山县有安阳城。疑有误	地	昭公四年	
207	夏汭	楚	杜预：汉水曲入江，今夏口也。竹添：夏汭当在今寿州	地	昭公四年	
208	繁扬	楚	竹添：在河南汝宁府新蔡县北	邑	昭公五年	
209	罗	楚	竹添：河南汝宁府罗山县旧有罗水，北入淮	水	昭公五年	
210	坻箕之山	楚	《元丰九域志》：巢县有坻箕山	山	昭公五年	
211	莱山	楚	竹添：莱山当在楚境东	山	昭公五年	
212	汝清	楚	竹添：楚界也	地	昭公五年	
213	琐	楚	竹添：今安徽颍州府霍邱县东	地	昭公五年	
214	繁扬	楚	竹添：在新蔡县	地	昭公五年	
215	干溪	楚	竹添：今安徽颍州府亳州东南七十里	邑	昭公六年	

续　表

序号	地名	国	注疏中认定的地点	性质	在《左传》中出现的时间	其　他
216	大屈	楚	——	地	昭公七年	贾逵云：大屈宝金可以为剑。大屈，金所生地名
217	汝	楚	竹添：在楚北境	水	昭公七年	
218	濮	楚	竹添：濮水即沙水称。《水经注·淮水》夏肥水上承沙水，东南流迳城父县故城南	水	昭公九年	楚人为舟师以伐濮
219	城父	楚	竹添：楚有两城父，一为夷城父，今安徽亳州东南七十里。又有北城父，今河南汝州郏县西四十里	邑	昭公九年、昭公十九年	
220	不羹	楚	竹添：不羹有二。今在河南许州襄城县东南者，西不羹也。在南阳府舞阳县北者，东不羹也	邑	昭公十一年	
221	冈山	楚	竹添：荆州松滋县有九冈山	山	昭公十一年	
222	陈	楚	竹添：今为河南陈州府治	旧国	昭公十一年	楚附庸
223	蔡	楚	竹添：今河南汝宁府上蔡县西南十里有故蔡国城	旧国	昭公十一年	楚附庸

序号	地名	国	注疏中认定的地点	性质	在《左传》中出现的时间	其　他
224	颍尾	楚	杜预：在下蔡西。竹添：笺曰颍尾在安徽凤阳府寿州西北四十里。颍水入淮处也。亦曰颍口	水	昭公十二年	
225	固城	楚	竹添：魏收《地形志》汝南临汝县有固城	邑	昭公十三年	
226	荆	楚	杜预：荆山。竹添：为楚旧名	邑	昭公十三年	楚之灭蔡也，灵王迁许、胡、沈、道、房、申于荆焉。……平王即位，既封陈、蔡，而皆复之，礼也
227	息舟	楚	竹添：楚东境邑	邑	昭公十三年	
228	夏	楚	杜预：汉别名也。竹添：汉水始出嶓冢为漾，南流为沔，襄阳以下为夏	水	昭公十三年	
229	鱼陂	楚	竹添：湖北安陆府天门县西北	陂	昭公十三年	水经注·沔水下竟陵国：城旁有甘鱼陂，公子黑肱为令尹，次于鱼陂者也
230	訾	楚	竹添：河南汝宁府信阳州界	地	昭公十三年	

序号	地名	国	注疏中认定的地点	性质	在《左传》中出现的时间	其　他
231	訾梁	楚	竹添：河南汝宁府信阳州界	梁	昭公十三年	
232	召陵	楚	杜预：颍川县	邑	昭公十四年	楚子使然丹简上国之兵于宗丘，……使屈罢简东国之兵于召陵
233	宗丘	楚	竹添：湖北宜昌府归州境	邑	昭公十四年	
234	长岸	楚	竹添：今安徽太平府当涂县西南三十里有西梁山，与和州南七十里之东梁山、夹江相对，如门之阙，亦曰天门山	山	昭公十七年	
235	白羽	楚	竹添：白羽恐是析之一邑。析地近武关	邑	昭公十八年	
236	下阴	楚	竹添：湖北襄阳府光化县西汉水西岸有古阴县城	地	昭公十九年	楚工尹赤迁阴于下阴
237	薳澨	楚	竹添：在今湖北安陆府京山县	地	昭公二十三年	
238	豫章	楚	竹添：豫章水即今章江也。从南安府之西南，东流折而北，经赣州府，与贡水合，又北经吉安临江二府南昌府城西北，又东入鄱阳湖	水	昭公二十四年	

序号	地名	国	注疏中认定的地点	性质	在《左传》中出现的时间	其　他
239	卷	楚	竹添：今河南南阳府叶县西南有建城故城	邑	昭公二十五年	
240	丘皇	楚	竹添：今河南汝宁府信阳州境	邑	昭公二十五年	
241	州屈	楚	竹添：安徽凤阳府凤阳县	邑	昭公二十五年	
242	潜	楚	竹添：今安徽六安州霍山县东北三十里有潜城	邑	昭公二十七年	
243	穷	楚	竹添：今安徽颍州府霍邱县西南有安丰故城，县西有穷水	水	昭公二十七年	
244	沙汭	楚	竹添：《水经注·渠水》汳沙到浚仪而分，汳东注，沙南流，至义城县西南入于淮，谓之沙汭，楚东地也。义城故城在今安徽凤阳府怀远县东北	水	昭公二十七年	
245	养	楚	竹添：今河南陈州府沈丘县东有养城	旧国	昭公三十年	
246	南冈	楚	——		昭公三十一年	
247	桐	楚	竹添：今安徽安庆府桐城县北有古桐城	旧国	定公二年	楚附庸
248	柏举	楚	竹添：黄州府麻城县	地	定公四年	

序号	地名	国	注疏中认定的地点	性质	在《左传》中出现的时间	其 他
249	城口	楚	竹添：三隘在方城，故总称城口	隘	定公四年	
250	大别	楚	竹添：在今光州固始县与安徽霍邱接壤处	山	定公四年	
251	大遂	楚	竹添：即武阳关，又名澧山关。在应山东北一百三十里	关	定公四年	
252	睢	楚	竹添：睢水入江处在今湖北荆州府枝江县	水	定公四年	
253	冥阨	楚	竹添：即平靖关。应山县属湖北德安府随州，平靖关在应山北六十五里	关	定公四年	
254	清发	楚	竹添：德安府安陆县	地	定公四年	
255	息	楚	竹添：河南光州之息县	旧国	定公四年	
256	小别	楚	竹添：今汉川县	山	定公四年	
257	雍澨	楚	竹添：在安陆府京山县境	地	定公四年	
258	云	楚	竹添：云梦	泽	定公四年	
259	直辕	楚	竹添：即黄岘关，又名百雁关。在应山北	关	定公四年	

序号	地名	国	注疏中认定的地点	性质	在《左传》中出现的时间	其　他
260	成臼	楚	竹添:《水经注》汉水又东迳石城西，又东南与臼水合。吴入郢，昭王奔随，济于成臼，谓是水也。石城即今安陆府治钟祥县。……臼水在安陆府之东南	津	定公五年	
261	公壻之溪	楚	竹添:近江之地名	地	定公五年	
262	稷	楚	竹添:今河南南阳府桐柏县境	地	定公五年	
263	军祥	楚	竹添:当在随州西南	地	定公五年	
264	麇	楚	竹添:近雍澨之都城	邑	定公五年	
265	脾泄	楚	竹添:在今荆州府境	邑	定公五年	
266	丰	楚	竹添:今河南南阳府淅川县西南有丰乡城	邑	哀公四年	
267	霍	楚	竹添:霍阳聚在汝州东南	邑	哀公四年	原属周，后入楚
268	梁	楚	竹添:在河南汝州西南四十五里	邑	哀公四年	原属周，后入楚
269	三户	楚	竹添:在今南阳府内乡县西南	邑	哀公四年	

序号	地名	国	注疏中认定的地点	性质	在《左传》中出现的时间	其　他
270	缯关	楚	竹添：当在今南阳府裕州境	关	哀公四年	
271	少习	楚	杜预：商县武关也。竹添：武关在少习山，故亦名少习	关	哀公四年	
272	负函	楚	竹添：当在今河南汝宁府信阳州境	邑	哀公四年	
273	慎	楚	竹添：今安徽颍州府颍上县西北有慎城	邑	哀公十六年	

说明：鉴于历代注疏对某些地名存有争议，本表格旧注一律引用竹添光鸿在《左氏会笺》中之说法，竹添氏未提者，采用杜注。旧国入于晋、楚者，以首次作为晋、楚地名出现的年代为文献始见年代。（本表原刊于薇：《晋南与鄂东豫西地区两周时期的地名重名现象》，《古代文明》第12卷，第218—233页）

参 考 文 献

分目录

文　献

阮元：《十三经注疏（附校勘记）》，北京：中华书局影印本，1980 年。

阮元、王先谦：《清经解 清经解续编》，上海：上海书店，1988 年。

郑玄：《易纬乾元序制记》，《景印文渊阁四库全书》第 53 册，台北：台湾商务印书馆，1986 年。

蔡沈：《书经集传》，《景印文渊阁四库全书》第 58 册，台北：台湾商务印书馆，1986 年。

王顼龄等：《钦定书经传说汇纂》，《景印文渊阁四库全书》第 65 册，台北：台湾商务印书馆，1986 年。

王夫之：《尚书稗疏》，《景印文渊阁四库全书》第 66 册，台北：台湾商务印书馆，1986 年。

阎若璩：《尚书古文疏证（附：古文尚书冤词）》，上海：上海古籍出版社，2010 年。

江声：《尚书集注音疏》，《清经解》卷 390—403，上海：上海书店，1988 年。

孙星衍撰，陈抗、盛冬铃点校：《尚书今古文注疏》，北京：中华书局，1986 年。

胡渭著，邹逸麟整理：《禹贡锥指》，上海：上海古籍出版社，2006 年。

王应麟：《诗地理考》，《丛书集成初编》3046，北京：商务印书馆，1936 年。

朱熹：《诗集传》，上海：上海古籍出版社，1980 年。

季本：《诗说解颐》，《景印文渊阁四库全书》第 79 册，台北：台湾商务印书馆，1986 年。

马瑞辰撰，陈金生点校：《毛诗传笺通释》，北京：中华书局，1989 年。

陈启沅：《毛诗稽古编》，《清经解》卷 60—89，上海：上海书店，1988 年。

朱右曾：《诗地理征》，上海：上海古籍出版社，1996 年。

王先谦撰，吴格点校：《诗三家义集疏》，北京：中华书局，1987 年。

惠士奇：《礼说》，《景印文渊阁四库全书》第 101 册，台北：台湾商务印书馆，1986 年。

刘绩：《三礼图》，《景印文渊阁四库全书》第 129 册，台北：台湾商务印书馆，1986 年。

秦蕙田：《五礼通考》，《景印文渊阁四库全书本》第 136 册，台北：台湾商务印书馆，1986 年。

王聘珍撰，王文锦点校：《大戴礼记解诂》，北京：中华书局，1983 年。

孙希旦撰，沈啸寰、王星贤点校：《礼记集解》，北京：中华书局，1989 年。

金鹗：《求古录礼说》，《清经解续编》卷 663—679，上海：上海书店，1988 年。

孙诒让撰，雪克点校：《孙诒让遗书·大戴礼记斠补》，济南：齐鲁书社，1988 年。

孙诒让撰，王文锦、陈玉霞点校：《周礼正义》，北京：中华书局，1987 年。

杜预：《春秋释例》，北京：中华书局，1985 年。

顾栋高：《春秋大事表》，北京：中华书局，1993 年。

魏了翁：《春秋左传要义》，《景印文渊阁四库全书》第 153 册，台北：台湾商务印书馆，1986 年。

程公说：《春秋分记》，《景印文渊阁四库全书》第 154 册，台北：台湾商务印书馆，1986 年。

顾炎武：《左传杜解补正》，《清经解》卷 1—3，上海：上海书店，1988 年。

惠栋：《春秋左传补注》，《清经解》卷 353—358，上海：上海书店，1988 年。

高士奇：《春秋地名考略》，《景印文渊阁四库全书》第 176 册，台北：台湾商务印书馆，1986 年。

江永：《春秋地理考实》，《景印文渊阁四库全书》第 181 册，台北：台湾商务印书馆，1986 年。

沈钦韩：《春秋左氏传地名补注》，《丛书集成初编》3048—3049，北京：中华书局，1985 年。

易本烺：《春秋楚地答问》，《丛书集成初编》3048—3049，北京：中华书局，1985 年。

沈淑：《春秋左传分国土地名》，《丛书集成初编》3047，北京：中华书局，1985 年。

沈豫：《春秋左传服注存》，《藏修堂丛书》，清光绪十六年新会刘氏藏修书屋刊本。

陆德明：《经典释文》，北京：中华书局，1983 年。

江永：《群经补义》，《景印文渊阁四库全书》第 194 册，台北：台湾商务印书馆，1986 年。

俞樾：《群经评议》，《续修四库全书》第 178 册，上海：上海古籍出版社，2002 年。

阎若璩：《四书释地》，《清经解》卷 20—23，上海：上海书店，1988 年。

阮元著，邓经元点校：《揅经室集》，北京：中华书局，1993 年。

皮锡瑞：《经学通论》，北京：中华书局，1954 年。

许慎：《说文解字》，北京：中华书局，1963 年。

段玉裁：《说文解字注》，上海：上海古籍出版社，1981 年。

郝懿行：《尔雅义疏》，北京：中国书店，1982 年。

司马迁：《史记》，北京：中华书局，1959 年。

司马迁：《百衲本二十四史·史记》，北京：商务印书馆，1936 年。

班固：《汉书》，北京：中华书局，1962 年。

范晔：《后汉书》，北京：中华书局，1965 年。

梁玉绳：《史记志疑》，北京：中华书局，1981 年。

牛运震：《史记评注》，《二十五史三编》（第一册），长沙：岳麓书社，1994 年。

瞿方梅：《史记三家注补正》，《二十五史三编》（第二册），长沙：岳麓书社，1994 年。

沈钦韩：《汉书疏证》，上海：上海古籍出版社，2006 年。

惠栋：《后汉书补注》，《续修四库全书》第 270 册，上海：上海古籍出版社，2002 年。

陈逢衡：《竹书纪年集证》，嘉庆十八年刻本，裹露轩藏板。

雷学淇：《竹书纪年义证》，《〈竹书纪年〉研究文献辑刊》（第九册），北京：国家图书馆出版社，2010 年。

方诗铭、王修龄：《古本竹书纪年辑证》，上海：上海古籍出版社，1981 年。

皇甫谧：《帝王世纪》，《续修四库全书》第 301 册，上海：上海古籍出版社，2002 年。

徐宗元：《帝王世纪辑存》，北京：中华书局，1964 年。

郑樵：《通志》，杭州：浙江古籍出版社影印本，1988 年。

皇甫谧：《逸周书》，《四部备要》第 44 册，上海：中华书局，1930 年。

朱右曾：《逸周书集训校释》，上海：商务印书馆，1940 年。

黄怀信、张懋镕、田旭东：《逸周书汇校集注（修订本）》，上海：上海古籍出版社，2007 年。

董增龄：《国语正义》，成都：巴蜀书社，1985 年。

宋庠：《国语补音》，《景印文渊阁四库全书》第 406 册，台北：台湾商务印书馆，

1986 年。

徐元诰撰，王树民、沈长云点校：《国语集解》，北京：中华书局，2002 年。

程恩泽：《国策地名考》，《续修四库全书》第 423 册，上海：上海古籍出版社，
2002 年。

诸祖耿：《战国策集注汇考》（增补本），南京：凤凰出版社，2008 年。

罗泌：《路史》，《景印文渊阁四库全书》第 383 册，台北：台湾商务印书馆，
1986 年。

李泰著，贺次君辑校：《括地志辑校》，北京：中华书局，1980 年。

李吉甫撰，贺次君点校：《元和郡县图志》，北京：中华书局，1983 年。

乐史撰，王文楚等点校：《太平寰宇记》，北京：中华书局，2007 年。

李昉等编纂，夏剑钦、王巽斋等点校：《太平御览》，石家庄：河北教育出版社，
1994 年。

顾祖禹撰，贺次君、施和金点校：《读史方舆纪要》，北京：中华书局，2005 年。

穆彰阿、潘锡恩：《嘉庆重修一统志》，《中国古代地理总志丛刊》，北京：中华书局，
1986 年。

赵一清：《水经注释》，光绪六年八月会稽章氏重刊本。

郦道元著，王先谦校：《合校水经注》，北京：中华书局，2009 年。

杨守敬等：《水经注图》，北京：中华书局，2009 年。

程大昌撰，黄永年点校：《雍录》，北京：中华书局，2002 年。

陈士元：《江汉丛谈》，《景印文渊阁四库全书》第 590 册，台北：台湾商务印书馆，
1986 年。

顾炎武：《天下郡国利病书》四部丛刊三编史部，上海：上海书店，1985 年。

杜佑：《通典》，北京：中华书局，1988 年。

马端临：《文献通考》，北京：中华书局，1986 年。

王符著，汪继培笺，彭铎校正：《潜夫论笺校正》，北京：中华书局，1985 年。

王先谦撰，沈啸寰、王星贤点校：《荀子集解》，北京：中华书局，1988 年。

何宁：《淮南子集释》，北京：中华书局，1998 年。

王先慎撰，钟哲点校：《韩非子集解》，北京：中华书局，2003 年。

《随巢子》，马国翰辑：《玉函山房辑佚书》（第 2 册），上海：上海古籍出版社，
1990 年。

孙诒让撰，孙启治点校：《墨子间诂》，北京：中华书局，2001年。

陈奇猷：《吕氏春秋新校释》，上海：上海古籍出版社，2002年。

许维遹集释，梁运华整理：《吕氏春秋集释》，北京：中华书局，2009年。

陈立撰、吴则虞点校：《白虎通疏证》，北京：中华书局，1994年。

顾炎武著，黄汝成集释：《日知录集释》，上海：上海古籍出版社，2006年。

宋衷注，秦嘉谟等辑：《世本八种》，北京：商务印书馆，1957年。

邵思：《姓解》，《丛书集成初编》3296，北京：中华书局，1985年。

陈士元：《姓觿》，《丛书集成初编》3305—3307，北京：中华书局，1985年。

郭璞：《穆天子传》，《四部丛刊初编》，上海：商务印书馆，1937年。

王圻、王思义编集：《三才图会》，上海：上海古籍出版社，1988年。

袁珂校注：《山海经校注》，上海：上海古籍出版社，1980年。

慧琳：《一切经音义》，日本元文三年至延亨三年狮毂连社刻本。

黄宗羲：《黄宗羲全集》，杭州：浙江古籍出版社，1985年。

孙诒让：《籀庼述林》，《孙诒让全集》，北京：中华书局，2010年。

崔述：《崔东壁遗书》，上海：上海古籍出版社，1983年。

王应麟：《困学纪闻》，《四部丛刊三编》，上海：商务印书馆，1935年。

王俅：《啸堂集古录》，北京：中华书局，1985年。

柯昌济：《金文分域编》，《国家图书馆藏金文研究资料全编2》，北京：北京图书馆出版社，2004年。

吴式芬：《攈古录》，北京：中国书店，1980年。

曾毅公：《山东金文集存》，济南：齐鲁大学国学研究所，1940年。

罗振玉：《三代吉金文存》，北京：中华书局，1983年。

罗振玉：《殷墟书契考释三种》，北京：中华书局，2006年。

郭沫若：《两周金文辞大系图录考释》，上海：上海书店，1999年。

容庚：《善斋彝器图录》，北平：哈佛燕京学社，1936年。

容庚：《商周彝器通考》，北平：哈佛燕京学社，1941年。

容庚：《金文编》，北京：中华书局，1985年。

于省吾编著：《商周金文录遗》，北京：科学出版社，1957年。

于省吾主编，姚孝遂按语编：《甲骨文字诂林》，北京：中华书局，1996年。

于省吾：《双剑誃吉金文选》，北京：中华书局，1998年。

高明：《古陶文汇编》，北京：中华书局，1990年。

周法高：《金文诂林》，香港：香港中文大学出版社，1975年。

马承源：《商周青铜器铭文选》，北京：文物出版社，1986—1990年。

陕西省考古研究所，陕西省文物管理委员会等编：《陕西出土商周青铜器》，北京：文物出版社，1979—1984年。

中国社会科学院考古研究所编：《殷周金文集成》，北京：中华书局，1984—1994年。

刘雨、卢岩：《近出殷周金文集录》，北京：中华书局，2002年。

吴镇烽：《商周青铜器铭文暨图像集成》，上海：上海古籍出版社，2011年。

中国科学院考古研究所编辑：《甲骨文编》，中华书局，1965年。

姚孝遂：《殷墟甲骨刻辞类纂》，北京：中华书局，1989年。

曹玮：《周原甲骨文》，北京：世界图书出版公司北京公司，2002年。

中国社会科学院历史研究所编：《甲骨文合集》，北京：中华书局，1978—1983年。

中国社会科学院考古研究所编著：《小屯南地甲骨》，中华书局，1980—1983年。

清华大学出土文献研究与保护中心编，李学勤主编：《清华大学藏战国竹简（壹）》，上海：中西书局，2010年。

清华大学出土文献研究与保护中心编，李学勤主编：《清华大学藏战国竹简（贰）》，上海：中西书局，2011年。

晁福林师：《夏商西周的社会变迁》，北京：北京师范大学出版社，1996年。

晁福林师：《先秦社会思想研究》，北京：商务印书馆，2007年。

晁福林师：《先秦社会形态研究》，北京：北京师范大学出版社，2003年。

刘绪老师：《夏商周考古探研》，北京：科学出版社，2014年。

罗振玉：《殷商贞卜文字考（外五种）》，上海：上海古籍出版社，2013年。

梁启超：《梁启超论先秦政治思想史》，北京：商务印书馆，2012年。

王国维：《观堂集林（附别集）》，北京：中华书局，1959年。

王国维：《今本竹书纪年疏证》，方诗铭、王修龄：《古本竹书纪年辑证》，上海：上海古籍出版社，1981年。

刘师培：《刘申叔遗书》，南京：江苏古籍出版社，1997年。

杨树达著，中国社会科学院考古研究所编辑：《积微居金文说（增订本）》，北京：

中华书局，1997 年。

岑仲勉：《中外史地考证》，北京：中华书局，2004 年。

钱基博：《经学通志》，上海：上海古籍出版社，2011 年。

徐旭生：《中国古史的传说时代》，北京：文物出版社，1985 年。

郭沫若：《中国史稿》，北京：人民出版社，1976 年。

郭沫若：《卜辞通纂》，《郭沫若全集 考古篇 第 2 卷》，北京：科学出版社，2002 年。

顾颉刚：《史林杂识 初编》，北京：中华书局，1963 年。

顾颉刚：《顾颉刚古史论文集》，北京：中华书局，1988 年。

顾颉刚：《浪口村随笔》，沈阳：辽宁教育出版社，1998 年。

顾颉刚、刘起钎：《尚书校释译论》，北京：中华书局，2005 年。

顾颉刚：《春秋地名考（未刊本）》，北京：北京图书馆出版社，2006 年。

郭宝钧：《商周铜器群综合研究》，北京：文物出版社，1981 年。

蒙文通：《周秦少数民族研究》，上海：龙门联合书局，1958 年。

蒙文通：《古史甄微》，成都：巴蜀书社，1999 年。

程发轫：《春秋左氏传地名图考》，台北：广文书局，1967 年。

程发轫：《战国策地名考释》，台北：编译馆，2000 年。

钱穆：《史记地名考》，北京：商务印书馆，2001 年。

钱穆：《古史地理论丛》，北京：生活·读书·新知三联书店，2004 年。

董作宾：《殷历谱》，台北：艺文印书馆，1977 年。

翦伯赞主编：《中国史纲要（增订本）》，北京：北京大学出版社，2006 年。

高亨纂著，董治安整理：《古字通假会典》，济南：齐鲁书社，1989 年。

丁山遗著：《甲骨文所见氏族及其制度》，北京：中华书局，1988 年。

丁山：《古代神话与民族》，北京：商务印书馆，2005 年。

王献唐遗书：《山东古国考》，济南：齐鲁书社，1983 年。

金景芳：《古史论集》，济南：齐鲁书社，1981 年。

杨筠如：《尚书覈诂》，西安：陕西人民出版社，2005 年。

唐兰：《西周青铜器铭文分代史征》，北京：中华书局，1986 年。

唐兰，故宫博物院编：《唐兰先生金文论集》，北京：紫禁城出版社，1995 年。

唐兰：《唐兰全集》，上海：上海古籍出版社，2015 年。

石璋如等著：《中国历史地理》，台北：中国文化大学出版部，1983 年。

陈槃:《不见于春秋大事表之春秋方国稿》,上海:上海古籍出版社,2009 年。

陈槃:《春秋大事表列国爵姓及存灭表撰异（三订本）》,上海:上海古籍出版社,2009 年。

童书业遗著:《春秋左传研究》,上海:上海人民出版社,1980 年。

童书业著,童教英整理:《童书业历史地理论集》,北京:中华书局,2004 年。

童书业:《春秋史》,北京:中华书局,2006 年。

杨伯峻编著:《春秋左传注》,北京:中华书局,1990 年。

赵光贤:《周代社会辨析》,北京:人民出版社,1980 年。

胡厚宣:《甲骨学商史论丛初集》,石家庄:河北教育出版社,2002 年。

陈梦家:《西周年代考》,上海:商务印书馆,1945 年。

陈梦家:《殷虚卜辞综述》,北京:中华书局,1988 年。

陈梦家:《西周铜器断代》,北京:中华书局,2004 年。

周振甫译注:《诗经译注》,北京:中华书局,2002 年。

谭其骧编:《中国历史地图集》（全 8 册）,北京:中国地图出版社,1982 年。

谭其骧:《长水集》,北京:人民出版社,1987 年。

谭其骧:《长水粹编》,石家庄:河北教育出版社,2000 年。

史念海:《河山集》,北京:生活·读书·新知三联书店,1963 年。

史念海:《河山集 四集》,西安:陕西师范大学出版社,1991 年。

孙作云:《诗经与周代社会研究》,北京:中华书局,1966 年。

王玉哲:《古史集林》,北京:中华书局,2002 年。

杨宽:《古史新探》,北京:中华书局,1965 年。

杨宽:《西周史》,上海:上海人民出版社,2003 年。

严耕望:《唐代交通图考》,上海:上海古籍出版社,2007 年。

钟柏生:《殷商卜辞地理论丛》,台北:艺文印书馆,1989 年。

饶宗颐:《甲骨文通检》,香港:香港中文大学出版社,1989 年。

石泉:《古代荆楚地理新探》,武汉:武汉大学出版社,1988 年。

石泉:《古代荆楚地理新探·续集》,武汉:武汉大学出版社,2004 年。

王世民、陈公柔、张长寿:《西周青铜器分期断代研究》,北京:文物出版社,1999 年。

杨文山、翁振军主编:《邢台历史文化论丛》,石家庄:河北人民出版社,1990 年。

邹衡:《夏商周考古学论文集》,北京:文物出版社,1980 年。

许倬云：《西周史》（增补本），北京：生活·读书·新知三联书店，2001 年。

胡谦盈：《胡谦盈周文化考古研究选集》，成都：四川大学出版社，2000 年。

张光直：《青铜挥麈》，上海：上海文艺出版社，2000 年。

张光直：《商文明》，沈阳：辽宁教育出版社，2002 年。

沈玉成、刘宁：《春秋左传学史稿》，南京：江苏古籍出版社，2000 年。

高广仁、邵望平：《海岱文化与齐鲁文明》，南京：江苏教育出版社，2005 年。

李学勤：《殷代地理简论》，北京：科学出版社，1959 年。

李学勤：《新出青铜器研究》，北京：文物出版社，1990 年。

李学勤：《夏商周年代学札记》，沈阳：辽宁大学出版社，1999 年。

李学勤：《东周与秦代文明》，上海：上海人民出版社，2007 年。

邹逸麟：《黄淮海平原历史地理》，合肥：安徽教育出版社，1993 年。

林沄：《林沄学术文集》，北京：中国大百科全书出版社，1998 年。

徐锡台编：《周原甲骨文综述》，西安：三秦出版社，1987 年。

张亚初、刘雨：《西周金文官制研究》，北京：中华书局，1986 年。

吴镇烽：《陕西地理沿革》，西安：陕西人民出版社，1981 年。

常玉芝：《商代周祭制度》，北京：中国社会科学出版社，1987 年。

杜正胜：《古代社会与国家》，台北：允晨文化实业股份有限公司，1992 年。

杜正胜：《周代城邦》，台北：联经出版事业股份有限公司，2018 年。

葛剑雄：《中国历代疆域的变迁》，北京：商务印书馆，1997 年。

沈长云、杜勇：《金文断代方法探微》，北京：人民出版社，2002 年。

黄灵庚：《楚辞章句疏证》，北京：中华书局，2007 年。

吕文郁：《周代采邑制度研究》，台北：文津出版社，1992 年。

吕文郁：《周代的采邑制度（增订版）》，北京：社会科学文献出版社，2006 年。

葛志毅：《周代分封制度研究》，哈尔滨：黑龙江人民出版社，1992 年。

谢维扬：《中国早期国家》，杭州：浙江人民出版社，1995 年。

朱凤瀚：《商周家族形态研究》，天津：天津古籍出版社，1990 年。

朱凤瀚：《古代中国青铜器》，天津：南开大学出版社，1995 年。

李零：《我们的中国·第一编·茫茫禹迹 中国的两次大一统》，北京：生活·读书·
新知三联书店，2016 年。

唐晓峰：《人文地理随笔》，北京：生活·读书·新知三联书店，2005 年。

张懋镕：《古文字与青铜器论集》，北京：科学出版社，2002 年。

彭裕商：《西周青铜器年代综合研究》，成都：巴蜀书社，2003 年。

王迅：《东夷文化与淮夷文化研究》，北京：北京大学出版社，1994 年。

黄怀信：《〈逸周书〉源流考辨》，西安：西北大学出版社，1992 年。

张天恩：《关中商代文化研究》，北京：文物出版社，2004 年。

臧克和：《尚书文字校诂》，上海：上海教育出版社，1999 年。

徐少华：《周代南国的历史地理与文化》，武汉：武汉大学出版社，1994 年。

王健：《西周政治地理结构研究》，郑州：中州古籍出版社，2004 年。

刘军社：《先周文化研究》，西安：三秦出版社，2003 年。

孙冬虎、李汝雯：《中国地名学史》，北京：中国环境科学出版社，1996 年。

李雪山：《商代分封制度研究》，北京：中国社会科学出版社，2004 年。

鲁西奇：《区域历史地理研究：对象与方法——汉水流域的个案考察》，南宁：广西人民出版社，2000 年。

张昌平：《曾国青铜器研究》，北京：文物出版社，2009 年。

张昌平：《方国的青铜与文化——张昌平自选集》，上海：上海人民出版社，2012 年。

虞万里：《榆枋斋学林》，上海：华东师范大学出版社，2012 年。

陈伟：《楚东国地理研究》，武汉：武汉大学出版社，1992 年。

周书灿：《西周王朝经营四土研究》，郑州：中州古籍出版社，2000 年。

任伟：《西周封国考疑》，北京：社会科学文献出版社，2004 年。

陈絜：《商周姓氏制度研究》，北京：商务印书馆，2007 年。

李峰：《西周的灭亡：中国早期国家的地理和政治危机》，上海：上海古籍出版社，2007 年。

李伯谦：《中国青铜文化结构体系研究》，北京：科学出版社，1998 年。

叶学齐等编著：《湖北省地理》，武汉：湖北教育出版社，1988 年。

李玉洁：《楚史稿》，郑州：河南大学出版社，1988 年。

陈全方：《周原与周文化》，上海：人民出版社，1988 年。

全广镇：《两周金文通假字研究》，台北：台湾学生书局，1989 年。

江淑惠：《齐国彝铭汇考》，三重：崇宝彩艺印刷有限公司，1990 年。

汪中文：《两周官制论稿》，高雄：复文图书出版社，1993 年。

许富昌：《睡虎地秦简研究》，台北：文史哲出版社，1993 年。

段志洪：《周代卿大夫研究》，台北：文津出版社，1994 年。

刘龙勋：《一九七七以来新出彝铭与诗经相关词汇便检》，台北：大安出版社，2001 年。

刘文强：《晋国伯业研究》，台北：台湾学生书局有限公司，2004 年。

张玉金：《西周汉语代词研究》，北京：中华书局，2006 年。

燕生东：《商周时期渤海南岸地区的盐业》，北京：文物出版社，2013 年。

何浩著：《楚灭国研究》，武汉：武汉出版社，1989 年。

尹盛平：《西周微氏家族青铜器群研究》，北京：文物出版社，1992 年。

曹玮：《周原遗址与西周青铜器研究》，北京：文物出版社，2004 年。

逄振镐：《山东古国与姓氏》，济南：山东人民出版社，2006 年。

钱林书编著：《续汉书郡国志汇释》，合肥：安徽教育出版社，2007 年。

马保春：《晋国历史地理研究》，北京：文物出版社，2007 年。

宋玲平：《晋系墓葬制度研究》，北京：科学出版社，2007 年。

孙庆伟：《周代用玉制度研究》，上海：上海古籍出版社，2008 年。

向桃初：《湘江流域商周青铜器文化研究（长江流域古代文明研究 第一辑）》北京：线装书局，2008 年。

吴晓筠：《商周时期车马埋葬研究》，北京：科学出版社，2009 年。

何景成：《商周青铜器族氏铭文研究》，济南：齐鲁书社，2009 年。

中华书局编辑部编：《“中研院”历史语言研究所集刊论文类编·历史编·先秦卷》，北京：中华书局，2009 年。

孙亚冰、林欢：《商代地理与方国》，宋镇豪主编《商代史》卷十，北京：中国社会科学出版社，2010 年。

彭明瀚：《商代江南》，北京：科学出版社，2010 年。

郜向平：《商系墓葬研究》，北京：科学出版社，2011 年。

雷晋豪：《周道：封建时代的官道》，北京：社会科学文献出版社，2011 年。

韦心滢：《殷代商王国政治地理结构研究》，上海：上海古籍出版社，2013 年。

任雪莉：《宝鸡戴家湾商周铜器群的整理与研究》，北京：线装书局，2012 年。

庞小霞：《商周之邢综合研究》，北京：社会科学文献出版社，2014 年。

田炜：《两周金文字词关系研究》，上海：上海古籍出版社，2016 年。

张利军：《商周服制与早期国家管理模式》，上海：上海古籍出版社，2016 年。

万瑞杰：《两周金文构形演变研究》，北京：中国社会科学出版社，2017 年。

李凯：《先秦巡狩研究》，北京：北京师范大学出版社，2017 年。

［日］竹添光鸿：《左氏会笺》，（景印）汉文大系，台北：台湾新文丰出版公司，1978 年。

［日］泷川资言：《史记会注考证》，太原：北岳文艺出版社，1999 年。

［日］宫崎市定：《中国古代史概论》，［日］宫崎市定著，张学锋、马云超等译：《宫崎市定亚洲史论考·上》，上海：上海古籍出版社，2017 年。

［日］贝冢茂树：《从卜辞看中国的古代国家》，原题《中国古代国家》，アテネ文库，1952 年。

［日］岛邦男：《殷墟卜辞研究》，台北：鼎文书局，1975 年。

［日］白川静：《金文通释》，东京：平凡社，2004 年。

［日］增渊龙夫著，吕静译：《中国古代的社会与国家》，上海：上海古籍出版社，2017 年。

［日］西嶋定生：《秦汉帝国：中国古代帝国之兴亡》，北京：社会科学文献出版社，2017 年。

［日］伊藤道治：《中国古代王朝的形成》，东京：创文社，昭和五十年（1975 年）。

［日］伊藤道治著，江蓝生译：《中国古代王朝的形成——以出土资料为主的殷周史研究》，北京：中华书局，2002 年。

［日］松丸道雄等：《殷周秦汉时代史的基本问题》，东京：汲古书院，2001 年。

［日］佐竹靖彦主编：《殷周秦汉史学的基本问题》，北京：中华书局，2008 年。

［日］纸屋正和著，朱海滨译：《汉代郡县制的展开》，上海：复旦大学出版社，2016 年。

［日］藤田胜久：《中国古代国家と郡县社会》，东京：汲古书院，2005 年。

［日］富谷至著，刘恒武、孔李波译：《文书行政的汉帝国》，南京：江苏人民出版社，2013 年。

［日］ロータール・フォン・ファルケンウゼン著，吉本道雅 解题、訳：《周代中国の社会考古学》，京都：京都大学学术出版会，2006 年。

［日］吉本道雅：《中国先秦史の研究》，京都：京都大学学术出版会，2005 年。

［日］松井嘉德：《周代国制の研究》，东京：汲古书院，2002 年。

［日］松井嘉德：《记忆される西周史》，京都：朋友书店，2019 年。

［美］布龙菲尔德：《语言论》，北京：商务印书馆，1980 年。

晁福林师：《论平王东迁》，《历史研究》1991 年第 6 期。

陈恩林师：《先秦两汉文献中所见周代诸侯五等爵》，《历史研究》1994 年第 6 期。

陈恩林师：《鲁、齐、燕的始封及燕与郾的关系》，《历史研究》1996 年第 4 期。

刘绪老师：《西周疆至的考古学考察——兼及周王朝的统治方略》，北京大学出土文献研究所编：《青铜器与金文》第 1 辑，上海：上海古籍出版社，2017 年。

刘绪老师：《对考古学的无限追求和无私奉献——"商周田野工作坊"系列论文读后》，《南方文物》2017 年第 3 期。

谭戒甫：《周初矢器铭文综合研究》，《武汉大学人文科学学报》1956 年第 1 期。

竺可桢：《中国近五千年来气候变迁的初步研究》，《考古学报》1972 年第 1 期。

郭沫若：《沈子簋铭考释》，《金文丛考》，北京：人民出版社，1954 年。

郭沫若：《矢簋铭考释》，《考古学报》1956 年第 1 期。

郭沫若：《释刁勿》，《甲骨文字研究》，《郭沫若全集考古编》，北京：科学出版社，1982 年。

顾颉刚：《黄河流域与中国古代文明》，《文史杂志》1941 年 5 卷第 3—4 期合刊。

顾颉刚：《从古籍中探索我国的西北民族——羌族》，《社会科学战线》1980 年第 1 期。

顾颉刚遗著：《三监人物及其疆地——周公东征史事考证之一》，《文史》第 22 辑，北京：中华书局，1984 年。

顾颉刚：《〈尧典〉著作时代考》，《文史》第 24 辑，北京：中华书局，1985 年。

顾颉刚遗著：《周公东征和东方各族的迁徙——周公东征史事考证四之二》，《文史》第 27 辑，北京：中华书局，1986 年。

顾颉刚：《康王以下的东征和北征——周公东征史事考证四之三》，《文史》第 29 辑，中华书局，1988 年。

顾颉刚遗著：《三监的结局》，《文史》第 30 辑，北京：中华书局，1988 年。

顾颉刚：《奄和蒲姑的南迁——周公东征史事考证四之四》，《文史》第 31 辑，中华书局，1988 年。

顾颉刚遗著：《徐和淮夷的迁、留——周公东征史事考证四之五》，《文史》第 32 辑，北京：中华书局，1990年。

钱穆：《周初地理考》，《燕京学报》1931年总第10期。

钱穆：《西周戎祸考》，《古史地理论丛》，台北：东大图书出版公司，1982年。

董作宾：《甲骨文断代研究例》，载《庆祝蔡元培先生六十五岁论文集》，北平：中研院历史语言研究所，1933年。

董作宾：《帚矛说》，李济等编：《安阳发掘报告》第4期，南京：中研院历史语言研究所，1933年。

傅斯年：《大东小东说——兼论鲁齐燕初封在成周东南后乃东迁》，《傅斯年全集》第3册，台北：联经出版事业公司，1980年。

徐中舒：《禹鼎的年代及其相关问题》，《考古学报》1959年第3期。

徐中舒：《西周史论述（上）》，《四川大学学报》1979年第3期。

徐中舒：《西周史论述（下）》，《四川大学学报》1979年第4期。

徐中舒：《蒲姑、徐奄、淮夷、群舒考》，《四川大学学报（哲学社会科学版）》1998年第3期。

唐兰：《宜侯夨簋考释》，《考古学报》1956年第2期。

唐兰：《㝬尊铭文解释》，《文物》1976年第1期。

唐兰：《论周昭王时代的青铜器铭刻》，《古文字研究》第2辑，北京：中华书局，1981年。

丁山：《召穆公传》，《中央研究院历史语言研究所集刊》第2本第1分册，1930年。

屈万里：《尚书文侯之命著成的年代》，《中研院历史语言研究所集刊》第29本下册，1958年。

姜亮夫：《三楚所传古史与齐鲁三晋异同辩》，《楚辞学论文集》，上海：上海古籍出版社，1984年。

蒋大沂：《保卣铭文考释》，《中华文史论丛》第5辑，北京：中华书局，1962年。

齐思和：《西周地理考》，《燕京学报》1946年总第30期。

王玉哲：《周平王东迁乃避秦非避犬戎说》，《天津社会科学》1986年第3期。

王玉哲：《秦人族源及其迁徙路线》，《历史研究》1991年第3期。

王玉哲：《西周时太原之地望问题》，《史学论文集——纪念李埏教授从事学术活动五十周年》，昆明：云南大学出版社，1992年。

陈梦家：《古文字中之商周祭祀》，《燕京学报》第19期，1936年。

胡厚宣：《殷代封建制度考》，《甲骨学商史论丛初集》，台北：大通书局，1972 年。

孙海波：《读王静安先生古史新证书后》，《考古学社社刊》1935 年。

谭其骧：《西汉以前的黄河下游河道》，《历史地理》第 1 辑，上海：上海人民出版社，1981 年。

史念海：《春秋时代的交通道路》，《人文杂志》1960 年第 3 期。

史念海：《春秋战国时代农工业的发展及其地区的分布》，《河山集》，北京：生活·读书·新知三联书店，1963 年。

史念海：《论两周时期黄河流域的地理特征（上）》，《陕西师大学报（哲学社会科学版）》1978 年第 3 期。

史念海：《论两周时期黄河流域的地理特征（下）》，《陕西师大学报（哲学社会科学版）》1978 年第 4 期。

史念海：《周原的历史地理与周原考古》，《西北大学学报（哲学社会科学版）》1978 年第 2 期。

史念海：《西周与春秋时期华族与非华族杂居及其分布（上篇）》，《中国历史地理论丛》1990 年第 1 期。

史念海：《西周与春秋时期华族与非华族杂居及其分布（下篇）》，《中国历史地理论丛》1990 年第 2 期。

史念海：《春秋以前的交通道路》，《中国历史地理论丛》1990 年第 3 期。

史念海：《战国时代的交通道路》，《中国历史地理论丛》1991 年第 1 期。

史念海：《论陕西省的历史民族地理》，《中国历史地理论丛》1993 年第 1 期。

杨宽：《西周时代的楚国》，《江汉论坛》1981 年第 5 期。

杨宽：《中国上古史导论》，《古史辩》第 7 册，上海：上海书店，1993 年。

金祖孟：《地名通论》，《新中华》复刊 3 卷第 4 期，1945 年。

刘起釪：《周初的三监与邶鄘卫三国及卫康叔封地的问题》，《历史地理》第 2 辑，上海：上海人民出版社，1982 年。

刘起釪：《周初八〈诰〉中所见周人控制殷人的各种措施》，《殷都学刊》1988 年第 4 期。

杨希枚：《先秦赐姓制度理论的商榷》，《先秦文化史论集》，北京：中国社会科学出版社，1995 年。

陈怀荃：《大夏与大原》，《中国历史地理论丛》1993 年第 1 期。

石泉：《古邓国、邓县考》，《江汉论坛》1980 年第 3 期。

陈公柔、张长寿：《太保簋的复出和太保诸器》，《考古与文物》1980 年第 4 期。

陈公柔：《西周金文中的新邑、成周与王城》，《庆祝苏秉琦考古五十五年论文集》，北京：文物出版社，1989 年。

陈公柔：《〈曾伯霏簋〉铭中的"金道锡行"及相关问题》，中国社会科学院考古研究所编著：《中国考古学论丛：中国社会科学院考古研究所建所 40 年纪念》，北京：科学出版社，1993 年。

安金槐：《试论郑州商代城址——隞都》，《文物》1961 年第 Z1 期。

安金槐：《再论郑州商代城址——隞都》，《中原文物》1993 年第 3 期。

黄盛璋：《多友鼎的历史与地理问题》，《考古与文物》丛刊第 2 号《古文字论集》，1983 年。

黄盛璋：《驹父盨盖铭文研究》，《考古与文物》1983 年第 4 期。

黄盛璋：《铜器铭文宜、虞、矢的地望及其与吴国的关系》，《考古学报》1983 年第 3 期。

黄盛璋：《山东诸小国铜器研究——〈两周金文大系续编〉分国考释之一章》，《华夏考古》1989 年第 1 期。

王劲：《对江汉地区商周时期文化的几点认识》，《江汉考古》1983 年第 4 期。

杨文山：《邢国封建考》，《河北学刊》1989 年第 5 期。

邹衡：《郑州商城即汤都亳说》，《文物》1978 年第 2 期。

邹衡：《晋豫鄂三省考古调查简报》，《文物》1982 年第 7 期。

马承源：《晋侯苏编钟》，《上海博物馆集刊》第 7 期，上海：上海书画出版社，1996 年。

马承源、王世民等：《陕西眉县出土窖藏青铜器笔谈》，《文物》2003 年第 6 期。

李仲操：《也释多友鼎铭文》，《人文杂志》1982 年第 6 期。

何浩：《西申、东申与南申》，《史学月刊》1988 年第 5 期。

张长寿：《论宝鸡茹家庄发现的西周铜器》，《考古》1980 年第 6 期。

张长寿：《论井叔铜器——1983—1986 年沣西发掘资料之二》，《文物》1990 年第 7 期。

张长寿：《关于晋侯墓地的几个问题》，《文物》1998 年第 1 期。

张长寿：《论梁带村芮国墓地》，陕西省考古研究院、上海博物院编：《两周封国论衡：陕西韩城出土芮国文物暨周代封国考古学研究国际学术研讨会论文集》，上海：

上海古籍出版社，2013 年。

郭锡良：《古代汉语的被动表示法》，郭锡良、何九盈等：《古代汉语讲义》，《电大教育》编辑部，1986 年。

王恩田：《曲阜鲁国故城的年代及其相关问题》，《考古与文物》1988 年第 2 期。

王恩田：《鹿邑太清宫西周大墓与微子封宋》，《中原文物》2002 年第 4 期。

王恩田：《鹿邑微子墓补证——兼释相侯与子口寻（腌）》，《中原文物》2006 年第 6 期。

王恩田：《高青陈庄西周遗址与齐都营丘》，《管子学刊》2010 年第 3 期。

张以仁：《郑国灭郐资料的检讨》，《中研院历史语言研究所集刊》50 本第 4 分册，1979 年。

邹逸麟：《历史时期华北大平原湖沼变迁述略》，《历史地理》第 5 辑，上海：上海人民出版社，1987 年。

严文明：《东夷文化的探索》，《文物》1989 年 9 期。

俞伟超、高明：《周代用鼎制度研究》（上），《北京大学学报（哲学社会科学版）》1978 年第 1 期。

俞伟超、高明：《周代用鼎制度研究》（中），《北京大学学报（哲学社会科学版）》1978 年第 2 期。

俞伟超、高明：《周代用鼎制度研究》（下），《北京大学学报（哲学社会科学版）》1979 年第 1 期。

高广仁、邵望平：《淮系文化的早期发展与三代变迁》，《中国社会科学院古代文明研究中心通讯》2004 年第 7 期。

李学勤：《论多友鼎的时代及意义》，《人文杂志》1981 年第 6 期。

李学勤：《论仲冉父簋与申国》，《中原文物》1984 年第 4 期。

李学勤：《宜侯夨簋与吴国》，《文物》1985 年第 7 期。

李学勤：《论西周金文中的六师八师》，《华夏考古》1987 年第 2 期。

李学勤：《三门峡虢国墓地新发现与虢国史》，《中国文物报》1991 年 2 月 3 日。

李学勤：《重论夷方》，《民大史学》1996 年第 1 期。

李学勤：《晋侯邦父与杨姞》，《缀古集》，上海：上海古籍出版社，1998 年。

李学勤：《论新出现的一片征人方卜辞》，《殷都学刊》2005 年第 1 期。

李学勤：《商代夷方的名号和地望》，《中国史研究》2006 年第 2 期。

李学勤：《帝辛征夷方卜辞的扩大》，《中国史研究》2008 年第 1 期。

李学勤：《清华简〈耆夜〉》，《光明日报》2009 年 8 月 3 日。

李学勤：《从清华简谈到周代黎国》，《出土文献》第 1 辑，上海：中西书局，2010 年。

李学勤：《清华简九篇综述》，《文物》2010 年第 5 期。

李学勤等：《山东高青县陈庄西周遗址笔谈》，《考古》2011 年第 2 期。

李学勤等：《湖北随州叶家山西周墓地笔谈》，《文物》2011 年第 11 期。

李学勤：《斗子鼎与成王岐阳之盟》，《中国国家博物馆馆刊》2012 年第 1 期。

李学勤：《枣庄徐楼村宋公鼎与费国》，《史学月刊》2012 年第 1 期。

李学勤：《清华简〈系年〉解答封卫疑谜》，《文史知识》，2012 年第 3 期。

李学勤：《曾侯腆（與）编钟铭文前半释读》，《江汉考古》2014 年第 4 期。

李学勤：《论芮姞簋与疏公簋》，陕西省考古研究院、上海博物馆编：《两周封国论衡：陕西韩城出土芮国文物暨周代封国考古学研究国际学术研讨会论文集》，上海：上海古籍出版社，2014 年。

李学勤：《试说新出现的胡国方鼎》，《江汉考古》2015 年第 6 期。

张学海：《论四十年来山东先秦考古的基本收获》，《海岱考古》（第一辑），济南：山东大学出版社，1989 年。

王文楚：《西安洛阳间陆路交通的历史发展》，《历史地理研究》第 1 辑，上海：复旦大学出版社，1986 年。

陈昌远：《古申国考辨——河南古国史研究之一》，《河南大学学报（哲学社会科学版）》1989 年第 4 期。

陈昌远：《许国始封地望及其迁徙的地理历史问题》，《中国历史地理论丛》1993 年第 4 期。

李民：《〈尚书〉所见殷人入周后之境遇》，《人文杂志》1984 年第 5 期。

李民：《尧舜时代与陶寺遗址》，《史前研究》1985 年第 4 期。

裘锡圭：《说戜簋的两个地名——"棫林"和"胡"》，《裘锡圭学术文集》第三卷，上海：复旦大学出版社，2012 年。

王世民：《周都丰镐位置商榷》，《历史研究》1958 年第 2 期。

王人聪：《杨姞壶铭释读与北赵 63 号墓墓主问题》，《文物》1996 年第 5 期。

段连勤：《关于夷族的西迁和秦嬴的起源地族属问题》，《人文杂志》专刊《先秦史论文集》，1982 年。

殷玮璋：《新出土的太保铜器及其相关问题》，《考古》1990 年第 1 期。

张亚初：《谈多友鼎铭文的几个问题》，《考古与文物》1982 年第 3 期。

张亚初：《论鲁台山西周墓的年代和族属》，《江汉考古》1984 年第 2 期。

张亚初：《太保罍、盉铭文的再探讨》，《考古》1993 年第 1 期。

张亚初：《殷墟都城与山西方国考略》，《古文字研究》第 10 辑，中华书局，1983 年。

杨善群：《关于西周分封制的几个问题》，《求是学刊》1984 年第 3 期。

杨善群：《西周对待殷民的政策缕析》，《人文杂志》1984 年第 5 期。

杨善群：《西周宜国史考究》，《史林》1989 年第 4 期。

杨善群：《杞国都城迁徙与出土铜器考辨》，《学术月刊》2000 年第 2 期。

李伯谦：《马桥文化的源流》，陈杰主编：《马桥文化探微：发现与研究文集》，上海：上海书店，2018 年。

马世之：《邻国史迹初探》，《史学月刊》1984 年第 5 期。

马世之：《应国铜器及其相关问题》，《中原文物》1986 年第 1 期。

马世之：《文王伐崇考——兼论崇的地望问题》，《史学月刊》1989 年第 2 期。

罗西章：《周原青铜器窖藏有关问题的探讨》，《考古与文物》1988 年第 2 期。

韩伟：《关于秦人族属及文化渊源管见》，《文物》1986 年第 4 期。

刘雨：《多友鼎的时代与地名考订》，《考古》1983 年第 2 期。

林沄：《甲骨文中的商代方国联盟》，《古文字研究》第 6 辑，北京：中华书局，1981 年。

黄中业：《商代"分封"说质疑》，《学术月刊》1986 年第 5 期。

黄中业：《西周分封制在历史上的进步作用》，《社会科学战线》1986 年第 3 期。

陈佩芬：《上海博物馆新收集的西周青铜器》，《文物》1981 年第 9 期。

罗琨：《高宗伐鬼方史迹考辨》，胡厚宣主编：《甲骨文与殷商史》，上海：上海古籍出版社，1983 年。

杨权喜：《襄阳山湾出土的鄀国和邓国铜器》，《江汉考古》1983 年第 1 期。

郭克煜：《郕国历史初探》，《齐鲁学刊》1981 年第 4 期。

郭克煜：《杞国迁居山东问题》，《齐鲁学刊》1989 年第 4 期。

尹盛平：《邢国改封的原因及其与郑邢、丰邢的关系》，《三代文明研究（一）——1998 河北邢台中国商周文明国际学术研讨会论文集》，北京：科学出版社，1999 年。

尹盛平、田晓娟：《芮国的初始地及其改封的推测》，陕西省考古研究院、上海博物馆编：《两周封国论衡：陕西韩城出土芮国文物暨周代封国考古学研究国际学术研讨会论文集》，上海：上海古籍出版社，2014 年。

尹盛平、尹夏清：《关于宝鸡市戴家湾、石鼓山商州目的的国别与家族问题》，《考古与文物》2016 年第 2 期。

杨东晨、杨建国：《"汉阳诸姬"国史述考》，《学术月刊》1997 年第 8 期。

周振鹤：《建构中国历史政治地理学的设想》，《历史地理》第 15 辑，上海：上海人民出版社，1999 年。

蔡运章、陈长安：《丰国青铜器及相关问题》，《考古与文物》1983 年第 6 期。

蔡运章：《论虢仲其人——三门峡虢国墓地研究之一》，《中原文物》1994 年第 2 期。

蔡运章：《虢文公墓考——三门峡虢国墓地研究之二》，《中原文物》1994 年第 3 期。

蔡运章：《虢国的分封与五个虢国的历史纠葛》，《中原文物》1996 年第 2 期。

王慎行：《吕服余盘铭考释及其相关问题》，《文物》1986 年第 4 期。

李衡眉：《盟誓浅说》，《先秦史论集》，济南：齐鲁书社，1999 年。

刘庆柱：《试论秦之渊源》，《人文杂志》专刊《先秦史论文集》，1982 年。

王辉：《周畿内地名小记》，《考古与文物》1985 年第 3 期。

王辉：《史密簋释文考地》，《人文杂志》1991 年第 4 期。

王辉：《试论遗址地貌的后生变化》，《南方文物》2017 年第 3 期。

杜正胜：《周秦民族文化戎狄性的考察：简论关中出土的北方式青铜器》，《大陆杂志》1987 年第 5 期。

沈长云：《西周二韩国地望考》，《中国史研究》1982 年第 2 期。

沈长云：《说燕国的分封在康王之世——兼说铭有"匽侯"的周初青铜器》，《中国历史博物馆馆刊》1999 年第 2 期。

沈长云：《谈曾侯铜器铭文中的"南公"——兼论成康时期周人对南土的经营》，《中国史研究》，2017 年第 1 期。

肖梦龙：《母子墩墓青铜器及有关问题探索》，《文物》1984 年第 5 期。

叶万松、余扶危：《关于西周洛邑城址的探索》，《人文杂志》丛刊第 2 辑《西周史研究》，1984 年。

叶万松、余扶危：《中原地区西周陶器的初步研究》，《考古》1986 年第 12 期。

王冠英：《殷周的外服及其演变》，《史学评林》1983 年第 1、2 期合刊。

朱凤瀚：《殷墟卜辞所见商王室宗庙制度》，《历史研究》1990 年第 6 期。

朱凤瀚：《商代晚期社会中的商人宗族》，《华夏文明》第 3 辑，北京：北京大学出版社，1992 年。

朱凤瀚：《士山盘铭文初探》，《中国历史文物》2002 年第 1 期。

朱凤瀚：《柞伯鼎与周公南征》，《文物》2006 年第 5 期。

朱凤瀚：《覞公簋与唐伯侯于晋》，《考古》2007 年第 3 期。

朱凤瀚：《叔器与鲁国早期历史》，朱凤瀚主编：《新出金文与西周历史》，上海：上海古籍出版社，2011 年。

朱凤瀚：《简论与西周年代学者有关的几件铜器》，朱凤瀚主编：《新出金文与西周历史》，上海：上海古籍出版社，2011 年。

朱凤瀚：《论梁带村芮国墓地出土青铜器与相关问题》，陈燮君、王炜林：《梁带村里的墓葬——一份公共考古学报告》，北京：北京大学出版社，2012 年。

朱凤瀚：《论西周时期的“南国”》，《历史研究》，2013 年第 4 期。

朱凤瀚：《由殷墟出土北方式青铜器看商人与北方族群的联系》，《考古学报》2013 年第 1 期。

李零：《史记中所见秦早期都邑葬地》，《文史》第 20 辑，中华书局，1983 年。

李零：《楚国族源、世系的文字学证明》，《文物》1991 年第 2 期。

李零：《文峰塔 M1 出土钟铭补释》，《江汉考古》2015 年第 1 期。

张懋镕：《西周南淮夷称名与军事考》，《人文杂志》1990 年第 4 期。

张懋镕：《静方鼎小考》，《文物》1998 年第 5 期。

张懋镕：《宝鸡石鼓山墓地文化因素分析》，《宝鸡社会科学》2014 年第 3 期。

唐晓峰：《蓟燕分封与北京地区早期城市地理问题》，《中国历史地理论丛》1999 年第 1 期。

刘莉、刘明科：《也谈石鼓山西周 M3 墓主及相关问题》，《宝鸡社会科学》2013 年第 1 期。

曲英杰：《周代燕国考》，《历史研究》1996 年第 5 期。

曲英杰：《说匽》，《考古与文物》2000 年第 6 期。

赵化成：《甘肃东部秦和羌戎文化的考古学探索》，俞伟超主编：《考古学的理论与实践》，北京：文物出版社，1989 年。

彭裕商：《麦四器与周初的邢国》，《徐中舒先生百年诞辰纪念文集》，成都：巴蜀书社，1998 年。

彭裕商：《周初的殷代遗民》，《四川大学学报（哲学社会科学版）》2002 年第 6 期。

彭裕商：《虢国东迁考》，《历史研究》2006 年第 5 期。

彭裕商：《〈尚书·金滕〉新研》，《历史研究》2012 年第 6 期。

黄锡全：《士山盘铭文别议》，《中国历史文物》2003 年第 2 期。

曹锦炎：《"曾"、"随"二国的证据——论新发现的随仲嬭加鼎》，《江汉考古》2011 年第 4 期。

刘启益：《西周金文中所见的周王后妃》，《考古与文物》1980 年第 4 期。

刘启益：《西周矢国铜器的新发现与有关的历史地理问题》，《考古与文物》1982 年第 2 期。

罗运环：《新出金文与西周曾侯》，《陕西师范大学学报》（哲学社会科学版）2015 年第 6 期。

王光镐：《黄陂鲁台山西周遗存国属初论》，《江汉考古》1983 年第 4 期。

李志庭：《西周封国的政区性质》，《杭州大学学报》1981 年第 3 期。

徐殿魁：《龙山文化陶寺类型初探》，《中原文物》1982 年第 2 期。

周永珍：《西周时期应国、邓国铜器及地理位置》，《考古》1982 年第 1 期。

王宏、权敏：《贾国青铜器及其重要价值探研》，《中原文物》2015 年第 1 期。

张天恩：《丹江上游西周遗存与早期楚文化关系试析》，《周秦文化研究论集》，北京：科学出版社，2009 年。

张天恩、孙秉君：《梁带村芮国墓地的基本认识》，《金玉年华—陕西韩城出土周代文物珍品》，上海：上海书画出版社，2012 年。

张天恩：《晋南已发现的西周国族初析》，《考古与文物》2010 年第 1 期。

杜勇、孔华：《关邶鄘卫与涞水北国的地理纠葛》，《中原文化研究》2016 年第 3 期。

黄凤春、黄建勋：《论叶家山西周曾国墓地》，《随州叶家山：西周早期曾国墓地》，北京：文物出版社，2013 年。

黄凤春、胡刚：《再说西周金文中的"南公"——兼论随州叶家山西周曾国墓地的族属》，《江汉考古》2014 年第 2 期。

黄凤春、胡刚：《说西周金文中的"南公"——二论叶家山西周曾国墓地的族属》，《江汉考古》2014 年第 5 期。

张居中等：《淮河中游地区稻作农业考古调查报告》，《农业考古》2004 年第 3 期。

徐少华：《曾侯戉戈的年代及相关曾侯世系》，《古文字研究》第 30 辑，北京：中华书局，2014 年。

刘翔：《周夷王经营南淮夷及其与鄂之关系》，《江汉考古》1983 年第 3 期。

于逢春：《周平王东迁非避戎乃投戎辩——兼论平王东迁的原因》，《西北史地》1983 年第 4 期。

赵新来：《河南新郑城关出土的战国布币》，《考古学集刊》第 3 集，北京：中国社会科学出版社，1983 年。

卢连成：《西周矢国史迹考略及其相关问题》，《人文杂志》丛刊第 2 辑《西周史研究》，1984 年。

卢连成：《序地与昭王十九年南征》，《考古与文物》1984 年第 6 期。

梁晓景：《刘国史迹考略》，《中原文物》1985 年第 4 期。

梁晓景：《邻国史迹探索》，《中原文物》1987 年第 3 期。

周厚强：《孝感地区西周时期文化初析》，《江汉考古》1985 年第 4 期。

周厚强：《湖北西周陶器的分期》，《考古》1992 年第 3 期。

卢云：《战国时期主要陆路交通初探》，《历史地理研究》第 1 辑，上海：复旦大学出版社，1986 年。

吕智荣：《试论陕晋北部黄河两岸地区出土的商代青铜器及有关问题》，《中国考古学研究论集：纪念夏鼐先生考古五十周年》，西安：三秦出版社，1987 年。

李衡梅：《周初主要封国名称由来初探》，《齐鲁学刊》1987 年第 2 期。

王锡平：《胶东半岛夏商周时期的夷人文化》，《北方文物》1987 年第 2 期。

艾延丁：《申国之谜之我见》，《中原文物》1987 年第 3 期。

刘建国：《宜侯矢簋与吴国关系初探》，《东南文化》1988 年第 2 期。

胡志祥：《西周对淮夷政策初探》，《华东师范大学学报》1989 年第 1 期。

考古编辑部：《北京琉璃河出土西周有铭铜器座谈会纪要》，《考古》1989 年第 10 期。

晏昌贵：《西周胡国地望及其相关问题》，《湖北大学学报（哲学社会科学版）》1990 年第 1 期。

孙华：《安阳时期商王朝国家的政治版图——从文化分域和重要遗存的角度来考察》，《古代文明》第 10 卷，上海：上海古籍出版社，2016 年。

徐天进：《周公庙遗址考古调查的缘起及其学术意义》，《中国文物报》2004 年 7 月 2 日。

李修松：《淮夷探论》，《东南文化》1991 年第 2 期。

晏子：《蔡国始封地地望辨正》，《中国历史地理论丛》1991 年第 3 期。

尚志儒：《西周金文中的丰国》，《文博》1991 年第 4 期。

吴忱、何乃华：《两万年来华北平原主要河流的河道变迁》，《华北平原古河道研究论文集》，北京：中国科学技术出版社，1991 年。

邬锡非：《也谈西周申国的有关历史问题》，《杭州大学学报（哲学社会科学版）》1992 年第 1 期。

王连儒、李廷安：《〈左传〉所见诸侯婚姻中的宗姓认同与"兄弟之国"》，《管子学刊》1999 年第 2 期。

许宏：《对山东地区商代文化的几点认识》，《纪念山东大学考古专业创建 20 周年文集》，济南：山东大学出版社，1992 年。

许宏：《曲阜鲁国故城之再研究》，《先秦城市考古学研究》，北京：北京燕山出版社，2007 年。

王晖：《周武王东都选址考辨》，《中国史研究》1998 年第 1 期。

王晖：《论周代王权与中央集权化的统治形式》，《学术月刊》2000 年第 9 期。

唐际根、荆志淳：《考古学文化发展的延滞现象和"边缘化效应"》，《三代考古》（一），北京：科学出版社，2004 年。

张昌平：《论随州羊子山新出噩国青铜器》，《文物》2011 年第 11 期。

张昌平：《随仲嬭加鼎的时代特征及其他》，《江汉考古》2011 年第 4 期。

张昌平：《论随州叶家山墓地 M1 等几座墓葬的年代以及墓地布局》，《中国国家博物馆馆刊》2012 年第 8 期。

张昌平：《叶家山墓地相关问题研究》，北京：文物出版社，2013 年。

张昌平：《曾随之谜再检视》，《中国国家博物馆馆刊》2015 年第 11 期。

陈立柱：《微子封建考》，《历史研究》2005 年第 6 期。

张国硕：《岳石文化的类型划分》，《郑州大学学报》1992 年 2 期。

任伟：《从考古发现看西周燕国殷遗民之社会状况》，《中原文物》2001 年第 2 期。

张伟然：《唐代的南北地理分界线及相关问题》，《中国历史地理论丛》2005 年第 2 期。

李天虹：《曾侯膡（與）编钟铭文补说》，《江汉考古》2014 年第 4 期。

张渭莲、段宏振：《邢台西周考古与西周邢国》，《文物》2012 年第 1 期。

刘源：《"五等爵"制与殷周贵族政治体系》，《历史研究》2014 年第 1 期。

刘源：《周承殷制的新证据及其启示》，《历史研究》2016 年第 2 期。

李维明：《邹衡先生与"郑亳说"创建过程》，《南方文物》2010 年第 1 期。

高成林：《随仲嬭加鼎浅议》，《江汉考古》2012 年第 1 期。

杨绍舜：《吕梁地区文物考古工作概述》，山西省考古学会、山西省考古研究所合编：《山西省考古学会论文集（一）》，太原：山西人民出版社，1992 年。

许成、李进增：《东周时期的戎狄青铜文化》，《考古学报》1993 年第 1 期。

许永生：《从虢国墓地考古新发现谈虢国历史概况》，《华夏考古》1993 年第 4 期。

李克能：《鄂东地区西周文化分析》，《东南文化》1994 年第 3 期。

龚胜生：《〈禹贡〉中的秦岭淮河地理界线》，《湖北大学学报（哲学社会科学版）》1994 年第 6 期。

周晓陆，纪达凯：《江苏连云港市出土襄城楚境尹戈读考》，《考古》1995 年第 1 期。

田建文：《山西考古学文化的区系类型问题》，《汾河湾——丁村文化与晋文化考古学术研讨会论文集》，太原：山西高校联合出版社，1996 年。

田建文：《古唐、唐国、晋文化》，《古代文明研究通讯》第 44 期，2010 年 3 月。

周永珍：《关于洛阳周城》，《洛阳考古四十年——一九九二年洛阳考古学术研讨会论文集》，北京：科学出版社，1996 年。

巴新生：《西周"宗盟"初探》，《东北师范大学学报》1997 年第 2 期。

李鲁滕：《略论前掌大商代遗址群的文化属性和族属》，《华夏考古》1997 年第 4 期。

王翰章、陈良和、李保林：《虎簋盖铭简释》，《考古与文物》1997 年第 3 期。

吴晓松：《湖北蕲春达成新屋塆窖藏青铜器及其相关问题的研究》，《文物》1997 年第 12 期。

穆晓军：《陕西长安县出土西周吴虎鼎》，《考古与文物》1998 年第 3 期。

刘诗中、卢本珊：《江西铜岭铜矿遗址的发掘与研究》，《考古学报》1998 年第 4 期。

张翠莲：《商文化的北界》，《考古》2016 年第 4 期。

袁俊杰、江涛、王龙正：《新发现的柞伯簋及其铭文考释》，《文物》1998 年第 9 期。

石从枝、李恩玮等：《邢台地区陶器初步研究》，《三代文明研究（一）——1998 河北邢台中国商周文明国际学术研讨会论文集》，北京：科学出版社，1999 年。

刘延长：《珍珠门文化初探》，《华夏考古》2001 年第 4 期。

陈昭容：《两周婚姻关系中的"媵"与"媵器"——青铜器铭文中的性别、身分与角色研究之二》，《中研院历史语言研究所集刊》第 77 本第 2 分册，2006 年第 2 期。

梁云：《陇山东侧商周方国考略》，《西部考古》第 8 辑，北京：科学出版社，2015 年。

马保春：《由楚简〈容成氏〉看汤伐桀的几个地理问题》，《中国历史文物》2004 年第 5 期。

马保春:《山西绛县横水西周墓地倗国大墓的相关历史地理问题》,《考古与文物》
2007 年第 6 期。

高智、张崇宁:《西伯即戡黎——西周黎侯铜器的出土与黎国墓地的确认》,《古代文
明研究通讯》总 32 期,2007 年。

沈建华:《清华楚简"武王八年伐郘"刍议》,《考古与文物》2010 年第 2 期。

刘亦方、张东:《郑州地区晚商文化研究》,《考古》2017 年第 8 期。

齐义虎:《五爵三等考》,四川大学哲学系中国哲学教研室:《切磋八集》,北京:华夏
出版社,2019 年。

郜向平:《试论夏商周考古中"文化"概念的阶段性差异》,《南方文物》2017 年第
3 期。

谢肃:《论郑州商城的性质》,《中原文化研究》2015 年第 2 期。

谢肃:《对夏商三都年代与性质的看法》,《南方文物》2017 年第 3 期。

常怀颖:《略谈铸铜作坊的空间布局问题》,《南方文物》2017 年第 3 期。

马赛:《西周时期关中地区的聚落分布与变迁》,《南方文物》2017 年第 3 期。

陈小三:《新出荆子鼎与武王克殷年代——兼论周武王时期的标准青铜器群》,复旦
大学出土文献与古文字研究中心论坛,2012 年 1 月 18 日。

林永昌、陈建立:《东周时期铁器技术与工业的地域性差异》,《南方文物》2017 年
第 3 期。

张鹏程:《白水下河遗址陶鬲的制法》,《南方文物》2017 年第 3 期。

余雯晶:《关于汉代彩绘陶器的思考》,《南方文物》2017 年第 3 期。

于薇:《周代祝官考辨》,《兰州学刊》2007 年第 5 期。

于薇:《西周"宗盟"考论》,《史学集刊》2008 年第 2 期。

于薇:《从王室与苏氏之争看西周时期的王畿问题》,《社会科学辑刊》2008 年第
2 期。

于薇:《淮汉政治区域的形成与淮河作为南北政治分界线的起源》,《古代文明》(东
北师范大学)2010 年第 1 期。

于薇:《汉阳诸姬:基于地理学的证伪》,《历史地理》第 24 辑,上海:上海人民出版
社,2010 年。

于薇:《〈史记·周本纪〉"不显亦不宾灭"考》,《中山大学学报》2011 年第 6 期。

于薇：《湖北随州叶家山 M2 新出 🜩 子鼎与西周宗盟》，《江汉考古》2012 年第 2 期页。

于薇：《清华简〈郘夜〉时、地问题辨正》，《中国国家博物馆馆刊》2012 年第 12 期。

于薇：《西周封国徙封的文献举证》，《中国历史地理论丛》2013 年第 1 期。

于薇：《先秦两汉舜故事南方版本发展与潇水流域的政治进程》，《学术研究》2013 年第 7 期。

于薇：《始封在庙与徙封在社：西周封建的仪式问题》，《历史教学》2014 年第 1 期。

于薇、常怀颖：《叶家山西宫爵与两周金文三宫及其相关问题》，《江汉考古》2016 年第 5 期。

于薇：《有南之国与西周南土的商要素：兼论晚期文献在考古学中的适用性与使用路径》，《南方文物》2017 年第 3 期。

于薇：《晋南与鄂东豫西地区两周时期的地名重名现象》，《古代文明》第 12 卷，上海：上海古籍出版社，2018 年。

于薇：《"义阳三关"两周时期的区位发展与东畿开发》，《中山大学学报》（社会科学版）2019 年第 6 期。

《江汉考古》编辑部：《"随州文峰塔曾侯与墓"专家座谈会纪要》，《江汉考古》2014 年第 4 期。

赵燕姣：《"汉阳诸姬"之唐、沈二国考》，《文博》2010 年第 6 期。

赵燕姣：《古息国变迁考》，《中原文物》2014 年第 3 期。

时达：《二〇一九年度全国十大考古新发现揭晓》，《文物天地》2020 年第 6 期。

黄国辉：《江陵"北子"器所见人物关系及宗法史实》，《历史研究》2011 年第 2 期。

刘成群：《清华简〈乐诗〉与"西伯戡黎"再探讨》，《史林》2009 年第 4 期。

王鹏程：《"清华简"武王所戡之"黎"应为黎阳》，《史林》2009 年第 4 期。

曹汉刚：《多友鼎相关问题考证》，《中国国家博物馆馆刊》2014 年第 3 期。

陈民镇、江林昌：《"西伯勘黎"新证——从清华简〈耆夜〉看周人伐黎的史事》，《东岳论丛》2011 年第 10 期。

陈颖飞：《清华简井利与西周井氏之井公、井侯、井伯》，《出土文献》第 2 辑，上海：中西书局，2011 年。

陈颖飞：《〈清华简〉毕公高、毕桓与西周毕氏》，《中国国家博物馆馆刊》2012 年第

6 期。

田伟：《试论绛县横水、翼城大河口墓地的性质》，《中国国家博物馆馆刊》2012 年第 5 期。

胡刚：《有"郱"铜器与郑国历史新论》，《文物》2013 年第 4 期。

凡国栋：《曾侯與编钟铭文柬释》，《江汉考古》2014 年第 4 期。

田率：《新见鄂监簋与西周监国制度》，《江汉考古》2015 年第 1 期。

许可：《清华简〈系年〉第五章与楚顿关系新证》，《管子学刊》2015 年第 2 期。

陈絜：《〈方鼎〉铭与周公东征路线初探》，《古文字与古代史》第 4 辑，台北："中研院"历史语言研究所，2015 年。

张海：《"邦"、"国"之别——兼谈两周铜器铭文所示西周王朝之国家结构》，《青铜器与金文》第 1 辑，上海：上海古籍出版社，2017 年。

[日] 松丸道雄：《殷周国家的结构》，《岩波讲座·世界历史》4，1970 年。

[日] 宇都宫清吉：《〈诗·国风〉的农民诗——古代邑制国家的权力和自由》，《龙谷史坛》65，1972 年。

[美] 夏含夷：《早期商周关系及其对武丁以后殷商王室势力范围的意义》，《九州学刊》第 2 卷第 1 期，1987 年。

[法] 布罗代尔著，顾良、张慧君译：《长时段：历史和社会科学》，《资本主义论丛》，北京：中央编译出版社，1997 年。

[美] 夏含夷：《西周之衰微》，《尽心集：张政烺先生八十庆寿论文集》，北京：中国社会科学出版社，1996 年。

[日] 桥本万太郎：《汉语被动式的历史·区域发展》，蒋绍愚、江蓝生：《近代汉语研究》，北京：商务印书馆，1999 年。

考　古

文物编辑委员会编：《文物考古工作三十年：1949—1979》，北京：文物出版社，1979 年。

中国社会科学院考古研究所编：《新中国的考古发现和研究》，北京：文物出版社，1984 年。

北京市文物研究所编：《北京考古四十年》，北京：北京燕山出版社，1990年。

文物编辑委员会编：《文物考古工作十年1979—1989》，北京：文物出版社，1991年。

河南省文物研究所编：《河南考古四十年1952—1992》，郑州：河南人民出版社，1994年。

襄樊市文物普查办公室等：《襄樊市文物史迹普查实录图集》，北京：今日中国出版社，1995年。

文物编辑委员会编：《新中国考古五十年》，北京：文物出版社，1999年。

夏商周断代工程专家组编著：《夏商周断代工程：1996—2000年阶段成果报告简本》，北京：世界图书出版公司，2001年。

国家文物局主编：《中国文物地图集》，西安：西安地图出版社，2002年。

张廷皓、王建琪主编；陕西省文物局，中华世纪坛艺术馆编：《盛世吉金：陕西宝鸡眉县青铜器窖藏》，北京：北京出版社，2003年。

中国社会科学院考古研究所编：《中国考古学·两周卷》，北京：中国社会科学出版社，2004年。

中国社会科学院考古研究所编：《中国考古学·夏商卷》，北京：中国社会科学出版社，2003年。

中国科学院考古研究所：《上村岭虢国墓地（黄河水库考古报告之三）》，北京：科学出版社，1959年。

中国科学院考古研究所：《洛阳中州路（西工段）》，北京：科学出版社，1959年。

中国科学院考古研究所：《沣西发掘报告：1955—1957年陕西长安县沣西乡考古发掘资料》，北京：文物出版社，1963年。

郭宝钧：《浚县辛村》，北京：科学出版社，1964年。

山东省文物考古研究所等：《曲阜鲁国故城》，济南：齐鲁书社，1982年。

卢连成、胡智生，宝鸡市博物馆：《宝鸡𢐗国墓地》，北京：文物出版社，1988年。

中国社会科学院考古研究所：《洛阳发掘报告1955—1960年洛阳涧滨考古发掘资料》，北京：北京燕山出版社，1989年。

武汉大学历史系考古教研室等：《西花园与庙台子（田野考古发掘报告）》，武汉：武汉大学出版社，1993年。

北京市文物研究所：《琉璃河西周燕国墓地：1973—1977》，北京：文物出版社，1995年。

河北省文物研究所：《燕下都》，北京：文物出版社，1996 年。

河南省文物考古研究所、三门峡市文物工作队：《三门峡虢国墓（第一卷）》，北京：文物出版社，1999 年。

洛阳市文物工作队：《洛阳北窑西周墓》，北京：文物出版社，1999 年。

中国社会科学院考古研究所：《张家坡西周墓地》，北京：中国大百科全书出版社，1999 年。

黄石市博物馆：《铜绿山古矿冶遗址》，北京：文物出版社，1999 年。

河南省文物考古研究所、周口市文化局：《鹿邑太清官长子口墓》，郑州：中州古籍出版社，2000 年。

苏兆庆：《古莒遗珍》，北京：人民美术出版社，2003 年。

湖北省文物考古研究所：《武昌放鹰台》，北京：文物出版社，2003 年。

中国社会科学院考古研究所：《滕州前掌大墓地》，北京：文物出版社，2005 年。

江西省文物考古研究所、樟树市博物馆：《吴城：1973—2020 年考古发掘报告》，北京：科学出版社，2005 年。

襄樊市考古队、湖北省文物考古研究所、湖北孝襄高速公路考古队：《枣阳郭家庙曾国墓地》，北京：科学出版社，2005 年。

陕西省考古研究院、北京大学考古文博学院、中国社会科学院考古研究所周原考古队：《周原：2002 年度齐家制玦作坊和礼村遗址考古发掘报告》，北京：科学出版社，2015 年。

陕西省考古研究院、渭南市文物保护考古研究所、韩城市景区管理委员会：《梁带村芮国墓地：2007 年度发掘报告》北京：文物出版社，2010 年。

安徽省文物考古研究所：《霍邱堰台：淮河流域周代聚落发掘报告》，北京：科学出版社，2010 年。

陕西省考古研究院、商洛市博物馆：《商洛东龙山》，北京：科学出版社，2011 年。

河北省文物研究所：《邢台商周遗址》，北京：文物出版社，2011 年。

陈燮君、王炜林：《梁带村里的墓葬———一份公共考古学报告》，北京：北京大学出版社，2012 年。

湖北省博物馆、湖北省文物考古研究所、随州市博物馆：《随州叶家山：西周早期曾国墓地》，北京：文物出版社，2013 年。

山东省文物考古研究所：《临淄齐故城》，北京：文物出版社，2013 年。

襄阳博物馆、湖北省文物考古研究所、湖北省博物馆、长江文明馆等：《穆穆曾侯：枣阳郭家庙曾国墓地》，北京：文物出版社，2015 年。

安徽省文物考古研究所、南京大学历史学院考古文物系、马鞍山市文物局、马鞍山市博物馆：《马鞍山五担岗》，北京：文物出版社，2016 年。

陕西省考古研究院、北京大学考古文博学院、宝鸡市周原博物馆：《周原遗址东部边缘：2012 年度田野考古报告》，上海：上海古籍出版社，2018 年。

陕西省博物馆、陕西省文物管理委员会：《扶风齐家村青铜器群》，北京：文物出版社，1963 年。

中国科学考古研究所编辑：《长安张家坡西周铜器群》，北京：文物出版社，1965 年。

曹玮：《周原出土青铜器》，成都：巴蜀书社，2005 年。

安徽大学、安徽省文物考古研究所：《皖南商周青铜器》，北京：文物出版社，2006 年。

襄樊市文物考古研究所：《襄樊考古文集（第一辑）》，北京：科学出版社，2007 年。

湖南省博物馆：《湖南出土殷商西周青铜器》，长沙：岳麓书社，2007 年。

荆州博物馆：《荆州重要考古发现》，北京：文物出版社，2009 年。

杨正宏、肖梦龙：《镇江出土吴国青铜器》，北京：文物出版社，2008 年。

河北省文物考古研究所：《河北考古重大发现：1949—2009》，北京：科学出版社，2009 年。

随州市博物馆编：《随州出土文物精粹》，北京：文物出版社，2009 年。

湖北省博物馆：《荆楚英华：湖北全省博物馆馆藏文物精品联展图录》，武汉：湖北人民出版社，2011 年。

陕西省考古研究院、上海博物馆：《金玉华年：陕西韩城出土周代芮国文物珍品》，上海：上海书画出版社，2012 年。

山西省考古研究所：《绛县横水西周墓地青铜器科技研究》，北京：科学出版社，2012 年。

深圳博物馆、随州市博物馆：《礼乐汉东：湖北随州出土周代青铜器精华》，北京：文物出版社，2012 年。

陈昭容主编：《宝鸡戴家湾与石鼓山出土商周青铜器》，台北：中研院历史语言研究所，2015 年。

游国庆：《吉金耀采——院藏历代铜器》，台北：故宫博物院，2014 年。

宝鸡市周原博物馆：《周原：庄白西周青铜器窖藏考古发掘报告》，北京：科学出版社，2016 年。

湖北省文物考古研究所：《三苗与南土：湖北省文物考古研究所"十二五"期间重要考古收获》，武汉：江汉考古编辑部，2016 年。

信阳博物馆：《信阳博物馆藏青铜器》，北京：文物出版社，2018 年。

彭适凡：《九如园吉金：朱昌言藏古代青铜器》，上海：上海辞书出版社，2018 年。

中国国家博物馆：《中国国家博物馆馆藏文物研究丛书·青铜器卷·西周》，上海：上海古籍出版社，2020 年。

江苏省文管会：《江苏丹徒县烟墩山出土古代青铜器》，《文物参考资料》1955 年第 5 期。

江苏省文物管理委员会：《江苏丹徒县烟墩山出土的古代青铜器》，《文物参考资料》1955 年第 5 期。

河南省文物工作队第一队：《河南上蔡出土的一批铜器》，《文物参考资料》1957 年第 11 期。

解希恭：《山西洪赵县永凝东堡出土的铜器》，《文物参考资料》1957 年第 8 期。

山西省文物管理委员会：《山西长治市分水岭古墓的清理》，《考古学报》1957 年第 1 期。

朱江：《江苏南部"硬陶与釉陶"遗存清理》，《考古通讯》1957 年第 3 期。

裴淇：《鲁山县发现一批重要铜器》，《文物参考资料》1958 年第 5 期。

安徽省文化局文物工作队：《安徽屯溪西周墓葬发掘报告》，《考古学报》1959 年第 4 期。

北京大学、河北省文化局邯郸考古发掘队：《1957 年邯郸发掘简报》，《考古》1959 年第 10 期。

唐云明：《邢台西关外遗址试掘》，《文物》1960 年第 7 期。

山东省文物管理处：《山东临淄齐故城试掘简报》，《考古》1961 年第 6 期。

中国社会科学院考古研究所湖北发掘队：《湖北圻春毛家咀西周木构建筑》，《考古》1962 年第 1 期。

王毓彤：《江陵发现西周铜器》，《文物》1963 年第 2 期。

李健：《湖北江陵万城出土西周铜器》，《考古》1963 年第 4 期。

北京市文物工作队：《北京房山县考古调查简报》，《考古》1963 年第 3 期。

马承源：《记上海博物馆新收集的青铜器》，《文物》1964 年第 7 期。

湖北省博物馆：《湖北京山发现曾国铜器》，《文物》1972 年第 2 期。

齐文涛：《概述近年来山东出土的商周青铜器》，《文物》1972 年第 5 期。

群力：《临淄齐国故城勘探纪要》，《文物》1972 年第 5 期。

山东省博物馆：《山东益都苏阜屯第一号奴隶殉葬墓》，《文物》1972 年第 8 期。

郑杰祥：《河南新野发现的曾国铜器》，《文物》1973 年第 5 期。

喀左县文化馆等：《辽宁喀左县北洞村出土的殷周青铜器》，《考古》1974 年第 6 期。

中国科学院考古研究所等：《北京附近发掘的西周奴隶殉葬墓》，《考古》1974 年第 5 期。

宝鸡茹家庄西周墓葬发掘队：《陕西省宝鸡市茹家庄西周墓发掘简报》，《文物》1976 年第 4 期。

北京市文物管理处：《北京地区的又一重要考古收获——昌平白浮西周木椁墓的新启示》，《考古》1976 年第 4 期。

甘肃省博物馆文物队、灵台县文化馆：《甘肃灵台县两周墓葬》，《考古》1976 年第 1 期。

岐山县文化馆、陕西省文管会等：《陕西省岐山县董家村西周铜器窖穴发掘简报》，《文物》1976 年第 5 期。

临潼县文化馆：《陕西临潼发现武王征商簋》，《文物》1977 年第 8 期。

甘肃省博物馆文物队：《甘肃灵台白草坡西周墓》，《考古学报》1977 年第 2 期。

河南省博物馆：《河南省襄县西周墓发掘简报》，《文物》1977 年第 8 期。

南京博物院：《江苏句容县浮山果园西周墓》，《考古》1977 年第 5 期。

陕西周原考古队：《陕西扶风庄白一号西周青铜器窖藏发掘简报》，《文物》1978 年第 3 期。

滕县文化馆：《山东滕县出土枸薛铜器》，《文物》1978 年第 4 期。

镇江市博物馆、金坛县文化馆：《江苏金坛鳖墩西周墓》，《考古》1978 年第 3 期。

河北省文物管理处：《河北元氏县西张村的西周遗址和墓葬》，《考古》1979 年第 1 期。

陕西周原考古队：《陕西岐山凤雏村西周建筑基址发掘简报》，《文物》1979 年第 10 期。

唐云明：《河北元氏西张村的西周遗址和墓葬》，《考古》1979 年第 1 期。

滕县文化馆：《山东滕县出土西周滕国铜器》，《文物》1979 年第 4 期。

中国社会科学院考古研究所安阳工作队：《1969—1977 年殷墟西区墓葬发掘报告》，

《考古学报》1979 年第 1 期。

信阳地区文管会等：《河南罗山县发现春秋早期铜器》，《文物》1980 年第 1 期。

镇江市博物馆等：《江苏丹阳出土的西周青铜器》，《文物》1980 年第 8 期。

中国社会科学院考古研究所山东队、滕县博物馆：《山东滕县古遗址调查简报》，《考古》1980 年第 1 期。

中国社会科学院考古研究所山东队、滕县博物馆：《山东滕县古遗址调查简报》，《考古》1980 年第 1 期。

平顶山市文管会：《河南平顶山市发现西周铜簋》，《考古》1981 年第 4 期。

德州行署文化局文物组等：《山东济阳刘台子西周早期墓发掘简报》，《文物》1981 年第 9 期。

刘得祯：《甘肃灵台两座西周墓》，《考古》1981 年第 6 期。

洛阳博物馆：《洛阳北窑村西周遗址 1974 年度发掘简报》，《文物》1981 年第 7 期。

陕西周原考古队：《扶风召陈西周建筑群基址发掘简报》，《文物》1981 年第 3 期。

信阳地区文管会、罗山县文化馆：《河南罗山县蟒张商代墓地第一次发掘简报》，《考古》1981 年第 2 期。

随州市博物馆：《湖北随县新发现古代青铜器》，《考古》1982 年第 2 期。

随州市博物馆：《湖北随县安居出土青铜器》，《文物》1982 年第 12 期。

黄陂县文化馆等：《湖北黄陂鲁台山两周遗址与墓葬》，《江汉考古》1982 年第 2 期。

刘兴，吴大林：《江苏溧水县柘塘、乌山土墩墓清理简报》，《文物资料丛刊》第 6 辑，北京：文物出版社，1982 年。

卢连成、尹盛平：《古矢国遗址墓地调查》，《文物》1982 年第 2 期。

中国社会科学院考古研究所铜绿山工作队：《湖北铜绿山东周铜矿遗址发掘》，《考古学报》1981 年第 1 期。

李步青：《山东莱阳县出土己国铜器》，《文物》1983 年第 12 期。

临朐县文化馆、潍坊地区文物管理委员会：《山东临朐发现齐、郭、曾诸国铜器》，《文物》1983 年第 12 期。

山东省烟台地区文物管理委员会：《烟台上夼村出土（己其）国铜器》，《考古》1983 年第 4 期。

张肇武：《河南平顶山又出土一件邓公簋》，《考古与文物》1983 年第 1 期。

北京大学考古实习队等：《山东长岛县史前遗址》，《史前研究》1983 年创刊号。

李绍曾：《期思古城遗址调查》，《中原文物》1983 年特刊。

南阳地区文物队、方城县文化馆：《河南方城县大张庄新石器时代遗址》，《考古》1983 年第 5 期。

崔庆明：《南阳市北郊出土一批申国青铜器》，《中原文物》1984 年第 4 期。

平顶山文管会：《河南平顶山市出土西周应国青铜器》，《文物》1984 年第 12 期。

滕县博物馆：《山东滕县发现滕侯铜器墓》，《考古》1984 年第 4 期。

随州市博物馆：《湖北随县发现商周青铜器》，《考古》1984 年第 6 期。

陕西周原考古队：《扶风刘家姜戎墓葬发掘简报》，《文物》1984 年第 7 期。

天津市历史博物馆考古队：《天津蓟县张家园遗址第二次发掘》，《考古》1984 年第 8 期。

镇江博物馆等：《江苏丹徒大港母子墩西周铜器墓发掘简报》，《文物》1984 年第 5 期。

中国社会科学院考古研究所、北京市文物工作队、琉璃河考古队：《1981—1983 年琉璃河西周燕国墓地发掘简报》，《考古》1984 年第 5 期。

张肇武：《平顶山市出土周代青铜器》，《考古》1985 年第 3 期。

德州地区文化局文物组等：《山东济阳刘台子西周墓地第二次发掘》，《文物》1985 年第 12 期。

佟伟华：《山西垣曲古城文化遗址的发掘》，《晋文化研究座谈会纪要》，1985 年。

孝感地区博物馆：《大悟吕王城重点调查简报》，《江汉考古》1985 年第 3 期。

镇江博物馆：《江苏溧水、丹阳西周墓发掘简报》，《考古》1985 年第 8 期。

襄樊市博物馆等：《襄樊市、谷城县馆藏青铜器》，《文物》1986 年第 4 期。

中国社会科学院考古研究所沣西发掘队：《长安张家坡西周井叔墓发掘简报》，《考古》1986 年第 1 期。

山西省文物工作委员会等：《山西洪洞永凝堡西周墓葬》，《文物》1987 年第 2 期。

平顶山市文管会：《平顶山市新出土西周青铜器》，《中原文物》1988 年第 1 期。

河南省文物研究所、平顶山市文管会：《平顶山市北滍村两周墓地一号墓发掘简报》，《华夏考古》1988 年第 1 期。

齐国故城遗址博物馆、临淄区文物管理所：《山东临淄齐国故城西周墓》，《考古》1988 年第 1 期。

襄樊市博物馆：《湖北枣阳毛狗洞遗址调查》，《江汉考古》1988 年第 3 期。

港下古铜矿遗址发掘小组：《湖北阳新港下古矿井遗址发掘简报》，《考古》1988 年第 1 期。

信阳地区文管会、信阳县文管会：《河南信阳县狮河港出土西周早期铜器群》，《考古》1989 年第 1 期。

江西省文物考古研究所铜岭遗址发掘队：《江西瑞昌铜岭商周矿冶遗址第一期发掘简报》，《江西文物》1990 年第 3 期。

中国社会科学院考古研究所、北京市文物研究所琉璃河考古队：《北京琉璃河 1193 号大墓发掘简报》，《考古》1990 年第 1 期。

中国社会科学院考古研究所沣西发掘队：《陕西长安张家坡 M170 号井叔墓发掘简报》，《考古》1990 年第 6 期。

山东省济宁市文物管理局：《薛国故城勘查和墓葬发掘报告》，《考古学报》1991 年第 4 期。

河南省文物研究所、平顶山市文管会：《平顶山应国墓地九十五号墓的发掘》，《华夏考古》1992 年第 3 期。

河南省文物研究所、三门峡市文物工作队：《三门峡上村岭虢国墓地 M2001 发掘简报》，《华夏考古》1992 年第 3 期。

任亚珊、段宏振：《邢台南小汪周代遗址西周遗存的发掘》，《文物春秋》1992 年第 S1 期。

郑洪春、穆海亭：《镐京西周五号大型宫室建筑基址发掘简报》，《文博》1992 年第 4 期。

中国社会科学院考古研究所山东工作队：《滕州前掌大商代墓葬》，《考古学报》1992 年第 3 期。

北京大学考古学系等：《1992 年春天马——曲村遗址墓葬发掘报告》，《文物》1993 年第 3 期。

天津市历史博物馆考古部：《天津蓟县张家园遗址第三次发掘》，《考古》1993 年第 4 期。

武汉大学历史系考古教研室等：《湖北新洲香炉山遗址（南区）发掘简报》，《江汉考古》1993 年第 1 期。

北京大学考古学系等：《天马——曲村遗址北赵晋侯墓地第二次发掘》，《文物》1994 年第 1 期。

湖北省文物考古研究所等：《湖北罗田庙山岗遗址发掘报告》，《考古》1994 年第 9 期。

山西省考古研究所：《1976 年闻喜上郭村周代墓葬清理记》，山西省考古研究所：《三晋考古》第 1 辑，太原：山西人民出版社，1994 年。

山西省考古研究所：《闻喜上郭村古墓群试掘》，山西省考古研究所：《三晋考古》第 1 辑，太原：山西人民出版社，1994 年。

山西省考古研究所：《闻喜县上郭村 1989 年发掘简报》，山西省考古研究所：《三晋考古》第 1 辑，太原：山西人民出版社，1994 年。

山西省考古研究所等：《天马——曲村遗址北赵晋侯墓地第三次发掘》，《文物》1994 年第 8 期。

山西省考古研究所等：《天马——曲村遗址北赵晋侯墓地第四次发掘》，《文物》1994 年第 8 期。

河南省文物考古研究所、三门峡市文物工作队：《上村岭虢国墓地 M2006 的清理》，《文物》1995 年第 1 期。

北京大学考古学系等：《天马——曲村遗址北赵晋侯墓地第五次发掘》，《文物》1995 年第 7 期。

襄樊市博物馆：《随枣走廊几处新石器时代遗址调查》，《江汉考古》1995 年第 4 期。

北京大学考古学系等：《1995 年琉璃河周代居址发掘简报》，《文物》1996 年第 6 期。

湖北黄冈市博物馆等：《湖北蕲春达成新屋塆西周铜器窖藏》，《文物》1997 年第 12 期。

湖北省文物考古研究所：《汉川乌龟山西周遗址试掘简报》，《江汉考古》1997 年第 2 期。

任亚珊、郭瑞海、贾金标：《1993—1997 年邢台葛家庄先商遗址、两周贵族墓地考古工作的主要收获》，《三代文明研究（一）——1998 河北邢台中国商周文明国际学术研讨会论文集》，北京：科学出版社，1999 年。

张长寿、张光直：《河南商丘地区殷商文明调查发掘初步报告》，《考古》1997 年第 4 期。

中国历史博物馆考古部等：《1991～1992 年山西垣曲商城发掘简报》，《文物》1997 年第 12 期。

河南省文物考古研究所等:《平顶山应国墓地八十四号墓发掘简报》,《文物》1998年第9期。

河南省文物考古研究所、周口地区文化局:《河南鹿邑县太清宫西周墓的发掘》,《考古》2000年第9期。

北京大学考古文博院等:《天马——曲村遗址北赵晋侯墓地第六次发掘》,《文物》2001年第8期。

陕西省考古研究所、宝鸡市考古工作队、眉县文化馆联合考古队:《陕西眉县杨家村西周青铜器窖藏》,《考古与文物》2003年第3期。

陕西省考古研究所等:《陕西眉县杨家村西周青铜器窖藏发掘简报》,《文物》2003年第6期。

杨亚长等:《陕西商洛发现西周时期小型村落遗址》,《中国文物报》2004年10月13日,第1版。

周公庙考古队:《陕西岐山周公庙遗址考古收获丰硕》,《中国文物报》2004年12月31日,第1版。

桥北考古队:《山西浮山桥北商周墓》,《古代文明》第5卷,北京:文物出版社,2006年。

周原考古队:《2003年陕西岐山周公庙遗址调查报告》,《古代文明》第5卷,北京:文物出版社,2006年。

张天恩:《山西黎城黎国墓地》,国家文物局主编:《2007中国重要考古发现》,北京:文物出版社,2008年。

湖北省文物考古研究所、随州市博物馆:《湖北随州叶家山M65发掘简报》,《江汉考古》2011年第3期。

李学勤、李伯谦等:《湖北随州叶家山西周墓地笔谈》,《文物》2011年第11期。

湖北省文物考古研究所、随州市博物馆:《湖北随州叶家山西周墓地发掘简报》,《文物》2011年第11期。

山西省考古研究所大河口墓地联合考古队:《山西翼城县大河口西周墓地》,《考古》2011年第7期。

湖北省文物考古研究所、随州市博物馆:《湖北随州叶家山M28发掘报告》,《江汉考古》2013年第4期。

石鼓山考古队:《陕西省宝鸡市石鼓山西周墓》,《考古与文物》2013年第1期。

湖北省文物考古研究所：《湖北随州文峰塔墓地考古发掘的主要收获》，《江汉考古》2013 年第 1 期。

崔本信、王伟：《河南南阳夏响铺鄂国贵族墓地》，中国文物信息网，2013 年 3 月 25 日。

湖北省文物考古研究所、随州市博物馆：《随州文峰塔 M1（曾侯与墓）、M2 发掘简报》，《江汉考古》2014 年第 4 期。

湖北省文物考古研究所等：《湖北随州市文峰塔东周墓地》，《考古》2014 年第 7 期。

南阳市文物考古研究所：《河南南阳夏响铺鄂国贵族墓地》，《大众考古》2014 年第 10 期。

甘肃省文物考古研究所：《甘肃宁县石家墓群发掘取得重要新收获》，《中国文物报》2018 年 10 月 16 日。

山西省考古研究所：《山西闻喜酒务头发现商代晚期大型高等级贵族墓地》，《中国文物报》2018 年 12 月 28 日。

湖北省文物考古研究所等：《湖北随州市枣树林春秋曾国贵族墓地》，《考古》2020 年第 7 期。

中国国家博物馆考古院等：《山西绛县西吴壁遗址 2018~2019 年发掘简报》，《考古》2020 年第 7 期。

中国国家博物馆等：《山西绛县西吴壁遗址发掘取得重要新收获》，《中国文物报》2020 年 1 月 3 日，第 5 版。

“中研院”历史语言研究所中国上古史编辑委员会编刊：《中国上古史（待定稿）》，“中研院”历史语言研究所，1985 年。

谭其骧：《简明中国历史地图集》，北京：中国地图出版社，1991 年。

河南省地方史志编纂委员会编纂：《河南省志·文物志》，郑州：河南人民出版社，1993 年。

河南省地方史志编纂委员会编纂：《河南省志·区域建置志　地貌山河志》，郑州：河南人民出版社，1994 年。

南阳地区地方史志编纂委员会编：《南阳地区志 1986—1994》，郑州：中州古籍出版社，1996 年。

附：近年来西周封国研究相关重要
考古发现目录汇编[1]

西 周 时 期

遗址（城址）

陕西扶风周原遗址

陕西周原考古队：《陕西岐山贺家村周墓发掘报告》，北京：文物出版社，1983年。

周原考古队编著：《周原：2002年度齐家制块作坊和礼村遗址考古发掘报告》，北京：科学出版社，2015年。

宝鸡市周原博物馆编著：《周原：庄白西周青铜器窖藏考古发掘报告》，北京：科学出版社，2016年。

陕西省考古研究院、北京大学考古文博学院、宝鸡市周原博物馆编著：《周原遗址东部边缘——2012年度田野考古报告》，上海：上海古籍出版社，2018年。

陕西省文物管理委员会：《陕西岐山、扶风周墓清理记》，《考古》1960年第8期，第8—11页。

陕西省文物管理委员会：《陕西扶风、岐山周代遗址和墓葬调查发掘报告》，《考古》1963年第12期，第654—658、682页。

吴镇烽、雏忠如：《陕西省扶风县强家村出土的西周铜器》，《文物》1975年第8期，第57—62页。

陕西省博物馆、陕西省文物管理委员会：《陕西岐山贺家村西周墓葬》，《考古》1976年第1期，第31—38页。

庞怀清等：《陕西省岐山县董家村西周铜器窖穴发掘简报》，《文物》1976年第5期，第26—44页。

罗西章：《扶风白家窑水库出土的商周文物》，《文物》1977年第12期，第84—86页。

陕西周原考古队：《陕西扶风庄白一号西周青铜器窖藏发掘简报》，《考古》1978年

---

[1] 时间截止到2020年，时代按与西周封国研究相关度排列。

第 3 期，第 1—8 页。

陕西周原考古队：《陕西扶风县云塘、庄白二号西周铜器窖藏》，《考古》1978 年第 11 期，第 6—8 页。

陕西周原考古队：《陕西岐山凤雏村西周建筑基址发掘简报》，《考古》1979 年第 10 期，第 27—34 页。

陕西周原考古队：《陕西岐山凤雏村发现周初甲骨文》，《考古》1979 年第 10 期，第 38—42 页。

陕西周原考古队：《陕西岐山凤雏村西周青铜器窖藏简报》，《考古》1979 年第 11 期，第 12—15 页。

陕西周原考古队：《陕西扶风齐家十九号西周墓》，《考古》1979 年第 11 期，第 1—7 页。

陕西省考古研究所：《岐山贺家村周墓发掘简报》，《考古与文物》1980 年第 1 期，第 7—12 页。

中国社会科学院考古研究所扶风考古队：《一九六二年陕西扶风齐家村发掘简报》，《考古》1980 年第 1 期，第 45—51 页。

陕西周原考古队：《扶风云塘西周墓》，《文物》1980 年第 4 期，第 39—55 页。

陕西周原考古队：《扶风云塘西周骨器制造作坊遗址试掘简报》，《文物》1980 年第 4 期，第 27—37 页。

陕西周原考古队：《扶风召陈西周建筑群基址发掘简报》，《文物》1981 年第 3 期，第 10—22 页。

陕西周原考古队：《扶风县齐家村西周甲骨发掘简报》，《文物》1981 年第 9 期，第 1—7 页。

周原考古队：《周原出土伯公父簠》，《文物》1982 年第 6 期，第 87—88 页。

陕西周原扶风文管所：《周原发现师同鼎》，《文物》1982 年第 12 期，第 43—46 页。

陕西周原考古队：《扶风刘家姜戎墓葬发掘简报》，《文物》1984 年第 7 期，第 16—29 页。

周原考古队：《扶风黄堆西周墓地钻探清理简报》，《文物》1986 年第 8 期，第 56—68 页。

周原扶风文管所：《陕西扶风强家一号西周墓》，《文博》1987 年第 4 期，第 5—20 页。

庞文龙、刘少敏：《陕西岐山新出土周初青铜器等文物》，《文物》1992年6月，第76—78页。

高次若：《宝鸡石嘴头发现西周早期墓葬》，《文物》1993年第7期，第39—42页。

罗红侠：《扶风黄堆老堡三座西周残墓清理简报》，《考古与文物》1994年第3期，第16—27页。

边江：《陕西周原出土西周早期青铜大鼎》，《人民日报（海外版）》1996年1月8日，第3版。

边江：《周原发现2800年前蔬菜种子》，《中国文物报》1996年10月13日，第1版。

中国社会科学院考古研究所渭水流域考古调查发掘队：《陕西渭水流域西周文化遗址调查》，《考古》1996年第7期，第17—26页。

《陕西发现周代大型道路遗址》，《人民日报（海外版）》1999年12月10日，第1版。

周原考古队：《周原考古获重大发现》，《中国文物报》1999年12月26日，第1版。

罗西章：《陕西周原新出土的青铜器》，《考古》1999年第4期，第18到21页。

陆伟强、秦剑：《宝鸡发现西周建筑遗址》，《文汇报》2000年11月23日，第9版。

付仲杨：《周原发现大型完整夯土建筑基址群》，《中国文物报》2000年12月20日，第1版。

周原考古队：《周原发现西周建筑基址群》，《中国社会科学院古代文明研究中心通讯》2001年第1期，第41—44页。

杨永林：《周原考古重大发现见证先周文化》，《光明日报》2003年1月9日，第A2版。

孙秉君、雷兴山：《周原遗址发掘又有新收获》，《中国文物报》2002年2月20日，第1版。

周原考古队：《陕西扶风县云塘、齐镇西周建筑基址1999~2000年度发掘简报》，《考古》2002年第9期，第3—26页。

曹玮、孙周秀、种建荣：《去年周原遗址考古获大面积丰收》，《中国文物报》2003年7月18日，第1版、第2版。

宋江宁、傅仲扬：《陕西周原遗址发现西周铜器墓和铸铜遗址》，《中国文物报》2003年9月19日，第1版。

周原考古队：《2002年周原遗址（齐家村）发掘简报》，《考古与文物》2003年第4

期，第3—9页。

周原考古队：《2001年度周原遗址调查报告》，《古代文明》第2卷，北京：文物出版社，2003年，第395—431页。

周原考古队：《2001年度周原遗址（王家嘴、贺家地点）发掘简报》，《古代文明》第2卷，北京：文物出版社，2003年，第432—490页。

周原考古队：《1999年度周原遗址ⅠA1区及ⅣA1区发掘简报》，《古代文明》第2卷，北京：文物出版社，2003年，第491—538页。

周原考古队：《周原李家铸铜作坊遗址发掘和岐山周公庙遗址调查获重要成果》，《中国文物报》2004年3月31日，第1版。

周原考古队：《陕西周原遗址发现西周墓葬与铸铜遗址》，《考古》2004年第1期，第3—6页。

周原考古队：《2003年秋周原遗址（ⅣB2区与ⅣB3区）的发掘》，《古代文明》第3卷，北京：文物出版社，2004年，第436—490页。

周原考古队：《周原遗址铸铜作坊的发掘收获》，《古代文明研究通讯》总第20期，2004年，第6—8页。

周原考古队：《陕西周原七星河流域2002年考古调查报告》，《考古学报》2005年第1期，第149—184页。

周原博物馆：《周原遗址刘家墓地西周墓葬的清理》，《文博》2007年第4期，第4—10页。

杨曙明：《陕西宝鸡发现西周城址》，《中国文物报》2008年12月31日，第2版。

周原考古队：《陕西扶风县周原遗址庄李西周墓发掘简报》，《考古》2008年第12期，第3—21页。

周原考古队：《2005年陕西扶风美阳河流域考古调查》，《考古学报》2010年第2期，第207—228页。

中国社会科学院考古研究所周原考古队：《2004年秋季周原老堡子遗址发掘报告》，《考古学集刊》第17集，北京：科学出版社，2010年，第50—105页。

周原考古队：《周原庄李西周铸铜遗址2003与2004年春季发掘报告》，《考古学报》2011年第2期，第245—300页。

种建荣：《陕西周原姚家墓地考古取得重要收获》，《中国文物报》2013年3月1日，第1版。

宝鸡市周原博物馆、宝鸡市考古研究所：《周原遗址庄白取土场 2003 年度发掘报告》，《周原（第 1 辑）》，西安：三秦出版社，2013 年，第 220 到 263 页、第 301—335 页。

宝鸡市周原博物馆、宝鸡市考古研究所：《周原遗址池渠遗存的钻探与发掘》，《周原（第 1 辑）》，西安：三秦出版社，2013 年，第 264—296 页。

宝鸡市周原博物馆：《周原遗址召陈村北西周残墓的清理》，《周原（第 1 辑）》，西安：三秦出版社，2013 年，第 297—300 页。

杨永林、张哲浩、庞博：《陕西周原遗址贺家村发现西周车马坑》，《光明日报》2014 年 8 月 30 日，第 4 版。

陕文：《周原遗址贺家村发现西周时期车马坑》，《中国文物报》2014 年 9 月 2 日，第 1 版。

宝鸡市周原博物馆：《陕西周原遗址新出土的青铜器》，《考古与文物》2014 年第 3 期，第 119—121 页。

周原考古队：《周原遗址凤雏三号基址 2014 年发掘简报》，《中国国家博物馆馆刊》2015 年第 7 期，第 6—24 页。

岐山县周原博物馆等：《陕西周原遗址贺家村车马器窖藏清理简报》，《中国国家博物馆馆刊》2015 年第 11 期，第 22—33 页。

王占奎等：《陕西周原遗址考古获重大收获》，《中国文物报》2016 年 1 月 29 日，第 8 版。

周原考古队：《陕西宝鸡市周原遗址 2014—2015 年的勘探与发掘》，《考古》2016 年第 7 期，第 32—44 页。

周原考古队：《2015 年周原遗址贺家北（ⅡC3 区）墓葬发掘简报》，《考古与文物》2019 年第 5 期，第 25—44 页。

周原考古队、陕西省考古研究院、北京大学考古文博学院：《陕西宝鸡市周原遗址凤雏六号至十号基址发掘简报》，《考古》2020 年第 8 期，第 3—18 页。

陕西岐山周公庙遗址

杨永林：《陕西岐山发现周代甲骨文》，《光明日报》2004 年 1 月 2 日，第 A1 版。

王乐文：《陕西发现最高等级的西周墓葬》，《人民日报》2004 年 5 月 26 日，第 5 版。

王乐文：《西周墓葬群又发现两座新墓》，《人民日报》2004 年 5 月 28 日，第 5 版。

韩宏：《周公庙考古又有新发现——首次发现先周铸铜作坊》，《文汇报》2004年7月14日，第7版。

王乐文：《陕西岐山西周墓葬——又发现中型贵族墓葬》，《人民日报》2004年10月25日，第5版。

杨永林：《周公庙遗址发现一座小型西周墓》，《光明日报》2004年11月29日，第A2版。

周公庙考古队：《陕西岐山周公庙遗址考古收获丰硕》，《中国文物报》2004年12月31日，第1版、第2版。

王乐文：《陕西岐山西周高等级墓葬发现西周时期最大石磬》，《人民日报》2004年12月13日，第5版。

杨永林：《周公庙凤凰山遗址32号大墓发掘完毕》，《光明日报》2005年1月11日，第1版。

《周公庙遗址掘出西周铸铜作坊》，《光明日报》2005年1月20日，第1版。

边江、冯国：《周公庙遗址出土甲骨发现文字近五百字》，《中国文物报》2005年2月18日，第1版。

边江、冯国：《周公庙发现多处西周建筑基址》，《人民日报》2005年4月18日，第11版。

杨永林：《周公庙凤凰山遗址18号西周大墓发掘完毕》，《光明日报》2005年6月9日，第2版。

冯国：《周公庙考古又获新进展》，《中国文物报》2006年1月13日，第2版。

周公庙考古队：《陕西岐山周公庙遗址的考古收获》，《古代文明研究通讯》总第28期，2006年，第24—26页。

徐天进：《周公庙遗址的考古所获及所思》，《文物》2006年第8期，第55—62页。

周原考古队：《2003年陕西岐山周公庙遗址调查报告》，《古代文明》第5卷，北京：文物出版社，2006年，第151—186页。

凤凰山（周公庙）考古队：《2004年夏凤凰山（周公庙）遗址调查报告》，《古代文明》第6卷，北京：文物出版社，2007年，第273—324页。

韩宏、赵争耀：《周公庙遗址再现甲骨文　可供辨识的文字有28个》，《文汇报》2008年4月8日，第3版。

周公庙考古队：《岐山周公庙遗址去年出土大量西周甲骨材料》，《中国文物报》2009

年 2 月 20 日，第 5 版。

周公庙考古队：《周公庙田野考古：理念、方法与收获》，《中国文物报》2009 年 10 月 2 日，第 6 版。

种建荣：《凤凰山（周公庙）遗址》，陕西省文物局、陕西省考古研究院：《留住文明——陕西"十一五"期间大遗址保护及课题考古概览（2006—2010）》，西安：三秦出版社，2012 年，第 20—37 页。

陕西长安丰镐遗址

保全：《西周都城丰镐遗址》，《文物》1979 年第 10 期，第 68—70 页。

胡谦盈：《丰镐考古工作三十年（1951—1981）的回顾》，《文物》1982 年第 10 期，第 57—67 页。

付仲杨、李志鹏、徐良高：《西安市长安区冯村北西周时期制骨作坊》，《考古》2014 年第 11 期，第 29—43、2 页。

付仲杨：《丰镐遗址的制骨遗存与制骨手工业》，《考古》2015 年第 9 期，第 92—100 页。

付仲杨、徐良高、王辉：《西安市长安区丰京遗址水系遗存的勘探与发掘》，《考古》2018 年第 2 期，第 26—46、2 页。

付仲杨、王迪、徐良高：《丰镐遗址近年考古工作收获与思考》，中国社会科学院考古研究所夏商周考古研究室：《三代考古》，北京：科学出版社，2019 年，第 68—74 页。

河南荥阳娘娘寨遗址

张松林、张家强、黄富成：《河南荥阳娘娘寨遗址发掘出两周重要城址》，《中国文物报》2009 年 2 月 18 日，第 2 版。

郑州市文物考古研究院：《河南荥阳娘娘寨城址西周墓葬发掘简报》，《文物》2009 年第 9 期，第 4—20 页。

郑州市文物考古研究院、河南省文物管理局南水北调文物保护办公室：《荥阳娘娘寨遗址二里头文化遗存发掘简报》，《中原文物》2014 年第 1 期，第 4—11 页。

山东淄博陈庄西周城址

郑同修、高明奎、魏成敏、蔡友振：《山东高青陈庄西周遗址考古发掘获重大成果》，

《中国文物报》2010年2月5日，第9版。

山东省文物考古研究所：《山东高青县陈庄西周遗址》，《考古》2010年第8期，第27—34页。

山东省文物考古研究所：《山东高青县陈庄西周遗存发掘简报》，《考古》2011年第2期，第3—21页。

山东省文物考古研究所：《高青县陈庄西周遗存发掘简报》，《海岱考古》（第四辑），北京：科学出版社，2011年，第72—104页。

郑同修：《高青陈庄遗址发掘的主要收获及相关问题》，《海岱考古》（第四辑），北京：科学出版社，2011年，第409—417页。

山东曲阜鲁国故城

山东省文物考古研究所等编：《曲阜鲁国故城》，济南：齐鲁书社，1982年。

刘延常、韩辉、徐倩倩：《曲阜市鲁故城周公庙建筑群基址》，《中国考古学年鉴2013》，北京：文物出版社，2014年，第258—259页。

高明奎、董文斌、杨孝瑜：《曲阜市鲁故城南东门遗址》，《中国考古学年鉴2013》，北京：文物出版社，2014年，第260页。

刘延常、韩辉、徐倩倩：《曲阜市鲁故城周公庙建筑群东周汉代及唐代遗存》，《中国考古学年鉴2014》，北京：中国社会科学出版社，2015年，第291—292页。

高明奎、董文斌、杨孝瑜：《曲阜市鲁故城南东门遗址》，《中国考古学年鉴2014》，北京：中国社会科学出版社，2015年，第290—291页。

韩辉、徐倩倩、高明奎、刘延常：《曲阜鲁国故城考古工作取得重要成果》，《中国文物报》2017年3月10日，第5版。

山东临淄齐国故城

山东省文物考古研究所：《临淄齐故城》，北京：文物出版社，2013年。

山东省文物考古研究所：《临淄齐墓》，北京：文物出版社，2007年。

山东省文物考古研究院：《临淄齐墓》（第二集），北京：文物出版社，2018年。

山东省文物考古研究院、淄博市临淄区文物局：《临淄齐墓》（第三集），北京：文物出版社，2019年。

中国社会科学院考古研究所、山东省文物考古研究院、淄博市临淄区齐文化发展研究中心：《临淄齐故城冶铸业考古》，北京：科学出版社，2020 年。

中国社会科学院考古研究所、山东省文物考古研究所、淄博市淄博区文物管理局：《山东临淄齐故城秦汉铸镜作坊遗址的发掘》，《考古》2014 年第 6 期，第 21—36 页。

杨勇：《临淄齐故城阚家寨秦汉冶铸遗址》，《中国考古学年鉴 2014》，北京：中国社会科学出版社，2015 年，第 293—294 页。

山东省文物考古研究所、淄博市淄博区文物管理局：《山东临淄齐国故城 10 号建筑遗址发掘简报》，《文物》2016 年第 8 期，第 20—37 页。

赵益超、魏成敏：《临淄区齐故城大城东墙遗存》，《中国考古学年鉴 2016》，北京：中国社会科学出版社，2017 年，第 292 页。

上海大学文学院、山东省文物考古研究院：《山东临淄东古城村北遗址西周墓（M4040）发掘简报》，《文物》2021 年第 2 期，第 4—15 页。

河北满城要庄遗址

河北省文物研究所：《河北满城要庄发掘简报》，《文物春秋》1992 年第 S1 期，第 251—264 页。

河北省文物研究所：《河北满城要庄西周水井》，《文物春秋》2001 年第 5 期，第 24—30、47 页。

任雪岩等：《河北满城要庄发现一处西周城址》，《中国文物报》2017 年 2 月 24 日，第 8 版。

贾金标、林森：《保定市满城要庄西周至汉代遗址》，《中国考古学年鉴 2016》，北京：中国社会科学出版社，2017 年，第 171 页。

河北邢台南小汪遗址

河北省文物研究所、邢台市文物管理处：《河北邢台南小汪周代遗址发掘简报》，《文物》2012 年第 1 期，第 4—18 页。

湖南宁乡炭河里西周城址

向桃初：《古国遗都炭河里》，长沙：湖南人民出版社，2017 年。

高至喜：《商代人面方鼎》，《文物》1960 年第 10 期，第 57—58 页。

高至喜：《湖南宁乡黄材发现商代铜器和遗址》，《文物》1963 年第 12 期，第 646—648 页。

熊传新：《湖南宁乡新发现一批商周青铜器》，《文物》1983 年第 10 期，第 72—74 页。

盛定国、王自明：《宁乡月山铺发现商代大铜铙》，《文物》1986 年第 2 期，第 44—45 页。

长沙市博物馆、宁乡县文物管理所：《湖南宁乡老粮仓出土商代铜编铙》，《文物》1997 年第 12 期，第 16—27 页。

李乔生：《湖南宁乡出土商代大铜铙》，《文物》1997 年第 12 期，第 28 页。

向桃初、刘颂华：《湖南宁乡黄材炭河里遗址发现西周城墙、大型建筑基址和贵族墓葬》，《中国文物报》2004 年 6 月 2 日，第 1 版、第 2 版。

向桃初：《宁乡黄材西周墓发掘的主要收获及其意义》，《湖南省博物馆馆刊（第一辑）》，长沙：岳麓书社，2004 年，第 427—433 页。

湖南省文物考古研究所、长沙市考古研究所、宁乡县文物管理局：《湖南宁乡炭河里西周城址与墓葬发掘简报》，《文物》2006 年第 6 期，第 4—35 页。

高成林：《宁乡灰黄公路考古发掘获重要成果——对炭河里遗址的范围、布局等认识有较大突破》，《中国文物报》2009 年 12 月 18 日，第 4 版。

张筱林、李乔生：《湖南宁乡出土商代大型铜瓿》，《文物》2013 年第 3 期，第 74—76 页。

四川成都金沙商周遗址

成都文物考古研究所、成都金沙遗址博物馆编著，王毅主编：《金沙遗址考古发掘资料集（一）》，北京：科学出版社，2013 年。

四川广汉三星堆博物馆、成都金沙遗址博物馆编著：《三星堆与金沙：古蜀文明史上的两次高峰》，成都：四川人民出版社，2010 年。

成都文物考古研究所、成都金沙遗址博物馆编著，王毅主编：《金沙遗址考古发掘资料集（二）》，北京：科学出版社，2014 年。

成都文物考古研究所、成都金沙遗址博物馆编著，王毅主编：《金沙遗址考古发掘资料集（三）》，北京：科学出版社，2016 年。

成都文物考古研究院、成都金沙遗址博物馆编著：《金沙遗址——阳光地带二期地点发掘报告》，北京：文物出版社，2017 年。

周其俊：《继三星堆遗址后最重大考古发现——金沙遗址惊世现身》，《文汇报》2001
年 4 月 2 日，第 1 版。

周其俊：《新都发现商周遗址——为破译古蜀文化之谜提供了新证据》，《文汇报》
2001 年 10 月 19 日，第 7 版。

朱章义、张擎、王芳：《继三星堆后四川最为重大的考古发现——成都近郊金沙发现
古蜀国中心遗址》，《中国文物报》2001 年 12 月 7 日，第 1 版。

成都文物考古研究所：《成都市黄忠村遗址 1999 年度发掘的主要收获》，成都市文物
考古研究所：《成都考古发现（1999）》，北京：科学出版社，2001 年，第 164—
181 页。

陆薪羽：《金沙遗址发现"广场"》，《文汇报》2002 年 9 月 11 日，第 2 版。

张擎、朱章义：《成都金沙遗址的发现与文物抢救记》，《中国历史文物》2002 年第 1
期，第 65—68 页。

朱章义、张擎、王方：《成都金沙遗址的发现、发掘与意义》，《四川文物》2002 年
第 2 期，第 3—10 页。

成都市文物考古工作队、成都市文物考古研究所：《成都市西郊金沙村龙山时代遗址
试掘》，《华夏考古》2002 年第 3 期，第 3—6、72 页。

成都市文物考古研究所：《成都金沙遗址的发现与发掘》，《考古》2002 年第 7 期，第
9—11 页。

成都文物考古研究所：《金沙遗址蜀风花园城二期地点试掘简报》，成都市文物考古
研究所：《成都考古发现（2001）》，北京：科学出版社，2003 年，第 33—53 页。

成都市文物考古研究所：《成都市金沙遗址"兰苑"地点发掘简报》，成都市文物考
古研究所：《成都考古发现（2001）》，北京：科学出版社，2003 年，第 1—32 页。

成都文物考古研究所：《成都金沙遗址万博地点考古勘探与发掘收获》，成都市文物
考古研究所：《成都考古发现（2002）》，北京：科学出版社，2003 年，第 62—
95 页。

成都文物考古研究所：《成都金沙遗址 2001 年黄忠村干道规划道路 B 线地点试掘简
报》，成都市文物考古研究所：《成都考古发现（2002）》，北京：科学出版社，2003
年，第 42—61 页。

成都文物考古研究所：《成都金沙遗址"置信金沙园一期"地点发掘简报》，成都市

文物考古研究所：《成都考古发现（2002）》，北京：科学出版社，2003 年，第 1—41 页。

成都文物考古研究所：《成都金沙遗址 I 区"梅苑"东北部地点发掘一期简报》，成都市文物考古研究所：《成都考古发现（2002）》，北京：科学出版社，2003 年，第 96—171 页。

成都市文物考古研究所：《成都金沙遗址 I 区"梅苑"地点发掘一期简报》，《文物》2004 年第 4 期，第 4—65 页。

成都市文物考古研究所：《2001 年金沙遗址干道黄忠 A 线地点发掘简报》，成都市文物考古研究所：《成都考古发现（2003）》，北京：科学出版社，2005 年，第 44—88 页。

成都市文物考古研究所：《金沙村遗址芙蓉苑南地点发掘简报》，成都市文物考古研究所：《成都考古发现（2003）》，北京：科学出版社，2005 年，第 1—43 页。

成都市文物考古研究所：《金沙村遗址人防地点发掘简报》，成都市文物考古研究所：《成都考古发现（2003）》，北京：科学出版社，2005 年，第 89—119 页。

成都文物考古研究所：《成都市金沙遗址郎家村"精品房"地点发掘简报》，成都市文物考古研究所：《成都考古发现（2004）》，北京：科学出版社，2006 年，第 176—216 页。

成都文物考古研究所：《金沙遗址"国际花园"地点发掘简报》，成都市文物考古研究所：《成都考古发现（2004）》，北京：科学出版社，2006 年，第 118—175 页。

成都文物考古研究所：《成都市金沙遗址"春雨花间"地点发掘简报》，成都市文物考古研究所：《成都考古发现（2004）》，北京：科学出版社，2006 年，第 217—254 页。

成都文物考古研究所：《成都市金沙遗址"西城天下"地点发掘》，成都市文物考古研究所：《成都考古发现（2005）》，北京：科学出版社，2007 年，第 244—272 页。

成都文物考古研究所：《成都市中海国际社区商周遗址发掘简报》，成都市文物考古研究所：《成都考古发现（2005）》，北京：科学出版社，2007 年，第 114—140 页。

成都文物考古研究所：《成都市高新西区顺江小区二期商周遗址发掘简报》，成都市文物考古研究所：《成都考古发现（2005）》，北京：科学出版社，2007 年，第 222—232 页。

余长安、贾宇：《金沙遗址又有重大考古发现》，《光明日报》2008 年 6 月 16 日，第 2 版。

成都文物考古研究所：《金沙遗址"龙嘴 B 延线"地点发掘简报》，成都市文物考古研究所：《成都考古发现（2008）》，北京：科学出版社，2010 年，第 141—150 页。

成都文物考古研究所：《金沙遗址星河路西延线地点发掘简报》，成都市文物考古研究所：《成都考古发现（2008）》，北京：科学出版社，2010 年，第 75—140 页。

成都文物考古研究所：《四川如阳实业发展有限公司商住楼地点古遗址发掘简报》，成都市文物考古研究所：《成都考古发现（2008）》，北京：科学出版社，2010 年，第 194—205 页。

成都文物考古研究所：《成都市青羊区金沙村汉代廊桥遗址发掘简报》，成都市文物考古研究所：《成都考古发现（2008）》，北京：科学出版社，2010 年，第 249—270 页。

成都文物考古研究所：《成都金沙遗址中环西岸观邸地点唐代砖室墓发掘简报》，成都市文物考古研究所：《成都考古发现（2009）》，北京：科学出版社，2011 年，第 466—475 页。

成都文物考古研究所：《成都金沙遗址红色村小学地点唐宋砖室墓发掘简报》，成都市文物考古研究所：《成都考古发现（2009）》，北京：科学出版社，2011 年，第 455—465 页。

成都文物考古研究所：《金沙遗址强毅汽车贸易有限公司地点发掘简报》，《考古与文物》2011 年第 4 期，第 32—39 页。

成都文物考古研究所：《成都金沙遗址总装后勤部供应站地点发掘简报》，成都市文物考古研究所：《成都考古发现（2011）》，北京：科学出版社，2013 年，第 196—234 页。

成都文物考古研究所：《成都金沙遗址"黄河"地点墓葬发掘简报》，成都市文物考古研究所：《成都考古发现（2012）》，北京：科学出版社，2014 年，第 177—217 页。

成都文物考古研究院、四川大学历史文化学院考古学系、四川大学考古学国家级实验教学示范中心：《成都金沙遗址雍锦湾地点秦汉至明清遗存》，《南方民族考古（第十四辑）》，北京：科学出版社，2017 年，第 1—95 页。

甘肃宁县遇村遗址

杜博瑞、王钰雯、王思园、王永安：《甘肃宁县遇村遗址 2018 年发掘收获》，《大众考古》2019 年第 4 期，第 12—13 页。

作坊

山东寿光双王城盐业遗址

寿光县博物馆：《寿光县古遗址调查报告》，《海岱考古》（第一辑），济南：山东大学出版社，1989 年，第 29—60 页。

燕生东、袁庆华、李福文、王德明：《山东寿光双王城发现大型商周盐业遗址群》，《中国文物报》2005 年 2 月 2 日，第 1 版。

山东大学东方考古研究中心、寿光市博物馆：《山东寿光市北部沿海环境考古报告》，《华夏考古》2005 年第 4 期，第 3—17 页。

山东大学东方考古研究中心、寿光市博物馆：《山东寿光市大荒北央西周遗址的发掘》，《考古》2005 年第 12 期，第 41—47 页。

燕生东：《山东寿光双王城西周早期盐业遗址群的发现与意义》，《古代文明研究通讯》2005 年总第 24 期，第 30—38 页。

李水城、兰玉富、王辉：《鲁北——胶东盐业考古调查记》，《华夏考古》2009 年第 1 期，第 11—25 页。

山东省文物考古研究所、北京大学中国考古学研究中心、寿光市文物局：《山东寿光市双王城盐业遗址 2008 年的发掘》，《考古》2010 年第 3 期，第 18—36 页。

山东省文物考古研究所等：《山东阳信县李屋遗址商代遗存发掘简报》，《考古》2010 年第 3 期，第 3—17 页。

山东大学考古系、山东省文物考古研究所、东营市历史博物馆：《山东东营市南河崖西周煮盐遗址》，《考古》2010 年第 3 期，第 37—49 页。

燕生东等：《渤海南岸地区发现的东周时期盐业遗存》，《中国国家博物馆馆刊》2011 年第 9 期，第 68—91 页。

刘海宇：《寿光北部盐业遗址发现齐陶文及其意义》，《东方考古》第 8 集，北京：科学出版社，2011 年，第 219—224 页。

山东大学盐业考古队：《山东北部小清河下游 2010 年盐业考古调查简报》，《华夏考古》2012 年第 3 期，第 3—22、78 页。

鲁北沿海地区先秦盐业考古课题组：《鲁北沿海地区先秦盐业遗址 2007 年调查简报》，《文物》2012 年第 7 期，第 4—15 页。

燕生东、曹斌、赵金：《山东广饶县东赵盐业遗址群调查简报》，《海岱考古》第七辑，济南：山东大学出版社，2014 年，第 36—58 页。

燕生东：《莱州湾沿岸地区发现的龙山及元明时期盐业遗存》，《无限悠悠远古情：佟柱臣先生纪念文集》，北京：科学出版社，2014 年。

山东东营市历史博物馆：《山东广饶县先秦时期盐业遗址》，《考古学集刊》第 21 集，北京：社会科学文献出版社，2018 年，第 1—15 页。

湖北大冶铜绿山四方塘遗址墓葬区

湖北省文物考古研究所、大冶市铜绿山古铜矿遗址保护管理委员会：《大冶铜绿山四方塘墓地第一次考古主要收获》，《江汉考古》2015 年第 5 期，第 35—44 页。

陈树祥、陈丽新、席奇峰：《古代矿冶生产者公共墓地国内首现——湖北大冶铜绿山四方塘遗址墓葬区发掘获重大成果》，《中国文物报》2016 年 2 月 26 日，第 7 版。

陈树祥等：《湖北大冶铜绿山四方塘墓地发掘收获》，国家文物局：《2015 中国重要考古发现》，北京：文物出版社，2016 年，第 78—81 页。

江西瑞昌铜岭商周铜矿矿冶遗址

江西省文物工作队、九江市博物馆：《江西九江神墩遗址发掘简报》，《江汉考古》1987 年第 4 期，第 12—31 页。

吴圣林、陈晓东、朱垂珂：《瑞昌铜陵发现战国采矿遗址》，《中国文物报》1988 年 7 月 15 日，第 2 版。

李再华、刘礼纯：《瑞昌发现商周时期大型铜矿采掘遗址》，《中国文物报》1989 年 1 月 27 日，第 1 版。

王昭雄：《我国矿冶考古的重大发现——江西发掘商周时期铜矿采矿遗址》，《光明日报》1989 年 6 月 7 日，第 1 版。

贡同：《江西瑞昌发现商周时期采铜遗址》，《江西文物》1989 年第 1 期，第 33—34 页。

江西省文物考古研究所铜岭遗址发掘队：《江西瑞昌铜岭商周矿冶遗址第一期发掘简报》，《江西文物》1990 年第 3 期，第 1—12 页。

江西省文物局：《瑞昌铜岭矿冶遗址发掘获重大成果》，《中国文物报》1992 年 1 月 19 日，第 1 版。

朱垂珂、何国良：《江西瑞昌檀树嘴遗址试掘》，《南方文物》1994 年第 4 期，第 1—4 页。

刘诗中、卢本珊：《江西铜岭铜矿遗址的发掘与研究》，《考古学报》1998 年第 4 期，第 465—496 页。

江西省文物考古研究所、瑞昌市博物馆：《江西瑞昌市檀树咀商周遗址发掘简报》，《考古》2000 年第 12 期，第 50—59 页。

崔涛、刘薇：《江西瑞昌铜岭铜矿遗址新发现与初步研究》，《南方文物》2017 年第 4 期，第 57—63 页。

青铜器窖藏

陕西眉县西周青铜器窖藏

陕西省文物局：《盛世吉金——陕西宝鸡眉县青铜器窖藏》，北京：北京出版社，2003 年。

陕西考古研究院、宝鸡市考古研究所、眉县文化馆：《吉金铸华章——宝鸡眉县杨家村单氏青铜器窖藏》，北京：文物出版社，2008 年。

刘怀君：《眉县出土一批西周窖藏青铜乐器》，《文博》1987 年第 2 期，第 17—25 页。

冯国：《陕西出土铭文最长的青铜盘》，《人民日报》2003 年 1 月 23 日，第 5 版。

陕文：《陕西眉县西周青铜器窖藏惊世》，《中国文物报》2003 年 1 月 29 日，第 1 版。

陕西省考古研究所、宝鸡市考古工作队、眉县文化馆杨家村联合考古队：《陕西眉县杨家村西周青铜器窖藏》，《考古与文物》2003 年第 3 期，第 3—12 页。

陕西省考古研究所、宝鸡市考古工作队、眉县文化馆杨家村联合考古队：《陕西眉县杨家村西周青铜器窖藏发掘简报》，《文物》2003 年第 6 期，第 4—42 页。

墓地

陕西宝鸡石鼓山西周墓地

刘军社等：《陕西宝鸡石鼓山发现西周早期贵族墓葬》，《中国文物报》2013 年 1 月 18 日，第 8 版。

石鼓山考古队：《陕西省宝鸡市石鼓山西周墓》，《考古与文物》2013 年第 1 期，第 3—24 页。

石鼓山考古队：《陕西宝鸡石鼓山西周墓葬发掘简报》，《文物》2013 年第 2 期，第 4—54 页。

陕西石鼓山考古队：《我国商周考古的又一重大发现——宝鸡石鼓山西周墓地考古发

掘出土数量众多青铜器》，《中国文物报》2014 年 1 月 3 日，第 1 版。

陕西省考古研究院、宝鸡市考古研究所、宝鸡市渭滨区博物院：《陕西宝鸡石鼓山商周墓地 M4 发掘简报》，《文物》2016 年第 1 期，第 4—52 页。

陕西渭南刘家洼两周墓地

韩宏：《规模最大春秋时期周系墓葬惊现澄城》，《文汇报》2017 年 12 月 19 日，第 5 版。

吴晓丛：《澄城刘家洼周代墓地考古工作》，《陕西文物年鉴 2016》，2017 年，第 15—16 页。

种建荣：《周代封国考古的新发现——陕西澄城刘家洼春秋墓地发掘取得重要收获》，《中国文物报》2018 年 1 月 12 日，第 8 版。

陕西省考古研究院、渭南市博物馆、澄城县文化和旅游局：《陕西澄城刘家洼芮国遗址东 I 区墓地 M6 发掘简报》，《考古与文物》2019 年第 2 期，第 3—15 页。

陕西省考古研究院、渭南市博物馆、澄城县文化和旅游局：《陕西澄城县刘家洼东周芮国遗址》，《考古》2019 年第 7 期，第 46—59 页。

陕西省考古研究院、渭南市博物馆、澄城县文化和旅游局：《陕西澄城刘家洼春秋芮国遗址东 I 区墓地 M49 发掘简报》，《文物》2019 年第 7 期，第 4—37 页。

河南平顶山应国墓地

河南省文物考古研究所编著：《平顶山应国墓地 I》，郑州：大象出版社，2012 年。

张肇武：《河南平顶山市出土西周应国青铜器》，《文物》1984 年第 12 期，第 29—32 页。

王立夫：《平顶山发现西周应国墓葬》，《文物报》1986 年 10 月 3 日，第 1 版。

许天申：《应国墓地贾湖遗址又有新发现》，《文物报》1987 年 7 月 10 日，第 2 版。

河南省文物研究所、平顶山市文物管理委员会：《平顶山应国墓地九十五号墓的发掘》，《华夏考古》1992 年第 3 期，第 92—103 页。

王龙正、王胜利、贺全法：《平顶山应国墓地发掘获重大成果》，《中国文物报》1996 年 9 月 1 日，第 1 版。

王龙正：《古应国与新鹰城——平顶山应国墓地发掘取得重大收获》，《中华文化画报》1997 年第 3 期，第 37—46 页。

河南省文物研究所、平顶山市文管会：《平顶山市北滍村两周墓地一号墓发掘简报》，《华夏考古》1988 年第 1 期，第 30—44 页。

河南省文物考古研究所、平顶山市文物管理委员会：《平顶山应国墓地八十四号墓发掘简报》，《文物》1998 年第 9 期，第 4—17 页。

河南省文物考古研究所、平顶山市文物管理局：《河南平顶山应国墓地八号墓发掘简报》，《华夏考古》2007 年第 1 期，第 20—49 页。

河南省文物考古研究所、平顶山市文物局：《平顶山应国墓地十号墓发掘简报》，《中原文物》2007 年第 4 期，第 4—19、86 页。

河南省文物考古研究所、平顶山市文物局：《平顶山应国墓地两座战国墓发掘简报》，《中原文物》2007 年第 4 期，第 20—27 页。

平顶山市文物管理局：《平顶山市西高皇鱼塘捞出的一批应国铜器》，《中原文物》2010 年第 2 期，第 66—70 页。

河南省文物考古研究所、平顶山市文物管理局、河南大学历史文化学院：《河南平顶山春秋晚期 M301 发掘简报》，《文物》2012 年第 4 期，第 4—28 页。

河南省文物考古研究所、平顶山市文物管理局、河南大学历史文化学院：《河南平顶山应国墓地 M257 发掘简报》，《华夏考古》2015 年第 3 期，第 9—21 页。

河南禹州大吕商周墓地

马俊才等：《河南禹州发掘大吕墓地》，《中国文物报》2015 年 10 月 23 日，第 8 版。

河南南阳夏饷铺两周之际墓地

崔本信、王伟：《南水北调中线工程南阳夏饷铺鄂国贵族墓地发掘成果——对西周晚期到春秋早期鄂国研究将是一个突破》，《中国文物报》2013 年 1 月 4 日，第 8 版。

方燕明：《2012 年度河南省五大考古新发现》，"河南南阳市夏响铺鄂国贵族墓地"，《华夏考古》2013 年第 3 期，第 151、163—164 页。

河南省文物局南水北调文物保护办公室、南阳市文物考古研究所：《河南南阳夏饷铺鄂国墓地 M5、M6 发掘简报》，《江汉考古》2020 年第 3 期，第 12—32 页。

山西曲沃晋侯墓地

北京大学考古学系商周组、山西省考古研究所编著：《天马—曲村：1980—1989》，北京：科学出版社，2000 年。

《曲沃曲村发掘晋侯墓地》，《中国文物报》1993 年 1 月 10 日，第 1 版。

北京大学考古系、山西省考古研究所：《1992 年春天马—曲村遗址墓葬发掘报告》，《文物》1993 年第 3 期，第 11—30 页。

《曲沃发掘晋侯邦父及夫人墓》，《中国文物报》1994 年 1 月 30 日，第 1 版。

北京大学考古学系、山西省考古研究所：《天马—曲村遗址北赵晋侯墓地第二次发掘》，《文物》1994 年第 1 期，第 4—28 页。

山西省考古研究所、北京大学考古学系：《天马—曲村遗址北赵晋侯墓地第三次发掘》，《文物》1994 年第 8 期，第 22—33 页。

山西省考古研究所、北京大学考古学系：《天马—曲村遗址北赵晋侯墓地第四次发掘》，《文物》1994 年第 8 期，第 4—21 页。

《晋侯墓地发掘告一段落》，《中国文物报》1995 年 1 月 15 日，第 1 版。

北京大学考古学系、陕西省考古研究所：《天马—曲村遗址北赵晋侯墓地第五次发掘》，《文物》1995 年第 7 期，第 439 页。

北京大学考古文博院、山西省文物考古研究所：《天马——曲村遗址北赵晋侯墓地第六次发掘》，《文物》2001 年第 8 期，第 4—21、55 页。

吉琨璋、孙永和、吕小明、陶向明：《山西曲沃羊舌村发掘又一处晋侯墓地》，《中国文物报》2006 年 9 月 29 日，第 2 版。

杨荣：《晋侯墓地发现商周时期"装甲车"》，《光明日报》2006 年 10 月 16 日，第 2 版。

吉琨璋、冯峰、常怀颖：《山西曲沃北赵晋侯墓地发掘 1 号车马坑》，《中国文物报》2006 年 11 月 29 日，第 2 版。

吉琨璋、冯峰、常怀颖：《晋侯苏墓祔葬车马坑发掘取得重要收获》，《古代文明研究通讯》2006 年总第 31 期，第 25—26 页。

山西省考古研究所、曲沃县文物局：《山西曲沃羊舌晋侯墓地发掘简报》，《文物》2009 年第 1 期，第 4—14、26 页。

山西省考古研究所、北京大学考古文博学院：《山西北赵晋侯墓地一号车马坑发掘简报》，《文物》2010 年第 2 期，第 4—22 页。

山西绛县横水西周墓地

杨荣：《山西绛县西周墓地考古有重大发现》，《光明日报》2005 年 4 月 28 日，第 4 版。

宋建忠、吉琨璋、田建文：《山西绛县横水发掘大型西周墓葬》，《中国文物报》2005年12月7日，第1版、第2版。

吉琨璋：《2005年中国十大考古发现——山西省绛县横水一号墓发掘收获》，《历史文物》2006年总第157期，第68—77页。

山西省考古研究所、运城市文物工作站、绛县文化局：《山西绛县横水西周墓地》，《考古》2006年第7期，第16—21页。

山西省考古研究所、运城市文物工作站、绛县文化局：《山西绛县横水西周墓发掘简报》，《文物》2006年第8期，第4—18页。

宋建中、谢尧亭、王金平、李永敏、杨及耘、李建生：《山西绛县横北墓地二期考古发掘新收获》，《中国文物报》2007年9月14日，第5版。

山西省考古研究所等：《山西绛县横水西周墓地M2158发掘简报》，《考古》2019年第1期，第15—59页。

山西省考古研究所等：《山西绛县横水西周墓地M2531发掘报告》，《考古学报》2020年第1期，第89—122页。

山西翼城大河口西周墓地

谢尧亭：《山西翼城县大河口西周墓地获重要发现》，《中国文物报》2008年7月4日，第5版。

谢尧亭等：《山西冀城大河口西周墓地》，《文物天地》2008年第10期，第80—87页。

山西省考古研究所大河口墓地联合考古队：《山西翼城县大河口西周墓地》，《考古》2011年第7期，第9—18页。

谢尧亭等：《山西翼城大河口西周霸国墓地》，国家文物局：《2010中国重要考古发现》，北京：文物出版社，2011年。

中国社会科学院考古研究所文化遗产保护研究中心、山西省考古研究所翼城大河口考古队：《山西翼城县大河口西周墓地M1实验室考古简报》，《考古》2013年第8期，第12—24页。

陈海波等：《山西翼城大河口西周墓地的再次发掘》，《中国文物报》2017年6月2日，第8版。

山西省考古研究所等：《山西翼城大河口西周墓地1017号墓发掘》，《考古学报》

2018 年第 1 期，第 89—140 页。

山西省考古研究所等：《山西翼城大河口西周墓地 2002 号墓发掘》，《考古学报》2018 年第 2 期，第 223—262 页。

山东大学文化遗产研究院等：《山西翼城大河口 M5010、M6043 实验室考古简报》，《江汉考古》2019 年第 2 期，第 3—16 页。

山西省考古研究所等：《山西翼城大河口西周墓地 M6096 发掘简报》，《考古》2020 年第 1 期，第 4—25 页。

山西省考古研究所等：《山西翼城大河口西周墓地 M1034 发掘简报》，《中原文物》2020 年第 1 期，第 4—30 页。

山西省考古研究院等：《山西翼城大河口西周墓地一号墓发掘》，《考古学报》2020 年第 2 期，第 177—290 页。

山西襄汾陶寺北两周墓地

王京燕：《山西襄汾陶寺北发现两周大型墓地》，《中国文物报》2015 年 10 月 9 日，第 8 版。

王京燕：《襄汾县陶寺北两周墓葬》，中国考古学会：《中国考古学年鉴 2015》，北京：中国社会科学出版社，2016 年，第 104—105 页。

王京燕、崔俊俊：《襄汾县陶寺北两周墓地》，中国考古学会：《中国考古学年鉴 2016》，北京：中国社会科学出版社，2017 年，第 183—185 页。

山西省考古研究所：《山西襄汾陶寺北两周墓地 2014 年发掘简报》，《中原文物》2018 年第 2 期，第 4—16 页。

山西省考古研究所、临汾市旅游发展委员会、襄汾县文化局：《山西襄汾陶寺北墓地 2014 年 I 区 M7 发掘简报》，《文物》2018 年第 9 期，第 4—21 页。

山西绛县雎村西周墓地

王金平：《绛县雎村西周墓地》，中国考古学会：《中国考古学年鉴 2016》，北京：中国社会科学出版社，2017 年，第 185—186 页。

山东长清仙人台邿国贵族墓地

任相宏、方辉、任相宏：《山东长清仙人台遗址发现邿国贵族墓》，《中国文物报》

1995 年 12 月 17 日，第 1 版。

山东大学考古系：《山东长清县仙人台遗址发掘简报》，《考古》1998 年第 9 期，第 1—10 页。

山东大学考古系：《山东长清县仙人台周代墓地》，《考古》1998 年第 9 期，第 11—25 页。

任相宏：《山东长清县仙人台周代墓地及相关问题初探》，《考古》1998 年第 9 期，第 26—35 页。

山东大学历史文化学院考古系：《长清仙人台五号墓发掘简报》，《文物》1998 年第 9 期，第 18—30 页。

山东大学历史文化学院考古与博物馆学系：《山东济南长清仙人台周代墓地 M4 发掘简报》，《文物》2019 年第 4 期，第 4—27 页。

山东滕州前掌大商周贵族墓地

中国社会科学院考古研究所编著：《滕州前掌大墓地》，北京：文物出版社，2005 年。

中国社会科学院考古研究所山东队、滕县博物馆：《山东滕县古遗址调查简报》，《考古》1980 年第 1 期，第 32—44 页。

中国社会科学院考古研究所山东工作队：《滕州前掌大商代墓葬》，《考古学报》1993 年第 3 期，第 365—392 页。

滕州市博物馆：《山东滕州出土商代青铜器》，《考古》1994 年第 1 期，第 94—95 页。

任守景、周衍麟：《滕州商周遗址获重大发现》，《文汇报》1995 年 1 月 6 日，第 4 版。

中国社科院考古研究所：《滕州前掌大遗址有重要发现》，《中国文物报》1995 年 1 月 8 日，第 1 版。

贾笑冰：《滕州前掌大商墓发掘获新成果》，《中国文物报》1999 年 3 月 14 日，第 1 版。

中国社会科学院考古研究所山东工作队：《山东滕州市前掌大商周墓地 1998 年发掘简报》，《考古》2000 年第 7 期，第 13—28 页。

滕州市博物馆：《滕州前掌大村南墓地发掘报告（1998—2001）》，《海岱考古》第三辑，北京：科学出版社，2010 年，第 227—375 页。

滕州市博物馆：《山东滕州前掌大遗址新发现的西周墓》，《文物》2015 年第 4 期，第 4—8 页。

湖北随州叶家山西周早期曾侯墓地

湖北省博物馆、湖北省文物考古研究所、随州市博物馆编，方勤主编：《随州叶家山：西周早期曾国墓地》，北京：文物出版社，2012年。

长江文明馆、湖北省博物馆、湖北省文物考古研究所、襄阳博物馆编，方勤、吴宏堂主编：《穆穆曾侯——枣阳郭家庙曾国墓地》，北京：文物出版社，2015年。

黄凤春、陈树祥：《湖北随州叶家山西周墓地考古发掘获阶段性重大成果》，《中国文物报》2011年10月12日，第4版。

湖北省文物考古研究所、随州市博物馆：《湖北随州叶家山M65发掘简报》，《江汉考古》2011年第3期，第3—40页。

湖北省文物考古研究所、随州市博物馆：《湖北随州叶家山西周墓地发掘简报》，《文物》2011年第11期，第4—60页。

湖北省文物考古研究所、随州市博物馆：《湖北随州市叶家山西周墓地》，《考古》2012年第7期，第31—52页。

喻珮、王贤：《湖北随州叶家山最大古墓葬揭秘——南方地区首次发现西周马坑》，《中国文物报》2013年7月5日，第1版。

黄凤春、郭长江、陈晓坤：《随州叶家山曾国墓地二期考古发掘再获大批西周青铜器》，《中国文物报》2013年10月25日，第8版。

湖北省文物考古研究所、随州市博物馆：《随州叶家山西周墓地第二次考古发掘的主要收获》，《江汉考古》2013年第3期，第3—6页。

湖北省文物考古研究所、随州市博物馆：《湖北随州叶家山M28发掘报告》，《江汉考古》2013年第4期，第3—57页。

湖北省文物考古研究所、随州市博物馆、出土文献与中国文明研究协同创新中心：《湖北随州叶家山M107发掘简报》，《江汉考古》2016年第3期，第3—40页。

湖北省文物考古研究所、随州市博物馆：《湖北随州叶家山M111发掘简报》，《江汉考古》2020年第2期，第3—86页。

宁夏彭阳姚河塬商周墓地

杨宁国：《宁夏彭阳发现先周陶鬲》，《考古与文物》1995年第3期，第35页。

杨宁国、祁悦章：《宁夏彭阳县近年出土的北方系青铜器》，《考古》1999年第12期，第28—37页。

王建宏、何小红：《商周考古的重要发现——宁夏彭阳姚河塬遗址发现西周早期诸侯级大墓》，《光明日报》2017 年 12 月 3 日，第 4 版。

李政：《商周考古的重要发现——宁夏彭阳姚河塬遗址发现西周早期诸侯级墓葬，铸铜、制陶作坊等重要遗迹》，《中国文物报》2017 年 12 月 5 日，第 2 版。

广东博罗横岭山先秦墓地

广东省文物考古研究所编著：《博罗横岭山：商周时期墓地 2000 年发掘报告》，北京：科学出版社，2005 年。

广东省文物考古研究所：《广东博罗银岗遗址发掘简报》，《文物》1998 年第 7 期，第 17—30 页。

广东省文物考古研究所、博罗县博物馆：《广东博罗县园洲梅花墩窑址的发掘》，《考古》1998 年第 7 期，第 28—44 页。

东 周 时 期

遗址（城址）

陕西韩城梁带村两周遗址

陕西省考古研究院、渭南市文物保护考古研究所、韩城市景区管理委员会编著：《梁带村芮国墓地：2007 年度发掘报告》，北京：文物出版社，2010 年。

杨永林：《陕西韩城梁带村两周考古获重大成果》，《光明日报》2005 年 12 月 17 日，第 1 版。

孙秉君、张伟、陈建凌、程蕊萍：《陕西韩城梁带村遗址两周考古取得重大收获》，《中国文物报》2005 年 12 月 28 日，第 1 版、第 2 版。

杨永林：《陕西韩城梁带村两周考古又有重大发现》，《光明日报》2006 年 4 月 30 日，第 1 版。

陕西省考古研究所、渭南市文物保护考古研究所、韩城市文物旅游局：《陕西韩城梁带村遗址 M19 发掘简报》，《考古与文物》2007 年第 2 期，第 3—14 页。

陕西省考古研究所、渭南市文物保护考古研究所、韩城市文物旅游局：《陕西韩城梁带村遗址 M27 发掘简报》，《考古与文物》2007 年第 6 期，第 3—22 页。

张天恩、吕志荣、程蕊萍：《韩城梁带村墓地考古发掘：填补周代考古相关研究空白》,《中国文物报》2008 年 4 月 25 日,第 5 版。

陕西省考古研究所、渭南市文物保护考古研究所、韩城市文物旅游局:《陕西韩城梁带村遗址 M26 发掘简报》,《文物》2008 年第 1 期,第 4—21 页。

雷少:《梁带村西周木俑的清理与修护》,《文博》2009 年第 3 期,第 71—75 页。

陕西省考古研究院:《陕西韩城市梁带村芮国墓地 M28 的发掘》,《考古》2009 年第 4 期,第 3—15 页。

陕西省考古研究院、渭南市考古所、韩城市文物局:《陕西韩城梁带村芮国墓地西区发掘简报》,《考古与文物》2010 年第 1 期,第 14—21 页。

陕西省考古研究院、渭南市文物保护研究所、韩城市文物旅游局:《陕西韩城梁带村墓地北区 2007 年发掘简报》,《文物》2010 年第 6 期,第 4—20 页。

孙秉君、张天恩:《金玉璀璨写华章——韩城梁带村芮国墓地的发掘收获》,陈燮君、王炜林《梁带村里的墓葬——一份公共考古学报告》,北京:北京大学出版社,2012 年,第 92—107 页。

孙秉君、张天恩:《韩城梁带村芮国墓地》,陕西省文物局、陕西省考古研究院:《留住文明——陕西“十一五”期间大遗址保护及课题考古概览（2006—2010）》,西安:三秦出版社,2012 年,第 38—50 页。

河南新郑郑韩故城遗址、河南新郑郑韩故城郑国祭祀遗址

河南省文物考古研究所编著:《新郑郑国祭祀遗址》,郑州:大象出版社,2006 年。

河南省文物考古研究所编著:《郑韩故城兴弘花园与热电厂墓地》,北京:文物出版社,2007 年。

郝本性:《新郑“郑韩故城”发现一批战国铜兵器》,《文物》1972 年第 10 期,第 32—37 页。

马世之:《新郑郑韩故城》,《河南文博通讯》1978 年第 2 期,第 54—55 页。

李德保:《在新郑郑韩故城内发现宫城遗址》,《河南文博通讯》1978 年第 2 期,第 64 页。

蔡全法:《新郑故城发现战国大型贮粮陶窑》,《文物报》1986 年 9 月 19 日,第 2 版。

蔡全法:《郑韩故城新发现八座春秋墓》,《文物报》1986 年 10 月 17 日,第 2 版。

蔡全法:《郑韩故城发现战国青铜剑》,《中国文物报》1988 年 7 月 22 日,第 2 版。

蔡全法、宋国定:《郑韩故城附近发现战国大型葬马坑》,《中国文物报》1989 年 7 月 21 日,第 1 版。

河南省文物研究所：《郑韩故城制骨遗址的发掘》，《华夏考古》1990 年第 4 期，第 43—59、81 页。

河南省文物研究所：《郑韩故城内战国时期地下冷藏室遗迹发掘简报》，《华夏考古》1991 年第 2 期，第 1—15、112 页。

河南省文物研究所：《河南新郑郑韩故城制陶作坊遗迹发掘简报》，《华夏考古》1991 年第 3 期，第 33—54、32 页。

蔡全法、马俊才：《新郑郑韩故城金城路考古取得重大成果》，《中国文物报》1994 年 1 月 2 日，第 1 版。

蔡全法、马俊才：《郑韩故城考古又获重大成果》，《中国文物报》1997 年 2 月 23 日，第 1 版。

蔡全法、马俊才：《郑韩故城考古再获重大发现》，《中国文物报》1998 年 3 月 15 日，第 1 版。

河南省文物考古研究所新郑工作站：《郑韩故城青铜礼乐器坑与殉马坑的发掘》，《华夏考古》1998 年第 4 期，第 11—24 页。

河南省文物考古研究所：《河南新郑市郑韩故城郑国祭祀遗址发掘简报》，《考古》2000 年第 2 期，第 61—77 页。

《20 辆东周葬车在新郑出土》，《文汇报》2001 年 9 月 11 日，第 6 版。

马俊才：《新郑"郑韩故城"新出土东周钱范》，《中国钱币论文集（第四辑）》，北京：中国金融出版社，2002 年，第 78—93 页。

河南省文物考古研究所新郑工作站：《郑韩故城发现战国时期大型制陶作坊》，《中原文物》2003 年第 1 期，第 4—8 页。

河南省文物考古研究所新郑工作站：《新郑市郑韩路 6 号春秋墓》，《文物》2005 年第 8 期，第 39—46 页。

河南省文物考古研究所：《河南新郑郑韩故城东周祭祀遗址》，《文物》2005 年第 10 期，第 4—33 页。

马俊才：《近年来郑韩故城重要考古发现》，《楚文化研究论集》（第六集），武汉：湖北教育出版社，2005 年，第 669—674 页。

樊温泉：《郑韩故城发现东周钱窖》，《中国钱币》2009 年第 2 期，第 41—44 页。

马俊才：《新郑郑韩故城出土春秋时期象牙车踵》，《文物》2014 年第 11 期，第 81—90 页。

桂娟:《河南郑韩故城首次发现城门和瓮城》,《中国文物报》2017 年 2 月 17 日,第 1 版。

方燕明:《2016 年度河南省五大考古新发现》,"新政郑韩故城北城门遗址",《华夏考古》2017 年第 2 期,第 125 页。

樊温泉、余洁、马俊才:《郑韩故城考古取得重要收获》,《中国文物报》2018 年 4 月 6 日,第 8 版。

方燕明:《2017 年度河南省五大考古新发现》,"新政郑韩故城遗址",《华夏考古》2018 年第 3 期,第 149—150 页。

河南省文物考古研究院、新郑市旅游和文物局、城市考古与保护国家文物局重点科研基地:《河南新郑郑韩故城北城门遗址春秋战国时期遗存发掘简报》,《华夏考古》2019 年第 1 期,第 3—12、113 页。

樊温泉:《郑韩故城近年来重要的考古发现与研究》,《华夏考古》2019 年第 4 期,第 64—77 页、第 108 页。

河南省文物考古研究院:《2017 年新郑郑韩故城南城墙发掘简报》,《华夏考古》2021 年第 2 期,第 15—22 页。

河南荥阳官庄遗址

河南省文物局编著:《荥阳官庄遗址》,北京:科学出版社,2015 年。

郑州大学历史学院考古系、河南文物局南水北调文物保护办公室:《河南荥阳市官庄遗址春秋墓葬发掘简报》,《华夏考古》2012 年第 1 期,第 3—12、153—158 页。

陈朝云:《荥阳市官庄两周遗址》,中国考古学会:《中国考古学年鉴 2011》,北京:文物出版社,2012 年,第 315—316 页。

郑州大学历史学院考古系:《河南荥阳市官庄遗址西区发掘简报》,《考古》2013 年第 3 期,第 3—14 页。

韩国河等:《荥阳官庄周代遗址》,中国考古学会:《中国考古学年鉴 2012》,北京:文物出版社,2013 年,第 295—296 页。

郑州大学历史学院考古系、河南文物局南水北调文物保护办公室:《河南荥阳市官庄遗址西周遗存发掘简报》,《考古》2014 年第 8 期,第 20—37 页。

韩国河、惠夕平、郜向平:《荥阳高村乡官庄两周城址》,中国考古学会:《中国考古学年鉴 2013》,北京:文物出版社,2014 年,第 289—290 页。

郑州大学历史文化遗产保护研究中心：《河南荥阳官庄城址周边系统调查与初步收获》，《中原文物》2015 年第 4 期，第 4—9、63 页。

陈博、张继华、赵海洲：《荥阳市官庄两周城址》，中国考古学会：《中国考古学年鉴2014》，北京：中国社会科学出版社，2015 年，第 311—312 页。

郑州大学历史文化遗产保护研究中心、郑州市文物考古研究院：《河南荥阳官庄遗址2013 年度发掘简报》，《中原文物》2016 年第 3 期，第 4—16 页。

郑州大学历史文化遗产保护研究中心、郑州市文物考古研究院：《河南荥阳市官庄周代城址发掘简报》，《考古》2016 年第 8 期，第 25—40 页。

郑州大学历史文化遗产保护研究中心、郑州市文物考古研究院：《河南荥阳官庄遗址M1、M2 发掘简报》，《文物》2017 年第 6 期，第 31—40 页

郑州大学历史学院：《河南荥阳官庄遗址周边考古调查简报》，《中国国家博物馆馆刊》2017 年第 11 期，第 22—31 页。

徐冬，郜向平：《荥阳高村乡官庄两周城址》，中国考古学会：《中国考古学年鉴2017》，北京：中国社会科学出版社，2018 年，第 322 页。

郜向平、赵昊、丁思聪：《河南荥阳官庄遗址发现两周及汉代手工业作坊遗存》，《中国文物报》2019 年 2 月 22 日，第 8 版。

郑州大学历史学院、郑州市文物考古研究院、荥阳市文物保护管理中心：《河南荥阳市官庄遗址铸铜作坊区 2016~2017 年发掘简报》，《考古》2020 年第 10 期，第 53—77 页。

山西侯马冶炼厂新月小区虒祁遗址

范文谦：《侯马市虒祁东周遗址》，中国考古学会：《中国考古学年鉴 1999》，北京：文物出版社，2001 年，第 126—127 页。

山西省考古研究所侯马工作站：《山西侯马市虒祁墓地的发掘》，《考古》2002 年第 4 期，第 41—59 页。

范文谦、王金平：《侯马市虒祁东周遗址和战国至汉代墓地》，《中国考古学年鉴2001》，北京：文物出版社，2002 年，第 122—123 页。

谢尧平等：《侯马虒祁东周祭祀遗存》，中国考古学会：《中国考古学年鉴 2004》，北京：中国社会科学出版社，2005 年，第 129 页。

谢尧平等：《侯马虒祁东周至汉代墓地》，中国考古学会：《中国考古学年鉴 2004》，

北京：中国社会科学出版社，2005 年，第 129—130 页。

王金平等：《山西侯马虒祁遗址发现 822 座祭祀坑和汉至宋元墓葬》，《中国文物报》2015 年 7 月 31 日，第 8 版。

王金平、杨及耘：《侯马市虒祁东周至汉代遗址》，中国考古学会：《中国考古学年鉴 2015》，北京：中国社会科学出版社，2016 年，第 105—106 页。

段双龙：《侯马市虒祁遗址》，中国考古学会：《中国考古学年鉴 2016》，北京：中国社会科学出版社，2017 年，第 188—189 页。

山东邹城邾国故城遗址

路国权：《邹城市邾国故城遗址》，中国考古学会：《中国考古学年鉴 2016》，北京：中国社会科学出版社，2017 年，第 292—293 页。

山东大学历史文化学院考古系、邹城市文物局：《山东邹城市邾国故城遗址 2015 年发掘简报》，《考古》2018 年第 3 期，第 44—67 页。

山东大学历史文化学院考古系、山东大学文化遗产研究院、邹城市文物局：《山东邹城市邾国故城遗址 2017 年 J3 发掘简报》，《考古》2018 年第 8 期，第 3—24 页。

湖北潜江龙湾宫殿遗址

湖北省潜江博物馆、湖北省荆州博物馆编著：《潜江龙湾：1987～2001 年龙湾遗址发掘报告》，北京：文物出版社，2005 年。

荆州地区博物馆、潜江县博物馆：《湖北潜江龙湾发现楚国大型宫殿基址》，《江汉考古》1987 年第 3 期，第 19—21 页。

罗仲全：《潜江发现春秋时期楚王宫殿基址》，《中国文物报》1988 年 3 月 4 日，第 1 版。

丁炳昌：《潜江发掘东周时期大型楚国遗址》，《光明日报》1988 年 11 月 14 日，第 1 版。

潜江博物馆：《潜江龙湾小黄家台楚墓》，《江汉考古》1988 年第 4 期，第 33—42 页。

施勇峰：《章华宫遗址在潜江发掘》，《人民日报》1990 年 6 月 7 日，第 3 版。

罗正松：《湖北潜江龙湾发现一处东周窑址》，《考古》1997 年第 5 期，第 67 页。

罗德松：《潜江龙湾遗址调查试掘获成果》，《中国文物报》1999 年 9 月 19 日，第 1 版。

荆州博物馆：《潜江龙湾遗址勘探试掘获重大成果》，《中国文物报》2000 年 2 月 23 日，第 1 版。

潜江市博物馆：《潜江市龙湾遗址群放鹰台第 3 号台试掘简报》，《江汉考古》2001 年第 1 期，第 1 到 11 页。

陈跃钧：《湖北潜江龙湾遗址第三次发掘》，《中国文物报》2002 年 1 月 25 日，第 2 版。

荆州博物馆、潜江市博物馆：《湖北潜江龙湾放鹰台 I 号楚宫基址发掘简报》，《江汉考古》2003 年第 3 期，第 3—15 页。

陈跃钧：《楚章华台的发现与发掘》，荆州博物馆：《荆州重要考古发现》，北京：文物出版社，2009 年，第 68—73 页。

潜普：《湖北潜江龙湾遗址又有新发现》，《中国文物报》2009 年 2 月 6 日，第 2 版。

荆文：《湖北江陵发现楚国大型游宫基址群》，《中国文物报》2009 年 10 月 23 日，第 4 版。

湖北郧县辽瓦店子遗址

武汉大学考古与博物馆学系：《郧县辽瓦店子遗址》，湖北省文物局主编：《湖北省南水北调工程重要考古发现 I》，北京：文物出版社，2007 年。

辽瓦店子考古队：《湖北郧县辽瓦店子遗址考古获重要发现》，《中国文物报》2008 年 1 月 9 日，第 2 版。

武汉大学考古与博物馆学系、湖北省文物局南水北调办公室：《湖北郧县辽瓦店子遗址东周遗存的发掘》，《考古》2008 年第 4 期，第 14—27 页。

武汉大学考古系：《湖北郧县辽瓦店子遗址发现两座南朝墓葬》，《考古》2016 年第 4 期，第 116—120 页。

江苏无锡阖闾城遗址

李鉴昭：《江苏无锡县古阖闾城的调查》，《考古通讯》1958 年第 1 期，第 61 页。

陆建芳：《2004 年春阖闾城调查报告》，《江阴文博》2005 年第 1 期，第 2—4 页。

无锡市第三次全国文物普查办公室：《阖闾城遗址考古复查获重要成果》，《中国文物报》2008 年 10 月 31 日，第 5 版。

张敏：《阖闾城遗址的考古调查及其保护设想》，《江汉考古》2008 年第 4 期，第 102—108 页。

张敏：《阖闾城遗址的考古复查与初步认识》，《古代文明研究通讯》2008 年总第 38 期，第 37—46 页。

苏州木渎春秋古城

《苏州木渎春秋古城考古取得重大收获》，《中国文物报》2011 年 3 月 8 日，第 6—7 版。

中国社会科学院考古研究所苏州市考古研究所联合考古队：《江苏苏州市木渎春秋城址》，《考古》2011 年第 7 期，第 19—26 页。

中国社会科学院考古研究所苏州市考古研究所联合考古队：《苏州木渎古城考古的主要收获》，《苏州文博论丛（第二辑）》，2011 年，第 1—8 页。

中国社会科学院考古研究所苏州市考古研究所联合考古队：《苏州木渎古城 2011—2014 年考古报告》，《考古学报》2016 年第 2 期，第 263—292 页。

甘肃礼县大堡子山遗址

刘敬智：《甘肃发掘出秦国早期秦公大墓》，《光明日报》2001 年 4 月 6 日，第 A2 版。

陈宗立：《我国早期秦文化考古研究取得重要成果》，《光明日报》2006 年 11 月 18 日，第 2 版。

赵化成、王辉：《甘肃礼县大堡子山遗址考古获重大发现》，《中国文物报》2007 年 2 月 9 日，第 2 版。

早期秦文化考古联合课题组：《甘肃礼县大堡子山早期秦文化遗址》，《考古》2007 年第 7 期，第 38—46 页。

杨哲峰等：《甘肃礼县大堡子山遗址 2006 年考古获重大发现》，《古代文明研究通讯》2007 年总第 32 期，第 40—42 页。

早期秦文化联合考古队：《2006 年甘肃礼县大堡子山 21 号建筑基址发掘简报》，《文物》2008 年第 1 期，第 4—13 页。

早期秦文化联合考古队：《2006 年甘肃礼县大堡子山祭祀遗迹发掘简报》，《文物》2008 年第 11 期，第 14—29 页。

早期秦文化联合考古队：《2006 年甘肃礼县大堡子山东周墓葬发掘简报》，《文物》2008 年第 11 期，第 30—49 页。

早期秦文化研究课题组：《甘肃礼县三座周代城址调查报告》，《古代文明》第 7 卷，北京：文物出版社，2008 年，第 323—362 页。

秦文化与西戎文化联合考古队：《甘肃礼县大堡子山秦墓及附葬车马坑发掘简报》，《文物》2018 年第 1 期，第 4—25 页。

作坊

江苏镇江孙家村铸铜遗址

南京博物院、镇江博物馆：《江苏镇江市孙家村遗址 2015—2016 年发掘简报》，《考古》2018 年第 6 期，第 14—37 页。

墓地

甘肃马家塬战国墓地

李战吉：《甘肃发现罕见战国墓葬》，《人民日报》2006 年 11 月 17 日，第 11 版。

周广济：《甘肃张家川发现战国墓葬》，《中国文物报》2007 年 2 月 2 日，第 5 版。

甘肃省文物考古研究所、张家川回族自治县博物馆：《2006 年度甘肃张家川回族自治县马家塬战国墓地发掘简报》，《文物》2008 年第 9 期，第 4—28 页。

早期秦文化联合考古队、张家川回族自治县博物馆：《张家川马家塬战国墓地 2007—2008 年发掘简报》，《文物》2009 年第 10 期，第 25—51 页。

张家川回族自治县博物馆：《张家川县川王乡高崖村战国墓葬清理简报》，《陇右文博》2010 年第 2 期，第 3—5 页。

早期秦文化联合考古队、张家川回族自治县博物馆：《张家川马家塬战国墓地 2008—2009 年发掘简报》，《文物》2010 年第 10 期，第 4—26 页。

早期秦文化联合考古队、张家川回族自治县博物馆：《张家川马家塬战国墓地 2010—2011 年发掘简报》，《文物》2012 年第 8 期，第 4—26 页。

马悦：《张家川与西戎相关的几处遗址及墓葬的调查》，《陇右文博》2013 年第 2 期，第 12—14 页。

甘肃省文物考古研究所、陕西省考古研究院：《甘肃张家川县马家塬战国墓地 M4 木棺实验室考古简报》，《考古》2013 年第 8 期，第 25—35 页。

韩飞、王辉、马燕如：《甘肃张家川马家塬出土车厢侧板的实验室考古清理》，《文物》2014 年第 6 期，第 39—43 页。

早期秦文化联合考古队、张家川回族自治县博物馆：《甘肃张家川马家塬战国墓地 2012~2014 年发掘简报》，《文物》2018 年第 3 期，第 4—25 页。

河南三门峡上村岭虢国墓地

中国科学院考古研究所编著：《上村岭虢国墓地》，北京：科学出版社，1959 年。

河南省文物考古研究所、三门峡市文物工作队编著：《三门峡虢国墓（第一卷）》，北京：文物出版社，1999 年。

《虢国墓地再次出土大量珍贵文物》，《中国文物报》1991 年 1 月 6 日，第 1 版。

《虢国墓地发掘又获重大发现》，《中国文物报》1992 年 2 月 2 日，第 1 版。

河南省文物研究所、三门峡市文物工作队：《三门峡上村岭虢国墓地 M2001 发掘简报》，《华夏考古》1992 年第 3 期，第 104—113 页。

河南省文物考古研究所、三门峡市文物工作队等：《上村岭虢国墓地 M2006 的清理》，《文物》1995 年第 1 期，第 4—31 页。

王建明：《三门峡虢国墓地 2009 号墓获重大考古成果》，《光明日报》1999 年 11 月 2 日，第 2 版。

河南省文物考古研究所、三门峡市文物工作队：《三门峡虢国墓地 M2010 的清理》，《文物》2000 年第 12 期，第 4—22 页。

河南省文物考古研究所、三门峡市文物工作队：《三门峡虢国墓地 M2013 的清理》，《文物》2000 年第 12 期，第 23—34 页。

河南省文物考古研究所、三门峡市文物考古研究所：《河南三门峡虢国墓地 M2008 发掘简报》，《文物》2009 年第 2 期，第 18—31 页。

河南伊川徐阳墓地

吴业恒：《河南伊川徐阳墓地发现春秋陆浑戎贵族墓葬和车马坑》，《中国文物报》2015 年 11 月 20 日，第 8 版。

吴业恒：《河南伊川徐阳发现东周陆浑戎贵族墓地》，《中国文物报》2016 年 4 月 22 日，第 8 版。

曲径：《洛阳市伊川徐阳墓地考古调查与发掘》，《河南文化文物年鉴 2016》，郑州：中州古籍出版社，2016 年，第 220 页。

吴业恒：《伊川徐阳春秋墓地及宜阳县南留古城遗址》，中国考古学会：《中国考古学年鉴 2015》，北京：中国社会科学出版社，2016 年，第 227 页。

吴业恒、马占山：《伊川县徐阳东周墓地》，中国考古学会：《中国考古学年鉴 2016》，北京：中国社会科学出版社，2017 年，第 306 页。

郑州大学文物考古研究院（洛阳）、洛阳市文物考古研究所：《河南伊川徐阳墓地东区 2015~2016 年发掘简报》，《华夏考古》2020 年第 3 期，第 23—40 页。

郑州大学文物考古研究院（洛阳）、洛阳市文物考古研究所：《河南伊川徐阳东周墓地西区 2013—2015 年发掘》，《考古学报》2020 年第 4 期，第 547—578 页。

河南丹江口水库楚国贵族墓

河南省文物研究所、河南省丹江库区考古发掘队、淅川县博物馆：《淅川下寺春秋楚墓》，北京：文物出版社，1991 年。

河南省文物考古研究所：《淅川和尚岭与徐家岭楚墓》，郑州：大象出版社，2004 年。

河南省丹江库区文物发掘队：《河南省淅川县下寺春秋楚墓》，《文物》1980 年第 10 期，第 13—19 页。

河南省博物馆、淅川县文管会、南阳地区文管会：《河南淅川县下寺一号墓发掘简报》，《考古》1981 年第 2 期，第 119—127 页。

淅川县博物馆、南阳地区文物队：《淅川县毛坪楚墓发掘简报》，《中原文物》1982 年第 1 期，第 42—46 页。

曹桂岑：《丹江口水库发现楚国贵族墓》，《中国文物报》1992 年 8 月 30 日，第 1 版。

曹桂岑：《淅川徐家岭春秋楚墓出土铜兽》，《中国文物报》1992 年 12 月 13 日，第 3 版。

河南省文物研究所、南阳地区文物研究所、淅川县博物馆：《淅川县和尚岭春秋楚墓的发掘》，《华夏考古》1992 年第 3 期，第 114—130 页。

河南省文物研究所、南阳地区文物研究所、淅川县博物馆：《河南淅川吉岗楚墓发掘简报》，《华夏考古》1993 年第 3 期，第 20—27 页。

河南省文物研究所、淅川县博物馆：《河南淅川大石头山楚墓发掘报告》，《华夏考古》1993 年第 3 期，第 11—19 页。

长江水利委员会文物考古队：《南水北调中线工程丹江口水库淹没区文物调查概况》，《江汉考古》1996 年第 2 期，第 60—65、53 页。

河南省文物考古研究所、南阳市文物考古研究所、淅川县博物馆：《河南淅川徐家岭一号楚墓发掘简报》，《文物》2004 年第 3 期，第 21—30 页。

河南省文物管理局南水北调文物保护办公室、南阳市文物考古研究所：《河南淅川县徐家岭 11 号楚墓》，《考古》2008 年第 5 期，第 41—48 页。

河南省文物管理局南水北调文物保护办公室、河南省文物考古研究、驻马店市文物考古管理所：《河南淅川县马川墓地东周墓葬的发掘》，《考古》2010 年第 6 期，第 36—56 页。

河南省文物管理局南水北调文物保护办公室、河南省文物考古研究、驻马店市文物考古管理所：《河南淅川县马川墓地 118 号东周墓》，《考古》2011 年第 2 期，第 39—44 页。

郑州大学历史学院考古系、河南省文物管理局南水北调文物保护办公室：《淅川吴营遗址春秋墓发掘简报》，《中原文物》2011 年第 3 期，第 4—8、16 页。

河南省文物管理局南水北调文物保护办公室、南开大学考古学与博物馆学系：《河南淅川仓房新四队战国、秦墓发掘简报》，《中原文物》2014 年第 1 期，第 13—19、86 页。

河南省文物考古研究院、河南省文物局南水北调文物保护办公室：《河南淅川县阎杆岭楚墓发掘简报》，《华夏考古》2014 年第 4 期，第 17—30 页。

武汉大学历史学院考古系：《河南淅川县申明铺墓地 25 号战国墓》，《考古》2015 年第 5 期，第 114—120 页。

河南省文物考古研究院、三门峡市文物考古研究所、河南省南水北调文物保护管理办公室：《河南淅川熊家岭墓地 M24 发掘简报》，《华夏考古》2016 年第 2 期，第 13—22 页。

三门峡市文物考古研究所：《河南淅川熊家岭墓地 M4 发掘简报》，《洛阳考古》2016 年第 4 期，第 18—23 页。

河南省文物考古研究院：《淅川玉山岭战国墓与车马坑的发掘》，《华夏考古》2018 年第 5 期，第 3—10、36 页。

南阳府衙博物馆、南阳市文物考古研究所：《河南淅川裴岭战国墓 M10 发掘简报》，《中原文物》2019 年第 4 期，第 33—38 页。

河南新郑胡庄墓地

马俊才、张明立：《新郑胡庄墓地发掘获重大发现》，《中国文物报》2009 年 3 月 27 日，第 5 版。

河南省文物考古研究所：《河南新郑胡庄韩王陵考古发现概述》，《华夏考古》2009 年第 3 期，第 14—18 页。

山西垣曲北白鹅周代墓地

杨及耘、曹俊：《山西垣曲北白鹅周代墓地考古发现》，《中国文物报》2021年1月29日，第8版。

山东后李春秋车马坑和淄河店2号战国大墓

济青公路文物工作队：《山东临淄后李遗址第一、二次发掘简报》，《考古》1992年第11期，第987—996页。

王守功、王永波、李振光：《临淄后李一号车马坑发掘与保护纪实》，《文物天地》1993年第2期，第5—6页。

济青公路文物工作队：《山东临淄后李遗址第三、四次发掘简报》《考古》1994年第2期，第97—112页。

山东省文物考古研究所：《山东淄博市临淄区淄河店二号战国墓》，《考古》2000年第10期，第46—65页。

山东沂水纪王崮春秋墓葬

郝导华等：《山东沂水纪王崮发现大型春秋墓葬》，《中国文物报》2012年10月12日，第8版。

山东省文物考古研究所、临沂市文物考古队、沂水县博物馆：《山东沂水县纪王崮春秋墓》，《考古》2013年第7期，第33—48页。

山东省文物考古研究所、临沂市文物考古队、沂水县博物馆：《沂水县纪王崮一号春秋墓及车马坑》，《海岱考古》第六辑，北京：科学出版社，2013年，第280—311页。

吕凯、尹纪亮、郝导华：《山东沂水纪王崮二号墓发掘取得重要收获》，《中国文物报》2014年1月31日，第8版。

湖北枣阳郭家庙曾国墓地

襄樊市考古队、湖北省文物考古研究所、湖北孝襄高速公路考古队编著，陈千万主编：《枣阳郭家庙曾国墓地》，北京：科学出版社，2005年。

湖北省博物馆：《湖北枣阳县发现曾国墓葬》，《考古》1975年第4期，第222—225页。

田海峰：《湖北枣阳县又发现曾国铜器》，《江汉考古》1983 年第 3 期，第 101—103 页。

徐正国：《枣阳东赵湖再次出土青铜器》，《江汉考古》1984 年第 1 期，第 106 页。

襄樊市博物馆：《湖北谷城、枣阳出土周代青铜器》，《考古》1987 年第 5 期，第 410—413、433 页。

徐正国：《枣阳发现一件商代铜尊》，《文物》1990 年第 6 期，第 57 页。

徐正国：《湖北枣阳市博物馆收藏的几件青铜器》，《文物》1994 年第 4 期，第 77—79 页。

胡刚、张翔：《湖北枣阳郭家庙墓地考古取得多项重大发现》，《中国文物报》2015 年 1 月 9 日，第 8 版。

方勤、胡刚：《枣阳郭家庙曾国墓地曹门湾墓区考古主要收获》，《江汉考古》2015 年第 3 期，第 3—4 页。

武汉大学历史学院等：《湖北枣阳郭家庙墓地曹门湾墓区（2015）M43 发掘简报》，《江汉考古》2016 年第 5 期，第 36—49 页。

湖北省文物考古研究所等：《湖北枣阳郭家庙墓地曹门湾墓区（2014）M10、M13、M22 发掘简报》，《江汉考古》2016 年第 5 期，第 13—35 页。

方勤等：《湖北枣阳郭家庙墓地 2015 年发掘收获》，国家文物局：《2015 中国重要考古发现》，北京：文物出版社，2016 年，第 74—77 页。

湖北随州文峰塔东周墓地

随州市考古队：《湖北随州义地岗又出土青铜器》，《江汉考古》1994 年第 2 期，第 37—40 页。

湖北省文物考古研究所、随州市曾都区考古队、随州市博物馆：《湖北随州义地岗墓地曾国墓 1994 年发掘简报》，《文物》2008 年第 2 期，第 4—18 页。

湖北省文物考古研究所、随州市博物馆：《湖北随州义地岗曾公子去疾墓发掘简报》，《江汉考古》2012 年第 3 期，第 3—26 页。

黄凤春、郭长江：《湖北随州发现曾公子去疾墓》，《中国文物报》2013 年 2 月 20 日，第 2 版。

黄凤春、郭长江：《湖北随州文峰塔墓地发掘获重大发现》，《中国文物报》2013 年 5 月 24 日，第 8 版。

湖北省文物考古研究所：《湖北随州文峰塔墓地考古发掘的主要收获》，《江汉考古》2013 年第 1 期，第 3—5 页。

湖北省文物考古研究所、随州市博物馆：《随州文峰塔 M1（曾侯舆墓）、M2 发掘简报》，《江汉考古》2014 年第 4 期，第 3—51 页。

湖北省文物考古研究所、随州市博物馆：《湖北随州市文峰塔东周墓地》，《考古》2014 年第 7 期，第 18—33 页。

湖北省文物考古研究所、随州市博物馆：《湖北随州文峰塔墓地 M4 发掘简报》，《江汉考古》2015 年第 1 期，第 3—15 页。

湖北省文物考古研究所、随州市博物馆、随州市曾都区考古队：《随州汉东东路墓地 2017 年考古发掘收获》，《江汉考古》2018 年第 1 期，第 34—39 页。

湖北省文物考古研究所等：《湖北随州枣树林墓地 2019 年发掘收获》，《江汉考古》2019 年第 3 期，第 3—8 页。

郭长江：《湖北随州枣树林发现春秋曾国贵族墓地》，《中国文物报》2020 年 4 月 17 日，第 8 版。

湖北省文物考古研究所等：《湖北随州市枣树林春秋曾国贵族墓地》，《考古》2020 年第 7 期，第 75—89 页。

湖北省文物考古研究所等：《湖北随州枣树林墓地 81 与 110 号墓发掘》，《考古学报》2021 年第 1 期，第 115—160 页。

江西靖安李洲坳东周墓葬

李政：《江西靖安李洲坳东周墓葬发掘现场实录》，《中国文物报》2007 年 8 月 3 日，第 5 版。

江西李洲坳东周墓葬考古队：《江西靖安李洲坳东周墓葬发掘取得重大收获》，《中国文物报》2007 年 12 月 14 日，第 5 版。

江西省文物考古研究所：《江西靖安县李洲坳东周墓葬》，《考古》2008 年第 7 期，第 47—53 页。

江西省文物考古研究所、靖安县博物馆：《江西靖安李洲坳东周墓发掘简报》，《文物》2009 年第 2 期，第 4—17 页。

江苏句容、金坛周代土墩墓群

镇江博物馆编著，杨正宏主编：《句容鹅毛岗土墩墓发掘报告》，镇江：江苏大学出版社，2013 年。

南京博物院、镇江博物馆：《句容寨花头土墩墓群发掘报告》，北京：文物出版社，2019 年。

南京博物院、镇江博物馆、常州博物馆、句容市博物馆：《句容浮山果园土墩墓群发掘报告》北京：文物出版社，2019 年。

南京博物院、常州博物馆、镇江博物馆、金坛博物馆：《金坛薛埠土墩墓群发掘报告》，北京：文物出版社，2019 年。

镇江博物馆浮山果园古墓发掘组：《江苏句容浮山果园土墩墓》，《考古》1979 年第 2 期，第 107—118 页。

南京博物院、常州市博物馆、金坛县文物管理委员会：《江苏金坛连山土墩墓发掘报告》，《考古学集刊》第 10 集，北京：地质出版社，1996 年，第 161—194 页。

林留根等：《江苏句容、金坛土墩墓考古获重大突破》，《中国文物报》2006 年 4 月 5 日，第 1 版、第 2 版。

林留根：《江苏句容、金坛土墩墓考古取得重大收获》，《古代文明研究通讯》2006 年总第 28 期，第 27—31 页。

南京博物院考古研究所、镇江市博物馆、常州市博物馆：《江苏句容及金坛市周代土墩墓》，《考古》2006 年第 7 期，第 22—30 页。

南京博物院：《江苏句容寨花头土墩墓 D2、D6 发掘简报》，《文物》2007 年第 7 期，第 20—38 页。

南京博物院考古研究所：《江苏金坛县薛埠镇上水土墩墓群二号墩发掘简报》，《考古》2008 年第 2 期，第 23—36 页。

南京博物院：《江苏金坛裕巷土墩墓群一号墩的发掘》，《考古学报》2009 年第 3 期，第 413—434 页。

南京博物院：《江苏句容下蜀中心山土墩墓发掘简报》，《东南文化》2011 年第 3 期，第 25—32 页。

镇江博物馆、句容市博物馆：《江苏句容鹅毛岗土墩墓 D2 发掘简报》，《东南文化》2012 年第 4 期，第 38—50 页。

镇江博物馆、句容市博物馆：《江苏句容鹅毛岗 1 号土墩墓发掘简报》，《江汉考古》2013 年第 2 期，第 22—30 页。

南京博物院、镇江博物馆、句容市博物馆：《江苏句容姊妹桥村东山土墩墓发掘简报》，《东南文化》2017 年第 3 期，第 46—51 页。

南京博物院、镇江博物馆、金坛博物馆：《江苏金坛高庄土墩墓 D1 发掘简报》，《东南文化》2018 年第 5 期，第 34—45 页。

南京博物院、常州博物馆、金坛区博物馆：《江苏金坛茅东村牯牛墩土墩墓发掘报告》，《东南文化》2019 年第 1 期，第 54—65 页。

江苏无锡鸿山越国贵族墓

南京博物院、江苏省考古研究所、无锡市锡山区文物管理委员会编著：《鸿山越墓发掘报告》，北京：文物出版社，2007 年。

南京博物院、江苏省考古研究所、无锡市锡山区文物管理委员会编著：《鸿山越墓出土礼器》，北京：文物出版社，2007 年。

南京博物院、江苏省考古研究所、无锡市锡山区文物管理委员会编著：《鸿山越墓出土乐器》，北京：文物出版社，2007 年。

南京博物院、江苏省考古研究所、无锡市锡山区文物管理委员会编著：《鸿山越墓出土玉器》，北京：文物出版社，2007 年。

张敏、朱国平、李则斌、邹忆军：《无锡鸿山越国贵族墓考古硕果累累》，《中国文物报》2006 年 1 月 26 日，第 1 版、第 2 版。

南京博物院考古研究所、无锡市锡山区文物管理委员会：《无锡鸿山越国贵族墓发掘简报》，《文物》2006 年第 1 期，第 4—22 页。

安徽蚌埠双墩一号春秋墓

安徽省文物考古研究所、蚌埠市博物馆编著：《钟离君柏墓》，北京：文物出版社，2013 年。

李陈续：《蚌埠双墩 1 号春秋墓发掘惊现新文化现象》，《光明日报》2006 年 6 月 16 日，第 2 版。

安徽省文物考古研究所、蚌埠市博物馆：《蚌埠双墩一号春秋墓发掘成果重大》，《中国文物报》2008 年 12 月 19 日，第 4 版。

阚绪杭等：《春秋钟离国墓的发掘收获》，《东南文化》2009 年第 1 期，第 40—47 页。

安徽省文物考古研究所、蚌埠市博物馆：《安徽蚌埠市双墩一号春秋墓葬》，《考古》2009 年第 7 期，第 39—45 页。

安徽省文物考古研究所、蚌埠市博物馆：《安徽蚌埠市双墩一号春秋墓发掘收获与意义》，《文物研究（第16辑）》，合肥：黄山书社，2009年，第164—176页。

安徽省文物考古研究所、凤阳县文物管理所：《安徽凤阳卞庄一号春秋墓发掘简报》，《文物》2009年第8期，第21—29页。

安徽省文物考古研究所、蚌埠市博物馆：《安徽蚌埠双墩一号春秋墓发掘简报》，《文物》2010年第3期，第4—18页。

安徽省文物考古研究所、蚌埠市博物馆：《安徽蚌埠市双墩三号战国墓》，《考古》2010年第9期，第18—23页。

安徽省文物考古研究所、蚌埠市博物馆：《春秋钟离君柏墓发掘报告》，《考古学报》2013年第2期，第239—282页。

浙江绍兴印山越国王陵

浙江省文物考古研究所、绍兴县文物保护管理所编著：《印山越王陵》，北京：文物出版社，2002年。

浙江省文物考古研究所、绍兴市文物考古研究所、绍兴市柯桥区文化发展中心、嵊州市文物管理处编著：《绍兴越墓：绍兴越国王陵及贵族墓考古报告》，北京：文物出版社，2016年。

吴钊谦、万润龙：《辟山为穴独木成棺——绍兴发现越国王陵规模巨大为江南之最》，《文汇报》1998年5月14日，第5版。

印山大墓考古队：《绍兴印山发现越国王陵》，《中国文物报》1998年6月28日，第1版。

浙江省文物考古研究所、绍兴县文物保护管理所：《浙江绍兴印山大墓发掘简报》，《文物》1999年第11期，第4—16页。

黄昊德：《浙江绍兴越国王陵及贵族墓葬调查与勘探成果丰硕》，《中国文物报》2015年12月18日，第8版。

辽宁建昌东大杖子战国墓地

华玉冰等：《辽宁建昌东大杖子战国墓地取得重要考古发现》，《中国文物报》2011年12月30日，第4版。

辽宁省文物考古研究所、葫芦岛市博物馆、建昌县文物管理所：《辽宁建昌县东大杖子墓地 2001 年发掘简报》，《考古》2014 年第 12 期，第 3—17 页。

辽宁省文物考古研究所、葫芦岛市博物馆、建昌县文物管理所：《辽宁建昌县东大杖子墓地 2002 年发掘简报》，《考古》2014 年第 12 期，第 18—32 页。

辽宁省文物考古研究所、吉林大学边疆考古研究中心、葫芦岛市博物馆、建昌县文物管理所：《辽宁建昌县东大杖子墓地 M40 的发掘》，《考古》2014 年第 12 期，第 33—48 页。

辽宁省文物考古研究所、吉林大学边疆考古研究中心、葫芦岛市博物馆、建昌县文物管理所：《辽宁建昌县东大杖子墓地 M47 的发掘》，《考古》2014 年第 12 期，第 49—63 页。

辽宁省文物考古研究所、葫芦岛市博物馆、建昌县文物局：《辽宁建昌东大杖子墓地 2000 年发掘简报》，《文物》2015 年第 11 期，第 4—26 页。

辽宁省文物考古研究所、葫芦岛市博物馆、建昌县文物管理所：《辽宁建昌东大杖子墓地 2003 年发掘简报》，《边疆考古研究》（第 18 辑），北京：科学出版社，2016 年，第 39—56 页。

其 他 时 期

遗址

陕西神木石峁遗址

陕西省考古研究院、榆林市文物考古勘探工作队、神木县文体广电局、神木县石峁遗址管理处编著：《发现石峁古城》，北京：文物出版社，2016 年。

戴应新：《陕西神木县石峁龙山文化遗址调查》，《考古》1977 年第 3 期，第 154—157、172 页。

魏世刚：《陕西神木石峁遗址调查试掘简报》，《史前研究》1983 年第 2 期，第 92—100 页。

吕智远：《陕西神木县石峁遗址发现细石器》，《文博》1989 年第 2 期，第 82—84 页。

艾有为：《神木县新石器时代遗址调查简报》，《考古与文物》1990 年第 5 期，第 3—6 页。

王炜林等：《神木石峁遗址考古工作主要收获》，《中国文物报》2012 年 12 月 21 日，第 8 版。

陕西省考古研究院、榆林市文物考古勘探工作队、神木县文体局：《陕西神木县石峁遗址》，《考古》2013 年第 7 期，第 15—24 页。

杨永林、张哲浩：《石峁遗址考古发掘有新收获》，《光明日报》2014 年 2 月 21 日，第 7 版。

陕西省考古研究院、榆林市文物考古勘探工作队、神木县文体局：《陕西神木县石峁遗址后阳湾、呼家洼地点试掘简报》，《考古》2015 年第 5 期，第 60—71 页。

陕西省考古研究院：《陕西神木县木柱柱梁遗址发掘简报》，《考古与文物》2015 年第 5 期，第 3—11、43 页。

孙周勇等：《石峁遗址：2015 年考古纪事》，《中国文物报》，2015 年 10 月 9 日，第 5 版。

孙周勇等：《陕西榆林寨峁梁龙山遗址发掘获重要收获》，《中国文物报》2015 年 11 月 6 日，第 8 版。

陕西省考古研究院、榆林市文物考古勘探工作队、神木县文体广电局：《陕西神木县石峁遗址韩家圪旦地点发掘简报》，《考古与文物》2016 年第 4 期，第 14—24 页。

陕西省考古研究院、榆林市文物考古勘探工作队、神木县文管办：《陕西神木县神圪挞梁遗址发掘简报》，《考古与文物》2016 年第 4 期，第 34—44 页。

孙周勇等：《陕西榆林寨峁梁遗址 2014—2015 年发掘收获》，国家文物局：《2015 中国重要考古发现》，北京：文物出版社，2016 年，第 24—27 页。

孙周勇、邵晶、康宁武、赵益：《石峁遗址：2016 年考古纪事》，《中国文物报》2017 年 6 月 30 日，第 5 版。

陕西省考古研究院、榆林市文物考古勘探工作队、神木县石峁遗址管理处：《陕西神木县石峁城址皇城台地点》，《考古》2017 年第 7 期，第 46—56 页。

陕西省考古研究院、榆林市文物考古勘探工作队、榆阳区文管办：《陕西榆林寨峁梁遗址 2014 年度发掘简报》，《考古与文物》2018 年第 1 期，第 3—16 页。

陕西省考古研究院榆林市文物考古勘探工作队、神木市石峁遗址管理处：《陕西神木石峁遗址皇城台地点考古取得重要收获》，《中国文物报》2019 年 1 月 11 日，第 8 版。

孙周勇等：《石峁遗址 2018 年考古纪事》，《中国文物报》2019 年 8 月 23 日，第 5 版。

李政：《石峁遗址：石破天惊的新发现不断颠覆传统认知》，《中国文物报》2019 年 9 月 27 日，第 2 版。

孙周勇等：《陕西神木石峁遗址皇城台发掘取得重要收获》，《中国文物报》2020年2月7日，第5版。

河南辉县孟庄遗址

河南省文物考古研究所：《河南辉县市孟庄龙山文化遗址发掘简报》，《考古》2000年第3期，第1—20页。

河南省文物考古研究所编著：《辉县孟庄》，郑州：中州古籍出版社，2003年。

崔墨林：《辉县孟庄乡发现古遗址》，《文物参考资料》1956年第6期，第80页。

袁广阔：《辉县孟庄发现龙山文化城址》，《中国文物报》1992年12月6日，第1版。

河南省文物考古研究所：《河南辉县孟庄遗址的裴李岗文化遗存》，《华夏考古》1999年第1期，第1—6页。

雍城血池秦祭祀遗址

早期秦文化联合考古队：《2004年甘肃礼县鸾亭山遗址发掘主要收获》，《中国历史文物》2005年第5期，第4—14页。

陕西省考古研究院：《陕西凤翔发现秦国国君和西汉皇帝亲临主祭的国家大型祭天场所》，《中国文物报》2016年12月9日，第1版。

秦栎阳城遗址

陕西省文物管理委员会：《秦都栎阳遗址初步勘探记》，《文物》1966年第1期。

中国社会科学院考古研究所栎阳发掘队：《秦汉栎阳遗址的勘探和试掘》，《考古学报》1985年第3期，第353—381页。

刘瑞、李毓芳、王自力、宁琰、柴怡：《西安秦汉栎阳城考古新进展》，《中国文物报》2015年9月11日，第8版。

中国社会科学院考古研究所、西安市文物保护考古研究院阿房宫与上林苑考古队：《西安市阎良区秦汉栎阳城遗址墓葬的发掘》，《考古》2016年第9期，第54—69页

河南鹤壁刘庄遗址

河南省文物考古研究所、鹤壁市文物工作编著，赵新平主编：《鹤壁刘庄：下七垣文化墓地发掘报告》，北京：科学出版社，2012年。

赵新平、韩朝会、靳松安、王青：《河南鹤壁刘庄遗址考古发掘取得重要收获》，《中国文物报》2006年1月27日，第1版、第2版。

赵新平、韩朝会：《河南省鹤壁市刘庄遗址2005年度发掘主要收获》，《东方考古》第3集，北京：科学出版社，2006年，第195—203页。

河南省文物考古研究所：《河南鹤壁市刘庄遗址下七垣文化墓地发掘简报》，《华夏考古》2007年第3期，第22—30页。

河南郑州东赵遗址

顾万发、雷兴山、张家强：《夏商周考古的又一重大收获——河南郑州东赵遗址发现大中小三座城址、二里头祭祀坑和商代大型建筑遗址》，《中国文物报》2015年2月27日，第5版。

张春海：《麦田里的"城套城"——探访东赵遗址二里头时期遗存》，《中国社会科学报》2015年7月3日，第4版。

方燕明：《2014年度河南省五大考古新发现》，《华夏考古》2015年第2期，第148—149页。

张家强：《河南郑州东赵遗址》，国家文物局：《2014中国重要考古发现》，北京：文物出版社，2015年，第41—45页。

谢佳明：《郑州东赵遗址2014—2015年度小城南墙发掘简报》，硕士学位论文，郑州大学历史学院，2016年。

河南偃师商城小城

中国社会科学院考古研究所编著：《偃师商城（第1卷）》，北京：科学出版社，2013年。

中国社会科学院考古研究所河南第二工作队：《河南偃师商城小城发掘简报》，《考古》1990年第2期，第1—11页。

杜金鹏、王学荣、张良仁：《试论偃师商城小城的几个问题》，《考古》1999年第2期，第35—40页。

中国社会科学院考古研究所河南第二工作队：《河南偃师商城西城墙2007与2008年勘探发掘报告》，《考古学报》2011年第3期，第385—410页。

陈国梁、曹慧奇、谷飞：《河南偃师商城遗址新发现大型仓储区及囷仓类建筑基址》，《中国文物报》2020年8月7日，第8版。

河南焦作府城商代早期遗址

李德保、赵霞光：《焦作市发现一座古城》，《文物参考资料》1958 年第 4 期，第 74 页。

杨贵金、张立东：《焦作市府城古城遗址调查报告》，《华夏考古》1994 年第 1 期，第 1—11 页。

中国社会科学院考古研究所河南一队、焦作市文物工作队：《河南焦作地区的考古调查》，《文物》1996 年第 7 期，第 31—45 页。

《焦作府城发现商代早期城址》，《中国文物报》1999 年 12 月 19 日，第 1 版。

袁广阔、秦小丽、杨贵金：《河南焦作市府城遗址发掘简报》，《华夏考古》2000 年第 2 期，第 16—35 页。

袁广阔、秦小丽：《河南焦作府城遗址发掘报告》，《考古学报》2000 年第 4 期，第 501—536 页。

杨树刚：《焦作市府城遗址》，《中国考古学年鉴 2015》，北京：中国社会科学出版社，2016 年，第 222 页。

河南郑州小双桥遗址

河南省文物考古研究所编著：《郑州小双桥：1990—2000 年考古发掘报告》，北京：科学出版社，2012 年。

宋国定、曾晓敏：《郑州发现商代前期宫殿遗址》，《中国文物报》1990 年 11 月 22 日，第 1 版。

河南省文物研究所：《郑州小双桥遗址的调查与试掘》，河南省文物研究所：《郑州商城考古新发现与研究（1985—1992）》，郑州：中州古籍出版社，1993 年，第 242—271 页。

宋国定、谢巍、陈旭文、曹晓敏：《郑州小双桥遗址发掘获重大成果》，《中国文物报》，1995 年 8 月 13 日，第 1 版。

河南省文物考古研究所、郑州大学文博学院考古系、南开大学历史系博物馆学专业：《1995 年郑州小双桥遗址的发掘》，《华夏考古》1996 年第 3 期，第 1—23 页。

河南省文物考古研究院、北京大学考古文博学院、郑州市文物考古研究院：《郑州小双桥遗址 2014 年 ⅣA02 区发掘报告》，《华夏考古》2019 年第 5 期，第 16—43 页。

河南荥阳关帝庙遗址

李素婷、李一丕：《荥阳关帝庙遗址发掘大批晚商文化遗存》，《中国文物报》2007年7月6日，第5版。

河南省文物考古研究所：《河南荥阳市关帝庙遗址商代晚期遗存发掘简报》，《考古》2008年第7期，第32—46页。

河南省文物考古研究所：《河南荥阳关帝庙遗址考古发现与认识》，《华夏考古》2009年第3期，第8—13页。

李素婷等：《河南荥阳关帝庙遗址再次发掘成果丰硕》，《中国文物报》2018年1月18日，第2版。

山西闻喜酒务头遗址

马升、高振华、白曙璋：《山西闻喜酒务头发现商代晚期大型高等级贵族墓地》，《中国文物报》2018年12月28日，第8版。

白曙璋：《山西闻喜酒务头商代晚期墓地》，《大众考古》2019年第2期，第12—15页。

山西绛县西吴壁遗址

戴向明、田伟：《山西绛县西吴壁遗址发掘取得重要新收获》，《中国文物报》2020年1月3日，第五版。

中国国家博物馆考古院、山西省考古研究所、运城市文物保护研究所：《山西绛县西吴壁遗址2018~2019年发掘简报》，《考古》2020年第7期，第47—74页。

山西柳林高红商代遗址

杨绍舜：《山西柳林县高红发现商代铜器》，《考古》1981年第3期，第211—212页。

晋中考古队：《山西娄烦、离石、柳林三县考古调查》，《文物》1989年第4期，第31—39、78页。

马升等：《山西柳林高红发现商代夯土基址》，《中国文物报》2005年3月2日，第1版。

王京燕、高继平：《山西柳林高红商代夯土基址发掘取得重要收获》，《中国文物报》2007年1月5日，第2版。

山西省考古研究所：《2004 柳林高红商代夯土基址试掘简报》，《三晋考古》第 3 辑，2006 年，第 116—127 页。

山西省考古研究所、吕梁市文物局、柳林县文物旅游局：《山西柳林高红遗址 2007 年发掘简报》，《中原文物》2019 年第 6 期，第 4—27 页。

山东济南大辛庄商代遗址

方辉主编：《大辛庄遗址研究》，北京：科学出版社，2013 年。

《山东文管会调查大辛庄古遗址》，《文物参考资料》1954 年第 4 期，第 118—119 页。

山东省文物管理处：《济南大辛庄遗址试掘简报》，《考古》1959 年第 4 期，第 185—187 页。

山东省文物管理处：《济南大辛庄商代遗址勘查纪要》，《文物》1959 年第 11 期，第 8—11 页。

蔡凤书：《济南大辛庄商代遗址的调查》，《考古》1973 年第 5 期，第 272—275 页。

任相宏：《济南大辛庄龙山、商遗址调查》，《考古》1985 年第 8 期，第 753—755 页。

山东大学历史系考古专业、山东省文物考古研究所、济南市博物馆：《1984 年秋济南大辛庄遗址试掘述要》，《文物》1995 年第 6 期，第 12—27 页。

徐基：《济南大辛庄遗址发现商代青铜兵器》，《文物》1995 年第 6 期，第 86—87 页。

董学清：《我国再次出土甲骨文》，《人民日报》2003 年 4 月 9 日，第 9 版。

方辉：《山东大辛庄遗址发现殷墟时期甲骨卜辞》，《中国文物报》2003 年 4 月 18 日，第 1 版。

山东大学东方考古研究中心、山东省文物考古研究所、济南市考古所：《济南市大辛庄遗址出土商代甲骨文》，《考古》2003 年第 6 期，第 3—6 页。

山东大学东方考古研究中心、山东省文物考古研究所、济南市考古研究所：《济南市大辛庄商代居址与墓葬》，《考古》2004 年第 7 期，第 25—33 页。

方辉：《2003 年济南大辛庄遗址的考古收获》，《2004 年安阳殷商文明国际学术研讨会论文集》，北京：社会科学文献出版社，2004 年，第 517—522 页。

山东大学东方考古研究中心：《大辛庄遗址1984 年秋试掘报告》，《东方考古》第 4 集，北京：科学出版社，2008 年，第 288—521 页。

方辉、刘秀玲：《济南大辛庄遗址考古发掘再获重要发现》，《中国文物报》2010 年 9

月 24 日，第 4 版。

山东大学历史文化学院考古系、山东省文物考古研究所：《济南大辛庄遗址 139 号商代墓葬》，《考古》2010 年第 10 期，第 3—6 页。

王兴华、刘秀玲、王惠明、方辉：《二〇一〇年度济南大辛庄遗址第二次考古发掘取得重要收获》，《中国文物报》2011 年 4 月 15 日，第 4 版。

山东大学考古学与博物馆学系、山东省文物考古研究院、济南市考古研究所：《济南市大辛庄遗址商代墓葬 2010 年发掘简报》，《考古》2020 年第 3 期，第 28—45 页。

安徽阜南台家寺遗址

何晓琳：《南县台家寺商代遗址》，中国考古学会：《中国考古学年鉴 2015》，北京：中国社会科学出版社，2016 年，第 175 页。

陈冰白：《安徽阜南台家寺遗址发现商代高等级聚落》，《中国文物报》2017 年 4 月 28 日，第 8 版。

何晓琳：《安徽阜南县台家寺遗址发掘简报》，《考古》2018 年第 6 期，第 3—13 页。

安徽萧县前白遗址

张敬国等：《安徽萧县先秦遗址考古调查》，《文物研究》第六辑，合肥：黄山书社，1990 年，第 116 页—123 页。

任一龙、邱少贝：《安徽萧县前白岳石文化遗址》，《大众考古》2017 年第 8 期，第 12—13 页。

安徽蚌埠钓鱼台遗址

安徽省博物馆：《安徽新石器时代遗址的调查》，《考古学报》1957 年第 1 期，第 27—30 页。

杨益峰：《蚌埠市先秦文化遗址调查简报》，《文物研究》第六辑，合肥：黄山书社，1990 年，第 124—134 页。

张义中：《蚌埠市钓鱼台新石器及商周遗址》，中国考古学会：《中国考古学年鉴 2015》，北京：中国社会科学出版社，2016 年，第 172—173 页。

江苏泗洪顺山集新石器时代遗址

南京博物院、泗洪县博物馆编著：《顺山集：泗洪县新石器时代遗址考古发掘报告》，北京：科学出版社，2016年。

林留根、甘恢元、江枫、闫龙：《江苏泗洪顺山集发现距今八千年环壕聚落》，《中国文物报》2011年11月23日，第8版。

南京博物院考古研究所、泗洪县博物馆：《江苏泗洪县顺山集新石器时代遗址》，《考古》2013年第7期，第3—14页。

南京博物院：《江苏泗洪新石器时代遗址调查报告》，《南京博物院集刊13》，北京：文物出版社，2013年，第12—18页。

南京博物院考古研究所、泗洪县博物馆：《江苏泗洪顺山集新石器时代遗址发掘报告》，《考古学报》2014年第4期，第519—562页。

中国国家博物馆、南京博物院、泗洪县博物馆：《江苏泗洪韩井遗址2014年发掘简报》，《东南文化》2018年第1期，第20—27页。

中国国家博物馆、南京博物院、泗洪县博物馆：《江苏泗洪韩井遗址2015—2016年发掘简报》，《东南文化》2018年第1期，第28—39页。

南京博物院、镇江博物馆、泗洪县博物馆：《江苏泗洪韩井遗址2012年试掘简报》，《东南文化》2019年第1期，第35—44页。

江苏连云港藤花落龙山时代城址

南京博物院、连云港市博物馆编著：《藤花落：连云港市新石器时代遗址考古发掘报告》，北京：科学出版社，2015年。

高峰、马富胜：《连云港藤花落遗址发掘》，《文汇报》1996年5月29日，第5版。

南浦：《连云港藤花落遗址有重要收获》，《中国文物报》1996年8月25日，第1版。

周锦屏、戴心平：《连云港藤花落遗存试掘有重要发现——古今民居一脉传》，《文汇报》1997年7月7日，第5版。

林留根、周锦屏、高伟、刘厚学：《藤花落遗址聚落考古取得重大收获》，《中国文物报》2000年6月25日，第1版。

林留根等：《江苏连云港藤花落发现龙山文化稻田遗迹》，《农业考古》2000年第3期，第91页。

林留根：《江苏连云港藤花落遗址》，国家文物局：《2000中国重要考古发现》，北京：

文物出版社，2001 年。

南京博物馆考古研究所等：《2003—2004 年连云港藤花落遗址发掘收获》，《东南文化》2005 年第 3 期，第 15—19 页。

浙江余杭良渚古城外围大型水利工程的调查与发掘

浙江省文物考古研究所：《良渚遗址群考古报告之一：瑶山》，北京：文物出版社，2003 年。

浙江省文物考古研究所：《良渚遗址群考古报告之二：反山》，北京：文物出版社，2005 年。

浙江省文物考古研究所：《良渚遗址群考古报告之三：良渚遗址群》，北京：文物出版社，2005 年。

浙江省文物考古研究所：《良渚遗址群考古报告之四：庙前》，北京：文物出版社，2005 年。

浙江省文物考古研究所：《良渚遗址群考古报告之五：文家山》，北京：文物出版社，2011 年。

浙江省文物考古研究所：《良渚遗址群考古报告之六：卞家山》，北京：文物出版社，2014 年。

浙江省文物考古研究所：《良渚遗址群考古报告之七：良渚古城综合研究报告》，北京：文物出版社，2019 年。

浙江省文物考古研究所：《余杭良渚遗址群调查简报》，《文物》2002 年第 10 期，第 47—56 页。

刘斌：《良渚古城遗址发现记》，《浙江文物》2007 年第 5 期，第 22—23 页。

许常丰：《良渚遗址发现五千年前"中华第一城"》，《浙江文物》2007 年第 6 期，第 6 页。

刘斌：《良渚遗址发现 5000 年古城》，《中国文物报》2007 年 12 月 5 日，第 1 版。

浙江省文物考古研究所：《杭州市余杭区良渚古城遗址 2006—2007 年的发掘》，《考古》2008 年第 7 期，第 3—10 页。

浙江省文物考古研究所：《2006—2013 年良渚古城考古的主要收获》，《东南文化》2014 年第 2 期，第 31—38 页。

浙江省文物考古研究所：《杭州市良渚古城外围水利系统的考古调查》，《考古》2015

年第 1 期，第 3—13 页。

王宁远：《5000 年前的大型水利工程——浙江余杭良渚古城外围大型水利工程的调查与发掘获重大收获》，《中国文物报》2016 年 3 月 11 日，第 8 版。

李政：《良渚发现 5000 年前中国最早大型水利工程系统》，《中国文物报》2016 年 3 月 18 日，第 1 版。

王宁远：《良渚古城及外围水利系统的遗址调查与发掘》，《遗产与保护研究》2016 年第 5 期，第 102—110 页。

《浙江杭州良渚古城外围大型水利工程》，国家文物局：《2016 中国重要考古发现》，北京：文物出版社，2017 年。

安徽尉迟寺新石器时代聚落遗址

中国社会科学院考古研究所编著：《蒙城尉迟寺：皖北新石器时代聚落遗存的发掘与研究》，北京：科学出版社，2001 年。

中国社会科学院考古研究所、安徽省蒙城县文化局编著：《蒙城尉迟寺（第二部）》，北京：科学出版社，2007 年。

中国社会科学院考古研究所安徽队：《尉迟寺遗址出土大型排房式建筑》，《中国文物报》1993 年 1 月 3 日，第 1 版。

中国社会科学院考古研究所安徽队：《尉迟寺遗址再获重要发现》，《中国文物报》1993 年 6 月 13 日，第 1 版。

中国社会科学院考古研究所：《尉迟寺遗址又获重要发现》，《中国文物报》1994 年 1 月 16 日，第 1 版。

中国社会科学院考古研究所安徽工作队：《安徽蒙城尉迟寺遗址发掘简报》，《考古》1994 年第 1 期，第 1—13 页。

梁中合：《尉迟寺新石器时代聚落遗址初见规模》，《中国文物报》1995 年 2 月 12 日，第 1 版。

梁中合：《尉迟寺聚落遗址发掘成果累累》，《中国文物报》1995 年 7 月 9 日，第 1 版。

何孔勇：《蒙城出土史前人类豪宅》，《文汇报》2001 年 6 月 11 日，第 11 版。

王吉怀、张卫东：《尉迟寺遗址再现辉煌———一排长达百米的红烧土排房揭开神秘的面纱》，《中国文物报》2001 年 7 月 29 日，第 1 版。

王吉怀：《牛群在尉迟寺遗址的"幸福生活"》，《中国文物报》2001年9月2日，第5版。

王吉怀、张莉、鹿鹏：《蒙城尉迟寺聚落再显宏大规模》，《中国文物报》2002年6月21日，第1版。

中国社会科学院考古研究所安徽工作队、蒙城县委县政府：《尉迟寺遗址第二阶段（2001年度）发掘的主要收获》，《中国社会科学院古代文明研究中心通讯》2002年第3期，第68—72页。

路炳烈：《尉迟寺遗址发现记》，《中国文物报》2003年10月31日，第3版。

张莉、蔡凌凯、王吉怀：《安徽尉迟寺遗址发现造型独特的七足镂孔器》，《中国文物报》2003年12月24日，第1版。

王吉怀：《尉迟寺聚落遗址第二阶段发掘获多项重要成果》，《中国文物报》2004年1月21日，第1版、第2版。

中国社会科学院考古研究所安徽工作队、蒙城县文化局：《安徽蒙城县尉迟寺遗址2003年发掘简报》，《考古》2004年第3期，第3—6页。

中国社会科学院考古研究所安徽工作队、蒙城县文化局：《安徽蒙城县尉迟寺遗址2003年度发掘的新收获》，《考古》2005年第10期，第3—24页。

广东深圳屋背岭商代遗址

周军：《深圳屋背岭发现广东迄今所见最大商代墓地》，《中国文物报》2002年4月19日，第1版。

屋背岭遗址联合考古队：《全国十大考古新发现——深圳屋背岭商时期墓地》，《广东文物》2002年第1期，第3页。

广东省文物考古研究所、深圳市博物馆、深圳市南山区文物管理办公室：《深圳屋背岭遗址发掘报告》，《考古学报》2004年第3期，第317—356页。

广东省文物考古研究所等：《深圳市屋背岭商时期墓葬群》，《华南考古1》，北京：文物出版社，2004年，第163—185页。

中山大学人类学系、深圳市南山区文物管理委员会办公室：《广东深圳麦地巷遗址发掘简报》，《南方文物》2014年第2期，第61—75、82页。

内蒙古自治区赤峰市二道井子夏家店下层文化聚落遗址

曹建恩、孙金松：《赤峰市二道井子夏家店下层文化聚落遗址考古获重大发现》，《中国文物报》2009 年 12 月 25 日，第 5 版。

赵爱民、黄丽、张艳玲、于晓玲：《赤峰市红山夏家店下层文化石城址调查报告》，《内蒙古文物考古》2009 年第 1 期，第 1—12 页。

内蒙古文物考古研究所：《内蒙古赤峰市三座店夏家店下层文化石城遗址》，《考古》2009 年第 7 期，第 17—27 页。

内蒙古文物考古研究所：《内蒙古赤峰市二道井子遗址的发掘》，《考古》2010 年第 8 期，第 13—26 页。

墓地

河南殷墟郭家庄 160 号墓

中国社会科学院考古研究所编著：《安阳殷墟郭家庄商代墓葬：1982～1992 年考古发掘报告》，北京：中国大百科全书出版社，1998 年。

中国社会科学院考古研究所安阳工作队：《安阳郭家庄 160 号墓》，《考古》1991 年第 5 期，第 390—391 页。

《殷墟发掘—商代贵族墓》，《中国文物报》1991 年 1 月 20 日，第 1 版。

河北定州北庄子商墓

河北省文物研究所、保定地区文物管理所：《定州北庄子商墓发掘简报》，《文物春秋》1992 年第 S1 期，第 230—240 页。

山西芮城清凉寺墓地

山西省考古研究所、运城市文物工作站、芮城县旅游文物局编著，薛新明主编：《清凉寺史前墓地》，北京：文物出版社，2016 年。

山西省考古研究所、芮城县博物馆：《山西芮城清凉寺墓地玉器》，《考古与文物》2002 年第 5 期，第 3—6 页。

薛新明：《山西芮城寺里—坡头遗址勘察与清凉寺墓地的重要收获》，《文物世界》2004 年第 3 期，第 3—5 页。

山西省考古研究所、运城市文物工作站、芮城县博物馆：《山西芮城寺里—坡头遗址调查报告》，《古代文明》第 3 卷，北京：文物出版社，2004 年，第 405—435 页。

薛新明：《山西芮城清凉寺揭露庙底沟二期文化大型墓地》，《中国文物报》2005 年 2

月 23 日，第 1 版。

山西省考古研究所：《山西芮城清凉寺史前墓地》，《考古学报》2011 年第 4 期，第 525—560 页。

山西省考古研究所、运城市文物局、芮城县文物局：《山西芮城清凉寺新石器时代墓地》，《文物》2006 年第 3 期，第 4—16 页。

道路、窖穴等

陕西省延安市秦直道遗址

刘瑞、李毓芳、张翔宇、高博：《陕西西安秦汉栎阳城遗址考古取得重要收获》，《中国文物报》2018 年 2 月 23 日，第 8 版。

刘瑞等：《西安阎良秦汉栎阳城遗址》，国家文物局主编：《2017 中国重要考古发现》，北京：文物出版社，2018 年，第 102—106 页。

甘肃省文物局编写，钟圣祖等执笔：《秦直道考察》，兰州：兰州大学出版社，1996 年。

孙闻博编：《秦直道研究论集》，西安：陕西师范大学出版社，2018 年。

李进：《秦"直道"考察记》，《陕西交通史志通讯》1986 年第 5 期。

姬乃军、张金良：《延安北部秦直道调查结束》，《中国文物报》1988 年 3 月 18 日，第 2 版。

孙相武：《秦直道调查记》，《文博》1988 年第 4 期，第 15—19 页。

李恩佳、阎乐耕：《秦行宫遗址揭露西配房》，《中国文物报》1989 年 1 月 13 日，第 2 版。

姬乃军：《陕北发现秦直道行宫遗址》，《中国文物报》1989 年 7 月 14 日，第 2 版。

延安地区文物普查队：《延安境内秦直道调查报告之一》，《考古与文物》1989 年第 1 期，第 26—31 页。

李仲立、刘得祯：《甘肃庆阳地区秦直道考察报告》，《甘肃社会科学》1991 年第 3 期，第 79—82 页。

延安地区文物普查队：《延安境内秦直道调查报告之二》，《考古与文物》1991 年第 5 期，第 36—41 页。

姬乃军：《陕西志丹县永宁乡发现秦直道行宫遗址》，《考古》1992 年第 10 期，第 952—953 页。

韩宏：《陕发现秦直道兵站遗址》，《文汇报》2003 年 7 月 8 日，第 7 版。

内蒙古自治区文物考古研究所、鄂尔多斯市东胜区文物管理所：《东胜城梁段秦直道遗址发掘简报》，《内蒙古文物考古文集（第三辑）》，北京：科学出版社，2004 年，第 144—152 页。

王富春：《榆林境内秦直道调查》，《文博》2005 年第 3 期，第 64—67 页。

国家文物局秦直道研究课题组、旬邑县博物馆：《旬邑县秦直道遗址考察报告》，《文博》2006 年第 3 期，第 75—78 页。

王勇刚、崔风光、李延丽：《陕西秦直道甘泉段发现秦汉建筑遗址》，《考古与文物》2008 年第 4 期，第 14 页。

陕西省考古研究院秦直道考古队：《陕西富县秦直道考古取得突破性成果》，《中国文物报》2010 年 1 月 1 日，第 4 版。

张在明、肖健一：《秦直道遗址》，陕西省文物局、陕西省考古研究院：《留住文明——陕西"十一五"期间大遗址保护及课题考古概览（2006—2010）》，西安：三秦出版社，2012 年，第 82—91 页。

张在明等：《2+2＝4：秦直道发现道路四叠层与东西线之争》，《中国文物报》2011 年 8 月 12 日，第 4 版。

肖健一等：《陕西富县、甘泉县秦直道考古调查成果》，《中国文物报》2015 年 9 月 25 日，第 8 版。

陕西省考古研究院、新疆伊犁日报社：《陕西秦直道遗址调查发掘简报》，《秦汉研究》第九辑，西安：陕西人民出版社，2015 年，第 42—52 页。

河南内黄三杨庄汉代遗址

河南省文物考古研究所、内黄县文物保护管理所：《河南内黄县三杨庄汉代庭院遗址》，《考古》2004 年第 7 期，第 34—37 页。

刘海旺、朱汝生：《河南内黄三杨庄发掘多处西汉庭院民居》，《中国文物报》2006 年 1 月 13 日，第 2 版。

刘海旺、朱汝生：《河南三杨庄遗址发掘取得新收获》，《中国文物报》2009 年 1 月 28 日，第 2 版。

河南省文物考古研究所、内黄县文物保护管理所：《河南内黄三杨庄汉代聚落遗址第二处庭院发掘简报》，《华夏考古》2010 年第 3 期，第 19—30 页。

刘海旺：《三杨庄汉代聚落遗址考古新进展与新思考》，《中国史研究动态》2017年第3期，第35—39页。

河南小浪底水库东汉漕运建筑基址及古黄河栈道

中国科学院考古研究所编著：《三门峡漕运遗迹》，北京：科学出版社，1959年。

河南省文物管理局、水利部小浪底水利枢纽建设管理局移民局：《黄河小浪底水库文物考古报告集》，郑州：黄河水利出版社，1998年。

河南省文物管理局、河南省文物考古研究所编：《黄河小浪底水库考古报告（一）》，郑州：中州古籍出版社，1999年。

山西省考古研究所、山西大学考古专业、运城市文物工作站编著：《黄河漕运遗迹：山西段》，北京：科学技术文献出版社，2004年。

朱亮、史家珍、乔栋、张建文：《小浪底库区发掘汉代大型建筑遗址》，《中国文物报》1993年1月3日，第1版。

朱亮、史家珍：《小浪底淹没区洛阳段漕运遗迹调查获重大成果》，《中国文物报》1998年2月11日，第1版。

张庆捷、李百勤：《山西又发现古黄河栈道遗迹群》，《中国文物报》1998年1月18日，第1版。

张玉石：《黄河小浪底水库文物考古工作硕果累累》，《中国文物报》1998年5月3日，第1版。

赵清、樊温泉、黄克映：《黄河小浪底库区考古发掘收获》，《中国文物报》1998年12月9日，第3版。

陆峰波：《黄河航道运城段又发现古栈道遗迹群》，《沧桑》1998年第3期，第25—35页。

山西省考古研究所、运城行署文化局：《山西平陆五一石膏厂黄河古栈道遗迹》，《文物季刊》1998年第4期，第1—10页。

张庆捷、赵瑞民：《黄河古栈道的新发现与初步研究》，《文物》1998年第8期，第48—58页。

朱亮、史家珍：《黄河小浪底盐东汉代建筑遗址发现及初步研究》，《中国文物报》1999年1月6日，第3版。

朱亮：《小浪底汉函谷关仓库建筑遗址又有新发现》，《中国文物报》1999年7月28

日，第 1 版。

李百勤：《垣曲安窝黄河古栈道调查》，《山西省考古学会论文集》（三），太原：山西古籍出版社，2000 年，第 124—130 页。

洛阳市第二文物工作队：《黄河八里胡同栈道的勘测》，《文物》2002 年第 11 期，第 47—55、77 页。

山西省考古研究所、山西大学考古专业：《山西平陆县西河头黄河古栈道遗迹》，《考古学集刊》第 14 集，北京：文物出版社，2004 年，第 238—266 页。

河南隋代回洛仓与黎阳仓粮食仓储遗址

谢虎军、张敏、赵振华：《隋东都洛阳回洛仓的考古勘察》，《中原文物》2005 年第 4 期，第 8—9、34 页。

贺辉、俞凉亘：《洛阳东北郊发现隋代大型仓窖》，《中国文物报》2006 年 11 月 3 日，第 2 版。

洛阳市文物工作队：《河南洛阳市东北郊隋代仓窖遗址的发掘》，《考古》2007 年第 12 期，第 8—24 页。

郭木森、马晓建、赵宏：《河南浚县黎阳仓遗址考古获重要发现》，《中国文物报》2013 年 3 月 1 日，第 8 版。

本刊记者：《2012 年度河南省五大考古新发现》，"隋唐大运河遗址南段——永济渠黎阳仓遗址"，《华夏考古》2013 年第 3 期，第 151—152 页。

马晓建、蓝万里：《河南浚县黎阳仓遗址清理出一处完整仓窖》，《中国文物报》2014 年 6 月 6 日，第 8 版。

洛阳市文物考古研究院：《洛阳隋代回洛仓遗址 2012—2013 年考古勘探发掘简报》，《洛阳考古》2014 年第 2 期，第 30—49 页。

王炬等：《洛阳隋代回洛仓遗址》，国家文物局：《2013 中国重要考古发现》，北京：文物出版社，2014 年，第 100—103 页。

王炬、刘海旺：《古代大型国家粮仓初露端倪——隋代黎阳仓与回洛仓遗址调查与发掘获重要成果》，《中国文物报》2015 年 1 月 9 日，第 1 版、第 8 版。

洛阳市文物考古研究院：《洛阳隋代回洛仓遗址 2014 年度考古发掘简报》，《洛阳考古》2015 年第 2 期，第 43—52 页。

方燕明：《2014 年度河南省五大考古新发现》，"隋代回洛仓与黎阳仓遗址"，《华夏考古》2015 年第 2 期，第 151—152 页。

洛阳市文物考古研究院：《洛阳隋代回洛仓遗址 2015 年度考古发掘简报》，《洛阳考古》2017 年第 1 期，第 3—11 页。

河南省文物考古研究院、浚县文物旅游局：《河南浚县黎阳仓遗址 6 号仓窖发掘简报》，《华夏考古》2019 年第 4 期，第 84—96 页。

安徽淮北柳孜隋唐大运河遗址

安徽省文物考古研究所、淮北市博物馆编撰，阚绪杭主编：《淮北柳孜——运河遗址发掘报告》，北京：科学出版社，2002 年。

安徽省文物考古研究所、濉溪县文物事业管理局、淮北市博物馆编著：《柳孜运河遗址第二次考古发掘报告》，北京：科学出版社，2017 年。

阚绪杭：《淮北隋唐大运河考古有大发现》，《中国文物报》，1999 年 12 月 8 日，第 1 版。

张传亚：《淮北隋唐大运河考古获重大发现》，《光明日报》2000 年 4 月 10 日，第 A2 版。

贾庆元：《运河考古的重大发现和意义——皖北近年大运河考古成果综述》，《道远集——安徽省文物考古研究所五十年文集》，合肥：黄山书社，2008 年，第 219—223 页。

海洲：《淮北柳孜运河遗址出土的"羽人"瓦当》，《四川文物》2009 年第 5 期，第 128 页。

郑清森：《隋唐运河商丘段的历史沿革、考古发现及历史风貌》，《商丘师范学院学报》2011 年第 11 期，第 50—53 页。

顾万发、汪松枝：《隋唐大运河郑州段调查》，《中国文物报》2012 年 4 月 27 日，第 8 期。

陈超、丁新：《安徽淮北柳孜运河遗址第二次考古发掘再获重要发现》，《中国文物报》2013 年 11 月 12 日，第 1 版。

安徽省文物考古研究所：《隋唐大运河安徽泗县段邓庄遗址发掘简报》，《南方文物》2013 年第 3 期，第 53—59 页。

本刊记者：《2012 年度河南省五大考古新发现》，"隋唐大运河考古河南段——通济渠郑州段"，《华夏考古》2013 年第 3 期，第 152 页。

邢台市文物管理处：《隋唐大运河邢台段调查报告》，《河北省考古文集（五）》，北京：科学出版社，2014 年，第 102—109 页。

陈超、丁新：《安徽柳孜运河遗址 2012—2013 年发掘收获》，《2013 中国重要考古发现》，北京：文物出版社，2014 年，第 108—111 页。

安徽省文物考古研究所、淮北市博物馆、濉溪县文物事业管理局：《安徽淮北濉溪柳孜运河遗址第二次发掘简报》，《文物》2016 年第 12 期，第 21—33 页。

硕博士学位论文

韩巍：《两周金文世族研究》，北京大学博士学位论文，2007 年。

林永昌：《晋系墓葬性别的考古学研究》，北京大学博士学位论文，2008 年。

马赛：《聚落与社会——商周时期周原遗址的考古学研究》，北京大学博士学位论文，2009 年。

常怀颖：《夏商时期古冀州之域的考古学研究》，北京大学博士学位论文，2010 年。

常怀颖：《公元前 2200—1900 年中原地区社会复杂化进程初探》，四川大学硕士学位论文，2005 年。

余风：《〈说文解字〉邑部及其地理文化之研究》，逢甲大学硕士学位论文，2006 年。

插 图 索 引

后　记

　　本书选题、撰写开始于 2005 年，全书以博士学位论文为基础，经过两次比较集中的修改补充，历十六年付梓。一轮撰写，两轮修改，最显著的结果就是在先秦史制度与文献考证的肌体上，呈现出历史地理政区研究的外貌。这本书在结构上分期与分区并重，在内容上时间与空间问题所占比例基本对等。我尝试在传统先秦史研究中引入"结构—过程"的解释框架，希望除了能够与断代史既有研究成果衔接外，也能对考古学和历史地理学有一点贡献。现在回过头看，撰写学位论文的三年时间还属于学习阶段，后来的经年修改，才是真正明确自己认识的阶段。行里有句俗话"稿子是改出来的"，这些年益发体会到此言不欺。

　　作为一本偏历史地理方向的专著，黄河流域是整本书的区域基础。第一次走近黄河在 2001 年。那是一个干旱炎热的夏天，姜叔叔安排我和姜江，从安阳、开封、郑州、洛阳到三门峡，沿着黄河，从东向西，一路看过去。那一次，我走过了嵩山，走过了函谷关；知道了仰韶在哪里，庙底沟在哪里；看到了殷墟什么样子，郑州商城什么样子。曾在黄昏时到巩义，车站十字路口那高扬双臂的巨大杜甫像，夕阳下荒烟蔓草中的宋陵，记忆深刻。入夜，车行在黄河南岸的土垄间，左侧大河奔涌，右侧沟壑峭立，抬头见漆黑山谷上空高悬一轮满月。那一刻我知道黄河两岸的历史我必将去探索，那是我与研究对象之间第一次的握手约定。后来我又几次带着学生走过那条路，他们不知道，那时我脑海里都是二十年前的回忆。到河南，开启了我对历史地理最初的兴趣，也令我更直观地理解先秦文献。所以，当终于要写这篇后记，回忆与反思这本书漫长的成稿过程时，首先要谢谢好友姜江，谢谢她慈爱的父亲姜建初叔叔。

　　这本书的内容基础是我 2008 年自北京师范大学毕业时的博士学位论文《西周徙封与宗盟问题研究》。当时的撰写，还主要在先秦史西周"分封制"问题意识下，并非以历史地理为主线。自 1998 年进入吉林大学历史系开始本科学习起，先秦史就是我的兴趣，至今未变。这份兴趣来自吉林大学的学习环境。先秦研究是吉大历史学传统的优势方向。20 世纪 90 年代末，大学还远达不到现在的规模，先秦史、古文字、考古学这几个互相支撑的学科方向，在一个大学内能够完整设置都不常见，而吉林大学不仅设置齐全且均为国内一流。更难得的是，音韵学、目录学当时也都有专门的老师开设课程。在这种环境下，先秦史呈现出迷人的复杂度，像天上的月亮，让人想靠近。时至今日，面对先秦史，我都还是那个希望能摸到月亮的孩子。所以，我的先秦史学习，几乎从本科二年级开始就进入了专门阶段。此后六七年里，我一直追随硕士导师许兆昌教授、恩师陈恩林先生阅读以经部文献为主的先秦史料，也有幸获准进入考古学、古文字、古文献专业的课堂跟着学习。吉林大学七年的学习，给了我比较完整的先秦史知识结构，更塑造了我学术研究的世界观：重文献，重家法，重基本功。希望这些，能在本书中略有体现，得稍继母校之传统。

　　以西周封国作为博士学位论文选题方向，是由导师晁福林先生建议的。当时的论文无疑非常稚嫩。虽然对西周封国进行了普查式的材料收集，也做了相当数量的地点考证（这些考证在本书中依然占有相当大篇幅），但实话讲，论文本身的完成度并不高。提出西周封国存在比较普遍的地点迁移这一观点，是在 2008 年，属于当时学界既有认识之外的大胆想法。虽然这些年得到了一些验证，但彼时，我的论证能力、论证手段显然不足以支持这样一个大问题。晁老师支持了我的想法，但我知道，论文是没有达到老师期待的。先生寡言，只言片语包含了极大信息量，我功力太浅，只能把握皮毛。这些年，我常常自责，也会不断去猜老师当初指点这一方向的深意。对材料和既有研究成果读得越多，就越能感觉到这一选题体量之巨、内容之深，越能感觉到老师当初建议此选题思虑之长远，以及这一选题与我自己兴趣、性格以及既有基础之契合。感谢老师的因材施教，感谢老师指示我这个可以长久前行的研究方向。

书稿在博士学位论文基础上的第一次大幅补充和调整，是在复旦大学历史地理研究中心博士后工作期间。经过这次补充，书稿内容逐渐由相对抽象、表层的制度研究转变为基于具体历史地理问题，特别是前政区时代政治地理单元的过程探索。在博士刚毕业时，整个人十分缺乏经验，联系导师张伟然教授教我成为一名职业学者，指点我建立了对工作方法、工作质量的基本态度。地理学是空间的学问；基于要素分区的区域差异性分析，是一种特别有用的研究工具。在史地所期间，我运用从张老师处学到的这种工具重新整合问题，书稿从结构到认识都得到有效推进。很感谢张老师给我机会成为史地所的一员。在所里，认识了众多历史地理专业的好朋友。这是一群科学家，我很喜欢观察他们的工作状态。他们追求明确的工作目标、最短的解决路线，强调逻辑，遇到问题会不断去想有效办法。这些特质在我眼中是有趣的，也是要学习的，后来工作中很受益。本书中的新制地图，由我自己绘出，再辛苦孙涛和地图社老师帮忙完善。虽然还未达到能为大家做西周研究提供足资参考的分期图的水平，但这也实在是我在母所学习中的一项珍贵收获。

2010年出站以后，我进入中山大学历史学系工作。十年间，书稿继续修改。明确主题，稳定框架，补充细节，修正错误。这个题目的难度我自己知道，目前一些看似清楚的表述，都是这阶段在庞杂的材料、模糊的认识中一点点抠出来的。很慢，很无奈。修改过程中，常常会想起座师刘家和先生，还有点拨、指导我的唐晓峰老师、辛德勇老师。很幸运稚拙时能有一些机缘随侍左右，听他们长时间地、从容地聊学问。中西文献比较、音韵训诂原理、西方地理学思想、哲学一般问题、为学治学心得、读书作文得失，老师们的这些教导虽然未直接体现在具体行文中，却影响了这本书写下的每一个字。更因为见识过前辈气象，知道了学问深浅，存下了对学术的敬畏，我算是能常以惴惴之心面对研究，在畏难的时候，没有生过邪念，在羞愧自己述论不佳的时候，也没想过放弃。

当然，回顾后来这十年的书稿修改，肯定不能漏掉我的伙伴吴滔和谢湜。只是不太容易谢他俩，因为我们本就是相互支持。但单就这本书而言，我还是要感谢谢湜当年坚定地鼓励我开始暑假同考古专业朋友们一起开展考察活动，这后来成了我十年间几乎每个暑假必行的学术活动。也要感谢吴滔，介绍我认识了好友佐藤仁史教授。2018—2019 年佐藤邀请我到一桥大学访问，我才有时间对书稿进行了第二次集中修改。在这次修改中，书稿吸收了包括日本学者在内更多前辈学者的研究成果，确定了全书"结构—过程"的逻辑主线，基本梳理清楚了几个区域盈缩的时间节奏和具体情况，终于成形。

从博士学位论文撰写到两次修改完成，一路始终一起走过的，是郜向平、常怀颖、谢肃、马赛、王辉、张鹏程、林永昌、余雯晶几位好友。我们读书时结识，十余年间以"商周田野工作坊"之名走访黄河流域的考古工地和文物考古单位的库房陈列室。大家都热爱商周时代，一起学习，共同成长。也因为他们，我认识了很多考古学家，得到指教；有机会看到田野考古发掘的最新成果，不断调整自己的认识，修正书稿论述。在我心里，这本书是他们与我一起完成的。

定稿过程中，感谢周健在谋篇、行文、措辞方面给了我诸多指正。这些指教不仅让书稿的文字质量有了进步，更让我由衷认识到向同辈人学习的重要性。学术生涯已逐渐进入相对稳定也相对固化的阶段，我相信这种认识对我以后的研究意义重大。

这些年，工作中结识了很多社会经济史、历史人类学和其他断代史的好朋友，也深得大家照顾，深受各位研究的启迪。景蜀慧老师、程美宝老师、刘志伟老师、赵世瑜老师、郑振满老师、陈春声老师、科大卫老师几位前辈更是对我爱护有加。在追随前辈们的时光中，对史料的认识、对时代的理解，也已经有了深刻变化。这些，希望能快快写出下一本书，把所学所得呈现出来。

感谢父母。从小到大，父母对我十分溺爱。这份溺爱，让我可以随心所欲地追求自己热爱的专业，坚持自己认定的生活。父母都没读过很多书，但他们的格局和见识常常令我惊讶。这些年，不管在任何情况下，除了健康快乐，他们对我毫无要求，只是嘱我为人务必良善正直，待人需知滴水之恩涌泉相报，不可贪图小利，不可因私害公。虽然我不是驯顺温柔的女儿，但这些我都谨遵不违。有父母的支持，我才能以心灵相对自由的状态做一名大学老师，写一本不会有什么回报却耗时耗力的书。身体发肤受之父母，居所家用也仰赖父母接济，只有这本书一字一句都由我写就，我将此书献给他们。

2021 年 8 月 5 日于秦皇岛

再 版 后 记

2022 年 11 月本书出版后，得到了学界前辈、同仁的鼓励，衷心感谢。新版请到了陈伟武老师为书名题签，十分荣幸。

书出版以后，厚厚的样子有点引人注意。每每说起这一点，我都很不好意思。正是这本书不算小的部头，给责任编辑缪丹女士带来了额外负担，无论是校对，还是排版，工作量都很大。初版中错漏不少，责任在我。我天性不够仔细，这些年校对的功夫也进步不多，对此自己也很头疼。缪丹已经尽力，这本书能以比较清爽的面貌出版，她付出了智慧、心力。她的聪颖细致，令我十分佩服。她的责任感，让我在出版过程中一直很安心。只是我的底稿阙漏实在太多，她实在来不及为我彻底清除。初版的不足，也是她的遗憾。所以，能有机会再版，修正错误，了结我们的遗憾，我俩都十分欣喜。

在书稿出版、修订过程中，我的学生梁鹤、熊子虚、翟伟诚、何俊慧、李汉尊，做了一些工作。师生共同完成一件事，在学习过程中是很有意义的。他们也都能将这些工作视为检查他们学习成果的机会。对于学生们的工作，我挺满意。他们仔细，肯下功夫，这些优点，很有益，希望他们能明白其中的价值，保持下去。

多元的、动态的、系统的视角，是《徙封》的研究主旨。一个王朝，空间不是均质的，时间也不是均质的，人群也不是静止的。早期聚邑形态下点状控制的所谓领土，不断处于盈缩变动的状态，这一点在商代研究中就是共识，周也并非反例。有经验的历史研究者也都了解，哪怕是洪武体制画地为牢的制度设计，人也终归会流动起来。当中国历史其他断代的小尺度研究已经日益成熟时，西周的研究不能停留在将一个三百年的王朝压缩为一个片状的、凝滞的平面。当然，先秦年代久远，史料偏少，复杂的系统分析十分困难。《徙封》有基于材料的论证，也难免有对基于整体感觉预设的验证。这是一个置于论证与验证之间、还不够成熟的探索，出版它是个很有挑战的学术考验。

古史被质疑之处一大半在于细节，转化为具体问题，往往是时间、地点方面的错讹或阙失。细节空洞、缺乏关键事件和变化节奏的王朝历史缺乏说服力，仅仅否定史料也终归难以赋予历史学家足够的成就感。西周史中吉光片羽的著名事件虽然已经被学界认识得很深入，可是历史研究终不能仅以著名事件为支点简单追索、铺陈。历史学家总会有充实并清晰叙述历史的追求。我们目前对西周封国认识的那些破碎片段，如同遗址中艰难获取的残缺陶片，想要分析，得先想办法根据纹理线条大致拼出一个器形来。修复不易，当中会有些想像，无法补全的地方甚至要先用石膏支撑，可毕竟得先修起来。

顾颉刚先生就曾尝试修复周初历史。顾先生的遗稿，包括刊印在1984年至1990年《文史》第22—23、26—27、29—32期中的《"三监"人物及其疆地》《周公执政称王》《三监及东方诸国的反周军事行动和周公的对策》《周公东征和东方各族的迁徙》《康王以下的东征和北征》《三监的结局》《奄和蒲姑的南迁》《徐和淮夷的迁、留》八篇重要文章。顾先生将周公东征的史事作为研究整组问题的主题，并用它连缀着史料中人物、事件间可能的时序和关系。我常常想，如果天假年寿，顾先生一定还会写出"西周中期史事考证系列""西周晚期史事考证系列"，那该多好。

《徙封》的研究，就是想先尝试拼起一个陶罐。历史地理学的前辈严耕望先生讲做学问要"无孔不入""有缝必弥"，这类工作想来更是需要一直调整打磨，修修补补。希望经过这次修订，《徙封》变成一本质量更好的书。也希望未来，能沿着这个开头，一直做点滴修补西周历史的工作。

2023 年 10 月 4 日于广州康乐园

图书在版编目（CIP）数据

徙封：西周封国政治地理的结构—过程／于薇著. —
修订本. —上海：上海古籍出版社，2023.11
ISBN 978-7-5732-0800-2

Ⅰ.①徙… Ⅱ.①于… Ⅲ.①政治地理学—研究—中
国—西周时代 Ⅳ.①K901.4

中国国家版本馆 CIP 数据核字（2023）第 149093 号

徙封

西周封国政治地理的结构—过程

修订本

于 薇 著

上海古籍出版社出版发行

（上海市闵行区号景路 159 弄 1－5 号 A 座 5F　邮政编码 201101）

（1）网址：www.guji.com.cn

（2）E-mail：guji1@guji.com.cn

（3）易文网网址：www.ewen.co

商务印书馆上海印刷有限公司印刷

开本 700×1000　1/16　印张 45.5　插页 9　字数 612,000

2023 年 11 月第 1 版　2023 年 11 月第 1 次印刷

ISBN 978-7-5732-0800-2

K·3420　审图号 GS（2022）4889　定价：198.00 元

如有质量问题，请与承印公司联系